民間念仏信仰の研究

坂本要＝著

民間念仏とは、民間人・在家の人が
中心に行う念仏で、何々念仏という名称で、
念仏芸能や念仏講として全国で広く行われている。
これらの念仏はここ半世紀の間に
だいぶ行われなくなったが、
歴史的には融通念仏・大念仏・
六斎念仏・双盤念仏・念仏踊りとして、
さまざまに展開し、現在に至っている。
半世紀に及ぶ全国約六〇〇カ所の民俗調査をもとに、
民間念仏信仰の諸相を明らかにし、その歴史を再構築する。

法藏館

民間念仏信仰の研究＊目次

凡例

一　文中の情報は、特にことわりのない場合、調査時点のものである。

一　資料については、現代において不適切な表現、差別的な語句が含まれているものもあるが、資料の実証性・歴史性を鑑みてそのまま収録した。また、新旧かなづかいが混交していても資料のままとした。明らかな誤字・脱字なども、一部に訂正したものがあるが、基本的に資料のままとした。

一　資料の引用の終わりを分かりやすくするため、それぞれの資料の末尾に記号として■を付した。

一　用語については次のように統一する。

・「念仏」については、「称名」の語もあるが、一般的に使われている「唱える」とした。

・民間念仏については唱えを中心にして踊りを伴わないものを「唱え型」、踊りを伴うものを「踊り型」とした。「唱え型」の中で、長く引き伸ばして唱えるものを「引声系」とした。引声は声明《しょうみょう》の名称であるが、読みは「いんぜい」とした（例：引声《いんぜい》阿弥陀経・引声《いんぜい》念仏）。なお浄土真宗・天台宗では「いんじょうねんぶつ」がある。「踊り型」については僧の踊る「踊り念仏」と、在俗の人の踊る「念仏踊り」がある。

・双盤鉦の表記については「鉦」の字に統一した。ただし、資史料に「雙盤」と記している場合はこの限りではない。

・鉦の数え方は普通「挺」を用いるが、双盤鉦については「一枚鉦」「二枚鉦」といわれるので、「枚」に統一した。太鼓の数え方は「一張」である。

・双盤の大きさは鏡面（叩く面）の半径で表す。一尺の尺鉦から尺三といわれる一尺三寸のものがある。

・フォークタームについてはカタカナ書きとし、現地での呼称・表記についてばらつきや誤記があったとしても、現地呼称・現地表記を優先とした。

一　文中の「現在は」「現時点では」「現状は」などは、それぞれの「調査時点」のことをいう。

一　註の坂本要の報告・論文については年号のみを記した。掲載雑誌などは巻末の「坂本要念仏関連論文著作」を参照のこと。
一　浄土宗諸派や寺院については、左記の呼称を使用した。

鎮西流　捨世派
西山流　大日比流
西山浄土宗　縁山声明（増上寺）
浄土宗西山禅林寺派　祖山声明（知恩院）
浄土宗西山深草派（誓願寺）　百山（百万遍知恩寺）
名越派　鎌倉光明寺
名越流声明　粟生光明寺

民間念仏信仰の研究

はじめに

民間念仏とは、民間人・在家の人が中心に行う念仏で、何々念仏という名称で、念仏芸能や念仏講として全国で広く行われている。これらの念仏はここ半世紀の間に、だいぶ行われなくなったが、歴史的には融通念仏・大念仏・六斎念仏・双盤念仏・念仏踊りとして、さまざまに展開し、現在に至っている。

表題の「民間念仏信仰の研究」は、昭和四一年（一九六六）に刊行された『民間念仏信仰の研究　資料編』（佛教大学民間念仏研究会編、隆文館）による。この本は初めて全国の民間で行われている念仏を網羅したものだが、「資料編」とあるように、論考にまでは至らなかった。この後、昭和三二年（一九五七）に、五来重の「融通念仏・大念仏および六斎念仏」（『五来重著作集　第一巻』法藏館に所載）によって相互関係が論じられた。今回の著作はそれに続くもので、著者の長年の民俗調査の集積によって構成されている。調査個所は巻末に示すように全国約六〇〇カ所に及んでいる。

表紙カバー表の最上段の写真は、私が昭和五〇年（一九七五）ころ、千葉県の飯岡（現旭市）で撮影した「芋念仏」と言われた融通念仏系の大念仏行事である。昭和四〇年（一九六五）に県指定無形民俗文化財になったが、平成一八年（二〇〇六）に指定が解除された。解除の文面によると、「以降四〇年が経過し、会員の高齢化と後継者のいないことで、平成一六年に保存会が解散し、行事が消滅した。」とある。写真を撮った時の賑わいは夢のようである。この写真は千葉県旭市後草《うしろぐさ》・旭市飯岡町・銚子市八木で年四回行われた大念仏で、漁業や農業の収穫を願うことから芋念仏・鰯念仏と言われた。八集落から一二〇名ほどが参加する大行事であった。空也念仏の流れを引き、立ち念仏で踊る。唱えに「融通念仏南無阿弥陀」が入る。かつては「御日忌《おにっき》」といって年一二回の念仏があった。写真は飯岡町南の阿弥陀院で昭和四九年（一九七四）九月彼岸に撮影した。

また表紙カバー裏の最下段の写真は、昭和四八年（一九七三）の三重県志摩半島の「御座の盆送り」の写真である（第六章第一節参照）。その後の再調査では、和服だった香炉持ちは洋装になり、雰囲気がまったく変わってしまったことに驚いた。

このように、『民間念仏信仰の研究　資料編』からすでに五〇年以上が経過し、私が調査を始めてからも四〇年以上たっているので、「奈良県の六斎念仏」のように伝承者がいなくなってしまったものも多い。その意味で、この本に収められた聞き書きや事例の調査報告が最後になってしまったものが含まれている。

しかし「富士祈禱六斎念仏」「平戸の六斎念仏」のように新発見のものや、「知多虫供養大念仏」のように、今回、位置付けのはっきりしたものがある。また風流踊り系の念仏踊りについては「傘ブク」という新たな視点を提示した。

本書は、民俗調査の積み重ねから実態を論じて歴史的経緯を追うような形になっている。行事や芸能の構成要素の分析が主になるが、文献史料・金石資料や絵画資料で補完している。しかし行事そのものが衰退しつつある中で、聞き書きから遡ることの難しさから、判明しない部分もあり、今後の新資料の発見や調査に期待する。

日本仏教史や民俗学にとって、この民間念仏は聖（ひじり）仏教や講仏教の問題とつながり、大きな問題であるが、民間念仏の実態を研究した書が少なく、全体を通観できるものがない。この本がこの分野の突破口になればと思っている。

章立ては、融通念仏・六斎念仏・双盤念仏・風流系念仏踊りに分けた。

民間念仏は大きく、唱えを主にした融通念仏（百万遍を含む）・六斎念仏・双盤念仏と、踊りを伴う踊念仏・念仏踊りの二つに分けられる。「第二章第二節　知多半島の虫供養大念仏と講仏教」「第三章　六斎念仏の地方伝播」「第四章　双盤念仏」は前者の流れを追うもので、「第一章第二節　踊り念仏の種々相」「第五章　大念仏と風流踊り」「第六章　傘ブクと吊り下げ物」は後者の流れを追うものである。

「第一章第一節　民間念仏の系譜」では、民間念仏を定義した上で、百万遍念仏・融通念仏・六斎念仏・双盤念仏・念仏踊りと、時代を追って民間念仏を概説した。併せて民間念仏信仰の略年表を付した。

「第二節　踊り念仏の種々相」では、踊り念仏という僧侶が踊る念仏が、さまざまにあることを示した。踊り念仏というと空也と一遍が語られ、それらを祖とする空也派や時衆の徒に限られてしまうが、空也派の変遷や、融通念仏の僧や時衆一向派にも目を向けて、最近の研究動向を論じた。

「第二章　融通念仏と講仏教」では、融通念仏・融通念仏宗の概説と、愛知県知多半島に広がる「虫供養大念仏」の調査・資料を提示する。「虫供養大念仏」は非常に大規模な念仏行事で、いろいろな念仏やいくつかの宗派の影響を受けて複雑になっているが、それを分析し、この大念仏が融通念仏の初期形態に類似していることを論じた。

「第三章　六斎念仏の地方伝播」では、一五世紀に高野山で始まったとされる六斎念仏の概観と地方での実態を述べる。福井県若狭地方の踊りを伴う六斎念仏、長崎県の平戸から五島列島・壱岐島にかけて広がるキリスト教の禁教と関連したと思われる六斎念仏、富士山周辺に広がる祈禱性の強い六斎念仏を扱う。

「第四章　双盤念仏」では、今まで論じられることが少なかった浄土宗系の双盤念仏を論じ、全国約三〇〇カ所の事例を扱う。僧侶の引声念仏から始まって、在俗の人による芸能化された双盤念仏に至る過程を論ずる。通説によると、双盤念仏は一五世紀の京都真如堂の十夜法要に始まるとされるが、双盤鉦の出現は一七世紀であり、通説は考え直さなければならない。善光寺や浄土宗名越派との関連が考えられる。

「第五章　大念仏と風流踊り」では、三遠信国境地区（天竜川中流域）の風流系念仏踊りを扱う。「長野県南部の掛け踊り」「静岡県水窪町（現浜松市）の大念仏」「愛知県側のハネコミ・放下の念仏踊り」で、この地区約七〇カ所の事例の比較と要素分析である。念仏踊りは、唱えるだけの大念仏と風流踊りの二部構成になっていて、この地区では、南無阿弥陀仏の念仏を繰り返し唱えながら踊ることはない。最後に、この地区の大念仏と奈良県十津川の大踊りを比較する。

「第六章　傘ブクと吊り下げ物」では、三重県伊勢・志摩地区に広がる大念仏を取り上げる。特に志摩地区では、死者の遺品を傘に吊り下げる風習がある。傘は「傘ブク」と言い、この傘ブクを中心とした盆の送りの儀礼や芸能がある。傘ブクは京都祇園祭の「傘鉾」から来ているが、傘ブクの全国事例の紹介と祇園祭の傘ブクとの関連から、その意味を探る。

以上であるが、これをもっても民間念仏信仰の一部を扱ったに過ぎない。百万遍や念仏講という最もポピュラーな念仏信仰の研究が残されている。遅きに失した感があるものの、今後の研究に期待したい。

なお、一九九九年から二〇〇三年にかけて『身体表現から見る念仏芸能の調査及び成立過程の研究』、二〇〇二年から二〇〇五年にかけて『身体表現から見る念仏踊り・八月踊り』で文部科学省の科研費の助成を受けている。

第一章　民間念仏の系譜

第一節　民間念仏の系譜

1　念仏とは

狭義には「南無阿弥陀仏」と阿弥陀の名を唱える称名念仏のことを指すが、民間では真言や経文、和讃を唱えることも含めて仏になにか唱えることを念仏としている。

念仏の原義は梵語の buddhānusmṛti の漢訳語で、「仏を憶念する、思念する」の意味である。

初期仏教においては心を集中して仏・法・僧・戒・施・天の六つを思念する六念という修行法の一つであった。大乗仏教の『般舟三昧経』や『観仏三昧海経』になると、具体的には仏の姿、相貌を一つひとつ思い描くという、見仏の方法とされ、観想念仏といわれた。この思想は往生の思想とも結び付き、仏を念ずることによって往生できるとする『観無量寿経』の経典になっていく。中国に仏教が入ると、浄土の様相を瞑想して描く観法の一つとして念仏は広まり、浄土教により仏は一尊阿弥陀仏のみとされる。さらに難行に対する易行として阿弥陀の名のみ唱えればよいとする称名念仏、さらにそれを頭に思うのではなく、口から声を出して唱える口称念仏が、善導により広められた。

日本で最初に入ってきた念仏は、最澄のもたらした天台宗の「摩訶止観」に説く止観・観想の念仏であった。しかしその後、円仁により、中国五台山で法照の始めた五会念仏が伝えられた。これは善導の口称念仏を音楽化したもので、比叡山の常行三昧堂で不断念仏として行われた。一〇世紀に、源信の推奨により貴族の間に広まった念仏はこの不断念仏である。不断念仏は引声念仏であったと考えられている(1)。次に平安末に良忍上人は京都大原に来迎院を開き大原流声明を開くとともに、融通念仏を説いた。これは一人の念仏が万人の念仏のためになるというもので、念仏は融通し合って百万遍にもなる。多くの人が集まって唱える念仏が民間に流布し、寺僧の念仏とは別に民間の念仏が形成されていった。

念仏としては五会念仏・引声念仏・融通念仏の名があるが、それ以外にも声明や講式で唱える念仏がある。さらに遡ると、これらの声明はヴェーダの声を長く伸ばす唱え方に淵源する。ヴェーダの中には唱え言を細かく繰り返す「ジャバ」という唱え方もある。念仏にも「南無阿弥陀仏」を長く引き伸ばす引声と、細かく繰り返す百万遍のような唱え方の二つがある。

2　民間念仏の定義

民間念仏とは、僧侶が主催しない、在俗の人でのみ行う念仏を想定したものである。現今の民俗では葬式や諸仏の縁日に念仏講が開かれ、地念仏・堂念仏・家念仏などという。僧侶が主催しないのみか僧侶のいる寺で行っても僧侶は顔出ししない所が多い。もしくは僧侶の読経が終わってから唱える。歴史的に見て、念仏講の結成や伝播には半僧半俗の聖や堂守りの僧が考えられるが、現今では各宗派に属する寺僧の儀と別になっている。

ここでは「民間念仏」とは寺僧の関与しない念仏として定義したい。念仏講に寺僧が関与しないことは江戸時代の初めに禁令として出されて定着した。寛文五年（一六六五）一一月に「念仏講、題目講と唱へ、緇素《しそ》（玄人と素人・僧と民間人）集会することあるべからず」（『徳川実紀』三一巻）という法度が出され、この時点で僧の民間の講への関与は禁じられてしまった。結果、念仏講などへの僧の関与はなくなった(2)。

一方、五来重は念仏論の初論文として「民俗的念仏の系譜(3)」を発表し、「民俗的念仏」の語を使用し、併せて定義をしている。それによると「ここに民俗的念仏というのはごく一部の宗派を除いては、教理のいかんにかかわらず、仏教を通じて仏教徒のあいだに民俗行事（特に年中行事または社会儀礼）として現に行われている念仏を指すのである。したがってそれは、純粋な念仏信仰としての源空―親鸞の専修念仏とは本質的に対立するもので、教学や思弁に媒介されぬ古代的な呪術的念仏といえる」とある。続いての説明では、空也―良忍―一遍の念仏を理性的・思弁的・内観的な専修念仏とは「まったく異質な念仏であって、非理性的・呪術的・集団的な性格をもって」おり、日本の民俗固有の精神構造・宗教観念と社会構造が底流としてある、としている。民俗的念仏の系譜に空也・良忍・一遍の念仏をつなげる考えである。この論で使用されている語によれば「地下茎のごとき底流」としての民俗の精神構造・宗教観念が空也・良忍・一遍の念仏を生み出すという、氏が以降の念仏論の最後まで持ち続けていた考えである。

このような理念として想定された民俗的念仏が、現実の歴史の上でどのように変遷を遂げたのかはこの本で具体的に論じる。習合しながらも複雑な展開を示している日本的念仏という独自性で説明できる。空也・良忍・一遍の念仏は、その深化により身体性を獲得して、その結果が民俗につながったと考えられる(4)。

3　百万遍念仏

まず民間の念仏講で一般的な百万遍の数珠繰り念仏を考えてみよう。

百万遍は百万回念仏を唱える行法である。それに一人で念珠の数珠繰りを行うもの、多くの人と共に大きな数珠を繰るものを加えて三つがある。一般に百万遍というと三番目のものを指す。念仏は中国浄土教の興隆に伴い称名・口称の易行として展開したが、祈願・呪願にあっては、多念の念仏は難行とされた。典拠は『木槵子経《もくげんし》』によるが、広めたのは道綽《どうしゃく》といわれている。また『阿弥陀経（阿弥陀小経）』に七日間不眠不休で百万遍唱えるという七日念仏という行があった。源信もこの百万遍を『往生要集』に引用している。唱えるのは阿弥陀大呪すなわち阿弥陀の陀羅尼であった。呪願的意味が強かった。

『拾遺往生伝』によると康和元年（一〇九九）に天王寺で九日間に百万遍の念仏を唱えたとある(5)。融通念仏ができる以前の話である。『融通念仏縁起絵』によると、良忍が夢の中で阿弥陀仏より融通念仏を誨示されたのは良忍四六歳の永久五年（一一一七）のこととされている。百万遍の念仏が先にあり、一人と万人が融通して百万遍の念仏を唱えるという融通念仏の考えは、その後にできたことになる。勤行の念仏は易行になる。

阿弥陀の名号を唱えて数珠を繰るのは南北朝の元弘年間（一三三一〜三四）、知恩寺の善阿空円からといわれる。善阿は後醍醐天皇の命により疫病退散の百万遍を行い、寺号を百万遍とした。現在の京都百万遍知恩寺である。また、数え方も十人で十万遍、百人で一万遍というように数を総計で数えるもので、これを略法早修という。

融通念仏の百万遍がどのような唱えであったかは、判明していない。現行の数珠繰りを伴う百万遍では、初め引声のようなゆっくりした唱えからだんだん速く唱える唱え方であり、「六字詰め」という。

4　六斎念仏

斎日とは戒律を守り、心身を清浄にする日。僧尼に飲食供養《おんじきくよう》をする日とされた。斎日は月六回あり、六斎日として念仏を唱えたりした。六斎日は月の八日・一四日・一五日・二三日・二九日・三〇日の持斎沐浴し身体清浄にしている日であった。異説もあるが、新月・満月と半月の日で、広く祀り日・モノ日とされた日であった。

六斎念仏は毎月六回の持斎日に行われた念仏で唱えを中心にした地味なものであった。融通念仏は平安時代末に大原の良忍が唱え、大念仏として民間に広まったが、踊りがそれに付随するようになった。六斎念仏はこのような大念仏や踊り念仏の反動として起こった持斎の念仏で、引声念仏の流れを引く、「南無阿弥陀仏」を長々と伸ばす念仏であった。「四遍」「白米《はくまい》（白舞）」等の曲があり、高野山系の六斎念仏が元である。六斎の曲調は各地の大念仏や太鼓踊りのような風流化した念仏の中にも断片的に残っている。京都では干菜山光福寺（干菜寺《ほしなでら》）と空也堂が六斎の許可状を出していた。京都市周辺には、唱え中心の「詠唱六斎」と踊りを伴う「芸能六斎」があったが、現在は芸能六斎がほとんどで、八月に行われる。若狭には古い六斎が残り、京都の芸能六斎の影響がある。京都から離れるが、長崎の平戸・壱岐島・五島列島にも残る。キリスト教の禁止令に伴う処置として六斎念仏の普及を図ったといわれる。さらに山梨県と静岡県の富士山周辺には、「祈禱六斎」といって修験の儀礼が入った念仏が春先に行われる。道場には切り紙の天蓋を飾り、融通念仏の曲調が入っているのが特徴である。三河の神楽・花祭の影響を受けている。

高野山系の六斎念仏については五来重の論がある。六斎念仏は、融通念仏・大念仏からの展開を述べ、その変遷を把握されている。

筆者の場合、その展開として若狭・平戸・富士山周辺の事例を追ったものである。その過程で六斎念仏を唱える時に奇妙な座り方をする例を挙げている。若狭で見た例は、円陣になってしゃがんで念仏を唱える。平戸島の北にある的山大島《あずちおおしま》では、墓場で足を投げ出すようにして座る。これは高野山周辺の六斎碑に見られる居念仏に当たるものと思われるが、座ることに特別な意味があるとみられる。居念仏・立ち念仏は高野山系六斎に見られるもので、立ち念仏が若者で見習い、居念仏は年寄の念仏とされる。念仏は座るものとの観念が地方に伝播した結果であろう。

六斎念仏は引声系の念仏であるが、その起源・系譜が未解決で、五来重も寺僧の行っていた声明の念仏とは異なる民間念仏起源説を採る一方、天台声明の八句念仏・甲念仏・九声念仏からの連続も示唆している。(6)

また高野山に発した六斎念仏も奈良県に入ると、融通念仏宗や浄土宗の村落に広まっており、矢田寺が許可状を出している。曲種や太鼓の混入という、二次的な変化や六斎念仏の許可制度を考慮しないと現今の六斎につながらない点がある。

5　双盤念仏

双盤念仏は、直径一尺から一尺三寸の鉦二枚を叩きながら唱える念仏である。念仏は浄土宗特有の念仏で、古くは慈覚大師円仁によって伝えられた比叡山常行堂の不断念仏の系譜を引く。一五世紀初頭、京都の真如堂の十夜法要にこの引声念仏が唱えられ、明応四年（一四九五）に鎌倉光明寺にもたらされて、以降、浄土宗の法要の念仏となったとされる。

一方、双盤鉦は、現在分かっている最も古いものは万治二年（一六五九）の鉦で、双盤鉦を使う双盤念仏が発生するのはこの頃である。京都の真如堂・鎌倉光明寺に伝わったのは「引声阿弥陀経」で、双盤鉦は用いない。南無阿弥陀仏を繰り返す「引声念仏」の系統が双盤念仏の念仏になったと考えられる。元禄前後に浄土宗諸法度が整備され、その頃双盤鉦を使う浄土宗寺院の法要が始められたと考えられる。

双盤とは二枚の鉦を指すという説と、声明の音階である双調《そうじょう》・盤渉調《ばんしきちょう》に叩き分けるからという説がある。僧が二枚鉦を向かい合わせにして両手で叩くのが浄土宗の儀軌である。この二枚鉦双盤念仏が民間に下降し、三枚から十枚の鉦を並べて叩く、在家の人による並び鉦の双盤念仏が広まった。在家の双盤念仏は関東と関西に多い。関東では江戸中期より始まり、宗派を超えて幕末から明治時代に大流行した。鎌倉光明寺・八王子大善寺・九品仏浄真寺・芝赤羽橋閻魔堂・浅草寺奥山念仏堂などが拠点であった。別に関西では、雲版鉦や双盤鉦を叩きながら六字詰めを唱える楷定《かいじょう》念仏が滋賀県の安土浄厳院を中心に広まっている。並び鉦の双盤念仏としては京都真如堂の十夜念仏が有名である。長野善光寺や名越派では「きざみ叩き」という叩きの双盤念仏があり、御戸帳の開閉の合図に使われる。西山浄土宗や大日比派という浄土宗諸派にも二枚双盤や在家の双盤念仏がある。

双盤念仏は前半の引声の念仏と後半の鉦の叩きからなるが、民間に下ると後半の叩きが複雑化する。在家の双盤念仏は法要の中で叩く役鉦《やくがね》と平鉦《ひらがね》といわれる双盤念仏がある。役鉦は「六字詰め」の念仏を唱えることが多いことから「六字詰め」と言い、原則二枚である。後者は狭義の「双盤念仏」といわれ、並び鉦で法要の合間に叩かれ、後半の叩きが長くなる。役僧の叩く役鉦が在家に移行し、双盤念仏として芸能化したと考えられる。

6　念仏踊り

踊り念仏から念仏踊りへの移行は五来重の大きなテーマであった。踊り念仏は空也・一遍の踊りに代表されるが、底流としては各時代の聖の行状にあったとみている。事実、『融通念仏縁起絵』に融通念仏の徒が踊っている図がある。念仏踊りはそれらが芸能化し民間で行われる民俗芸能の中に見られる。簡単に述べるとこのような論である。五来とそれに続く大森恵子の研究で進められた。具体的には、放下《ほうか》・暮露《ぼろ》という放浪芸人を媒介にして風流化した。(7)

筆者の場合、風流踊りから派生したと思われる、いわゆる念仏踊りを分析した。この風流系念仏踊りの構成と所作を見ていくと、踊りを伴わない唱え型の念仏と風流踊りの二部構成になっている。踊る時に「南無阿弥陀仏」の念仏を唱える「ナモデ踊り」や広島県の「ハネ踊り」があるが、まれである。唱え型念仏は融通念仏の系統を引く大念仏で、踊りは風流踊りの輪踊りである。

躍り念仏については第二節に述べるように空也派・融通念仏・時衆各派と種々の踊り念仏があった。一遍が踊り始めたとする弘安二年（一二七九）の頃に、導御《どうぎょ》・一向が踊ったということが伝えられている。一遍の始めた踊り念仏が時衆遊行派にどのように受け継がれたのかその経緯は不明であるが、最終的に儀軌として踊り念仏が確定するのは江戸時代になってからである。『遊行上人縁起絵』を見ると、二祖他阿上人時には踊るのではなく行道として儀礼化したように思える。

一方、風流踊りの一つとして盆風流・念仏風流すなわち念仏踊りが流行るのは応永二六年（一四一九）であり、一遍の踊りから一四〇年後である。風流踊りには豊年祭的な色彩もあり、長野県の和合の念仏踊りでは「豊年だ豊年だ」という。このことからも一遍の踊り念仏と風流系の念仏踊りは系譜の異なるものと考えられる。

7　傘ブクと盆踊り

風流系念仏踊りから盆踊りが成立する。風流系念仏踊りに傘ブクを囃しながら送る習俗がある。傘ブクはもともと祭礼の依り代としての傘と鉾もしくは長刀鉾《なぎなたほこ》が習合したもので、傘鉾《かさぼこ》が訛って傘ブクという。その傘ブクに吊り下げ物を下げたものも見られる。志摩半島の大念仏では、盆に亡くなった人の遺品を傘ブクに下げて念仏を唱える。岩手県遠野市の喜清院や大槌町吉里吉里の吉祥寺では、死んだ子どもの衣服を傘に吊り下げて寺に納める。傘ブクはもともと拍子物《はやし》として祭礼や行事に登場したものが、新仏の送りの大念仏にも出ているということである。ほかにも小正月や安産子育て等の諸祈願にも傘ブクは出てくる。送り・祓いが祈願に転じて全国に広まったものと見られる。雛祭りの吊り下げ飾りも傘ブクが雛壇の脇飾りとして発達したものである(8)。それとは別に、口説き系の盆踊りには音頭が傘（緋傘・唐笠・破れ傘）を差して唄う所が見受けられる。

以上、民間念仏の流れを通観してみると、大念仏と称された融通念仏を中心に展開していることが分かる。百万遍念仏を唱えるという考えは融通念仏以前にあったが、融通念仏の観念ができると、その念仏の唱え方として数珠繰りを伴って広まった。融通念仏は組織的に広まったものではなく、一つの念仏の形態として「大念仏」といわれて行われ、貴賤を問わずに広まった。融通念仏は戦国時代以降の惣村の成立によって、講組織を組み結衆を募るような民間の念仏になり、各地に大念仏の碑を残している。

一方、信仰の高まりから持斎運動に展開し、六斎念仏が誕生する。また近世初頭に爆発的に広まった風流踊りと結合して念仏に踊りが加わるようになる。踊り念仏とはいえ、踊りと念仏は別で、念仏は大念仏という融通念仏や六斎念仏の系譜を引いたものとみられる。一方、双盤念仏は引声系の念仏に鉦の叩きが加わり、民間に下降し芸能化した念仏である。

表1−1−1　民間念仏略年表　(大)大念仏　(百)百万遍念仏　(融)融通念仏　(六)六斎念仏　(双)双盤念仏　(踊)踊り念仏　(風)風流踊り

仁寿　元年（八五一）	円仁、五台山念仏三昧法始修。
貞観　七年（八六五）	比叡山常行堂で不断念仏を始業。
(踊)天慶　元年（九三八）	空也、市井で念仏を唱える。
寛和　元年（九八五）	源信、『往生要集』を書く。
(大)正暦　元年（九九〇）	奈良超昇寺で大念仏始まる。
(百)康和　元年（一〇九九）	四天王寺で百万遍念仏が行われる。
(融)永久　五年（一一一七）	良忍、融通念仏の夢告を受ける。
(融)長承　元年（一一三二）	良忍没。
安元　元年（一一七五）	法然、専修念仏を説き黒谷に移る。
承元　元年（一二〇七）	専修念仏禁令、法然・親鸞流刑。
(踊)文永一一年（一二七四）	一向、大隅八幡で歓喜踊躍す。
(大)弘安　二年（一二七九）	道御、清涼寺で融通念仏会を始める。
(踊)弘安　二年（一二七九）	一遍、信濃国小田切で踊り念仏を始める。
(大)正安　二年（一三〇〇）	円覚十万、壬生大念仏を修す。
(融)正和　三年（一三一四）	『融通念仏縁起』制作される。
(融)元亨　元年（一三二一）	法明、男山八幡の神勅により融通念仏中興。
(百)元弘年間（一三三一〜三四）	善阿空円、知恩寺で百万遍の数珠繰りを行う。
(大)正平一三年（一三五八）	「大念仏一結衆」五輪塔碑初見（奈良県橋本市神野々墓地）。
(双)明徳　七年（一四〇〇）前後	京都真如堂で十夜法要に「引声阿弥陀経・引声念仏」が唱えられる。
(六)応永二〇年（一四一三）	高野山踊り念仏・高唱念仏禁令。
(風)応永二六年（一四一九）	京都伏見で盆の念仏風流行われる。

(融)応永三〇年（一四二三）	『融通念仏縁起絵』（清凉寺版）完成。
(六)文安　四年（一四四七）	六斎念仏供養碑初見（和歌山県海南市下津町）。
(双)明応　四年（一四九五）	鎌倉光明寺の十夜法要に「引声阿弥陀経・引声念仏」が伝わる。
(六)永正年間（一五〇四〜二〇）	京都光福寺六斎念仏総本山の号を得る。
(双)天正　七年（一五七九）	安土宗論（楷定念仏開始説）。
(双)元和　元年（一六一五）	浄土宗元和法度制定。
(双)万治　二年（一六五九）	双盤鉦初見（福島県喜多方市名越派）。
(大)寛文　四年（一六六四）	大阪平野「大念仏寺」の号初見。
寛文　五年（一六六五）	僧侶の念仏講・題目講への関与禁令。
(双)寛文一一年（一六七一）	関東十八檀林制度（東京都八王子市大善寺十夜）。
(融)元禄　二年（一六八九）	「融通念仏宗」の語初見。
(双)元禄一二年（一六九九）	鎌倉光明寺什物帳に惣番鐘（双盤鉦）の記述あり。
(双)享保一〇年（一七二五）	鎌倉光明寺「引声阿弥陀経・引声念仏」再興。
(双)延享　二年（一七四五）	鎌倉光明寺「十夜用事聚」に「双盤・楷定念仏・六字詰」の語。
(六)宝暦　五年（一七五五）	京都光福寺「六斎支配村方控帖」。
(六)文化一四年（一八一七）	奈良矢田寺六斎念仏許状（奈良市大安寺）。

註

（1）引声は声を長く引き伸ばす唱えで、「引声念仏」「引声阿弥陀経」がある。天台宗で『例時作法』として行われていた。引声阿弥陀経は京都大原三千院の魚山流《ぎょさんりゅう》と鳥取伯耆大山《ほうきだいせん》の大山寺《だいせんじ》の大山流《だいせんりゅう》があった。現在まで引声阿弥陀経が伝わっているのは、京都真正極楽寺真如堂（天台宗）と鎌倉光明寺（浄土宗）と兵庫県酒見寺《さかみでら》（真言宗）の三カ寺であったが、大山寺（天台宗）が二〇一八年に復興した。真如堂は毎年一〇月一五日に引声阿弥陀経会を行っている。一一月一〇日からの十夜の双盤念仏とは別である。

（2）圭室文雄『江戸幕府の宗教統制』評論社、一九七一年、九七頁。『徳川実紀』寛文五年（一六六五）一一月の記事は『大成令』からの引用である。また現在では、布教に熱心な僧が積極的に関与している寺もある。その場合、各宗派の御詠歌・和讃が入ることが多い。

（3）五来重「民俗的念仏の系譜」『印度学仏教学研究』五巻二号（通巻一〇号）、一九五七年（『五来重著作集　第七巻　民間芸能史』法藏館、二〇〇八年）。

（4）坂本要［一九九二］［二〇〇八］、本書「第七章　まとめ」を参照。

（5）奥野義雄「百万遍念仏稱唱から百万遍念仏数珠繰へ」『奈良県立民俗博物館研究紀要』二号、奈良県立民俗博物館、一九八八年。

（6）五来重「念仏芸能の研究」『日本仏教民俗学論攷』、一九五二年（『五来重著作集　第一巻　日本仏教民俗学の構築』法藏館、二〇〇七年）。同前掲（3）「民俗的念仏の系譜」。

（7）大森恵子『念仏芸能と御霊信仰』名著出版、一九九二年。同『踊り念仏の風流化と勧進聖』岩田書院、二〇一一年。五来重「融通念仏縁起と勧進」（『新修日本絵巻物全集　別巻一　弘法大師傳絵巻　融通念仏縁起絵　槻峯寺建立修行縁起』角川書店、一九八〇年）では、放下・暮露などの放浪芸人が融通念仏に集まっていることが述べられている。

（8）坂本要［二〇一三b］［二〇一七b］。

第二節　踊り念仏の種々相

踊り念仏・念仏踊りの語について五来重は次のように述べている。(1)

宗教性を強く保持している間は念仏に力点をおいて〈踊り念仏〉といわれ、これが芸能化したときは踊りに力点をおいて〈念仏踊り〉と呼ばれる。

基本的に僧や聖の踊ったものは「踊り念仏」、芸能化して在俗の人が踊るものを「念仏踊り」とした。念仏で踊るという宗教行為もしくは芸能には次のようなものが挙げられる。以下の1～5までが「踊り念仏」、6～10までが「念仏踊り」となる。

1　空也派の踊り念仏
2　融通念仏の踊り念仏
3　一向の踊り念仏
4　一遍の踊り念仏
5　時衆と時宗の踊り念仏
6　京都六斎念仏（芸能六斎）
7　風流踊り系の念仏踊り
8　小念仏とおしゃらく
9　天道念仏

10　ジャンガラ念仏

1～4までの空也・融通念仏の徒・一向・一遍は史料に記載のあるもの・絵図に描かれているもので、現行の踊り念仏の始めとされている。6～10までのものは現行の念仏踊りで系譜の分からないものもある。風流踊り系の念仏踊りは全国に多くある。

現行の踊り念仏・念仏踊りとしては次のようなものがある。(2)

(1)　空也派の踊り念仏――京都空也堂・福島県八葉寺・京都六波羅蜜寺
(2)　融通念仏系の踊り念仏――大阪市大念仏寺（在家の禅門講員による）・福島県喜多方市安養寺摂取講
(3)　時宗系の踊り念仏――藤沢遊行寺すすき念仏・山形仏向寺・長野県佐久市跡部西方寺
(4)　芸能六斎――京都市内の六斎念仏・福井県若狭一帯の六斎念仏
(5)　小念仏・おしゃらく――埼玉県南部・東京都東部・茨城県南部・千葉県北部
(6)　天道念仏――福島県・栃木県・千葉県
(7)　ジャンガラ念仏――福島県いわき市・茨城県北茨城市
(8)　風流踊り系の念仏踊り――多数・全国

1　空也および空也系の踊り念仏

空也については、文献の少なさから、堀一郎の研究(3)以来停滞していたが、石井義長の研究によって研究は次の段階に入った(4)。一方、空也の流れを汲むとされる鉢叩きや空也僧の研究はかなりの進展をみている。踊りという視点から空也および空也僧の研究を概観していこう。空也・空也聖・空也僧・空也派の言葉を使用するが、空也の問題は空也生誕から約千年にわたる問題で、しかも現在、空也念仏踊りとして行われているわけで、問題は重層化・複雑化している。まず「空也」は歴史上の空也自身を指す。「空也聖・空也僧」は空也を祖として活動している聖で、空也没後の平安時代から中世に活動した集団で、「鉢叩き・茶筅・三昧」などといわれている。「空也派」は近世に京都空也堂との下賜関係で結ばれた組織である。しかし中世の実態が明らかでない上、研究者も安易に「空也」に結び付けて考えようとするため、混乱が起きる。この概観では、「空也」との結び付きを厳密に考えてみた。

（1）空也

空也の生没年については『空也誄』に、天禄三年（九七二）に七〇歳で没したとあるので、逆算して延喜三年（九〇三）に誕生したことになる。天慶・承平の平将門・藤原純友の乱で世情の不安定の時代に一生を過ごした。出自については明らかでないが、尾張国分寺で沙弥として出家し、空也を名乗った。[5]その後、播磨国の峯相寺で一切経を被閲し、阿波の沖の湯島で行を重ねる。[6]さらに陸奥出羽を巡回して仏法を広め、天慶元年（九三八）京都に戻り東の市で乞食行を行い、井を鑿って阿弥陀井となしたとある。これより前、『閑居の友』や能『愛宕空也』から嵯峨野の北の愛宕山に住んでいたのではないかとされる。[7]市の聖として、また阿弥陀の聖として京市中で念仏を勧め、市堂を建て、堂内には三十三観音図、観音補陀落山浄土図、阿弥陀浄土変図などを掛けていた。この間、さまざまな奇瑞や霊験譚が、『撰集抄』等の後世の説話集や、江戸時代初期に描かれたとする『空也上人絵詞伝』に記されている。

ここまでは空也が阿弥陀聖・念仏聖として語られていた部分である。石井義長によると、空也の後半生をみると、単純に阿弥陀聖・念仏聖であるとは言えないとしている。井上光貞の『新訂　日本浄土教成立史の研究』、堀一郎

図1－2－1
空也上人像（六波羅蜜寺蔵）『大日本史料第一編之十四』より転載

の『空也』、五来重の『踊り念仏』の各著作[8]では、民間呪術宗教者、踊る宗教者として実像とかけ離れたイメージで語られていると警告している。

　空也は天暦二年（九四八）比叡山に上り、大乗戒を受け、光勝の名を受ける。しかし空也の沙弥号で通した、とあるものの、改めて天台の門をくぐり教えに従ったことになる。事実空也は弥陀専修ではなく法華の行者でもあった。一丈もある大きな十一面観音を造立したり、金字水晶軸の大般若経六〇〇巻を書写し、大規模な供養会を催し、東山の西光寺（後の六波羅密寺）に活動の拠点を移した。空也の実践は三論宗にいう「空」を実践することにあったのではないかというのが、石井義長の論である。口称念仏もあったが観想念仏もあり、阿弥陀のみでなく観音の信仰もある。中心になったのは大般若経の「空」の思想にあるとする。光勝という名を授かりながら「空也」という名に固執したのも、そのためである。

　さてこのようにみてくると、空也は踊ったのだろうかという疑問が沸く。その一番の根拠は『一遍聖絵』第五段にある「抑々をどり念仏は空也上人或は市屋或は四条の辻に始業し給けり」の語にある。これは一遍が佐久の伴野で初めて念仏踊りを行った図の説明になされているもので、空也の詞文がこれにつながる。空也を慕う一遍の考えがよく表れている個所である。しかしこれを裏付ける空也の確実な史料はないというのが現状である。五来重、堀一郎も空也の時代に志多良神が摂津で流行し、歌舞を伴って輿をかついだことや祇園御霊会からの推論にとどまる。

また空也像と言えば、六波羅蜜寺の鎌倉時代の康勝作といわれる空也像、すなわち鹿角《わさづの》を持ち、胸に金鼓を掛け、口から南無阿弥陀仏の六体の阿弥陀仏が出ている像を思い浮かべる（図1–2–1）。これには今にも踊り出そうとするイメージがつきまとう。この像については古くは谷信一が、空也ではなく、一遍が現れる直前の時衆の興隆と布教に応じて造られたもので、三蔵法師に範をとっているのではないかとしている。(9)康勝作とすると一遍より少し前になるが、今堀太逸はそれより後の七条仏師の可能性もあるとしている。(10)いずれにしろ私たちがイメージしている空也像は、平安時代ではなくて鎌倉時代の念仏聖である可能性は高い。(11)

（2）空也聖と鹿角

空也は天禄三年（九七二）東山の西光寺で亡くなったが、その後、集団もしくは教団は阿弥陀の聖として組織化されたと考えられる。西光寺では地蔵信仰が盛んになり、地蔵講をはじめ、さまざまな講が行われるようになり、念仏のみのセンターではなくなる。念仏聖としての相承は、空也が所持していた金鼓と錫杖が弟子の義観から藤原資実に譲られ、新阿弥・前阿弥に伝わったとある。(12)この両名は阿弥陀の聖として、加茂祭りに高声の念仏を唱えた。(13)

資実の日記『小右記』万寿三年（一〇二六）七月二三日の項に、「義観阿闍梨志与故空也聖錫杖金鼓等、給使童手作布二端、義闍梨者空也入室弟子、仍所傳得、件金鼓彼聖懸臂日夕不離身、錫杖相同、不慮所得随喜無極」とある。すなわち義観阿闍梨から私に譲られた故空也の錫杖と金鼓は、義観阿闍梨が空也の弟子として所伝されたもので、空也が朝夕肌身離さず肘に掛けていた金鼓と、持っていた錫杖で、随喜至極であると記されている。ここで注意したいのは、空也から伝わったものは鹿角の杖ではなく、錫杖であるということと、金鼓が康勝作と伝えられる六波羅蜜寺の空也像のように胸に着けていたのではなく、肘に掛けて持っていたということである。やはり六波羅

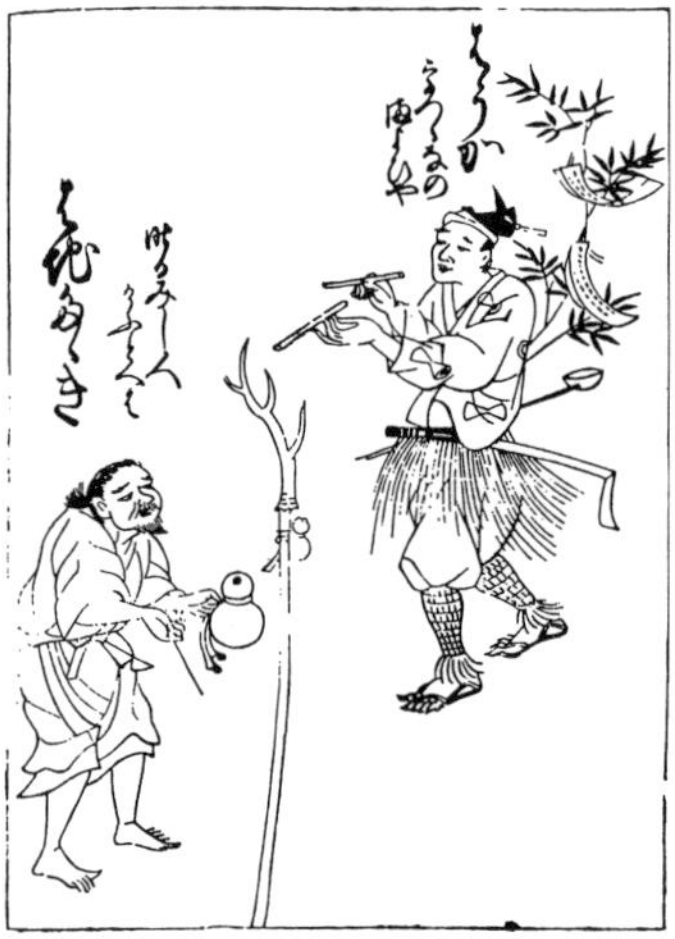

図1-2-2　鉢叩き・放下『七十一番職人歌合』

蜜寺とその後広まった鹿角を持つ聖像は、当時の空也を正確に伝えたものではなく、以下に述べるような聖のイメージで作られたものではないかと思われる。

『今昔物語集』（一一三〇～四〇頃成立）巻二九「阿弥陀聖殺人宿其家被殺語」(14)に、「阿弥陀の聖ということをして行く法師有けり。鹿の角を付けたる杖を尻には金を杁《えぶり》にしたる突きて、金鼓を叩きて、万の所に阿弥陀仏を勧めあるきける」とある。阿弥陀の聖が鹿角の杖を持っていたとする記事の初見である。杁は「えぶり」で二股になっていることを指し、この話の別の個所に「金杖」とあるのは上部に鹿角を付け、最下部が金属で二股になっている杖をついて歩いたと解される。同じく『小右記』他に、鹿皮を着た皮上人行円のことがあり、当時の聖が鹿皮を着していたり、鹿角を持っていたことは確かである。堀一郎はこのような平安期の聖に、獣の皮を着す北方シャーマンの影響を見ている。

文献では下って文亀元年（一五〇一）成立の『七十一番職人歌合』第四九番の「鉢叩《はちたたき》」の項に、「鉢叩の祖は空也といへり。鹿角も此道具といへり」と、有髪の俗人の体が鹿角を立て瓢箪を叩いている図が描かれている（図1-2-2）。鹿角と瓢箪と念仏は、近世に流通した『空也上人絵詞伝』(15)や各種随筆に京都空也堂極楽院の空也念仏・空也僧として記されるようになる。

空也僧が鹿角を持つ理由は、『空也上人絵詞伝』の説話もしくはそれを表している図によって説明されている。『絵詞伝』巻の上によると、「僧正谷に帰る途中平定盛という武士に会った。武士は僧正谷に集まる猿鹿を射殺し角皮を持っていた。これは年月、上人に仕えた獣であるので、上人にこれを与えよといって回向した。定盛はそれを見て弓矢を捨てて、上人の弟子になった」。また『雍州府志』では、「貴船に住んでいた空也上人のところへ毎夜鹿が来て鳴いていた。上人は閑居の友としてその鹿を大変愛していたが、突然来なくなってしまった。翌日平定盛が来て鹿を殺したことを告白した。上人はその皮を裘《かわぶくろ》にし、杖の先に角を挿し遺愛の品とした。それを見た定盛は回心し、剃髪した。」とある。

以上のような回心譚になっており、空也上人絵伝の最古とされる大倉集古館蔵の絵伝では最上段にこの物語の絵が描かれている。しかし大倉集古館蔵の絵伝は室町後期以降とされ、『雍州府志』も貞享三年（一六八六）刊なので、この説話は後世、鹿角を持つ理由として付加されたものと思われる。

空也念仏踊りに必ず鹿角が出るのであるが、確かな説明は今のところなく、堀一郎の聖＝シャーマン説にとどまっているといえよう。

（3）鉢叩き

阿弥陀の聖は空也の末裔として空也僧・空也聖といわれるようになる。現在、京都の空也堂や福島県八葉寺に伝えられている空也念仏踊りとされる踊りは、胸に金鼓を着け、これを叩く僧と瓢簞《ひさご》を叩く僧によって踊られる。瓢簞を叩き勧進する僧、もしくは俗体の芸人を「鉢叩き」として紹介する絵や文献は中世以降多く見られる。『七十一番職人歌合』にあるように、鉢叩きは空也を祖としている。

初見は『融通念仏縁起』の「聞名寺本」に描かれている。『融通念仏縁起』は融通念仏の祖・良忍（一〇七二～一一三二）の伝記と融通念仏の功徳や奇跡を描いたもので、没後二百年たって融通念仏中興の良鎮が全国弘通を願っ

図1－2－3
鉢叩き『融通念仏縁起絵巻』
（聞名寺本）念仏勧進の段

図1－2－4
空也僧『融通念仏縁起絵巻』
（清凉寺本）念仏勧進の段
（上巻第三段）

て正和三年（一三一四）に流布したものとされる。いくつかの諸本があり絵も異なる部分もあるが、そのうちの現存最古本である富山県「聞名寺本」と貴族への流布を図って書かれたという豪華版の「清凉寺本」に、「鉢叩き」と思われる画像がある。

「聞名寺本」（文和三年（一三五四））は、念仏勧進開始の段で、良忍を取り囲む群れの中に、一人の坊主頭で俗体の男が片足を上げ、瓢箪を叩きながら踊っている様子が描かれている（図1-2-3）。これが鉢叩きの初見とされる。[16]「清凉寺本」（応永二四年（一四一七））では、同じく念仏勧進の段、良忍を取り囲む先程と同じ個所に、鹿杖を手に、鹿皮を着た坊主頭の男が描かれている（図1-2-4）。胸に金鼓を着け撞木を握っている。隣に金鼓を胸に着けた僧服を着た坊主頭の聖がいる。最後の清凉寺大念仏の段では、二人の男が瓢箪を持って踊り、投げ銭がばらまかれている（図1-2-5）。これら『融通念仏縁起』に見られる芸能者については、細川涼一が、奈良興福寺大乗院が統制した五カ所・十座の声聞師であるとしている。[17]

ちなみに戦後発見された「クリーブランド美術館蔵正和本」には、同じ段の良忍を取り囲む群衆の中に、鉢叩きや鹿角を持つ姿はない。厳密にいうと「聞名寺本」や「清凉寺本」の瓢箪を持って踊っている人物を、後世の空也を祖とする「鉢叩き」とみるかは不明であり、井出幸男は「鉢たたきの風俗」としている。空也堂は応仁の乱まで京都三条の櫛笥《くしげ》道場にあったとする。他にも室町期には複数「鉢叩き」という集落があった(18)。

文亀元年（一五〇一）成立の『七十一番職人歌合』第四九番の歌合わせの「鉢叩き」の図は、鹿角・瓢箪・念仏・空也を祖とするということを描き、説明したものである。歌に「無常声人聞けとてぞ瓢箪のしばしばめぐる月の夜念仏」「恨めしやたが鹿角《わさづの》ぞ昨日までこうやこうやといひてとはぬは」。「こうやこうや」は行く行くといって訪ねて行かなかったという掛け言葉でもある。説明に「右は（鉢叩きの）祖師は空也といへり。鹿角は此道具といへり」とある（図1-2-2）。

図1-2-5　鉢叩き『融通念仏縁起絵巻』（清涼寺本）嵯峨大念仏の段（寺庭）(下巻第九段)

瓢箪と空也念仏はいつ結び付いたのであろうか。『融通念仏縁起』にある鉢を叩いて踊っている人物は全くの俗人で、踊って銭を得ていたようである。瓢箪を鉢というのは、瓢箪が杓子代わりに水を汲んだり、食べ物を入れる器として用いられていたからである。鉢は仏鉢を表す梵語パトラからきた語である。瓢箪に呪術性があり、呪具として扱われるのは広く未開社会に見られることである。日本でも神霊の入る容器や依り代とされたり、千成瓢箪のように福を招くものとされている。鎮魂祭の箱に代わるものとして用いられた可能性もある。『融通念仏縁起』では瓢箪を持って踊っていたので、空也系の念仏とは別に、声聞師の芸であったものが習合したとも考えられる。鹿角より時代的には後に空也の徒に結び付いたものであろう。瓢簞を手に踊っている姿が描かれているが、踊りがどの程度定型化されたものか不明で、これが空也僧の踊りにつながるとは考えられない。

後に編纂《さん》された『空也上人絵詞伝』では、「平将門の乱で罪に問われた遺臣が、皇子であった空也に嘆願し、助かった。それを喜び鉦に代わって兜（鉢ともいう）を叩き、歓喜踊躍して念仏を唱えた」という奇妙な話になっている[19]。

図1－2－6　茶筅売り　『洛中洛外図屛風』歴博甲本（旧町田家本）。茶筅を持つ三人の男。

（4）茶筅売り

一六世紀になると、「洛中洛外図」の作成が盛んになり、そこに鉢叩きと思われる人々が描かれている。一五三〇年代の成立といわれる「歴博甲本（旧町田家本）」には、素襖服で鉢を叩き、茶筅を挿した竹を肩にして歩く鉢叩きが描かれている（図1－2－6）。京都国立博物館編『洛中洛外図』には諸本を掲載し、分野別の図を載せている[20]。それによると六図あり、茶筅売りではないものは「上杉家本」一例のみである。この図はむしろを前に二人が立って瓢簞を叩き、脇に鹿角を立てて勧進している。むしろには金がばらまかれている（図1－2－7）。他はいずれも二人で歩く姿で瓢簞を叩きながら、茶筅を挿した竹を肩にしている。素襖服が二図・僧服が二図で、他に鉦叩きであるが、先頭に瓢簞を竹に下げている図がある。一六世紀以降鉢叩きは茶筅売りになり、素襖服に変わっている（図1－2－8『人倫訓蒙図彙』（寛文六年（一六六六））。

茶筅と空也との結び付きもはっきりしないが、『絵詞伝』には「天暦五年（九五一）京都で病気が流行ったが、空也は祇園社に参籠して清水寺に十一面観音を作ることを告げられる。空也はこの観音を車に乗せて市中を回し、茶を煎じて茶筅にて振り立て、観音と病人に勧めたところ、病気が治まり、以降、元三すなわち正月三日に王服茶として万民にふるまうことになり、また茶筅を売ることをなりわいとした」とある。各地に「茶筅」なる村があることは確かで、その元締めが京都の空也堂であった。箕《み》・笊《ざる》等の竹細工を業とする地区は多く、近世になると空也堂を本山として再組織化する機縁となる。

図1－2－7　鹿角を立てて勧進する聖『洛中洛外図屏風』上杉本

図1－2－8　鉢叩き・念仏申し『人倫訓蒙図彙』

（5）空也念仏

空也は阿弥陀の聖として念仏を広めることを旨とした。『雍州府志』（貞享三年（一六八六））の「極楽院」の項に、空也上人云々とあり、「空也堂院内に俗体の十八家があり、十八家の人厳冬寒夜に至り毎夜洛外の墓所葬場を巡り、各々竹枝を以て瓢を叩き高聲に無常の頌文を唱え修行と為す。云々」とある。これが空也の寒念仏で、江戸時代には俳句の季語にもなった。墓所を回って供養するという修行を行っていたが、三昧聖の役も担っていた。空也派だけではなく、行基を祖とするもの・時衆の徒・高野聖等三昧に関係する聖は多く、死体の処理・埋葬に関わった。ただ空也系の聖は、隠坊として葬儀の差配には関わったが、死体の処理をする穢多とは異なると主張していた。実態は文化三年（一八〇六）刊の幕府寺社奉行の取り調べ記録『祠曹雑職』に詳しい。菅根幸裕の分析によると、空也派は、三昧聖としての役から茶筅売りに転じようとしていたとする。(21)

（6）踊り念仏

空也、および空也聖が踊ったという確証は近世以前にはない。一遍が、踊り念仏は空也が始業したといったが、空也自身を調べていくとその可能性は少なく、当時勃興しつつあった聖の業としたほうが妥当である。また『融通念仏縁起』に描かれた、瓢箪を持って踊っている者が空也を祖とするものであるかどうかは不明である。

しかし近世に入ると幕藩体制の中、鉢叩き・茶筅といわれた、空也を祖とする全国の集団は、自らの出自を明らかにするため空也堂との結び付きを図った。茶筅売りで身を立てる一方、三昧聖からの脱却、空也堂の強化を進めた。空也堂の強化とは茶筅を宣伝することと、空也堂の儀礼を整備して参詣を図ることにあった。寺としての様相を顕在化することで、まず寺の整備や素襖等の服を黒の僧服にし、法事を復活することにあった。この法事が踊り念仏で参詣人を喜ばすものであったようだ。明和四年（一七六七）の『京師順見記』に空也堂の踊りの様子が詳しく書かれている。これは幕府の巡見師が明和四年から翌年に行った記録で、寺ごとに回って実見して書いたものである。引用する。

図1－2－9　空也堂踊り念仏『拾遺都名所図会』

当寺は住寺斗り剃髪にて、其外役者有髪にて、ひだもなくあらあらとしたる布の黒衣を着す、例格にて法事を勤め見せ候、鳥目十疋遣之、右の法事甚だ古風にて、又おかしげ也。住僧は色衣を着し、鉦を打て中に立、念仏唱名中殊勝也、有髪の黒衣は左右と後ろに立て同く称名す、後の二人は瓢をたたいて称名す、左右の黒衣は襟に鉦をかけて同称名念仏す、始徐々たり、中ばは早め、終り急にして住僧とも皆々踊り出る事、見物臍をくつがえす[22]

天明七年（一七八七）刊の『拾遺都名所図絵』を見ると踊っている人数は異なるが、描いてある通り中央に住僧がいて、周りに俗体の者が踊っている。住僧の衣服が黒衣になっているが、住僧のみが袈裟を着けている（図1－2－9）。「ひだもなくあらあらとしたる布」は時衆の阿弥衣を連想させる。古風とあるから踊り念仏は細々と伝わっていたものか、時衆などの他派のものかであろう。ただし鹿角は描かれていない。だんだん速くなる踊り方は、六波羅蜜寺の踊りにある。このようにして踊り念仏が復活もしくは作り出されたといえよう。森田竜雄はこれを観光化・見世物化と言っている。(23)

同じ頃に書かれた『譚海』(24)には、

勤行の體住持壹人、伴僧貳人、此三人は僧也。此外はうはつのぞく四人法衣を着て、むねに鉦鼓をかけ、左右にたち向て、同音に文句をくわし、せうこをならす、住持は文句をとなふる計りなり。伴僧貳人手にて瓢簞をたたき、文句を和し、終には互いにおどりいでて、ぜん後入ちがひ、いきほひこみて勤行をなす、これを歓喜踊躍念佛と號せり。

とある。記述からすると現行の空也堂の踊り念仏に近い。

現行の空也念仏も含めて空也念仏の特徴は、鉦と瓢簞を叩きながら円を描いて念仏を唱える前半と、鹿角を持つ導師に向かって行き来する後半によって構成されている。この後半は、導師の背後には阿弥陀仏があるわけで、阿弥陀仏のいる極楽に往生するさまを表していると思われる。鹿角は復活している。

空也派の踊り念仏は、京都空也堂・六波羅蜜寺・福島県八葉寺に伝わっているが、空也堂・八葉寺は同系統で明治二〇年（一八八七）頃、京都から名古屋へ、大正元年（一九一二）に名古屋から東京へ、大正六年（一九一七）東京から福島県八葉寺に伝わったもので、名古屋の大真会・東京の空也光勝会・福島の空也光隆会が中心になっていた。(25)

このように、現行の空也堂の踊り念仏は江戸時代に入ってから復活、再構成されたものと思われる。それ以前については不明である。一遍の「踊り念仏は空也に始まる」という言葉もそのままには信じられないが、空也の生きていた時代（九〇三～七二）に念仏聖が踊っていた可能性を否定するものではない。その後、具体的な姿が出てくるのは一三三〇年頃に描かれた『融通念仏縁起』の、鹿角を持ち、鹿皮を着た聖である。そこには瓢箪を持って踊る鉢叩きが描かれているが、双方とも空也の末裔とするには疑問が残る。明応四年（一五〇一）になって鹿角を持って瓢箪を叩いている姿が『七十一番職人歌合』の「鉢叩き」と題されて描かれる（前掲図1-2-2）。その後、一五三〇年から一六〇〇年頃の各種の「洛中洛外図」に描かれた姿は、素襖を着た俗人姿の茶筅売りで、瓢箪を叩きながら売り歩いたようである。鹿角は消えている。

江戸時代の見聞集には、鉢叩き・茶筅が空也を祖として寒念仏を唱えるとある。江戸後期に記された『祠曹雑職』には茶筅・鉢叩きと称された村の住人が葬儀に関わったとある。

鉢叩き・念仏・三昧聖・茶筅売りが混然として行われていたことが分かる。

一方、踊りは、一遍の言と『融通念仏縁起』の瓢箪を持って踊る男の図以外には出てこない。江戸時代に入り、京都空也堂が中心になって空也派が形成され、中期になって空也堂の踊りが人目を引き「歓喜踊躍念仏」として有名になる。その流れが現在の空也堂の念仏踊りに続いている。

（7）六斎念仏・秘事法門

近代に入り空也堂極楽院は、六斎念仏や浄土真宗系の秘事法門を傘下に収める。六斎念仏に関しては一五世紀に高野山近辺で始まるが、京都では永禄一〇年（一五六七）の『言継卿記』に、真如堂で行った一三代将軍足利義輝の供養に、六斎講の衆が多く集まったと記されているので、この頃には行われていた。文禄年中（一五九二〜九六）には、秀吉が干菜寺《ほしなでら》（干菜山光福寺）の六斎念仏支配を許したとある。(26) 以降、干菜寺が六斎念仏の許可状を出し中心寺になっていった。空也堂が六斎念仏に関与するのはずっと後で、文政六年（一八二三）、上鳥羽六斎講が盆期間の六斎の免状を願い出ている。その後、上鳥羽六斎講は仁孝天皇葬儀の法要に六斎の焼香念仏を奉じている。慶応三年（一八六七）、孝明天皇の葬儀には空也堂所轄の吉祥院六斎講も加わっている。皇系とされる空也を祖とすることから、空也堂は皇室の葬儀に参画することによって傘下の六斎講を増やし、明治三〇年（一八九七）に泉涌寺で行われた英照皇太后の焼香式には、参加した空也堂傘下の六斎講の人数は百名を越えた。明治一六年（一八八三）の空也堂「六斎念仏収納録」には七一カ所の講が記載されている。しかし明治三〇年以降は急速に数を減らして数団体になった(27)。そのようなことから現在も一一月の空也忌には六斎講の人が参加して六斎念仏を唱えている。

また明治三〇年頃から秘事法門の流れを引く集団から空也堂へ入門要請があり、名古屋・大垣等に別院が設置され、空也念仏踊りが勤修されている。この間の経緯は中村茂子・菅根幸裕の論考に詳しい(28)。明治二〇年代に大野隆阿弥が空也堂に和讃を習いに行ったのを機に、明治三〇年の英照皇太后の焼香式にも参加し、名古屋に空也堂の別院を作ることになった。別院はこの他、岐阜・大垣・四日市にもある。別院では秘事法門の法会があり、空也念仏踊りが行われる。

この教団が名古屋・東京・福島に空也念仏踊りを伝えていった。人名をたどっていくと明治初期の歓喜講住之江観玉に始まり、名古屋大野隆阿弥→東京岸楽阿弥→大垣磯部蓮阿弥→風岡西阿弥→高橋武阿弥と続いている(29)。大野隆阿弥以下は空也堂から任を得た空也僧であるとともに、秘事法門の善知識でもある。

2　導御と融通念仏

導御《どうぎょ》は弘安二年（一二七九）三月六日、京都嵯峨の清凉寺で大念仏を催した。そのことは『融通念仏縁起』の嵯峨本最終段に「清凉寺の融通大念仏」として描かれ、説明されている（図1-2-10）。

その絵には、須弥壇前に台を据え、その上で鉦を叩きながら踊っている二人の黒衣の僧と、錫杖を振っていると思われる三人の僧が描かれている。この清凉寺の融通大念仏の段の他、良忍の念仏勧進の段では鉢叩き・放下《ほうか》・暮露《ぼろ》と思われる異形の者たちが描かれている。またこの嵯峨大念仏は、謡曲「百万」に女曲舞《くせまい》の百万という母親が、別れたわが子に会う場所となっている。以下の項で導御・融通念仏・放下・曲舞などを、嵯峨大念仏との関連で考える。

図1－2－10　『融通念仏縁起絵』（清凉寺本）嵯峨大念仏の段（本堂内）（下巻第九段）

（1）融通念仏

導御が嵯峨の清凉寺で大念仏を始めたことは確かで[30]、そのことが『融通念仏縁起絵』の嵯峨本に描かれていることから、五来重は、この清凉寺の融通念仏の図を融通念仏が風流大念仏化する途中の段階と推測した[31]。

まず融通念仏から考えよう。融通念仏について略述すると、現在、融通念仏の研究は、融通念仏と融通念仏宗を分けることから始まっている[32]。融通念仏の研究者である稲城信子は、「融通念仏宗と呼ばれる宗派は、一七世紀以降、大念仏寺を中心として、摂津・河内・奈良で行われていた融通念仏の講や寺庵・講中を組織化していった宗派である。それらは近世では「大念仏」と呼ばれたが、正式に融通念仏宗と認められたのは明治七年（一八七四）のことである」としている。[33]

融通念仏は五世尊永以降一五〇年間、法系が途絶えてしまう。この間法系はないものの、導御が嵯峨の清凉寺で大念仏を行ったり、千本閻魔堂や壬生寺で大念仏を行ったりすることがあり、これが融通念仏ではないかとされている。このことについて最近の律宗の研究の進展から、次項のような見解が出されている。[34]

（2）導御

導御の伝記は『本朝高僧伝』のほか、『嵯峨清凉寺地蔵院縁起』『釈迦堂大念仏縁起』『壬生寺縁起』など、導御の関与した寺院の縁起がある。これらは昭和四年（一九二九）に北川智海によって『円覚十万上人年譜考』[35]としてまとめられたが、史実と伝承の両方が書かれて判然としない部分がある。導御は字名《あざな》で、本名修廣、清凉寺の念仏会で十万の人を集めたことから十万上人といわれ、宇多天皇から円覚上人の号を賜った。このことから円覚十万上人導御として、大衆の間で親しまれた。

伝によると三歳の時父が死に、やむなく母が東大寺の脇に捨て子をしたため、東大寺の梅本房で育てられ、東大寺で剃髪し、唐招提寺で具足戒を受ける。注意しなければならないのは、当時の唐招提寺は律宗の拠点で、導御も律僧として活動を始める。したがって導御の伝記も、『律苑僧寶傳』や『招提千歳傳記』[36]の律僧伝記に記載されている。捨て子の話は晩年母と播磨で再会したという話になり、謡曲「百万」の元の話であるとされた。

導御はまず壬生寺を復興し、法隆寺の律学院を拠点に勧進活動をし、法起寺を復興する。法隆寺夢殿で融通念仏弘通の夢告を得て、法金剛院・清凉寺・壬生寺で大念仏会を催す。『円覚十万上人年譜考』によると、正嘉元年（一二五七）、三五歳の時に壬生寺地蔵院で融通念仏を行い、その後境内に心浄光院を建て住して大念仏を修した。建治二年（一二七六）五四歳の時、法金剛院を下賜され融通大念仏を始修し、融通念仏根本道場に為す。弘安二年（一二七九）五七歳、三月嵯峨清凉寺で大念仏会を行い、十万人を集める。清凉寺本『融通念仏縁起』の最終段の嵯峨大念仏の絵はこの時の様子であるとされ、須弥壇前で踊る僧が描かれている（図1－2－10）。

正安二年（一三〇〇）七八歳、壬生寺で鎮花祭を開始し、除疫招福のため踊り念仏を修行せしめたとある。大和三輪明神鎮花祭の式を融通念仏に融合し、ここに一種の踊り念仏を創始したとある。このことが念仏狂言のもととなる。このことに関しては、植木行宣・八木聖弥が疑義を呈している[37]。

以上であるが、導御は前述のように律僧として戒を受けており、融通念仏の徒もしくは勧進僧として全国を回った聖であるということを証するものはない。

しかし、清凉寺が融通念仏の拠点であったことは確かで、往生院三寶寺の過去帳には、開祖を良忍として、念阿・良鎮・法鎮と融通念仏の法系をつないでいる[38]。清凉寺本『融通念仏縁起』の最後の段に清凉寺の大念仏を加えたのは、融通念仏側の良鎮が布教のために加えたものとされる。『融通念仏縁起』の普及は良鎮以降である[39]。それ以前の正和本系の『融通念仏縁起』にはなく、清凉寺本以降全国に普及した明徳版に清凉寺の大念仏が描かれている。いずれにしろこの期の融通念仏と律宗とは共通するものがあり、相互に補い合っていた。したがって図1－2－10にある踊る僧も律僧ではないかと細川涼一は述べている[40]。正安二年の壬生寺での踊り念仏は確たるものはない。

（3）放下・暮露

次に同じく『融通念仏縁起』に描かれている「放下《ほうか》・暮露《ぼろ》」について考えてみよう。

図1－2－11　『融通念仏縁起絵』（清凉寺本）嵯峨大念仏の段（寺庭）（下巻第九段）

放下も暮露も後世の念仏踊りにつながっていく。すでに前述の通り、『融通念仏縁起』に数々の芸能者らしき人物が描かれている。図1－2－4、図1－2－11に描かれているのは、良忍の念仏勧進の段と清凉寺大念仏の段で、融通念仏勧進の段は、最も初期の聞名寺本にも芸能者らしき人物が描かれている。清凉寺大念仏の段は清凉寺本以降の諸本に加えられている。

聞名寺本では、良忍と見られる僧が、武士や女人に交名《きょうみょう》帖らしきものを広げて説明している下部に、瓢箪を叩く男や蓑を着た男など数人の異形の人物が描かれている。瓢箪を叩く男については1の（3）鉢叩きで論じたが、他は不明である。このような異形の一群については、網野善彦が『異形の王権』の中で、芸能者・職人・被差別民が異形の者として描かれることを論じている(41)。清凉寺本の嵯峨大念仏の段（図1－2－11）は、描かれている異形姿の人物は聞名寺本より増えて一七、八人になっている。鉦叩きの僧・鹿角を持った僧、杁《えぶり》をササラで摺っている男、片足の男・いざり・覆面の男・派手な衣装を着て棹を持っている男などである。

清凉寺本の嵯峨大念仏の段は、須弥壇前で踊る僧についてはすでに述べたが、寺庭で猿回しと瓢箪を持って踊るか遊ぶかしている二人の男が描かれている。

もう一図、このような雑芸の徒が描かれているものに『天狗草紙』がある。『天狗草紙』は永仁四年（一二九六）に制作されたもので、旧仏教をはじめ新興の一遍や禅宗を批判して僧を天狗になぞらえて批判した絵巻である。制作者については天台宗系の学僧とされるが、同じく当時の仏教批判の歌論書『野守鏡《のもりのかがみ》』と一致しているところがあることから、同一人物とされる説がある。(42)『天狗草紙』「三井寺巻」に、一遍の踊りと、「自然居士」と書かれた男の踊る姿が描かれている（図1-2-12）。

図1-2-12　『天狗草紙』「三井寺巻」より自然居士（左上）。

自然居士《じねんこじ》は観阿弥作とされる能の「自然居士」のシテとして有名であるが、人買いに連れ去られそうになった少女をさまざまな舞を舞って助けるという芸尽くしの能で、同様のものに「東岸居士」「花月」「放下僧」がある。この自然居士については、実在の僧であり、南禅寺で修行し、東福寺聖一国師につき、東山の雲居寺《うんごじ》で説経をして歌舞をもって布教したとある。(43)禅宗系の僧で、芸能をもって説経・布教したとあり、このような俗体の僧がいたことは事実である。(44)『天狗草紙』に見るように、俗人姿でササラを持って踊っている芸能者で、『天狗草紙』の画中詞では自然居士は自然乞食のことであるとなっている。

一方、放下僧は室町時代末期に成立された『七十一番職人歌合』の四九番に鉢叩きと併せて載っているので有名で

図1-2-13　『七十一番職人歌合』より「四十九番　放下」

図1-2-14　『七十一番職人歌合』より「四十六番　暮露」

ある。自然居士同様、禅宗の教えである「放下」を説く布教をしていたことが元の姿である。『七十一番職人歌合』には手にコキリコを持ち、烏帽子姿の俗人で、腰に柄杓《ひしゃく》と刀を差し背に笹を背負い、腰蓑を着けて「夜念仏」を唱えるとなっている（図1-2-13）。柄杓は勧進柄杓であろうか、能の「放下僧」ではさまざまな芸を披露しながら隙を見て仇討を遂げるという話であるが、「柱杖《しゅじょう》」という長い杖に、白垂れと唐団扇をつける。唐団扇は禅僧の持ち物である。

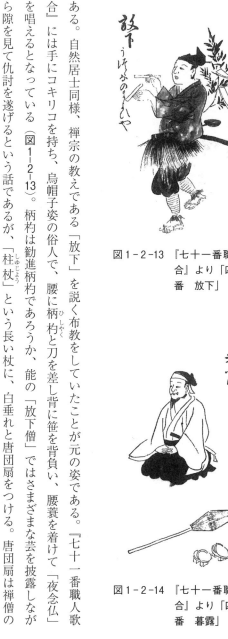

暮露については当初、『天狗草紙』の自然居士の下にいる「電光」と書かれている棒を持った男（図1-2-12）が暮露と見立てられていたが、黒田日出男はこれを否定している。[45] 暮露とは、元は禅宗の修行を厳しく見取る僧の一団で、髪を生やし、鉢巻をして、紙衣に黒袴、高下駄を履き、柱杖や傘を持つ（図1-2-14）。このような異様な出で立ちで乱暴狼藉をはたらき、乞食として暮らしていた。

放下や暮露は禅宗から出た異形の集団で、放下は曲芸をする芸能者として、暮露は虚無僧（菰僧）として尺八吹きに転じていく。

天竜川流域の三遠信国境地区に、放下という念仏踊りが現在でもあり、背中に団扇を付けて踊る。放下の姿を風流化して念仏と習合したものとみられるが、設楽町の田峯では「暮露」と書かれた高提灯を掲げる。放下と暮露が風流化して念仏芸能の中に残ったものとみられる(46)。

(4) 曲舞

導御の始めた清凉寺の大念仏をもととして、能の「百万」が創作されたが、その劇中で大念仏が唱えられる。捨て子だった導御が清凉寺の大念仏で母親との再会を願ったところ、それが叶ったという故事にちなんだストーリーで、子と別れた百万という母が、嵯峨の大念仏で再会する。念仏は冒頭の百万が登場する場面で「南無阿弥陀仏」を唱えられるが、この段を「車の段」と言われることから、舞車が登場し、その車の上で曲舞《くせまい》が舞われたのではないかと推測されている(47)。曲舞に念仏が入っていたことになろう。わが子を探す狂女姿の百万が「引けや引けや此車」と唱える。後半「南無阿弥陀仏南無釈迦牟尼仏」の唱えにより、わが子と再会する。念仏にもこのような律宗の釈迦念仏が入る。実際、清凉寺の大念仏が釈迦念仏の混ざったものだった可能性は高い。嵯峨大念仏の時に曲舞が演じられたかどうかは不明であるが、このような芸能の場として清凉寺の大念仏が考えられていたといえる。

以上、律宗の導御の融通念仏との関係や清凉寺の嵯峨大念仏を、『融通念仏縁起』や謡曲「百万」からみてきた。このように『融通念仏縁起絵』や謡曲「百万」に弘安二年（一二七九）の大念仏が絵や曲に表された。しかしこのような光景が展開したかどうかは確かめられない。絵に描くことによって諸芸の徒を融通念仏もしくは律宗に組み入れることを図ったとも考えられる。

3　一向と一向衆

一向のことを考えてみよう。一向俊聖（暦仁二年〔一二三九〕～弘安一〇年〔一二八七〕）は、一遍（延応元年〔一二三九〕～正応二年〔一二八九〕）が弘安二年（一二七九）信州小田切の里で踊り念仏を始めたことに先立つこと五年の文永一一年（一二七四）に、宇佐八幡宮で四十八夜の踊り念仏を始めている（図1―2―15）。

一向については史料が少なく、大橋俊雄氏の諸著作により研究が進められてきた。[48] 一向の存在そのものに疑義のあるような状態であったが、平成八年（一九九六）山形県天童市の高野房遺跡（元仏向寺といわれる場所）から一字一石経に類する墨書のある礫が多数出土し、その中に「一向義空菩薩」の墨書があり、考古学的に一向の存在が確認された。[49] 一向については嘉暦三年（一三二八）五巻本・同阿本といわれる『一向上人伝』[50]、永仁二年（一二九四）の『宝樹山称名院仏向寺縁起』、文明二年（一四七〇）の『一向上人縁起』などが基礎史料となっている。しかし今回出土した墨書と上述諸伝の年号が一致しないとか、栃木県宇都宮一向寺との関連とか、これから精査すべき課題が出てきた。[51]

（1）一向衆・時衆

一向は一遍と同じ一二三九年（暦仁二年と延応元年）に生まれている。『一向上人縁起』『日本高僧伝』は両者が会ったことになっているが、前後の二人の足どりから後の創作と考えられている。共に遊行し、踊躍念仏を行い、道俗を問わず粗末な衣で一向（一途）に念仏を唱えることを説いたなど、共通することが多いので、相互に連携があったのではないかという説もあったが、直接の関係を示すものはない。

論としては、時衆や一向衆という言葉が特定集団の固有名詞としてあったのではなく、一般名称としてこのように表されるような集団が、この時代多くあったとされている(52)。

一向衆の名については、真宗の唯善が真宗高田派の顕智に「一向衆と号する成群の輩、諸国を横行の由、其の聞こえあり、禁制せらるべし」と嘉元元年（一三〇三）に書状を送っている。まだ宗派ではないので一向衆となっているが、一向に念仏を唱えたり勧めたりする集団を一向衆といったことから、法然や親鸞の徒も一向衆で、特に親鸞の教えをもとに一揆を起こすことを一向一揆といった。しかし唯善の言うのは一向のもとに集まった者が群れをなし、批判の対象になっていることを指していて、同様のことは蓮如も苦言を呈している。「浄土真宗」の語は親鸞自身がこの言葉を用いているが、浄土宗側から「真」の名を用いるのはおかしいとして、一般には使わせなかった。明治時代になってから、真宗の語が使えるようになり、「浄土真宗」の名になったのは戦後である。江戸時代は一向宗・門徒宗が使われた。一向の一向宗は江戸時代には時宗に吸収されていたので混同はなくなっていた。

図1－2－15　一向上人画像（近江蓮華寺蔵）。

時衆という言葉は一遍も一向も使っている。毎日六時（六回）念仏を唱えることから道俗時衆の語が使われたとする。時衆は後に四代呑海《どんかい》に始まる藤沢清浄光寺の遊行派が大勢を占め、江戸幕府に時宗として認可される。時宗には一向派をはじめ十二派があるが、一遍の時からすでに活動していた派があり、時宗が分かれて十二派になったのではなく、諸派が集まって十二派になった。というのは遊行しながら念仏を説く集団が時衆で、男女群れをなし旅をして歩き、下賤の者も拒まなかったため、非人・職人・芸能者がここに流入した。前述した『融通念仏縁起』『天狗草紙』に描かれた異形の群れの中から時衆になる者も多かった。特に一向衆には葬儀を扱った者が流入したとされる。

（2）一向の踊り念仏

さて実際の一向の踊り念仏をみてみよう。五巻本『一向上人伝』でたどっていく。

1　巻一の最後、文永一一年（一二七四）夏、大隅八幡宮四十八夜の不断念仏の時、夢に童子が現れ、四十八茎の未敷（つぼみ）の蓮華を賜う、夢覚めてその蓮華があり、歓喜踊躍した。

2　巻二、宇佐八幡で四十八夜の踊り念仏を修した。宇佐より四国に渡る途中嵐に遭い、ひたすら念仏を唱え助かる。讃州州崎に上陸し、船中のことを思い踊り念仏を修す。この時、四反十二段の法式の踊りになった。これは四×十二の四十八願を表す。この四反十二段の踊り念仏は、天童市の仏向寺で現行されている。(53)

3　巻四、弘安七年（一二八四）、加州金沢の道場で踊躍念仏をする。聖道の僧が踊り念仏の経証を問うたところ、上人はたちどころに答えた。絵は道場の回廊と思われるところで、一向衆の七人の僧が行道するように念仏で踊っている。参詣客がそれに向かって拝んでいる。『一向上人伝』の中で踊り念仏が描かれているのはこの場面のみである（図1-2-16）。

4　『一向上人縁起』（文明二年〔一四七〇〕、蓮華寺蔵）では、巻四に弘長二年（一二六二）、出雲の水尾大明神で七日七夜踊り、巻七に建治元年（一二七五）、尾州津島神社で同じく七日踊ったとある。『一向上人縁起』は文明二年とされるので、この二例は後世のなんらかの都合で付加された可能性が高い。

以上が一向の踊り念仏で、『天狗草紙』に「馬衣をきて衣の裳つけず念仏する。時ニハ頭をふり肩をゆりておどる事野馬のごとし」といわれたのは一向衆の踊りで、「牧子《ぼっこ》」というぼろ着を着て踊った。

図1－2－16　『一向上人伝』（巻四）「金沢での念仏踊りの段」。

（3）その後の一向衆

一向亡き後二代の礼阿智は教団として蓮華寺にとどまり、毎日二時踊躍念仏あるいは行道を行った。踊躍念仏は行道と同じく修行として行うようになった。三代の良向は『一向上人伝』を制作し、布教に努めた。室町期の一向衆については記することが少ないが、各地に一向堂（鎌倉前浜）や一向寺ができる。宇都宮、小栗の一向寺は建治二年（一二七六）に一向が巡錫のおり創建されたといわれ、他に佐野市堀米・古河・鹿沼に一向寺があり、関東五向寺といわれている(54)。

江戸時代に入ると時宗に吸収され、貞享年間と天保年間に分派運動を起こすが、認められず、明治時代以降もこの運動は続くが、最終的に浄土宗に属して現在に至る。

現行の仏向寺の踊りは二代礼阿智が法式を定めたもので、初めゆっくりとして、だんだん速くなる踊りである。近江蓮華寺でも行われていた。

4　一遍と他阿

一遍の踊り念仏については、幾多の論がある。ここでは『一遍聖絵』『遊行上人縁起絵』に出ている踊りの紹介と、その時宗の法式として行われている踊り念仏のみを取り上げる。

一遍の伝記絵には二つの系統がある。一つは一遍の生涯のみを扱った聖戒編の『一遍聖絵』一二巻、一つは宗俊編『一遍上人絵詞伝』一〇巻で、これは前半四巻が一遍で、後半六巻が二祖他阿真教の伝記になっている。そのことから『遊行上人縁起絵』といわれる。『一遍聖絵』を制作した聖戒は一〇年間一遍と行動を共にしており、絵の描写は細部を極めている。京都歓喜光寺のものが原本である。『遊行上人縁起絵』は原本が伝存せず、一五本ほどの写本があり、図柄も異なる(55)。

(1)『一遍聖絵』『遊行上人縁起絵』に描かれた踊り念仏

『一遍聖絵』で踊り念仏が描かれているのは六図である。

1　巻四　信濃の小田切の里での踊り念仏（図1-2-17）

一遍は縁先で提《ひさげ》（酒を盛る器）を叩いている。庭では道俗が輪になって踊り始めている。輪の中には僧と尼が踊り出している。僧は念仏房といわれる。

伴野で歳末別時に踊り念仏を修す。

2　巻六　相模の片瀬の地蔵堂での踊り念仏

板屋の高舞台が組まれ、その上で時衆の徒が踊っている。一方向に行道しながら踊っているように見える。俗人は見物している。

3　巻七　近江関寺での踊り念仏

関寺には門を入ると四角い池があり、その中島に踊り屋が建てられていて、その中で時衆の徒が踊っている。見物人は池の周りで見ている。

図1－2－17　『一遍聖絵』（巻四）「信濃小田切の里での踊り念仏」。

4　巻七　京都七条の市屋道場（図1－2－18）

空也ゆかりの地での踊り念仏。ここに高屋の踊り道場を建て四十八日間踊り念仏を興行した。桟敷や小屋が設けられ、車で見物に来る人も多い。

5　巻九　山城の淀の上野

石清水八幡に詣でたあと淀川縁《べり》で簡単な踊り屋を設け踊り念仏を催す。

6　巻一一　淡路二の宮での踊り念仏

屋根だけで床板がないなかで、踊り念仏が行われた。

『遊行上人縁起絵』ではどの写本も踊り念仏が描かれているのは三図である。

1　第二巻　信濃の伴野での踊り念仏（図1－2－19）

図1－2－18　『一遍聖絵』（巻七）「京都七条市屋での踊り念仏」。

図1－2－19　『遊行上人縁起絵』（第二巻）「信濃伴野での踊り念仏」。

『一遍聖絵』では小田切の絵のあとに大井太郎の屋敷でも三日三晩踊り念仏をしたという詞書があるが、これを表す絵はなく、大井太郎の家から出る一遍一行の絵になっている。『遊行上人縁起絵』の伴野の念仏はこれを指すと考えられる[56]。どの写本も一遍が中に入って踊っているもので、小田切の縁先で提《ひさげ》を叩いて拍子を取っている絵とは異なる。

2　第七巻　善光寺御前の舞台での念仏（図1－2－20）

図1-2-20　『遊行上人縁起絵』（第七巻）「長野善光寺御前の舞台での踊り念仏」。

善光寺本堂の入り口に別に妻戸の建物があり、時衆が管理していたとされる。図は建物ではなく、舞楽台のような踊り場があり、大勢の僧が一遍を中心に行道しているように見える。「日中の念仏は毎日御前の舞台にして勤られけり」とある。踊り念仏が行道かは不明である。

3　第一〇巻　摂津国兵庫島での踊り念仏

一遍の十三回忌の踊り念仏を行う。「聖調声をつとめらる」とあり、他阿が調声《ちょうしょう》を勤め、「大衆踊（躍）の行地もと、ろくはかりなり」とある。

以上であるが、初め『一遍聖絵』で信濃の小田切で自然発生的に起こったように描かれている踊り念仏の輪には一遍は入っていない。縁先で拍子を取っているだけであった。踊っている人には俗人もいる。次の伴野の念仏が『遊行上人縁起絵』清浄光寺本に描かれているように僧のみで踊ったとしたら、この伴野から意識的に一遍が踊ったということになる。その踊りは僧だけのものになっている。その二年後、片瀬の浜での踊り念仏は屋台を設けた見せるための踊りになっている。この間、踊り念仏は儀礼的に整備されたものになり、後述するようにその過程で行道や和讃が入ったことが考えられる。踊り念仏そのものは偶発的に始まったものとしても、その後の儀礼は踊りを行道化し、和讃で踊ったとも考えられる[57]。

京都七条市屋では桟敷を設けている。踊り念仏の見世物化である。賦算も行われた。

この踊り念仏が鎮魂のためなのか、純粋に歓喜踊躍のものであるのかが論点になっている。(58) 筆者としてはすでに「「鎮魂」語疑義考」を書いて鎮魂観念の否定をしていることから、後者の説を採りたい。(59) もし踊り念仏が鎮魂的側面を持つ民俗的観念を基底に持つ踊りであるならば、なぜ小田切の里以外に俗人の参加が見られないのであろうか。仏を讃嘆するか、自らが仏になる、または念仏そのものになるというのが一向や一遍の考え方である。偶発的な鎮魂の踊りが歓喜踊躍の踊りになっていくという見解を否定することはできない。

(2)「踊り念仏儀」の構成

この踊り念仏がどのようなものであったかは『天狗草紙』や『野守鏡』にあるように、批判者からの観察によって、喧噪で猥雑なものであったとイメージされているが、そうであろうかという疑念が沸く。というのは『一向上人伝』の絵や『一遍聖絵』の絵の多くが、行道の延長ととれるような図である。輪を描くことも共通している。また踊り念仏が、ただ念仏を唱えて踊るというメチャクチャ踊りであったとも考えにくい。この念仏踊りは一向派の場合は二代礼阿智上人のとき法式として定め、袖のない編み衣に未敷蓮華の模様の入った袈裟衣を着る。踊りは註(53)に記したように和讃・行道から唱えの念仏を主にしたものに移り、踊りをもって終わるといった十二段の構成をとる。

一遍からの法系の主流となった藤沢の遊行派は第七代託何の代（延元三年〔一三三八〕～正平五年〔一三五〇〕）に『条条行義法則』等法式の整備を図った。時衆には当初から声明が入っていて、調声という役が法要を導いていく。二祖の他阿真教がその役で踊躍念仏・六時の勤行においても指導的な役を担った。前述の『遊行上人縁起絵』清浄光寺本第一〇巻の摂津国兵庫島の祖師十三回忌のところで「調声は（一遍）上人在世より（真教）聖一人つとめられけるを」とあり、この日も特に十三回忌なので「聖調声をつとめられける」とある。

永正二年（一五〇五）に第二一代遊行上人知蓮の時に『調声口伝儀』が編集されている。(60) 現行の「踊り念仏儀」による踊り念仏は声明を取り入れたゆったりしたものだが、戦国時代から始まって江戸時代中期に完成したものとされる。(61) 現在薄《すすき》念仏として行われている踊り念仏は、享保年間（一七一六〜三六）までは「庭踊り」「踊り念仏」として行われたものである。(62) 踊り念仏儀の儀礼(63)は、仏を迎え二河白道を渡って浄土に到達するような構成になっている。和讃が最後につくが、時宗の和讃の古さからして念仏踊りは和讃で行ったのではないかということを、和讃の研究家である多屋頼俊は述べている。(64)

このように念仏踊りも和讃や引声念仏も入れ、現行の百万遍念仏のように念仏をだんだん速くして踊ることになったと考えられるが、(65) 現在のところ一遍の時代の唱え方、踊り方を確定できるものはない。ただ念仏をやみくもに唱えて踊ったものではなく、小田切の踊り念仏から二年後、片瀬の浜の地蔵堂での念仏の間に、儀礼的に整えられて踊られたとするのが妥当であろう。

5　小　結

今回通観した文永から弘安にかけての導御・一向・一遍の踊りは、ほぼ同時期に起こっている。これは文永・弘安の蒙古の襲来という時期に重なる。したがってこのような狂騒的な念仏踊りとか異形の者の出現といった現象は社会不安によって引き起こされたという説が網野善彦氏他から唱えられている。(66) さらに大きな見方をすると、鎌倉時代からの中世被差別民の成立が前提となり、一向・一遍等の時衆や融通念仏・律宗などはそれらの人々を受け入

図1－2－21　『洛中洛外図屛風』（上杉本）「時衆僧の勧進の念仏」。

れる受け皿として肥大化していったととれる(67)。遊行という一所不在の形態が非人・芸能者・職人の生活形態と一致するからである。このような傾向が南北朝のバサラを生み出すと松岡心平氏は述べている(68)。確かに鎌倉末期から南北朝にかけての遊行僧や異形の人物の湧出をこの期の特徴とみることができよう。

その後これらの踊りは、時衆の主流派である藤沢遊行派では法式化され、儀礼化されたと考えられる。少し時代は下るが、天正二年（一五七四）に描かれた上杉本『洛中洛外図屛風』左隻四扇の北野社経王堂の左に、台の上に立ち鉦を叩いて踊っている一人の僧と、勧進柄杓を持つ僧が描かれている（図1-2-21）。踊り念仏で勧進と布施を乞うもので見物の女人が描かれている(69)。勧進の僧による踊り念仏はこのように踊られたようである。僧にとっては修行でもあった(70)。

次の踊りの流行は、室町期から江戸時代初頭にかけての風流踊りの爆発的流行である(71)。

註

（1）　五来重「踊り念仏から念仏踊りへ」『国語と国文学』四三巻一〇号、至文堂、一九六六年。のち『五来重著作集第七巻』（法藏館、二〇〇八年）所収。

（2）仏教大学民間念仏研究会編『民間念仏の研究　資料編』（隆文館、一九六六年）には全国五三カ所の念仏踊りが載っているが、ここに現行の念仏踊りと掲げた(1)～(7)以外はほとんどが(8)の風流系念仏踊りである。

（3）堀一郎『空也』吉川弘文館、一九六三年。同『堀一郎著作集　第三巻』未来社、一九七八年。

（4）石井義長『空也上人の研究』法藏館、二〇〇二年。同『阿弥陀聖 空也』講談社、二〇〇三年。同『空也』ミネルヴァ書房、二〇〇九年。

（5）空也を「くうや」と読むのか「こうや」と読むのかについては、長い間論争があるが、石井義長は「くうや」説をとっている。

（6）峯相寺は現兵庫県姫路市峯相山の鶏足寺跡、阿波海中湯島は現徳島県阿南市の蒲生田岬の先にある伊島に比定されている。

（7）大森恵子「伝承の中の空也像」『浄土の聖者　空也』伊藤唯真編、吉川弘文館、二〇〇五年。

（8）井上光貞『新訂　日本浄土教成立史の研究』山川出版社、一九七五年。堀一郎『空也』吉川弘文館、一九五三年。五来重『踊り念仏』平凡社、一九八八年。

（9）谷信一「念仏行脚の像について」『人物叢書　空也』付録（付録一〇六号）吉川弘文館、一九五三年。

（10）今堀太逸「念仏の祖師空也」『権者の化現』思文閣出版、二〇〇六年。

（11）鹿角を「わさづの」「かせづえ」ということについては、柳田国男「毛坊主考」『定本柳田国男集　第九巻』に詳しい。「わさ」は輪にしてものを懸けるものの意味から来た。「かせ」は機織りのカケヒで二股になって糸を巻く道具とする。『日本国語大辞典』（小学館）では「わさ」に曲がったとの意味もあるとしている。

（12）石井義長「金鼓と錫杖」『空也上人の研究』法藏館、二〇〇二年、四六一―四六九頁。

（13）堀一郎『空也』吉川弘文館、一九六三年、一二三頁。

（14）『今昔物語集　第二十九』の第九として次のような振り仮名になっている。「阿弥陀の聖　ヒトヲコロシテソノイヘニヤドリコロサレタルコト」。内容は「阿弥陀の聖が一緒に昼食をとった男を殺してしまう。その男の服を着てその晩ある家に宿を借りたところ、たまたま殺した男の家で、その聖の服を見た男の妻は怪しんで近所の男と組んで白状させ、その聖を殺してしまう」という話で、最初に阿弥陀の聖の出で立ちがあり、男を二股の金杖で殺してしまうという場面がある。

(15) 菅根幸裕「空也上人絵伝の成立と展開」(『栃木史学』二一号、國學院大學栃木短期大學学史学会、二〇〇七年)、同「近世鉢叩の形成と展開――常陸国宍倉空也堂と空也聖――」(『千葉経済論叢』四八号、千葉経済大学、二〇一三年)で、大倉集古館蔵の絵を最古とし、絵柄より室町時代後期以降(一五世紀)とするが確証はない。菅根[二〇一三]では次に古いとされる茨城県かすみがうら市宍倉の空也堂の絵伝を、他の史料から元禄二年(一六八九)前後とした。一般に流布されている版木本は天明二年(一七八二)のものである。

(16) 森田竜雄「鉢叩」(『シリーズ　近世の身分的周縁　二　芸能・文化の世界』吉川弘文館、二〇〇〇年)。井出幸男「「鉢たゝき」の歌謡考」『芸能文化史』四号、芸能文化史研究会、一九八一年。

(17) 細川涼一「道御・嵯峨清凉寺融通大念仏会・「百万」」『文学』五四巻三号、岩波書店、一九八六年。七道の中に鉢叩きが入っている。また五来重「『融通念仏縁起』と勧進」(『新修日本絵巻物全集　別巻一　在外篇　弘法大師伝絵巻・融通念仏縁起絵・槻峯寺建立修行縁起』角川書店、一九八〇年)の中で、この絵は融通念仏が芸能者を取り入れていく過程を表していると捉えている。

(18) 前掲、森田竜雄「鉢叩」。山路興造「鉢叩き」『近世の民衆と芸能』京都部落史研究会、一九八九年。

(19) 前掲、菅根幸裕[二〇〇七]。

(20) 京都国立博物館編『洛中洛外図』角川書店、一九六六年、「風俗・宗教」の項。

(21) 菅根幸裕「近世の村の聖――俗聖に関する一考察――」『列島の文化史』七号、日本エディタースクール出版部、一九九〇年。同「隠坊から茶筅へ――近世における空也系三昧聖――」細川涼一編『三昧聖の研究』碩文社、二〇〇一年。同「近世鉢叩の形成と展開――常陸国宍倉空也堂と空也聖――」『千葉経済論叢』四八号、千葉経済大学、二〇一三年。

(22) 「京師順見記」『史料　京都見聞記　第二巻』法藏館、一九九一年。

(23) 前掲、森田竜雄［二〇〇〇］。
(24)『譚海』津村正恭（淙庵）の見聞記。安永五年（一七七六）から天明八年（一七八八）にかけて見聞きしたもので、寛政七年（一七九五）の自跋がある（『日本庶民生活史料集成　第八巻　見聞記』三一書房、一九六九年）。
(25) 中村茂子「空也踊躍念仏の伝播と伝承」『芸能の科学』一一号、東京国立文化財研究所、一九八五年。八葉寺の念仏踊りは以前、会津若松市東山の融通念仏寺と同じような踊りが行われていたという話もある。また江戸期には別の踊りがあり中断したともいう。
(26) 山路興造「六斎念仏の芸態」『京都の六斎念仏』京都市文化観光資源保護財団、一九七二年。
(27) 菅根幸裕「近世～近代の京都六斎念仏の本末組織に関する一考察――上鳥羽橋上鉦講と空也堂極楽院の史料から――」『千葉経済論叢』四七号、千葉経済大学、二〇一二年。同「明治政府の宗教政策と「聖」の対応――鉢叩念仏弘通流本山京都空也堂の史料から――」『日本近代仏教史研究』一三号、日本近代仏教史研究会、二〇〇六年。
(28) 前掲、中村茂子［一九八五］。
菅根幸裕「近代社会と聖」圭室文雄編『日本人の宗教と庶民信仰』吉川弘文館、二〇〇六年。

山田文昭「秘事法門の研究」（『真宗史の研究』法藏館、一九七九年）、『真宗体系　第三六巻　異議集　秘事法門集』（真宗典籍刊行会、一九一七年。のち復刻、国書刊行会、一九七六年）にまとまっている。秘事法門とは浄土真宗の異端の隠れ念仏として各地にあった。
(29) 系譜は高橋武阿弥（高橋武夫）氏から伺ったものであり、高橋氏から他にも秘事法門の儀礼や由来について多く聞かせていただいた。大垣別院には高橋氏の師である風岡上人の碑があるので碑文を載せる。

風岡上人之碑

當極楽院空也堂大垣別院ハ人皇六十代醍醐天皇ノ皇子空也上人ノ衣鉢ヲ慕ヒテ念仏道ヲシテ衆生結縁センガ為同志ヲ集ヒ風岡西阿弥師ハ先徳大野隆阿弥法橋上人ヲ師トシテ大正二年八月十六日徒弟トナリ昭和四年大野隆阿弥師ヨリ法脈ヲ相伝シ昭和七年大野老師御遷化ノ後ハ専心弘法精進サレ大東亜戦争中モ空襲ノ為ニ自宅ハ戦災ニ焼却サレナガラモ倦ムコトナク鋭意念仏弘通ニ盡砕サレ昭和二十六年十月二十日ニ忝クモ貞明皇后御追悼

御法要ノ際ニハ吾等空也僧一向ノ大導師トナリ京都妙法院宸殿ニ参内土足昇殿御焼香式参列ノ光栄ニ治セラレ
昭和二十七年九月二十日大法師ニ補セラレ八十五歳ノ今日ニ至ル
昭和三十二年十月　発起人空也僧一同・同行一同

(30) 慶長一五年「清凉寺別時念仏旧例覚」清凉寺文書より。水野恭一郎・中井真孝『京都浄土宗寺院文書』同朋舎、一九八〇年。

(31) 五来重「『融通念仏縁起』と勧進」『新修日本絵巻物全集　別巻一　在外篇　弘法大師伝絵巻・融通念仏縁起絵・槻峯寺建立修行縁起』角川書店、一九八〇年。

(32) 融通念仏宗では良忍（一〇七二～一一三二）・法明（一二七九～一三四九）・大通（一六四九～一七一六）を三祖とするが良忍から法明・法明から大通の間の実態は不明な部分が多く、元禄年間になって大通が寺院法度に対応すべく、体裁を整え、教線の拡張を図って初めて宗派らしい形態をとったといえる。それ以前にあっては浄土系の聖や篤信者が講を組み、それらが主体となって融通念仏を行ったのが実態ではないかと思われる。

(33) 稲城信子「大和における融通念仏宗の展開」『国立歴史民俗博物館研究報告』一一二号、国立歴史民俗博物館、二〇〇四年。同「融通念仏信仰の展開」『法会（御回在）の調査研究報告書』元興寺文化財研究所、一九八三年。同「中世末から近世における融通念仏信仰の展開」『近世仏教』二一号、近世仏教研究会、一九八八年。
他に融通念仏についての研究には以下のような論文がある。大澤研一「融通念仏の六別寺について」『研究紀要』二四号、大阪市立博物館、一九九二年。西岡芳文「融通念仏宗の草創に関する新資料」『金澤文庫研究』三二四号、神奈川県立金沢文庫、二〇一〇年。

(34) 細川涼一「法金剛院導御の宗教活動」『中世律宗寺院と民衆』吉川弘文館、一九八七年。同「導御嵯峨清凉寺融通大念仏会・「百万」」『文学』五四巻三号、岩波書店、一九八六年。

(35) 壬生寺住持の北川智海の著で非売品。昭和四年（一九二九）、発行所律宗別格本山壬生寺となって、史料・伝承に「海云」と智海氏の解釈を加えている。

(36) いずれも旧『大日本仏教全書』一〇五巻所載で「戒律傳來記」他に入っている。

(37) 植木行宣「壬生狂言の成立」『壬生寺民俗資料緊急調査報告』元興寺仏教民俗資料研究所、一九七三年。八木聖弥「壬生狂言の成立について」『文化史学』三七号、文化史学会、一九八一年。

(38) 塚本俊孝「嵯峨清凉寺に於ける浄土宗鎮西派の流入とその展開――清凉寺史　近世篇――」『佛教文化研究』五号、仏教文化研究所、一九五四年。

(39) 田代尚光『増訂融通念仏縁起之研究』名著出版、一九七六年。良鎮については『大念仏誌』では寿永三年（一一八四）没とされているが、三宝寺過去帳や嵯峨本末尾詞書きの応永二四年（一四一七）、根津本の永徳三年（一三八三）、「融通念仏勧進のため此の絵を六十六か国に伝賦する」との記事からこの頃の生没年とする。田代氏の説では融通念仏の法系の断絶をつなぐため法明上人が改策したとする。

(40) 細川涼一、前掲「道御嵯峨清凉寺融通大念仏会・「百万」」。

(41) 網野善彦「異形の風景」「異形の力」『異形の王権』平凡社、一九八六年。

(42) 梅津次郎「天狗草紙について」『新修日本絵巻物全集　二七　天狗草紙・是害房絵』角川書店、一九八八年。同「天狗草紙考察」『絵巻物叢誌』法藏館、一九七二年。

(43) 土屋貴裕「「天狗草紙」の復元的考察」（『美術史』一五九号、美術史学会、二〇〇五年）では、制作者に東密の寂仙上人遍融の周辺を挙げている。『野守鏡』の著者については源有房説が強い。

(43) 金井清光「作品研究（自然居士）」『能の研究』桜楓社、一九六九年。

(44) 原田正俊「放下僧・暮露にみる中世禅宗と民衆」『ヒストリア』一二九号、大阪歴史学会、一九九〇年。黒田日出男「放下僧と暮露――『天狗草紙』の自然居士たちの姿を読む――」『国文学　解釈と教材の研究』三七巻一四号、學燈社、二〇一二年二月。黒田氏は自然居士を実在の人物としている。

(45) 原田・黒田、註（44）に同じ。

(46) 本書第五章第四節。

(47) 香西精「女曲舞百万」『能謡新考』檜書店、一九七二年。

(48) 大橋俊雄『番場時衆のあゆみ』浄土宗史研究会、一九五三年。同『踊り念仏』大蔵出版、一九六四年。

(49) 『成生庄と一向上人』天童市立旧東村山郡役所資料館、一九九七年。古賀克彦「一向俊聖伝の再検討」『時宗教学研究』二六号、時宗教学研究所、一九九八年。小野沢真「一向俊聖教団の歴史的意義とその再検討」(『文化』七〇巻一―二号、東北大学文学会、二〇〇六年。同『中世時衆史の研究』八木書店、二〇一二年所収)。

(50) 江州番場蓮華寺第三代同阿良向が制作したものといわれ、五段の詞書と二三の図からなっている。蓮華寺蔵。竹内真道「蓮華寺蔵『元祖一向上人御絵伝』(五巻伝)について」『高橋弘次先生古稀記念論集　第一巻　浄土学仏教学論叢』山喜房佛書林、二〇〇四年。

(51) この墨書は一向二十七回忌の供養と思われるが、墨書から逆算すると弘安七、八年に亡くなったことになる。また栃木県宇都宮では行雲が厳修していることから、下野との関係が強かったことも分かる。また俊聖でなく義雲という菩薩名を使っていたことなど新発見が多い。

(52) 「時衆とは何か」小野沢真『中世時衆史の研究』八木書店、二〇一二年。

(53) 四反十二段は現行では次の通りである。
1　舎利念仏／2　和讃／3　行道念仏／4　モ上ゲブユリ／5　阿ハリブ引キ／6　陀下ゲブ上ゲ／7　重ネモ引キ／8　半ブセ念仏／9　足踏念仏／10　踊躍念仏／11　屈伸念仏／12　結式念仏

(54) 茨城北部から栃木県にかけては時宗寺院の多い地区で、筑波山北方の峰にある西光寺には踊り念仏碑がある(正徳五乙未天〔一七一五〕踊り念仏供養　八月吉日　村中之若衆　同行五十人)。

(55) 宮次男「一遍の伝記絵巻」『日本の美術』五六号(一遍上人絵伝)、至文堂、一九六一年。歓喜光寺本に錯簡があり上塗り部分もある。宮次男「一遍聖絵の錯簡と御影堂本について」『美術研究』二四四号、東京国立文化財研究所美術部、一九六六年。大山昭子「修理報告国宝一遍上人絵伝」『修理』七号、株式会社岡墨光堂、二〇〇二年。

(56) 踊り念仏の場所が小田切の里・伴野市庭・大井太郎館の三カ所が錯綜していることについて、論争があるが決していない。

平林富三「一遍上人の佐久郡伴野庄巡錫に就いて」『信濃』四巻一一号、信濃郷土研究会、一九五二年一一月。

井原今朝男「信濃国伴野荘の交通と商業」『信濃』三五巻九号、信濃郷土研究会、一九八三年九月。

今井雅晴「踊り念仏の成立」『捨て聖一遍』吉川弘文館、一九九九年　他。

牛山佳幸「一遍と信濃の旅をめぐる二つの問題」『時衆文化』九号、時衆文化研究会、二〇〇四年。

井原今朝男「信濃国大井荘新善光寺と一遍（上）」『時衆文化』一六号、時衆文化研究会、二〇〇七年。

井原今朝男「信濃国大井荘新善光寺と一遍（下）」『時衆文化』一七号、時衆文化研究会、二〇〇八年。

佐々木哲「一遍時衆踊念仏始行と小田切郷地頭」『時宗教学年報』三八号、時宗教学研究所、二〇一〇年。

伴野敬一「跡部の踊り念仏――その歴史と現在――」『跡部の踊り念仏』跡部踊り念仏保存会、二〇一五年。

坂本要［二〇一九ｂ］。

(57) 黒田日出男「踊り念仏の画像――身体論の視点から――」『週刊朝日百科　日本の歴史　別冊　歴史の読み方一　絵画史料の読み方』一九八八年。踊り念仏を、行道との関連から右回りであることに注目している。また西郷信綱説（「市と歌垣」『古代の声』朝日新聞社、一九八五年）を受けて歌垣との関連を示唆している。

(58) 砂川博「踊り念仏論」（『一遍聖絵の総合的研究』岩田書院、二〇〇二年）で今井雅晴を批判。
今井雅晴「踊り念仏と一遍とに関する二、三の問題」『日本仏教史学』日本仏教史学会、一九八三年。砂川氏が鎮魂説、今井氏が純粋歓喜説である。

(59) 坂本要［二〇一一ｂ］［二〇一一ｃ］［二〇一二ｂ］。

(60) 金井清光「時衆和讃と調声」『時衆文芸と一遍法語』東京美術、一九八七年。
他阿真教については、大橋俊雄「真教と時衆教団の成立」（『時宗二祖他阿上人法語』大蔵出版、一九七五年）に詳しい。

(61) 橘俊道「定型から自由化へ」『一遍大上人開宗七百年記念時宗踊躍念仏儀』足利市常念寺、一九七五年。

(62) 今井雅晴「薄念仏会にみる時宗儀礼」『中世社会と時宗の研究』吉川弘文館、一九八五年。

(63) 踊り念仏儀に関しては、前掲の足利市常念寺の他にまとまったものは手元にないが、秋山文善「踊躍念仏儀の構成」（『時衆研究』六号、一九五四年六月）によると以下のようである。以下は筆者が一覧化して用語を当てはめて作成したものである。
合喚磬―弥陀本願の招喚・釈迦発遣
幽音磬―選択念仏への迷い
反転磬―踏み切って転開
高音念仏―穢土離脱
漸大・漸小磬―二河白道を緩急をもって進む
騰神踊躍入西方―浄土に踊り込む
記莂・作相磬―報仏
詠嘆磬―仏讃嘆
和讃
讃終
(64)　多屋頼俊「移動する和讃」『多屋頼俊著作集　第二巻　和讃の研究』法藏館、一九九二年。
(65)　本書第四章第五節第3項（2）百万遍知恩寺参照。
渡辺貞麿「百万遍念仏考――『台記』の場合を中心に」『文藝論叢』二五号、大谷大学文藝学会、一九八五年。
(66)　網野善彦『異形の王権』平凡社、一九八六年。今井雅晴「踊り念仏の成立」『捨て聖一遍』吉川弘文館、一九九九年。
(67)　脇田晴子『日本中世被差別民の研究』岩波書店、二〇〇二年。
(68)　松岡心平「室町の芸能」『岩波講座日本通史　第九巻』岩波書店、一九九四年。
(69)　佐竹昭弘「絵を見る人はあれど――標注抄記――」岡見正雄・佐竹昭広『標注　洛中洛外図屏風　上杉本』一六七頁、岩波書店、一九八三年。
(70)　時衆は遊行上人の賦算による勧進という考えに立ち、金品の喜捨による勧進には否定的であった。図1-2-21は藤沢遊行派以外の時衆を描いているとも考えられる。

佐竹昭弘は「時衆」としているが、『図説　上杉本洛中洛外図屏風を見る』（小澤弘・川嶋将生、河出書房新社、一九九四年）の中で川嶋将生は「勧進聖」としている。時衆一向派では念仏踊りは修行の一環と捉えている。

（71）　山路興造「風流踊り」『近世芸能の胎動』八木書店、二〇一〇年。

第二章　融通念仏と講仏教

第一節　融通念仏と大念仏

1　融通念仏と講仏教

融通念仏の研究は融通念仏と融通念仏宗を分けることから始まっている。融通念仏の研究者である稲城信子は、「融通念仏宗と呼ばれる宗派は、一七世紀以降、大念仏寺を中心として、摂津・河内・奈良で行われていた融通念仏の講や寺庵・講中を組織化していった宗派である。それらは近世では「大念仏」と呼ばれたが、正式に融通念仏宗と認められたのは明治七年（一八七四）のことである」としている。(1)

融通念仏の語は良忍没（長承元年（一一三二））後一〇年を経ず書かれた『後拾遺往生伝』巻中の「上人良忍」の記事に、「夢上人告曰。我倍本意。生上品上生。是融通念仏力也」とあるのが初見である。融通念仏は、良忍が永久五年（一一一七）、三昧中に阿弥陀仏から「一人一切人、一切人一人、一行一切行、一切行一行、是名他力往生、十界一念、融通念仏、億百万遍、功徳円満」の偈を授かったことに由来する。意味は「世界の全てが相互に関係して一人が一切の人を表し、一切の人が一人に収斂する。全ての行為は一つの行為に、一つの行為は一切の行為に通じる。これを他力往生と言う。したがって十界は一念にある、百万遍の念仏も融通して唱えよ、そうすれば功徳は円満する」。このような理念に従って、多くの人が何度も唱える念仏が融通念仏である。しかし、この話は正和三年（一三一四）に作られたとされる『融通念仏縁起絵』に記載され、七世良鎮によって流布されたとする。実際は元亨元年（一三二一）、融通念仏中興の祖八世良尊法明によるとする説が強い。実は融通念仏は五世尊永以降一五〇年間法系が途絶えてしまう。この間、法系はないものの導御が嵯峨野清凉寺で大念仏を行ったり、円覚が壬生寺で大念仏を行ったりすることがあり、これが融通念仏ではないかとされている。(2) 現在の大阪・平野の大念仏寺の語の初見は寛文四年（一六六四）とされ、それ以前は諸仏護念寺といわれた。(3) 融通念仏宗の語は元禄二年（一六八九）が初見である。(4)

融通念仏宗では良忍（一〇七二～一一三二）・法明（一二七九～一三四九）・大通（一六四九～一七一六）を三祖とするが、良忍から法明、法明から大通の間の実態は不明な部分が多く、元禄年間（一六八八～一七〇四）になって大通が寺院法度に対応すべく、体裁を整え、教線の拡張を図って、初めて宗派らしい形態をとったといえる。それ以前にあっては、浄土系の聖や篤信者が講を組み、それらが主体となって「融通念仏」を行ったのが実態ではないかと思われる。筆者も、知多半島にある「虫供養大念仏」の調査から、(5) 近世初頭に起こった聖の念仏が、惣村形成の過程で村落を超えて巡回する大念仏になっていく（第二節参照）が、同様の念仏は各地で起こっていたと考える。村落の寺院の多くが江戸時代初期に発生し、それが幕府の檀家制度と相まって近世の村落仏教が成立するが、それ以前は、結衆された講を中心とした講仏教ともいえる形態で発展したのが融通念仏であった。

2　大念仏と融通念仏

大念仏は融通念仏なのか。稲城信子によると、「大念仏」の語は、正暦元年（九九〇）から永久二年（一一一四）

まで奈良にあったという「超昇寺大念仏」に見える。これは良忍以前の話で、融通念仏とはまだ言われなかった。大念仏は、大規模な念仏法会の意味で用いられたのであろう。大念仏は、初めはこのように大規模な念仏という意味で一般名詞として使用されたものと思われる。したがって、融通念仏のように大勢で唱える念仏行為のことも大念仏と言った。高野山で行われた高声で唱える念仏・鉦を叩く念仏・踊りを伴う念仏等雑行の念仏も大念仏と言われ、禁止令が出ている。五来重によると、これは融通念仏の変化したものであるとしている。[6]

良忍以降の文献には「大念仏」「融通念仏」「百万遍」の語が見られ、いずれも「融通念仏」に当たるとされる。大勢で唱える大念仏が「融通念仏」であり、それに加わった者は帳面に記すことをした。導御や円覚の大念仏も融通念仏と考えられ、江戸時代まで融通念仏を行うことは「大念仏」と記された。

和歌山県教育委員会から『高野山麓の六斎念仏』が出され、県下の悉皆報告がなされ全体把握が可能になった。この報告を受けて調査に当たった蘇理剛志は、「高野山麓の六斎念仏」[7]で、その成果をまとめている。

その中で高野山麓に残る六斎念仏発生直前の石造遺物に刻まれた大念仏碑について述べている。それによると正平一三年（一三五八）橋本市神野々墓地の五輪塔の「大念仏一結衆」を筆頭に、大念仏結衆碑が一四世紀から一五世紀にかけて六斎念仏に先行するように現れ、文安四年（一四四七）の六斎念仏供養碑に続く。これは便阿弥という聖によって建てられたものであるが、その後、六斎の結衆碑等が二〇基ほど見つかっている。これは大念仏も六斎念仏も講形式の結衆によって村落で行われたことを示すものである。

現今の民俗芸能に見る大念仏は踊りを伴った風流系念仏踊りのことを指すものが多い。一般名詞の大掛かりな念仏の意味で用いられているとみられる。しかしよく見ると風流念仏踊りの踊りの前に引声系の念仏が唱えられるものが多い。この念仏は融通系の念仏とみられることから、それを含む風流芸能が大念仏と言われるようになったのではないかと考えられる。

融通念仏から変化したと思われるのは、知多半島の虫供養大念仏がその例で、現在、浄土真宗の「現世利益和讃」が唱えられるほか、禅宗の日用勤行経典、修験経典ほか多種な唱えが入っているが、愛知県半田市に広がる四遍念仏のように融通念仏から変化した六斎念仏が入っている。

また伊勢志摩の大念仏では、初めに大念仏という年寄りの念仏が唱えられ、その後に風流系の太鼓踊りが踊られる。天龍川中流域の三遠信の国境を挟んで広がる大念仏もハネコミ・放下《ほうか》等いくつかの系統に分かれるが、いずれも引声系の念仏が唱えられてから踊りに入る。このように多くの念仏踊りは「念仏＋《プラス》踊り」という構成になっており、この念仏に当たる部分が融通念仏に淵源すると考えられる。

では融通念仏・大念仏はどのような唱え方をしたのであろうか。

日本の念仏儀礼は前述のように、円仁により中国五台山の五会念仏という引声念仏が伝えられ、比叡山の常行三昧堂で不断念仏として行われた。この念仏は一〇世紀より源信などの影響により貴族の間に広まった。次に平安末に良忍が京都大原に来迎院を置き、大原流声明を開くとともに融通念仏を説いた。良忍が大原で教えたのは声明の引声念仏であるが、このことから融通念仏が引声念仏である可能性が高い。

現存する融通念仏宗で日課となっている如法念仏は、引声系の長く引き伸ばす念仏で、御回在の末寺で行う時は伏せ鉦二丁を同時に叩きながら唱える。民間の百万遍はさまざまであるが、初めはゆっくりでだんだん速く念仏を唱える所が多い。民間でも六字詰めといって南無阿弥陀仏の文字を詰めるようにだんだん早く唱える。一つはこのような唱えである。また融通念仏の記事には「同音」に唱えるという語がたびたび登場する。一斉に唱える念仏を「同音」としていると思われるが、民間念仏には相互に掛け合うように唱える「掛け念仏」が多く見られる。六斎では音頭取りの調声《ちょうしょう》とその他の側《がわ》といわれる講員の掛け合いになっている部分がある。概して民間で行われる念仏は掛け念仏のように二手に分かれて唱え合うようなものが多くなっていったとみられる。このように、数を多く唱えることと多くの人によって唱えることが融通念仏であり、大念仏である。

註

（1）稲城信子「大和における融通念仏宗の展開」『国立歴史民俗博物館研究報告』一一二号、国立歴史民俗博物館、二〇〇四年。同「融通念仏信仰の展開」「融通念仏と「御回在」」『法会（御回在）の調査研究報告書』元興寺文化財研究所、一九八三年。同「中世末から近世における融通念仏信仰の展開」『近世仏教』二一号、近世仏教研究会、一九八八年。

（2）大澤研一「融通念仏の六別寺について」『研究紀要』二四号、大阪市立博物館、一九九二年。

（3）西岡芳文「融通念仏宗の草創に関する新資料」『金澤文庫研究』三二四号、神奈川県立金沢文庫、二〇一〇年。

（4）大澤研一「融通念仏宗研究成立過程の研究における一視点」『研究紀要』二八号、大阪市立博物館、一九九六年。

（5）坂本要［一九九七b］［二〇〇〇］［二〇一二］、本書第二章第二節。

（6）五来重「融通念仏・大念仏および六斎念仏」（『大谷大学研究年報』一〇号、一九五七年）。

（7）蘇理剛志「高野山麓の六斎念仏――その分布と特色を中心に――」『和歌山地方史研究』五四号、和歌山地方史研究会、二〇〇八年。

第二節　知多半島の虫供養大念仏と講仏教

1　愛知県知多半島の念仏行事

愛知県の知多半島一帯では「虫供養大念仏」という行事が行われている。(1) その数は一一グループになる（図2-2-1、表2-2-1参照）。その中で最も大規模に行われている大野谷《おおのだに》を例にとると、知多市・常滑市にまたがる旧一三カ村が年順に当番に当たり、一二月から一月にかけての寒中大念仏と秋彼岸の虫供養大念仏を行っている。かつては道場という仮小屋を建て、一八本の掛け軸の前に荘厳を施し、双盤鉦で、和讃や念仏を村人が昼夜にわたって唱えるというものである。このグループは元和三年（一六一七）の年号の入った「定板《ていた》」（当番順を書いた板）が残っている。別グループにはこれより古い伝承を持つものもある。またこの大野谷のグループでは、「阿弥陀ぼんさん」といってこの掛け軸を持って各家の仏壇供養に回っている在家の人がいる。「阿弥陀ぼんさん」がいるのはこのグループだけであるが、道場を作り、掛け軸の前で大念仏を唱えるということは共通している。

東海市の富木島は融通念仏を始めた良忍の生まれた所であり、稲城信子は「融通念仏信仰と「御回在」」（前掲第一節註（1））の中で、「回在に類似した行事」として知多半島の虫供養大念仏を取り上げて、融通念仏の「挽き道場」（後述〈結語〉）や「御回在」や、初期真宗の「同行講」に通ずるものがあるとしている。西山浄土宗の「輪番御忌」や「浄土宗の回番御忌」なども同様で、御忌の担当寺院が移動していく。これらは寺や道場が村に定着する以前の形態と考えられ、寺院仏教以前の在家の集団である当番村や講・組が主体となっていた講仏教の形態である。

知多半島の虫供養大念仏に分類される念仏行事は一二カ所を数える(2)（図2-2-1）。大野谷一三カ村・阿久比谷一

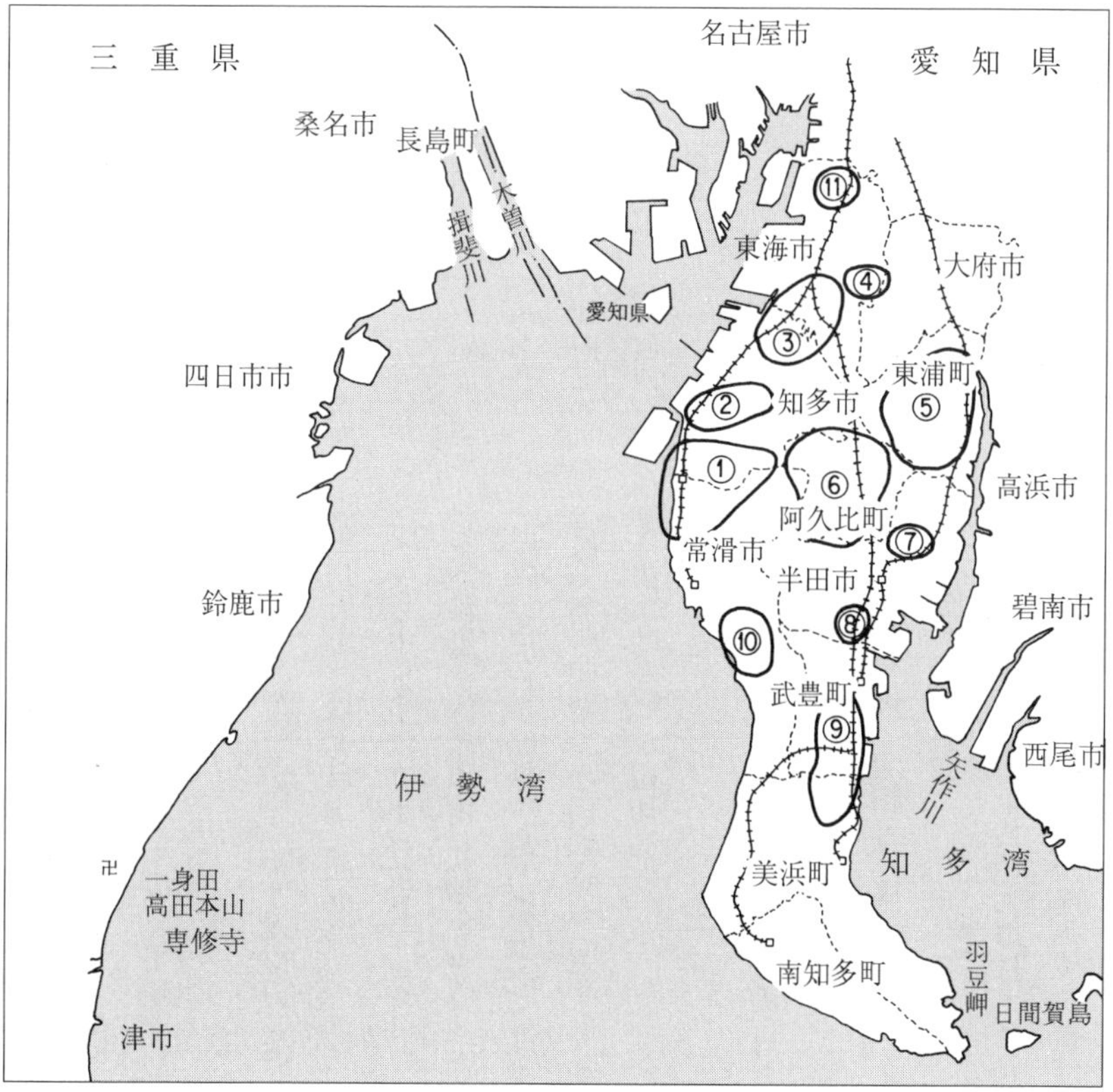

図２－２－１　知多半島周辺図

表２－２－１　知多半島周辺の虫供養大念仏　　（○番号は図２－２－１内の番号）

虫供養大念仏	所在地	時期
①大野谷虫供養	知多市・常滑市13カ村	９月彼岸虫供養・道場大念仏
②日長・岡田小供養	知多市５カ村	正月虫供養
③西浦	東海市・知多市14カ村	９月彼岸
④富木島宝珠寺（みださん）	東海市	春秋彼岸
⑤東浦（緒川）	東浦町５カ村	９月彼岸
⑥阿久比谷虫供養	阿久比13カ村	９月彼岸・寒干し・土用干し
⑦乙川海蔵寺虫供養（四遍念仏）	半田市	９月彼岸
⑧成岩常楽寺（四遍念仏）	半田市	９月彼岸
⑨枳豆志５カ村	武豊町・美浜町	９月彼岸―大峯講
⑩西枳豆志５カ村（六佐念仏）	常滑市	
⑪名和薬師寺（みださん）	東海市	１月８日・土用干し

三カ村・西浦一四カ村（現三カ村）・東浦町（緒川）五郷が大きく、ほかに名和薬師寺（東海市）・富木島宝珠寺（東海市）・乙川海蔵寺（半田市）・日長・岡田（知多市）・成岩常楽寺（半田市）・枳豆志《きずし》五カ村（武豊町・美浜町）・西枳豆志五カ村（常滑市）がある。市町村名は調査を行った平成三年（一九九一）〜平成六年（一九九四）の時のものである。(3)

これらの虫供養行事は江戸時代の地誌に文や絵として記されていた。年代順に並べていくと、

宝暦年間（一七五一〜六四）『張州府志』松平君山（漢文）
明和六年（一七六九）『張州年中行事抄』小林広林・横井時文
安永年間（一七七二〜八一）『張州雑志』内藤東甫（絵入り）
文政頃（一八一八〜三〇）『尾張年中行事絵抄』高力猿猴庵（絵本）
天保一三年（一八四二）『尾張名所図会』小田切春江（絵入り）
天保一五年（一八四四）『尾張歳時記』小田切春江

2　大野谷の虫供養(4)

大野谷とは常滑市の北端にある港町大野を河口とする矢田川流域を指す。その中の知多市と常滑市にまたがる一三カ村がこの行事に参加している。松原・羽根・北粕谷・南粕谷・大草・大興寺・矢田・小倉・宮山・石瀬・大野（権現）・西ノ口・榎戸の旧村である（図2-2-2）。

伝承によると、大野城主だった佐治家の四代目の佐治四九郎は、天正年間小牧の戦いに関わり、豊臣秀吉の手によって滅ぼされてしまうが、(5)その折、夫人は、守り本尊の阿弥陀の掛け軸を持って逃げ、大草から大興寺を経てい

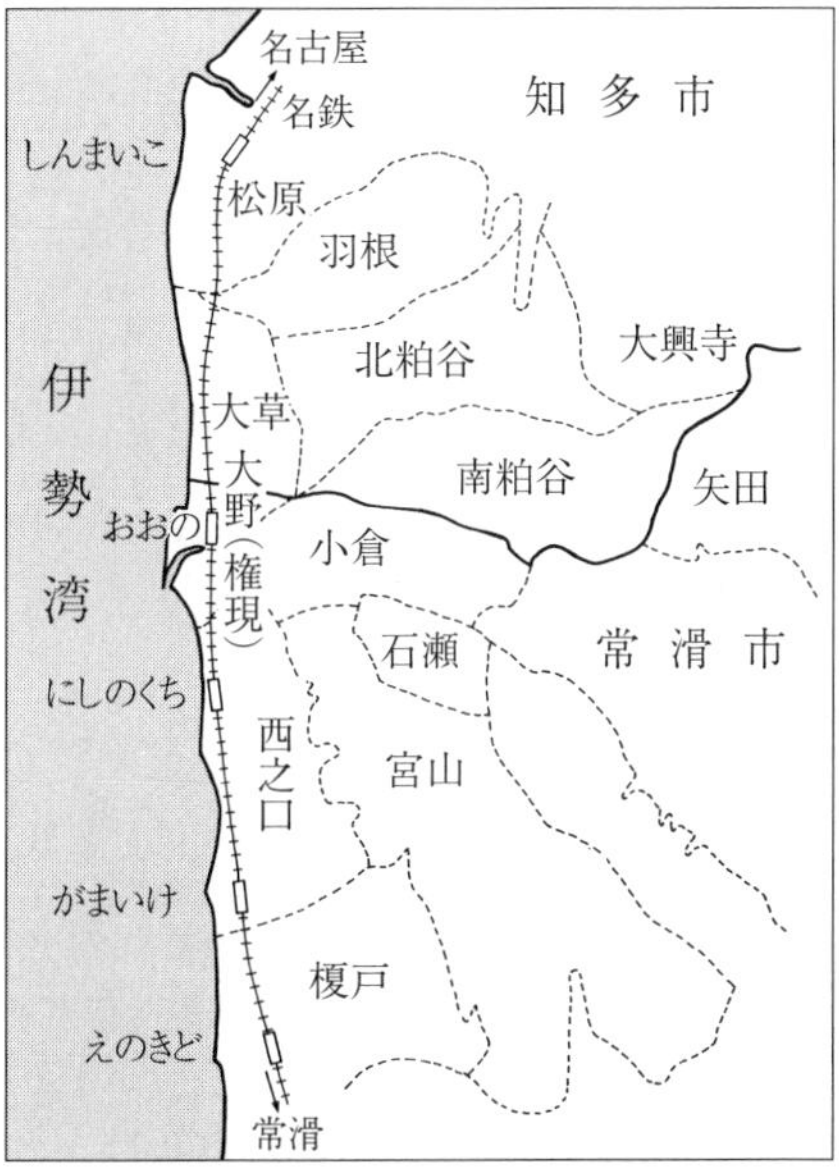

図2－2－2　大野谷13カ村地図

ずことなく立ち去った。掛け軸は大草へ一二本、残りを大興寺の稲積みへ隠していったという。それがどういうわけか、大興寺の土井伝右衛門の持ち山の松に掛けてあったという。以降、土井家では戦死者の供養にこの掛け軸を拝んで戦死者の供養をしたと伝える。明治一四年（一八八二）の「土井伝右衛門由緒書」には慶長年間以前より九本の掛け軸を保持していると書かれている。

また定板には、元和二年（一六一六）三月、大草村の庄屋弥右衛門宅において一三カ村で決めた当番の順が彫られている。(6)　一三カ村を干支の一二年に分けたもので、現在までこの順は同じである（表2-2-2）。

表2-2-2　干支と年番

子年　北粕谷	丑年　矢田	寅年　大興寺	卯年　西之口
辰年　松原	巳年　南粕谷	午年　小倉	未年　宮山・石瀬
申年　榎戸	酉年　大野（権現）	戌年　大草	亥年　羽根

大野谷の虫供養の行事は三つの行事から成り立っている。一二月一五日から一月一六日まで行われる「道場大念仏」、九月の彼岸に行われる「虫供養」、年間を通して行われる「巡回念仏」である。巡回念仏は「そとまわり」ともいわれ、阿弥陀ぼんさんが各家を回るものである。以下は平成四年（一九九二）の榎戸が当番の時の記録である。

〈道場大念仏〉

その年の当番に当たる村は、九月の彼岸の虫供養の最後に、前の当番村より全ての道具を引き継ぎ、一二月の道場行事に備える。一二年に一回の当番のため、諸役を務める当人は念入りな準備が必要である。榎戸の場合、当人は一〇人、村には十四日講、十五日講、十六日講、と地区ごとに三つの講があるので、各講よりそれぞれ三人、それとは別に宿元を頼んで、計一〇人が任に当たる。

榎戸は浄土真宗の家を除き一四五戸が虫供養大念仏の同行として参加している。榎戸では当番年に当たる年の二月に新旧当人の交代があり、その時宿元が決まる。三月に当人の引き継ぎがあり、ここから準備が始まる。現在は公民館に道場を開設するが、昭和三一年（一九五六）までは、辻（現在、歩道橋のある地点）に藁葺きの小屋を建てて道場とした。藁は同行の全戸から集めていたが、消防法により藁小屋が建てられなくなり、農協や寺を借りたりしたが、最終的に公民館になった。藁小屋の時は八月頃から建てる準備を始めた。

資金としては七月の麦の初穂集め、一〇月の秋初穂集めがあるが、現在は寄付金に変えている。

道場開設の一週間前にお道具の仮並べ、お磨きが行われ、前日には前山といわれる仏花（生け花）が飾られ、荘厳の準備は整う（写真2–2–1）。

まず祭壇には一八幅の掛け軸が掛けられる。横並びに全てを掛けられない道場が多いので、重なるようにして掛けている。古いものについては煤けて画像が分からなくなっている。中央には「新幅阿弥陀」が掛けられ、その掛け軸の上端から「善の綱」といわれる白い布が道場内部を縦断して引かれている。善の綱はそのまま道場から外に引かれ、榎戸の村を道沿いに一巡するように張られている。掛け軸の前の祭壇は二段になっていて、掛け軸のすぐ下は、しきみ・香炉・ろうそく・オブク・供餅・明治天皇、今上天皇の尊牌がある。前の段は「前山」といわれ、曲がり松を主にした仏花が飾られている。前山の両脇には灯籠が、左奥には供物がある。供物は人参・大根・白菜・蕪などの野菜に海苔、するめ、椎茸、二枚重ねの餅である。

「オブク」とは盛り飯であるが、大野谷の盛り方は、円錐形に盛る容器があってそれを使って盛る。この「オブク」の盛り方は真宗高田派のお仏飯の盛り方と同じである。[7]

写真２−２−１　道場の掛け軸と荘厳

写真２−２−２　オブク（仏飯）の盛り方。福井県大野市（旧和泉村）上大納

写真２−２−２は福井県大野市（旧和泉村）上大納の報恩講の時の仏飯の盛り方である。この地区は古くから大谷派と高田派が混在している所で、村の道場の仏前に供えるものである。奥にあるのが大谷派の盛り方で、円筒形になっている。手前が高田派の家の盛り方で円錐形になっている。

前山の前に仕切りの低い柵が置かれる。これより奥は「内陣」といい、内陣の中を横切って通り抜けることは「霊線を切る」といって嫌われる。柵の前には双盤鉦が三枚置かれている。当人がここで念仏を唱える。この鉦のことを「しょうこ」といっている。そのうちの一つに「元文四歳己未三月吉日　知多郡十三ヶ村念仏講中」の銘がある。元文四年は一七三九年である。

一二月一五日は道場入りといって、入仏式が午後より行われる。宿元の挨拶のあと三人の当人の鉦を音頭に経文・念仏・和讃が唱えられる。経文の間々に掛け軸への賛嘆が入るが、その折々に宿元が読み上げられた掛け軸に線香を上げる。南無阿弥陀仏の念仏が唱えられるたびに全員が一礼する。和讃は親鸞作の「現世利益和讃」の全文で、一五首よりなるので「十五首和讃」ともいう。この法要は一時間ほどで終わる。一二月一五日から一月一六日までの道場開催中は毎日朝勤行を六時から、夕勤行を七時から行う。内容は入仏式と同じである。また同行の一三カ村が日を決めて道場詣りに来るのでその接待をする。また期間中は御詠歌講・カラオケ大会など、さまざまな演芸が催される。

　経文・念仏・和讃の構成は次のようである。

○弥陀尊勤行式

1　念仏五唱／2　香偈／3　懺悔文／4　三宝礼／5　四奉請／6　開経偈／7　般若心経／8　発願文／9　照益《ママ》文／

10　掛け軸賛嘆　一尊の阿弥陀如来様　三尊の阿弥陀如来様へ回向し奉る　念仏一会　大日如来様　来迎願王阿弥陀如来様へ回向し奉る　念仏一会　古仏十三仏如来様　新仏十三仏如来様へ回向し奉る　念仏一会　南無観音菩薩様　地蔵大菩薩様　諸仏諸菩薩様へ回向し奉る　念仏一会　弘法大師六字御名号様　祐天上人の御名号へ回向し奉る　念仏一会／

11　現世利益和讃（十五首和讃）→念仏三唱／

12　別回向　今上天皇陛下宝祚延長聖化無窮玉体安全を祈り　念仏一会　日本国大小神祇帝室歴代尊儀明治大帝

尊儀増崇品位　念仏一会　家内安全等諸祈願　念仏三唱／13　四弘誓願／14　一礼三拝／15　送仏偈／16　念仏六唱

〈おためし〉

道場供養最終日の一四日の夜、日課の夕念仏が終わってから、「おためし」という粥占いが催される（写真2-2-3）。道場内の鉦の並びに炊飯用の釜を置き、粥を煮立て、その中に篠竹を縦に割って糸で縛り直したものを入れて、しばらくして取り出し、糸を解いて、篠竹の中に粥が何粒入るかでその年の作物の豊凶を占う。これを行うのは後述の「阿弥陀ぼんさん」で、釜の前で印を結び諸神諸仏に祈願ののち、般若心経の功徳を述べて、粥の煮えるまで何回となく鉦を叩いて般若心経を繰り返し唱える。占う作物は稲（早稲・中稲・晩稲別）・大麦・小麦・綿・大豆・小豆・海苔・蜜柑・甘藷・馬鈴薯・玉ねぎと、ここで採れる作物・海藻である。粥の入り具合によって大中小に作柄の予想が報告される。このあと甘酒がふるまわれて終わりになる。かつては翌一五日の午前中に大興寺の土井家へお礼参りに行ったのだが、平成四年（一九九二）は一五日が祭日のため、この行事は一六日に行われるようになった。土井家へ参るのは、この掛け軸が土井家の祖、土井伝右衛門により発見された故事による。

写真２－２－３　阿弥陀ぼんさんによる「おためし」

〈虫供養大法要〉

かつては九月彼岸の入りの日に行ったが、現在では彼岸の中日に近い日曜に行っている。道場の中は正月同様に掛け軸を掛け、荘厳で飾るが、道場の外には虫供養の角柱を立て、そこで供養の念仏をする。以前は生木に供養文を書いたという。供養文は次の通りである。

光明遍照十方世界念仏衆生摂取不捨
奉修虫供養耕地害虫蠢々含識抜苦与楽超生浄土宝塔
天下和順日月清明風雨以時災疫不起国富民安兵戈無用崇徳興仁無修礼譲
維時平成四年九月仏日大野谷虫供養壬申榎戸念仏講建之

一〇時より塔婆供養。阿弥陀ぼんさんと当人が集まり、供養塔の前に伏せ鉦で経文を唱える。いつもであると阿弥陀ぼんさんの清水さんが香偈・般若心経・送仏偈を唱えていたが、亡くなられたので、当人が代わりを勤めた。午後は一三カ村から参詣に訪れた人を交えて、お別れ念仏を唱え、日課の弥陀尊勤行式を行う。その後、掛け軸荘厳を片付け次の当番村に引き渡すようにする。

引き渡しは夕方になってしまう。まずお宝が引き渡される。お宝とは、元和二年（一六一六）に書かれた定板《ていた》と初穂料として米を集めた枡（これは一升と五合のものといわれている）、さらに虫供養の書かれた由緒書きの三点で、風呂敷に包んで渡す。当人以外は見てはならないとされている。道場では板に書かれた道具の目録に合わせて一つひとつ確認して手渡される。その品目数は五〇点を超える。供養迎えに来た次の当番は、お宝の包みを先頭に、お囃子に合わせて見送られる。かつては一点一点かついで長い行列を作って運んだというが、現在ではトラックに乗せて運ぶ。これで一年に及んだ虫供養の念仏は終わる。

〈阿弥陀ぼんさん〉

大野谷には道場で行う虫供養とは別に、阿弥陀講とか巡回供養といって阿弥陀ぼんさんという在家の人がほぼ一年をかけて村々を歩き各家の仏壇の供養をする。一月の一七日に道場供養が終わり、土井家に届けられた掛け軸は、翌一八日より各家を回る。回る順は元和二年の定板に虫供養の順を決めた時に決めたといわれる。大草の庄屋で決めたとなっているところから大草の巡回の日取りが多い。また大野は有力者の家しか回っていない。また虫供養同様に抽選で決めたらしく地理的には飛び飛びの順になっている。昭和五六年（一九八一）に話し合って新しい巡回にした。割り当てられた村の巡回はさらに村の中の順に従って各家を回るので、例えば榎戸では十一日講としてこの巡回を受けているが、毎月一軒、年一二軒の家を廻る。阿弥陀ぼんさんは虫供養に参加している家から頼まれてなるが、一年の大半をこの役に費やしてしまうので、大変であった。平成四年（一九九二）まで役を引き受けて亡くなった清水恒明さん（明治四三年〔一九一〇〕生）は昭和五七年（一九八二）から一〇年勤めたが、最も長い例であった(8)。

写真２－２－４　阿弥陀ぼんさんが使った「仏車」

巡回は朝に前の家に掛け軸を受け取りに行き、仏車（写真2-2-4）というリヤカーに掛け軸や仏器を積んで次の村の家に向かう。以前は背負ったと伝えるが、現在あとを継いだ桑山百次さんは自動車で回っている。着くと掛け軸の中から新仏といわれる五本を選んで阿弥陀の掛け軸を中心にして家の中の北面に掛ける。

阿弥陀ぼんさんはそこで掛け軸に般若心経を拝んで帰る。夜その家の者は改めて法要をする。唱えるのは主に「現世利益和讃」である。現在、桑山さんは懺悔文・般若心経に「因果和讃」（白隠作）を詠んでいる。

表2-2-3　榎戸講巡回供養の日程（昭和五六年〔一九八一〕四月一日より）

一日　大草、二日　上・下松原
三日　羽根、四日　北粕谷、五日　大興寺、
六日　矢田、七日　南粕谷、八日　小倉、
九日　石瀬、一〇日　宮山、一一日　榎戸、
一二日　西之口（小林）、一三日　権現、
一八・一九・二〇日　権現以外の大野、
一四・一五・一六・一七・二一～三一日は清水氏宅供養

〈榎戸の講念仏〉

以上、大野谷の虫供養大念仏の諸行事について記したが、大野谷一三カ村には村ごとに念仏行事がある。ここでは榎戸を例に、榎戸の念仏行事を、大野谷虫供養を含めて見てみよう。村ごとの念仏は虫供養の念仏に対して講念仏という。

榎戸地区は約一五〇軒からなり、中は神明町・新田町・旧榎戸町の三つに分かれる。この各町に阿弥陀講があり、毎月一四日は旧榎戸町、一五日は神明町、一六日は新田町という具合に順に阿弥陀講が開かれ（表2-2-3）、榎戸地区全体で持っている掛け軸が回る。この講念仏は、虫供養のある九月と一月を除き年一〇回開かれ、各町内を順に回っている（表2-2-4）。掛け軸は八幅あり、中央に阿弥陀立像を掲げ、二十五菩薩来迎図・法然上人・弘法大師等の掛け軸を並べて掛ける（表2-2-5）。行事は百万遍の数珠繰りで「南無阿弥陀仏」を繰り返す。

この念仏とは別に年三回の大念仏行事がある。八月二三日・一月二三日・一二月三一日、一五〇軒のうちから籤で宿を二軒選んで行う。一月二三日の「正月宿」と一二月三一日の「大年宿」は同じである。ちなみに一月二三日は法然上人の遠忌といわれている。行事は講念仏と同じで、阿弥陀講の掛け軸八幅を掛け、百万遍の数珠繰りを行う。八月と一月は午前より一〇〇〇回行い、かつては三回のオトキが出たという。一二月三一日の大年は短く四時頃から行うが、二升取りの鏡餅が供えられる。餅は一月二三日各戸に配る。この大念仏行事は各町の当人が勤行するが、榎戸全戸は同行として参詣に訪れる。実際は参詣に来られない家が多いので、「奉唱弥陀寶號一百万返家内

安全所」と書かれた木版刷りの札が配られる。

また前述したように、毎月一一日に阿弥陀ぼんさんが回ってきて、各家順に巡回供養念仏を仏壇の前で唱える。この時は、阿弥陀ぼんさんが虫供養大念仏の一八幅のうちの六幅を持ってきて掛ける。これにも当人が参加し、「現世利益和讃」を唱える（表2-2-6）。

表2-2-4　榎戸の念仏行事一覧

毎月行事	
一一日	巡回供養念仏
一四日・一五日・一六日	阿弥陀講（講念仏）
年間行事	
一月二三日に近い日曜	正月百万遍念仏
六月下旬	麦初穂料集金
八月一五日	盆精霊送り
八月二三日に近い日曜	百万遍大念仏
九月秋分の日前後の日曜	秋季虫供養大念仏
一〇月	稲初穂料集金
一二月一五日	道場大念仏開場
一二月三一日	大年百万遍
一月五日	道場参り
一月一四日	道場おためし行事
一月一五日	道場大念仏閉場
一月一六日	大興寺土井家お里帰り

表2-2-5　榎戸講念仏の掛け軸一覧

二十五菩薩来迎図
十三仏
法然上人画像
阿弥陀立像
阿弥陀三尊か（煤けて不明）
弘法大師画像
阿弥陀三尊像（一光三尊像）
千手観音像（立願山揚谷寺）

表2-2-6　榎戸地区の各種念仏

巡回供養念仏（阿弥陀ぼんさん）	個人宅	毎月一一日
阿弥陀講（講念仏）	町会ごと	毎月一四・一五・一六日
榎戸大念仏	榎戸地区の宿	一月・八月・一二月
大野谷虫供養大念仏	大野谷地区	一二月〜正月・秋彼岸

榎戸では虫供養念仏の宿元が一人、三町ごとに当人一人と副当人二人の三人、三町で九人の当人がいる。当人は、前年の前当人と翌年の新当人が副当人に当たるようにして、行事の伝承が絶えないように工夫されている。虫供養の念仏は、一二年に一回回ってくるもので、宿元が全体を統括する。宿元は申し出によって決まり、その家にとっては一世一代の大事になる。講念仏や虫供養大念仏の資金は、六月に麦の初穂料として、また一〇月に稲の初穂料として、なにがしかを全戸より集めて運営される。

このように榎戸地区の講は規模別に三つの念仏講（講念仏と大念仏）と阿弥陀ぼんさんの巡回供養念仏から成り立っている。

3　阿久比の虫供養

阿久比《あぐい》には、現在一三カ村が参加する「阿久比谷虫供養」がある。(9) これは『張州雑志』(10)や『尾張名所図会』(11)に記されている。『張州雑志』に「英比庄十六村ノ供養是ヲ東浦ノ供養ト称ス」(12)とあるから、『尾張名所図会』の記述も同様のものである。阿久比虫供養保存会は各種の古記録を保持しているが、その中の文亀二年（一五〇二）と記さ

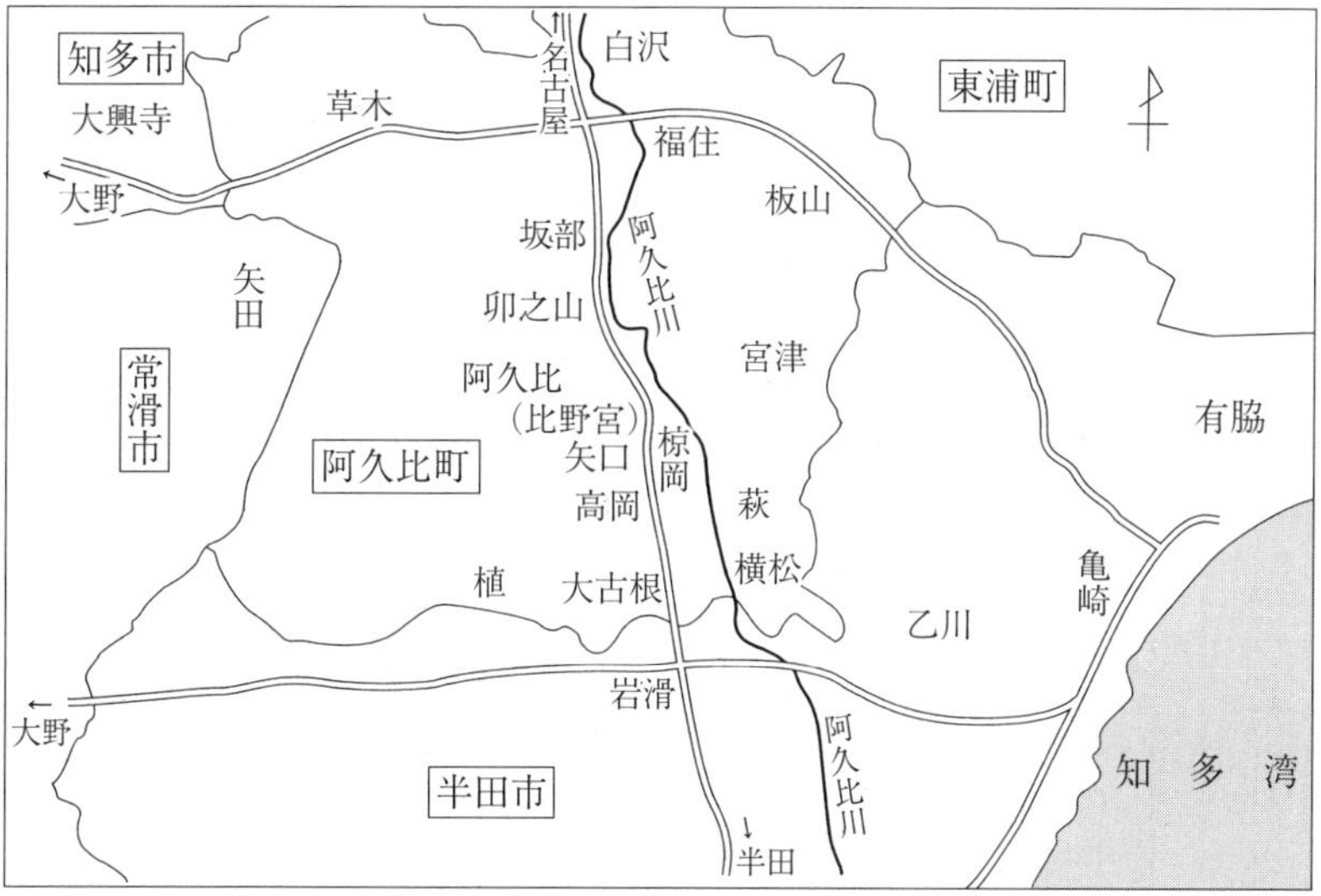

図2－2－3　阿久比周辺図

れている「尾州知多郡英比之谷古来念仏供養講番輪次之記録」には二二カ所の当番表が載っている（表2-2-7）。

地理的な範囲は現在の阿久比町と半田市の北部に収まるが、村で行う所と寺で行う所があったようだ。半田市に入る有脇《ありわき》・乙川《おっかわ》は、のちの講番表の元禄一六年（一七〇三）、寛保三年（一七四三）には出てこない[13]。現在、虫送りは半田市乙川海蔵寺と有脇福住寺に残っているので、分離して現行に至ったと考えられる。文亀二年の記録に載っている市場村・石坂村は大古根村になり、現在の植大《うえだい》地区になっているが、古老の記憶では、植《うえ》・大古根《だいごね》・乙川《おっかわ》・岩滑《いわなめ》は「四遍供養」といって別であったという。四遍念仏は六斎念仏であり、乙川と成岩に最近まで残っていた[14]。

阿久比には一六カ村あり、『張州雑志』や『尾張名所図会』には、そのまま一六カ村が行っているように書いてあるが、「尾州知多郡英比之谷古来念仏供養講番輪次之記録」の元禄一六年（一七〇三）では、一三カ村を一二年で回り、萩と宮津を合同で行うようになっている。寛保二年（一七四二）には横松村が加わり、現行の一四カ村を一三

表2-2-7　念仏講番比較

文亀二年	元禄一五年（干支順）	寛保三年	現行
1伊瀬村			
2板山村	卯　板山村	6板山村	9板山
3市場村			
4坂部村	辰　坂部村	7坂部村	5坂部
5椋原村	巳　椋原村	8椋原村	13椋岡
6角岡村	午　角岡村	9角岡村	
7比江宮村	亥　稗野原村	2稗之宮村	3阿久比
8有脇村			
9艸木村	未　艸木村	10艸（草）木村	6草木
10白沢村	申　白沢村	11白沢村	7白沢
11炊田村			
12宮津村	酉　萩宮津村	12萩村宮津村	10宮津　11萩
13高岡村	戌　高岡村	1高岡	1高岡
14乙川村			
15莵山村	子　卯之山村	3卯之山村	4卯之山
16福住村	丑　福住村	4福住村	8福住
17薬師寺			
18西光坊			
19済乗院	寅　矢口村	5矢口村	2矢口
20石坂村			
21長光寺			
22草木村			
		13横松村	12横松

年で回る輪番が決まった。[15] それらの村はそのまま現在の阿久比町の範囲内にあり、順番は高岡・矢口・阿久比・卯之山・坂部・草木《くさぎ》・白沢《しらさわ》・福住・板山・宮津・萩・横松・椋岡《むくおか》である。植と大古根地区は入っていない。

〈縁起および変遷〉

この阿久比虫供養の縁起は、いくつかのことを絡めて説明されている。まず『張州雑志』『尾張名所図会』『張州年中行事抄』に記されている英比丸伝承である。菅原道真の子が道真の大宰府配流に伴い知多半島に流され、のちに英比之庄を賜ったことから、この地にとどまり英比丸を名乗り、この地で没した。[16] その供養のために始まったとするもので、『張州府志』では「御霊辻祭り」の類ではないかと記している。[17]

次に『阿久比谷虫供養記』(18)の「英比谷供養縁起記」での大原良忍開始説である。比叡山の麓の大原で融通念仏を広め、声明の基を築いた良忍は、知多郡富田に生まれた。現在の東海市富木島町の宝珠寺が生誕の地に当たる。「縁起記」に良忍が「老年に迢《ママ》て一朝如来之教誨を得て融通念仏を四来の道俗に倡《ママ》ふ。故郷の因縁を以て其の伝え来る事や遠く其の修する事久し」とあることから、良忍が知多郡に来て布教したとしている。地元草木の伝承によると、良忍は大野から草木に至り、さらに東浦にかけて布教したと伝える。しかし良忍の生没年が延久五年?～天承二年（一〇七三?～一一三二）なので、これをそのまま虫供養念仏に結び付けるのは無理と考えられる。しかし、『阿久比谷供養記』では、良忍の母が熱田神宮大宮司の娘であったことから熱田神宮とは因縁深く、良忍が熱田神宮領の大野郷宮山（現常滑市金山）に宮山寺、一名榎山寺を建てて、宮山と榎山寺の寺領であった卯之山・坂部（現阿久比町卯坂）を拠点に融通念仏を広めたとしている。(19)

「縁起記」では良忍の記述のあとに、本尊開闢《かいびゃく》如来は法然の描いたものであること、天正年間（一五七三～九二）に戦乱に遭い、本尊を凶徒に持ち去られたことが書かれている。本尊がないため行事は一時中断したとみられるが、元和三年（一六一七）に椋岡の天台宗平泉寺より山越しの阿弥陀を譲り受け、行事を再開した。本尊は熱田宿にあったが、九十余年後の江戸時代初期に返還されて現在も祀られている。このことは、融通念仏として始まった虫供養が天台宗寺院により復興したことを示している。その後、明治の廃仏毀釈の流言により明治九年（一八七六）に行事を中断したところ害虫の発生や水飢饉が起こり、二、三年して復活して現在に至る。

〈行事の内容〉

行事は、秋彼岸の中日に行う虫供養と、当番の村のみで行う一月六日の御紐解きと、夏の土用に行う土用干しがある。御紐解きを行わないで寒の期間に寒干しを行う所もある。虫供養も御紐解き・土用干しも、一五、一六幅の

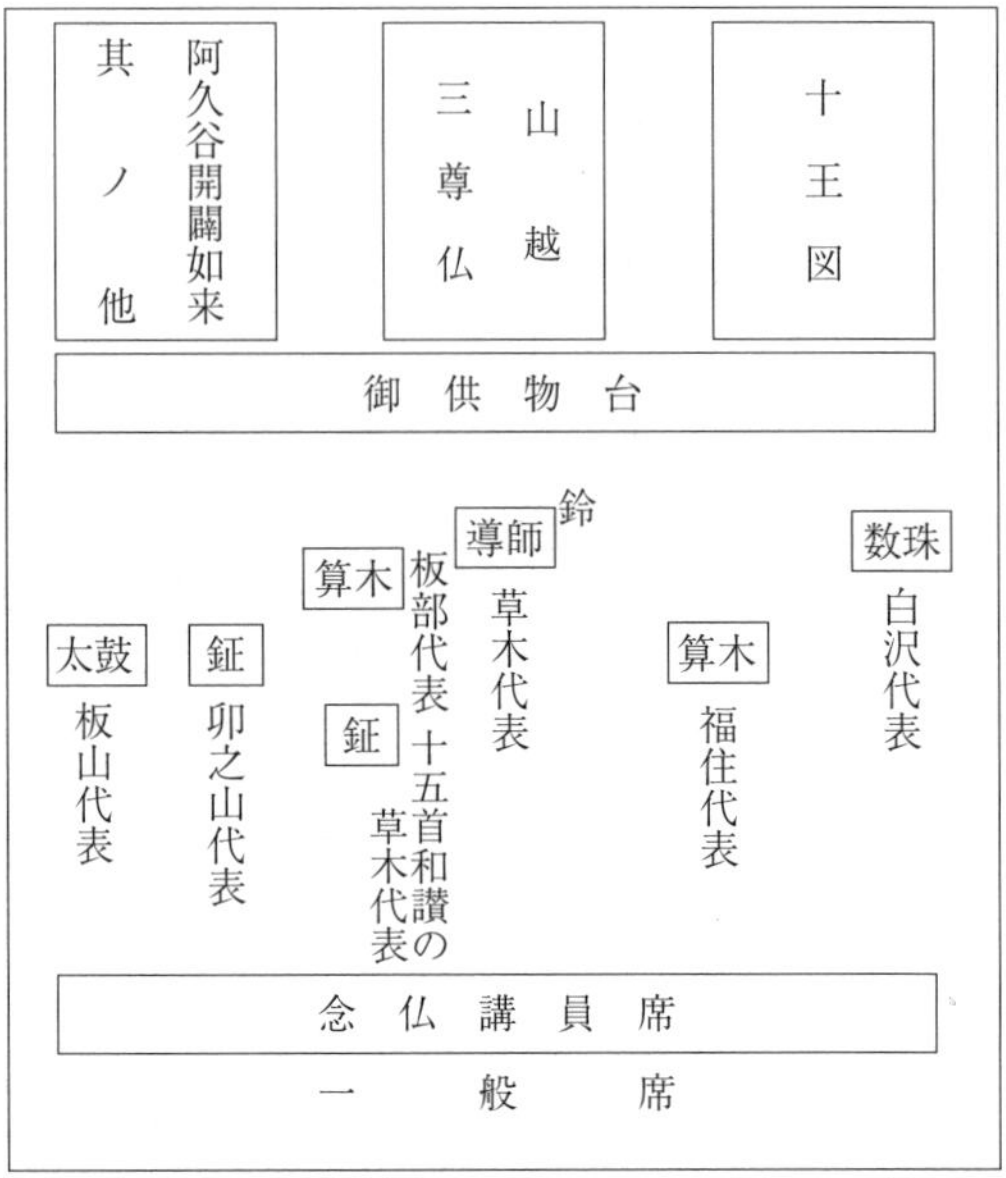

竹内禅英『阿久比谷蟲供養郷士史』を基に作成
図２－２－４　道場小屋大念仏勤行位置図

掛け軸を掛けて、その前で百万遍の念仏と「現世利益和讃（十五首和讃）」を唱えることは同じである。

虫供養では、当番の村の寺堂もしくは神社によしず張りの道場を建てて念仏を唱える。かつては阿久比川の河原で行ったというが、現在は本尊の掛け軸を掛ける道場小屋（図2-2-4）のほか、番小屋といって七番小屋まであり、小屋の中に掛け軸を掛けて拝んでもらう。彼岸の中日の虫供養には一三カ村の人がお参りに来て、建ち並ぶ小屋以外に屋台も出て大賑わいになる。

会場には生木の大卒塔婆が立てられる。かつては知多半島の他の虫供養でもこのような生木の大卒塔婆が立てられていたことは『尾張名所図会』等で分かるが、現在、実際に立てているのは、阿久比虫供養のみである。卒塔婆には供養の文句が書かれ、根もとに砂が盛られる。これを虫塚といって、この砂を踏むと子どもが丈夫に育つ、疳の虫が治まるといわれ、砂を踏ませ、持ち帰る。

朝九時頃から夕方まで、このようにして参詣人でごったがえすわけであるが、道場小屋では念仏が繰り返される。念仏は十五首和讃で、草木の人が導師となり双盤鉦を叩き、他の人が唱和する。百万遍は一人の人が大きな数珠を数えるようにして操るものであるが、その役は白沢の人と決まっている。またその時、両脇で念仏の数を数えるために、「算木」という「南無阿弥陀仏」と墨書した短い木の棒を積み重ねるが、その役も福住・卯之山の人と決まっている。拍子を取る太鼓は板山の人の役である。このように、本尊の掛け軸の前では草木の人を中心に阿久比郷の北半分の地区の人によって法要が営まれる。[20]この勤行位置が草木を中心にして大念仏が営まれていたことを示していると考えられる。

他の番小屋では当番の人がお参りの人が来るたびに伏せ鉦を叩く。これは当番の村の役目である。御紐解き・寒干し・土用干しは、当番の村の寺や堂の中に全ての掛け軸を出して虫干しをして、同様の念仏を唱える。この時は当番の村の人のみで念仏や和讃を唱える。

〈掛け軸〉

掛け軸は基本は一三本であるが、大正一三年（一九二四）に坂部より道元禅師像が、また昭和五九年（一九八四）、如意輪観音像と虫供養の様子を描いた白描画軸が、加わった。

掛け軸の画像・由来・掛ける場所は次の通りである。[21]

道場小屋

中央　①山越し阿弥陀三尊仏画像　弥陀一尊像で裏に元和三年（一六一七）の記年銘あり。「講番輪次」の平泉寺寄付の記事あり。

左側　②十王図　山越し阿弥陀画像と同様の画風で、平泉寺寄付とされる。上壇に弥陀三尊、下壇に地獄図を描く。

右側　③道元禅師坐像　大念仏勤行位置図ではこの場所に往古阿弥陀像（開闢如来）を掛けることとしてい

る。道元像は大正一三年（一九二四）から。

一番小屋　④阿弥陀三尊像　元禄年中　草木掛始
二番小屋　⑤二十五菩薩来迎図　元禄年中　草木掛始
三番小屋　⑥釈迦十六羅漢図　元禄年中　草木掛始
　④⑤⑥はいずれも京都四条藤本八右衛門画と伝える。
四番小屋　⑦阿弥陀三尊来迎図　恵心僧都御筆元文年中　草木掛始
五番小屋　⑧釈迦如来　⑨文殊菩薩　⑩普賢菩薩
　⑧⑨⑩は墨絵三幅で享保六年（一七二一）寄進されたが、しばらく掛けられず享保一五年（一七三〇）に掛けられるようになったので「御隠居絵」と呼ばれる。
六番小屋　⑪円光大師画像（法然上人画像）⑫一枚起証文
　中央に「南無阿弥陀仏」の名号がある。
　⑪⑫ともに名古屋建中寺到誉上人筆によるもので、尾張藩主から安永三年（一七七四）に寄進されたもの。
七番小屋　⑬阿弥陀立像　往古阿弥陀。金箔で描かれているところから黄金阿弥陀ともいう。「源空（法然）上人御筆宝暦二年（一七五二）草木掛始」とあり、本尊仏として開闢如来といわれる。天正年間に持ち去られ、九〇年後に戻されたという。

このほか当番の地区によっては小屋を増やし、聖徳太子や弘法大師の画像を掛ける。
これにより、かつては⑬の往古如来が中心であったが、①②の平泉寺寄付の掛け軸と④⑤⑥の草木寺院の掛け軸が加わったことが分かる。

〈草木十五日講〉

草木では毎月一五日に公民館に阿弥陀講の人が集まり、念仏を唱える。中央に山越しの阿弥陀画像を掛ける。虫供養念仏と同じように「現世利益和讃」と融通念仏百万遍を唱える。百万遍の時は、一人が数珠を繰り一人が札回数を数える。

■資料　阿久比虫供養大念仏念仏帳

阿久比虫供養念仏講和讃　全

懺悔文

我昔所造諸悪業　皆由無始貪瞋痴　従身口意之所生　一切我今皆懺悔

三帰依文

南無帰依仏　南無帰依法　南無帰依僧

帰依仏無上尊　帰依法離塵尊　帰依僧和合尊

帰依仏竟　帰依法竟　帰依僧竟

諸仏名号

南無阿弥陀仏　南無三世之諸仏　二十五之菩薩

不動　釈迦　文殊　地蔵　弥勒　薬師　観音　勢至　阿弥陀　阿閃　大日

虚空蔵　光明遍照　十方世界　念仏衆生　摂取不捨

南無阿弥陀仏　南無阿弥陀仏　南無阿弥陀仏　南無阿弥陀仏　南無阿弥陀仏

（五唱一回　算木の図　一二段七二本立積が先　虫供養最初六本一〇回）

第一　普回向

願以此功徳　平等施一切　同発菩提心　往生安楽国

現世利益和讃

阿弥陀如来らいげして　息災延命の為にとて　金光明の寿量ぼん　説おき玉へるみ法なり

山家の傳教大師は　国土人民を憐れみて　七難消滅の誦文には　南無阿弥陀仏となふべし

一切のくどくにすぐれたる　南無阿弥陀仏をとなふれば　三世の重障みなながら

かならず轉じてきよう徹なり　南無阿弥陀仏を唱ふれば　この世の利やくはきわもなし

流転里ん廻の罪きへて　定業中天のぞくなり　南無阿弥陀仏をとなふれば

梵天帝釈帰きょうす　諸天善神ことごとく　夜昼常にまもるなり　南無阿弥陀仏をとなふれば　四天大王もろ

ともに　夜昼常に守りつつ　よ路づの悪鬼を近づけず　南無阿弥陀仏をとなふれば　堅牢ちぎはそんきょうす

影とかたちのごとくにて　夜昼常に守なり　南無阿弥陀仏をとなふれば　難陀跋難大竜とう　無量の龍神尊

きょうし　夜昼常にまもるなり　南無阿弥陀仏をとなふれば　災魔ほうおうそんきょうす　五道の冥官皆とも

に　夜昼常にまもるなり　南無阿弥陀仏をとなふれば　他化天の大魔王　釈迦牟尼仏の御前にて　守らんとこそちかひしが　天神地祇はことごとく　善鬼神と名付けたり　是等の善神みなともに　念仏の人をまもるなり　願力ふしぎのしんじんは　大菩提心なりければ　天地にみつる悪鬼神　みなことごとくにおそるなり　南無阿弥陀仏をとなふれば　観音勢至はもろともに　恒沙塵数の菩薩と　かげの如くに身にそへり　無碍光ぶつの光にには　むしゅの阿弥陀ましまして　化仏おのおのことごとく　真実信心をまもるなり　南無阿弥陀仏をとなふれば　十方無量の諸仏は　百重千重囲繞して　歓びまもりたまふなり

第二普回向

願以此功徳　平等施一切　同発菩提心　往生安楽国
光明遍照　十方世界　念仏衆生　摂取不捨
南無阿弥陀仏　南無阿弥陀仏　南無阿弥陀仏　南無阿弥陀仏
（五唱一回　算木の図　虫供養五積五段
一四日阿弥陀南無阿弥陀仏を繰り返すその都度　願以此功徳）

本回向

願以此功徳　平等施一切　同発菩提心　往生安楽国
南無無尽十方三世之諸仏　無尽以一切諸菩薩　摩訶薩　八萬諸々行皆是阿弥陀仏
諸行無常　是生滅法　生滅々己　寂滅為楽　迷故三界城　悟故十方空　本来無東西

何処有南北　懺悔懺悔　六根清浄　滅除煩悩　滅除業障　一仏成道　貫匡
法界僧摩　都故苦道　悉皆成仏

導師本回向
摩訶般若波羅蜜多心経（略）
舎利礼文　　　　（略）

導師普回向
十方三世一切仏　諸尊菩薩摩訶薩　摩訶般若波羅蜜多

■

4　東海岸の虫供養

(1) 東浦町

東浦《ひがしうら》は知多半島の東海岸北部の愛知県知多郡東浦町を指し、旧緒川《おがわ》郷で古くは小川とも記した。明和六年（一七六九）『張州年中行事抄』に「小川・村木・石浜・生路《いくじ》・有脇供養あり」とある。元禄一二年（一六九九）の「緒川村由緒覚書」には、「先年より虫供養と申す市　立テ近村寄合念仏執行仕候、買売物ハ諸事農具類ニて御座候、一ヶ年一度宛秋彼岸初日ニて御座候」とあり[22]、現行も秋彼岸の初日（中日になることもある）に行われているので、行事は続いている。縁起としては、緒川地蔵院蔵の閻魔画像裏書に、緒川城主水野忠政父子が元和二年（一六一六）大坂城落城の時、「阿弥陀仏一幅閻魔法王像三幅奪取来而納蠣貝地蔵是以虫供養ヲ草創ス」とある。ただこの阿弥陀本尊の裏書に慶長七年（一六〇二）に「大破表具再興為五箇邑」とあり、この時に五カ村で修復していることになる。画像は真宗の方便法身尊像で、大坂城落城ではなく真宗本山の石山本願寺攻めの時に持ってきたのではないかとの説がある。(23) 他の掛け軸の年号や修復年から、このように江戸時代の初めに村連合として虫供養が始められたと考えられる。大野・阿久比・西浦も、ほぼこの時代である。

現在、虫供養は九月彼岸の入りもしくは中日に行われる。旧緒川村五カ村の村木・緒川・石浜・生路・藤江で、掛け軸や什物は順送りに渡される。現在はテントであるが、麦わらで編んだ菰で道場小屋が建てられた。古い写真では村ごとに五棟と百万遍念仏用の一棟であったようだが、石浜の例では、本尊ほか五本の阿弥陀の掛け軸のテントと十六羅漢の掛け軸（天明元年〔一七八一〕村木村寄贈）のテント（大道場）が向かい合って建ち、真ん中に角柱の大塔婆が立てられていた。道場脇に、「奉修南無阿弥陀仏為虫供養」と書かれた幡が笹に付けられてたなびいている。

掛け軸は本尊を含め六幅ある。本尊以外は掛け軸の世話村が決まっており、中央を本尊にして、右から村木・緒川・本尊・石浜・生路・藤江と並べられる。

■資料　掛け軸

1　方便法身尊像　裏書本文（全文は『新編東浦町誌』に載っているので、表具再興の部分のみ記す(24)）。

尾州知多郡村木緒川石濱生路藤江五箇邑念仏供養之本尊

表具再興慶長七壬寅年（一六〇二）二月右依大破表具為再興五箇邑

寛文十一年辛亥之歳（一六七一）七月於緒川村傳宗院再興（略）

元文五庚申歳（一七四〇）日右依大破村木邑当番之節於名古屋為五箇村表具再興
文化七庚午（一八一〇）時之肝煎開眼寺住持文山五ヶ村年寄中

2 阿弥陀三尊像（村木村）
此三尊之聖像者村木邑濱島惣助依発願沓掛邑於真野代應明画工相頼而三尊之画像出来者也（略）
奉再寄付虫供養□三尊弥陀画像愛知郡部田裕福寺以小三尊聖像画工同郡沓掛邑真野勘左衛門應明奉再写之
維持文化二（一八〇五）秋以月穀旦
醫王梅堂和尚於供養道場開眼者也願主知多郡英比荘村木村中
維持文化七年□□庚午（一八一〇）秋八月彼岸初日相営虫供養而五箇村依衆評従是廻村各々可信仰者也

3 方便法身尊像（緒川村）
尾陽州緒川村居住廓夢光童子不幸以享保八癸卯（一七二三）日夭死□発議（略）
享保九甲辰（一七二四）施主緒川村居住廓夢光童子

4 阿弥陀坐像（石浜村）
江州彦根城清凉寺堅光和尚自畫讃
文政二己卯年（一八一九）石濱村平林孫市隠居諦音寄付

5 方便法身尊像（新仏・生路）
尾州知多郡村木邑緒川石濱生路藤江五箇村
念仏供養本尊古仏本尊為懸替新仏合建立者也宝暦二壬申歳（一七五二）依表装破損五ヶ村評議之上今修補
者也文政七甲申歳（一八二四）世話郷生路村

同行中

6　方便法身尊像（藤江）寄付者氏名　森岡　緒川　石浜　生路　藤江の順で多数あり。年号なし。■

以上六幅が掛けられていて、本尊からは白布が大塔婆につなげられている。本尊は「古仏」といって大切にされ、供養当日の昼のわずかな時間のみ掛けられる。

行事は、午前一〇時に大塔婆の前で住職による供養があり、十六羅漢像の掲げられた大道場で御詠歌講による御詠歌・百万遍の数珠繰りがあり、三時までに五村代表が参詣し、道場では双盤鉦（寛政五年〔一七九三〕石浜村中寄付）が叩かれている。三時に片付けて次の村へ出発し、什物の入った長持六本を引き渡す。

虫供養勤行次第は、開教偈・懺悔文・三帰・三竟・十善戒・発菩提真言・三昧耶真言・般若心経・諷誦文である。諷誦文に念仏が入っている。

(2) 乙川（半田市）

半田市の乙川《おつかわ》（海蔵寺・法蔵寺・光照寺）と成岩（常楽寺・大昌寺）では、虫供養の時に四遍念仏を唱えた。半田市有脇（福住寺・蓮念寺）・上半田（岩滑常福院）・阿久比町の植村・大古根（現在の植大）にも四遍念仏があったといわれることから、広く分布していたと思われる。ただ四遍念仏は虫供養以外の六斎日に唱えることが本筋であり、四遍念仏は虫供養の念仏とは別であると捉えるのが妥当であろう。

〈虫供養〉

乙川には江戸から明治にかけての四遍念仏を記した冊子があるが、それらの初めに「当村清涼山開山田翁大僧正より小左衛門伝授相成居同行各々引続ク于時寛文三年」とある。天明四年（一七八四）「念仏同行人数覚書」には、これより詳しく「明暦元年開蔵寺田翁大僧正丈ヨリ六年間小左衛門右エンキ御授ニ相成候　寛文ヨリ八四ヶ年辻念仏　延享三年ヨリ虫供養勤メニ付左之通リ有志諸品申請ケニ付左ニ記ス」とある。開蔵寺は現海蔵寺で、明暦元年（一六五五）、田翁大僧正によって小左衛門に念仏を伝え、寛文三年（一六六三）辻念仏が始まり、延享三年（一七四六）に虫供養になったと考えられる。小左衛門は虫供養の位牌に「辰巳屋小左衛門」とあり、家系は現在も続いている。[25]

ただ文亀二年（一五〇二）「尾州知多郡英比之谷古来念仏供養講番輪次之記録」の阿久比組の中に乙川と有脇は入っており、この年号と記載が正しいとすると、この時には念仏供養が行われていたことになる。その後、阿久比組からは分離し、寛文三年からの辻念仏を延享三年から虫供養とし、四遍念仏を唱えたとも考えられる。乙川の隣の亀崎町は真宗の亀崎道場があり、乙川には時宗・浄土宗の寺がある。四遍念仏は宗旨を問わない民間主導の念仏同行である。田翁大僧正念仏伝授の可否はともかくとして、この時期に四遍念仏が伝わったのであろう。

乙川の虫供養は海蔵寺（曹洞宗）・光照寺（時宗）・法蔵院（浄土宗）の三カ寺回り持ちで行われたが、昭和五六年（一九八一）から海蔵寺のみで行うようになった。現在、海蔵寺の境内に道場小屋を建てて虫供養をする（雨天の場合は本堂）が、四遍念仏を唱えられる人は近年いなくなって絶えてしまった。

小屋は三つあり、本堂手前に大塔婆を立て、三界万霊供養の掛け軸の小屋がある。この小屋は祭壇になっていて念仏初代の辰巳屋小左衛門夫婦の位牌・四遍念仏同行者過去帳が祀ってある。向かって右に山越しの阿弥陀と一心十界曼荼羅の二幅の掛け軸の小屋、向かって左に観経曼荼羅（当麻曼荼羅）の小屋、本堂の回り縁に七幅の掛け軸が掛けられ、本堂入り口に、ここの念仏を始めたとされる辰巳屋小左衛門の位牌・四遍念仏過去帳が置かれている。

掛け軸の種類と裏書きは以下の通りである。

■資料　掛け軸

1　観経曼荼羅（当麻曼荼羅）マンダラさん
此一幅者當麻大曼荼羅以正図写之為四分一者也維持元文六年辛酉（一七四一）秋八月吉日且出来御絵所法眼探山弟子片岡法眼幽竹斎守興書焉
于時寛延三歳次庚午（一七五〇）秋八月中旬銘文書写之

2　三界萬霊（四遍念仏同行者戒名）
三界萬霊十方至念仏講中有縁無縁精霊等
昭和八年（一九三三）吉日　永代供養施餓鬼戒名画讃　講元杉浦光太郎

3　一心十界曼荼羅　道浄
維持文化五年（一八〇八）八月彼岸為再補金襴表具
尾州知多郡乙川邑念仏講中　同行頭善兵衛

4　山越阿弥陀　道浄
維持天明六丙午歳（一七八六）八月彼岸之日為再補者
尾州知多郡乙川邑念仏供養同行中

5　阿弥陀三尊像　銘裏書なし

6　八日仏（虚空蔵菩薩　大日如来　普賢菩薩　文殊菩薩　勢至菩薩　千手観音　八幡菩薩　不動明王）

旹天天明五乙巳歳（一七八五）八月日
同行頭小左衛門
八日仏　尾州知多郡乙川村供養仏

7　地獄絵　閻魔像　針の山　銘裏書なし

8　二十五菩薩来迎図
奉寄進供養仏二十五菩薩一幅　片岡法眼幽竹斎守興画
于旹寛延三天（一七五〇）庚午歳仲秋廿三日
尾州知多郡乙川村當什物為于法蔵院安置者也　念仏講中

9　阿弥陀立像　年号なし

10　地蔵賽の河原　二菩提維持明治元年（一八六八）龍舎戊辰　穐彼岸日新造営

11　千手観音像　大正拾四年（一九二五）穐彼岸

双盤鉦　天明四年甲辰歳（一七八四）六月上旬　施主新田八兵衛　■

以上一一本の掛け軸があるが、當麻曼荼羅の元文六年（一七四一）に描かれたものを寛延三年（一七五〇）に写したという記録が一番古く、その後五〇年くらいの間に主な掛け軸が揃ったといえる。これによって延享三年（一七四六）、虫供養も形をなしていったと思われる。

虫供養は、記録によると庚申社（白山神社西横松村境）[26]や中須賀明地（稗田近辺）で行われていて、明治六年（一八七三）より三カ寺（海蔵寺・法蔵院・光照寺）になり、その後は彼岸の中日一日にのみ海蔵寺で行われ、その日に四遍同行が持っている小屋を組み立てるが、かつては組み立てと片付けで前後三日かかった。

当日は朝から世話人が鉦を叩いて参詣者を迎える。午後三時より海蔵寺・法蔵院・光照寺住職による虫封じの祈禱が行われる。大塔婆のもとに砂が盛られ、この砂を踏む「お砂踏み」がある。虫封じのあとに四遍念仏が唱えられていたが、現在は和讃のみで念仏は唱えられない。夕方五時頃に片付けて、行事を終える。

〈四遍念仏〉

四遍念仏は格式の高いもので、白木綿の着物に白足袋で唱える。親方に入門してきちんと念仏を習い、同行に名を連ねた。天明からの「念仏同行人数覚書」によると、天保一一年（一八四〇）に六一名、明治四四年（一九一一）までに四九名の新たな同行者が記されている。(27) 関政治（大正二年（一九一三）生）によると最後は一七名になってしまったという。四人一組になって各所に念仏をして歩くことになったため、四遍念仏同行を解散し、道具を海蔵寺に預けた。

四遍念仏は、四月から七月にかけての六斎日に行う辻念仏、盆前の一日から一二日までの大念仏、盆の一四日・一五日の辻念仏、それに秋彼岸中日の虫供養である。「大波（破）ニ付置換于時明治四拾弐年（一九〇九）四遍念仏及虫供養講元預ヶ榊原冨三郎」のあとがきがある「南無阿弥陀仏」と題された和讃念仏帳に、四遍念仏の日並（日程）が書かれている。四遍念仏には「立ち念仏」と「すわり念仏」があった。辻念仏は立ち念仏で六斎日の夜に回った。ここに記されているのは「すわり念仏」の日である。

■資料　辻念仏勤廻リ準（順）及スワリ念仏日並

（一）光照寺　観世音　　七月九日

（二）境□東　地蔵堂　七月十一日
（三）八幡社　粕祭場　六月五日
（四）仲須賀　墓場　七月六日
（五）清水　如意輪観音　仝
（六）十王堂　十休（体？）　七月十日
（七）薬師　御仏前　七月八日
（八）大御堂　地蔵　七月十二日
（九）馬場岩　墓土　七月七日
毎年四月十五日ヨリ七月二十四日迠一ヶ月六度ツツ勤

　大念仏
観音様　四万八千日□　七月九日
同行本揃　業キ（ヲか）リ講元ニテ　四月十五日
　仝　業ナヲリ　七月一日
　仝　業アゲ　七月十五日
法蔵院盆世ガキ　七月十二日
右三本寺之内に但シ一ヶ寺に供養諸道具預ケニ付其供養元御禮タメ六月十五日ヒル一時相勤ル事
　盆十四日十五日辻念仏廻順

（一）内山地蔵（二）前房□地蔵（三）光照寺境内墓不残（四）彦六コウシ（五）元薬師地蔵（六）法蔵院境内墓不残（七）喜左衛門□観世音（八）釈迦堂塚（九）元□家裏地蔵（十）海蔵寺境内墓房□不残（十一）稲葉墓（十二）金剛□地蔵（十三）西之宮地蔵池牛観音（十四）大坂墓供養場青面金剛堂（十五）彦次弘法大師（十六）無地原アナコウシン堂（十七）原喜代前田角

他郷　飯森観音堂地蔵堂墓　新井観音堂墓　平地観音堂地蔵堂墓　向山観音堂地蔵堂墓　中次賀畑之内小女郎塚　■

四遍念仏は六斎念仏の中の一つの念仏で、他に「白毫」「坂東」「誓願寺」などの曲があり、乙川ではこれらの語は和讃としてある。六斎念仏は月に六回の持斎をするというもので、八日・一四日・一五日・二三日・二九日・晦日の日が当てられて、この日念仏を唱える。「毎年四月十五日ヨリ七月二十四日迠一ヶ月六度ツツ勤」とはこのこととみられる。大念仏は一日から始まったが、最後は光照寺で終わったとか、一三日六地蔵前「墓あがり」をしたとか、変動があったようである。盆は一四日講元で大念仏を唱えたあと、「志銅《（ママ）》」といって寄付をしてくれた家（新精霊のある家）を回った。この和讃念仏帳に書かれているような辻念仏は一日から回ったという。このように、四月から盆にかけて村の辻や墓・寺堂を毎日のように昼夜回って唱えるのが四遍念仏であり、まさに修行の名に値しよう。

四遍念仏の念仏帳は古いものが何冊かある。年号のはっきりしたものに、先ほど紹介した明治四二年（一九〇九）のものと明治四四年（一九一一）のものがある。明治四二年が八四丁、明治四四年が二八丁である。

明治四二年の初めに「和讃目録」とあって次のように記されている。

■資料「和讃目録」より

（一）融通念仏（二）せいがんじ（三）仝　中之経（四）まんだら〈當麻曼荼羅〉（五）善光寺ワサン（六）野辺送り（七）野辺送りごや〈後夜〉（八）たいばぼん〈提婆品〉（九）五輪くどき（十）悪助ワサン（十一）釘念仏（十二）西河原（十三）冨士ワサン（十四）血盆経

（十五）洗イながし　年々辻念仏勤行場

（十六）やまと身売り　仝　大念仏勤行場

（十七）板東身売り　盆十四五日念仏勤行場

（十八）観経　他郷廻り

（十九）拾六羅漢　建念仏

（二十）せいをんぼう〈西王母〉

（廿一）七つ子ワサン　馬詰《うまずめ》〈不産女〉

■

このあとに先ほどの「辻念仏勤廻順」という内容があり、次の八丁にわたる「南無阿弥陀仏」の繰り返し、最後に「大オロシ念仏」がある。

以上であるが、（一）の「融通念仏」と八丁の「南無阿弥陀仏」以外は和讃である。この融通念仏は経文や十三仏に「融通念仏ナムアミダ」の繰り返しを挟んで唱えられるもので、広く分布している。「上ゲ」「下ゲ」「丁子《ママ》（調子）」「脇」というような六斎念仏独特の符丁も書かれている。「調子」とは調子を取る音頭取り、「脇」とは「側」ともいい、音頭取りについていく念仏衆である。上ゲ・下ゲは念仏の調子で、融通念仏は「ナムアミダンブツ・ナムアミダーイヨ」と尻の部分にアクセントがかかるが、その符丁も書かれている。

最後のほうにある八丁にわたる「南無阿弥陀仏」は印判のようなもので記されているが、これが引声系の六斎念仏の四遍である。「南無阿弥陀仏」を長く引いて唱えるのが引声念仏で、四回の繰り返しで一区切りになっているので「四遍」といわれる。符丁に「丁子〔調子〕」「ハキ〔脇〕」の各所に「中アゲ」「大アゲ」「サゲ」「オクリ」等の符丁、語尾の指示など、相当に細かい教本である。残念ながらこれを唱えられる人はいなくなり、今は和讃が主になってしまったようだ。

和讃の種類は唱える場所ごとに変えたため、全てを唱えるわけではない。場所が指示されているものもあれば、盆供養の場合には男性・女性・子ども・産死者等によって唱え分けたという。説教節にもある「五輪くどき」や「やまと身売り」「板《ママ》東身売り」等の物語り口説きも入っている。

明治四四年（一九一一）のものは「ごや念仏」「西の河原」「善光寺」「融通念仏」「曼荼羅」「野辺和讃」「釘念仏」「だいばぼん」「せいがん寺」「中之京」と、明治四二年（一九〇九）と全て重複している。

（3）成岩（半田市）

半田市の成岩もしくは西成岩の常楽寺は、乙川同様、虫供養と四遍念仏で有名である。

〈虫供養〉

成岩常楽寺での虫供養を示す史料は少なく、文化一一年（一八一四）に虫供養用の念仏小屋の「念仏祠堂控」に見られる七寸一丁の伏鉦を施入したという記録が一番古い[28]。当時の虫供養がどのようなものであったかを示す史料はないが、成岩全区として念仏同行で行っていた。後述するように、成岩は盆を中心とする四遍念仏が盛んで、若者宿の制度の下で、村行事として行われていた。念仏同行とは四遍念仏の同行で、その一環として虫供養が起こったと思われる。

虫供養は明治期に中断し、大正元年（一九一二）に復興し、掛け軸はこれ以降のものである。四遍念仏も昭和三〇年代（一九五五～六四）になくなってしまったので、現在は虫供養のみが九月彼岸の中日に行われている。

大正期からは常楽寺（浄土宗西山派）と無量寿寺（真宗大谷派）の檀徒十四講を六番組に再編し当番を決め、供養委員によって運営された。現在、当日は三つの小屋を建て、当番が伏鉦を叩いて参詣人を迎える。

掛け軸は一九本で、以下の通り（無記のものは年号なし）。

1、祠堂名掛け軸（大正二年）　2、三尊阿弥陀仏　3、六字名号銘観仏　4、右に同じ　5、右に同じ　6、六字名号銘播隆　7、二十五菩薩　8、名号絵文字為神農　9、羅漢（大正一五年）　10、法然上人（大正一五年）　11、六字名号徳本講（大正一五年）　12、阿弥陀経付属此経（大正一五年）　13、熊谷直実遺跡（昭和八年）　14、四国霊場（昭和一二年）　15、阿弥陀画像版画中国製作福図　16、十三仏　17、四国八十八箇所（昭和三三年）　18、小豆島八十八箇所　19、涅槃図

〈四遍念仏〉

成岩の常楽寺は浄土宗西山派の拠点として寺内四坊、末寺一六カ寺を抱える。文明一六年（一四八四）、天台宗の寺を改宗して開かれた。四遍念仏の縁起としては、天文一二年（一五四三）緒川城主の水野氏が成岩城を攻め多数の死者が出た。その戦死者を弔うために常楽寺七世の天徳慶伝（一五五五年没）が四遍念仏をもたらしたとする。史料としては宝永六年（一七〇九）の四遍念仏用の鉦と文政七年（一八二四）に四遍念仏を巡る若者の喧嘩の文書がある。

江戸中期にはかなり盛んに四遍念仏が行われていた。成岩では浄土宗の家の長男は一三、四歳になると念仏若屋に入り、中老の指導の下、念仏の稽古に励んだ。成岩五村のうち四遍があるのは西成岩・板山・北村の三つの村で、それぞれ宿があった。このように年齢階梯制に念仏組織が組み込まれ、若者は四遍若衆といわれ四遍念仏、中老は謡念仏（和讃）というように伝承された。四遍念仏は四月から七月の六斎日に村内六カ所を回る。七月一日から六日までは初盆の家を回り、七日からは一般の家を回った。一三日から一五日は笠に袴姿で脇差を差し草履を履いて各家の戸口に立ち念仏を唱えた。三人一組が大鉦一丁で唱え、数組で回った。一五日の最後に常楽寺に三カ町が集まり四遍を唱える。本堂の西山浄土宗の白木念仏という双盤念仏と同時に境内では四遍が唱えられる[29]。

一方、中老は、「謡念仏」といって主に和讃を唱えて盆の一四日・一五日に四遍同行の家を回る。和讃には二七通りあるといわれるが、乙川と共通したものが多い[30]。

成岩の四遍念仏は乙川より早くなくなったので実際の様子が分からなくなっている部分もあるが、このように行事は似たものであった。

(4) 枳豆志（武豊町・美浜町）

豊武町の長尾・大足・大高・冨貴と美浜町の布土は枳豆志《きずし》荘といわれたところで、この五カ村で虫供養を行っている。宝暦年間（一七五一～六四）に書かれた『張州府志』の虫供養に「枳豆志諸村」が入っており、その頃には何らかの形で虫供養が行われていたことが分かる。

長尾→大足→大高→冨貴→布土の順に各村の寺で秋の彼岸の中日に行い、布土は曹洞宗新月斎で行う。枳豆志の虫送りは、村の役員以外、大峰山上講と観音講が合同で行うため、多くの人で賑わう。山上講は大峰の修験の講で、七月の最終の土日に大峰に登り、この虫供養の日に「歌詠み」を行う。歌詠みとは山上講の御詠歌で、先達の音頭で歌い上げるもので、講員は六〇名ほど。観音講は西国三十三所や知多半島新四国八十八箇所を回る講で、やはり六〇名ほどである。それに五カ村役員と当番村役員の四〇名、さらに曹洞宗の梅花講を加えて法要をする。法要は一一時から住職による読経と各団体の御詠歌、午後三時から山上講の歌詠みがある。最後に餅撒きが行われる。

境内には阿弥陀如来・役行者・観音を賛嘆する大卒塔婆三本が立てられ、本堂前面に光明真言・「南無阿弥陀仏」の六字・祐天上人の六字名号・役行者像の掛け軸が掛けられている。いずれも新しく、五メートルほどの大掛け軸である。虫供養は古くからあったものだが、山上講・観音講との合同の大行事になっている。

また各村では七、八月に「ウンカ送り」といって松明で虫を払うことをするが、九月彼岸はその虫を供養するのだといわれている。

〈四遍念仏〉

なお布土の上村《うえむら》には戦前まで四遍念仏があった。若い衆の念仏で、青年団が寒中に辻念仏を行っていた。八枚の鉦を四人四人で向き合って叩く。二組あり、一つの辻が終わると次の辻は別の組が叩いた。二組で十数人で叩く。念仏は南無阿弥陀仏のみであった。

5　西海岸の虫供養

（1）西浦

『張州雑志』（図2-2-5、図2-2-6）や『尾張年中行事絵抄』『尾張名所図会』に載っている図は西浦の虫供養のもので、『尾張年中行事絵抄』では「西浦虫供養藪村濱の図真」となっている。現東海市養父町のことで、見世物小屋や笠や骨董品・餅を売る店が描かれている。『尾張名所図会』にはほかに小間物・呉服・太物・農具の店や相撲場、多くの群衆が所狭しと描かれている（図2-2-7）。江戸時代にはこのような大変な賑わいだったことがうかがえる。この西浦一四カ村による大規模な虫供養は明治九年（一八七六）に解散し、現在、清水・姫島・寺本三カ村が持ち回りで虫供養を行っている。ほかに「阿弥陀さん」といって彼岸や正月に掛け軸を掛けて念仏を唱える行事が名和や富木島に残っている。

西浦一四カ村とは藪・横須賀・大里・名和・大高・長草・吉川・木田・荒尾・姫島・半月・加木屋《かぎや》・寺本・佐布里《そうり》の一四村で、荒尾は七郷といってさらに細かく分かれている。北は名古屋市大高から大府市東部・東海市全域・知多市北部の寺本・佐布里に至る、旧知多郡の北部一帯という広い範囲の連合である。

寛政一一年（一七九九）の「知多郡西浦十四カ村供養由来」(31)ほか『張州雑志』『張州年中行事抄』等に載っているが、大きく分けて二つの縁起譚がある。「知多郡西浦十四カ村供養由来」には二つの縁起譚が載っている。年号や話につじつまの合わないところがある。それをまとめたものに弘化二年（一八四五）の「清水念仏縁起書」がある。

これによると、永禄七年（一五六四）、武田信玄の足軽で清水村の九郎三郎が、駿河の手越という所で松の根元に光っていた阿弥陀如来の絵一幅を見つけ、家に持ち帰った。一方、元亀二年（一五七一）には姫島出身で秀吉の足軽だった衛門三郎という者が、比叡山の坂本より観音・勢至像を持ち帰り、庵を開いた。ある時この三像は横川の恵心僧都源信が描いたものであることが分かり、念仏講で祀るようになったという。

もう一つの話は、天正年間（一五七三～九二）に武田信玄の家臣青木八郎左衛門将盛が伊勢国で阿弥陀三尊像を見つけ、自ら「法楽太夫」と名乗り藪村に到り、融通念仏を広めたというものである。「知多郡西浦十四カ村供養

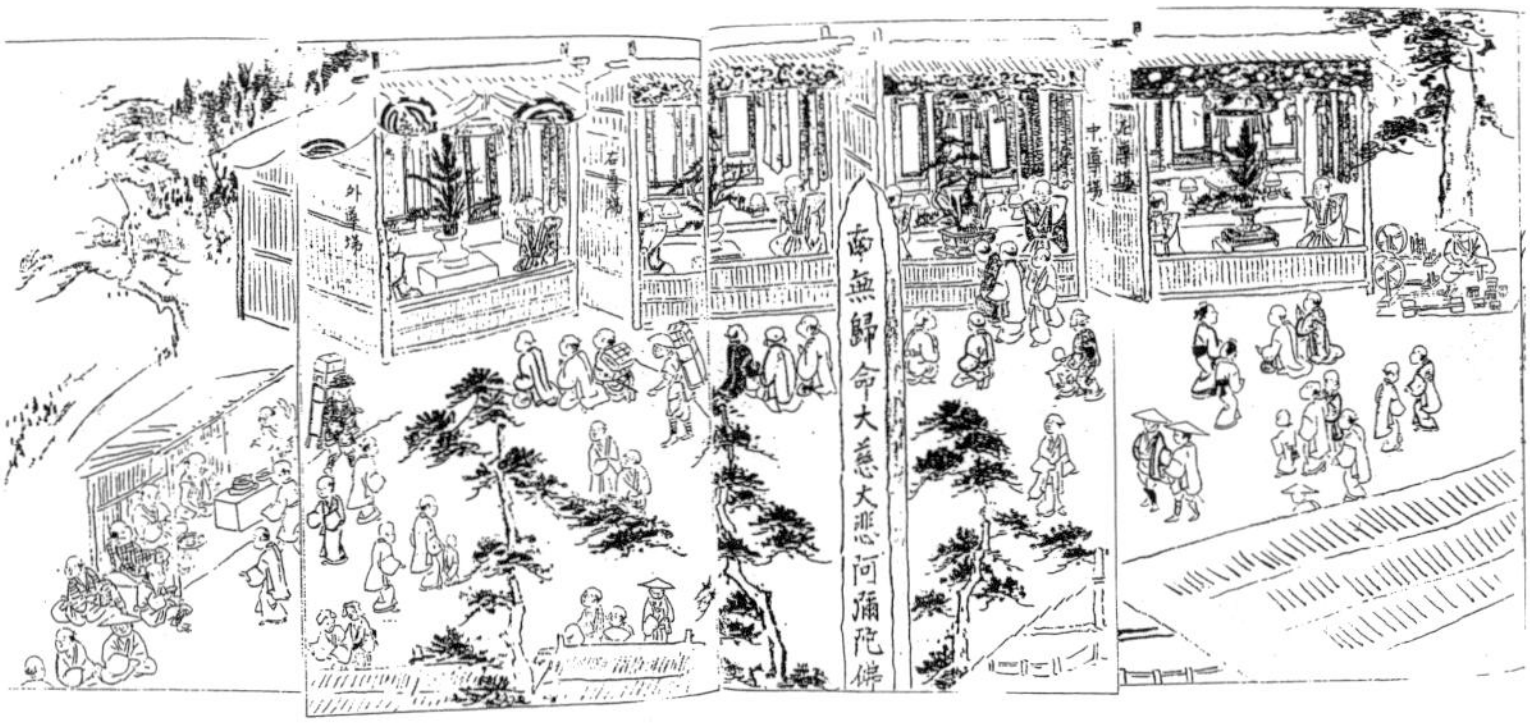

図２−２−５　西浦虫供養の様子（１）『張州雑志』

由来」には、法楽太夫は「しゅしゅくりのくわんにん（数珠繰りの願人）」で慶長七年（一六〇二）に亡くなったとある。虫供養を始めたのは別人で、天正四年（一五七六）、横須賀の長源和尚としており、各地区の縁起譚同様、戦国時代末から江戸初期の掛け軸発見譚になっている。また寺本村の孫市という者が駿河の国から陣太鼓を奪ってきて鉦と併せて大念仏を始めたと記している。

図２−２−６　西浦虫供養の様子（２）『張州雑志』

前述のように明治九年（一八七六）に一四カ村としての虫供養行事はなくなり、寺本ほかいくつかの地区で断続的に続けられていたようだが、昭和二四年（一九四九）、寺本・清水・姫島の三地区合同で持ち回りの虫供養を秋彼岸の中日に行うようになった。持ち寄る掛け軸は清水の阿弥陀如来、寺本の観音菩薩、姫島の勢至菩薩で、行う場所は清水は清水寺、寺本は常光院、姫島は玄猷寺である。掛け軸は煤けているが、中央に清水の阿弥陀如来立像、右に寺本

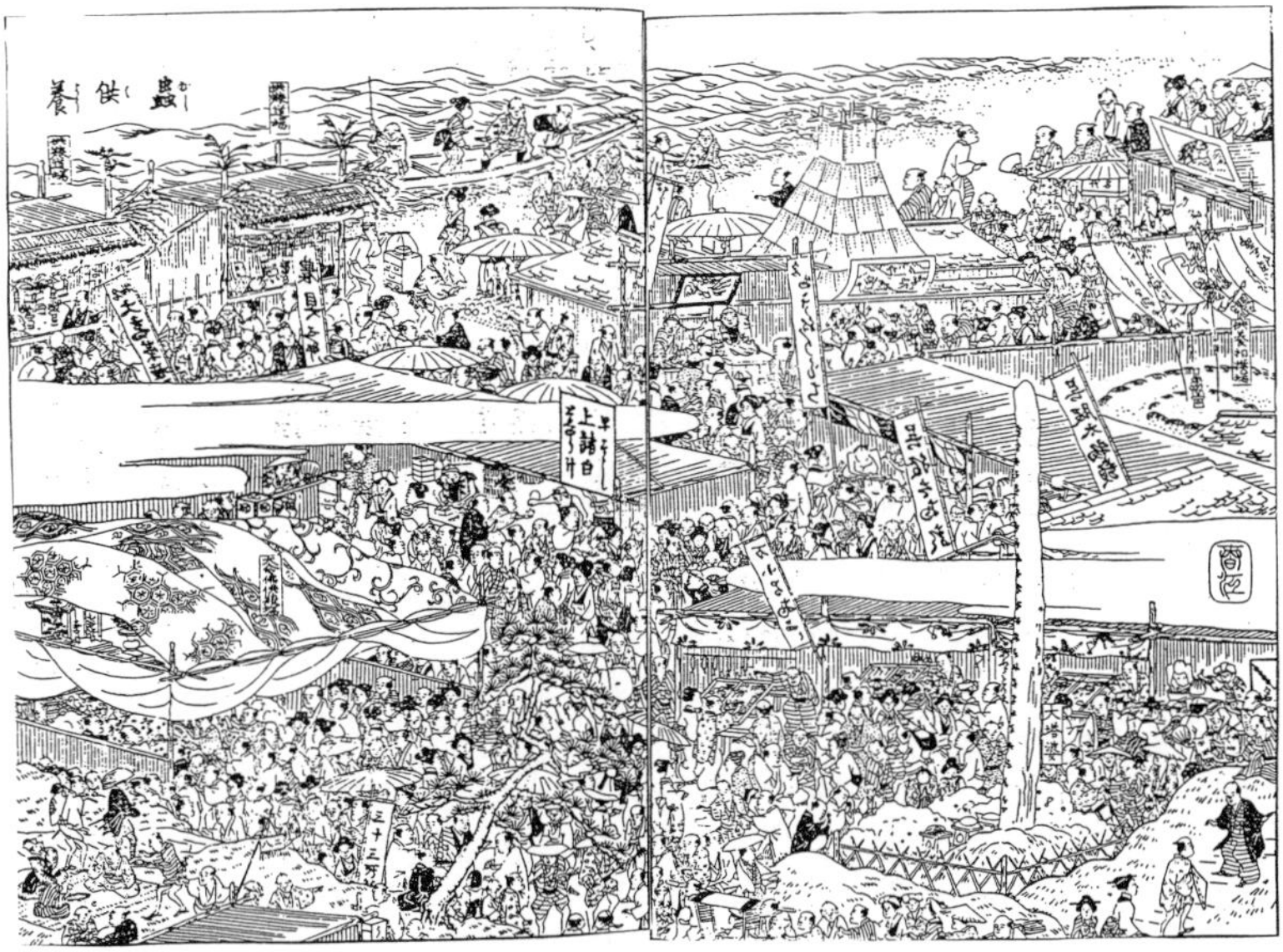

図2－2－7　西浦虫供養の様子（3）『尾張名所図会』

の観音像、左に姫島の勢至像の阿弥陀三尊を本仏として、左端に古仏の観音、本尊の三尊に続く左に阿弥陀・勢至像とさらに三尊が並ぶ。柱を隔てた部屋には勢至像・十三仏・弥陀三尊（昭和一四年（一九三九））、弥陀三尊（昭和五年（一九三〇））、弥陀三尊（昭和一四年）、弥陀三尊（万延元年（一八六〇））の掛け軸が掛けられている。本尊掛け軸の前には「清水村九郎三郎」「姫嶋村右衛門三郎」「寺本村孫市」と俗名の記された三位牌が並ぶ。いずれも「知多郡西浦十四ヶ村供養由来」に記された人々である。

念仏は、懺悔文・十三仏・光明遍照等の真言宗系の在家勤行経典の合間合間に十遍の「南無阿弥陀仏」の名号を唱える『念仏経』の経本が共通のものとしてある。

■資料　念仏経

懺悔文（略）

念仏経

南無阿弥陀仏　南無阿弥陀仏　南無阿弥陀仏

南無三世諸仏　二十五菩薩　不動　釈迦　文殊　普賢　地蔵　弥勒　薬師　観音　勢至　阿弥陀　阿閦　大日
虚空蔵
光明遍照十方世界念仏衆生摂取不捨
南無阿弥陀仏（十返）
願以此功徳　平等施一切　同発菩提心　光明遍照十方世界念仏衆生摂取不捨
南無阿弥陀仏（十返）
阿字十方三世仏　弥字一切諸菩薩　陀字八万諸聖経　悉皆阿弥陀仏
願以此功徳　平等施一切　同発菩提心　往生安楽　諸行無常　是生滅法　生滅滅已　寂滅為楽
迷故三界城　一念弥陀仏　即滅無量罪　現世無為楽
後生正定聚　入定同行諸共　悉皆成仏
奉敬御回向西方無量寿阿弥陀如来様へ
奉敬拝御脇立大慈大悲観世音菩薩徳大勢至菩薩様へ
奉敬拝二十五菩薩十三仏様へ　奉敬拝善光寺阿弥陀如来様へ　奉敬拝西国三十三所観音様へ
奉敬拝秩父板東百観音様へ　奉敬四国八十八所高野山弘法大師様へ
奉敬拝高祖承陽大師様へ　奉敬拝太祖常済大師様へ
奉敬拝御先祖累代諸精霊有縁無縁精霊様無残頓生菩提と
奉敬只今一座大念仏は（戒名）何回忌之為菩提也有難南無阿弥陀仏功徳諸人快楽入仏道七世之父母迄南無三界
万霊平等利益乃至法界有縁無縁之精霊迄此大念仏大善根也

おんあぼきゃーーーーー南無遍照金剛（三唱）願以此功徳　平等施一切　同発菩提心往生安楽
南無阿弥陀仏（三唱）　■

もともと虫供養は、阿弥陀尊像が、正月六日の紐解きから始まり一二月末まで村々を毎日巡行したものと、『張州雑志』にある。旧八月彼岸の初日が大供養で仮道場と大木の浮堵（塔婆）を立てて供養したとあり、図2-2-5はその様子を描いている。

巡行という形は各地区の「阿弥陀さん」という行事に受け継がれている。清水では毎月一四日に順に各家を宿とし、阿弥陀三尊ほか徳本行者・善光寺如来・火伏せ観音ほか五本の掛け軸を掛け百万遍をする。正月四日が初阿弥陀で七月二〇日は土用干しである。姫島では毎月一六日、念仏講といって各家を回り、勢至像を掛ける。寺本では月一回掛け軸を掛けるほか、七月に虫干しをする。このように西浦の虫供養は断絶したが、清水・姫島・寺本の秋彼岸合同供養と弥陀さん行事にかろうじて受け継がれている。

〈富木島宝珠寺のミダさん〉

姫島に隣接する富木島《ふきしま》町富田（貴船山）の宝珠寺は融通念仏宗の祖、良忍の生誕地富田の館に建てられた寺といわれる。この寺にもミダ（弥陀）さんという念仏行事がある。もともとこの地は荒尾・富木島六カ村といわれた。六カ村は平嶋・渡内《わたうち》・寺中・木庭《こんば》・加家《かけ》・富田で宝珠寺は富田にある。春秋彼岸の中日を除いて六日間、持ち回りで念仏を唱える。ハテの日（最後の日）は宝珠寺で行う。阿弥陀・観音・勢至の三幅の掛け軸に、龍・虎・梅斎達磨三幅（寛政八年〔一七九六〕）の画が飾られる。また元禄一三年〔一七〇〇〕の大花瓶があり、達磨の掛け軸とともに尾張藩二代目の徳川光友公の下賜されたものといわれている。大花瓶には「奉寄進念仏講中　尾州智多郡西浦

十四村　融通大念仏本尊　後宝前為菩提　元禄十五壬午歳（一七〇二）八月彼岸日」とある。これは宝暦四年（一七五四）の十四カ村虫供養宝物目録にあるもので、虫供養解散の節、宝珠寺に渡ったものであろう。念仏は清水・姫島・寺本と同じものであるが、「只今一遍の大念仏は融通念仏開祖良忍上人聖応大師様へ供養の為回向を敬拝奉る」の句が入る。

〈名和薬師寺の弥陀さん〉

東海市上名和六組（西・中・北垣外・東・南垣外・南屋敷）で行う弥陀さんで、正月八日に六本の掛け軸を持って回る。トッカン念仏といい、早口で念仏を唱える。普段、掛け軸は薬師寺に保管され、正月八日、七月二〇日に土用の虫干し、盆の一六日に百万遍を行う。戦前は毎月一六日と六月一五日のギオンの日に虫送りをした。薬師寺は曹洞宗で二人の庵主さんがいる。

(2) 日長・岡田・松原の阿弥陀講

知多市の日長《ひなが》・岡田・松原（現新舞子）地区には「阿弥陀講」という虫供養行事がある。大野一二カ村の虫供養を「大供養」というのに対して「小供養」といわれているもので、大野虫供養の影響を受けて成立したといえる。縁起では、大野佐治家滅亡に際し大野城主四代目与九郎一成が伊勢に逃亡し、そこで藤万という者（山伏といわれる）に掛け軸を授け、藤万がそれを森村里東に祀ったところ、この地区だけウンカの被害がなかったということで現在まで続いている。岡田（里・中・奥）・山奥・（日長一区）・里東（日長二区）・山中（日長一区）・鍛治屋（日長三区）・里西（日長二区）・松原（上ゲ松原・下ゲ松原）の七カ村の供養で、七年に一度当番が回ってくる。さらに岡田は三組に、松原は二組に分かれて、当番に当たっている。

虫供養は秋彼岸の入りに受けて正月の一日から三日の夕方まで行う。これとは別に月念仏があり、寛永二年（一六二五）の日割りの念仏供養当番表がある。[32]この当番表には個人と村が混在しているが、七カ村を決められた日に回ったようである。鍛冶屋八日、岡田中一七日、岡田奥一八日、岡田里一九日というように行って、年寄りが唱えるので「年寄り念仏」ともいう。掛け軸は二〇本以上あるが、虫供養の時は一二本、月念仏には三本を掛ける。一二本は以下の通りである。[33]

達磨大師（安永九年（一七八〇））・釈迦如来（安永九年）・薬師如来・善光寺如来・阿弥陀如来恵心・六字名号・十三仏（寛政八年（一七九六））・六字名号（安永九年）・三十三所観音（寛永九年（一六三二））・阿弥陀如来新仏唯心・阿弥陀如来新仏恵心・正一位秋葉神社

念仏は唱えられなくなった講もあるので、岡田中組年寄り念仏を参考にする。般若心経・舎利礼文・光明遍照の在家勤行経典に現世利益和讃、地蔵・多聞天（毘沙門天）等の陀羅尼を唱える。岡田中組は毘沙門堂で念仏を行っており、近くには地蔵も祀られている。このことを考えると、日長・岡田・松原の小供養は大野大念仏同様、現世利益和讃を中心とした念仏であるといえよう。松原は大野谷の虫供養にも入っている。

（3）西枳豆志の虫つ講

常滑市南部の西枳豆志《にしきずし》の樽水《たるみ》・熊野《くまの》・西阿野《にしあの》・古場《こば》・檜原《ひばら》・苅谷《かりや》・大谷《おおたに》・小鈴谷《こすがや》・広目《ひろめ》の各村落には、「虫つ講」といって阿弥陀の掛け軸を掛けて念仏を唱える行事があった。これらの村では当番を決め、掛け軸ほかの諸道具を回していたが、明治一四年（一八八一）、西阿野の称名寺（浄土宗西山派）の当番の時、火災に遭い、全てをなくしてしまった。称名寺と樽水の洞雲寺（浄土宗西山派）の両寺の呼びかけで阿弥陀・地蔵・善光寺如来の掛け軸を新たに作り、交代で行う形で行事を復活したが、それも昭和一五年（一九四〇）頃で終わってしまった[34]。

縁起によると、六佐という人がたばこの火で虫を殺してしまい、その供養に始めたとあり、称名寺の過去帳の最後の頁に「六佐念仏」と記載されている。虫つ講の念仏はこの六佐にちなむ念仏であるから「ろくさ念仏」といわれるとする妙な縁起であるが、「虫つ講」すなわち「虫供養」の念仏が六斎念仏に始まり、「ろくさ念仏」すなわち「六斎念仏」のことであると解すれば、納得のいく話である。現在この地区では虫供養の念仏は行っていない。

6　全体をとおして

以上、一一地区の虫供養と思われる行事を記述・説明してきたが、もう一度、知多半島の虫供養大念仏の全体を通して項目ごとに考察してみよう。

〈縁起から〉

縁起書は阿久比・西浦・大野・緒川に伝えられている。それぞれ縁起は異なるが、阿久比以外は戦国末期の大野城佐治氏・緒川城水野氏にまつわる話である。

平安時代に菅原道真の九州配流に伴いその子孫も配流になった。当時、都から離れていた知多半島はこのような配流の地だったため、四男（長男の子との説もある）の淳茂こと阿久比丸が流されそのままとどまり、この地で没した。阿久比丸の話はその霊を供養するために始めた念仏というものである。柳田国男は『毛坊主考』の「実盛塚」の最後にこの知多の虫供養を取り上げ、「英比殿は英雄であるからその死霊が虫になることは難しいが、念仏講が相応の理屈をつけて虫の害を御霊の所為としたのだろう」としている[35]。阿久比丸は配流の末に死に、雷神（天神）となって祟った道真同様、御霊神として扱われたのであろう。阿久比丸の実在の可否も問われているが、実盛

（サネモリ）や道真（ミチザネ）といったサのつく歴史上の人物は虫害御霊説に結びつく。サは稲魂だからというのが柳田説で、菅原道真の一族である阿久比丸伝承もその一環とみられる。民俗行事で見ると知多半島から豊田市にかけては「ウンカ送り」「虫送り」と称して六月から七月にかけて田の虫を追う儀礼の多い所である。布土のように九月の虫供養は七月の虫送りを受けて追われて死んだ虫の供養であると説明している所もある。

さて史実による縁起は、大野・日長・岡田・西浦・緒川である。そのうち大野・日長・岡田は大野落城（天正一〇年〔一五八二〕頃）の折、大野城主佐治与九郎一成が本尊として持ち出したもの、もしくは伊勢に逃げた時に手渡したものとなっている。大野ではその掛け軸が松に掛かっていたのを土井伝右衛門が見つけ戦死者の供養を行ったという。日長では山伏といわれる藤万という人が掛け軸をもたらしたとしている。緒川・西浦では、戦乱に乗じて掛け軸を持ってきたという話になっている。西浦では、九郎三郎という足軽が駿河で、衛門三郎という人が比叡山の坂本で、青木八郎左衛門が伊勢で見つけ、それぞれ弥陀三尊の掛け軸をもたらしたことになっている。永禄七年・元亀二年・天正年間で一五六四〜九二年頃の話である。緒川では、城主水野氏が石山本願寺合戦か大坂の陣の折に本願寺もしくは大坂城から持ってきたものといわれ、真宗の方便法身尊像で放射状の頭光のある阿弥陀像である。緒川に来たのは慶長二年（一五九七）以前と思われる。

このように戦国末期から安土桃山の動乱期に戦場からもたらされたという伝承で、いずれも戦死者を弔うとの意味があった。日長のように、これを祀ったらウンカが来なかったと虫供養に結び付けている所もある。これも虫害怨霊説の一環であろう。比叡山坂本からとか伊勢からとするのは、天台宗系の念仏や三重県津市に本拠を置く真宗高田派の存在を念頭に置く必要がある。

〈史料から〉

このような縁起伝承とは別に記録や什物・掛け軸として残っているものを見ていこう。一番古い記録は阿久比の「尾州知多郡英比之谷古来念仏供養講番輪次之記録」で、文亀二年（一五〇二）八月彼岸中日の阿久比郷を中心とする二二カ所の当番が差定として記されている。次に述べる大野の定板《ていた》のようなものであった可能性もあるが、現物はなく、昭和二九年（一九五四）に阿久比郷土史編纂委員会の出した『阿久比谷虫供養記』に載っている。次は大野に残る定板の阿久比の当番表で元和二年（一六一六）三月一五日と板に彫られていて、現存する。同期のものとして、初穂料として米を集めた一升枡と五合枡が大事に保存されている。同様に板に彫られた念仏供養当番表が日長にもある。寛政二年（一七九〇）のものである。大野谷の双盤鉦は元文四年（一七三九）で銘に「知多郡十三ヶ村念仏講中」とある。

掛け軸は、本尊とか古仏といわれているものは煤けて画像そのものが判別できないものが多い。特に大野と西浦のものは判別できない(36)。したがって裏書き等によって分かったものだけの比較になる。最古のものは緒川の方便法身尊像で、裏書に慶長七年（一六〇二）に表具再興したという記録が書かれていて、元の画はそれ以前のものであったことが分かる。阿久比の、中央に掛けられる「山越しの阿弥陀像」が元和三年（一六一七）で、古い部類である。『阿久比谷虫供養記』にある「御絵改覚」（宝暦頃）には元禄年中と記された掛け軸が三本、元文年間と記されたものが一本ある。あとは、年代が判明するのは一七〇〇年以降のものが多い。古いもののほとんどは判明できず残念である。ほかに什物としては富木島の宝珠寺にある尾張藩主徳川光友公より下賜されたという元禄一五年（一七〇二）の大花瓶がある。

これらのことより大野・西浦・日長では、一七世紀初頭すなわち江戸時代に入る頃には当番表ができて、今のような連合村による念仏行事が展開されていたといえよう。掛け軸の古いものは判明しないが、その頃には弥陀を本尊とする掛け軸は揃っていたと思われる。阿久比の文亀二年の定板が確かなものであるとすると、さらに一〇〇年遡ることができる。

〈行事から〉

虫供養の行事の具体例が書かれている記録は地誌類の記述による。『張州府志』の記述に基づくものなので宝暦年間の一七五一年頃からであるが、阿久比の記録には元和年間のものがある。「元和年中以来英比月順念仏講番之日記」とあるもので、左記の記述がある。

月之三日者萩宮津両郡之講本七日は草木村八日者坂部村九日者矢口十日莵山十四日者高岡十五日者椋原十六日者比江宮十八日者板山廿日者角岡廿七日者福住廿八日者白澤村　毎穐彼岸中日供養当番次序

以下　干支年による村名が続く。

このように毎月日を決めて行う念仏と秋彼岸中日の念仏があり、彼岸中日の念仏は干支ごとに村が決まっており一二年で一巡する。

『張州雑志』には西浦のことが載っており、正月より一四カ村を毎日回る念仏と、秋彼岸初日の大念仏が記されている。現行でこの行事の様子を残しているのは大野谷の供養で、「阿弥陀ぼんさん」と呼ばれる民間人が掛け軸を入れた仏車《ぶつしゃ》を引きながら各家を回る巡回念仏がある。大念仏は彼岸の中日と一二月八日から翌一月一六日までの道場大念仏がある。これとは別に阿弥陀講という講念仏があり、毎月決まった日に念仏講を開いている。つまり、大念仏・巡回念仏・講念仏の三つである。

日長・岡田では、秋彼岸と正月三日の大念仏と月念仏がある。

西浦では一四カ村の大念仏はなくなり、三カ村で秋彼岸の合同念仏とミダさんという月念仏が残っている。

緒川は秋彼岸の大念仏のみで、乙川・成岩など四遍念仏のある所では、秋彼岸の虫供養大念仏と四遍念仏講による四月から七月の辻念仏と盆念仏がある。虫供養と四遍念仏は別である。

このように見てくると、虫供養大念仏というのは、秋彼岸の村連合による虫供養大念仏・村単位の月念仏（講念仏・弥陀さん）・一年間の巡回念仏の、三つの念仏から成り立っている。現在、巡回念仏が行われているのは大野谷だけで、「阿弥陀ぼんさん」という民間念仏者が担っている。大野谷では、暮れから正月にかけての道場念仏も大々的に行われている。

〈念仏儀礼から〉

虫供養の念仏は大きく分けて百万遍と現世利益和讃で、すでに唱えられなくなって鉦だけを叩くとか、住職にお願いをする所があるが、この虫供養念仏は在家の人の民間仏教儀礼である。地区や行事別に見ていく。

大野谷の九月彼岸の虫供養と一二月からの道場念仏は、懺悔文等の勤行式に続いて「掛け軸賛嘆」といって掛け軸の名のあと念仏を繰り返す。回数は算木で数え、この間、掛け軸ごとに線香を供える。念仏は双盤鉦を叩き、そのあとに現世利益和讃を唱える。数珠繰りはないが、什物には百万遍の数珠があり、かつては行ったと考えられる。講念仏は百万遍の数珠繰りである。巡回念仏は阿弥陀ぼんさんが「般若心経」と「現世利益和讃」を唱える。

阿久比では念仏を唱えながら七二の算木を積み立てていく。終わると「現世利益和讃」を唱える。

草木の十五日講では百万遍の数珠を繰り、念仏札を数える。終わると「現世利益和讃」を唱える。

日長・岡田では念仏と「現世利益和讃」であるが、他の和讃も多い。

西浦では「念仏経」という経文が共通しているが、勤行式のあいだあいだに念仏を唱え、脇で百万遍の数珠を繰る。「現世利益和讃」はないが、寛政一一年（一七九九）の「知多郡西浦十四ヶ村供養由来」には、その和讃のあったことが記されている。

緒川は勤行式に諷誦文で、諷誦文の中に念仏がある。そのあと御詠歌と百万遍の数珠繰りを行う。乙川では虫供養に四遍念仏を唱える。成岩でも、かつては虫供養に四遍念仏を唱えた。枳豆志では御詠歌と山上講による歌詠みである。

このように大野・阿久比・西浦に見られるように、百万遍念仏と「現世利益和讃」が中心に唱えられていたことが分かる。緒川・乙川・成岩・枳豆志になると四遍念仏ほかの要素が入ってくる。

「現世利益和讃」は親鸞撰述の浄土和讃の中に入っている和讃で、浄土真宗で広く唱えられている。(37) 百万遍は融通念仏として広まった。

〈念仏信仰史から〉

ここでは、知多半島の虫供養念仏が日本の念仏信仰のどのような位置にあるのかを、もう少し広い視野で眺め、さらに成立・変遷を考えていこう。

知多半島は、融通念仏を始めた良忍（一〇七二～一一三二）の生誕地（東海市富木島宝珠寺）があるとともに、海を隔てた三重県津市には真宗高田派の専修寺があり、一志町は天台宗中興の真盛（一四四三～九五）の生誕地である。また東の碧海郡は真宗三河門徒の拠点でもあった。さらに虫供養を行っている半田市成岩の常楽寺は浄土宗西山派の中本山でもある。名古屋市熱田には時宗亀井道場もあり、念仏信仰の入り組んだ地区といえる。今まで見てきたように、虫供養大念仏には融通念仏・百万遍念仏・六斎念仏（四遍念仏）・真宗の現世利益和讃と、ざっと見ただけでもこれだけの念仏が混在しているといえる。しかもこの行事は在家を主体とした民間念仏で、講や俗聖ともいえる阿弥陀ぼんさんの力によって成り立っている。

まず念仏信仰の流れを見てみよう。日本の念仏は円仁によりもたらされた中国五台山の五会念仏に始まるとされる。この念仏が天台宗比叡山に伝えられ、声明の引声念仏として大成する。この声明魚山流の中興が良忍で、融通念仏の祖ともいわれる。

念仏を多く唱えれば良いとする百万遍念仏の考えはそれより古く、中国の道綽より始まるとされるが、日本では平安時代中期より盛んになり、源信ほか、多くの念仏者が百万遍念仏を唱えた。百万遍には一人で百万遍唱えるものと、一〇人以上で合わせて百万遍唱えるものとがある。[38] 融通念仏は後者で、永久五年（一一一七）、良忍が「一人一切人、一切人一人」の偈文を感得したのに始まり、念仏の結集に役立ち、一つの運動にもなった。百万遍は唱えるだけでなく「木槵子経《もくげんじ》」にあるように数珠繰りを伴う。一人で数珠の粒を数える「顆頭《つぶつぶり》」と、多くの人が輪になって数珠を繰る「早繰《ざらざらぐり》」がある。前者から後者になったようで、元弘元年（一三三一）、百万遍知恩寺の善阿が疫病を鎮めるため宮中で百万遍を行ったとある。室町時代になると、この早繰は宮中や貴族だけではなく念仏聖によって村々に融通念仏として広まった。融通念仏は思想であり行法であるため、組織としてまとまるのは法明（一二七九～一三四九）からで、さらに宗派としてまとまるのは元禄時代の融観（一六四九～一七一六）からである。その間、融通念仏集団は寺を持たず講元の居宅を移動する挽き道場であった。[39]

良忍の念仏は魚山流の声明で、念仏は引声であったと思われる。このような声を長く引く念仏は六斎念仏に引き継がれ、六斎念仏の中に「融通念仏南無阿弥陀」の語が入る念仏がある。一方、百万遍念仏では回数を多く唱えるため念仏は概して短念仏化し、六斎念仏とは逆になる。融通念仏は、六斎に引き継がれた引声系の念仏と、百万遍の短念仏の二つに分かれたとみられる。

六斎念仏は、融通念仏が高唱化したり踊りを伴ったりすることの反動として応永二〇年（一四一三）頃に生まれたもので、月六度の持斎を堅固にし威儀を正して念仏を行うという革新運動であった。空也派・高野山系・京都干菜山光福寺の浄土宗系に分かれていたようだが、光福寺は西山浄土宗の流れを引くとされ、この三者は相互の交流もあり、その後の民間念仏の主流になる(40)。

以上が百万遍・融通念仏・六斎念仏の流れであるが、知多半島でのこれら念仏信仰の複合を考えていこう。

7　虫供養大念仏の成立と変遷

（1）「知多郡西浦十四ヶ村供養由来」（寛政一一年〔一七九九〕）

『尾張年中行事絵抄』のこの虫供養を説明する部分に、「さて此法会には俗ばかり出て僧を用ひず」とある。今まで述べたように、知多半島の大念仏は民間の念仏行事であり、寺僧の関与はかなりあとになってからと考えられる。したがって寺僧の関与しなかったことを前提に、この行事の成立を見ていこう。史料の中で看過できないのは、寛政一一年の「知多郡西浦十四ヶ村供養由来」である。記述に統一性がなく年号も前後しているように見えるが、実は諸伝承や縁起を寄せ集めてそのまま記した感が強い。逆に生のままの伝承や縁起が集めて並べられているとみることができる。前半は掛け軸のいわれについてであるが、後半は行事成立のもろもろが書かれている。後半（資料A）の「又何々又何々」と記述されているものを一つひとつ検討すると以下のように読み取れる。

■資料A　「知多郡西浦十四ヶ村供養由来」後半部

本尊御年越し壱年は清水村正音寺又壱年は姫嶋三盛庵なり其後浄土宗とて御年越し可然とて大里村常蓮寺にて十年はかり御年越しなり村々の庵人追評定して毎年此寺にはかりにて御年越しなれは後々は常蓮寺什物の本尊也といふことならんとて供養本之村々にて御年越可然と評定相極り万治三年寅正月六日より荒尾谷加家村観音寺にて御紐解はしめ申也。

一　長源和尚と申は横須賀本浄土宗学者の達者にてあまねく衆生を勧化して念仏門に入れせ給ふ年内百姓鍬鎌にてきりころす虫供養とり行い来るよし年久しきゆへ初はしれす此三尊村々へそんきやし奉りければ此如来を供養本尊にしかるへくとて此上人姫嶋村氷露という所に堂場をかさりて始め給ふて今に彼岸の初日に村々にて相勤申也昔は卒都婆壱本立虫供養と申伝へる此和尚天正四年九月九日あまくさぢんの時百余そう来たりてとうなんに逢たまふ夫より此等久後無住にて普斎寺大中禅師永昌院に隠居して御在時此寺改号し祥雲山長源寺と号す禅宗になされ候この和尚さいごの所今きりとおしと申候其後藪村法楽太夫と申念仏者あり村々へめぐり人々をすすめて恵心僧都の作り給ひし現世利益わさんをとなえへしゆしゆくりのくわんにん也慶長寅年死去ありし法楽将盛居士と回向に入申候又寺本村孫市と申もの駿河の国御ぢんの節太鼓を奪いきたり今に陣太鼓と鉦をあはせて揃《ひょうし》て老若男女あつまりて大念仏となへ村々へわり付毎月毎夜村々へ如来を送り大念仏申御事なり当国知多郡冨田村りやうゑん和尚と申名僧あり是は天台山いむろと申所御座ありゆづう念仏をつくり加茂大明神にて七日七夜の間勤給ふ明神扉ひらきあらわれ証文あり又嵯峨と申所に比丘有此わさん難有おもひ毎日となへ世間へひろめ申候又夏念仏と申て四月十五日より七月十五日迄百日之間村々にて勤申事候又ゆづう念仏は常念仏といふ心也阿弥陀如来は今御槃昌にて常念仏の御本尊と各々たつとみ尊敬いたし候

寺本村平井村持主半平

〈融通念仏〉

融通念仏については「当国知多郡冨田村りやうゐん和尚と申名僧あり是は天台山いむろと申所御座ありゆづう念仏をつくり加茂大明神にて七日七夜の間勤給ふ明神扉ひらきあらわれ証文あり　又嵯峨と申所に比丘有此わさん難有おもひ毎日となへ世間へひろめ申候　又夏念仏と申て四月十五日より七月十五日迄百日之間村々にて勤申事候　又ゆづう念仏は常念仏といふ心也　阿弥陀如来は今御槃昌にて常念仏の御本尊と各々たつとみ尊敬いたし候」とある。「りやうゐん和尚」は「良忍和尚」、「天台山いむろ」は「天台宗比叡山飯室」であろう。良忍は比叡山無動谷で修行し鞍馬に参籠したとなっているので、地名・寺社名が異なる。飯室は念仏聖集団の拠点である。加茂大明神が扉を開け証文を渡すのは、一遍の熊野参詣の場面と混同されているのかもしれない。嵯峨は清凉寺大念仏のことであろう。

四月一五日から七月一五日までの念仏は乙川・成岩の四遍（六斎）念仏で行われていたもので、ここでは融通念仏の常念仏・夏念仏とされている。六斎念仏には融通念仏が含まれており、この記述に矛盾はない。この融通念仏の記述には年代がなく、いつからこのような常念仏・夏念仏が始まったのかは不明である。

〈虫供養卒塔婆〉

虫供養については次のように書かれている。

一、長源和尚と申は横須賀本浄土宗学者の達者にてあまねく衆生を勧化して念仏門に入れせ給ふ年内百姓鍬鎌にてきりころす虫供養とり行い来るよし　年久しきゆへ初はしれす此三尊村々へそんきやし奉りければ此如来を供養本尊にしかるへくとて此上人姫嶋村氷露という所に道場をかさりて始め給ふて今に彼岸の初日に村々に

て相勤申也　昔は虫卒塔婆壱本立供養と申伝へる　此和尚天正四年九月九日あまくさぢんの時百余そう来たりてとうなんに逢たまふ　夫より此等久後無住にて普斎寺大中禅師永昌院に隠居して御在時此寺改号し祥雲山長源寺と号す禅宗になされ候　この和尚さいごの所今きりとおしと申候。

要するに長源和尚が、百姓が切り殺した虫の供養を始めた。昔は卒塔婆一本立てただけだったが、村々に阿弥陀三尊があったので、これを本尊として姫島に道場を設け、彼岸初日に供養するようになった。天正四年（一五七六）にあまくさの陣（不明。水野一族が織田に滅ぼされた年）に道場が盗難に遭い無住になったが、今は長源寺となっている。そうすると天正のころ、虫供養の卒塔婆を立てることによって始まったことになる。しかし史料の中に「虫供養」の語はなく、「念仏講」「念仏供養」「供養」の語である。虫供養の名が多く出てくるのは「知多郡緒川村由緒覚書」の元禄一二年（一六九九）からで、(41)その後、各種地誌にも「虫供養大念仏」の語が現れる。これをもって元禄以前は虫供養ではなかったのではないかと考えられる。諸縁起に見られるように、この大念仏は戦国末期の戦死者供養が初めにあったと思われ、その後「供養由来」にあるように「浄土宗学者」の達者の者が虫供養に結び付けて成り立ったと考えられる。その場合、虫害怨霊説のような観念が基底にあったとするのが柳田国男の説である。事実、尾張一円は六月・七月に「田の虫送り行事」「ウンカ送り行事」の多い所で、(42)枳豆志のように夏に送った虫を秋の彼岸に供養すると説明している所もある。また真宗寺院では掛け軸の虫干しを虫供養といっている所がある。(43)知多半島の虫供養大念仏も土用の虫干しに念仏を行う。

〈現世利益和讃〉

現世利益和讃については次のようにある。

其後藪村法楽太夫と申念仏者あり村々へめぐり人々をすすめて恵心僧都の作り給ひし現世利益わさんをとなえしゆしゆしゆくりのくわんにん也　慶長寅年死去ありし法楽将盛居士と回向に入申候。

この部分は前述したように「法楽太夫という数珠繰りの願人」と読める。その者が村々を巡って「現世利益和讃」を唱えた。恵心僧都源信が作ったというのは誤りで、親鸞撰述である。掛け軸の中の山越し阿弥陀は恵心作と伝えるものが多い。いずれにしろ、こうした民間聖ともいえる妙好人のような念仏の篤信者が、この大念仏を支えていたことが分かる。慶長四年（一五九九）以前の話である。

〈村々お年越し〉

村々に大念仏の受け渡しが行われ、その年の最後に持っている村が「お年越し」の村となる。そのことについて次のような記述がある。

本尊御年越し壱年は清水村正音寺又壱年は姫嶋三盛庵なり其後浄土宗とて御年越し可然とて大里村常蓮寺にて十年はかり御年越しなり村々の庵人追評定して毎年此寺にはかりにて御年越しなれは後々は常蓮寺什物の本尊也といふことならんとて供養本之村々にて御年越可然と評定相極り万治三年寅正月六日より荒尾谷加家村観音寺にて御紐解はしめ申也。

これは、西浦の組で毎年御年越として大念仏の道具を申し渡していたのに、浄土宗の常蓮寺で一〇年も持ち続けていて、このままでは寺の什物とされかねないので、村々で評定してまた毎年申し渡すことにしたい、という記事である。万治三年（一六六〇）のことである。すでに大野谷では元和二年（一六一六）に当番村を記した定板《ていた》があり現存している。日長でも寛永二年（一六二五）の同様の定板がある。このように、江戸時代のごく初期に村落連合による供養念仏が行われていた。これを下からの惣村体制の拡張とみなすのか、上からの幕藩体制の成立をめざす動きとみるのかは論が分かれる。しかし禁止や触書類は残っていないところからみると、真宗に見られる同行村の形成と同じように、村連合の形成されていく一環と捉えることができよう(44)。

〈村々送り念仏（巡回念仏）〉

毎日念仏が巡回することについて以下のような記述がある。

又寺本村孫市と申もの駿河の国御ぢんの節太鼓を奪いきたり今に陣太鼓と鉦をあはせて揃《ひようし》て老若男女あつまりて大念仏となへ村々へわり付毎月毎夜村々へ如来を送り大念仏申御事なり。

現行の阿弥陀ぼんさんの回る巡回念仏とは少し様子が異なるが、毎夜どこかで集まって念仏を唱えるということがあったようである。

このように「知多郡西浦十四ヶ村供養由来」をばらばらにして読み取ることで、虫送り大念仏の初期の様子がだいぶ分かるのではないか。融通念仏に虫供養・現世利益和讃が加わり、組織的にも村を超えた念仏連合のできる様子が分かる。

次に、ここには書かれていなかった四遍念仏について考察する。

〈四遍念仏（六斎念仏）〉

四遍念仏とは融通念仏のことで、「夏念仏」「常念仏」と書いてあるのがそうであろうと思われる。成岩の『常楽寺五百年誌』[45]は、常楽寺七世の天徳上人が永禄二年（一五五九）に始めたとしている。乙川では海蔵寺（曹洞宗）の田翁和尚が寛文三年（一六六三）に虫供養を再興したとある。このことについて小川和美は、曹洞宗で何故に念仏を広めたのかという疑問を提示しているが、鈴木泰山は田翁和尚は和讃を作ったのではないかとしている。[46]現在残っている四遍念仏帳の大部分が和讃であり、最後のほうに四遍念仏が書かれていることから、鈴木説のほうが説得力がある。乙川では虫送りの前に四遍念仏があり、これは四月から七月および盆の念仏を中心としたもので、虫供養とは別であった。田翁和尚が虫供養の和讃を作り、四遍念仏も虫供養に唱えられるようになったとみるのが妥当であろう。成岩でも同様で、虫供養を示すものは文化年間（一八〇四～一八）の鉦より古い史料はなく、四遍念仏が先行していた。四遍念仏は六斎念仏であり、融通念仏に重なって一四五〇年以降に全国的に広まったと考えられている。その拠点の一つが京都光福寺で、永正年間（一五〇四～二一）に六斎念仏の惣本寺として勅許されたとある。この寺の開祖道空は西山流証空の法系を引くものとの伝承があり、六斎念仏は浄土宗西山流を通じて広まったとも考えられる。知多半島にはこの西山流の寺院が多く、その中本山が常楽寺である。常滑市南部の西枳豆志の虫供養の寺は西山流が多く、その一つ称名寺には「六佐《ろくさ》念仏」の伝承があり、この地区でも六斎念仏（四遍念仏）が盛んだったことが分かる。この四遍念仏は、虫供養の大念仏とは別に浄土宗西山派を通じて四月から七月の六斎日の融通念仏・盆の融通念仏として広まったと考えられる。

（2）各宗派の関与

この虫供養大念仏は民間の念仏であり、しかも江戸幕府による宗派別統制が始まる前に基本的な形態ができあがった行事であるといえる。ただ江戸時代に入ると宗派別の動きもはっきりしてくる。浄土宗西山流について述べたが、ほかに真宗高田派・天台宗真盛派・曹洞宗の影響が考えられる。この知多半島の虫供養大念仏については柳田国男と五来重が断片的に紹介しているが(47)、論考というものが少なく、唯一、鈴木泰山の「尾州知多郡阿久比谷の虫供養について」がある(48)。

その中で指摘されたのは天台宗真盛派と曹洞宗の関与である。天台宗については、阿久比の元和三年（一六一七）造といわれる本尊が「山越しの阿弥陀」という天台系浄土信仰に基づいていること、『知多郡史』（愛知県知多郡役所、大正一一年〔一九二三〕）の「知多半島の仏教」に天台真盛が虫供養を中興したことを述べているが、『知多郡史』の記述には具体性はない。鈴木は阿久比坂卯之山の最勝寺が拠点ではないかとしている。

天台宗の影響については、知多半島にはもともと天台寺院が多かったが、近世になって浄土宗や曹洞宗に変わっている。また良忍の直接の影響はなかったと思われるが、良忍は天台声明・引声念仏の中興なので、「山越しの阿弥陀」や「二十五菩薩」といった天台浄土の掛け軸を本尊にした可能性は高い。また、「現世利益和讃」を恵心僧都源信の作としたり、恵心の筆によるという掛け軸が多かったりするのは、天台宗が影響している。真盛は、知多半島対岸の一志町の出身で近江坂本の西教寺を本山として一派をなしたが、安濃津（現津市）西来寺を拠点にした活動も盛んであったため、知多半島への影響は当然考えられる。

曹洞宗については、現今の教本の中に禅宗の勤行経典が入っていたり、西浦の「念仏経」に承陽大師（道元）、常済大師（瑩山紹瑾）の勅賜号が入っていることからも、大念仏に曹洞宗の寺や僧侶が関与して「念仏経」なる経典を作ったと考えられるが、承陽大師・常済大師の号は明治天皇から賜ったものなので、この「念仏経」は明治以降のもので曹洞宗の影響は明治以降であろう。

真宗との関連では、親鸞の「現世利益和讃」や仏飯の盛り方について高田派の影響があることを述べた。真宗の仏飯の盛り方には円錐形と円筒形の二種類あり、前者が本願寺派・高田派で、後者が大谷派である。大野の虫供養は高田派のもので、そのための「もっそう」という道具がある。(49)

知多半島の虫供養のうち、大野・阿久比・日長の念仏儀礼は主に百万遍と「現世利益和讃」で行われている。西浦も「供養由来」にみるように、かつては「現世利益和讃」があった。『張州雑志』の絵にある道場荘厳の鶴亀灯籠や松の生け方は真宗様式である。大野谷の荘厳の生け花の松もそうであり、正月の荘厳の若松は高田派の一本松といわれる生け方と同じである。振り返って、いわゆる初期真宗の道場と道場坊さん、それに掛け軸を本尊とする信仰などを比較してみると、虫送り大念仏と初期真宗の組織・信仰形態が影響していることが分かる。その理由として知多半島の対岸の津市にある高田派の影響が考えられる。(50)高田派が津市の一身田に移ってきたのは永正年間（一五〇四〜二一）ころ、である。高田派中興の祖真恵（一四三四〜一五一二）の時で天台宗の真盛とも親交があった。すでにこの時代、融通念仏は講仏教という形で入っていたと思われるが、真宗・天台宗の要素も取り入れながら、知多半島の大念仏、後の虫供養大念仏が形作られていった。組織者としては「供養由来」に記されているような数珠繰りの願人・法楽太夫のような民間念仏者を想定するのが当を得ているだろう。

〈結語―融通念仏との関係〉

法明以降の融通念仏も、初期真宗と同じように決まった寺を持たない道場様式と、在家の「禅門」という念仏行者による形態をとっていた。(51)ただ河内や大和で形成された融通念仏の村に比して、「挽き道場」「禅門」「回在」という融通念仏村独特の言葉が聞けない。道場を定めず順番に道場を引き受ける「挽き道場」は、大野谷でみるような形態であろう。阿弥陀ぼんさんが各家を回って供養するのは「御回在」に通じるものであろう。融通念仏の祖・良忍は、富田村（現東海市富木島町富田）で生まれたとされる。「英比谷供養縁起記」には、良忍が大野から草木を経て東浦にかけて布教したとされる。年代的に良忍が布教したとも思えないが、融通念仏の徒が布教し、虫送り大念仏の基礎を築いたとすれば可能な話であろう。現今の虫送り大念仏が百万遍であったり六斎念仏であったりするのは、融通念仏がもとにあったからと考えられる。

融通念仏は寺としての仏教ではなく講を主体として組織された集団である。当初、稲城信子が融通念仏の「回在に類似した行事」に知多半島虫供養念仏を取り上げたことを述べたが、融通念仏は宗派として江戸時代に成立するものの、その儀礼や念仏は浄土系宗派の中に混同され、その役目を終えた。宗派という概念は江戸時代からである。それ以前の民間念仏は、講に基盤を置いた講仏教という形であった。この虫供養大念仏は近世初頭の講仏教の形を色濃く残したものといえる。

知多半島の虫供養大念仏は、さまざまな念仏行者によって融通念仏・百万遍念仏・四遍念仏がもたらされ、その念仏受容の強い風土の中で、惣村連合のような村を超える大念仏が形成され、江戸時代に入ると宗派の影響を受けながらさらに展開し大規模になった。しかし道場や巡回念仏にみられる阿弥陀ぼんさんのような在俗念仏者の存在は、初期の真宗高田派や中世融通念仏集団の形態に通ずるものであるといえる。このように、知多半島の虫供養大念仏は念仏信仰の種々相を垣間見せるとともに、近世初頭の民間念仏信仰の形態をよく残したものであるといえよう。

註

（1）津田豊彦「知多半島虫供養ノート」『名古屋民俗』一七号、一九八〇年。江端祥弌『大野谷虫供養』南粕谷郷土研究会、一九七一年。江端祥弌『大野谷虫供養南粕谷道場』一九八五年。小川知美「知多の民衆信仰」『福祉大学評論』三四号、一九八四年。鈴木泰山「尾州知多郡阿久比谷の虫供養について」『愛知大学総合郷土研究所紀要』九号、一九六三年。

二〇〇〇年以降、津田豊彦執筆による『新編東浦町史　本文編』一九九八年、九三二―九三四頁。同『資料編六　教育・民俗・文化』二〇〇一年、一八一―二二三頁「虫供養」。『半田市誌　地区誌篇　乙川地区』二〇〇七年、二一八―二二四頁「虫供養と四遍念仏」。蒲池勢至『愛知県史　民俗三　三河』二〇〇八年、七八四―七九〇頁「虫供養と念仏信仰」が出ている。

（2）知多半島全体の分布は図2-2-1に掲げたが、蒲池報告には一覧表が掲げられている。一一カ所という数は同じであるが、坂本報告では、蒲池報告にはない東海市の「名和薬師寺みださん」がカウントされている。蒲池報告では、逆に、半田市有脇が入っているので全体では一二カ所になる。

ほかに刈谷市小垣江にもあった。加藤幸一「小垣江の虫供養」『かりや』二六号、刈谷市郷土文化研究会、二〇〇五年。

（3）調査は、一九九一年一二月一五日から二〇〇〇年三月にかけて、ビデオ撮影を含め断続的に行ったもので、一九九四年までに集中している。その間、阿弥陀ぼんさんの清水恒明をはじめ、鬼籍に入られた方も多く、その時に伺った話は貴重なものとなってしまった。

（4）伊奈森太郎『尾張の祭』名古屋鉄道株式会社、一九六七年。津田豊彦「知多半島虫供養ノート」『名古屋民俗』一七号、一九八〇年。江端祥弌『大野谷虫供養』一九七一年。同『大野谷虫供養南粕谷道場』一九八五年。知多市役所『知多市誌　史料編三』一九八三年。常滑市役所史編纂室『常滑市誌　文化財編』一九八三年。

（5）佐治家のこの伝承については、前掲、伊奈森太郎『尾張の祭』に詳しい。佐治家の滅亡の年についてはいくつかの説があるが、江端祥弌『大野谷虫供養』の「「土井伝右衛門由緒書」にみる一色、佐治時代」に、天文元年（一五三二)・天正八、九年(一五八〇、八一)などの諸説が載っている。

(6) 伊奈森太郎は前掲書で、「この定板に書いたのは、これ以前に各村で掛け軸を掛け、賽銭を取ることがあり、その権利の奪い合いがあったのでこのような処置をとるようになった。また初穂米を集める枡もこの時以来宝物として受け継ぐようになった」としている。順番は抽選で行ったためか、地理的に隣接していない。

(7) 『真宗大辞典』(鹿野苑、一九三六年)の「仏飯」の項に、次のようにある。「仏飯を盛るのに甲乙二種の形式がありて、甲は円錐形にもりて未敷蓮華に擬す。これを蓮莟形《れんがんぎょう》と名つけ、あるいは捏《つくね》仏供という。乙は円筒形の器を用いて飯を突き出し蓮実に象る。これを蓮実形と称し、或いは突き仏供と称す。本願寺派・高田派等は甲形を用い、大谷派は乙形を用いる。」

現行では、大谷派は円筒形で盛槽《もっそう》という道具を使う。本願寺派は、蓮莟形といって、丸く盛る。高田派は同じ蓮莟形でも円錐形の尖った盛り方をする。

(8) 清水恒明は大野町の船大工であったが、奥さんが寺の出であったこともあって、修行のためといってこの役を引き受けた。毎朝七時に自転車で出かけていき、自転車で仏車を次の村まで引いていって、次の家で供養して昼過ぎに帰って来る毎日であった。

桑山百次は、平成四年(一九九二)、清水さんが亡くなったあと、この役を継いだ。家は金山で石瀬の組に入っている。父親は鍛冶屋であったが、仕事で失明し、信仰心の厚い母親が家計を保った。母親が大野の真宗寺光明寺によくお詣りに行ったため、自然と経文を覚えるようになり、信心家といわれるようになった。今回も周りから押されてこの役を引き受けたという。一四日に大野、一五日に土井家として、半月をこの役に割いている。

(9) 阿久比の虫供養については、鈴木泰山「尾張知多郡阿久比の虫供養について」(『愛知大学総合郷土研究所紀要』九号、一九六三年)があり、虫供養の成立に天台宗真盛派の関与を論じている。別に史料を年代順に並べて変遷を述べたものに、竹内禅英「阿久比谷蟲供養雑記」があり、『阿久比町郷土史編纂資料集』(阿久比町郷土史編纂委員会、一九五三年)に収められている。これは翌年に、さらに虫供養の資料だけを独立させて『阿久比谷虫供養記』(阿久比町郷土史編纂委員会)として刊行している。この本はガリ版刷りであるが、同様の内容のものに唱え文句等を加えてタイプ刷りにしたものが『阿久比谷蟲供養郷土史』（一九七三年）で、各地区の虫供養当事者に広く流布している。竹内禅英は阿久比草木正盛院の住職であった。

（10）『張州雑志』は尾張藩士内藤東甫が書いたもので、安永年間（一七七二～八一）に執筆されたとされる。巻一の知多郡の項に「虫供養」と題して五枚の絵とともに、その様子がこと細かに書かれている。刊本（愛知県郷土資料刊行会、一九七五年）図2-2-5、図2-2-6参照。

（11）『尾張名所図会』（小田切春江、天保一二年〔一八四一〕。愛知県郷土資料刊行会、一九七〇年）図2-2-7参照。

（12）現在知多郡東浦町で行われている虫供養は、これらの記述とは別のもので、『張州府志』（松平君山、宝暦二年〔一七五二〕。愛知県郷土資料刊行会、一九七四年）には、「緒川五郷」にもあると記されているものに当たる。

（13）講番については表2-2-7参照。

（14）乙川・成岩の四遍念仏については、4-(2)、4-(3)に記述。

（15）前出『張州年中行事抄』には、「英比供養　同郡十六村西浦」として「大村・小根村」の記載がある。『張州年中行事抄』は、小畠広林撰編、横井時文再訂、明和六年（一七六九）と自序に記してあるが、小畠広林が調査したものを、小畠死後横井時文が大幅追加して出版したとみられている（芥子川律治「張州年中行事抄　解説」〔『名古屋叢書三編八巻』名古屋市蓬左文庫、一九八三年〕）。したがって、正確な調査年不明。大村・小根村は現在の植大地区と考えられる。

（16）『張州雑志』には、英比丸は「菅公三男」とあるが、英比丸が菅原道真の第何子に当たるかは不明で、第五子とも孫とも伝えるところがあり、配流のことも伝説の域を出ない。なお英比・阿久比は地名より取った名前である。

（17）『張州年中行事抄』（明和六年〔一七六九〕）には、「英比殿と中木像男女二体」を英比丸の像と伝え、「臼の上」に祀り、「左近殿とも廻り地蔵とも名付け」て、「八月彼岸中日に出し祭る也」とある。

（18）虫供養の史料として公刊されているものに、前述（9）の『阿久比谷虫供養記』のうち「阿久比虫供養雑記」を除いた分と、『阿久比町誌　資料編七』（阿久比町史編さん委員会、一九九四年）所載の「英比谷虫供養保存会文書」「虫供養宮津区有文書」がある。

『阿久比谷虫供養記』と「英比谷虫供養保存会文書」はほぼ同じである。内容は次の通りである。

a「尾州知多郡英比谷古来念仏供養講番輪次之記録」文亀二年（一五〇二）・元禄一六年（一七〇三）・寛保三年（一七四三）の輪番表と、明治七年（一八七四）までの年次を追った記録である。

b「阿久比谷虫供養基帳」英比谷供養縁起記・供養精進記・御絵改覚ほか。宝暦二年（一七五二）。

c「過現簿」念仏講で供養する神仏・聖人を日別に書いたもの。元禄一六年（一七〇一）。

d「点鬼簿」念仏講で供養する人の戒名を村ごとに書いたもの。元文四年（一七三九）。

『供養記』は、ほかに「虫供養場渡帳」明治二二年（一八八九）に「阿久比谷弥陀仏受渡目録（大字高岡）」昭和二八年（一九五三）を載せる。「保存会文書」は、ほかに「虫供養仏記録簿」明治三五年（一九〇二）〜昭和五七年（一九八二）を載せる。
(19) 熱田神宮領の話は文和三年（一三五四）の「熱田大神宮御神領目録」による。榎山寺はその後、時宗になり、金蓮寺と名を変えたが、佐治氏の進出により文明年間（一四六九〜八七）に大野城の築城に伴って破却されたと伝える。現在、地名のみを残している。なお大野の虫供養は、この佐治氏の大野城が天文年間に落城した（天文元年〔一五三二〕説と天文九年〔一五四〇〕説がある）際、持ち出された守り本尊の阿弥陀の掛け軸を祀って、滅亡した佐治一族を供養したのが始まりとされる。
(20) **図2-2-4　道場小屋大念仏勤行位置図**参照。
(21) この資料は『虫供養仏記録簿』にある宝暦二年（一七五二）の「御絵改覚」および『阿久比谷虫供養記』所載「阿久比谷弥陀仏受渡目録」（昭和二八年〔一九五三〕）によった。
(22) 津田豊彦「虫供養」『新編東浦町史　本文編』、東浦町誌編さん委員会、一九九八年、九三三頁。
(23) 戸田純蔵「東浦五ヶ村虫供養行事雑記」『郷土文化』二二巻一号、名古屋郷土文化会、一九六七年。同「東浦五ヶ村虫供養創始考」『東浦町誌』、東浦町、一九六八年。
(24) 『新編東浦町誌　資料編六　教育・民俗・文化』一八四頁。全文は一六行に及ぶ。
(25) 津田豊彦、前掲『半田市誌　地区誌篇　乙川地区』二二〇頁。小川和美「知多の民衆信仰〈半田地方の虫供養行事〉『福祉大学評論』三四号、日本福祉大学、一九八四年四月。『半田市誌』半田市、一九七一年。『新修半田市誌本編』半田市、一九八九年。

(26)『新修半田市誌 本編』半田市、一九八九年、二九九頁。

(27)小川和美、前掲「知多の民衆信仰〈半田地方の虫供養行事〉」五二頁。

(28)植村と成岩の念仏帳の比較は『半田市誌』半田市、一九七一年、一〇〇〇頁にある。また植村の四遍念仏については、念仏帳の詞章を含めて『民間念仏信仰の研究　資料編』仏教大学民間念仏研究会、一九六六年に記載されている。

(29)榊原是久『西成岩の虫供養』稿本、一九八五年。

(30)このあたりの細かいことの記憶は話者もはっきりせず、『成岩町誌』(成岩教育会、一九三六年)二九六―三〇三頁の記述によった。

(31)『知多市誌　資料編三』(知多市役所、一九八三年)四三九―四四五頁に写真版とともに記載。同様の文は養父・寺本・清水・姫島村世話人が書いた「阿弥陀如来縁起書」昭和四年(一九二九)版・昭和一〇年(一九三五)版にある。寺本・清水・姫島合同の虫供養講が保持している。

(32)『知多市誌　資料編三』四三六頁に写真が載っている。

(33)何本か実見したが、煤けて判然としないものもあり、『知多市誌　資料編三』四三三頁の記載によった。

(34)江端祥弌「西枳豆志の虫供養」『大野谷虫供養』南粕谷郷土研究会、一九七一年。

(35)柳田国男「毛坊主考」大正三年(一九一四)(『定本柳田国男集』第九巻、三五四頁、筑摩書房、一九六九年)。

(36)二〇一一年一〇月～一二月に知多市歴史民俗資料館で「大野谷の文化財展」が開かれ、大野谷虫供養の古仏が出展された。その際、赤外線カメラによる撮影が行われたが、画像のみで年号はなかった。

(37)「現世利益和讃」は親鸞七六歳の撰述で、十五首和讃ともいわれ、金光明王経等をもとに、息災延命・七難消滅・神祇守護・信心利益などを内容としている。

(38)百万遍念仏に関しては、三田全信「百万遍念仏の起源と変遷」(『浄土宗史の新研究』隆文館、一九七一年)、奥

野義雄「百万遍念仏称唱から百万遍念仏数珠繰りへ」(『奈良県立民俗博物館紀要』二号、一九七八年)。
(39)　融通念仏集団・融通念仏宗の成立については以下の文献を参照。奥村隆彦「融通念仏信仰の展開と種々相」『融通念仏信仰の歴史と美術―論考編』東京美術、二〇〇〇年。戸田孝重「良忍の融通念仏創唱について」『天台学報』四五号、二〇〇二年。神﨑寿弘「融通大通について――元禄期の融通念仏宗――」『印度学仏教学研究』五〇巻二号、二〇〇二年。『錦渓山極楽寺史』大阪府河内長野市極楽寺宗教文化研究所、一九九五年。
(40)　五来重「融通念仏・大念仏および六斎念仏」『大谷大学研究年報』一〇号、大谷学会、一九五七年。植木行宣「京都の六斎念仏関係資料」『京都の六斎念仏』京都市文化観光資源保護財団、一九八二年。
(41)　『新編　東浦町誌　資料編六』一八六頁。
(42)　小西恒典「尾張の虫送り」『名古屋民俗』五三号、名古屋民俗研究会、二〇〇〇年九月。尾張一円の虫送りの分布が示されており、実盛人形の虫送りの多い、刈谷・豊明・豊田等知多半島の北部に隣接するところで濃い分布を示す。
(43)　滋賀県能登川町伊庭の浄土真宗妙楽寺(仏光寺派)では、夏の土用の日、虫供養と称して寺所蔵の掛け軸を出して虫干しし、併せて虫供養を行う。行事は、住職による法要のあと、百万遍の数珠繰り、現世利益和讃の唱えなどがあり、知多半島の虫供養と似ている。同じく伊庭の正厳寺(仏光寺派)でも虫供養があり、ここでは絵系図を出す。
(44)　真宗の道場地区では、村が「九カ同行」「六カ同行」として掛け軸を共有して信仰的な連合村を組むことがあり、知多半島の事例と似ている。越前穴馬村(福井県大野郡和泉村、現大野市和泉川合・同和泉貝皿)。千葉乗隆「越前の穴馬同行」『中部山村社会の真宗』吉川弘文館、一九七一年。
筆者は一九九二年調査に入っている。「知多半島の虫供養大念仏と真宗和讃(1)」参照。
(45)　『常楽寺五百年誌』(常楽寺誌編纂部、一九八三年)では、「成岩町誌」からの引用として載せている。
(46)　小川和美前掲「知多の民衆信仰〈半田地方の虫供養行事〉」。鈴木泰山「尾州知多郡阿久比谷の虫供養について」『愛知大学総合郷土研究所紀要』九号、一九六三年(『曹洞宗の地域的展開』思文閣出版、一九九三年)。

(47)　前掲、柳田国男「毛坊主考」。前掲、五来重「融通念仏・大念仏および六斎念仏」。

(48)　前掲、鈴木泰山「尾州知多郡阿久比谷の虫供養について」。

(49)　大谷派――円筒形。本願寺派――円錐形だが先が丸い。高田派――円錐形で先が尖っている。高田専修寺では、お七夜（報恩講）や四月の十万人講や盆（歓喜会）・彼岸（讃仏会）には、仏飯講が組織され、在家の講の人が順番にその任に当たっている。

(50)　高田派の民間念仏としては、鈴鹿市三日市の如来寺・太子寺のオンナイ念仏があるが、六斎念仏系のナムアミダブツの声を長く引く念仏である。八月四日に寺周辺の辻々を回り、傘ブクを立て、しゃがんで念仏を唱える。居念仏・座る念仏の一つと考えられる。

また津市白塚町東海寺にはシシコ念仏がある。一月のお七夜（報恩講）の最終日一五日のお逮夜に本山の専修寺に行き、念仏と「高僧和讃」を唱える。「現世利益和讃」はお逮夜の通夜講から帰ってきた一六日、その年に亡くなった家を回って唱える。

東海寺は初め西光坊という道場で、二世得裕の姉貞把が、慶安三年（一六五〇）、常滑市保示の真福寺を開基している。真福寺では十五日講という念仏講があり、「現世利益和讃」が唱えられていた。以上のように、高田派では親鸞撰述の「現世利益和讃」を含む『三帖和讃』は、何かの時に唱えられている。

(51)　井上寛和「古代中世の融通念仏」、塩野芳夫「近世融通念仏宗と極楽寺」（いずれも前掲『錦渓山極楽寺史』〔一九九五年〕所収）。

第三章　六斎念仏の地方伝播

第一節　全国の六斎念仏

六斎念仏は、毎月六回の持斎日に行われた念仏で、唱えを中心にした地味なものである。融通念仏が大念仏として広まり、歌舞がそれに付随するようになる。六斎念仏はその反動として起こった持斎の念仏で、「南無阿弥陀仏」を長々と伸ばす念仏であった。曲目には「四遍《しへん》」「白米《はくまい》」「坂東《ばんどう》」に、「シコロ」などがある。

六斎念仏の発生は、高野山で応永二〇年（一四一三）に出された「五番衆一味契状」の踊り念仏や高唱念仏の禁令を契機とする。(1) これに見合うように、文安四年（一四四七）に、現在の和歌山県海南市下津町に六斎念仏供養碑が造立される。(2) 京都では永正年間（一五〇四～一二）に干菜山光福寺が六斎念仏総本山の号を取り、全国に免許を与えた。同様に空也堂でも免許状を出していた。(3)

六斎念仏は近畿に集中する。これは六斎念仏が高野山や京都で発生したからで、高野山に近いほど濃い分布を持つ。和歌山県では伊都郡のかつらぎ町花園・同町下天野という高野山麓や紀ノ川中流域、日高郡由良町の興国寺近辺に広く分布していた。石碑も多く、六斎鉦も多く残っている。ただ二〇〇九年時点で六斎念仏が行われているのは、伊都郡かつらぎ町中飯降・同郡九度山町青渕・橋本市清水・同市野の四カ所で、近年下天野が絶えてしまったこと

が惜しまれる。興国寺近辺では日高郡由良町興国寺・同町畑・みなべ町晩稲《おしね》（旧南部村晩稲）に残っている。(4)

京都の六斎は、京都市内にある踊りや曲芸を伴う「芸能六斎」と念仏のみの「念仏六斎」に分かれる。京都市内の芸能六斎が九カ所、念仏六斎は四カ所である。(5)京都府下では旧相楽郡の旧木津町（現木津川市）・旧加茂町（同上）と大山崎町円明寺字山寺・南丹市八木町八木嶋神田（旧船井郡八木町字八木嶋小字神田）・南丹市園部町横田西福寺にあるが、木津町・加茂町は絶えてしまった。(6)

滋賀県は二カ所で、大津市栗原（旧滋賀郡志賀町栗原）・高島市朽木針畑地区（旧高島郡朽木村針畑）が行っている。大津市真野は絶えてしまった。

兵庫県は三カ所で、神戸市北区原野・同区行原《ぎょうはら》と三木市吉川《よかわ》町湯谷《ゆだに》にある。

大阪府は五カ所で、箕面市白島・同市上止々呂美《かみとどろみ》・高槻市富田清蓮寺・河内長野市滝畑・貝塚市三ツ松である。(7)

奈良県では安堵町東安堵と奈良市八島町の二カ所で現在行われているが、過去には五五カ所で行われていたことが確認できる。

福井県の若狭には六斎が残るが、京都の芸能六斎の影響がある。三〇カ所あり、そのうち踊りを伴うものが六カ所である。

四国では高知県高岡郡佐川町・愛媛県北宇和郡津島町下畑地に残っている。

京都から離れるが、長崎県の平戸島近辺の鹿町町《しかまちまち》・的山《あずち》大島・壱岐島・五島小値賀《おじか》島にも六斎念仏が一〇カ所ほど残る。キリスト教の禁教令に対する処置として六斎念仏の普及に当たったといわれる。さらに山梨県と静岡県の富士山周辺には、「祈禱六斎」といって修験道儀礼の入った念仏があり、正月から春先にかけて行われる。道場には切り紙の天蓋を飾り、融通念仏の曲調が入っているのが特徴である。三河の神楽・花祭りの影響を受けている。

祈禱六斎は山梨県・静岡県・神奈川県に分布し、三六カ所を数える。

ほかにも愛知県の知多半島の六佐《ろくさ》念仏・千葉県の六座《ろくざ》念仏等、六斎の語の影響とみられる念仏がある。

〈本章の構成〉

六斎念仏については、各地に残る六斎念仏の調査が進められているが、伝承者の物故により中断するところが多い。筆者の場合、奈良県を例に第一節でその報告を載せた。第二節では、若狭地区の悉皆調査と分析を記した。「第三節　平戸・壱岐の六斎念仏」は長崎県平戸・五島列島の念仏踊り調査の際発見した六斎念仏で、あまり知られていない。「第四節　富士山周辺の祈禱六斎念仏」は山梨県・静岡県・神奈川県に広がる念仏で、山中湖村平野の六斎念仏は戦前より知られていたが、富士山麓には、ほかに大念仏・融通念仏・百万遍等の念仏があり、個々に把握されていたが、一連の念仏であることが分かった。名称にばらつきがあるが、平野の事例を代表として富士祈禱六斎念仏とした。以上、六斎念仏の地方伝播を実態としてまとめてみた。

註

（1）五来重「融通念仏・大念仏および六斎念仏」（『大谷大学研究年報』一〇号、大谷学会、一九五七年）。同「日本仏教民俗学論攷」（一九六二年、『五来重著作集　第一巻』、法藏館、二〇〇七年）。

（2）金井清光「時衆と中世芸能人」（同『中世芸能と仏教』、新典社、一九九一年）。奈良県橋神野々の五輪塔に「正平三年（一三五六）大念仏一結衆」とあり、これを六斎念仏とすると、発生はさらに古くなる（『高野山麓の六斎念仏』紀伊山地の霊場と参詣道関連地域伝統文化伝承事業実行員会、一九九五年）。

（3）植木行宣「京都の六斎念仏」（『京都の六斎念仏』京都市文化観光資源保護財団、一九七二年）。

（4）前掲、『高野山麓の六斎念仏』。蘇理剛志「高野山麓の六斎念仏――その分布と特色を中心に――」（『和歌山地方

史研究』五八号、和歌山地方史研究会、二〇一〇年）。村山道宣「民俗調査報告　紀伊の六斎念仏」（『人文・自然研究』五号、一橋大学・大学教育研究開発センター、二〇一一年）。

（5）京都市内の芸能六斎

南区久世蔵王堂・南区吉祥院天満宮・中京区壬生寺・右京区西院高山寺・右京区梅津大神宮・右京区嵯峨野阿弥陀寺・北区千本閻魔堂・左京区小山郷・西京区桂

京都市内の念仏六斎

右京区嵯峨水尾円覚寺・北区西加茂西方寺・南区上鳥羽浄禅寺・右京区衣手《ころもで》町《ちょう》 郡《ごおり》

（6）前掲『京都の六斎念仏』、『仏舞その他――京都府民俗芸能調査報告――』（京都府教育委員会、一九七二年）。

（7）分布については、森成元「大阪の六斎念仏とその周辺」（『法明上人六百五十回御遠忌記念論集』大念仏寺、一九九八年）所載の一覧表を基に、筆者調査を加えて作成した。

表3-1-1　全国六斎念仏一覧

和歌山県	かつらぎ町中伊飯降・かつらぎ町下天野（近年中断している）
	九度山町青淵
	橋本市清水
	橋本市野
	由良町興国寺
	由良町畑
	みなべ町晩稲
京都府	京都市内の芸能六斎九カ所・念仏六斎は四カ所
	南丹市八木町八木嶋神田（こうだ）西光寺

	南丹市園部町横田西福寺	
	木津川市木津町西教寺	
	木津川市仏生寺公民館	
	大山崎町円明寺字山寺	
滋賀県	大津市栗原	
	高島市朽木針畑	
兵庫県	神戸市北区原野公民館	
	神戸市北区行原正覚寺	
	三木市吉川町湯谷阿弥陀堂	
大阪府	箕面市白島	
	箕面市上止々呂美	
	高槻市富田清蓮寺	
	河内長野市滝畑	
	貝塚市三ツ松	
奈良県	安堵町東安堵・奈良市八島町　他	（第二節参照）
福井県	若狭三〇カ所、そのうち踊りを伴うものが六カ所	（第三節参照）
高知県	佐川町塚谷・岩井　七人塚	
愛媛県	津島町下畑地	
長崎県	平戸島近辺の鹿町町・的山大島・壱岐島・五島小値賀島に一〇カ所	（第四節参照）
山梨県・静岡県・神奈川県	富士山周辺には、祈禱六斎念仏が三五カ所	（第五節参照）
愛知県	常滑市六佐念仏・半田市成岩四遍念仏・半田市乙川虫供養念仏	（第二章第二節参照）

第二節　奈良県の六斎念仏

高野山に発した六斎念仏は、奈良県に入ると融通念仏宗や浄土宗の村落に広まっており、曲種や太鼓の混入等の二次的な変化が現れる。分布はほぼ吉野川流域より以北に限られる。

奈良県下の六斎の石造物では、五条市大津町平田寺跡の宝篋印塔残欠の長禄四年（一四六〇）の「夫六斎念仏一結衆……」の銘文が一番古い(1)。以降、香芝市畑一本松の寛正四年（一四六三）、五条市畑田町西福寺の延徳二年（一四九〇）と続くが、五条市・御所市および香芝市・斑鳩町・生駒市等といった県西部の金剛生駒山地東麓に分布が集中している。奥村隆彦の一覧表では、奈良県下六〇基のうち元禄以前のものが五四基で、石造物に見る六斎念仏の銘文はこれ以降激減する。分布は奈良盆地南西部に偏っている。六斎鉦の残存状況では五条市住川町の寛永一三年（一六三六）の鉦が一番古く(2)、多くは江戸中期以降のもので、石造物銘文とのずれが生じている。

六斎念仏が二〇〇九年（調査時点）に行われているのは、生駒郡安堵町東安堵と奈良市八島町の二カ所だけである。節が分からなくなってはいるが、詞章を唱えて鉦を叩いたり録音に合わせて鉦を打ったりして行事を続けているのは、奈良市池田町・大和郡山市白土町・同市大江町・桜井市萱森の四カ所である。

しかし聞き書き等で大正時代頃まで残っていたと確認できる地域は、表3-2-1のように五五カ所を数えることができる。うち奈良市内が二三カ所と奈良盆地北部に多く残っていたことになる(3)。五条市・御所市・安堵町・生駒市の県西部と奈良市と大和郡山市といった盆地北部では、六斎念仏の内容が異なる。盆地北部では太鼓が入り、唱えがなく太鼓や鉦を叩くだけの部分が長くなる特徴を持つ。奥野義雄は奈良県の六斎念仏を、Ⅰ「念仏鉦のみの六斎念仏＝東佐味型」と、Ⅱ「念仏鉦と念仏太鼓をあわせもつ六斎念仏」に分けている。Ⅱはさらに、①太鼓二つを天秤棒に付ける「八島・藤原型」と、②太鼓を手に持つ「佐紀型」に分けている。数としては「佐紀型」が圧倒的に多い。(4)Ⅱ②「佐紀型」の延長にある京都府南部の山城地方も同様で、この傾向は京都市内の芸能六斎につながり、芸能六斎に見るような、念仏の唱えが少なくなり鉦や太鼓の曲芸叩きやそれに伴う踊りが主になってくる。

念仏の唱えそのものも、北部になると東佐味のような引声の趣を残す唱えはなくなっていく。東佐味の唱えは、和歌山県伊都郡かつらぎ町下天野に残った唱えと並んで、初期の六斎の雰囲気を伝えるものである。しかも東佐味は「四遍」「白米」「坂東」と、主なる六斎の曲が残っている（戦後まで残っていた御所市伏見や五条市小和町・同市住川町・同市近内町等でも同様のようである）。

萱森は、テンポが速くなっているが六斎の四遍と坂東の唱えを残している。白土町も、「チャンチャンコ」という子ども念仏の音をもって名付けられているが、大人念仏は南無阿弥陀仏の六斎の唱えがある。東安堵は、現在唱えるのは「坂東」と融通念仏のみであるが「白米」もあった。

八島町は、北部地区の太鼓を伴う六斎で鉦念仏と太鼓念仏があるが、鉦念仏に「シゼン（四遍）」「白米」「坂東」があり念仏の唱えになっている。

この北部地区と南部地区の違いは、石造物に見るように伝播の年代差ということが考えられる（表3-2-2）。また六斎についてては中世末から近世初期に高野山の影響による成立とか、免許による布教ということがあったとも考えられる一方、江戸期に入ると、北部地区では県西部の矢田丘陵（大和郡山市）にある矢田寺（金剛山寺）の念仏院が六斎念仏の免許を出していたこともあり、(5)系統が別になったことも考慮しなければならない。また六斎念仏の残っている個所は融通念仏宗の檀家地区と重なる所が多い。それらが複合して村落講を形成している所もある。

表3−2−1　奈良県の六斎念仏地区別一覧（6）

奈良市	八島町・藤原町・山町・法華寺町・佐紀東町・北椿尾町・大安寺町・池田町・中町・法蓮町・鹿野園町・横井町・三条町・西大寺町・秋篠町・古市町・北之庄町・大池水郷・忍辱山町・西九条町・紀寺町・瓦町（瓦堂町）・藤之木町
生駒市	乙田・小瀬・高山
大和郡山市	白土町・大江町・今国府町・額田郡北町・額田郡南町・長安寺町・柏木町・三橋・横田町・小林町・小泉町
安堵町	西安堵・東安堵・岡崎
斑鳩町	西里（法隆寺西）
川西町	下永
桜井市	萱森
御所市	高天・伏見・東佐味・西佐味
五条市	小和町・久留野町・近内町・出屋敷町・居殿町・住川町・北山町・岡町

表3−2−2　奈良県の六斎念仏石造物地区別一覧（7）

五条市	長禄四年（一四六〇）・延徳二年（一四九〇）・延徳三年（一四九一）・天正六年（一五七八）・寛保元年（一七四一）・宝暦一〇年（一七六〇）
大淀町	天正九年（一五八一）
御所市	永正九年（一五一二）・元亀三年（一五七二）・天正五年（一五七七）

香芝市	寛正四年（一四六三）
斑鳩町	天文三年（一五三四）・天文六年（一五三七）・天文一七年（一五四八）・永禄八年（一五六五）・天正九年（一五八一）
川西町	永正一三年（一五一六）
大和郡山市	天正二年（一五七四）
王寺町	天正四年（一五七六）・慶長一七年（一六一二）・慶長二〇年（一六一五）
平群町	天文一三年（一五四四）・天文二〇年（一五五一）・天正三年（一五七五）・天正四年（一五七六）・天正六年（一五七八）・天正一一年（一五八三）・慶長一八年（一六一三）
生駒市	弘治二年（一五五六）・永禄一〇年（一五六七）・天正四年（一五七六）・天正八年（一五八〇）・天正一三年（一五八五）・慶長六年（一六〇一）・正保二年（一六四五）・享保二〇年（一七三五）
宇陀市	弘治四年（一五五八）・永禄一〇年（一五六七）・天正四年（一五七六）
桜井市	天正七年（一五七九）・天正八年（一五八〇）・慶長一〇年（一六〇五）・慶長一四年（一六〇九）・正保五年（一六四八）
天理市	明応四年（一四九五）・天正六年（一五七八）・天正一二年（一五八四）・元禄二年（一六八九）
奈良市	延徳四年（一四九二）大安寺町・天文一三年（一五四四）五条町・弘治二年（一五五六）五条町・慶長一七年（一六一二）法華寺町・寛延三年（一七五〇）油阪町・明和九年（一七七二）白毫寺町・文久三年（一八六三）大安寺町
山添村	慶長一七年（一六一二）

註

（1）奥村隆彦「六斎念仏――金石文資料よりの一考察――」『融通念仏信仰とあの世』岩田書院、二〇〇二年。

（2）森本仙介「住川の六斎念仏」『奈良県の民俗芸能　Ⅰ』奈良県教育委員会、二〇一四年。

（3）奈良県内で六斎念仏や念仏鉦の過去の事例も含めた悉皆的な調査がなく、『奈良市民俗芸能調査報告書――六斎念仏・風流・語りもの――』が唯一の調査報告である。このためデータ上からは奈良市に集中しているようにみえるが、生駒郡や大和郡山市などの奈良市周辺にも多く存在したことも推測される。

（4）奥野義雄「大和の六斎念仏について――盆行事とかかわる六斎念仏講とその変遷を中心に――」。

（5）註（4）に同じ。

（6）**表3-2-1　奈良県の六斎念仏地区別一覧**については、五来重、前掲「融通念仏・大念仏および六斎念仏」。同前掲「日本仏教民俗学論攷」。奥野義雄「大和の六斎念仏について――盆行事とかかわる六斎念仏講とその変遷を中心に――」『奈良県立民俗博物館研究紀要』九号、奈良県立民俗博物館、一九八五年。『奈良市民俗芸能調査報告書――六斎念仏・風流・語りもの――』奈良市教育委員会、一九九〇年。鹿谷勲「奈良県の六斎念仏――その事例と特色――」『秋篠文化』五、秋篠音楽堂運営協議会、二〇〇七年。および筆者調査による。

（7）**表3-2-2　奈良県の六斎念仏石造物地区別一覧**については奥村隆彦「六斎念仏――金石文資料よりの一考察――」『融通念仏信仰とあの世』（岩田書院、二〇〇二年）を基本に、奥野義雄「大和の六斎念仏について――盆行事とかかわる六斎念仏講とその変遷を中心に――」および筆者の調査を加えて作成した。

第三節　若狭の六斎と念仏

1　概　要

若狭の六斎念仏については、福井県の文化財審議委員であった斉藤槻堂が報告している。[1] その後、和歌森太郎による若狭総合民俗調査が組まれ、その報告書『若狭の民俗』の中で上田晴美が「六斎念仏の分布と芸能」として概要を述べている。上田の論によると、若狭の六斎念仏は一様ではなく、熊川を通る若狭街道の系統と名田庄を経て京都に至る街道の系統と二つあり、前者が念仏（引声系）的、後者が芸能的だという。[2] その後、福井県若狭歴史民俗資料館で精力的に六斎念仏の調査に取り組んだのは永江秀雄で、若狭の六斎念仏の全体を「若狭の六斎念仏調査報告」ほかに発表した。[3] 永江の論は六斎念仏の詞章の中で融通和讃に注目し、その和讃の成立に目を向けた。今回の調査も永江の調査を基にして行ったものである。五来重は、若狭、特に瓜生・父子《ちちし》の六斎念仏を詳しく調査した。[4]

本調査は、平成一〇年（一九九八）から平成一二年（二〇〇〇）にかけて行ったもので、永江が平成二年（一九九〇）から六年かけて調査した分布一覧表[5]および若狭歴史民俗資料館が撮影したビデオ等[6]を利用した。

六斎念仏には唱えるだけの「詠唱六斎」と踊りの伴う「芸能六斎」がある。この六斎は、五来重が言うように高野山で始まったとすると、和歌山県から京都・若狭へと伝播したと想定される。和歌山・奈良に残っている六斎は引声系型で、京都市内に入って初めて踊る形態が出てくる。さらによく見ると、市内にも踊りを伴う空也堂系と引声系型を中心とする干菜寺系がある。しかしこの成立過程と二系統の関係は不明である。というのは、干菜寺系には比較的文献があるが、空也堂系は少なく、初見は文政六年（一八二三）の免許状である。この時、獅子を伴う芸能六斎が京都の市中にあったと『拾遺都名所図会』（一七八七年刊）にあり、現行の京都市内の芸能六斎の始まりはこの頃とされる。[7] 空也堂の踊りは別のものと考えられる。形態からすると、とりあえず高野山引声系六斎・京都干菜寺引声系六斎・京都空也堂系の踊り六斎・京都市内芸能六斎の四つに分類される。

　若狭に残っている六斎には引声系六斎と芸能六斎の両様がある。さらに引声系でも、立つもの・座るもの・しゃがむ（尻を床や地面につけない）ものとバリエイションがある。行う場所も墓・家・辻といろいろあり、現行で三〇

表3-3-1　若狭六斎念仏一覧　×印は中断した場所。

地名		盆の念仏月日	動作	寺名
高浜町	上瀬（うわせ）	八月一六日	立て膝	海門寺
	薗部（そのべ）	八月二三日	踊る・しゃがむ	正善寺
	馬居寺（まごじ）	八月一四日	立つ	馬居寺
おおい町（旧大飯町）	鹿野（しかの）	八月一四・一五日	立て膝・しゃがむ	仏燈寺
	父子（ちちし）	八月一四日	しゃがむ	海元寺
小浜市（旧名田庄村）	×虫鹿野（むしがの）	八月一四・一五・二四日	踊る	栖園寺
小浜市西部	岡津（おこづ）	八月一四日	立て膝	海隣寺
	上加斗（かみかと）	八月一四日		円通寺
	下加斗（しもかと）	八月一四日		松原寺
	法海（のりかい）	八月一三・一四日	座る	飯盛寺

	和多田（わだた）	八月一五日	踊る	禅応寺
	西相生（にしあいおい）	八月一三・一四・一七日	踊る	隣慶寺
小浜市東部	×神宮寺（じんぐうじ）	八月二三日	踊る・道化	神宮寺
	仏谷（ほとけだに）	八月一四・一六日	しゃがむ	仏谷寺
	阿納尻（あのじり）	八月一四日	しゃがむ	海蔵寺
	羽賀（はが）	八月一四日	しゃがむ	羽賀寺・玉泉寺
	奈胡（なご）	八月一四日	踊る・座る	龍雲寺
	奥熊野（おくくまの）	八月一四日	座る	天養寺・長福寺
	次吉（つぎよし）	八月一四・一五日	座る・立つ	新福寺
	×高塚（たかつか）	八月一四・一六・二四日	座る・立つ	瑞伝寺
若狭町（旧上中町）	瓜生（うりゅう）	八月一三・一四・一五日、九月七日	踊る	良昌寺
	三宅（みやけ）	八月一三・一四・一五・二四日	踊る	久永寺
	三生野（みしょうの）	八月一三・一四日	座る	吉祥院
若狭町（旧三方町）	黒田（くろだ）	八月一三・一四・一六日	座る・立つ	弘誓寺
	井崎（いさき）	八月一四日	座る・立つ	心月寺
	横渡（よこわたり）	八月一四日	座る	玉泉寺
	河内（こうち）	八月七・一四日	しゃがむ	地蔵堂
	三方（みかた）	八月一四日	座る・立つ	臥龍院
	×藤井（ふじい）			
	田井野（たいの）			
	気山市（きやまいち）			

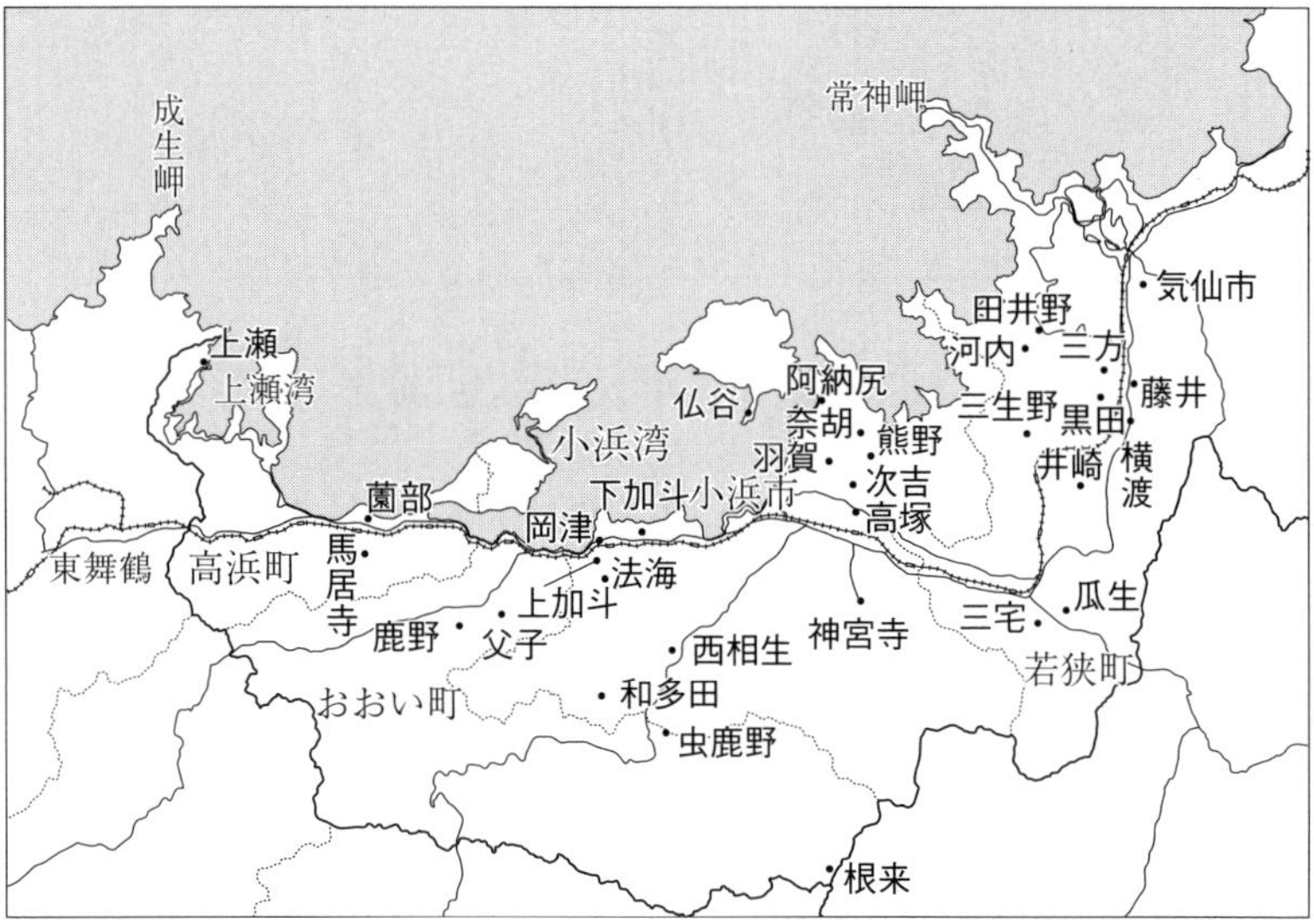

図3－3－1　若狭六斎念仏分布図

カ所以上あり、全国でも最も密度濃く行われている所である。

この念仏は三方町から高浜町まで、ほぼ若狭一帯に分布している（図3-3-1）。

表3-3-1に、踊る・踊らないなど身体の動きを含めて一覧にした。以下三一カ所の個別の事例を報告したうえで、まとめを述べたい。×印は近年中断した所であるが、聞き書きは可能であった。

時期はほとんどが旧盆の八月一四日から一五日に集中している。写真・ビデオ撮影等により調査を行った[8]。

2　高浜町

〈上瀬〉

上瀬《うわせ》は高浜町の内海湾の一番先端にある村で、若狭の六斎念仏の分布でも最西端に当たる。念仏は一時絶えていたが、復活した。現在一八軒から各家一人ずつ出て、念仏を勤める。正月一六日と八月一六日に全戸を回る。仏壇の前に立て膝（片足を立てる）で鉦を叩きながら念仏を唱える

（写真3―3―1）。現在「セイシュシャの功名は――」のみを唱える。昔は「四遍」「白米」「ひとつかね」「歌念仏」「六斎」があった。「セイシュシャ」は「摂取不捨」のことで、融通念仏和讃の文句と考えられる[9]。葬式の最後に「シアゲ」といって六斎を唱えた。「男の六斎、女の念仏」と言った。

〈薗部〉

高浜町は近年海水浴で有名になったが、普段は静かな漁業集落である。薗部《そのべ》は高浜の中心にある大きな集落である。六斎念仏は八月一四日に新盆の家と墓地や辻を回って唱えていたが、この時期は海水浴客で忙しいので、昭和六一年（一九八六）より八月二三日にずらし、正善寺と墓地で念仏を上げることにした。現在、六斎講は同行者といい、紋付袴に白足袋で行う。太鼓と鉦をそれぞれ三人で叩く（写真3―3―2）。

二三日の念仏は以下の通りである。念仏は四回行われる。

1　正善寺の庫裏の玄関の間にいる僧に対して庭から
2　寺の墓地（卵塔場）の無縁墓の前で（写真3―3―3）
3　寺の本尊に向かって庭から
4　寺の本堂に上がって本堂内で

1から3は唱えおよび所作は同じである。

①発願文　しゃがんで唱える[10]。鉦・太鼓なしで「願弟子等　臨命終時心――」

写真3－3－1　上瀬の六斎　立て膝で叩く

②六斎　太鼓を立って叩く。
三人で太鼓を順にぐるっと
回す所作をしながら叩く。
「テンテンツーテン
――」の地口あり。
太鼓三人・鉦三人
後半「然るに　阿弥
陀の常道は――」の
和讃あり。
③回向　「願わくは此の功徳
を以て――」と唱える。鉦
二人
④ナムアミダを繰り返す。鉦
のみで叩く。太鼓は枠を叩いて拍子を取るのみ。
4は本堂に上がり、
①座って「幽（融）通和讃」を唱える。伏せ鉦のみ、ご詠歌調。
②融通念仏ナムアミダ。座ったまま伏せ鉦。
①から③までを「本六斎」といった。昔は回向のあとに「四遍」「白米」の長い念仏があった。

写真３－３－２　薗部の六斎　念仏を唱えしゃがんでいる

写真３－３－３　薗部の六斎　上体を動かして太鼓を叩く

まとめると、発願文（しゃがむ）→太鼓（立つ・所作あり）→和讃（立つ）→回向→念仏（立つ・鉦）→融通和讃（座る・伏せ鉦）→融通念仏（座る・伏せ鉦）

ほかに九月二日の地蔵盆、正月下旬の仏法始め、二月一五日の涅槃会、春秋彼岸、四月八日お釈迦様などにも唱える。

〈馬居寺〉

平安時代末の馬頭観音像を本尊とする馬居寺《まごじ》を守るわずか八軒の集落で、八月一四日に行われる。場所は観音堂・境内石仏・境内墓地で、立ったまま念仏を唱える。初めに鉦で念仏、ナムアミダの繰り返しで、途中から太鼓が加わる。太鼓は腕を差し出すように前に伸ばしたまま叩く。「ガンニシ功徳――」から鉦の前に太鼓が立ち叩く。太鼓と鉦だけの曲が終わると、次は和讃は「センシュウシャ」で「摂取不捨――」の訛りで「然るに　阿弥陀の常道は」と続く。再び鉦だけになり、調子のよい「ナムアミダブツ」の繰り返しになる。融通念仏と考えられる。太鼓二つ・鉦三つ。

念仏→回向→太鼓→和讃→（融通）念仏。

六斎念仏は秋の彼岸の中日・一月一六日の仏法始めに唱えられる。一月一六日は百万遍の数珠繰りも行われる。

3　おおい町（旧大飯町）

〈鹿野〉

鹿野《しかの》は、佐分利川の北岸にある四七軒の集落である。盆の一四日に先祖供養で全戸を回るが、新盆の家は二度念仏を唱える。一五日は仏燈寺の施餓鬼のあとに念仏を唱える。一月一六日の仏法始めの日にも唱えていたが、現在は一月第二日曜になっている。葬式にも唱える。埋葬後に墓場で唱え、帰ってから葬儀の家の庭で唱える。

太鼓が六人で鉦が二人である。鉦の一人は導師で、座敷に上がり、仏壇の前で鉦を叩き念仏を唱える。あと一人は導師の後ろもしくは縁側にいて鉦を叩く。二人は片膝を立てた形でしゃがみ、片手で鉦を吊り下げて叩く。六人の太鼓は座敷に上がらず、庭先で立って太鼓を叩く。最後の仏燈寺観音堂では、太鼓の六人は三人と三人で向き合い、鉦叩きの二人が中央に座る。葬式の時の墓場や家で唱える念仏では、鉦の二人はしゃがんで叩き、太鼓は立っている。

念仏は、①最初太鼓と鉦で叩き、②次に和讃を唱え、③最後に「ナムアミダブツ」の念仏を繰り返すが、最後の念仏は「融通念仏ナムアミダ」が入る。念仏は鉦のみ。この①〜③を六斎とも「幡幢《ばんどう》」ともいう。ほかに四遍・白米の念仏があった。昭和八年（一九三三）の念仏帳にはこれらが載っている。

まとめると、　幡幢→太鼓→和讃→念仏（融通念仏）の順で、いずれも鉦二人は片膝を立てて座り、太鼓は立っている。

和讃は「せん修者の光明は――（摂取不捨の光明は――）」というもので、訛りや誤記はあるが他所と共通のものである。お盆の家回りの時は「願わくはこの功徳をあんのんあまねく衆生に施して――」「あさまの露のふかきには――願似此功徳――」の二種の回向文を唱える。


〈父子〉

父子《ちちし》は、鹿野より少し下流に位置する六〇戸の集落である。八月一四日と一月一六日に唱える。一四日は薬師堂のある墓地に集まり、念仏を唱えてから三班に分かれて全戸を回る。これを門《かど》念仏という。一月一六日は講元に集まり、五百羅漢・十三仏の掛け軸を掛けて念仏を唱える。念仏講は親一人子一人といい、内訳は太鼓六人、鉦三人である。現在太鼓の数は増えている。念仏は「四遍」「白舞《はくまい》」「幡幢《ばんどう》」の三種類で、四遍は葬式の時、白舞は移動の時、幡幢は盆の門念仏の時に唱える。現在は幡幢のみになっている。幡幢は、

①太鼓ぶし　太鼓と鉦を叩く。鉦はしゃがみ、太鼓は立っている。

②観音バイ　和讃で立って太鼓を叩き、鉦はしゃがんで叩く（写真3―3―4）。

③イダブツ（あと念仏）　ナムアミダブツの繰り返し、全員しゃがむ。鉦のみ（写真3―3―5）。

特に埋葬墓地である薬師堂の墓地では、円陣になって全員しゃがんで念仏を唱えている（写真3―3―6）。イダブツは座って唱えるという。

写真3－3－4　父子の六斎　鉦はしゃがんでいる

その後の門念仏は庭先で唱えるが、鉦はしゃがみ、太鼓は立って叩く。念仏になると全員がしゃがんで唱える。白舞・四遍もしゃがんで唱えた。立って唱えることを「立唱」、しゃがんで唱えることを「座唱」という。

観音バイの和讃は「せんしゅしゃのこうみょうあんの　ねえずるところてらしたもう　観音せいしゅのらいごうも――」ということで「摂取不捨の――」の誤記で他の和讃と同じであるが、この和讃を幡幢ともいう。

父子では「父子六才念仏」という教本を作っているが、それによると、①シセン、②ハクマイ、③十三仏、④たいこぶし、⑤せんしゅしゃ（和讃）となっている。十三仏のあとが融通念仏になっている。

写真3－3－5　父子の六斎　念仏の時は全員でしゃがむ

写真3－3－6　父子の六斎　墓場でしゃがんでいる

4　小浜市（旧名田庄村）

〈虫鹿野〉

虫鹿野《むしがの》は、小浜より南川を遡って名田庄村《なたしょうむら》に入り、久田川に入ってすぐの村である。この六斎がいつ始まったかは分からないが、伝承によると、百数十年前一時中断したところ悪疫が流行したので、小浜の神宮寺に伝わっていた六斎念仏を参考に復活した。もとは滋賀県のほうから伝わったという。盆の月の七日に万福寺（無住）で稽古し、一四日、栖園寺の施餓鬼のあと演じて、一四日・一五日に村を回っていたが、昭和五〇年（一九七五）頃、地蔵を万福寺に移したのを機に二三日に太鼓締め、二四日に灯籠つくりを行い、二四日晩の愛宕地蔵祭りの「松上げ」のあと行うようになったが、ここ数年は再び中断している。ここの六斎は、踊りや道化の伴う派手なものである。

堂内の天井から大きな切り子灯籠を下げ、その前で踊る。切り子灯籠には「せんすい」「まえだれ」という五色の切り紙の飾りを付け、灯籠上部には「らんま」「みみだれ」という凝った装飾をする。

六斎は、まず鉦叩きを中心に輪になって座り、①白米を唱え、②鉦を叩く。ナムアミダブツの繰り返しである。「調正」と「附《つけ》」がある。「調正」は音頭取りで「附」がそれを受けるという掛け合いの念仏が唱えられる。新盆の家を回っていた時は「白米」という唱えがあったという。そのあと太鼓を叩きながら踊る。かつて踊りは子どもが行ったが、現在は大人で編み笠をかぶり、てぬぐいのほおかむりで、天狗・夜叉・おかめの面を着けたり、女装をしたりして、激しく踊る。踊りは「もとバイ」「観音バイ」「もじり」「かんやのシャギリ」「もとバイ」の順である。「もとバイ」「もじり」「シャギリ」は冒頭に念仏を唱えて鉦太鼓を叩くもので、「観音バイ」は和讃である。「せんしくしゃのこうみょうは（摂取不捨の光明は）」の文句であるが、内容は他所のものと変化しているようだ。バイは「撥」の意とされる。

まとめると、①白米（念仏）、②玄米（念仏）、③鉦、以上円陣に座って唱える、④もとバイ（唄）、⑤観音バイ（和讃）、⑥もじり、⑦しゃぎり。以上を、太鼓を叩きながら踊る。

5　小浜市西部

〈岡津〉

岡津《おこづ》は蒼島を望む小浜湾に面した小さな集落である。八月一四日に墓と毘沙門で念仏を唱えるが、昔は各家を回った。念仏は「四遍」「白米」「六斎念仏」の三つである。四遍はひと繰り、ふた繰りと「ナムアミダブツ」を繰り返し、一一回繰り返し唱える。白米は一七回繰り「ナムアミダブツ」を繰り返し、融通念仏になっていく。六斎念仏は太鼓と鉦を叩く念仏で文句は入らない。

墓場で行う時は太鼓はしゃがんで立て膝をして叩き、鉦は立っている。各家を回る時は座敷に上がり、太鼓はしゃがんで立て膝で叩くが、鉦は正座して叩く。太鼓を叩くのは小学生である。

〈上加斗・下加斗〉

八月一四日に墓と各家を回る。

〈法海〉

法海《のりかい》は若狭湾に臨む飯盛山の麓にある集落である。念仏は盆の一三日・一四日に唱えられる。一三日はお地蔵様・岩の熊・集会場（行者さん）・阿弥陀さんと、辻々にゴザを敷いて座って念仏を唱える。一五日は飯盛山の麓にある飯盛寺《はんぜいじ》の本堂と位牌堂で念仏を唱える。内容は、①太鼓・鉦、②さん（和讃）、③念仏である。「さん」は意味不明の文句が多いが、「かんのんせいしのらいこうは」という文句のあるところから融通和讃とみられる。①②は昔は太鼓を叩く所作があった。

念仏は「長哨《ちようしよう》」「脇」が三人ずつ上下に分かれて、「三繰り」といって三回「ナムアミダブツ」を唱えるとある。

現在は唱えられる人がいないので、念仏をテープで流し、鉦と太鼓を座って叩いている。昔は各家に上がり仏壇の前で座って唱えた。九月一五日に阿弥陀堂でも唱える。

〈和多田〉

和多田《わだた》は南川に沿って名田庄村との境にある。和多田にも虫鹿野同様「踊り六斎」があるが、由来について芝邦が昭和三五年（一九六〇）以降に記した『上和多田六斎念仏』がある。それによると、この念仏は、明治の初年、遠敷村根来より佐太夫という人が習ってきたとされる。念仏には「白米」「四遍」と踊りがあったが、白米・四遍は相承が難しく、一代で消えてしまった。踊りのほうも昭和三五年頃からは伝承できなくなりそうになったので、由来と一緒に唱えごとのテープを残したとある。カセットテープが一般に出回ったのは昭和五〇年（一九七五）前後なので、その頃の記録であろう。

六斎の年中行事と装束についても詳しく書かれている。和多田の六斎は、白米等の念仏と子ども六斎と大人六斎の三つからなっている。古老・中老・年増若者・若者・子どもと年齢順の階梯組織があった。白米・四遍の念仏は古老の役である。文中「四遍長生」の念仏とあるが、四遍もしくは白米の念仏には調整と脇の役があり、調整は音頭取り、脇がその受け手であるとされる。虫鹿野では「調正」の字を使っている。中老は大人六斎の笛・鉦叩き、年増若者はその補佐で中老の左右に座る。若者は大人六斎の太鼓踊り、子ども六斎の笛・鉦を担当する。子ども六斎の世話と送り迎えをするのはヒワカという若者の中で最年少の者である。このように年齢による上下関係は厳しく守られていた。古老の念仏は紋付羽織袴・白扇、中老・年増若者は羽織着流し、若者の踊り手は盆の一四日の村打ち行事と二三日地蔵の縁日に浴衣・角帯・白足袋・深編み笠、一五日の施餓鬼には帷子・角帯・白足袋・深編み笠である。これが明治末期から、踊り手は「看板」という黄色の着流しになって現在に至っている。

写真３－３－７　和多田の六斎　三人で踊る

行事は六月三〇日の若者の集まりに始まった。この日稽古の予定を組み、七月一日、子どもが禅応寺に預けてある太鼓等の六斎の道具を取りに行き、稽古が始まる。七日盆までは大原部落で、八日からは向和多田で行う。八日に鉦一丁が念仏導師に届けられる。一四日夕方より村打ち（柵打ちともいった）で各家ほか、墓所・神社・仏閣を回り、最後は禅応寺で終わるが、深夜になる。それから盆踊りである文七《ぶんしち》踊りをした。一五日午後、禅応寺の施餓鬼のあと、①念仏、②若者太鼓打ち込み、③念仏、④子ども六斎、⑤大人六斎（中老）が行われる。二三日は地蔵堂の縁日で一五日と同様の念仏、六斎踊りをする。六斎は子ども三人、大人三人、鉦六人で行った。以上が書き留められた往時の様子である。③～⑤を詳しく記すと次のようになる。

①白米念仏　②子ども太鼓　③子ども太鼓・月さん念仏太鼓（月さん和讃）　④大人太鼓　⑤芸当　⑥米つきの曲　⑦笛で神楽の曲　⑧もぢりばいの曲　⑨笛　杓子の曲　⑩大人の「ふるばい」　⑪大人の月さん念仏　⑫後《あと》念仏

①⑫以外は全て太鼓踊りである。念仏は座って伏せ鉦を叩き、踊りは三人が立って太鼓を叩きながら踊り、鉦・笛は座っている（写真３−３−７）。「月さん」は和讃で「観音勢至の来迎――」と他所の和讃と共通する。

現在、白米の念仏と子ども六斎は行われなくなってしまったので、大人六斎④～⑪、あと念仏のみを行っている。それでも四〇分ほどかかる。念仏は座って、六斎は立って踊る。八月一四日家回り・一五日善応寺・二三日地蔵堂である。

まとめると次のようになる。

白米・四遍・念仏（座る）→子ども六斎（太鼓踊り・立つ）→大人六斎（太鼓踊り「芸当」「米つき」等八種の踊りがある。「月さん」は和讃である。立つ）→あと念仏（座る）。

〈西相生〔窪谷〕〉

西相生《にしあいおい》は南川の支流、窪谷川沿いにあり、西相生とか奥相生というが、地元では窪谷・奥窪谷といっている。六斎保存会は「窪谷六斎念仏」といっている。約六〇戸の集落である。六斎念仏は小学生の一六斎《ひとろくさい》、中学生の二六斎《ふたろくさい》、青年（中老）の三六斎《みろくさい》のグループからなる。八月二日から練習をして、一三日は宿元を最初に各家の盆棚を拝む御《み》霊六斎《たまろくさい》をして回る。一四日も回り、最後は寺にいく。一七日は馬頭観音堂で六斎を行うが、九月に入ってからの二百二十日に大般若の祈禱があり、そのあとに六斎を踊る。太鼓三人と鉦三人に笛が入る。太鼓三人には「こばい」「ちゅうばい」「おおばい」の役がある。太鼓は持って踊り、鉦と笛は座っている。太鼓方は浴衣に角帯・白足袋に編み笠で、笛と鉦は門付羽織である。初め鉦・太鼓に合わせて踊り、途中より「せっしゅふしゃの――」の和讃を唱えて踊る。踊りは、①序曲、②米つき、③神楽、④もじりばい、⑤しゃくじ舞い、⑥ふるばい、⑦げつさん、⑧にっさん、である。

これ以外に年寄りの念仏があり、葬式にも「西国三十三番」と「善光寺」を唱える。

6　小浜市東部

〈神宮寺〉

神宮寺は毎年三月二日に東大寺二月堂への「お水送り」が行われる古刹であるが、夏には六斎念仏が行われた。念仏は神宮寺の周りに住む神宮寺区の人によって行われる。八月二三日に各家を回り、夜、神宮寺で行う。神宮寺ではゴザを敷き鉦役三人が羽織袴で座って鉦を叩く。太鼓役は三人ずつ、小組《ちさぐみ》・中組《なかぐみ》・大組《おおぐみ》の三組それぞれ、小学生・中学生・青年が役に当たる。小組は「くちぼそ」というひょっとこの面を着け、法被に豆しぼりの鉢巻、腰に印籠を付ける、中組は「お多福」の面で浴衣・兵児帯・ほっかむり、大組は「おこべ」（大頭）と書き、大きな顔の面を着け、はっぴ・腹巻・白い帯で、それぞれ道化て太鼓を叩きながら踊る。

六斎の順は、①前奏念仏、②大組の人が小組の子どもを肩車で本堂より連れてきてゴザの上に下ろす。小組がふるばい「せいしゅふしゃの光明――」途中まで、③中組がふるばい「せいしゅふしゃの光明――」途中から、④大組がふるばい「せいしゅふしゃの光明――」途中から、⑤後奏念仏。

神宮寺は、ここしばらく中断している。

〈仏谷〉

仏谷《ほとけだに》は小浜湾を挟んで小浜市の対岸にある漁村である。八月一四日仏谷寺の施餓鬼のあと、一六日は如来堂の施餓鬼のあとに、それぞれ行う。昔は一五日の朝に各家を回った。鉦三人、太鼓三人で、共にしゃがんで鉦太鼓を叩き念仏を唱える。鉦を「ちょうちょう」という。

寺や堂では中に入り、太鼓は立って叩く。六斎の順は以下の通り。

①発願文　②五三（太鼓・和讃）　③からから（太鼓・和讃）　④わかればえ（太鼓・和讃）　⑤念仏

和讃は「しんしゅくしゃのこうみょうは――」の融通和讃を唱える。念仏は「ナムアミダブツ」の繰り返しである。また、これとは別に「元礼経」を唱える[11]。

〈阿納尻〉

阿納尻《あのじり》は小浜から西津を通って阿納に抜ける道にある。六斎念仏は一四日に行われる。海蔵寺の本堂・無縁墓・墓地・薬師堂の前で唱えたあと、各家を深夜までかけて回る。阿納尻の六斎念仏は、立って三つの太鼓を叩く念仏（これを六斎念仏といっている）である。太鼓の六斎念仏は、①「南無阿弥陀仏」太鼓、②「ごだん」太鼓、③「えびだんぶ」太鼓・和讃からなる。①②は太鼓・鉦のみで、③は「せいくふしゃのこうみょうは」と融通和讃の言葉を入れながら太鼓を叩く。これは若者の役である。普通、庭先に立って叩くが、初盆の家では座敷に上がり新盆の位牌の前で立って叩く。小学生・中学生・青年の三組が叩く。青年は太鼓を持ち上げたり、立つ・しゃがむ等の振りが少しつく。④念仏は庭先で壮年がしゃがんで唱える。鉦は伏せ鉦一丁である。初盆の家では上がり込み正座して唱える。

まとめると阿納尻の念仏は、①「コシデ」太鼓（立つ）、②「ゴダン」太鼓（若者は立つ）、③「コクブ」和讃・太鼓（若者は立つ）、④念仏（壮年はしゃがむ）となり、念仏はしゃがむものとの意識が強い。

〈羽賀〉

羽賀《はが》は小浜市より少し北に入った四二軒の集落で、古刹羽賀寺がある。念仏は一四日の昼より夜にかけて行われる。墓場、寺、各家の順で回る。太鼓三人・鉦二人で、いずれも若者が行う。六斎は、①念仏、②ごだん、③ろっぺんがえし、④さん、である。

「念仏」はナムアミダブツを繰り返し、鉦のみで唱える。「ごだん」は太鼓・鉦の叩きのみである。「ろっぺんがえし」は「かんのんせいじゅのらいこうは」の文句の入る融通和讃と念仏の繰り返しを交互に唱える。鉦太鼓で行う。「ごだん」「ろっぺんがえし」の太鼓は墓場では立って叩くが、各家では座敷に上がらず軒先にひざまづき、しゃがんで叩く。鉦は、縁先もしくは軒先に軽く腰掛けて叩く。「さん」は仏谷の「元礼経」と同じ経文である。

〈奈胡〉

奈胡《なご》は羽賀の一つ奥の五〇軒ほどの集落である。一四日朝早くから始めて夕刻までかけて村中を回る。並六斎《なみろくさい》と舞六斎《まいろくさい》がある。朝五時三〇分に公会堂である阿弥陀堂で念仏を唱えて出発する。無縁墓・六体地蔵・永代墓・忠魂碑に唱えて龍雲寺に向かう。龍雲寺では本堂・位牌堂・寺の墓に念仏を上げるが、本堂では舞六斎を行う。その後、各家を回って夕刻、阿弥陀堂に戻る。舞六斎は寺のほか、念仏の師匠さんの家、区長宅・阿弥陀堂で行う。ほかは唱えのみ。太鼓は三つ、鉦も三つ。浴衣・兵児帯である。舞は子どもの舞と大人の舞があるが同じ舞である。太鼓を振り回すようにして叩く。六斎念仏の順は、①並六斎（鉦のみ）、②並六斎（鉦・太鼓舞・和讃）、③舞六斎（鉦・太鼓）。

和讃は融通念仏和讃である。並び六斎の和讃のところで舞い始め、③の舞六斎につながる。鉦は座っている。唱えだけのところは①②のみで、鉦も太鼓も立って唱える。この念仏は阿納《あのう》から習った。

〈奥熊野〉

熊野集落の中の奥熊野一〇軒で行っている。八月一四日夕方より、その年のヤドに集まり各家を回る。太鼓三人・鉦三人で、浴衣姿である。座敷に上がり仏壇の前に座って念仏を唱える。鉦太鼓は斜めに浮かせるようにして叩く。曲は、①六斎、②観音バイ、③念仏である。「六斎」は鉦太鼓のみ。「観音バイ」は融通和讃である。「念仏」は「ナムアミダブツ」を繰り返す。

〈次吉〉

次吉《つぎよし》は熊野より一つ手前の集落で二七軒からなる。一四日朝から各家を回り、夕方には「みたまの念仏」を唱える。みたまの念仏は新福寺から始まって墓地、辻の地蔵堂と回る。二三日にも寺の地蔵様と辻の地蔵様に念仏を唱える。六斎念仏は太鼓三人・鉦三人で三組に分かれて各家を回るが、鉦は紋付羽織で白い扇子を持ち、年寄りが唱える。太鼓は中年で浴衣であるが、昔は子どもが太鼓役をした。寺では鉦役は正座し、太鼓はその前に並んで立つ。踊りや特別の所作はしない。各家や辻では鉦も立つ。

六斎念仏は、①念仏、②太鼓、③和讃、④念仏である。①④は鉦だけで「ナムアミダブツ」の念仏を繰り返す。①が終わると太鼓が鉦の前に進み出て太鼓を叩く。③の和讃は融通念仏和讃であるが、一番は鉦だけで唱え、二番からは太鼓が前に出て叩く。しかし和讃や念仏を唱えるのは年寄りの鉦役である。④は短く、「ナムアミダブツ」の念仏を数回唱えて終わる。

〈高塚〉

高塚はJR東小浜駅に近い北川沿いの一〇〇軒ほどの大きな集落である。六斎念仏は八月八日瑞伝寺の施餓鬼のあと、一四日に朝瑞伝寺・墓地・光る岩地蔵で唱え、村回りといって新盆の家、頼まれた家を回り、最後に六体地蔵で終わる。一六日は送りの日で、夕方、瑞伝寺の施餓鬼棚の前で「みずむけ」と称し戒名を読み上げるが、そのあとで六斎を行う。ほかにも一月一六日仏法始め・三月一四日涅槃会・三月彼岸・五月八日卯月会・八月二四日地蔵盆・八月三〇日無縁仏祭・九月彼岸・九月二八日開山忌と、寺の行事ごとに六斎念仏が唱えられる。

六斎講は六人でうち三名が太鼓、三名が鉦である。曲は、①四遍、②白米、③トリバエ、④サカバエであるが、

①②が念仏、③④が太鼓である。①②③④全て行うのを「大念仏」、③④のみを「小念仏」という。①②は「ナムアミダブツ」の念仏を繰り返しワキとシテが掛け合う念仏で、一回の掛け合いを一口というが、四遍は四口、白米は三口である。③④は念仏といっているが、経文や融通念仏和讃に太鼓を叩いて拍子を付けている。四遍・白米では全員座り、トリバエ・サカバエでは太鼓が立つ。踊りはない。寺では大念仏、村回りでは小念仏である。

葬式の時、埋葬時に「アナ念仏」。戻ってきてその家の門口で唱える念仏を「カド念仏」という。どちらも四遍・白米だけを唱えた。

7　若狭町（旧上中町）

〈三宅〉

三宅は上中町《かみなか》の中心より少し北川の上流の八〇軒ほどの集落である。盆の六斎は一三日・一四日の夜に各家を回り、一五日の久永寺の施餓鬼のあとに六斎を踊る。二四日の地蔵盆は地蔵と神社の辻で六斎を行う。一三日は橋の上・墓地から六斎を始める。各家は回る順が決まっていて、数組に分かれて回る。

六斎は念仏の唱えである「かどづけ」と「踊り六斎」からなり、門付けは大人、踊りは子ども六人で浴衣に鉢巻であるが、新盆の家では、黄色の「看板」という浴衣を着た大人が踊る。看板とは目立つ色のことから付けられた名前である。門付けは浴衣に羽織を着る。踊りには「今バイ」「獅子」「牡丹」「千鳥」「柏わけ」「和讃」の六種がある。橋の上、墓地では「今バイ」のみ、各家では「今バイ」「和讃」の踊りに「門付け念仏」がつく。子どもの踊りは仏壇の前で、門付けは玄関もしくは縁先・軒先で、立つか簡単に腰掛けるかして唱える。区長ほか役職の家では子どもの踊り六斎「千鳥」「柏わけ」と大人の「門付け念仏」を、初盆の家では若い衆の踊り六斎「獅子」「牡丹」「和讃」と若い衆の「門付け念仏」を、座敷に上がり座って唱える。「今バイ」「獅子」「牡丹」「千鳥」「柏わけ」は主に鉦太鼓を叩くが、「和讃」は融通念仏和讃の「摂取不捨……」の文句に鉦太鼓を入れたものである。一五日の寺では六種の踊りを全て行う。二四日は「千鳥」「柏わけ」を行い「門付け念仏」を唱える。昔は「男念仏」として「しばや念仏」「融通念仏」があった。

〈瓜生〉

瓜生《うりゅう》は北川を挟んで三宅の南対岸にある四〇軒ほどの集落である。盆は一三日・一四日の夜に各家を回り、一五日に長源寺で施餓鬼のあと、九月七日は良昌寺の薬師の縁日で、その時にも六斎を踊る。一三日は初めに長源寺の本堂前、地蔵前で行い、二組に分かれて各家を回る。一五日は施餓鬼のあと墓地に墓念仏に回る。

平成一一年（一九九九）より施餓鬼が一三日になったので、回る順序が変わった。各家を回るのを「カド六斎」といい、「はくまい」の念仏と「一天がえし」「光明和讃」の踊りのみである。普通の家では座敷に上がらずカドで念仏を立って唱える。全体を行うのは、「サラボトケ」といわれる新盆の家と、施餓鬼のあとの寺の念仏の時である。この時は座敷に正座して念仏を唱える。

瓜生の六斎念仏は「六斎」と「念仏」に分かれる。六斎は太鼓を持ち踊りを伴うもの、子どももしくは若者の行うもので、「一天がえし」「みだれ」「ちどり」「ごたん」「かけかんじょう」「しし」「光明和讃」「善光寺和讃」からなる（**写真3–2–8**）。ほとんどが鉦太鼓の叩きであるが、それぞれ所作が異なる。たとえば「一天がえし」では太鼓を大きく振りかざす、「ちどり」では千鳥足で歩く、「獅子」では身を転がすなどの所作が入る。基本的には立って太鼓を叩き、相互に入れ替わる等の動きをする。「光明和讃」と「善光寺和讃」は和讃を唱えながら輪になって回る。念仏は大人が行う。「四遍」「はくまい」「融通和讃・念仏」「しばや」「十三仏」からなる。「念仏」は「長《ちょう》

写真３−３−８　瓜生の六斎　子どもが並んで踊る

生《しょう》」と「わき」があり、掛け合いで唱える。念仏は「念仏行者」といわれる四人が唱え「四遍」「はくまい」のみである。これを「男念仏」ともいう。男念仏はほかに一月一六日の仏法始めと一二月一五日の仏法納めに行うが、この日をサンダラガキといって阿弥陀の掛け軸を掛けて、「はくまい」に念仏を唱える。葬式の時は僧の読経のあとに「四遍」を唱える。

〈三生野〉

三《み》生《しょう》野《の》は上中町の北部にある。盆の六斎念仏は一三日の晩に吉祥院と墓地で念仏を上げ、翌一四日朝から各家を回り、三界万霊塔・辻の地蔵等にも念仏を上げながら最後に吉祥院に戻ってくる。二二日が送り、二三日が地蔵盆で、この日も念仏を唱える。ほかに一月一六日の仏法始め、三月一五日の涅槃会、三月彼岸中日、四月八日の卯月八日、九月彼岸、一二月二〇日仏法納めの日等、寺の行事に六斎（念仏）を上げる。六斎講は現在九人で年齢は問わない。太鼓三つに鉦が多くあり浴衣姿で叩く。

六斎念仏は、①ししん、②はくまい、③発願経、④ゴロバイ、⑤和讃、⑥はくまいくずしの順である。「ししん」は四遍の訛りと思われるが「ナムアミダブツ」の繰り返しである。「はくまい」は長い念仏で「高野へ登りて奥の院をのぞめば――」とか「融通念仏ナンマイダ」の文句が入る。④「ゴロバイ」は太鼓の曲で、鉦太鼓を叩くだけで文句はない。⑤の和讃は「摂取不捨」の融通念仏和讃で、太鼓を叩きながら唱える。⑥「はくまいくずし」は念仏である。「ゴロバイ」「わさん」の時は鉦の前に太鼓が出てきて叩くが、寺では座ったままである。屋外の時は太鼓も鉦も立ったまま叩く。寺の本堂以外は「はくまい」は省略する。近年、新盆の家では六斎念仏の最後に十三仏を入れて、「かんき念仏」として唱えている。葬式の埋葬時には「あな念仏」として「はくまい」を除いて六斎念仏を唱えている。

8　若狭町（旧三方町）

〈黒田〉

黒田は三方《みかた》町の南西端で、ＪＲ十村《とむら》駅の北にある。一三日の夕刻より弘誓寺・墓地を始めに、一四日午前中まで新盆の家を回る。一六日は寺・墓地・観音・地蔵を回る。鉦二人・太鼓三人であるが、各戸一人戸主が出る。

六斎念仏は①門《かど》がかり、②はくまい、③ゆうづう念仏、④六編返し、⑤門がかりで、正座して唱えるが、⑤の門がかりは立って唱える。新盆の家では座敷に上がり、全て唱えるが、他は軒先や屋外で「門がかり」のみを立って唱える。①⑤の門がかりは鉦太鼓を打ち、最後に念仏を唱える。②④は「ナムアミダブツ」の繰り返しである。③は融通念仏和讃である。装束は特になく、普段着である。

〈井崎〉

井崎はＪＲ十村駅の駅前に広がる七〇軒ほどの集落である。八月一四日心月寺を始めに、二班に分かれて頼まれた家を回り、夕方に寺で施餓鬼があるのでそこで唱える。八月七日の七日盆、一六日の送りに、お堂で唱える。現在、青年団が三〇人ほどで六斎念仏保存会を組織している。鉦二人・太鼓三人以上で回る。念仏は、①六斎念仏、②ごだん、③こくぶで、①は念仏の繰り返し、②は太鼓を叩く、③は和讃である。座敷に上がって座ったまま叩く。装束は浴衣である。①は正座して、②③は立って叩くか鉦が太鼓の前に出る。

〈横渡〉

横渡《よこわたり》もJR十村の駅前に広がる五〇軒ほどの集落で井崎に隣接する。八月一四日午前中に各家を回り、午後玉泉寺で村念仏を唱える。無縁墓と老人会館にある観音様を拝む。これらと各家の念仏は略式で、「はくまい」の一部、太鼓を叩き「六斎」の和讃の部分を唱える。昔の中老に当たる青壮年会が行っている。屋外では立ったまま、座敷では正座して鉦太鼓を叩く。午後の村念仏には戸主が参加し、次のような念仏を全部唱える。

①七遍返し　②四遍返し　③おんだん　④坂びし　⑤とりおい　⑥白米じり　⑦六番ぐり　⑧なむあみだ　⑨十三仏　⑩ゆづう念仏　⑪とりおい　⑫白米

ここで休む。

⑬六斎　⑭白米じり　⑮六番ぐり　⑯なむあみだ　⑰女人のため　⑱ゆづう念仏　⑲とりおい　⑳白米

①から⑧まではナムアミダブツの念仏の繰り返しで①②は音頭取りと全員の掛け念仏であるが、③から⑧までは短い唱えである。「坂びし」は「坂東節」の訛りか。⑨は十三仏名、⑩はゆづう念仏ナムアミダの唱えである。小休止のあと⑬の六斎になるが、これは一番と二番があり、一番は鉦太鼓のみ、二番は「摂取不捨……」の融通念仏和讃で太鼓を叩きながら唱え、この六斎のみに太鼓が入る。太鼓は座って叩く。⑰「女人のため」は「やくしゅでござるよ　やくしゅのほどに　十三仏でござるよ　十三仏の供養には二十五の菩薩　手に手をあわして　花蓮をめされて　むかえにござるよ」という和讃を唱える。新仏に女の人のいる場合に唱える。このように見てくると「七遍返し」「四遍返し」「白米」「六斎」が中心になっていることが分かる。「六斎」は太鼓と和讃である。

〈河内〉

河内《こうち》は三方湖の湖畔から少し入った所にある二〇軒ほどの集落である。盆は八月七日の七日盆と一四日に六斎を行う。一四日は午後墓地を始めに新盆の家を回り、地蔵堂で唱え、道具納めをして終わる。ほかに一月一六日の仏法始め、二月一五日の涅槃会、九月二三日の地蔵盆、一二月一五日のサンドラガキ（仏法納め）に、六斎念仏を唱える。六斎を行うのは「六斎衆」といって満六一歳になると入れる。太鼓三つ、鉦三つの六人の原則だが、それより多くの人がいる。かつては葬式や新盆供養は村念仏といって各家から参加して六斎を唱えたが、葬式は西国三十三番の御詠歌になってしまったし、初盆も六斎衆が回ることになって、村念仏はなくなってしまった。六斎は初めから最後まで正座して行うが、墓地ではしゃがんで唱える。六斎の順は以下のようである。

①懺悔文　②三帰戒文　④融通念仏　⑤しせんはくまい　⑥発願文　⑦鉦太鼓の譜　⑧さんのう　⑨六斎じり。

④⑧は和讃で一部同じである。

〈三方〉

三方《みかた》は三方湖の入り口で臥龍院の門前にあることから門前ともいわれる。六斎念仏を男だけで唱えるので「男念仏」ともいう。一四日に薬師、臥龍院、初盆の家、地蔵院と回る。一五日は寺の施餓鬼で、そのあとに六斎を唱える。念仏は五十会《いすずかい》という五〇歳以上の人の会が六斎念仏保存会を組織し、執り行っている。太鼓三つに鉦四つで、浴衣に羽織で白扇子を持って唱える。曲は、①四遍、②白米、③六斎、④融通念仏である。四遍・白米は念仏で座って唱える。六斎は鉦太鼓で、融通念仏は融通念仏和讃で太鼓を叩いて唱える。共に立って唱える。

〈藤井・田井野・気山市〉

藤井・田井野《たいの》・気山市《きやまいち》では念仏は中断したが、念仏帳が残っている。

藤井は「しへん」「はくまい」「光明遍照（和讃）」「ほとけの名には」「念仏六字」「いざや参ろう」「女人のために」「三十三番」。光明遍照以下は和讃である。

田井野は「屋内座唱　四遷　白昧」「融通和讃」「発願品」「立唱　南無阿弥陀仏」。

三方市は「念仏四遍調唱」「念仏はくまい」「西の薬師は」「高野へ参りて」「女人のためには」「ゆうづう念仏」。

9　小　結

(1) 行　事

六斎念仏の行事は、多くが八月一四日「村回り」と称して各家の仏壇や新盆の棚を供養して回り、一五日に寺の施餓鬼のあとに六斎を行う。各家回りの六斎は略式で、初盆や寺の六斎は全てを行う。六斎念仏は六斎講や保存会が行うが、三方町のほうでは施餓鬼の六斎は「村念仏」と称して各戸一人の参加としている。一通りの念仏で一番長いのは瓜生で、その例を引いておこう。全部行うと一時間以上かかる。

念仏「四遍」「はくまい」「融通和讃・念仏」「しばや」「十三仏」

六斎踊り「一天がえし」「みだれ」「ちどり」「ごたん」「かけかんじょう」「しし」「光明和讃」「善光寺和讃」

盆の行事としては、七日盆、二三日または二四日の地蔵盆を行う。八月に入ると毎夜練習する所が多い。ほかの年間行事は一月一六日の仏法始め、一二月一五日の仏法納め、二月一五日の涅槃講、四月八日の卯月八日、春秋彼岸等の仏事に、六斎もしくは念仏を唱える。

葬式には「四遍」等の念仏を唱える例がある。埋葬の時の「アナ念仏」、葬式のあとの「アト念仏」に唱える。

(2) 念仏と六斎

一言で六斎念仏というが、若狭の例を見ていくと、念仏と六斎は別であるとしたほうがよい。瓜生に伝わる『念仏縁起』にも「念仏及び録讃（六斎）の二種よりなる」とある。

念仏は四遍・白米に代表される鉦のみを叩く念仏で、正座もしくはしゃがんで唱える。概して年寄り等の年長者で羽織を着るなど威儀を正して行う。六斎は太鼓を叩く念仏であるが、「ナムアミダブツ」の念仏はないかわずかしか唱えられず、念仏帳には「ツンツン」「テンテン」という符丁で記されている。

六斎は、この太鼓を叩くのみのものと、和讃（多くは「融通念仏和讃」）を唱えながら太鼓を叩くものの二部構成になっている。またこの六斎には踊りを伴う所が八カ所ある（薗部・虫鹿野・和多田・西相生・奈胡・神宮寺・瓜生・三宅）。踊りといっても、足はあまり動かさず、太鼓を振り上げたり、ぐるっと回すという動作にとどまっている所、立つだけの所というように、激しい踊りの伴わない中間の形態の所が多い。座って叩く場合でも太鼓や鉦を斜めに浮かして置いて叩くとする程度の所が多い。変わっているのは片膝を立てて鉦を叩く形で、上瀬・鹿野・岡津で見られる。六斎は若い人か子どもが行う所が多い。神宮寺・虫鹿野・和多田・西相生では踊り手が年齢別に三つに分かれている。神宮寺の小組・中組・大組、虫鹿野の一番・二番・三番、西相生のひと六斎・ふた六斎・み六斎がそうで、この地区は六斎が根来・神宮寺から伝わったという伝承のある所で、系統が同じとみられる。このように年齢別グループにより六斎の組織が形成されており、念仏は年寄り、六斎は若者とすることも共通している。かつての和多田のように子ども・若者・年増若者・中老・古老と細かく分かれている所もあった。

(3) 踊　り

詳しく踊りを見ていこう。踊る所は薗部・虫鹿野・和多田・西相生・奈胡・神宮寺・瓜生・三宅である。うち神宮寺・虫鹿野・和多田・西相生は、同じ伝承が明治初年に根来・神宮寺より伝わったとしているので神宮寺系としよう。神宮寺のように面を着け、道化て笑わせるのを特徴にしていて、動きも派手である。「米つき」「神楽」「もじり」等が共通している。

踊り方は、三人がそれぞれ太鼓を持ち、太鼓を肩に担いだり振り回したりしながらくるくる回って叩く。三人が叩くのは薗部・奈胡も同じである。奈胡では「舞六斎」といっているように、和多田の踊りに比べるとおとなしい。それに対して瓜生・三宅のものは「みだれ」「ちどり」「獅子」と曲名も異なる。三宅が六人で、瓜生は八人もしくはそれ以上で踊る。基本的に輪になってぐるぐる回っているように見えるが、これは「光明和讃（融通念仏和讃）」の踊りで、瓜生の例でいうと、その前の「一天返し」から「獅子」まではお互いが対になって向き合うような踊りである。これを瓜生系としよう。獅子は獅子舞で、獅子が転がるように転がってみせる。

京都の芸能六斎に「獅子」「とりおい」「神楽しし」という曲がある。「獅子」は瓜生・三宅に、「とりおい」は横渡に、「神楽」は和多田・西相生にあり、神宮寺系も瓜生系も京都の芸能六斎の影響があったと思われる。京都の芸能六斎も、向き合って太鼓を叩く曲と、三人もしくは四人が背中を寄せ合って曲打ちする曲がある。前者が瓜生系、後者が神宮寺系の基本になったものと思われる。しかし輪になってぐるぐる回る形はあまりなく、京都空也堂の空也念仏の最後に僧侶達が太鼓を叩きながら円陣を組んで回る様子を思い出させる。

（4）念仏と和讃

六斎念仏は「四遍」「白米」「坂東」を基本として成り立っている。五来重の説によると、若狭の六斎の念仏も「四遍」「白米」を中心に構成されている。坂東は、父子・鹿野で「幡幢」と書かれている。また横渡の「坂びし」も「坂東ぶし」の訛りかと思われる。また四遍・白米の唱え方も念仏帳にはよく書かれており、「ちょうしょう」

と「脇」もしくは「附《つけ》」との掛け合いで唱える様子がよく分かる。「ちょうしょう」は「長唱」「調唱」「調正」「調哨」の漢字が当てられている。調唱の意味で念仏を調整する中心の役である。

和讃については「融通念仏和讃」「発願文」「高野へ参る」等の和讃の訛り、もしくは一部改編によりできあがっている。永江秀雄「若狭の六斎念仏と融通和讃」に詳しい。(12)

（5）詞章

詞章については、各地区の独自の和讃などがあるが、基本は同じで、「六斎念仏」「融通和讃（念仏）」「初願文」「踊り」である。以下は田井野の念仏帳で一二頁に及ぶ。長いので繰り返し部分を略す。

■資料　田井野六斎念仏

（四遷　白味）

長唱　　　　　合唱

（一）

ナマエダンブー　　ナマエダー

ナマエダブー　　ナマエダブツ

ナマエダブーウツ　　ナマエダンブツ

ナマエダー　　ナマエダー

以下（二）～（七）と続く

（融通和讃）

光明遍照十方世界念仏衆生摂取不捨ノ光明ニ念ズル所ヲ照シ給フ観音聖士ノ来迎ニ声ヲ尋ネテ迎ヒ給フ

（中略）

融通念仏南無阿弥陀仏　　三唱

願以是功徳平等一切同発菩提心往生安楽国

（発願文）

願弟子等臨命終時心不顚倒心不惜乱心不失念身心無諸苦痛身心快楽如入禅定聖衆現前来仏本願上品――（後略）

立唱　南無阿弥陀仏ナンマエ

カンカカカン　ツンツン　カカカン　カカカン　ツンツンツン

ツンツンツンツツン　軽く三反

ツンツンツツツン　強く四反　以下略

（鉦の叩き方　一ノ一・一ノ二・二ノ一・二ノ二・二ノ三まで続く）

（そのあと長唱が八回・最後に願以是功徳――）　■

このような構成で「六斎念仏」は引声念仏で「融通和讃」は和讃に三唱の念仏が付く。「踊り」の部分はカンカンという鉦とツンツンという太鼓の叩き方を表し、念仏や文句は付かない。

（6）しゃがむ念仏

六斎念仏に「居念仏」と「立念仏」のあったことは、五来重・大森恵子の論で指摘されているが、居念仏は座る念仏で年寄りの念仏、立念仏が若者の念仏であると解されている。(13) 父子や田井野では「立唱」「座唱」の語があり、念仏の「立つ」「座る」の区別はかなり意識されており、「念仏はしゃがむ、六斎は立つ」といわれている。

若狭では、念仏は、座敷に上がって正座する。門付けで庭先や軒先で唱える場合でも、庭先にしゃがむということが多い。また**写真3-3-6**のように墓地とか堂の前では全員がしゃがむ。特に鉦は立ってはいけないということで、父子では、太鼓は立つが鉦はしゃがみ、念仏を唱える時には太鼓も含めて全員しゃがむということをしている。しゃがむ、もしくは腰をかがめるということについては、老若の差とは別に腰を落とす必要性の意味を考えなければならないように思える。(14)

（7）成立と伝播

最後にこの若狭の六斎念仏の伝播および成立について考えてみよう。若狭一帯に広がるこの念仏については、京都・滋賀から来たという漠然とした伝承以外、確たる証しはない。前に述べたように、虫鹿野・和多田・西相生の伝承では、明治初年に神宮寺や、京都への鯖街道にある小浜市根来《ねごり》から教わったとしている。

念仏講の古い伝承は、瓜生の『六讃念仏縁起』にある承応年間（一六五二〜五五年）に念仏堂で参籠講を開いていたという記述があるが、「若州管内社寺由緒記」には、延宝三年（一六七五）、小浜多田に六斎堂があったと記されている。(15) より具体的な記述は、宝暦五年（一七五五）の京都干菜寺の「六斎支配村方扣牒《ひかえちょう》」に「小浜柳町かけのわき町、若狭願勝寺支配下、講中四十二ヶ所」とある。宝暦五年に願勝寺支配下に四二カ所の六斎念仏講があったということである。鉦の銘を見ると和多田の鉦に「安永九年（一七八〇）下竹原六才金《ろくさいかね》」とある。下竹原は現在小浜市街地になっている。延宝年間の六斎がどのようなものであったのかは分からない。また宝暦年間の六斎については干菜寺系なので踊りを伴わない引声系のものであるといわれている。

明治初年に中断ののち和多田に伝わったものは「踊り六斎」である。一五世紀末に高野山に始まった六斎念仏は、一七世紀にはこの若狭で行われていた。「四遍」「白米」という念仏であったと思われる。それは鉦だけを用いる引声念仏で踊りは伴わなかった。京都で、豆太鼓を手に持つ踊り六斎・芸能六斎が初見するのは、天明七年（一七八七）刊の『拾遺都名所図会』である。すると干菜寺系の詠唱念仏にあとから踊り六斎が入ってきたのであろうか。踊るにしろ踊らないにしろ、若狭の六斎念仏の特徴は、京都系の、豆太鼓を手にしてそれを叩くことを特徴としている。鉦のみの初期の六斎念仏の上に京都市内で流行った芸能六斎の影響を受けたとするのが妥当であろう。しかし、京都では芸能六斎に飲み込まれて消えてしまった古い形の六斎である「四遍」「白米」も残ったと考えられる。そのため若狭の六斎念仏が「念仏」と「六斎」の二部構成になってしまったといえよう。古い形である「居念仏」「しゃがむ念仏」がまだ守られているのも納得できよう。

註

（1）斉藤槻堂「六斎念仏（三宅）」『福井県文化財調査報告』一四号、一九六三年　ほか。

（2）上田晴美「六斎念仏の分布と芸能」『若狭の民俗』吉川弘文館、一九六六年。

（3）永江秀雄「若狭の六斎念仏調査報告」『紀要』六号、福井県立若狭歴史民俗資料館、一九九六年。『若狭の歴史と民俗』雄山閣、二〇一二年。「若狭の六斎念仏と融通和讃」『福井県史研究』四号、福井県総務部県史編纂課、一九八六年九月。「六斎念仏」『高浜町の民俗文化――年中行事と祭り――』高浜町教育委員会、一九九五年。「六斎念仏（三宅・瓜生・鹿野・父子）」『福井県無形民俗文化財』福井県無形民俗文化財保護協議会、一九九七年　ほか。

（4）五来重「うたう念仏・踊るねんぶつ」『踊り念仏』平凡社、一九八八年。木村喜一「六斎念仏雑感」（稿本。五来重との関係が書かれている）。
（5）前掲（3）、永江秀雄「若狭の六斎念仏調査報告」「若狭の六斎念仏と融通和讃」に掲載されている。
（6）ビデオは一九八九年撮影の三宅・瓜生・奈胡、一九九一年撮影の羽賀・次吉・熊野・阿納尻・馬居寺のものである。
（7）植木行宣「京都の六斎念仏」『京都の六斎念仏』京都市文化観光資源保護財団、一九八二年。
（8）一九九八年八月・一九九九年九月に予備調査をし、二〇〇〇年八月に一斉調査を行った。調査は中野泰・坂本香保の二名の協力を得て三名で行った。
（9）永江秀雄「若狭の六斎念仏と融通和讃」『福井県史研究』四号、福井県総務部県史編纂課、一九八六年九月。
（10）永江秀雄「六斎念仏」によるとこの文句は浄土宗の発願文である。ちなみに正善寺は臨済宗妙心寺派である。
（11）「元礼経」は「発願文」であるが、羽賀の「さん」という唱えも同じである。
（12）前掲、永江秀雄「若狭の六斎念仏と融通和讃」。
（13）大森恵子『念仏芸能と御霊信仰』名著出版、一九九二年。
（14）「しゃがむ念仏」は、長崎県西松浦郡大島村（平戸市の的山大島《あづちおおしま》）のものが、墓場で座る念仏としては典型的である。「第四節　平戸・壱岐の六斎念仏」参照。
（15）前掲、永江秀雄「若狭の六斎念仏と融通和讃」。

第四節　平戸・壱岐の六斎念仏

この節で報告するのは、長崎県の平戸市と五島列島・壱岐の島にある六斎念仏で、市町村史には散見されているが、まとまった報告としては最初である。

これらは引声系の六斎念仏で、特に平戸市の的山大島《あずちおおしま》で行われているものは、墓場でしゃがんで念仏を唱えるといった「居念仏」の形をとるものであった。これらの六斎念仏は、念仏行事の全国調査の一環(1)として平戸のジャンガラ念仏や五島列島のチャンココ、壱岐島の歎仏行事の調査を進めていく過程で見出したもので、このような所に六斎念仏が、しかも古いと思われる形で残っているのは意外であった。以下は、平成一三年（二〇〇一）から平成一四年（二〇〇二）にかけての調査による（図3-4-1）。

1　的山大島

的山大島は平戸島から北に一五キロほどの所にある島で、かつては捕鯨の基地として有名であった。島内は神浦《こうの》・的山《うら》・大根坂《おおねさか》・西宇戸・前平に分かれているが、神浦・的山は港である。この島には念仏・風流系の芸能の四つが重層して各字に残っている(2)。六斎念仏・須古踊り・流儀・ジャンガラである。これらが盆に行われるので、この四つを含めて盆踊り振興会を組み、保存に努めているが、島人口の減少により維持が難しくなっている。

平成一三年には、大根坂（六斎・ジャンガラ・流儀）・的山（須古踊り・流儀）・東神浦（須古踊り・流儀）・西神浦（須古踊り・流儀）が盆に行われた（ただし東神浦・西神浦は隔年交代）。六斎については詳述するので、まず、その

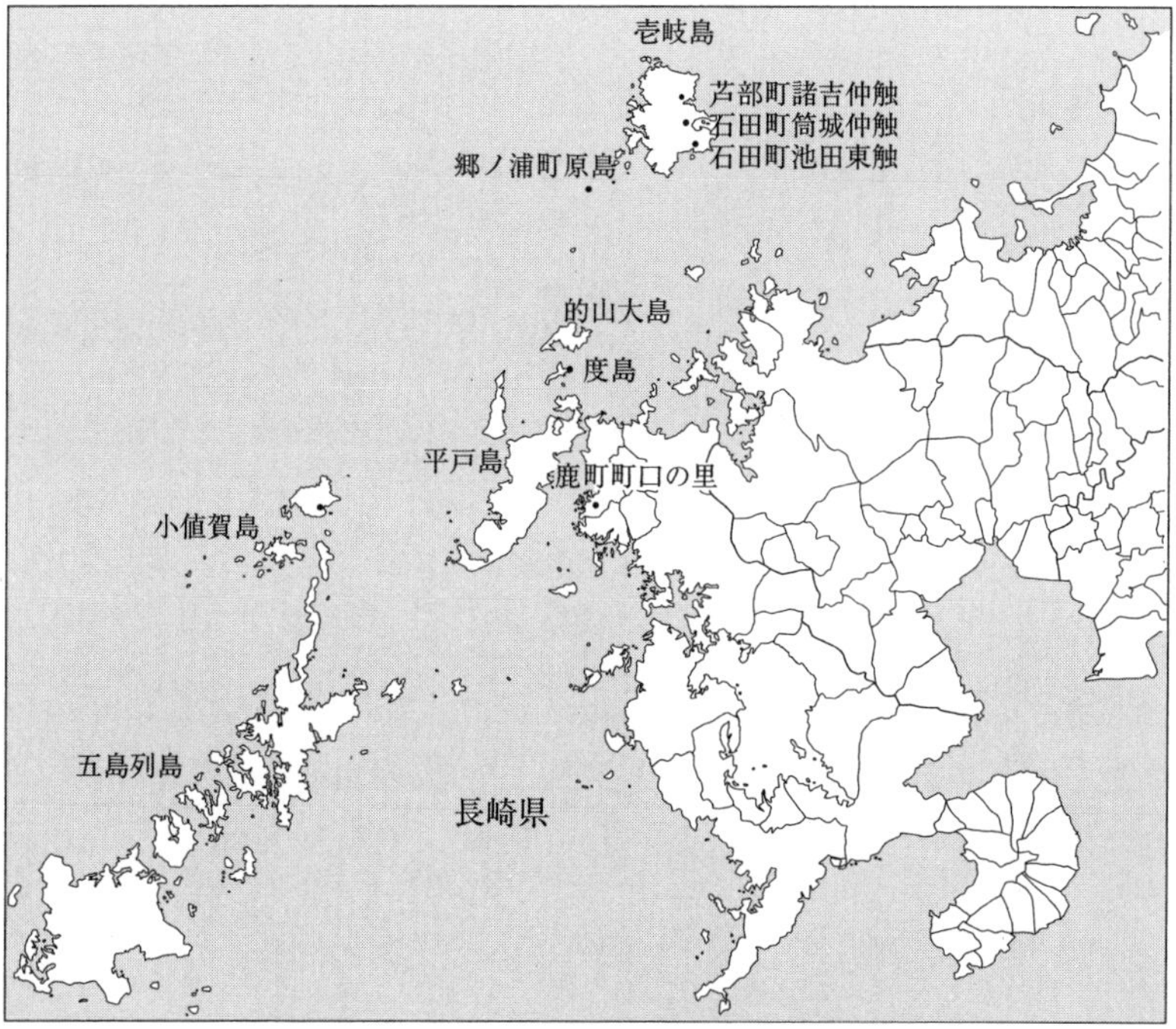

図3－4－1　平戸・壱岐の六斎念仏の調査地点

他の芸能について概略を述べる。

〈須古踊り〉

須古《すこ》踊りの由来は、佐賀県の須古村（現白《しろ》石《いし》町）にあった平井氏の妻山《つまやま》城が天正八年（一五八〇）に落城、落ち延びた一族が在りし日をしのぶため、各所に須古踊りを残したとするものである。的山大島以外に、度島《たくしま》・生月《いきつき》島・高島・世知原《せちばる》町・大村市寿古《すこ》にあり、田平《たびら》町・松浦町にもあったとされるが、風流化が進み、見た目ではそれぞれ異なる芸能のように見える。的山大島のものは、盆期間、菅笠《すげがさ》に帷子《かたびら》を着て、堂・墓地・神社等を回り、鉦太鼓に合わせて輪になって歌を歌うというものである。歌詞は恋歌等の風流踊り系のものが的山にあり、古いとみられているが、神浦などでは、明治時代になって神歌・仏歌に変えた。装束も麻の帷子から浴衣に変えている。的山大島では延享二年（一七四五）に須古踊りを踊った記録があり、須古踊りの初代とされる松右衛門が亡くなったのが安永三年（一七七四）であることから、その頃に伝わったか、始められたと思われる。(3) 歌詞は風流歌であるが、墓地内で帷子を着て鉦太鼓で歌うことを考えると、念仏系の供養芸能を基としている。

的山の須古踊りは八月一三日から一五日に行われる。一三日夕方に分校場跡を出発、西光寺の庭や墓場で踊り、港を練る。一四日初盆の家で踊り、板の浦を回る。一五日は神浦に行き、的山に戻って夜一〇時頃に終わる。回る個所は初盆の家、寺、墓所、地蔵、供養塔、各神社、小祠等数十カ所になる。須古踊りと一緒に花杖という子どもの流儀が脇で行われる。行列は棒引きを先頭に幟《のぼり》・槍・太鼓・踊り手・花杖と三〇人ほどになる。この盆行列が狭い港町の路地を練って歩くのは風情のある光景である。

〈ジャンガラ・流儀〉

ジャンガラは平戸島一円で行われる念仏踊りである。的山大島では大根坂のみに伝わる。「カネ」と「カケ」といって鉦三人に小太鼓三人で踊るが、カケと呼ぶのは小太鼓を首に掛けて提げているからで、踊り手である。カネは白と黒の単衣の絣で二人が大振りに叩き一人が脇で静かに叩く。ここのジャンガラの特徴は、踊り子が菅笠に似たタクリ笠という笠をかぶり、笠から黒い布を下げて顔を隠して踊ることである。笠の上には萩の花を挿したが、現在は紙の造花になっている。踊りは鉦で音頭を取るが、途中から「ホミナゴ、ホイレ」という「南無阿弥陀仏」の訛った掛け声が入る。

ジャンガラはノウカタ（農方）といわれる農家の長男が行い、二六軒が二六年間受け持ち、この権利を「カブ」といっている。ジャンガラの役職には執役・ヤテダシ・ウシロミ・大将がある。ジャンガラは、一三日・一四日・一五日の三日間行うが、阿弥陀堂・薬師堂ほか石塔の立っている所、役職の家、初盆、お礼の家を回る。「お礼」

とは新盆から三年以内の家をいう。新盆とお礼の家でのジャンガラをカイニワという。

このジャンガラには「流儀《りゅうぎ》」がついて回る。「流儀」は平戸一帯に使われる言葉で、棒術という武芸の芸能化したものである。平戸には天下新無双流があったが、各地で地名を付けて何々流としたので「流儀」の名が付いた。大島でも字《あざ》ごとに「流儀」があったようで、盛んであった。現在、盆行事の須古踊りやジャンガラに付して行う。子どもから高校生までの二人から一二人一組で行うものがあり、棒・花杖・太刀・鎖鎌を用いる。この芸能は九州一帯から沖縄を含む南西諸島にかけて広く行われている。

写真３−４−１　的山大島大根坂　阿弥陀堂での六斎念仏

〈六斎念仏〉

六斎念仏は現在大根坂のみで伝わっているが、西宇戸・的山でも「男念仏」として行っていた（写真3−4−1）。

大根坂には漁師であるハマカタと農家であるノウカタがあるが、六斎念仏はノウカタの家の人が入る。六斎念仏は一四人と決まっていて、三年に一人ずつ変わる。したがって四二年間念仏を行うことになる。三〇歳前後に入って七〇歳くらいに抜ける。盆の七日を「ナラシ」といって、盆念仏の練習や打ち合わせをするが、その時にメンバーの変更を決める。鉦は六個で、歳の順に年長者三人が大将になり、次の人が中将《ちゅうしょう》で、この中将を中心に念仏が唱えられる。中将を終えた人が大将として六年間残って後輩の指導に当たることとされた。

盆の六斎念仏は八月一一日から一七日まで行うが、別に一月八日の鉦お

写真3－4－2　大根坂８月16日の墓念仏　しゃがんで唱える

こしと春秋彼岸の念仏がある。盆念仏は寺堂のほか、各家にも六斎念仏の人が行って唱えられるが、カブ（株）単位である。カブは二軒から五軒の同姓の集団のことで、大根坂全体で二五カブくらいある。カブは葬式組として機能している。したがって盆念仏は次のようになる。

八月一一日　天正院・薬師様・小浜カブ・坂本カブ　六時より
八月一二日　白川カブ・平井カブ　六時より
八月一三日　阿弥陀様　区長宅　初盆供養　一二時より
八月一四日　カブウチ回り（先祖供養大根坂全カブ）　一〇時半より
八月一五日　カブウチ回り（先祖供養大根坂全カブ）　一〇時半より
八月一七日　ハカワラ（墓地）　一〇時より

一七日の墓地の念仏は墓地のガラン様の前でむしろを敷き、座って念仏を唱えることになっていた。実際には墓地のコンクリートの道に座りこんで念仏を唱えている（写真3－4－2）。盆の送りの念仏であり、昔はスボムシ供養といって稲の穂を焚いた。虫送りの念仏でもある。最後に向かいにある二神島《ふたかみしま》に向かってホガイた（祈った）。

念仏の文句は、初めが浄土宗の礼讃文で、あとは「南無阿弥陀仏」を引き伸ばした唱えの繰り返しであるが、上（アゲ）と下（サゲ）を四番まで繰り返し、あとはテンポの速い歌念仏になる。四番までの念仏は四遍に当たるものであろう。最後はおじぎをしながら納めの「願以至功徳」の文句を唱える。(4) 二〇分ほどかかる。

この六斎の一四人はジャンガラ・流儀には参加しない。葬式には枕念仏といって女衆が念仏を唱える。また鉦には慶応二年（一八六六）のものが一枚ある。阿弥陀堂にはこれとは別に双盤鉦とみられる鉦があるが、安政四年（一八五七）の年号がある。

2　度島

平戸市度島《たくしま》は的山大島と平戸島の中間にある細長い島であり、江戸時代以前の弘治三年（一五五七）に全島民がキリシタンとなったが、慶長二年（一五九七）に松浦鎮信《しげのぶ》の禁教によって改宗させられた島である。島にはその時殺された人々のものとする千人塚がある。また、浮橋主水事件により僧江月が念仏を奨励したとされる元禄一五年（一七〇二）の念仏供養碑がある（後述）。

度島は浦（本村）と中部（波戸《はと》・小川）と三免《さんめん》（湯牟田《ゆむた》・飯盛《いいもり》・崎瀬）の三つに分かれるが、六斎念仏は中部と三免に残っている。浦には婦人部の「浦念仏」という別の念仏がある。(5) 度島の盆行事としてはボンゴウレイがあるが、同じ日に行う六斎念仏とは別行事である。

〈ボンゴウレイ〉

盆恒例・盆郷令・盆郷例の字で書かれていたとするが、詳しくは不明である。一般に盆踊りといわれていた。(6) 三部落合同の行事で、八月一四日に本村の立願寺（浄土宗）に集まり、海岸で「吹き渡し」と言って全ての踊りを見せて終わる。以前は二日間行って度島神社にも参った。行列は幟・棒使い・須古踊り・奴踊り・子踊りの順である。踊りは三免・中部が須古踊りと子踊り、本村が奴踊りで、幟持ちと棒は三部落あったが棒使いは中部のみになってしまった。かつては須古踊りのような盆踊りを中心とした行事が、幟立て・奴踊り・子踊り等の風流踊りを取り入れて大きくなった行事といえよう。起源は寛文一〇年（一六七〇）に松浦鎮信が豊年・豊漁を祈願して始まったという。

〈六斎念仏（中部）〉

頭領《とうりょう》を中心に一五、六人いたが、現在三、四人である。正月二日に薬師堂で鉦おこしの初祈禱を行う。七日は立願寺に度島中の念仏講が集まって百万遍の数珠繰りを行い、「ナムアミダンボ」の六斎の念仏で数珠を回す。春秋彼岸に回向を行う。盆の念仏は八月一三日に初盆の家と墓、一四日は浜念仏、一五日は送り念仏を墓で行う。葬式には枕念仏、出棺の時の門出念仏・道念仏に六斎を唱える。

六斎念仏は回向・六斎・本地・お車・三つガネ・回向（特別回向）の順であるが、六斎以外は和讃になっている。六斎は南無阿弥陀仏を一〇八回唱える。全部で三五分かかる。

〈六斎念仏（三免）〉

基本的には中部と同じであるが、異なっているところもある。一月四日・五日に鉦おこし、一月七日に立願寺百万遍、一月八日に中将《ちゅうしょう》宅鉦おこしを行う。念仏の指導者を中将という。四月三日、節句の虫供養で地蔵参りをして、飯盛の墓地に行く。虫害による凶作で餓死者が出たからという。もとは三月三日に行った。春秋彼岸の回向。八月一三日には二、三人ずつ一〇組ほどに分かれて各家を回る。八月一五日、墓で送りの念仏をする。この時、墓場では座って念仏を唱える。葬式では枕経・末期の水・出棺・道中に念仏を唱える。

唱えは発願文・御仏回向・御仏の中切り・弥陀回向・六斎念仏・三番切・六字の本地で、六斎念仏以外は経文や和讃である。これ以外に、末期の回向・お車・念仏くばり回向・三つ鐘・葬式送り・虫回向・出で立ちの回向・鉦おこし回向・引きおこし回向・精進落とし回向・水の子回向・六字の回向等の行事ごとの回向文句がある。

昭和五三年（一九七八）の念仏帳の最後に、「この念仏は昔キリシタン征伐したるため、農作物へ虫害盛んなるにより、この念仏を始めたり。その後虫の害おさまりたり。現今に至り農作物に虫害ありしともこの念仏回向は効あるものなり」とある。

3　佐世保市鹿町町口の里供養平

鹿町町《しかまちちょう》は平戸島の対岸にある。鹿町町の口《くち》の里《さと》には、念仏行といって土地の阿弥陀堂や葬式の時に念仏を唱える講があったという。六斎という言葉は聞けなかったが、南無阿弥陀仏を引き伸ばして唱える、六斎念仏の唱えであった。もとは六人で唱えたが、現在この念仏を唱えられる人は二名、牧尾雄一と出口大丈夫《ますらお》の二人だけであった。(7)

一月八日に鉦おこし、八月一三日に精進迎えをする。

口の里にはお堂様といわれる阿弥陀堂がある。潮音院（真言宗）の末寺で「光明庵」の名がついている。一三日、このお堂に精霊を迎えに行って、阿弥陀様・供養塔・殿様の墓に念仏を唱え、初盆の家を回った。一五日晩に海岸に下りていって精霊船を流し、一六日早朝、代表役員の家に行って念仏を唱える。以上が念仏行であるが、埋葬の時も念仏を唱える。

念仏は正座で鉦を三打してから十三仏・光明庵の唱えを唱えて、あとは南無阿弥陀仏の繰り返しである。これが六斎念仏に当たる。

一番　ナムアミダブツー、二番　ナムアミダブ、三番　ナムアミダブツ四回（女の渡りという）、四番　ナムアミダブツ四回（旦那の渡りという）、五番　三番と同じ、六番　高しぎ（声を上音で唱える）、七番　これぶつ（「六者六段小念仏六段」といって変化が多い）。

この七番までを三回繰り返す。約三〇分かかる。

以上であるが、阿弥陀堂には安永六年（一七七七）の三界万霊塔がある。念仏鉦は三枚、うち一枚は文化一五年（一八一八）のものである。

口の里から真正面の対岸にある平戸島の迎紐差《むかえひもさし》・木場にも念仏があった。現在は絶えているが『平戸市史　民俗編』に詳しい。(8) それによると迎紐差では「ろくしゃの頭五つの唱え方」という五種の念仏の唱えがあって、口の里の小念仏に似ているという。木場で唱えられた「六字」と「本地」の和讃は度島と同じものである。

4　小値賀島前方後目

小値賀《おぢか》島は五島列島の北に位置して、宇久島と共に古来より海の交通の要衝として栄えた。上五島が急峻な山の島とすると、宇久島・小値賀島は平坦な農耕可能な島であった。この二つの島から中国・朝鮮やベトナム・タイの陶器が出てくるのは往時の海上交易を語るものである。また小値賀島は平戸松浦氏発祥の地として、江戸時代になっても、五島の中でもここだけは平戸藩領であった。(9) 六斎念仏が離れてここにあったのも、そのような理由からと考えられる。

小値賀島は前方《まえがた》・笛吹《ふえふき》・柳の三つに分かれ、それぞれ、漁村である浦方・農村である在方・町場である町方に分かれるが、六斎念仏は主に農村である在方で行われた。柳・前方の在には各部落に念仏があったとされるが、現在は前方後目《うしろめ》と相津にわずかに残っているのみである。(10)

後目の念仏は、正月二日に太鼓おこしで、三日は鉦おこしで、初祈禱を行った。春秋彼岸に供養をする。田植え上がりの頃から盆の一〇日くらいまで御堂で練習をした。練習には師匠が来て、念仏を習うことを「念仏の小屋入り」といった。盆の一二日は井戸さらいで井戸をさらうが、この日、鉦を磨く。一三日からの念仏では新盆家を回る。念仏は本地と六字で、六字は「六字六遍」といって六斎念仏である。一五日は送り念仏で極楽讃と六字を唱える。後目《うしろめ》では初盆の家を回り座敷に上がって座って唱えるが、牛渡では初盆の墓を回り、墓の前にむしろを敷いて、座って念仏を唱えた。盆の念仏は風呂を沸かして入り、身をきれいにして着物も新しくして臨んだ。

葬式の念仏は、葬式のあとに本地を唱え、家を出る時に六字六斎を唱える。墓では「タチ念仏」といって二枚の鉦を叩き、四人が「ナムアミダブツ」の六字を唱え、墓に導く。

六字とは六斎のことであるが、ナムアミダブツの六字を「つけ念仏」「高調子」「あげ念仏」という三種の異なった唱えをして、これを一遍として六遍唱える。計一八回念仏を唱えて一念仏とする。最後に「ナガシ」といって「ナムアミダブツ」を唱えて終わる。「本地」「極楽讃」は和讃である。「おぐるま讃」は湯灌から死装束をする時に唱え、和讃文句の「流れて」で湯灌をするとか「しめて」で帯を締める等、細かい決まりがある。念仏帳には「本地」「極楽讃」「おぐるま讃」「よね仏」「恩づくし」「六字」がある。「よね仏」は子どもが死んだ時、「恩づくし」は親が死んだ時に唱える。

狭い島であるが、念仏は盛んで細かい規定があり、唱え方も毎年一カ月も練習する難しいものであった。後目には五枚の村鉦があった。

5　壱岐島

壱岐島については山口麻太郎が戦前より壱岐島の民俗について詳細な報告をしている。山口は昭和九年（一九三四）に『壱岐島民俗誌』[11]を一誠社より出版し、その中で壱岐島一円にある「講中」について書いている。さらに昭和一九年（一九四四）には「壱岐における講中の研究」[12]を雑誌『社会経済史学』に発表し、講の社会的機能について論じた。講中が葬式組として村の最小単位を形成していることを述べるが、講に多く唱えられる念仏の内容までは論じなかったし、これが九州には珍しい六斎念仏であることには気がつかなかったようである。

壱岐島は永禄六年（一五六三）、一説には元亀二年（一五七一）に、平戸藩の松浦氏の領有となり、以来、江戸時代を通じて変わることがなく、版籍奉還を経て長崎県に属している。ここにも、平戸に広がった六斎念仏が壱岐に伝わった理由があると考えられる。

山口麻太郎の著書にあるように、各触《ふれ》（一部落・村落を表す語が壱岐では「触」になっている）には必ずいくつかの講中があり、念仏を行っていたとされる。そのほとんどが六斎念仏であったことは想像に難くない。しかし近年、講中はあったとしても念仏を行うことは急速になくなってしまい、確認できたのは四カ所で、それ以外にも行っている所もあると聞くが、いずれにしても数えるほどである。

ここでは三カ所の例を述べてみよう。元来、念仏の講中は触よりさらに細かい単位であったが、念仏を唱える人が少なくなって触単位で行うようになっている。

〈石田町池田東触〉

池田東触《ひがしふれ》(13)では講中の当番役を中掌《ちゅうしょう》さんといい、翌年の当番をムコヤクと呼んで念仏を唱える。一月一六日、鉦おこしに中掌さんの家で念仏を唱える。春秋彼岸は仏塔で念仏。七月一五日は祇園で、寺にある祇園さまを拝む。七月二九日の虫祈禱は「実盛祈禱」ともいい、人形を作って田を回る。最後に「川祭り」といって川を拝み、郷の井戸も祀る。八月一三日盆の迎えで各家全戸を回る。八月一六日は満参といい、寺の庭の僧の墓を拝み、本尊にイドンサンを唱える。かつては遣唐使の墓地の前で施餓鬼バタを立て辻念仏をした。亡者供養で、イドンサンの文句を唱えた。浴衣を着て唱える。旧一〇月一〇日、御堂で十夜供養を行う。寺は伝記寺で臨済宗である。壱岐では宗

派を問わず十夜を行う。(14)

葬式の時は「ノジキリ」といって紋付袴姿で墓の前にむしろを敷いて念仏を唱え、引導を渡す。

念仏は念仏帳に従うと次のようになり、中掌と脇との掛け合いになる。

庭入り（中掌前）、庭入り（脇前）、庭入り（中掌前）、庭入り（脇前）、たかせぎ（中掌前）、高せぎ（脇前）、庭しずめ（脇前）、以上四回ずつの念仏、くずし。

一番印度、二番印度、印度くずし、かみきり、三番印度。

以上念仏のみである。願以至功徳・くずし・イドンサンは和讃である。イドン・印度は引導で、イドンサンは引導和讃の意味と考えられる。

〈石田町筒城仲触〉

筒城仲触《つつきなかふれ》では念仏行事は行わなくなったが葬式の念仏は続いている。(15) 念仏を唱える人は二人で、念仏坊とか念仏坊《ぼん》さんといった。

行事は、一月一六日に鉦おこし、三月九日は小草祭り、春秋彼岸供養に山崎観音に参る。盆の八月一三日・一四日は二人で三〇戸を回り、山崎の観音様まで行く。士族の家は上がらないで、立ち庭といって庭に立ち、七つ鉦を叩いて念仏を唱える。八月一六日はマンサンをお堂で行う。一八日盆綱引きの納め（沼津の三つ辻・草触神社）で行う。一〇月一八日は十夜の念仏。

葬儀は家祓の念仏、絵巻物（十三仏）の念仏を行う。墓場の念仏は「野念仏」といってゴザを敷いて座って行う。

念仏は「六斎」「誓願寺」「白米」「歌念仏」の順である。「念仏」は長く引っ張れという。「白米」は調子のいい曲である。六斎には「庭しずめ」と「高せぎ」があり、チュウショウとワキマエが交互に唱える。

〈郷ノ浦町原島〉

原島《はるしま》は壱岐島の東にある大島・長島・原島という三島の中の一つの離島で、主にあわびを採るもぐり漁で暮らしている。民家は四二軒で、寺は太平寺という浄土宗寺院である。

行事は、一月二〇日の鉦おこし、三月一八日の弘法大師、春秋彼岸、六月一八日の弘法大師。盆は八月一三日・一四日に家を回る。一六日はマンサンといい、海岸で朝六時に精霊流しをして、しゃがみながら六斎を唱える。一〇月一〇日は十夜講・地蔵講である。一二月一五日は沖の平島で岩のりを採りに行った村人が一六人も亡くなった日で、平島に行って供養する。

写真３－４－３　壱岐島諸吉仲触のマンサン（８月16日）

葬式にも念仏を唱えるが、午後六時過ぎに墓場でしゃがんで夜念仏を唱えて帰ってくる。念仏は「ロクセイ（六歳）」「誓願寺」「白米」「一番庭〜五番庭」。「白米」にはシラコエという高音で唱えるものとナガシがある。「誓願寺」はオオノウ・コノウ・ツイノウ・オイメデ・クズシ・ワスレ・ナガシで構成される。この原島の六斎は「白米」にしろ「誓願寺」にしろ、細かい唱えが残っているのが特徴である。またしっかりと念仏のできる人が多く、唱えがよく残っている。

〈芦部町諸吉仲触〉

諸吉《もろよし》の念仏は、現在マンサンのみを念仏なしで行っているが、かつての様子を植村高義が詳細に報告している(16)ので、八月一六日のマンサンについてのみ取り上げる。

八月一六日の午後、内坂でマンサンが行われる。えん地蔵という下の供養塔に手を合わせて、ふきの葉にご飯やごまの和え物を供え、お神酒を上げる（写真3―4―3）。次に少し離れた上の供養塔に同じように供養して、「オデイさん」という巻物を供える。巻物は見てはならないとされるが、寛文八年（一六六八）のもので「六才念仏のコロザシの門」や「念仏の大事」という念仏の秘法が書かれているとされる。諸吉の念仏は「ろくせえ」「はくめえ」「誓願寺」「いどんさん」「釈迦念仏」等があった。

6　小　結

以上見てきたように、平戸を中心に広がるこの念仏は、離島にひそかに伝えられ、意外に古態を残している（図3―4―2）。特に壱岐島には「白米」「誓願寺」、また唱えにシラコエという語が残っているのに驚かされる。また音頭取りを中掌・中将などと書くのは関西で調声・長声《ちょうしょう》に当たるもので、掛け合いの相手を脇とか側《がわ》というのにも通じるところである。

成立については浮橋主水事件が語られているが、むげには否定できないところであろう。これは浮橋主水が主人の松浦隆信の死を追って殉死しなかったとあざけられたため、腹いせに「幕府に平戸にはまだキリシタンがいる」と密告する。幕府は品川東海寺に住していた禅僧江月宗玩を平戸に派遣し、仏教を広めてキリスト教から民心を離そうとしたという話である。江月は町家に仏壇を造らせ念仏を唱えさせる。江月は、仏壇を祀ること、三界万霊碑を所々に設けること等、四項目を奨励した。(17)この念仏が六斎念仏で、平戸には三界万霊碑が多く見られるといわれる。具体的には度島薬師堂の元禄一五年（一七〇二）建立の三界万霊碑が挙げられている。江月が平戸にいたのは

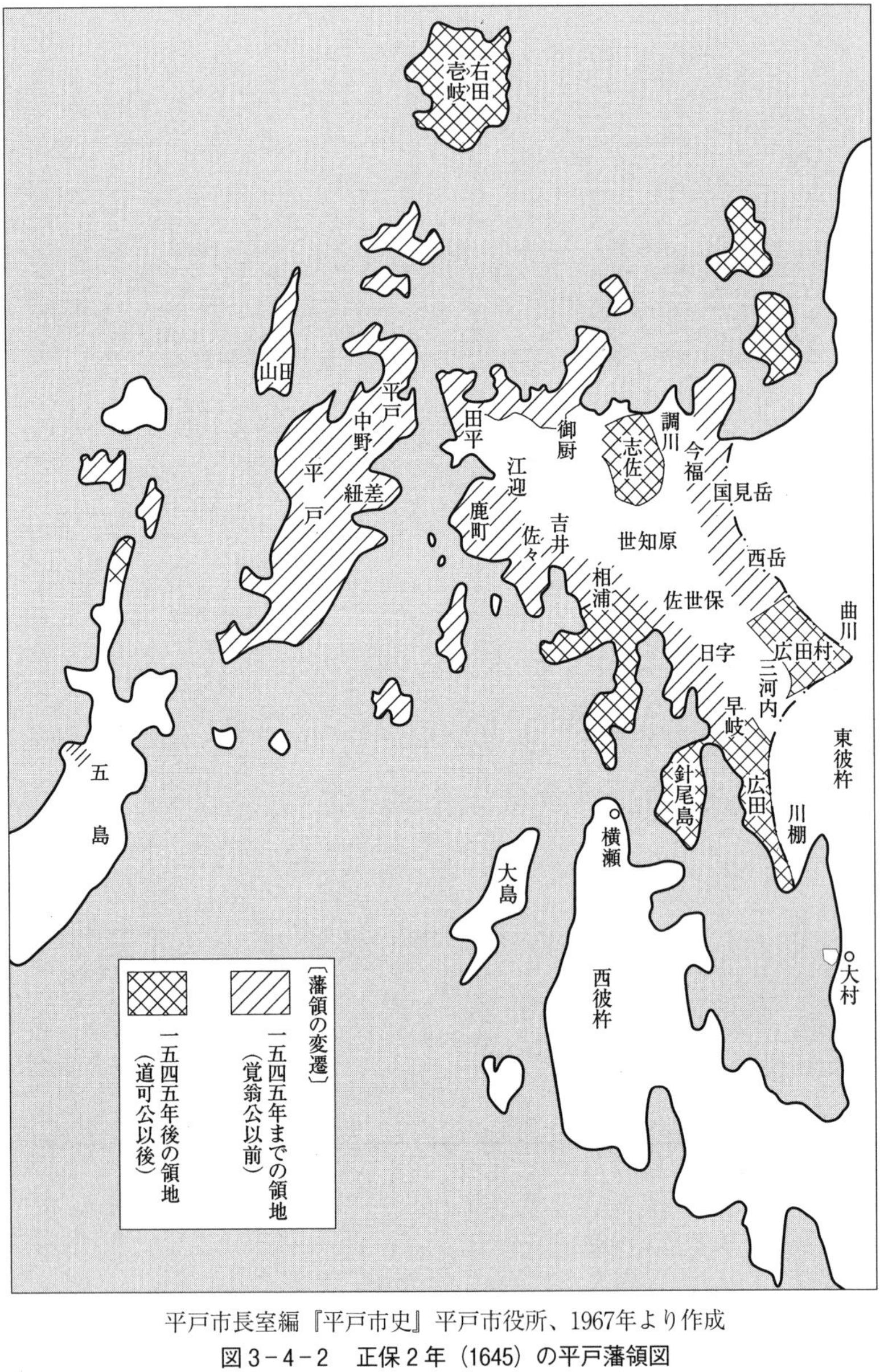

平戸市長室編『平戸市史』平戸市役所、1967年より作成

図3－4－2　正保2年（1645）の平戸藩領図

寛永一四年（一六三七）で、元禄一五年では年代が離れすぎている。しかし平戸藩におけるキリスト教を封じるための禅僧・浄土僧の活動がこの期に盛んだったこともあるので、全般の状況として、キリシタンから隔離するために念仏奨励が平戸藩内に続いていたのは確かであろう。キリシタン殺害の祟りに虫害が発生し、それを抑えるために念仏を弘めたという伝承が度島にある。六斎念仏が平戸藩の域を出ないのも納得できる。いずれにしろ、この念仏は、江戸時代初期に平戸藩のキリシタン排斥の意向に沿って広められたものであろう。

註

（1）一九九九～二〇〇三年（科研）「身体表現から見る念仏芸能・民間念仏行事の調査及び成立過程の研究」。
（2）四つの芸能については、『大島の郷土芸能』（大島村教育委員会、一九八六年）として発刊されている。二〇〇一年現在、行っていないものもある。
（3）馬場哲良「大島の須古踊り」前掲『大島の郷土芸能』。
（4）前掲『大島の郷土芸能』に六斎の詞章がカタカナ書きで載っている。
（5）森重郎「度島の六斎念仏」〈『平戸市史　民俗編』平戸市、一九九八年〉には三免の六斎念仏が載っている。浦は真言念仏と記されている。
（6）『度島の盆ごうれい』平戸市教育委員会、一九八〇年。
（7）牧尾雄一氏の書いたものに「口の里地区の念仏行について思う」（『潮の音』二六号、鹿町町潮音寺、二〇〇〇年九月）がある。
（8）植原義雄「迎紐差の念仏」、幾世大典「木場の念仏」、いずれも前掲註（5）『平戸市史　民俗編』所収。
（9）塚原博『小値賀島史の概要』小値賀町教育委員会、二〇〇〇年。中央大学民俗研究会「五島列島小値賀島調査報告書」『常民』二号、一九六三年。
（10）聞き書きは福島甚一、松田雅春、田川浅信に行い、念仏を唱えていただいた。

(11) 山口麻太郎『壱岐島民俗誌』一誠社、一九三四年。
(12) 山口麻太郎「壱岐における講中の研究」『社会経済史学』三巻一号、一九四四年三月。『山口麻太郎著作集　三　歴史民俗編』佼成出版社、一九七四年。
(13) 池田東触では堤豊、辻清光、伝記寺住職・堤宗啓各に聞き書きし、念仏を唱えていただいた。
(14) 壱岐では十夜供養が盛んで、寺には各家の位牌堂が安置され、十夜に供養に行く。十夜は本来浄土宗寺院の儀礼であるが、壱岐島には郷ノ浦の専念寺と太平寺のみで、禅宗寺院が多い。十夜には、中国系の「歎仏」という念仏を行う儀礼がある。本来はこの歎仏儀礼の調査に訪れた。壱岐の調査では専念寺住職・中川美徳の協力を得た。
(15) 沢田茂久の聞き書きと念仏である。
(16) 植村高義「壱岐の念仏信仰——諸吉村を中心にして——」『壱岐』五号、壱岐史跡顕彰会、一九六九年。諸吉の二亦・辻林・後免・大久保の講中ごとの儀礼と行事が書かれており、往時の念仏の盛んな頃の様子が分かる。
(17) 西福保「江戸時代初期の平戸」、白石祥子「浮橋主水事件」、いずれも『紅毛文化と平戸　Ⅰ——江戸初期の国際都市「平戸」——』（平戸市文化協会、一九八九年）所載。
(18) 村井早苗「幕藩制成立期における排耶活動——禅僧を中心に——」『論集　幕藩体制史　九　近世社会と宗教』雄山閣出版、一九九五年。柏原祐泉「近世初期の仏教とキリスト教」『日本仏教史　Ⅲ』法藏館、一九六七年。
喜舎場一隆「北九州における袋中上人とジャンガラ念仏」（『潮流』三三号、いわき地域学会、二〇〇五年）。浄土宗名越派の袋中上人も平戸に滞在し、渡明《とみん》を計画して最終的に沖縄にたどり着いた。

第五節　富士山周辺の祈禱六斎念仏

1　概　説

昭和五年（一九三〇）一〇月発行の雑誌『民俗芸術』は「六斎念仏調査記録」の特集号である。これは北野博美・小寺融吉・西角井正慶ほか、当時の民俗芸能研究者による、山梨県山中湖村（当時の中野村）平野で行われた六斎念仏の詳細な記録である。(1) 六斎念仏といっても、京都市周辺で行われている芸能化された六斎念仏とは趣の異なった祈禱色の強いものであった。

寺の一角に道場という部屋を設け、周りに注連縄を張り巡らし、切り紙を垂らし、阿弥陀の掛け軸を正面に掛け、九字・五方堅め・神寄せの儀礼の後、念仏を唱える。その後、病人を寝かせた部屋で刀を振りながら踊り、病気を祓うというものである。時には蟇目《ひきめ》という狐憑き落としの儀礼も行った。残念ながら、平野では現在この念仏は絶えてしまっている。

これに類したものは、山梨県上野原市（旧秋山村）無生野《むしょうの》で大念仏として一月一六日と八月一六日に行われており、国の重要無形民俗文化財に指定されている。また本栖江岸寺でも、大念仏と称し、四方に注連縄を張り、切り紙を垂らす念仏行事がある。さらに静岡県富士宮市北部一帯では、火伏せ念仏と称し、新築の家の火除けの祈禱に、やはり注連縄を張り、切り紙を垂らす念仏がある。ここでは融通念仏のみで、九字を切るなどの行為はない。しかし、この三カ所は切り紙の切り方・注連縄の張り方が酷似しており、念仏のあと注連縄を引きちぎり、切り紙をずたずたにして持ち帰る習俗も共通している。また、静岡県御殿場市川柳のドンデンジャンという念仏行事があ

表3－5－1　富士山周辺の祈禱六斎念仏一覧（番号は地図の番号）◎は現存

	地名	名称	月日	場所	一九九五年現在
1	山梨県上野原市無生野	六斎大念仏	一月一六日・八月一六日	道場（公民館）	◎
2	山梨県上野原市寺下	六斎念仏	一月一六日・八月一六日	各家	
3	山梨県大月市賑岡東奥山	六斎念仏	葬式時	各家	
4	山梨県道志村馬場	六斎念仏		観音堂	
5	山梨県山中湖村平野	六斎念仏	一月四日～一〇日	道場（寿徳寺）	○（念仏のみ）
6	神奈川県山北町世附	百万遍	二月一四日・一五日	能安寺（現向原）	◎
7	静岡県御殿場市川柳	ドンデンジャン	七月二四日	公民館	◎
8	山梨県身延市大和田	六斎念仏	毎月		
9	山梨県富士河口湖町精進	六斎念仏			
10	山梨県富士河口湖町本栖	六斎念仏	一月一四日・六月一五日	江岸寺	◎
11	山梨県笛吹市国分	百万遍	八月二四日	石尊様	◎
12	山梨県笛吹市栗合	くものす	一〇月七日	地蔵堂	◎
13	山梨県笛吹市金川原	地蔵祭り	一月一六日	西念寺	◎
14	山梨県笛吹市中寺尾	百万遍		全福寺	◎
15	山梨県甲府市右左口町宿	百万遍	一月一五日	当番宿	◎
16	山梨県甲府市右左口町七覚	百万遍	一月一五日	当番宿	◎
17	山梨県甲府市心経寺町	念仏	一月一六日	安国寺	◎

18	山梨県甲府市大里町窪中島	ロクセイ	一月一六日～一七日	三宝荒神社	◎	
19	山梨県甲府市上黒平	百万遍	二月七日	公民館	◎	
20	山梨県中央市高部	百万遍	一月一五日	公民館	◎	
21	山梨県甲斐市安寺	阿弥陀さん	五月五日			
22	山梨県南アルプス市上八田	百万遍	一月一五日			
23	山梨県南アルプス市吉田	くもの巣祭り	三月八日	公民館	◎	
24	山梨県南アルプス市在家塚	百万遍	二月第二日曜	当番宿	◎	
25	山梨県身延市西島	六斎念仏				
26	山梨県早川町黒桂	大念仏	一月三日	宝龍寺	◎	
27	山梨県早川町京ヶ島	六斎念仏	一月四日・同一六日・八月一六日	常昌院・公民館	◎	
28	山梨県早川町新倉	大念仏	一月一六日	大抱院	◎	
29	山梨県早川町茂倉	祈禱念仏	一月一五日	西方寺	◎	
30	山梨県身延町下部湯之奥	百万遍	一月二三日	当番宿	◎	
31	山梨県早川町早川	大念仏	一月一五日	抱明院		
32	静岡県富士宮市根原	お念仏	一月二六日・六月一六日			
33	静岡県富士宮市内野・足形	火伏せ念仏	三月一四日	当番宿	◎	
34	静岡県富士宮市佐折	火伏せ念仏	一月八日	当番宿	◎	
35	静岡県富士市鍵穴	オコモリ	八月一六日	薬師堂		

図3－5－1　富士山周辺の祈禱六斎念仏分布図

る。室内の飾り付けは同様であるが、百万遍の数珠繰りが、念仏踊りと同時に別室で行われる。

　このように注連縄・切り紙で飾り付ける念仏を探していくと、山梨県南巨摩郡早川町一帯の大念仏・身延市湯之奥の百万遍・南アルプス市吉田のくもの巣祭り・甲府市大里町の荒神様の念仏、また神奈川県の山北町世附《よづく》の百万遍などの形態が似ていることが判明する。聞き書き・市町村史・民俗調査報告書等で確認できた地点は三五カ所を超える。静岡県富士市から山梨県韮崎市を結ぶ線、山梨県甲府市から笛吹市にかけて、および富士五湖地区、大月市・上野原市の旧秋山村・道志村・神奈川県山北町・静岡県御殿場市というように、富士山南麓を除き、ぐるりと取り囲むようにこの念仏が分布していることが分かる（表3-5-1）（図3-5-1）。

　名称はそれぞれ異なるものの、六斎の名を付けている所が多い。古文書史料としては、京都の干菜寺（干菜山光福寺）にある「六斎支配村方控帳」の宝暦一一年（一七六一）の記事に甲州の五カ村の名が載っている。その一カ村は山中湖村の平野である。本栖では認可状の写しがある。京都干菜寺系の六斎念仏と関係したことは確かであろう。

　冒頭に記したように、この念仏に注目したのは昭和五年（一九三〇）八月に山中湖村平野に訪れて実見した民俗芸術の会の面々五名（北野博美・小寺融吉・小田内通久・西角井正慶・図師嘉彦）で、『民俗芸術』三巻一〇号（一九三〇年一〇月、特輯「六斎念仏調査記録」）は、この号の大半を平野の六斎念仏の記録とコメントに費やしている。コメントは小寺・小田内・西角井の三名であるが、いずれも前年（昭和四年（一九二九））に日本青年館で演じられた京都吉祥院の芸能化された六斎との比較で、京都以外にも六斎念仏のあること、神楽との共通点や祈禱性に驚いている。平野の念仏が衰えたことを考えると貴重な記録である。

　その後、『民間念仏信仰の研究　資料編』（一九六六年）に山梨県早川町黒桂《つづら》の大念仏が紹介されている。次に五来重編『日本庶民生活史料集成　第一八巻　民間芸能』（一九七二年）の念仏芸能の項に、「甲州の六斎念仏」として上野原市（旧秋山村）無生野・大月市賑岡・早川町京ヶ島の教本を収録し、解説を付けている。五来重はその解説で、甲州の六斎念仏が京都干菜寺の村方控牒に記載されていること、修験の祭文・作法の入った念仏であること、しかし中核に六斎念仏・融通念仏があることを指摘している。(2)

この念仏の広がりを指摘したのは小杉達で、「火伏せ念仏」『静岡県民俗学会誌』創刊号（一九七七年）で富士宮市内野の火伏せ念仏を紹介し、類似の百万遍・大念仏と名の付く念仏を静岡県・山梨県から二三カ所を指摘している。(3)

山梨県上野原市（旧秋山村）無生野の大念仏は有名で、昭和三五年（一九六〇）に山梨県指定無形文化財になっており、神奈川県山北町世附《よづく》の百万編念仏は昭和三三年（一九五八）に神奈川県の無形文化財民俗資料に指定されていたが、これらが六斎念仏・融通念仏として共通するものであることは認識されていなかった。

個々の事例を検討していきたい。事例によってはすでに詳しい報告書ができている箇所もあるので、実際に見ることのできた二〇カ所について述べる。平成四年（一九九二）から平成六年（一九九四）にかけての調査である。(4)

2　早川町

早川町は山梨県の西部に位置し、南アルプスの渓谷に散在する町である。六斎念仏の分布では県内では最も西に当たる。

早川町では旧都川《みやこがわ》村の黒桂《つずら》・京ヶ島、旧三里村の早川・新倉《あらくら》・茂倉《もぐら》の五カ所があったとされるが、早川では三〇年ほど前になくなってしまった。(5)ほかにも草塩・保《ほ》でも行っていた。

この早川町は身延山に近いため日蓮宗寺院が多く、町内で日蓮宗以外の寺があるのは七カ所である。この七カ所に念仏があったことが確認できる。早川最上流の旧西山村の奈良田は、日蓮宗集落で念仏はない。

〈黒桂〉

黒柱の宝龍寺は真言宗醍醐派三宝院の末で、もとは加持祈禱をもっぱらにして本堂とは別に護摩堂もあった。念仏は、一月二日の午後に縄をない、カミキリ（切り紙）をして準備に入り、三日に念仏を唱える。かつては二日から五日にかけて行っていた。切り紙の飾りを「山」というが、本堂の一〇畳間に二間四方の「山」を張り巡らす。

写真３－５－１　早川町黒桂　キンチャク

この切り紙の「山」は極楽浄土を表すとされた。中央には五色の切り紙で作った竹の幣束を「ご神体」として天井より吊り下げ、それに網状の切り紙を床あたりまで垂らす。切り紙は青・赤・白・紫・黄の五色である。「ご神体」を廻って一間四方に長い切り紙のシメを天井に張り巡らせた縄から床まで垂らす。シメのすそはのこぎり・なた・剣の形になっている。これは山仕事や狩猟の道具を表している。本尊の須弥壇に向かって左右と正面の三方が五色、手前の太鼓席が白一色のシメになる。さらにその外側四方の縄を張り、白の短いシメを垂らすが、四隅に「キンチャク」といって白の網の目状の袋（巾着のようなのでこの名がついた）に榊の葉を入れて吊り下げる（写真３－５－１）。このように張り巡らした縄は三〇尋（五〇メートル）に及ぶが、前日にこれをなった。

本尊は十一面観音で、脇に不動明王・弘法大師を祀る。本尊右脇に、

「オブク」という米の粉で作ったダンゴを杉を敷いた深笊《ふかざる》に入れて供えてある。念仏のあと参詣者に配るものである。また小さな鏡餅を四つ供える。念仏が始まると僧侶が須弥壇の前で読経する。念仏は太鼓と鉦で唱えるが、鉦二丁、平太鼓二張、中太鼓二張、大太鼓一張を用いる。鉦は明治二二年（一八八九）の銘のあるものが一丁ある。向かって左に鉦と平太鼓が座り、手前正面で、大太鼓を真ん中、中太鼓を両脇に並べて叩く。この本堂正面の部屋には成人男性しか入れないので、女性や子どもの参詣人は右脇の別部屋に座って念仏を聞く。念仏は当番組が当たった。組は五組に分かれている。大太鼓を叩く人は「先達」または「オヤカタ」といい、ご神体の幣束の掛け下ろしをする。

念仏は一時間ほどかかるが、僧侶が表白文・般若心経・十一面観音真言・弘法大師法号を唱えると、村人が念仏を繰り返す。念仏には自音《じね》・中音《ちゆね》・高音《たかね》・愛染《あいぞめ》の種類がある。南無阿弥陀仏を七回繰り返すもので、自音は腹の中で低く唱え、中音は普通に、高音はできるだけ高い声で、愛染は自音・中音・高音を総合して唱えるとある。元来は、①自音、②中音、③高音、④自音、⑤中音、⑥高音、⑦愛染で、これを一回として七遍唱えて一座となした。実際には僧侶の読経の区切り区切りに七遍ずつ念仏を唱えて「ぶっ掛け」といっている。ぶっ掛けの意味は念仏を掛け合いで唱えるからとしている。僧侶が回向文を唱えると「山」を崩し、切り紙を引きちぎって奪い合う。縄も切って輪にして切り紙を付け、家の玄関に飾っておく。これは魔除けになるとされる。最後にオブクをもらって帰る。

黒桂では、別にオサゴというお婆さん方の和讃講があり、安産の祈願、病気なおし・お通夜の和讃を唱える。金毘羅さんには「金毘羅さんの念仏」があり、病気の人が出ると一軒一人が出て唱えをする。治ると金毘羅さんに幡を奉納する。

〈京ヶ島〉

京《きょう》ヶ《が》島《しま》は黒桂より少し下流にある約四〇軒からなる集落である。京ヶ島の念仏は、正月四日の大念仏と一六日の宿入り念仏と毎月の六斎念仏からなる。大念仏の文句の中に「ユウヅウ念仏」の言葉もあり、全体として六斎念仏と考えるのが適当と思われる。

大念仏は正月四日に常昌院でお飾り（切り紙）を作って行われる。お飾りは黒桂のものとは少し異なる。本堂正面の部屋の天井に縄を張り巡らし切り紙を垂らすのは同じであるが、黒桂よりも簡素である。まず中央に竹の輪を二つ組み合わせたものを作り、そこから五色の切り紙を垂らす（写真3-5-2）。この五色のシメのすそは剣の形に切り抜かれている。これは魔除けを表し、念仏のあと各家に配られるので四〇本ある。この五色のお飾りの下に太鼓を置いて叩きながら念仏を唱える。この五色のお飾りを囲むように四方に巡らせた縄から五種の白いお飾りを垂らす。五種類とは、日（太陽）・月（三日月）・ふくべ（瓢箪）・おの（斧）・のこぎりをかたどった切り抜きがすそにある。その外側に二重、三重の縄を張り巡らす。五色のかき垂れが付いている。一番外側には白のシメと鳥居の切り抜きが四方に付けられる。さらに四隅に「網の袋」といって黒桂の「キンチャク」同様のものを作る。京ヶ島では「香の葉」といって樒《しきみ》を入れる。大念仏は、大太鼓一張・平太鼓二張・鉦四枚で、ブッキリ太鼓と祈禱念仏を叩く。

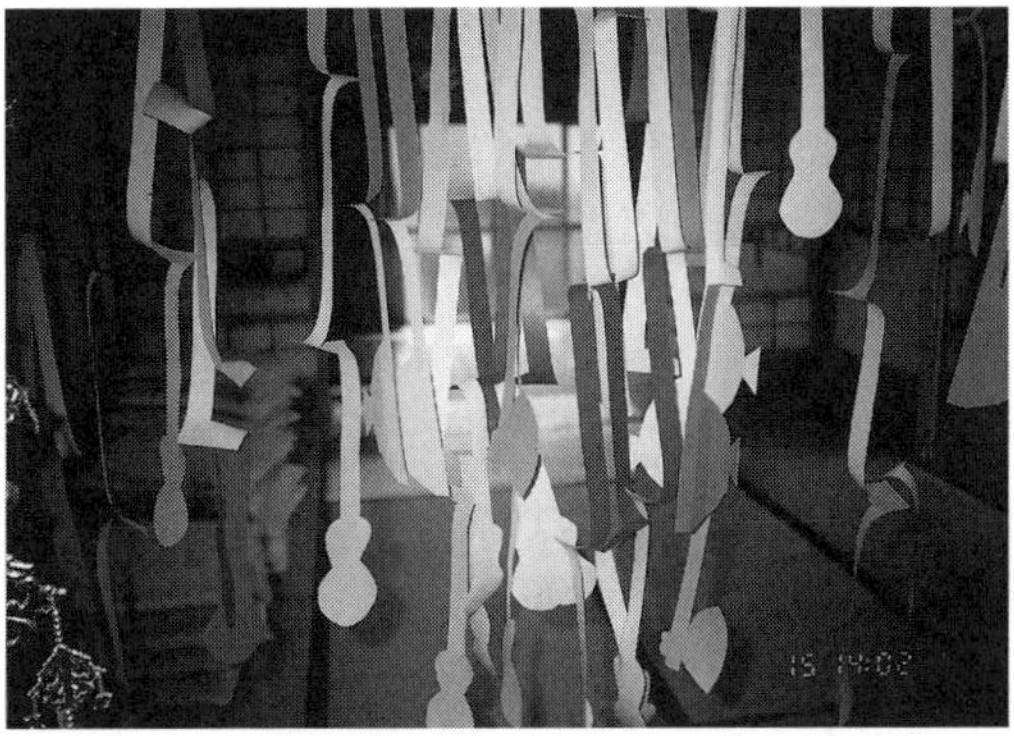

写真3－5－2　早川町京ヶ島のシメ　五色のお飾り・おの（斧）・ふくべ（瓢箪）

この四日の大念仏は、前半が終わったところで太鼓の上にある五色のお飾りを外してしまう。祈禱念仏が終わったところでお飾りを奪うようにして引きちぎり、切った縄で輪を作り家に持って帰って魔除けにするのは、黒桂と同じである。

念仏を唱えている間、一人が「カドトリ」ということをする。数取りの訛りとも考えられるが、「かつの木」という短い木に念仏一回ごとに傷を刻み込み、念仏の回数を数えていく。一本に三〇の刻みを入れ、二本作る。四角の木で頭に赤い紙の「ヤナギ」というものを付けている。刻まれた木は一本は区長に届け、一本は道祖神に供える。

なお、祈禱念仏の中の「有通岩力なめみだ」は融通念仏南無阿弥陀の訛りかと考えられる。

一月一六日は宿入り念仏が行われる。常昌院の大門から寺の本堂へ、鉦太鼓を叩き、和讃「ふだらくさん」を唱えながら歩くが、寺の庭で悪魔祓いのため大声を上げ、本堂に上がると六斎念仏を上げる。

六斎念仏とは、①三仏寺、②がんまき、③阿弥陀様、④うきよ、⑤不動様、⑥なかさご。②以外は和讃である。②の「がんまき」は、ナムアミダブツの繰り返しである。大念仏の時に使う大太鼓は使わず、お飾りもしない。

また、六斎念仏は、春秋彼岸の中日・盆・葬儀のお通夜にも行う。

〈茂倉〉

茂倉《もぐら》は銅採掘のためにできた六〇戸ほどの村で、早川の主流よりさらに五〇〇メートルほど登った標高一〇〇〇メートルほどの山の中腹にある。曹洞宗の西方寺と日蓮宗の妙蓮寺がある。六斎念仏は西方寺安楽講として一月一六日に行われる。一五日に飾りを作り、かつては一六日・一七日・一八日の三日間行った。

本尊阿弥陀如来の前に五色の五大尊の御幣が置かれる。飾りの上部は「山」といわれ、大念仏の切り紙が垂らされた中には壇が設けられている。壇には座布団が置かれ、中央には黄色の切り紙で、すそには日の丸扇が切り抜かれている。切り紙は四方に巡らされているが、すその切り抜きは東が青で剣、西が白で斧、南が赤でのこぎり、北が黒（緑）で瓢簞（ふくべ）となっている。四隅には、「くもの巣」といって網の袋状になった切り紙に「お香の木」である南天の葉を入れる。その外側にさらにシメを張り巡らせ、入り口にも「不浄シメ」を張る。太鼓は二つ、鉦は四丁で、鉦はみな鳥居の形をした鉦かけの枠に吊るされている。

大念仏は「仏掛け」と「仏切り」がある。「仏掛け」は三日間のうち午前・午後二回ずつ、「仏切り」は最後の一八日に行った。「仏切り」の最後に太鼓の撥で飾りのシメを切って終わる。

「仏掛け」は、①宿入り太鼓、②禊の祓い、③光明遍照、④三口念仏、⑤回向、⑥懺悔文、⑦吉祥陀羅尼、⑧般若心経、⑨舎利礼文。三口念仏に特色がある。

「仏切り」は、①宿入り太鼓、②回向、③大念仏、④宿入り太鼓、⑤十三仏、⑥ゆうづ念仏、⑦宿入り太鼓・曲入り太鼓、⑧掛け念仏、⑨宿入り太鼓、⑩三口念仏、⑪宿入り太鼓、⑫観経念仏（光明遍照）、⑬十方世界、⑭宿入り太鼓。大念仏には自音・中音・高音・同唱の区分のあることが記されている。

また別に「念仏要集」という帳がある。中は大念仏が初めにあり、あとは和讃集になっている。

和讃は、①願巻、②小千代巻（念仏）、③願巻金上げ歌、④阿弥陀之讃、⑤小千代巻金上げ歌、⑥大千代巻金上げ歌、⑦彼岸忌、⑧掛さが、⑨地蔵菩薩之讃、⑩寺さが、⑪観音讃、⑫五輪くどき。

小千代巻は人の亡くなった時に唱える念仏で、南無阿弥陀仏の繰り返しの融通念仏とみられる。

なお茂倉の念仏の伝播について、文政一二年（一八二九）に御岳山《みたけさん》弥勒寺法印実浄という僧が村の辰吉なる者に伝えたという記事がある。(6) 弥勒寺は御岳昇仙峡の寺である。

写真３−５−３　早川町新倉の「お神明」

〈新倉〉

新倉《あらくら》には曹洞宗の大抱院があり、一月一六日大念仏をする。五色の切り紙を巡らせるが、茂倉のように方角は気にしない。「山」を作るが、天井に「お神明《しんめい》」という御幣を中心に四方に切り紙を垂らす（写真３−５−３）。切り紙の先は斧・のこぎり・やじり（剣）・盃・瓢箪を切り抜く。念仏は、大胴一つ・太鼓三つ・鉦三つで叩く。僧侶が般若心経を唱えている時に、三遍返しの念仏、七遍返しの念仏を唱える。

大念仏教本は次のようになっている。

①仏架《ぶつかけ》、②開経偈、③懺悔文、④太鼓、⑤禊の祓い、⑥当院本尊ほか近隣神社名、⑦十方三世、⑧太鼓、⑨般若心経、⑩吉祥陀羅尼、⑪本尊上供、⑫十方三世、⑬十三仏、⑭三遍返し、⑮三遍返し太鼓、⑯七遍返し、⑰七遍返し太鼓、⑱舎利礼文、⑲仏切り、⑳仏架、㉑回向、㉒十方三世、㉓太鼓、㉔六才（ママ）念仏

〈早川町早川〉

早川には抱明院があり、三〇年ほど前まで大念仏があったが、絶えてしまった。一月一五日から一週間にもわたって、五色の「山」を飾り、六斎念仏と融通念仏を唱えたが、現在では一五日の法要に集まるだけになった。

3　富士河口湖町本栖

本栖《もとす》は富士五湖の本栖湖の湖畔にある。(7)

六斎念仏には二つあり、一つは大念仏で一月と六月に行い餅を撒く。餅を撒く時の念仏を「ゆずり念仏」という。「ゆずり念仏」は融通念仏であるが、神事とされる。もう一つは小念仏で仏事として葬式・法事に行う。納棺念仏、送り念仏、埋葬念仏があり、和讃である。盆の一四日と春秋の彼岸の中日にも唱える。なお七月二日に竜ヶ岳の中腹にある経塚に念仏を唱えに行く。

大念仏は一月一四日・一五日および六月一五日である。一月は区長宅が道場となり、六月は江岸寺が道場となる。六月は祇園様の念仏といわれていた。道場には天井の四方に「お飾り」が張られる。中央天井にある「大日様」という五色の御幣から、一年の月を表す一二本の縄が四方に延びている。閏年は一三本になる。このシメには一本につき三カ所、五色の四角い紙が飾られる。大日様が太陽、飾りを星にたとえている。部屋の四隅には「四方ゼメ」といわれる白の幣束が置かれる。中央にゴザが敷かれ太鼓が置かれる。太鼓の前には塩が盛られている。この太鼓に「お腰掛け」という一メートルほどの竹の白い御幣を立てかける。さらに太鼓を叩く前に本尊の須弥壇にある「御綸旨箱」という厨子から八幡様の巻物を取り出し、この御幣に掛ける。この巻物は念仏の由来が書いてあるといわれるもので相伝者を「六斎念仏講記録」に記入する時にのみ開かれ、六斎講の講員しか見られない。『上九一色村史』(8)には、巻物は二本で、一本は八幡様のご神体で一本は由来と記録が記されている、とある。由来と記録の一部は「記録帳」に写されている。

念仏は六斎なので六人以上が必要とされる。現在九人である。この講員は相伝者といわれ、うち二人が本願人という世話役に当たる。念仏は、正面に二人が座り、一人が種々の清めや「ご神法」という唱えや九字を切ることをする。太鼓の人は念仏や経文の音頭を取る。隣の部屋では住職が大般若経を転読する。念仏が終わると飾りをちぎり、輪にして家に持って帰る。また笊に入った餅を撒き、「オブク」という重ね餅を切って分ける。六月の念仏も同じであるが、本堂の本尊の前では住職が大般若経を転読し、脇の部屋で念仏を唱える。

念仏の唱えは『本栖村大念仏教本』に記してある。教本には以下の唱え・念仏が書かれている。

■資料　念仏の唱え

身ノ清メ　道具ノ清メ

大念仏ノ順次　1御神法（真言）　2九字　3心経　4大念仏ノ唱（中音　普音　高音の念仏が記されている。

ちょね　じね　たかね　と読む）　5舎利礼文　6右上げ歌　7不動讃　8野辺の讃　9右上歌　10ヘイ付ノ法

11フキ取ノ法　12御神坐へ移す時ノ法　13野バナシ法　14小念仏太コノタタキ方　15（経文）

小念仏ノ順次　1光明遍照　2阿弥陀讃和讃　3阿弥陀讃（念仏　普音　中音　高音）　4右上歌　5倹音（念仏　普音　中音　高音）　6右上歌　7座敷念仏（普音　中音）　8送り念仏（普音　中音　高音）

これを見ると、大念仏の順次の1～6は現行の大念仏にほぼ同じで、7・8は葬式事の和讃と考えられる。注目すべきは9～12で、昔は「きつねおとしの念仏」があったといっており、それではないかと思われる。ここの部分の文言を記す。

ヘイ付ノ法

ヘイトッテ御ヘトナル御ヘイヘンヂテ腰掛トナル　神衣フル神モ仏モドウドウト昇リテ移ル七五三

生リョー死リョー仇敵御リョー四足二足ノサワリ狐狸牛馬長虫ノタタリナリ共此ノ七五三ヘカラカラト乗リベシ　ウンタラタカマン此ノ法者一統ノクリキヲ以ッテ花ノ都ヘ渡セタマフ

フキ取ノ法（略）■

また「六斎念仏講記録帳」に「六斎大念仏講ノ沿革」と「略縁起」の写しがあるので、その主要部分を記す。

■資料　「六斎念仏講記録帳」より

六斎大念仏講ノ沿革

六斎大念仏講ノ組織セラレタル歳月ハ確然タル證蹟ヲ得難キモ残存セル文書ニ拠レバ年代トシテ寛文十三癸丑年ノ頃甲斐国八代郡右左口村常覚院ニ従来相伝シ来レル大念仏行法ヲ元文元丙辰年、此間常覚院ノ法印、数々本栖ヘ来往シテ篤信者平左衛門（渡辺寿太郎氏ノ先祖也）ニ念仏行法ヲ伝授シ、爾来本区ニ連綿相続シ来リ、宝暦十庚辰年頃は倍々講中ノ繁栄ヲ見ルニ至リタルヲ以テ幸達法印ニ請ウテ大念仏縁起及行法ノ写書ヲ得テ改作シテ一巻軸トナシ現在ニ相伝セルモノト考察セラル今ヤ縁起ヲ拝観スルニ念仏行法ノ広大無辺ナル大功徳ヲ讃歎称揚セラルルヲ拝記センニ。

念仏ノ略縁起

抑モ六字名号ノ根本ヲ尋ネ奉ルニ東海道尾張ノ国春日郡田中ト申ス在所ニ地蔵堂在リテ、其ノ住持ニ昌春ト申ス御僧アリケリ。折リフシ八月彼岸中ノ頃、座禅ニ入リシ時分、老僧三人来リテ曰ク

昌春我ニ随ヘト給フ
（中略、以下念仏の功徳譚が続く）
衆生皆成仏道ト言ヘリ念仏略縁起如件　法印敬白
寛文十三癸丑七月十六日
（法歌　略）
宝暦十庚辰年正月二十二日　右来幸達写書之
甲斐国八代郡本栖村平左衛門改之
附言
巻軸中此ヨリ以後ニ種々ノ呪文行法書アルモ門外ニ閲覧ヲ不許故ニ之ヲ省略ス
右左口村常覚院法印敬白
維持元文元年七月十六日是伝授　本栖　平左衛門■

以上であるが、本栖湖周辺では峠を越えた静岡県の富士宮市根原、隣の富士河口湖町精進湖、同西湖、鳴沢村大和田でも大念仏があった。

4　身延町下部湯之奥

下部《しもべ》湯之奥は、下部温泉からさらに山道を登った所にある集落で、金鉱が近くにあった。一月二三日に行う。かつては一週間行った。天井に「山」といわれる五色の飾りをする。中央に「柱」といって白の切り紙を垂らす。その下に太鼓を置く。太鼓は平桶に入れられている。太鼓には「奉唱念仏百万遍守護修」の木の札とあとで注連縄に付けて配る紙の札が付けられている。しめは二〇本が放射状に四方に伸びて五色の切り紙が飾られている。四方は白い垂れが付けられている。太鼓の前にはお供えの机が設けられていて、塩・酒・水・香などが供えられている。念仏は太鼓一人、鉦三人であるが、念仏の数を数えてそれを「かつの木（ぬるで）」に刻むギョクトリという役の人がいる。かつの木は四〇センチほどの短い角材で、先が尖って頭には五色の飾りが付いている。鉦の一つは文化一一年（一八一四）のものである。念仏は南無阿弥陀の繰り返しである。念仏の最後に悪魔祓いのために激しく太鼓を叩き、部屋の窓を開け放って邪気を追い出す。終わると念仏のお守りの札を飾りに付け、そのお飾りの縄を鎌で細かく切って各家に配る。それを輪にして玄関等の家の入り口に掛ける。木の札は村の入り口の延命地蔵に掛けておく。かつの木は当番の家の軒に挿しておく。

5　甲府市右左口町周辺

右左口町《うばぐちちょう》は甲府より精進湖、本栖湖を通って駿河の富士宮に抜ける中道往還の登り口に当たり、中継点といえる。交通の要所である。中世には七覚山常楽寺が修験の拠点として栄えた。右左口町は宿（上宿・中宿・下宿）・七覚・中畑・心経寺・向山ほかに分かれているが、宿・七覚・中畑・心経寺に大念仏が残っている。

宿では上・中・下が順に当番に当たり、かつては一四日の夜一二時から一五日の一二時にかけて念仏を唱えたが、現在は一五日だけである。四軒一組で当番に当たるが、新築の家で行うことが多い。シメは家の外から張られているが、玄関を入った部屋の周りにシメが張られる。天井の中央にも一メートル四方にシメが張られ、真ん中にご神体ともご神木ともいわれる二尺二寸の八角の棒が円形の竹のたがに吊り下げられる。シメには白く一二枚の半紙を重ねて切り紙を作って垂らす。

　八角の八面それぞれに祈願文が書かれる。正面は「奉修百万遍村内安全交通安全證誠諸仏護念」「南無西方世界證誠諸仏護念」。以下六面に「南無東方」など東西南北上下の六方への祈願文書がされている。裏一面は年月日である。上部はお宮の屋根をかたどっている。ご神木の下に太鼓が置かれ、「ナマイダ」の念仏と共に叩かれる。太鼓の前には大根の上に三本の幣束が立てられ、五つの重ね餅が供えられる。午前一一時頃教泉寺の僧が来て読経し、そのあと幣束でご神木を叩き、念仏は終わる。

　七覚ではご神木はなく、円形の竹にアカシの木を十文字にしてはめ込み、そこに「オシンメイ」といわれる五段のシメを垂らし、その下で太鼓を叩いて念仏を唱える。床の間に鏡餅をお供えし、その前にオシンメイを垂らす。念仏は災難除けで、新築の家で行う。昔の念仏は一晩中叩いた。

　甲府市心経寺町では曹洞宗の安国寺で一月一六日に行う。四間四方の本堂大広間いっぱいに山型のオシンメイを作る。白一色であるが中央が九段、四方が六段の切り紙で、ところどころに五〇枚ほどの紙の札を付ける。謹賀新年とか春陽来福とか家内安全・無病息災というおめでたい言葉や祈願札である。オシンメイがあまりにも大きいので滑車を使って天井より吊るす。本尊前では僧が大般若経の転読を行う。その正面で大きな太鼓を立って叩く。太鼓の途中でオシンメイは奪うようにして引きちぎられる。ちぎられたオシンメイは縄の輪に付けられ、参拝者は祈禱札と共にみかん等のお供えをもらって帰る。村の一大行事である。

　中畑は一月二一日に公会堂で行い、他と同様切り紙を飾るが、ここは厄年の人が太鼓を叩き念仏を唱えた。

そのほかに念仏があったとされる所としては中央市旧豊富村高部、笛吹市旧八代町岡・大間田が挙げられる。

6　南アルプス市吉田

この念仏は富士川を越えて西側の櫛形山の山麓にも広がっている。南アルプス市西吉田の一〜七組で行っているものは「くもの巣祭り」という。四間四方の大きなオシンメイを蜘蛛の巣のように張り巡らすことから来ている。三月第一日曜（かつては三月八日）に曹洞宗宝泉寺の阿弥陀堂で行われていた。

写真3－5－4　南アルプス市（櫛形町）吉田の「くもの巣」

現在、非常に広い公会堂に祭壇を作り阿弥陀像を宝泉寺より持ってきて祀り、ここで法要も行う。

祭壇には中央に阿弥陀、左右に幣束をたくさん挿したボンデンを祀る。このボンデンは終わってから各家に配られる。飾りはオシンメイといい天井より吊るされている（写真3－5－4）。構造は心経寺と同じで、中央に蜘蛛の巣の芯という切り紙を垂らし、さらに周り四間四方に何十本という切り紙を垂らす。まるで大きな白い蛸が空から降りてきたような形になる。その下に参拝者が座り、太鼓叩きの人が念仏を唱える。

念仏は「ナムアミダ　ナムアミダンブツ　ナムアミダ　ナムアミダンブツ　ナムアミダ」というものを太鼓で調子を取りながら何度も繰り返す。その間、僧が大般若経を転読する。心経寺と同じであるが、ここでは参拝者の頭上でも行う。経文は般若心経・法華経寿量品・阿弥陀真言・表白文である。念仏が終わりに近づくと調子が変わるのを合図に、オシンメイを奪い合う。
ほかに、南アルプス市では曲輪田《くるわだ》・十五所《じゅうごしょ》・沢登《さわのぼり》・上八田《うえはった》・在家塚《ざいけつか》で行われていた。在家塚は現在も続いている。

7　甲府市大里町窪中島

窪中島は、明治八年（一八七五）大里村に、明治二二年（一八八九）大鎌田村になり、昭和二九年（一九五四）甲府市に編入されて甲府市大里町になった。念仏は三宝荒神社で、一月一六日夜と一七日の朝に、寒念仏として行われる。一六日は六時から九時、一七日は朝五時半から八時まで行われる。三宝荒神社は稲荷・道祖神などを合祀した神社であるが、明治二二年までは福智山常光寺という修験寺の堂で法印さんがいた。右左口の円楽寺の管轄で、湯立てを行っていた。現在でも本尊三宝荒神を祀り、不動・弁財天を脇侍に置く。念仏は、二間三軒一二畳の拝殿で行われる。中央に一メートル四方の炉がありモシキ（燃し木）をくべて火を焚く。天井一面に縄を張り巡らし「切り子」を付ける。「切り子」は中央から山型に広げた一五本の垂れと「おすかし」といわれる格子のすかしを入れた長方形の紙を六〇枚ほど付ける。すかしには寒念仏・三宝荒神・家内安全の文字・年号・干支の絵が切り抜かれている。垂れの先端は茄子とカボチャを模した切り抜きがあり、農作物の豊作を願うとしているが、切り抜き方は早川町の剣と瓢箪にそっくりである。切り子中央には「奉昌（ママ）念仏百万遍」の祈禱札と三宝荒神像の版画が吊り下げられ一晩炉の煙にあぶられる。祈禱札を書く墨は、味噌を炊いた時、鍋についたススを使う。

念仏はロクセイ（六斎）といって六人の世話人で行われる。うち一人が太鼓、一人が鉦である。念仏は「十二切り」といって一二回を一二回、それを一区切りとして四回もしくは八回繰り返す。

朝の念仏の最後は、次の年に譲るとする「ゆうづう念仏」を唱える。「ナムアミダ　ユヅーネンブツナムアミダ　ユヅーネンブツ　ナムアミダンブツ　ナムアミダー」と唱える。最後に赤飯をいただき、オスカシや切り子を外して各家に持って帰り、荒神に飾る。

近くは甲府城下町にもいくつかの六斎講があった。

8　甲府市上黒平

上黒平は御岳昇仙峡の奥にある村で、かつては金峰山に登る途路にあった。水晶の産する村である。念仏は三月七日の午前中に行う。もと西浄寺という寺であった公民館に集まって念仏を唱える。正面に観音様と十三仏の掛け軸があり、その前に三本のヘイソクを立て、太鼓を置く。太鼓の上にオカザリというしめを垂らす。六尺四面で上部が山型になっているので、「オヤマ」ともいう。太鼓を叩きながらナムアミダブツの念仏を繰り返すが、途中から太鼓とヒラグチという太鼓の掛け合いで「ユヅーン念仏ナムアミダ」を唱える。終わると、しめは村の入り口の氏神さんの所に流行病いが入らないように掛けておく。

この近辺では下平にも念仏があったが、下平はダムで沈んでしまった。隣の甲斐市上芦沢・下芦沢にも念仏があった。

下芦沢では三月八日に行われていた。安寺《あてら》では阿弥陀さんといって五月五日に行う。早川町茂倉の「念仏行法帳」には御岳山弥勒寺から伝わったという記事もあり、この御岳昇仙峡沿いにも念仏があったと考えられる。

9　山中湖村平野

山中湖村平野の念仏は現在、形だけになってしまったが、『民俗芸術』三巻一〇号の記録があるので、現状と共に簡単に述べる。

雑誌『民俗芸術』の記録は昭和五年（一九三〇）の八月、お盆前に特別に道場の飾りをして病人祈禱まで演じてもらったもので、その記述は詳細を極めている。この念仏は「切り替わり」といって、六斎の人が一〇年ごとに半数が代替わりする時に一月四日から一週間行うものであった。八日目の一月一一日に行開きといって村人に見てもらったとある。実際の切り替わりは大正時代までで、昭和五年の記録でもすでに六斎を代わる人のいなくなったことが記されている。しかし毎年一月一四日・一五日に念仏を唱えたようで、この行事は昭和五一年（一九七六）まで行い、現在は行っていないが、御幣を飾り太鼓を叩くことは続けている。

六斎念仏は六人で構成され、本家筋の長男が出たが、平野は天野・長田が旧家だったので両家から出ていた。したがって六斎講が神事・仏事の両方を担っており、村社の石割神社祭礼・祇園祭・毎月の天神祭り・地神祭・葬式・盆の供養などを執り行っていた。

六斎講の行事としては、一月一四日の法願さんの家で行う阿弥陀講、盆の一三日に墓で行う念仏がある。念仏はアラゴモを敷き、太鼓を置き、九字・五方固め・神寄せ・念仏と続き、そのあと太刀振りといって刀を持って舞い鎮める。また頼まれると病気平癒の祈禱を行ったが、「狐たかり」を落とすこともやった。その時は五大尊の御幣を切り、クロモジの木の弓・ヨモギの矢で「ひきめ」を行い、狐を追い出した。五大尊の御幣は狐幣・五色幣と共に、腰掛という小さな木枠にセットされる。

盆の念仏にはクダマキの念仏、「おさなご」「わが親」等の和讃があるが、和讃のことを「おさなご」という。また念仏は高灯籠を掲げ、その周りに輪になってしゃがんで唱えた。このしゃがむ念仏は、福井県の若狭や九州の平戸に残る六斎念仏と同じ姿勢である。(9)

念仏の伝播は定西《じようさい》という人により、大月市鳥沢や道志村に広められたといわれる。

10　上野原市無生野

無生野《むしようの》の念仏は、昭和三五年（一九六〇）に県指定無形文化財、平成八年（一九九六）に国指定重要無形民俗文化財になり、多くの報告書が出ているので、ここでは概略を述べる。(10)

無生野には三つの念仏がある。一月一六日と八月一六日に行う大念仏・六斎経、八月一五日の盆と葬式の前後に行う六斎小念仏・男衆念仏、春秋彼岸の入りと明けおよび葬式後の小念仏のあとに行う女衆念仏である。

大念仏は当役二人・小役六人が回り番に当たり、かつては講で、現在は保存会で行っている。

当役は東西一軒ずつで神社の当役も兼ねるので、村の行事全体の世話役である。小念仏は有志で行うが、大念仏の人も入っており、中心になる人を法眼という。女衆念仏は各家が入って回り番で行う。こちらも中心になる人を法眼という。

昔は当役の家でやっていたが、現在は公民館の一室を道場とする。正面に阿弥陀・不動・十六善神の三幅の掛け軸を掛け、手前に「輿《こし》」という三宝に九本の幣束を立てたものを置く。中央に親柱、四隅に小柱を立て、注連縄を張り巡らす。四隅の柱に渡す縄には七つのシメが付けられ、計二八になり二十八宿を表す。周りの四方には六つずつで計二四に中央の一つのシメを加えて二十五菩薩を表す。四隅は東西南北、青白赤黒に中央の黄の五色のシメを

写真3－5－5　上野原市無生野　病人への祈禱

飾る。

大念仏は道場入りの儀礼から始まる。道場入りの時「大念仏教本」を唱えるが、これを「六斎経」という。冒頭は「この道場と申するは道元禅師の飾りたまひし道場なり、即ちわが身は道元禅師の子孫なり。ただいまこの道場に入りたまふ。天清浄、内外清浄、人清浄、六根清浄……（以下略）」の言葉で入場し、道場中央にある太鼓を叩きながら「舎利経」を唱え、太鼓の周りを締太鼓と刀を持った人が踊る。踊りは「一本太刀」「二本太刀」「ぶっぱらい」である。次に教主の祈禱に移る（写真3–5–5）。隣の部屋に病人が寝ている。これは病人役の人の演技で行う。教主が幣束の輿を病人の頭にかざし、「祈禱文」「病気引き取り」の文句を唱え、印を切る。隣の道場より踊り手が出てきて寝ている人の上を飛び回ったり、足で蹴るまねをしたりすると病人がふとんから転がり出て、病気が治ったとする。再び踊り手は道場に上がり、「念仏経」を唱えて終わる。これを「念仏の蓋」という。ナムアミダブツの念仏は唱えられない。踊り手のことを祈禱師といった。最後に飾りや竹を崩し、三界の辻に置いてくる。

小念仏は、①光明遍照、②念仏、③「わが親」または「生滅ざん」、④うたがけ（掛け念仏）、⑤念仏の蓋の順で、こちらにはナムアミダブツの念仏が入る。太鼓と鉦で唱える。

女衆念仏は鈴と鉦でご詠歌の形で経文・種々の和讃を唱えるが、葬式の念仏の中に「融通念仏」がある。

六斎大念仏にナムアミダブツの念仏がなく、小念仏、女衆念仏の中に本来の六斎念仏が残ったとみることができる。

11　山北町世附

山北町世附《よづく》能安寺では、二月一五日から三日間、「百万遍念仏」という行事が行われていた。世附の集落は昭和四九年（一九七四）に丹沢三保ダム建設により水没したが、昭和五二年（一九七七）に能安寺が山北町向原に再建したのを機に復活して現在に至っている。現在二月の第二土・日曜日の二日間で行っている。百万遍の大数珠を大きな滑車に掛け、空を切って飛ばすようにその数珠を回す。その勇壮な念仏のあと一匹獅子舞と鳥指し舞を行うという賑やかな行事で、昭和三三年（一九五八）に神奈川県の民俗文化財に指定された。しかしよく見ると百万遍の数珠回しの後ろで大念仏・「ゆうづう念仏」が唱えられており、天井には五色のシメが飾られて、かたわらで山伏姿の司祭者といわれる人が六斎経を唱えている。司祭者が山伏姿になったのは戦後で、それ以前は烏帽子をかぶった神主姿であった。これは今まで見てきた六斎大念仏に、百万遍の滑車回しや獅子舞といった芸能が加わったものであることが分かる。この山北の百万遍についても有名なため詳細な報告が出ているので、六斎念仏との関連の部分を中心に述べる。(11)

能安寺が世附にある時は、二月一五日から一八日まで百万遍の念仏が行われ、最後の日を清め祓いといって獅子が各家を回り、橋の上から谷川に幣束を投げ流した。獅子舞は大正一四年（一九二五）から二〇～三〇年中断していたものを古老の記憶で復活し、さらに昭和三四年（一九五九）、山梨県富士宮市内野から剣の舞を習って復活したものである。百万遍の念仏回しについては、いつからか分からない。六斎念仏については「百万遍念仏行事唱言ノ順」という経典の奥書に「嘉永五年（一八五二）　高橋法冠《ほうがん》　光雅　駿東郡保土沢村」とあり、同様の高橋光雅名の念仏経本が『御奉書』として、次に述べる御殿場市川柳で出てきている。

飾りは天井に九本九本の縄を格子状に張り五色のシメをいっぱいに付ける。中央はそれらを引き上げるように小さな滑車で天井から吊り下げられている。天井には白の御幣が吊り下げられる。これは不動明王を表す。四隅の柱に白諦白龍王・黒諦黒龍王・青諦青龍王・赤諦赤龍王と書いた五色の幡が掛けられるが、これを梵天といっている。仏壇側に太鼓が五張並び、脇に数取《かずとり》という念仏の数を数える役が机に算木を並べている。仏壇の向かいに山伏姿の司祭者が座る。部屋の入り口に「三門神　牛頭天王　大天狗　小天狗」と書いた紙を貼る。中央には梯子状の柱に大きな滑車が付けられている。

行事は司祭者が九字を切り、神寄せという唱え言をする。神寄せが終わると、笛・太鼓とともに念仏が始まり、大きな数珠を空を切るように回す。念仏は太鼓を叩きながら「ナモオダ」の繰り返しである。音は平音《ひらね》・中音《なかね》・高《たか》音《ね》の三音があり、数取がそれを指示する。その間も山伏は経文を口の中で唱え続けている。山伏の唱えるのは、①身そぎの祓、②三門神行者の祓、③神仏道場向ヘル時ノ祓、④御神酒奉ル時ノ唱言、⑤御法書、⑥愛宕山天狗祭ノ祓、⑦玉垣ノ祓、⑧幣附ノ祓、⑨因果ノ文、⑩不論経である。その後、獅子舞・鳥指し舞が奉じられる。

二日目も同様に念仏・獅子舞が行われるが、そのあとに融通念仏として、一つの太鼓を皆で叩き、「融通念仏なむあみだ　融通念仏一遍申せば極楽の　はちすの蓮華が　一本つぼんで　一本開けば極楽の　六字の名号　西方和尚おんとりやあるが　融通念仏なむあみだ」を一〇回唱え、最後に天井の滑車を下げ、お飾りを奪い合う。

12　御殿場市川柳

静岡県御殿場市川柳の念仏は大念仏・六斎念仏ともいうが、太鼓と鉦の音から「ドンデンジャン」の名で親しまれている。川柳の念仏は太鼓を叩く大念仏、阿弥陀の名号の掛け軸の前で唱える「御奉書」、隣の部屋で行う百万遍の数珠繰り、団扇太鼓で踊る念仏踊りからなる。

現在コミュニティセンターになっている所は、もとは願王殿という地蔵堂で、地蔵・弘法大師・馬頭観音が祀られている。念仏は地蔵の縁日である七月二四日に行われる。昔は六斎講が六月二四日に行っていたが、昭和四〇年（一九六五）頃に一時中断、地蔵堂がコミュニティセンターになった昭和五八年（一九八三）、これを機に復活、保存会として行っている。

飾りは、仏間の四方にしめを張り中央に竹を立て、南無阿弥陀仏の名号の掛け軸を掛ける。掛け軸には「信州善光寺別当　南無阿弥陀仏　大勧進僧正存覚謹書」と書いてある。裏には「享和三癸亥年（一八〇三）六月」とある。

この竹に「御護身法」という五色の垂れを掛け軸に沿って垂らし、上部に黄色の中央幣を挿す。さらに四方にシメが伸び、小さく四方が区切られている。これを「御大尊《ごだいそん》」といい、中央と四方の五方に五本、黄色の少し小さめの御幣を挿す。部屋一杯に四方にもシメが張られ、四隅に白の「四天王」の幣、四面にそれぞれ東方（青）・南方（赤）・西方（白）・北方（黒または紫）の幣を正面に付ける。四方および御大尊のシメは帯状になっており、黄・赤・緑・白・銀の五色の綱の帯になっている。拝殿正面東方には、さらに紫の天狗幣二本が掛けられている。以上が飾りであるが、名号の掛け軸の下に祭壇の机が設けられ、赤飯に赤の「御供幣」が挿され、香炉が置かれている。正面では太鼓二張・鉦一丁で念仏を唱えるが、太鼓に赤、鉦に紫の太鼓幣・鉦幣が添えられている。太鼓は慶応年間（一八六五〜六八）、鉦は双盤鉦で寛政六年（一七九四）のものである。本尊脇には地蔵尊の画像が掛けられる。

調査には平成四年（一九九二）と平成九年（一九九七）に訪れたが、行事内容が変化していた。平成四年は午前中に女衆の念仏講があった。「十三仏」「善光寺」「地蔵和讃」の和讃を鈴と共に唱えるものである。

大念仏は一時から始まるが、太鼓の人が「ゆづう念仏　なむあみだ　いっぺん申せば　極楽の……」という山北の融通念仏と同じ唱え言で太鼓を叩く。隣の部屋では女衆が百万遍の数珠繰りを行い、百万遍の数珠の大きな玉が回ってくると、それを畳に叩きつける。脇では算木で数取りをしている。『御殿場市史』[12]に載っている昭和五一年（一九七六）の写真では、中央の掛け軸を取り囲むように飾りの下で数珠繰りを行っている。平成四年にはなかったが平成九年には奉願《ほうがん》役の人が掛け軸の前に座り「御奉書」を唱えていた。戦前は奉願さんがいて羽織袴で中央に座り、九字を切って御幣で体をさすり病気治しの祈禱をした。また平成九年には中立という役の人が百万遍の数珠を持って入場し、数珠をほどくことをしていた。

写真３－５－６　御殿場市川柳　踊りが続く

踊りは、唱えが一段落すると四人が登場して四隅に立ち、団扇太鼓を手に持って踊る（写真3-5-6）。踊りの振りは、太鼓を頭の上でぐるっとかざす所作が京都の六斎念仏の所作に似ているところがある。今は保存会の大人が踊るが、昔は子どもが踊ったという。念仏が終わると飾りを取って、それぞれの家に持って帰る。

太鼓の打ち方は以下のようである。

①九字切り打ち、②念仏打ち（ここで奉願の入場、数珠繰りの開始）、③読経・舎利礼文、④口上打ち（融通念仏）「極楽浄土の池の端の蓮の花が一本開いた一本つぼんで西方和尚が受け取り給いて融通念仏ナンマイダー」、⑤前打ち、⑥祭り打ち

川柳には経典として次のものが残っている。

①御奉書（大小二冊）、②九字護身法（版本、明治二二年）、③祝詞集（大道神祇・十種太鼓・版本、嘉永四年）、④観音経、⑤金毘羅本宮拝詞略、⑥般若心経、⑦大無量寿経嘆仏偈

「御奉書」本文は「抑六斎百万遍九字護身法御大尊梵天帝釈青赤黄白黒御幣御本地ヲ奉見ニ大唐名山ト申山ヨリ其山巓ニ幣白ノ木一本其木ニ三枝アリ……」とあり、由来他祓い・九字の切り方と連綿と続き、最後に「右六斎念仏秘法奥義巻猥ニ於写取之輩者可蒙神罰也　叶法　日月清明　高橋光雅」とある。これは世附の百万遍の「大念仏教本」奥付の高橋法冠光雅と同じ人物と思われる。川柳の伝承でもこの念仏は世附から伝わったとするので、その通りとも思われるが、神奈川県山北町世附の資料では、この高橋光雅は川柳の近くの保土沢《ほとざわ》の法眼となっている。どちらが先かという伝播の相互関係ははっきりしないが、御殿場から山北にかけて同様の念仏があったことは確かである。

13　富士宮市内野・足形

静岡県富士宮市の旧白糸村地区には火伏せ念仏(13)という念仏が残っているが、これも大念仏・六斎念仏という。内野・足形・佐折の三カ所でそれぞれ行っていたが、佐折ではなくなり、足形・内野は合同で行うようになった。内野で一月一八日、足形で三月一四日に行う。佐折は一月八日であった。

火伏せ念仏というのは、この念仏の由来に、貞享年間に足形村の熊野神社から出火、一村を焼き、この神社の再興に当たって、紀州熊野神社にゆかりの深い白河天皇が京都法勝寺で始めたという不断念仏をこの地で始めたとある。三月一四日は白河天皇の命日であるという。念仏は、火事にならないようにと新築の家を当屋として、六斎衆といわれる念仏講の人によって行われる。念仏は床の間の前で行われるが、床の間には阿弥陀三尊の来迎図三幅が掛けられる。掛け軸の前に机が置かれ、二段の鏡餅・榊・酒・塩・魚が供えられている。部屋の天井一杯に五色のしめが飾られている。中央に「大天狗」とか「中房・なかぶた」といわれる大きな白の七段の幣帛を垂らす。大天狗から四方に網状になった五色の飾りを渡す。その外側は九本九本の注連縄を格子状に張り巡らし、五色の切り紙を飾る。四隅には四天王といって五段の白の幣帛を垂らす。

念仏は六斎なので太鼓が三人、鉦が三人であるが、昔は踊りがあり、太鼓二人・鉦二人、踊り二人であった。念仏は昼前に、①ブッコミ、②大念仏の三遍返しを行い、休む。午後に、③大念仏の七遍返し、④掛け念仏を行う。掛け念仏は二人で一つの太鼓を叩く。掛け念仏の最後に「東西ナア北ヤナ南ニシュサイナシナア四方八方アビラウンケンナムアミダー次ニ　アタゴサンナ　ショーゴン（将軍）地蔵ヲカンジョ（勧請）シテ火難水難ノガシ（逃し）給エヨナーモダイミダ」と唱える。愛宕さんへの火難除けの祈願である。このあと室内は片付けられる。⑤融通念仏は太鼓を挟んで二人が座り「ユウヅウ念仏ナムアミダ」を繰り返す。途中、参拝者が飾りを奪い合うように引きちぎる。また餅撒きもする。室内は相当混乱するが、念仏は続けられ、最後に三遍返しで終わる。

これとは別に小念仏がある。葬式の時に唱える念仏で、前半は大念仏と同じであるが、後半は和讃である。念仏帳によると次のようである。

①小念仏（送り念仏）　家から送り埋葬まで唱えるナムアミダの念仏、②家での小念仏、三遍返し、十遍繰り、

ナムアミダ、③和讃「阿弥陀如来」「不動尊」「釘念仏」「血の池」「花土山」「さいの川原」「不産女」「五輪口説」「浅間の本地」

亡くなった人に合わせて唱える。

14　富士市鍵穴

静岡県富士市の鍵穴にも大念仏があった。『富士川町誌』(14)に「オコモリ」としてシメを蜘蛛の巣のように張り巡らし、念仏太鼓と思われる太鼓を中に置いた記念写真が載っている。これは「ススキのシメ」といって、旧八月一五日から一六日にかけて村の薬師堂でお籠りをして大念仏を行った時の写真である（写真3-5-7）。昭和六年（一九三一）頃の写真で、すでに行事はなくなってしまった。六斎と思われるが、分布からすると最も南に位置する。聞き書きによると、八月一五日以外も、七月九日に祇園祭の病気除けの念仏、七月一五日・一六日に盆の念仏、ほかにも、病人が出た時や、雨が降らないと雨乞いに、大念仏を行ったという。

写真3-5-7　富士市鍵穴薬師堂に掛けられている「オコモリ」の写真（昭和6年〔1931〕頃撮影）

15　小　結

〈名称〉
この念仏の特徴は、表3-5-1に見る通り六斎念仏・大念仏・百万遍の名称が多いことで、六斎は六人で行うからと説明している富士宮市内野のような所もあるが、京都の千菜寺にある「六斎支配村方控帳」の宝暦一一年（一七六二）の甲州五カ村の記事にあることから、月の六斎日に行う関西の六斎念仏の流れとみるのが適当であろう。しかし関西に残る六斎のように「四遍」「白米」「坂東」という六斎独特の曲名を聞ける所はない。しかし、ユヅウもしくはユウヅウの名の付いた念仏の入っている所は多い。ユウヅウは良忍の始めた融通念仏で六斎念仏とは異なるが、六斎念仏の最後もしくは代わりに「六斎」と称して融通念仏を唱えることがある。融通念仏はその名の通り、多念の念仏を互いに融通して唱えることから来た名称で、百万遍の念仏も百人で唱えれば一万回で唱えられるとする念仏である。この念仏に百万遍の名称が多いのはこのためであろう。太鼓を叩きながら「ナムアミダブツ」を繰り返すのがこの念仏の特徴であるが、これに数珠繰りを伴う山北・川柳の例もある。締太鼓に合わせてだんだんテンポを速めながらナムアミダブツを繰り返し唱えるが、太鼓は一人から三人で他は念仏鉦を叩く。

大念仏の名は、毎月行う月並み念仏を小念仏としてその対にこの名称を使ったことと、村を挙げての行事だから、もしくは大規模な飾りや踊りを伴うことから付いた名称と考えられる。融通念仏のことを大念仏ともいう。

〈行事〉

一覧を見て分かるように、この念仏は一月一五日前後に集中している。これは西に行くほど顕著で、分布の西端に位置する早川町では一月一五日の小正月行事の一環として行っている。この地域ではヤナギという大きな扇状の柱を立てるが、その日と一致する。早川町では小正月の祝棒状のものを飾りの中央に垂らし、下部湯之奥ではそれを削りながら念仏を唱えるということをする。念仏を一月一五日に行う意味ははっきりしないが、年頭の村内安全祈禱としてお札を出す所は多い。

大念仏は一月一五日・一六日が圧倒的に多い。この日は山梨県では道祖神祭の日で、かつの木という「ものつくり」の木が混在してしまう京ヶ島・湯之奥・七覚のような所がある。この大念仏を年頭の神楽に比すべき神事として扱うか、正月明けの一六日の仏の正月の仏事とみるかは、それぞれの地区の解釈による。

盆に行うのは無生野だけであるが、唱えのみの六斎はこの期に集中する。本栖に見られる祇園祭の念仏は鍵穴にもあったようで、川柳も七月であることを考えると、祇園祭同様、念仏に病気除け・疫病除けの意味があったと思われる。

一月一五日の小正月に念仏を行うことは全国的にみても少ないが、小正月のドンド焼きや鳥追いなどの祓い、送りの行事につながる。

〈お飾り・切り紙〉

この念仏のもう一つの特徴は、念仏を行う場所に、神楽の天蓋に相当するような、お飾りとかキリガミ、ヤマ（山、下部湯之奥）というような切り紙による飾りで部屋を覆うことである。念仏を唱える人の上もしくは部屋全体（道場という所が多い）を覆う。これを早川町黒桂のように「これは浄土を表す」という所もあり、天竜川中流域に広がる花祭、霜月祭との関連がうかがわれる。飾りは白一色の所と五色の所があり、天井一面を飾る切り紙がまるで蜘蛛の巣のように見えるところから、南アルプス市吉田のように「くもの巣祭り」の名を付けている所がある。この念仏では最後にこの切り紙を争うように引きちぎって崩し、各家の入り口に掛け、魔除けとする所が多い。紙の切り方は地区によってバリエイションがあるが、紙の網袋を提げることなど、これも花祭の天蓋の「蜂の巣」といわれる飾りものと共通している。またノコギリやナタの形に紙を切って吊り下げる所もあり、山仕事の無事を祈願しての山国ならではの飾りも見られる。

〈念仏・唱え言〉

大念仏では、念仏を唱えている時にホウガンが中央もしくは脇で唱え言をしている。本栖・無生野・世附・川柳がその例で、「念仏」と「唱え」は別と考えるのが妥当であろう。それに小念仏の「和讃」が加わるという三つの形が考えられる。

念仏は、ナムアミダブツの繰り返し声を長く引き伸ばすのが六斎念仏の特徴である。六斎念仏が引声念仏の流れを引くからで、黒桂の念仏の曲調に「引」とあるのは引声の意味であろう。曲調を平音・中音・高音としているのはどこも共通している。地音というのは古い表現と思われる。あとは太鼓の叩き方で変化をつけており、ブッコミの語は双盤念仏と共通している。この六斎に不断念仏や融通念仏が入っており、最後に調子のよい融通念仏を唱える所が多い。

唱え言は原則として秘事であるのだが、本栖・無生野・世附・川柳のものが明らかになっている。それぞれ微妙に異なり、全て一つの経典につながるものであるかどうかはまだ分からない。これは成立の問題に絡むが、いくつかの系統に分かれる可能性がある。各種祓い、九字の秘法に、「六斎教」とか「御奉書」とかいわれる経文がある。六斎と名が付いているが、ほとんどが修験の神仏の由来である。世附、川柳では「愛宕山天狗祭文」が入っている。和讃は、「わが親」「さいの河原」「血の池」のように、親・子・女性と、亡くなった人によって唱えを変えて弔うものが多い。茂倉・内野では「五輪口説き」が共通している。

〈踊り〉

念仏に伴う踊りは川柳と無生野で残っている。無生野の踊りは刀で踊るもので、念仏踊りとの関連は不明であるが、部分的に念仏踊りと似ている。ほかに山中湖、内野にもあったといわれるが、山中湖のものは無生野に近く、祈禱の踊りのようである。団扇太鼓を手に持つ川柳の踊りは京都の芸能六斎の豆太鼓の踊りと所作が似ており、京都から伝わった可能性がある。

〈修験の関与〉

無生野では六斎大念仏という名称だが、現行の儀礼の中に念仏を繰り返す儀礼はなく、行事の終わりに「念仏経」という経文を唱える、それ以外は修験の行法による読誦である。同じく旧秋山村の寺下にも無生野同様の大念仏があったが、そちらは「十二おろし」という。山中湖の平野の記録を見てもほとんどが修験の行法とみられるが、神寄せと「おこない」という太刀舞いの間に念仏が入っている。この二例を見ると、行事の名は念仏とはいえ、儀礼のほとんどが修験儀礼であることを示していることが分かる。

明らかに修験者が登場するのは山北の例で、道場には、相対峙するように修験姿の神寄せ山伏といわれる司祭者が、神寄せのあと念仏中も祈禱を続けている。このように念仏者とは別に修験の祈禱をするのは本栖の江岸寺も同様で、修験の姿はしていないが、錫杖を持ち九字を切り印を結ぶ人が念仏者の脇に座る。川柳でも、百万遍の数珠繰りや念仏太鼓とは別に中央の祭壇で唱える人がいる。念仏者とは別に修験者が並行して祈禱していたと考えられる。

修験者の唱える文句は秘文とされ、中央の飾りやボンデンに巻物として祀られていて、見てはいけないものとされている。ごほうしょ（御法書・御奉書）といわれるものである。これらの行事を大念仏・六斎念仏ということから、元来は念仏として行われたと考えられるが、念仏と並行して修験儀礼を修験者が行ったり、修験儀礼と念仏が習合して行われて成立したものと思われる。無生野ではこの念仏の最後にブッパライという病気治しの儀礼を行うが、寺下では狐落としをしたとの記述がある。[15]早川町ではこの念仏を祈禱念仏ともいう。この念仏は修験者の関与した祈禱性の強い念仏であったといえよう。修験の拠点としては、左右口町の常楽寺や御岳昇仙峡の弥勒寺がある。

〈花祭地区との関係―富士行者〉

この念仏に修験が関与していたことはほぼ確実といえるが、この念仏の特徴であるお飾りとかヤマといわれるものが花祭の天蓋にあまりにも似ていることが不思議といえる。天竜川中流域の花祭地区との何らかの関係があったのであろうか。花祭地区の太夫が直接こちらに赴くということは考えにくい。一つ、花祭地区の調査で、太夫とは別の富士行者の存在を知らされた。各村に富士行者というのが住み着いていて、行をしていたという。具体的には東栄町柿野では次のような話が聞けた(16)（第五章第四節2―(10)）。

七月一五日に富士精進をした。富士行者が不動の滝に打たれて修行する。その間、公民館に籠る。明け一六日にはうどんや野菜のフルマイがある。各部落に一軒ずつ富士行者がいて行者屋敷があり、地域の人からうどん、野菜の喜捨があった。天文年間（一五三二～五五）からカスミ場にして先達がいた。富士宮口の村山浅間神社の系統でヤマ、天蓋の下で拝んだ。倉庫に富士行者の文書が一箱ある。

他の地区でも七月一五日や八月一日、行者が富士精進《ふじしょうじん》といって、不動の滝で滝に打たれることが行われた。富士行者がどのような祈禱を行ったかは不明であるが、花祭地区と富士祈禱六斎を結ぶ宗教者と考えられる。

註

（1）「特輯　六斎念仏調査記録」『民俗芸術』三巻一〇号、一九三〇年一〇月、民俗芸術の会。仏教大学民間念仏研究会『民間念仏信仰の研究　資料編』隆文館、一九六六年。
（2）五来重編『日本庶民生活史料集成　第一八巻　民間芸能』三一書房、一九七二年。
（3）小杉達「火伏せ念仏」『静岡県民俗学会誌　創刊号』静岡県民俗学会、一九七七年。

（4）この調査から二〇年後に角田武頼が山梨県側を調査し、早川町草塩《くさしお》・甲斐市宇津谷《うつや》・甲斐市団子新居《だんごあらい》新田・甲斐市龍地《りゅうじ》滝坂・甲斐市龍地大屋敷・甲府市中畑・笛吹市石和町砂原・韮崎市穂坂町三ツ澤を加えている。分布の北限として韮崎市の事例があることが分かった。角田武頼「甲州系の大念仏と百万遍」『民俗祭祀研究所紀要』六号、民俗祭祀研究所、二〇一七年。

（5）早川町教育委員会『早川町の郷土芸能』（一九八三年）には、新倉・茂倉・京ヶ島早川の念仏の写真が載っている。

（6）『早川町誌』早川町教育委員会、一九八〇年、一四〇〇—一四〇一頁、「念仏行法帳」の記載によるとある。

（7）概略は古谷和久「本栖の大念仏」（『山梨県の祭り・行事——山梨県祭り・行事調査報告書——』（山梨県教育委員会、一九九九年）に載っている。

（8）上九一色村史編纂室『上九一色村史』（一九八五年）の「第六章　民俗芸能」の項参照。現在と少し異なっているところもある。

（9）若狭六斎念仏については第二章第三節に掲載。平戸の六斎は九カ所に残っている。長崎県西松浦郡大島村の例は第三章第四節に掲載。

（10）仏教大学民間念仏研究会「無生野の大念仏」『民間念仏信仰の研究　資料編』隆文舘、一九六六年。
五来重「甲州の六斎念仏」『日本庶民生活史料集成　第一八巻　民間芸能』三一書房、一九七二年。

東京女子大学民俗調査団『甲州秋山の民俗』東京女子大学史学科民俗調査団、一九七三年。

国學院大学折口博士記念古代研究所「無生野の六斎大念仏調査記録」『民俗芸能』五三号、民俗芸能学会、一九七三年。

福島義明『無生野大念仏』秋山村教育委員会、一九八〇年。

坂本徳一「秋山村の六斎念仏」『甲斐路』三一号、一九八七年。

安留巌「無生野の大念仏について」『甲斐路』四一号、一九八九年。

秋山村誌編纂室『秋山村誌』秋山村役場、一九九二年。

大内典「民間念仏の音構成と他界観――無生野大念仏・小念仏・女衆念仏の分析から――」『群馬県立女子大学紀要』一三号、一九九三年。

(11)　永田衡吉「足柄上郡山北町向原能安寺の百万遍念仏　附獅子舞」『神奈川県民俗芸能誌　増補改定版』錦正社、一九八二年。渡辺智吉編『世附乃百万遍念仏　附獅子舞』世附百万遍念仏保存会、一九八四年。久保田裕道「世附の百万遍に見る地域性」『足柄乃文化』二五号、山北町地方史研究会、一九九八年　ほか。

(12)　御殿場市『御殿場市史　別巻二』六二六頁、一九八二年。

(13)　前掲、小杉達「火伏せ念仏」氏の論文はこの念仏の紹介とともに、山梨県・静岡県に、この種の念仏がかなりの広がりを持って存在することを最初に指摘したものである。

(14)　富士川町『富士川町誌　民俗編』一九六八年、四七三頁。

(15)　前掲、東京女子大学民俗調査団『甲州秋山の民俗』九五頁、「七五年ほど前は、狐憑きを祓うために、昼も夜も狐の憑いた病人がコンコンと啼いて息の途絶えるまで一週間近く踊ったことがある」。

(16)　『東栄町の盆行事　ハネコミ・手踊り・大念仏』東栄町盆踊り調査会、二〇一六年、九三頁。

第四章　双盤念仏――芸能化された声明――

第一節　双盤念仏の概要

1　双盤念仏とは

双盤念仏は、尺鉦とか尺三という半径一尺もしくは一尺三寸の大きな鉦を、横叩きに叩きながら念仏を唱えるもので、もとは双盤の名の通り二枚鉦を向かい合わせにして僧が叩き、浄土宗の儀礼として成立したと思われる。念仏は引声の唱えである。引声念仏に双盤鉦が伴ったのは、双盤鉦が出てくる江戸時代の初期（一六五〇年頃）と考えられる。この双盤鉦は民間に下降し、双盤講の人が法要の一端を担うなどして、独自の叩き方を編み出して現在に至っている。ちなみに関西では鉦講というところが多い。鉦講は講の名称であるが、行事名としても使用されている。鉦講で唱え叩かれるのが双盤念仏である。

双盤念仏には僧侶の行う双盤と在俗の人の講や連中による双盤がある。仮に前者を「寺院双盤」、後者を「民間双盤」としておく。寺院双盤は浄土宗の法要に行う双盤で、一人が二枚鉦を向かい合わせて叩く。二枚鉦で叩くので双盤という説と、二枚の鉦が双調《そうじょう》と盤渉調《ばんしきちょう》を奏でるからという説がある。これを「二枚鉦双盤」としておこう。

浄土宗の双盤念仏は現在鎌倉光明寺と東京芝増上寺の儀軌によって広まっている。

長野の善光寺と浄土宗の名越派・九州の鎮西派には刻むように叩く独特の叩き方があり、共通している。名越派は福島県いわき市に本山を置き、東北・北海道に教線を延ばしたため、この地方には名越流の叩き方をする寺が多い。特に津軽地方に津軽声明という独特の唱えがある。他に浄土宗西山諸派や中国地方の大日比派には独特の唱え方・叩き方がある。

民間双盤は在家の人が叩くもので、双盤講・鉦講・鉦張りと言って、四枚鉦から八枚鉦、多いところでは一六枚の鉦を使い、掛け合って南無阿弥陀仏を長く伸ばして唱える。双盤鉦は同じ向きに並べて叩くので「並び鉦双盤」としておく。

関東の双盤念仏には、平鉦《ひらがね》と役鉦《やくがね》を区別するところが多い。平鉦は三〇分ほどかけて、前半の座付き・六字詰めという引声の念仏の部分に掛け念仏が続き、後半の七五三・雷落としなどの鉦の乱打を伴う。この念仏は後半の激しい鉦の叩きに特徴があり、民間ではこの部分を聞かせどころとして芸能化して発達したものと考えられる。法要とは別に遊び鉦として叩かれることが多い。

法要時には役鉦という叩き方で「六字詰め」の念仏を唱え、後半七五三の鉦を叩く。大きくみると平鉦と役鉦は同じように構成されているが、平鉦は最低三人以上（四人が多い）で叩くので、一人一人が順に唱えたり、掛け念仏といって叩き手が二手に分かれて念仏を掛け合うところが入り、役鉦より時間が長くなっている。役鉦は二枚で叩く場合が多い。ちなみに役鉦は、元来役僧という僧侶が叩いたものが在家が叩くようになったことからこの語が使われるようになったと考えられる。

また雲版といって雲形の鉦と太鼓を両腕で叩く叩き方がある。滋賀県と鎌倉光明寺周辺に広まっている。滋賀県は楷定念仏といい、安土浄厳院から広まったとされる。現在、鎌倉光明寺系寺院や滋賀県では在家の人が叩くが、浄厳院や寺院双盤で行う寺院では僧が叩く。この楷定念仏は法要の前後と法要中に叩かれる。僧侶が入ってくる前に支度鉦とかシラセ鉦を叩き、法要中は六字詰めの念仏を唱え、法要の最期に送り鉦と称して鉦を叩く。

全国的に見て双盤鉦の年代が万治二年（一六五九）以前のものが見つからないこと、二枚鉦が元禄（一六六八〜一七〇四）頃から見いだせることから、双盤を使う念仏はこの前後に浄土宗寺院で成立し、民間に下降したとみられる。浄土宗寺院の双盤念仏は全国に点在するが、民間の双盤念仏は関東と関西に集中する。浄土宗寺院では十夜法要に双盤念仏を行うが、それ以外にも法然上人の命日である御忌や盆・彼岸に行われ、民間に広まった双盤念仏は、薬師・観音・地蔵・閻魔の縁日に叩かれ、宗派を問わず、鉦講・鉦張りと言って叩くようになる。(1)

2　研究史

「双盤念仏」の語が学術的に研究対象として載るのは昭和四一年（一九六六）に仏教大学民間念仏研究会編で刊行された『民間念仏信仰の研究　資料編』(2)からである。昭和三六年（一九六一）から四カ年にわたって文部省科研の調査として行われた。この資料は貴重なもので、筆者が調査を始めた一九七〇年代ですでに行われなくなっていたものが多かった。

双盤念仏の概要は『民間念仏信仰の研究　資料編』の「双盤念仏」を担当した成田俊治によるところが大きい。双盤念仏は「双盤を打ちながら特殊な節をつけて念仏を唱える引声念仏の行事」(3)とある。「この引声念仏は、法照の五会念仏を円仁が伝え、比叡山常行堂で大念仏もしくは不断念仏として行われた。真如堂縁起によると十夜の不断念仏として行われ、明応四年（一四九五）、鎌倉光明寺にもたらされた。これをもって十夜双盤念仏の濫觴《らんしょう》とする。」と解説されている。

一九五〇年代に精力的に民間念仏の研究を始めた五来重は、主に融通念仏・六斎念仏を対象に論を進めたので、双盤念仏について論究が少ないが、「真如堂十夜念仏と十日夜」[4]の中で、六斎念仏の一曲であるシコロが発展して鉦講や双盤念仏になったとしている。『望月仏教大辞典』（一九三六年初版）では双盤の項はないが、鉦鼓《しょうこ》の項で「架に懸け、引声念仏等の時之を打つものを双盤と称す。蓋し釣鉦鼓の変形なるべし」とある。双盤念仏については以上の説以外はあまり論じられていない。

双盤念仏の調査・報告は、筆者および埼玉県の小峰孝男、京都府の福持昌之により順次進められているが[5]、浄土宗側を含め研究者は少ない。

3　分　布

(1) 関東

関東の双盤念仏は一つは神奈川県の鎌倉光明寺が元で、三浦半島・横浜に多く分布し、川崎市や県央・県西にも点在している[6]。鎌倉光明寺に近い三浦半島や横浜市南部は雲版と双盤鉦が用いられる。神奈川県の北部や県央・県西になると双盤鉦だけになり、宗派を越えて浄土宗以外の寺や堂でも行われる。東京都や埼玉県では明治・大正時代に双盤念仏が流行り、拠点の寺堂ごとに流派ができて競い合った。もう一つは滝山流という八王子の大善寺の流れがある。その他、浅草流―台東区浅草寺奥山念仏堂・九品仏流―世田谷区奥沢九品仏浄真寺・深谷流―横浜市戸塚区深谷専念寺などの流派があり、お互いに古流・新流として他と区別した。浅草流は奥山念仏堂が捨世派の道場であったことから広まったもので、埼玉県飯能市近辺に残っている。東京都下は大善寺の影響が大きく、神奈川県

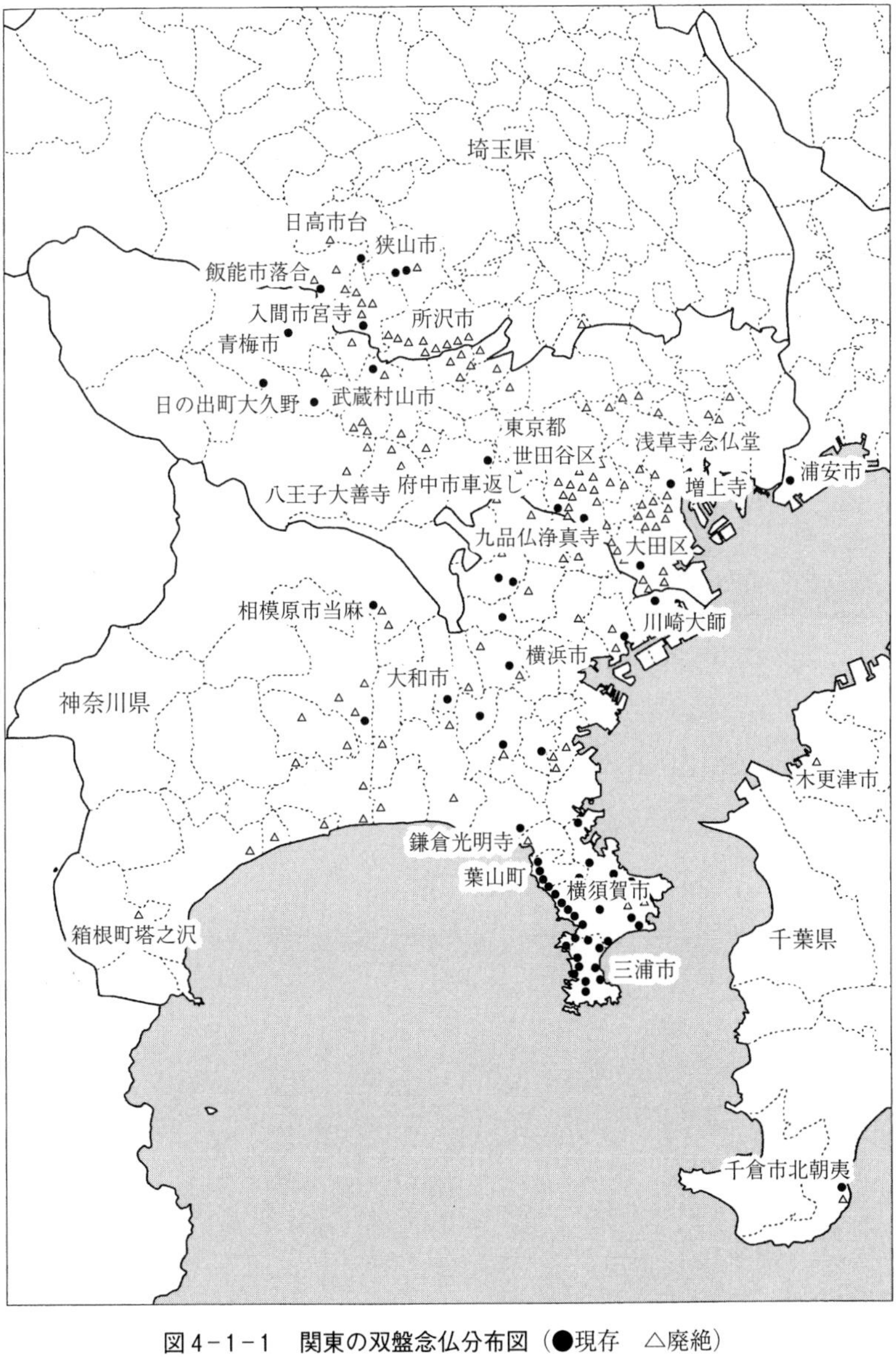

図4-1-1　関東の双盤念仏分布図（●現存　△廃絶）

写真４－１－１　京都真正極楽寺真如堂の鉦講

中部の末寺にも弘まった。

聞き取りによりかつて行われていたことが確認できた一八六カ所のうち、神奈川県が一二八カ所で断然多い。現行の民間双盤講は平成一二年（二〇〇〇）の調査では神奈川四四カ所、東京八カ所、埼玉五カ所の計五七カ所で神奈川県に多く残っていたが、現在はもっと減っていると思われる。僧侶による双盤念仏は増上寺で習って新たに行う寺院もあり、変動する（図４－１－１　関東の双盤念仏分布図）。

（２）関西

関西の双盤念仏は多くは鉦講といわれているが、現行の数は関東ほどには多くはない。京都真如堂以外の民間の双盤念仏は滋賀県が多く、楷定念仏として浄土宗寺院で行われている。また浄土宗西山派の双盤念仏があり、僧侶の行う白木念仏であるが、それとは別に、民間の双盤念仏が和歌山県の北部沿岸地区と兵庫県の加古川近辺（西山禅林寺派）にある。

鉦講としては京都市左京区の真如堂（天台宗）が有名で（写真4–1–1）、これに類したものは京都市伏見から南に広がっていたが、他に二カ所、久御山町東一口《ひがしいもあらい》安養寺と大山崎町の長福寺に双盤念仏がある。長福寺（浄土宗西山派）では地念仏といって在家の人が春秋彼岸の中日と一一月の十夜に八枚鉦で双盤念仏を唱える。[7] 真如堂も八枚の鉦を叩き、鉦の枚数が多いのが特徴である。

滋賀県下では楷定念仏系の双盤念仏が分布している。楷定念仏は織田信長によって行われた日蓮宗と浄土宗の安土宗論に浄土宗側が勝ったことによる。その念仏を勝鬨《かちどき》念仏とか開城念仏というようになった。楷定念仏は蒲生郡安土町（現近江八幡市）の浄厳院の双盤念仏で、雲版と二枚の双盤鉦を同時に叩く。この雲版と双盤鉦を同時に叩く楷定念仏型の双盤念仏は、浄厳院以外では在家の人で行われており、鉦講・地念仏といわれている。

大阪府では阪南市自然田《じねんだ》の瑞寶寺を中心に黒田寺・宗福寺・裕道寺・西光寺に鉦講がある。[8] この双盤念仏は鎌倉光明寺から習ったと伝える。隣接の貝塚市名越の安養院にも双盤念仏がある。

（3）その他の全国事例

民間の双盤念仏は関東と近畿に集中している。他に鳥取県鳥取市栖岸寺が有名である。[9]

栖岸寺は現在一六枚の鉦を使って双盤念仏を行うが、これは最近近在の浄土宗寺院から集めたということで、元は二枚鉦であったという。逆に考えると近在に双盤念仏があったわけで、隣の岡山県の誕生寺との行き来があり、誕生寺にも双盤念仏があった。関東・関西以外に民間双盤はこの鳥取栖岸寺以外は見当たらないが、仏教大学編の『民間念仏信仰の研究　資料編』所載では福岡県の鐘ケ崎、石川県の能登半島輪島にもあったとされる。[10]

（4）浄土宗および諸派諸流

僧侶の行う双盤念仏は浄土宗の儀軌として行われていることから九州から北海道まで点在しているが、以下のように、浄土宗の諸派諸流には独特の叩き方・唱え方の双盤念仏が残っている。

〈総本山・大本山〉

総本山知恩院では双盤念仏の行われた記録があるが、末寺への普及はない。

大本山百万遍知恩寺では毎月の百万遍数珠繰りに双盤念仏を唱える。滋賀県甲賀地区には末寺が多く、六字詰めと称して僧俗を問わず、双盤鉦を叩いた寺が多い。

大本山増上寺では、四月の御忌と一一月の十夜に、雲版鉦と双盤念仏鉦によって六字詰めの念仏が行われる。僧侶によるものであり、昨今全国の浄土宗寺院で行われる双盤念仏（雲版を使用しない所が多い）はこの増上寺の差定に習っている。御忌には山門前で在家の双盤念仏が行われる。

大本山鎌倉光明寺では、七月六日の開山忌と一一月お十夜に本堂で僧侶による引声阿弥陀経・引声念仏に続き、在家による六字詰め念仏が唱えられる。雲版鉦と太鼓のみで叩かれる。お十夜の時は在家による四枚鉦の双盤念仏が山門の中二階で三日間行われる。

これとは別に随時団体の参詣者がある時に、役僧が須弥壇裏で二枚の双盤鉦を叩き、念仏を唱える。鎌倉光明寺では、引声阿弥陀経・引声念仏・六字詰め念仏・団体参詣時の双盤念仏・在家の山門での双盤念仏があることになる。

〈西山諸派〉

西山上人証空（長承二年～宝治元年（一一七七～一二四七））は、念仏を唱えるには「白木に為り返る心」をもって唱え、「凡夫なる故に何のいろどりもなし」とし、西山派ではこれを白木念仏として現在に伝えている。白木念仏の逸話は『法然上人行状絵図（四八巻伝）』の四七巻に載っているので、この絵巻のできた南北朝の一四世紀の中頃には白木念仏なる語があり、現在、この白木念仏は双盤鉦を二枚向かい合わせにして叩くものである。和歌山県と兵庫県（禅林寺派）に在家の双盤念仏がある。深草派の本山である京都誓願寺にも双盤鉦が残っている。

〈大日比流〉

双盤鉦を伴いながら、南無阿弥陀仏を繰り返すのみの念仏には大日比《おおひび》流の三匝《さんそう》念仏がある。大日比流は山口県長門市大日比西円寺を中心に山陰・瀬戸内海に広がって双盤念仏を残している。山口県長門市の青海島仙崎に大日比流の西円寺があり、江戸中期（安永八年〔一七七九〕）から幕末にかけて、法岸・法州・法道という、専修念仏者が住した。俗にいう「大日比三師」で、熱心な念仏修行と布教によって、三師の名は近隣に知れわたるとともに、西円寺は念仏道場の地となった。大日比三師の教えは大日比流と言われ、山口県に広まっている[11]。戒律に厳しく、男女同席せず、専修念仏を説く。双盤念仏も入っている。三匝念仏は須弥壇の周りを三匝一逆といって、念仏を唱えながら三回回り、最後に逆回りになる念仏で、山陽町埴生《はぶ》の西念寺では、亡者回向といって五色のミテ（御手）の糸を握りながら唱える。周防大島町外入《といり》西光寺・戸田《へた》源空寺や同沖家室《おきかむろ》泊清寺では、僧侶の双盤念仏に合わせて僧侶が行道する。念仏は南無阿弥陀仏をゆっくりした節で唱えるもので、三遍返し・三遍念仏といわれる。

〈名越派〉

名越派は、福島県いわき市専称寺を拠点に東北から北海道の伊達町有珠善光寺まで教線を延ばし、双盤念仏を残している。派祖は尊観（延応元年～正和五年〔一二三九～一三一六〕）で、浄土宗三世良忠の弟子であったが、四世良暁との論争で袂を分かち、鎌倉名越の善導寺に住んだ。その後、名越派はいわき市の専称寺に移り、さらに栃木県益子の円通寺を拠点に関東にも教線を伸ばした。明治時代まで浄土宗の別派として活動していたが、以後浄土宗に合流した。したがって教義・儀軌に独自のものがある。(12) 特に儀軌では鳴り物を多く使い、双盤鉦も多用した。

法要の念仏一会に双盤を用いる。双盤は前半が三遍返しという引声系の念仏を三遍ずつ三回繰り返し、後半は七五三といって鉦を叩く。刻むように速く叩き、七回五回三回と大きな叩きを入れる。

〈善光寺〉

長野市の善光寺には雲版と双盤鉦五枚があり、行事ごとに叩かれている。妻戸《つまど》といわれる入り口の箇所は堂番が管理しているが、かつて時宗の管理であったとされるところで、大きな雲版と双盤鉦一枚がある。行事の合図鉦や本尊前内陣の双盤に合わせて「合わせ鉦」として叩かれている。内陣の本尊前には双盤鉦があり、毎日唐戸《からと》を開ける時の合図鉦として一枚で叩く。七月三一日の浄土宗の盂蘭盆会に大念仏として二枚鉦を叩く。十夜も同様であるが、元旦の朝拝式や一月七日の七草会には、浄土宗の僧が堂童子《どうどうじ》として白衣に身を包み、四枚鉦の双盤を叩く。双盤鉦は本尊の開閉帳に鳴らす。善光寺の叩き方はチャンチャンと刻むような叩き方で、関東・関西に広まっている双盤念仏の叩き方とは異なる。名越派や九州鎮西流の後半の鉦の叩き方と共通する。善光寺の叩きは七五三と雷落としによって構成されている。

〈鎮西流（九州）〉

現在の浄土宗は鎮西流であるが、九州には、浄土宗二世の聖光・鎮西上人弁長（応保二年〜嘉禎四年〔一一六二〜一二三八〕）に関連した寺に僧侶の双盤念仏がある。鎮西上人の誕生寺である北九州市香月吉祥寺、活動拠点にした福岡県久留米市善導寺、四十八夜念仏を始めた熊本市池田町往生院に双盤念仏がある。天草市では、四十八夜念仏が栖本町円性寺・河浦町崇円寺に、十夜の双盤が有明町大浦九品寺にある。天草市では他に、牛深町無量寺や倉岳町江岸寺に双盤鉦が残っている。現在の双盤念仏は吉祥寺が元といわれる。吉祥寺ではこの鉦は祐天上人から授かったという[13]。祐天上人の菩提寺は、福島県いわき市の最勝院で名越派である。熊本県下では浄土宗二世鎮西上人弁長の始めた四十八夜念仏であるとする。吉祥寺・善導寺・天草に行われている双盤念仏は、小差はあるものの基本は同じである。三遍返しという念仏の部分と七五三という鉦の叩きの部分からなり、鉦の叩きは刻むように速い。名越派の双盤と似ている。

(5) 融通念仏宗と双盤念仏

融通念仏宗は大阪府と奈良県に分布しているが、双盤鉦のある寺院が多い。融通念仏宗では江戸時代初期に宗派として独立して以降も浄土宗の影響があり、お十夜を行っている寺院が多い。双盤鉦を使う念仏は十夜法要に行われたものと思われる。奈良市都祁《つげ》白石の興禅寺や隣接する天理市福住の西念寺では、双盤念仏が行われており、かつては天理市萓原《ちしやわら》にも双盤念仏があり、譜面が残っているほか、宇陀市室生三本松でも鉦講があったという。興善寺を中心とした山間地域の融通念仏宗寺の法要において、双盤念仏が行われていたものと思われる[14]。

4　形態分類

双盤念仏の概略と分布を見てきたが、分類を形態からもう少し掘り下げて見てみよう。

(1) 二枚鉦双盤

〈僧侶の双盤〉

概略で述べたように、双盤念仏というと在家の人が寺堂で何枚か(四枚が多い)の双盤鉦を並べて念仏を唱えて

写真４－１－２　墨田区靈光寺の双盤念仏（大河内義雄）

いるという光景を思い描くが、浄土宗では僧侶による双盤があり、浄土宗諸派ではそれぞれ独特の叩き方があることを述べた。浄土宗では、これらがかならずしも宗の儀軌に沿わないので「伝承念仏」としている。[15] 僧侶による双盤念仏は大方以下のようである（写真４-１-２）。

二枚鉦を一人で叩く。両手で叩くので双盤は向かい合わせに置き、双盤鉦を抱くような形になる。「六字詰め」念仏といい、浄土宗寺院の十夜法要に叩かれる。ただし雲版鉦のある寺院ではこれを叩く。現在鎌倉光明寺・芝増上寺等は雲版を使っているが、叩き方・唱え方は双盤鉦を使うときと同じである。関東では鎌倉光明寺の十夜法要が元と言われるが、前半の引声系の唱えと後半の鉦の叩きで構成されていることは、民間の並び鉦双盤と同じである。浄土宗諸派で紹介した西山派の白木念仏・名越派・大日比流・九州の鎮西派も、二枚鉦で叩くことは共通している。その中で白木念仏と大日比流は唱えが中心で、名越派・鎮西派は前半の三遍返しという念仏と後半の七五三の叩きで構成されている。後半の叩き方は、刻むように叩く叩き方である。鎌倉光明寺では、団体参詣者の供養の時に僧が二枚の双盤鉦を叩き念仏を唱える。向かって右が双調の鉦で、低い音を出し、左が盤渉調の鉦で、高い音を出す。左右で叩き方が異なる。右が大きく玉入れを叩き、左は刻むように細かく叩く（第七節3-（2）～（4）参照）。

長野県の善光寺ではトウトウ念仏という念仏が一二月七日に叩かれるが、一息の間に念仏を一〇回唱えるというもので激しく双盤鉦を叩く。

また京都嵯峨の清凉寺の釈迦堂では四月一九日「お身ぬぐい」といって念仏会が開かれる。在家の人の嵯峨大念仏と法要の中の双盤念仏がある。法要には僧が二枚の双盤を向かい合わせにして叩く。唱えは南無阿弥陀仏をゆっくりと繰り返す。

〈在家の二枚鉦〉

民間双盤で二枚のみで叩くという例は多くない。現在では奈良県都祁白石興善寺のみであるが、和歌山県有田市の得生寺、滋賀県堅田町真野の法界寺、それに雲版を伴う滋賀県信楽町宮町法性寺・滋賀県甲西町正福寺・川崎市の川崎大師の御影供《みえいく》引張《いんじょう》念仏がある。二枚並べて二人で叩くのであるが、興善寺の場合、須弥壇に向かって左右に分かれて、向かって右をカシラ、左をオトというのは得生寺と共通している。念仏の構成は四枚や八枚の並び鉦と同じで、左右で掛け合う念仏が入っている。興善寺の場合、前半の念仏の部分はほとんどがカシラとオトの掛け合いになる。枚数の多い双盤でも、役鉦とか勤行とかいって法要に組み入れられている念仏には二枚で行うとするところがある。

(2) 並び鉦双盤

民間双盤の場合、何枚もの双盤鉦を横並びにして叩く。関東では多くが四枚であるが、三枚が元であるともいわれる。関西では八枚・一〇枚があり、鳥取栖岸寺の一六枚が最多である。叩き方は親鉦・一番鉦・カシラ・カタという。鉦がまず音頭を取って、念仏を進める。京都府大山崎町長福寺の地念仏では、一番鉦を「調子」、二番鉦を「子方《こかた》」、最後の四番鉦を「音鐘《おとかね》」という。関東では一番鉦は親鉦という。

この初めの念仏を関東では座付とか半座・長経《ちょうぎょう》といい、関西では地念仏・歌念仏という。この念仏は一人一人

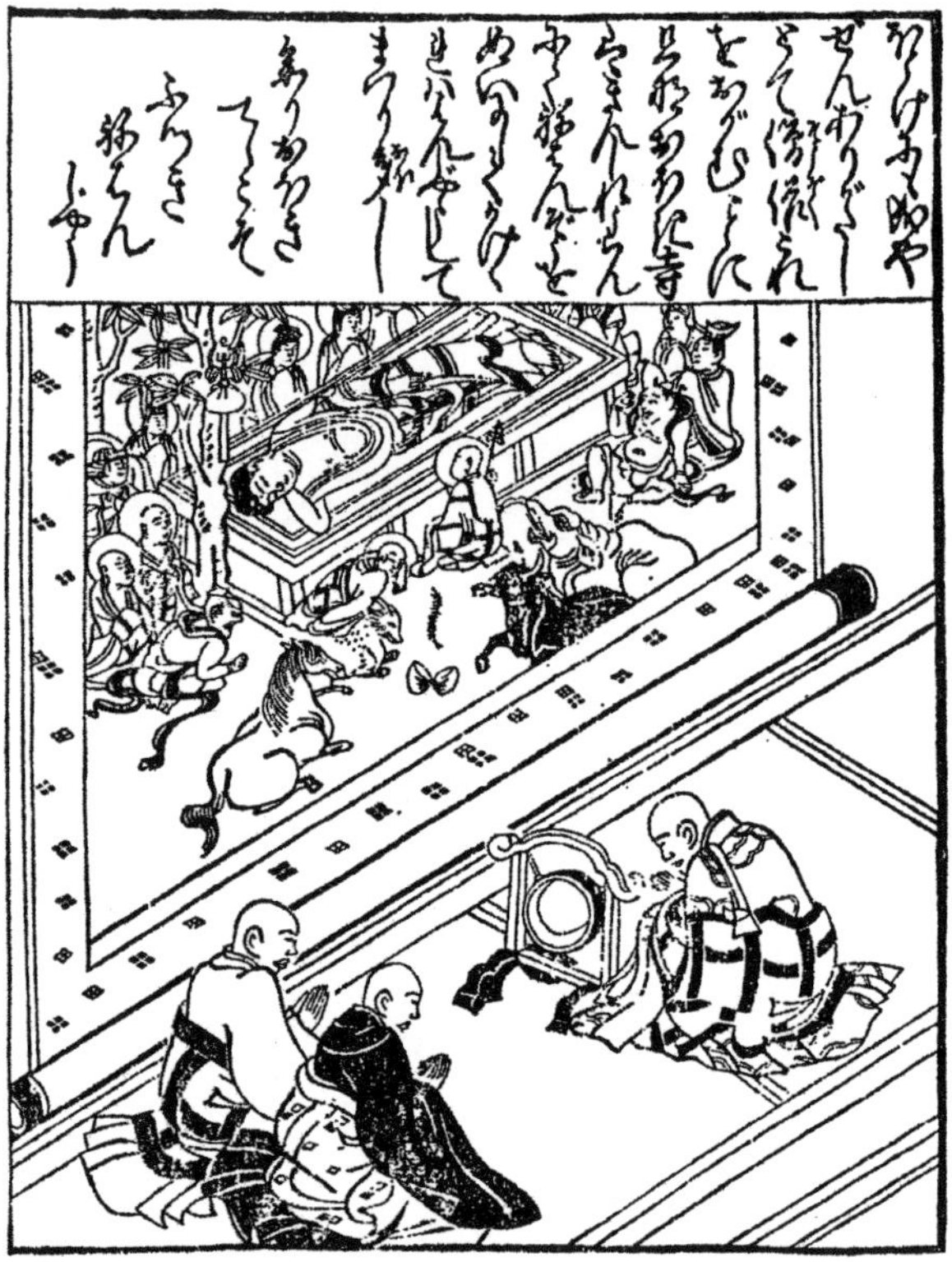

図4－1－2　菱川師宣『月次のあそび』より涅槃講の図

が順番に唱えるので、人数が多ければそれだけ時間がかかり、三、四十分に及ぶところも多い。多くの人が並ぶので、双盤台を作り、その上で叩いたり、双盤のため一段高い席を設け見せ場としている。関東ではこの双盤にウマとかカワといわれる太鼓がつき、音頭取りの役目をする。この並び鉦双盤の構成は、次の雲版の六字詰めを複雑にしたものと思われる。関東では平鉦として法要の前後や空き時間に「一流《ひとなが》れ」といって叩かれる。

（3）一枚鉦

浄土宗寺院では、一枚鉦の双盤鉦を「片鉦」といって叩いているところが結構ある。関西の三重県伊賀・滋賀県甲賀の施餓鬼の時の双盤念仏がそうである。また百万遍の数珠繰りの時に使用するもので、京都百万遍知恩寺や融通念仏宗の本山大阪平野の大念仏寺では二枚鉦を使用するが、他の寺院では一枚で行っているところが多い。東京九品仏浄真寺の百万遍のように、百万遍数珠繰りの音頭取りなどがそうである。

小規模の寺堂で、二枚では音が大きいからとか、金銭的に二枚は買えなかったからというところもある。しかし片鉦の語があるように、元来は双盤で二枚であるという認識は持っている。

しかし、延宝八年（一六七九）刊の菱川師宣『月次のあそび』の涅槃講の図（図4–1–2）で、僧が一枚の双盤鉦を叩いている。[16] 福持正之「真如堂における十夜法要と双盤念仏」に引用された『都名所図巻』（一七世紀後半）の「真如堂十夜法要」には、一枚鉦の双盤念仏鉦を叩く僧が描かれている。[17] 善光寺の唐戸を開ける朝一番の合図鉦も一枚である。『望月仏教大辞典』の「鉦鼓」の項に、双盤鉦を雅楽の釣鉦鼓《つりしょうこ》の変形としているが、伏せ鉦を吊って横打ちにしたのが双盤とすると、二枚の双盤鉦になるまでに一枚の吊り鉦があり、大きさも定まっていない時があったとしても不思議はない。

なお富山県新湊市の曼荼羅寺に伝わる「水波流」という叩き方は、一枚の双盤鉦で叩き、高音で唱える念仏で周辺に広まっていたとする。

（4）雲版

雲版は雲型をした平たい鉦で鎌倉時代中国から渡来し、禅宗で食事や法要の始まりの合図にシラセ鉦として使われた。[18] 浄土宗の儀軌にいつから入ったかは判明しないが、喚鐘の代わりに使われたり十夜法要の六字詰め念仏の奏具として使われている。右に雲版が、左に太鼓が供えられている。太鼓は雅楽で使うような平太鼓のものと普通の鋲打ち太鼓のものがある。関東ではこの太鼓を平鉦の双盤時の太鼓として使用するところがある。雲版は外陣の脇方に立て、双盤は正面に双盤を並べる。関東では雲版は役鉦といって法要に合わせて叩く。僧の入堂にシラセ鉦・

写真4－1－3　鎌倉光明寺の太鼓（右手側）と雲版（左手側）（斎藤八十吉）

支度鉦、僧の退場には送り鉦・シマイ鉦を叩き、法要の念仏一会の部分で六字詰めの念仏を唱える。現在鎌倉光明寺では、僧侶の引声念仏に続き在家の人が六字詰めを唱える。鎌倉光明寺系の寺院では在家の人が叩く（写真4－1－3）が、在家の双盤講がなく、十夜法要に六字詰めをするところでは僧が叩いている。関西ではこれを楷定念仏という。

滋賀県下では楷定念仏系の双盤念仏が分布している。このように楷定念仏は旧蒲生郡安土町（現近江八幡市）の浄厳院から始まり、浄厳院では雲版と二枚の双盤鉦を同時に叩く。この雲版と双盤鉦を同時に叩く楷定念仏は浄厳院以外では在家の人で行われている。滋賀県南部の浄土宗寺院に広まっている。この場合の双盤は、雲版と同じく叩くので、雲版の伴奏としての役しかない。雲版のあるところでは関東のように双盤鉦で独自の叩き方をしない。関東でもこの雲版の念仏を「カイジョウ」と言うところがあり、楷定念仏からきたと思われる。

註

（1）「双盤念仏の概要」は、坂本要［二〇一四c］、及び映像記録『西久保観世音の鉦はり（埼玉県入間市）』の解説に準じて記した。

(2) 仏教大学民間念仏研究会『民間念仏信仰の研究　資料編』隆文館、一九六六年。

(3) 成田俊治「双盤念仏」『民間念仏信仰の研究　資料編』一〇一頁。同「民間念仏儀礼の系譜と形態（二）」、同「（三）」『東方界』一二・一三号、東洋文化推進会、一九七四年一一・一二月。

(4) 五来重「真如堂十夜念仏と十日夜」、『茶道雑誌』四三―一〇号、河原書店、一九七八年。

(5) 小峰孝男「所沢の双盤念仏」『所沢市史研究』一一号、所沢市史編さん室、一九八七年。同『民俗芸能としての双盤念仏』東村山ふるさと歴史館、二〇一二年。福持昌之「真如堂における十夜法要と双盤念仏」（『宗教と社会』学会、二〇一三年六月発表）。

(6) 表4―8―1に全国一覧を記す。

(7) 「円明寺の民俗」『山城国大山崎荘の総合的研究』、神奈川大学日本常民文化研究所、二〇〇二年。

(8) 森成元「瑞寶寺の鉦講」『大阪府の民俗』、大阪府教育委員会、二〇〇九年。

(9) 林賢一郎「栖岸寺の双盤念仏」『鳥取博物館研究報告』二一号、鳥取県立博物館、一九八四年。

(10) 『民間念仏信仰の研究　資料編』の一覧表はアンケート調査によるものなので、回答に「双盤」と記されていても、確認すると伏せ鉦の念仏であったり、普通の念仏講であったりするものも入っている。

(11) 大日比派は戒律が厳しく、清規に独自のものがある。法会の次第・念仏の儀礼にもそれは表れる。男左女右《なんさにょう》といって男女席を別にする、足香《そっこう》の儀礼・臨終儀礼の重視・臨終儀礼を模した念仏法要など。また戒律の厳しさは、男女の入り口を別にするなど、建築空間にも影響を与えた。

また在俗の男の発信者《ほっしんしゃ》である「ナッショさん」や「マンマンさん」「おビイさん」といわれる尼僧集団の存在など、在家の信者の布教・組織に独特のものがあった。かつて四〇〇名を数えた尼僧については、現状では大日比法船寺の三名のみになっている。この、尼僧が法要に参加して念仏を唱えるということが、ままあったようで、山口県下の浄土宗寺院の法要に多大な影響を与えたと思われる。

長谷川匡俊「雲説と七日別行念仏」『近世浄土宗の信仰と教化』、渓水社、一九八八年。阿川文成「大日比西円寺と大日比三師について」『大日比西円寺資料集〈往生伝〉之部』山喜房仏書林、一九八一年。上田芳江『長門尼僧物語』国書刊行会、一九八九年。伊藤唯真「捨世の念仏聖」『聖仏教史の研究　下』、法藏館、一九九五年。

(12) 佐藤孝徳「専称寺史」『浄土宗名越派檀林専称寺史』、一九九五年。嶋口儀秋「善光寺と融通念仏」『法明上人六百五十回御遠忌記念論集』二〇二二号、百華苑。藤田定興「浄土宗名越派初期寺院と善光寺信仰」『福島の研究第二巻』、清文堂出版、一九八六年。

(13) 吉祥院双盤鉦の銘

　正徳四卯午天正月日　施主　大僧正祐天大和尚

　筑前国遠賀郡香月本村吉祥院什物　　一誉來道和尚代　願主　浄慶

　　　京佛師　西村左近宗春

(14) 坂本要［二〇一四c］、本書第四章第五節4-(1)参照。

(15)『傳承念仏取材報告書』全国浄土宗青年会、二〇〇〇年。福西賢兆ほか「各種念仏の諸相」(『現代と念仏』二〇二三号、浄土宗総合研究所)で紹介・分析している。

(16)『日本名所風俗図絵　風俗』角川書店、一九八八年。

(17) 福持昌之「真如堂における十夜法要と双盤念仏」『宗教と社会』二一号、「宗教と社会」学会、二〇一五年。「都名所図巻」は『近世祭礼・月次風俗図絵』(東方出版、二〇〇五年)に所載。

(18) 久保常晴「雲版」『仏教考古学講座第四巻仏法具(下)』雄山閣、一九七一年。安藤孝一「雲版」『武相の雲版』、町田市立博物館、一九八八年。

第二節　神奈川県の双盤念仏（付　千葉県）

神奈川県の双盤念仏は鎌倉光明寺が元で、三浦半島・横浜に多く分布し、大和市・厚木市・相模原の県央にも点在する。民間の双盤念仏で観音堂・薬師堂・閻魔堂などで行われる場合、宗派を超えて浄土宗以外の寺や堂でも行われる。千葉県の千倉町にも三浦半島から伝わったとされる双盤念仏がある。

一方、東京都を中心に、明治・大正時代に双盤念仏が流行り、拠点の寺堂ごとに流派ができて競い合った。神奈川県下では、深谷流（横浜市戸塚区深谷専念寺）・横須賀市長安寺光民流などの流派の他、お互いに古流・新流として他と区別したようである。県央の座間市や厚木市は八王子市大善寺の末寺だった寺が多く、大善寺流（滝山流）の双盤念仏が広まっていた。

神奈川県内で行われていたことが確認できたものが七三カ所、平成二〇年（二〇〇八）頃の現行双盤講は神奈川県四〇カ所である。神奈川県は僧侶による寺院双盤を含むので、民間双盤は三〇カ所程度である。

大正六年（一九一七）当時の東京都・神奈川県の双盤講の分布については川崎大師の『芳名録』参照。

1　鎌倉光明寺

すでに述べたように関東の双盤念仏は鎌倉光明寺に始まるとされている。鎌倉光明寺（以下光明寺とする）は寛元元年（一二四三）浄土宗三祖の記主禅師良忠によって開かれた、鎌倉佐介ケ谷《さすけがやつ》にあったといわれる蓮華寺を元とする。その後、光明寺と寺号を変え、現在の材木座に移った。光明寺に名を変えた時期、材木座に移った時期については明確ではないが、明応四年（一四九五）に、鎌倉光明寺の九世観誉上人が宮中で京都真如堂の大衆と共に引声阿弥陀経・引声念仏の法要を行った。またこれをもって浄土宗で十夜法要を修することを勅許したとある。すなわち光明寺に、十夜法要とそれに伴う引声阿弥陀経と引声念仏がもたらされた。その典拠となっている『鎌倉光明寺誌』（文政四年〔一八二一〕刊）の記述は次のようである。

「九世長蓮社観誉上人後土御門院明応四年宮中へ召せられ清涼殿にて浄土三部経並引声念仏引声阿弥陀経を修誦し奉る此とき叡感の余り関六派惣本山の号を賜い勅願所として綸旨を賜る又十夜法要を浄土宗にて永修せん事を勅許あり」

その後、十夜法要も一時衰退したようで、享保一一年（一七二六）常陸の瓜連《うりずら》浄福寺の観徹上人が光明寺五七世に着任し、京都に三人の弟子を遣わし、引声念仏・引声阿弥陀経を習わせ十夜法要を中興したとある。

史料としては元禄一二年（一六九九）の光明寺什物帳に「惣番鐘」の話がある。また延享二年（一七四五）の「天照山永代十夜用事聚」が十夜の様子を事細かに記した記録として残っている（第七節1-(2)）。現行の『大本山光明寺十夜法要式』は昭和四四年（一九六九）に吉水大信（一八九四〜一九七三）が刊行したもので、昭和五七年（一九八二）に改訂増補されたものを使用している。

引声阿弥陀経は引声で阿弥陀経を唱えるもので、引声念仏は引声で南無阿弥陀仏の念仏を繰り返すもので異なる（図4-2-1）。光明寺にはこの二つが伝えられ、現在でも十夜法要に両方が唱えられている。京都真如堂では引声阿弥陀経は一〇月一四日に僧侶によって、双盤念仏とされる鉦講は一一月の六日から一五日までのお十夜に在家によって行われる別の行事となっている。

■資料　鎌倉光明寺の十夜法要の日程・行事次第

一〇月一二日午後七時　開白法要
　一三日午前一〇時　晨朝法要　午後一時三〇分　日中法要　午後七時　初夜法要
　一四日午前一〇時　晨朝法要　午後一時三〇分　日中法要　午後七時　初夜法要
　一五日午前六時　結願法要（一三日・一四日の午前・午後に施餓鬼会が入る）

一四日の日中法要が中心の儀礼になる。以下その行儀次第である。

九品寺より行列出発　本堂正面から入堂・奏楽昇殿
　次　三礼
　次　四奉請（洒水献供・献茶浄箸）
　次　甲念仏（前伽陀）
　次　表白
　次　引声阿弥陀経（讃歎阿弥陀仏）
　次　甲念仏（後伽陀）
　次　回向文
　次　往生礼讃偈
　次　引声念仏
　次　六字詰念仏（着座）
　次　十念

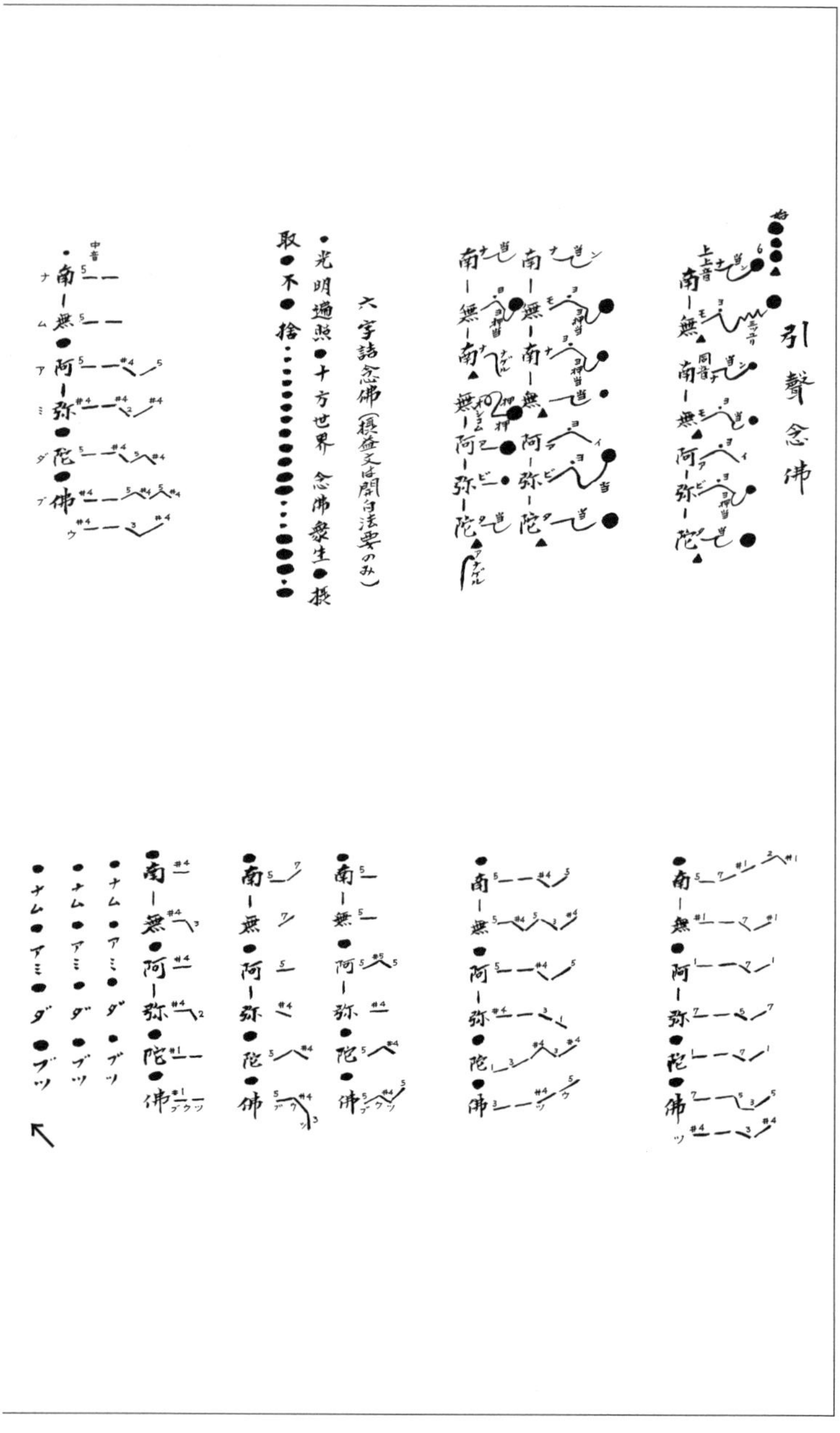

図4-2-1　『大本山光明寺十夜法要式』（昭和五七年版）の「引声念仏」「六字詰め」

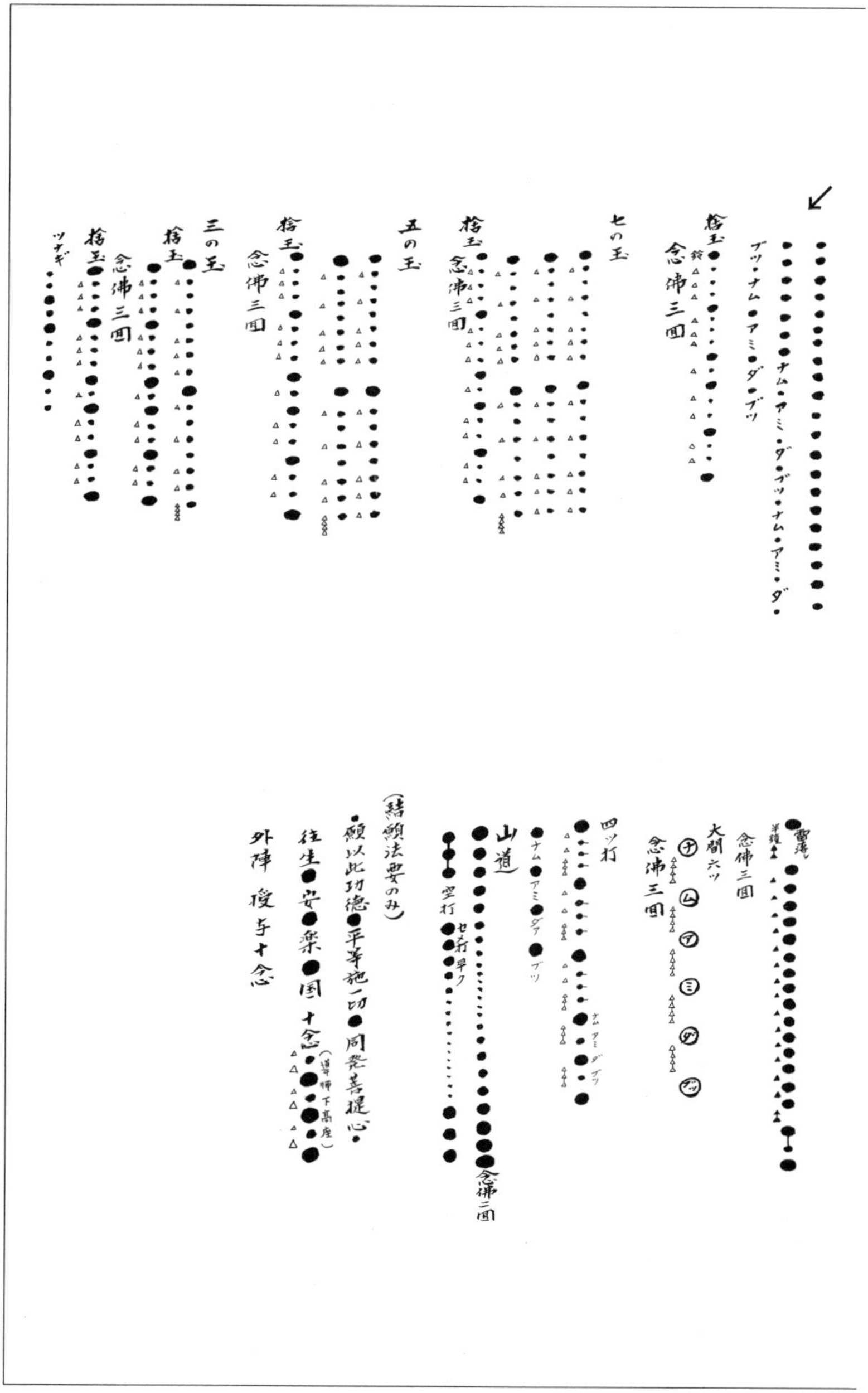
ブツ・ナム・アミ・ダ・ブツ
ナム・アミ・ダ・ブツ・ナム・アミ・ダ・
捨玉
鈴
念仏三回
七の玉
捨玉
念仏三回
五の玉
捨玉
念仏三回
三の玉
捨玉
捨玉
念仏三回
ツナギ
雷渡し
半鐘
念仏三回
大間六ツ
ナ ム ア ミ ダ ブツ
念仏三回
四ツ打
ナム アミ ダ ブツ
山道
ナム アミ ダア ブツ
空打
セメ打早ク
念仏二回
（結願法要のみ）
願以此功徳平等施一切同発菩提心
往生安楽国 十念
（導師下高座）
外陣 役寺十念

写真４－２－１　鎌倉光明寺十夜引声念仏・六字詰め。左上が僧の行道。右端が在家の雲版六字詰め。

次　授与十念
次　三礼
次　奏楽退場

■

以上であるが、引声阿弥陀経は前述のように享保一一年（一七二六）に再度真如堂から教わったもので、真如堂は長声で、光明寺は短声で引声の阿弥陀経を唱えると伝わっている。

往生礼讃偈は善導の偈で烏帽（黒い帽子）をかぶり、香盤行道・薫煙行道という独特の行道をする。普通、須弥壇の周りを回るが、須弥壇の前をSの字型に行道する。引声念仏は南無阿弥陀仏を三回引声で唱えるが、念仏は式衆の僧が唱え、途中から雲版が入り在家が叩く。続く六字詰めの念仏は在家の人が両手で太鼓と雲版を叩きながら念仏を唱える（写真４－２－１）。六字詰めは前半の念仏を唱える部分と雲版と太鼓の叩きが主になる部分があるが、行道していた僧は念仏の部分が終わると着座し、参詣人の焼香が始まる。十念からは再び導師の儀で、参詣者に十念を授けて終わる。

雲版の叩き方には念仏に始まり「七の玉・五の玉・三の玉・雷落とし・大間・四ツ打・山道［坂道］・セメ打」などがあり、鈴・半鐘の伴奏が付く（図４－２－１）。

この雲版の六字詰めは一二日の開白、一三日一四日の晨朝・日中・初夜、一五日の結願の八回法要の中で唱えられる。開白と結願の時には「願以此功徳　平等施一切　同発菩提心　往生安楽国」の文がつく。仕度鉦といって法要が始まる鉦を半鐘で叩いて知らせる。光明寺では僧が行う。

この他に団体参詣者の供養の時に寺僧が二枚鉦で双盤念仏を叩くが、左右の鉦の音程が異なり、左でセメナガシという叩きを、右で玉入れという叩きをする（第七節3－（2）～（4）参照）。

お十夜の三日間、山門では招かれた講中が並び、双盤念仏を随時行っている（写真4－2－2）。

写真4－2－2　鎌倉光明寺山門中二階での双盤念仏

山門の講中は年によって異なるが、深谷の専念寺・中田の中田寺・二俣川の三仏寺などの横浜や鎌倉組・三浦組の連中が頼まれる。

雲版銘　江戸馬喰町講中　不動明王御宝前　相州鎌倉郡今泉村
（今泉村一心院稱名寺　　延享四丁卯五月吉日
ウラ二十五名連記あり）
太鼓銘　二尊堂寶前　大正元年十月十二日（発起人・世話人名多数あり）

雲版は今泉称名寺不動尊のもので、延享四年（一七四七）なので、これが雲版双盤に称名寺で使われたとなると、享保一一年（一七二六）の光明寺十夜復興後に雲版双盤が広まっていたことになる。この雲版は称名寺の先代住職が戦後光明寺に奉納した。江戸からさまざまな講中が光明寺十夜に関与していた。

　また太鼓の銘にある二尊堂は善導大師と江の島弁天を祀っていた堂で門前にあったが、大正一二年（一九二三）の関東大震災で倒壊した。

　他に双盤鉦が八枚ある。うち四枚は山門の在家の双盤講用のもので、昭和六一年（一九八六）のもので四枚とも同じ銘である。他の二枚は中田寺から借りたもので、銘はない。他の二枚は昭和二八年（一九五三）で同じ銘である。二枚は団体参詣時に使用する。

双盤銘　昭和六十一年新調　大本山光明寺　記主良忠上人七百回遠忌記念
　　昭和二十八年十夜大法要記念　本山光明寺第百七世融誉随翁上人代新調
　　　浄財寄付者　（十三名）

別に、文政一三年（一八三〇）の百万遍の数珠繰りに使用したと思われる双盤念仏鉦と同じ大きさ（直径三六・三センチ）一尺三寸に相当する三本足の伏せ鉦がある。

伏せ鉦銘　文政十三庚寅年九月百万遍講中世話人　三ヶ浦小峯仁兵衛　同次郎兵衛　御つ前平井儀兵衛　いせや庄左エ門
　　小坪村伊勢町念仏講中セハ人新吉　小坪村茂左衛門　下山村長左衛門　山口村次左衛門　同新左衛門　一色村久左衛門　同傳吉　東俣野村村松鶴左衛門　西浦賀石井伊右衛門　東浦賀尾張屋清助　同兵右衛門母　同左次右衛門　相州鎌倉天照山光明寺八十六世聴譽上人御代　願主念稱　粉川市正作
（側面）　三浦郡　鴨居村木村嘉兵衛　同弥七　同八左衛門　横須賀村　竹永長八　長井村　浦嶋元治良

　光明寺脇の塔頭の千手院では、双盤念仏の他に鎌倉念仏講があり、葬式の時に六字詰めの念仏を唱えたという。

（一九八三年・一九八八年・一九九七年・二〇一四～二〇一七年調査）

2　三浦半島

三浦半島地区は光明寺の末寺が多く、十夜法要の雲版による六字詰めが広まっている。六字詰めは役鉦といい、カイジョともいっているが、楷定念仏のことであろう。六字詰めは僧の法要の途中に入れるものであるが、支度鉦は僧の入堂・着座に叩く。内半鐘といって、本堂須弥壇裏に半鐘があり、それを講員が叩く。半鐘がない場合は雲版を叩いて支度鉦とする。最後に雲版で送り鉦を叩いて僧が退堂する。雲版は須弥壇の横の外陣に置かれる。

雲版を使わず双盤鉦を並べて叩く念仏を平鉦といっている。外陣で行うもので法要の合間合間に随時叩く。歌の文句が入るものもあり、遊び鉦である。このように、三浦半島地区では雲版の六字詰めと平鉦の双盤念仏がはっきりと分かれている。

（1）東漸寺　横須賀市武

一一月二日の十夜法要で双盤念仏を行う。昼の日中法要と晩の初夜法要は雲版で役鉦を叩く。法要の前に仕度鉦といって半鐘と雲版を叩き僧を迎える。雲版は須弥壇右に立てられる。双盤は平鉦といい、法要の前や間に鉦講（カネコ）の人が叩く。これを「在の鉦」、即ち在家の人による鉦講という。双盤は四枚で須弥壇の正面に置かれる。一番鉦と三番鉦は「音《ね》がカライ」といって高い音が出る。昔はお十夜は三日かけて行いオコモリをした。諷誦文は深夜に行い双盤鉦を打った。鉦を強く叩くことを「鉦を生かす」、小さく叩くことを「鉦を殺す」という。

平鉦（鉦講四人）　座付→半座→半座コロシ→シズメ→掛け念仏→タマノジ→三二一→雷落とし→セメ打ち→出ハナ（座付）

役鉦（雲版）六字詰め→オトシ→カケ（式衆僧の鈴と掛け合いになる役鉦。）の時、茶湯《ちゃとう》を本尊に献ずる。他に歌念仏があった。文句「鉦がなるかよ　撞木がならすかよ　鉦と撞木があいなるかよ」

雲版・双盤鉦四枚・太鼓一張。

雲版銘　相州三浦郡武村　松得山東漸寺常什物　天保十三年十月吉日　二十七世潮誉真海代　施主　大田和村　浅葉仁右エ門　同カ兵衛并大田和村檀家中
双盤銘（一番鉦・二番鉦）元治元甲子天七月吉日　東漸寺二十七世潮誉真海代施主相州三浦郡武村　山田政右ヱ門
（三番鉦）天保十五甲辰七月

（一九九六年調査）

(2) 信楽寺《しんぎょうじ》　横須賀市大津

雲版のみ。支度鉦によって僧が入堂。阿弥陀経により須弥壇の周りを行道し、散華して着座する。舎利礼・回向文（光名遍照）十念に続いて、六字詰めの雲版があり、上人の十念で終わる。雲版。銘なし（戦後のもの）。

（一九九七年調査）

(3) 無量寺　横須賀市長坂

雲版と鉦講の双盤。午後、鉦講が平鉦を叩き、四時からの法要に雲版の六字詰めを唱える。鉦講の双盤鉦は四枚である。平鉦の時、雲版の太鼓のみを叩き、鉦講の双盤の音頭を取る。太鼓をカワ（皮）という。逆に法要の六字詰めの時に鉦講の人が雲版鉦に合わせて、四枚の鉦を叩く。この雲版をカイジョウともいう。この無量寺の双盤は旧節といわれている。葬式の時、鉦講の人が六字詰めの双盤で送る。鉦講は寒稽古をして練習をする。
平鉦　きょうじろ→はんざ→念仏平鉦カケダシ→掛け念仏→三つ玉・四つ玉→七五三→（念仏ゆっくり）→連打
雲版・双盤鉦四枚（昭和三一年〔一九五六〕、銘なし）。

（一九九六年調査）

（4）長安寺　横須賀市久里浜八幡

長安寺と伝福寺は光民流という同じ流派なので組んで行っている。一〇月二八日は長安寺の不動の縁日で十夜法要を行う。伝福寺は薬師であるが一一月一〇日に十夜法要を行う。長安寺は昔二七日・二八日でオコモリをした。長安寺では平鉦と日中と初夜の法要の時の六字詰めがある。平鉦の時は太鼓と四枚の双盤鉦で、六字詰めの時は雲版と太鼓であるが、平鉦の太鼓と雲版の太鼓は異なり、平鉦の太鼓は直径四六センチであるが、雲版の太鼓は九八センチと倍の大きさのものを叩く。昔は台があって羽織を着て叩いたというが、現在は床に双盤を置いて叩く。

光民とは幕末の名人の名前で、目の見えない芸人であったと伝える。寺入口に光民流の碑がある。現在、光民から小川安蔵・浅葉米吉・小川忠雄・榎本亀吉と五代目に当たる。光民流は浦賀・久里浜の寺院に広がっている。

平鉦は法要の前に何度か叩く。一流れ二五分かかる。法要の前に仕度鉦を叩き、僧が入場し、舎利礼文のあと六字詰めが入る。十念が終わると送り鉦を叩く。仕度鉦・六字詰め・送り鉦は講元が行う。送り鉦は双盤鉦一枚で叩く。

平鉦　はじめ鉦→座付→半座→座付→半座（六字詰め）→歌念仏→玉→雷オトシ→山道→終り鉦
歌念仏は南無阿弥陀仏を歌うように唱える。これとは別に半座のあとに即興で文句を入れることがあった。「蝶々

とまれよ　菜の花にとまれ　南無阿弥陀仏」など。

雲版・双盤鉦四枚・太鼓一張。

双盤銘（一枚）法界萬霊等為菩提相州三浦郡八幡村長安寺向誉代　願主六十六部可順于時寶暦三癸酉天七月日西村和泉守 他三枚昭和二十三年

（一九九七年調査）

（5）法蔵院　横須賀市津久井（北下浦）

法蔵院では一〇月八日から九日にかけて行われる。八日三時開白法要・五時日中法要・八時初夜法要・九日九時結願法要で、法要の時は雲版で役鉦を叩き、法要と法要の間に双盤鉦で平鉦を叩く。長安寺と同じく平鉦の太鼓と雲版の太鼓は別で、津久井では別の場所に置かれている。本堂須弥壇のあるところは内陣であり、結界を巡らす。中は上人や式衆の僧が入り、在家は結界の外になる。内陣正面は仕度鉦と言い、双盤鉦が並び、ここで平鉦が叩かれる。向かって右はワキガタ（脇方）で雲版と太鼓はここに置かれる。本堂には本尊阿弥陀仏から延びる十本五色の布が天井に張られる。深夜諷誦文が行われ、参詣客で賑わい、見世物小屋も掛かった。

かつては北下浦の漁師の人が本行寺（日蓮宗）に頼んで八月二九日に浜施餓鬼を行っていたが、その時、浜に鉦講の幕を張り、双盤を叩いた。海中に孟宗竹を何十本も立てて灯籠流しを行った。

平鉦　座付→半座→かけだし→玉入れ→雷オトシ→大間→山道

念仏の間に「歌入れ念仏」といって甚句や木遣り念仏を入れた。文句「信州信濃の新そばよりも私しゃ阿弥陀のそばがいい」

雲版・双盤鉦四枚

双盤銘　一番鉦　文化五年　　二番鉦　文政十年　　三番鉦　文化三年　四番鉦　文政十年
　　　　二番鉦　文政十亥年八月新造之為　施主　西浦賀紀伊国屋伊兵衛
雲版銘　明治十三庚辰七月歓喜日
　　　　相州三浦郡津久井村五劫山法蔵院四十八世誦誉代

（一九九七年調査）

（6）良心寺　横須賀市追浜

一〇月二五日、十夜の時に雲版六字詰めの念仏を行う。六字詰めは光明寺に習う。雲版に鈴と喚鉦（内半鐘）が応じるが在家三人で行う。雷落としのところでは双盤を叩く。雲版と双盤鉦四枚が残っている。双盤鉦の銘文は鰹漁を通じて千葉県側との交流を示すものである。鰹節の工場があった千倉町の西養寺に双盤鉦が残っており、十夜法要が行われていた（6　千葉県参照）。良心寺の双盤念仏鉦講は戦前に途絶えた。雲版・双盤四枚。

雲版銘　天明四甲辰十一月　相州三浦郡浦郷邑　惣檀中　良心寺第十二世鮮誉代
双盤銘（四枚）
　　　　文政七甲申年八月　相州浦郷村良心寺惣檀方寄附静誉代
　　　　粉川市正
　　　　文政七甲申年十月五日　相州三浦郡深浦村若者中

小坪鰹漁船中　房州波佐間村善兵ヱ　伏見屋五郎兵ヱ
江都本所小田原町大和田弥兵ヱ
他二枚　銘なし

（一九九八年・二〇一四年調査）

（7）天養院　三浦市和田

雲版のみ（写真4－2－3）。行儀は信楽寺と同じ。散華はなく、式衆の伏せ鉦の念仏に合わせて在家の六字詰め念仏が始まり、雲版に合わせて式衆が鈴《れい》と半鐘を叩いて応じる。先々代に光明寺声明の師・吉水大信がいた寺である。和田義盛の護持仏だったといわれる身代わり薬師を脇侍仏に祀る。本尊阿弥陀仏より一二本六色の布が堂内に渡され、白一本の善の綱となって堂外の供養木碑につながっている。雲版。

写真4－2－3　三浦市和田天養院の雲版（六字詰め）

雲版銘　文化十三子年二月　相州三浦和田村天養院什物施主（十二名連記）
伏せ鉦銘　明和九年

（一九九七年調査）

（8）福泉寺　三浦市初声三戸

雲版と鉦講の双盤。法要前に鉦講が平鉦を叩き、七時三〇分からの法要に雲版の六字詰めを唱える。鉦講の双盤鉦は二枚である。六字詰めの時に雲版の太鼓のみを叩くのは無量寺と同じである。支度鉦を叩くとき鉦講の人が手燭で稚児と僧の入堂を先導する。手燭には先達と書かれている。この雲版のことを「カイジョ」という。雲版・双盤鉦二枚。

雲版銘	明治三十四年十一月新調　福泉寺什物　愍誉辧定代
双盤銘	昭和四十三年

（一九九七年調査）

(9) 光念寺　三浦市三崎

雲版のみがある。かつては鉦講があり、講員が平鉦を叩いていたが、だいぶ前になくなってしまった。現在日中と初夜に在家が雲版を叩いている。かつては一一月三日・四日・五日の三日十夜が行われオコモリをした。光念寺には歌うような古い念仏が残っていた。雲版。

雲版銘	相州三浦郡三崎町　光念寺鏡誉代　延享元甲子年八月　施主和讃念仏講中

（一九九六年調査）

(10) 円福寺　三浦市南下浦町金田

円福寺は八月二三日の地蔵会に双盤を叩きオコモリもしたが、昭和七年（一九三二）本堂修復を機に一〇月三〇日に十夜法要を行い双盤を叩くようになった。平鉦と法要の時の役鉦を叩く。平鉦は四枚で、戦争中、供出してしまったので戦後他所の鉦を使っている。八月二三日のオコモリには諷誦文回向を行い、上人が諷誦文を読み上げる間、伏せ鉦で六字詰めを唱えた。現在月並みと葬式の念仏講があるが、小さい伏せ鉦を叩き六字詰めを唱えて、百万遍の数珠繰りをする。双盤三枚。

双盤銘（三枚）　相州深谷村専念寺什物　性誉代為庚申供養建立之　安永七年戊戌年十月（施主四名）
鎌倉光明寺常什物　粉川市正作　萬延元庚申作新調
奉納地蔵大菩薩宝前　鎌倉金龍山寶戒寺常什（施主・願主七名／年号なし）

横浜市戸塚区深谷専念寺は現在でも双盤念仏は続いている。他の二枚は鎌倉光明寺と鎌倉市小町の宝戒寺の双盤のものと考えられる。

（一九八八年調査）

(11) その他の寺

・小坪寺　逗子市小坪

小坪寺《しょうへいじ》はもと報身院という光明寺の末寺であったが、明治四〇年（一九〇七）火災により香蔵院と合併した。葬式や彼岸の時、伏せ鉦で六字詰めを唱える。

・正観寺　横須賀市浦郷町

一一月三日のお十夜に数珠繰りを行うが、双盤鉦一枚を叩きながら念仏を唱える。

・新善光寺　葉山町上山口

一〇月三〇日に十夜法要を行う。在家の方が雲版を叩き六字詰めを唱える。雲版は戦時供出したため昭和五九年

（一九八四）新調した。

・相福寺　葉山町堀内

一〇月二三日の十夜に在家の人が雲版で六字詰めを唱える。

3　横浜市

横浜市南部の正覚寺・阿弥陀寺・専念寺・中田寺・三仏寺は、光明寺系の雲版六字詰めがある。役鉦と平鉦の区別はあるが、専念寺のように役鉦と平鉦が同じようになり、深谷流として独特の節回しになった。またこの地区は平鉦に歌念仏が入り、遊び鉦・遊び念仏として叩き唱えられている。緑区の慈眼寺・青葉区の市が尾地蔵堂や真福寺では宗派を超え民間信仰と習合し、雲版は消えてしまう。なお三仏寺は八王子大善寺の末寺だったので、その影響も考えられる。鶴見の正泉寺は川崎大師の人が叩く。このように、横浜市は南と北では異なり、歌念仏の曲目も多様になっている（1）。

（1）正覚寺　横浜市港南区港南二丁目（旧松本村）

松本山正覚寺の十夜は一〇月二四日・二五日・二六日の二夜三日の法要であったが、二四日の日中法要のみになった。日中法要の時、役鉦として六字詰めの念仏を雲版で行う。その時、双盤鉦四枚も同時に叩く。双盤は内陣の手前に畳式の台の上に置き座布団が用意されている。雲版は右脇に置く。

平鉦は法要の合間に叩く。正覚寺の平鉦には「石堂丸」の歌詞が入る。正覚寺は磯子区峯の阿弥陀寺・磯子区中原の願行寺・磯子区栗木の金台寺・磯子区田中の薬王寺の双盤連中と交流があり、混じり鉦といって、いっしょに叩いた。六字詰めはこちらから教えた。

毎月一五日に念仏講があったが「六字詰め」で百万遍の数珠繰りをした。葬式の野辺の送りには小さな鉦を持って「掛け念仏」と「山念仏（石堂丸）」を唱え、埋葬の時は「六字詰め」を唱えた。

平鉦　打ち込み→念仏（座付・半座）→二ノ半座→掛け念仏（山念仏又は石堂丸）→玉入れ→雷落し→大間→三ツ山→山道→大間落し→一番鉦→払鉦

二ノ半座・雷落し・三ツ山は抜いている。まず鉦と太鼓で打ち込み・太鼓から一番鉦から四番鉦まで、座付・半座の念仏を順に唱え、掛け念仏から石堂丸に続けて唱える。掛け念仏は太鼓の念仏を、鉦全員が繰り返す。石堂丸も太鼓と鉦全員が一節ごとに交互に唱える。玉入れ以降は叩きが主になる。

石堂丸歌詞（字あまり石堂丸）

1、ナームオイ石堂丸は高野の山へ父を尋ねて九十と九坊だんだん登れば墓所あり

2、ナームオイ刈萱道心は花の薬師　左手香花右手に数珠口には大師のご真言

3、ナームオイ石堂丸は泣き泣き一人　だんだん下れば玉屋の茶屋　母のふもとでこがれ死に

4、ナームオイ石堂丸は御山の御祖師　刈萱道心の弟子となりて　今に残りし親子地蔵

他にも賽の河原・七福神などがあった。

雲版・双盤鉦四枚・太鼓一張

雲版銘　寛政七年十月吉日　観音講中　法界志者中　永代十夜講
双盤銘　武州久良岐郡松本村　正徳三癸巳十月十五日　松本山正覚寺十六世接蓮社迎誉上人代
　　　　嘉永五年二月吉日　惣檀講中鉦講（十八人連記）

（一九八八年調査）

（2）阿弥陀寺　横浜市磯子区峰町

阿弥陀寺では昭和五八年（一九八三）を最後に双盤講は絶えてしまったが、鉦などの資料は残っている。
毎年一〇月一七日に十夜の双盤念仏が行われた。平鉦四枚と太鼓に雲版がある。平鉦には正覚寺から伝わった歌念仏がついた。石堂丸と七福神であるが、石堂丸は正覚寺の項に記したので、七福神を以下に記す。

平鉦　ぶっこみ↓半座↓座付↓掛け念仏・石堂丸か七福神↓玉入れ↓山道↓雷落とし↓上がり

歌念仏　七福神

1、オイ今晩つとめはお十夜なれど　ご免下され落鐘打つ中攻ジャマリ新文句
2、オイ双盤連中が寄り集まってだんだん勉強勇鐘いろいろ文句で曲打ち鳴らす
3、オイ高砂浦には爺様と婆様　鶴の巣ごもり尾上の松目出度いことよ萬々歳
4、オイ恵比寿大黒辨天毘沙門ホテイフクロクジューロクジ様目出度いことよ七福神

雲版・双盤四枚

双盤銘　正徳四甲午歳正月日　施主清誉□傳和尚　武州久良岐郡峯村阿弥陀寺什物　随誉義天代
天保六乙未年十月日　當所友右エ門常右エ門　武州久良岐郡峯村阿弥陀寺什物　漸誉代

（一九九六年調査）

（3）専念寺　横浜市戸塚区深谷町（旧鎌倉郡大正村）

江戸後期に山田金五郎という人が双盤念仏を中興したと伝える。戦時双盤鉦供出のため中断したが、昭和三三年（一九五八）に鉦を新調し復興した。

一〇月四日のお十夜に昔は開白・日中・結願の三座の法要があったが、現在日中法要のみになった。四枚の双盤鉦で叩く平鉦と法要の時に叩く役鉦がある。役鉦は雲版で「本つとめ」「カイジョウ」ともいう。専念寺の特徴は他に比べて調子がよく、深谷流とか深谷節といわれるように、歌念仏に近い。また平鉦と役鉦の構成が似ていて、六字詰めは平鉦にも役鉦の雲版にも入っている。役鉦の時雲版に合わせて、双盤連中も鉦を叩き、唱えも合わせる。また雲版の六字詰めの時、本尊薬師に御茶湯を献ずるが、双盤連中が行った。現在は檀家総代がやるが在家の人の役目となっている。双盤鉦の太鼓は音頭取りという。

月並みの念仏が正月・二月・三月・九月・十月・一一月に開かれるが（上中下の三つの講中がある）、六字詰め・三下り・玉という雲版の唱えを双盤の一枚鉦で行う。葬式でも同様のことをやる。

役鉦　座付→六字詰め→三下り→玉（捨て玉・本玉）→オモカゲ→雷落とし→大間《おおま》→三ツ目殺し→山道→座付

平鉦　座付→六字詰め念仏（四遍返し）→半座念仏→掛け念仏→玉入れ→雷落とし→大間→三ツ目殺し→山道→座付。六字詰めから掛け念仏までが念仏で後は鉦が主になる。掛け念仏は太鼓と鉦の人の念仏の掛け合いである。

雲版・双盤四枚・太鼓一張。双盤鉦は昭和三三年（一九五八）に新調した。太鼓は明治三〇年（一八九七）新調。

（一九九七年調査）

（4）中田寺《ちゅうでんじ》　横浜市泉区中田町（旧鎌倉郡中和田村）

薬師が本尊で一〇月二六日に十夜を行う。平鉦と役鉦がある。平鉦は四枚の双盤鉦と太鼓で、役鉦は雲版と二枚の双盤鉦で行う。平鉦の双盤は台に乗って叩く。葬式は六字を唱える。

平鉦　座つけ↓念仏（五人）↓半座（五人）↓掛け念仏↓玉（三二一）↓雷落とし↓大間↓三ツ目殺し（三二一）↓山道（上り下り）↓しまいの座つけ

五人というのは太鼓・鉦の五人が順に唱えること。掛け念仏は太鼓と鉦の掛け合い。玉で鉦を三二一で叩き出し、三ツ目殺しで鉦を小さく叩き鎮めていくことを表す。遊び鉦といって歌の文句を入れることがある。

役鉦　六字↓肩おろし↓三つ目おろし↓山道

雲版・双盤鉦四枚・太鼓一張

双盤銘　昭和二十五年
太鼓銘　大正十五年　鉦張連中世話人（五名連記）
雲版銘　昭和二十五年十一月十九日
雲版太鼓銘　明治四年（二十六人連記）

（一九九七年調査）

（5）三仏寺　横浜市旭区本村町（二俣川本村）

三仏寺は阿弥陀・観音・薬師の三体の仏像を祀ることから来た名前である。毎年一〇月の二七日に十夜法要を行う。諷誦文で有名であった。役鉦と平鉦がある。役鉦は鈴と半鐘が入るが講の人が行う。双盤鉦は平鉦の時のみで法要の前後に行う。お通夜の時に一枚の双盤鉦で念仏を唱える。

平鉦　座つけ→念仏→掛け念仏→玉入れ→雷落とし→大間→三ツ目殺し→山道→座つけ

雲版・双盤鉦四枚・太鼓一張。

（一九九七年調査）

双盤銘	昭和二十七年
雲版銘	昭和十一年

（6）慈眼寺（真言宗）　横浜市緑区寺山町

慈眼寺《じげんじ》は真言宗の寺であるが、双盤講はその境内の観音堂で行われる。観音堂には薬師他の諸仏が祀られ、縁日は毎月八日と一七日であるが、正月・五月・九月の一七日が観音の縁日として双盤念仏を行う。また小机領観音三十三カ所の二十九番札所になるので三月二九日にも双盤を叩く。春彼岸の日曜にずらして行う。一二年に一度子年に開帳がある。慈眼寺双盤講として旧寺山村の講員は男女合わせて一五人ほどである。この念仏は幕末の慶応年間（一八六五～六八）に生まれた臼井紋次郎から遠藤熊市・遠藤金作・秋元政重・遠藤和昭と五代続いている。双盤鉦は四枚・太鼓一張である。

双盤念仏は以下のように長いものであるが、「遊び念仏」とか「字あまり」という歌念仏が九種類伝わっており、双盤念仏の「長行・半座」に続けて一番鉦から順に「遊び念仏」を唱える。
双盤念仏　長行↓半座↓二度め半座↓駆け出し↓三つ拍子↓掛け念仏↓活《いか》し↓殺し↓活し↓殺し↓四拍子↓殺し↓
二つ上げ↓七五三↓五行↓十鉦《とおがね》↓六道↓山道上り下り↓雷落とし↓座付↓太鼓の長行
遊び鉦・歌念仏
　1、帰命頂礼蝶々や止まれよ菜の葉に止まれ菜の葉が嫌なら葦の葉に止まれよ葦の葉がいやなれば十七・八になる姉さん達の頭に止まれナーウィ
　2、帰命頂礼ほていほくろく人の頭は長いよ長い長いは両国橋は長いよお馬で通しよお馬もいやいやお籠で通しよお籠もいやいや十七・八なる姉さん達にお手手を引かれて通りたいぞやナーウィ
　3、帰命頂礼哀れなるかよ石堂丸はお乳を尋ねて高野の山へお登りなさるぞナーウィ
　4、帰命頂礼岩舟地蔵のお召しのお舟は金の帆柱に六字の明王の帆を上げなされて西へ西へと赴きなさるはナーウィ
　5、帰命頂礼土手のもぐらもちゃー十七を負かすはナーウィ
　6、帰命頂礼線香の煙は遠くなるほど薄くなるぞやナーウィ
　7、帰命頂礼吉田通れば二階で招くよ而も彼女の振袖よナーウィ
　8、帰命頂礼淀の川瀬の水車は誰が廻すかおくるくるとよナーウィ
　9、帰命頂礼本町二丁目の糸屋の娘は姉さん二十一妹二十歳で姉さん少しも欲しくはないが妹欲しさにナーウィ

双盤銘　二枚　遠藤熊市　寺山双盤講　二枚　銘なし
太鼓銘　川井長源寺檀徒一同　昭和三十五年四月吉日
（一九九八年調査）

（7）市が尾地蔵堂（真言宗）　横浜市青葉区市ケ尾町

この市が尾の延命地蔵は江戸中期にはすでにあった。堂内に享保二年（一七一七）正月一五日の延命殿中興願蓮社方誉順西比丘の位牌があり、地蔵堂を再興したことが分かる。その後この地に悪疫が流行したため統誉上人がこの地で即身成仏して悪疫を鎮めたとされ、境内に入定塚があり、宝暦元年（一七五一）の位牌がある。現在、真言宗東福寺が管轄しているが、統誉上人やその前の中興の方誉上人は浄土宗とみられ、十夜法要はその頃から始まったとみられる。統誉上人が発起人になっている結縁者名の掛け軸がある。

一一月三〇日の十夜に双盤念仏が奉納され、東福寺の僧による諷誦文供養がある。諷誦文供養の間、双盤講は二枚鉦で「六字詰め」を唱える。その間「双盤坊主」役の人が紙位牌をめくり供養をし、最後に紙位牌を餅に挿し、本尊に供える。

写真4－2－4　横浜市市が尾地蔵堂の双盤念仏

双盤念仏は四枚鉦で台に乗り、太鼓が音頭を取る（写真4－2－4）。

本尊にゆず餅・杉餅というゆずや杉で飾られた供物が供えられ、堂内は紙花で飾られ、結縁掛け軸や他の掛軸が掛けられている。

双盤念仏　座付↓半座↓長経↓半座（三番ころし）↓掛け念仏↓玉入れ（一番・二番・三番）↓三三一の切↓サスの切り↓三ツ鉦↓四ツ鉦↓二がさね↓五行むつ引き↓山道↓雷落とし↓座付

六字詰め　長経↓半座↓六字詰め

双盤鉦四枚・太鼓一張。双盤鉦は昭和六〇年（一九八五）に新調したものである。

（一九九七年調査）

（8）真福寺（真言宗）　横浜市青葉区荏田町

観音と薬師の祀ってある真福寺境内の原根堂で双盤念仏が上げられる。薬師の縁日の四月八日と観音の縁日の八月一七日である。堂内には祈願の絵馬や猿子が奉納されている。双盤念仏は明治一五年（一八八二）に荏田渋沢の浄土宗心行寺から伝えられたが、心行寺では止めてしまった。

双盤念仏　座付け↓念仏（長経・半座）↓かけだし↓掛け念仏↓玉入れ↓三三一↓雷落とし↓遠がね↓六道↓山道（上り・下り）↓二の切り↓座付け

双盤鉦四枚・太鼓一張。

双盤銘	明治二十一年　明治二十二年　明治二十七年　年号なし
太鼓銘	嘉永五壬子年五月十四日　普光院湛然浄香信女　武蔵国都筑郡荏田村原根堂什物

（一九九八年調査）

(9) 正泉寺（真言宗）　横浜市鶴見区生麦

七月一三日の盆の施餓鬼の翌日に盆供養のために双盤鉦を叩く。一一月八日の大師講にも叩いた。現在生麦の人がいなくなってしまったので川崎大師双盤講の人が叩いている。また慶岸寺で七月最終日曜に放生会があり、頼まれて双盤念仏をやったことがある。双盤鉦三枚・太鼓一張。

双盤銘　明治三十一年戌十月吉日　奉納生麦正泉寺什物　（世話人三名連記）
太鼓銘　昭和二十四年　張替平成八年

（一九九八年調査）

(10) その他の寺堂

・**蓮勝寺**（港北区菊名）　近年まで双盤講があった。一一月二日に十夜法要があり、一日が逮夜として賑わった。平鉦　座付き半座→半座→掛け念仏→七五三の玉入れ→雷落とし→大魔→四つぜめ→坂道→せめ→座ならし

双盤銘　嘉永三庚戌年十月吉日　（三名連記）
太鼓台銘　嘉永五年

（一九九七年調査）

4　川崎市

川崎市では二カ所で双盤念仏が行われているが、他に双盤鉦が残っている。川崎区殿町法栄寺の鉦は貞享四年

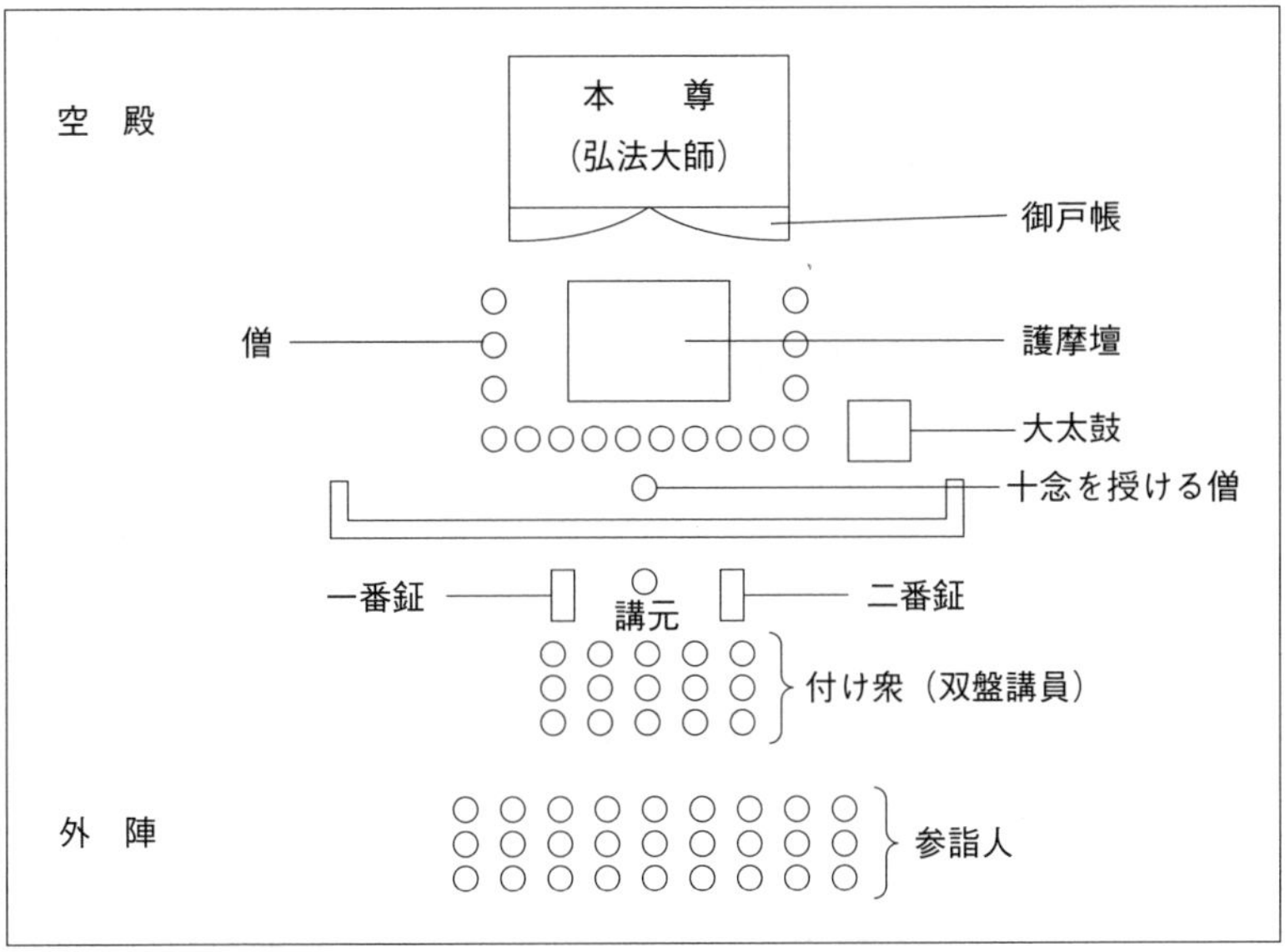

図4－2－2　川崎大師平間寺本堂内の双盤講の配置

（一六八七）で、全国二番目に古い鉦である。

（1）川崎大師双盤講　川崎大師平間寺（真言宗）

川崎市川崎区大師町[2]

川崎大師の双盤講には、三月の二〇日から二二日の正《しょう》御影供《みえいく》に行われる引帳念仏と毎月第三日曜に行う双盤念仏とがある。引帳念仏は五月と九月の二一日の弘法大師の縁日の護摩供にも行っている。

〈引帳念仏〉

場所　本堂　鉦二枚（図4-2-2、写真4-2-5）

日時　三月二〇日〜二二日　五月二一日・九月二一日

引帳念仏は三月二〇日より二二日までの正御影供に行われる。弘法大師の入定した三月二一日を中心にする法要であるが、この時の双盤念仏は本堂空殿の弘法大師像に対して行う。引帳念仏の名があるように、御本尊の大師像の御戸帳《おとちょう》といわれる御簾《みす》を開閉する行事で、この時、双盤講の「みすあけ」担当が空殿《くうでん》裏の綱を引き、開閉の任に当たる。

写真４－２－５　川崎大師双盤講引帳念仏

御影供の前日の一九日には講員が「おしとね替え」といって、御本尊に敷かれている三枚の座布団（お褥《しとね》）を奉納し、新たなものにする。その時「ぶっつろい」と言って、引帳念仏を唱え、翌日に備える。

かつてはこの一九日のお褥講は芝の魚河岸の講が、前日一八日のお花講は世田谷の深沢の講が花を上げ、二一日の百味講は横浜新羽《にっぱ》の講が野菜を奉納していた。

御影供時の日程は次のようである。朝開帳して昼に一度閉帳し、すぐに開帳して夕方閉帳する。昼の閉開帳を一度に行うため、一日に都合三回の念仏を唱え、この任に当たる。

	開帳	閉帳	開帳	閉帳
二〇日	六時三〇分	一二時五五分	一三時	一九時
二一日	六時	一二時五五分	一三時	一六時三〇分
二二日	六時	一二時五五分	一三時	一五時三〇分

かつては朝に開けて、夕方に閉じる（アガルという）という二回で、日の出に開けて日没に上がった。その間に参詣者はお参りをするということであった。

この引帳念仏は中に「六字詰め」の曲が入るため、「六字詰め」の念仏ともいい、双盤講は本尊を祀る宮殿《くうでん》正面の外陣に座る。鉦は二枚のみで、左右に分かれて叩き、中央に講元が座り、後ろに二〇人ほどの講員が「付け衆」

として並んで座る。

開帳の時は導師が着座し、洒水の儀を終え、南無大師遍照金剛の後、引帳念仏が唱えられ、途中、「山道上る・下る」のところで静かに戸帳が上がり、「雷落とし」でするすると戸帳が上がり切り、続いて僧が講員と参詣者に十念の念仏を授け、護摩供養が修される。閉帳の時は護摩供養が修され、引帳念仏が唱えられ、同様に戸帳が下ろされ、僧の十念ののち、送り念仏で僧が退堂する。講の人が六字詰めの念仏を修し、御戸帳の開け閉めをする。念仏は次の順である。

座付き→六字詰め（お念仏という）→詰め→玉入れ→山道上る・下る→雷落とし（ここで帳を開け閉めする）→十念→終わり座つき（閉帳の時は送り念仏）

全体を見ると、「座付き」から「詰め」までの引声の念仏の部分と、後半の叩きが主になる部分に分かれる。玉入れの叩きは七五三と三三九からなり、一番鉦が七つ叩く間、二番鉦は刻み叩きをする、次に二番鉦が五つ叩く間、一番鉦が刻み叩きをするという具合に、左右の叩きが異なる。「山道上る・下る」から「雷落とし」の時に引帳として御簾の上げ下げをする。五月・九月は御簾の上げ下げはしない。護摩供養のみであるため、念仏は僧の入堂前に始まり、念仏の最後に式衆が入堂し、導師が着座する。

引帳念仏については『平間寺史』（昭和九年〔一九三四〕）に、天保五年（一八三四）第三五世隆盛和尚が本堂再建を期して「引聲念仏」を始めたとあり、この念仏は戸帳の開閉を伴うため、現在では「引帳《いんじょう》念仏」の語を使う。

〈双盤念仏〉

場所　休憩所二階　　鉦三枚・太鼓一張

日時　毎月第三日曜

一方、双盤念仏は最近まで不動堂で行っていたが、現在休憩所の二階で行う。かつては大本坊の浄光殿で行っていた。午前一〇時頃から午後三時頃までで、昼を挟んで午前二鉦《ふたかね》・午後二鉦ほど鉦を張った。現在午後一度、練習として行っている。一鉦は次のような十四の順で行う。

座つき→手向《ちょうげ》→半座→掛け出し（太鼓）→掛け念仏→玉入れ（三三九《さざんく》→七五三《しちごさん》の玉）→三二一《さんにいち》のブッキリ→ゴギョウのキリ→六道→六ツ頭→大開き→山道上る・下る→雷落し→終わり座付き

以上、一時間ほどかかる。引張念仏の手向〜掛け念仏の部分が六字詰めになって時間が短くなっている。玉入れからの叩きの部分も長く複雑になっている。

念仏には他に、「六字」「ダおくり」「ぶつがえし」など「奥の手」という唱え方があり、「半座」の代わりに入れたが、これは役鉦といって、特別な時でないと唱えなかった。「六字」は引張念仏の「六字詰」とはまた別である。

道具は鉦三枚・ウマという太鼓一張であるが、双盤鉦・太鼓は昭和三五年（一九六〇）に新しく作ったもので、戦前は双盤鉦が四枚あったが、戦争中に供出してしまった。

さて、記録としては「大正六年各町村双盤講芳名録　大師河原村双盤講中」がある。大正六年（一九一七）の赤札の大開帳の時に川崎大師に挨拶に来たと思われる各町村双盤講の芳名録で、東京都の都内都下・神奈川県の五二の町村に及んでいる(3)。当時は大師河原村双盤講として行っていた。

この川崎大師双盤講は、明治三〇年（一八九七）頃、初代講元である古尾屋《ふるおや》浅吉が川崎市中原区木月から大師河原の中瀬に移って来て始めた。したがって、木月大楽寺の流れをくむが、これに奥澤流・深沢流の高低抑揚を付けて、川崎大師の双盤念仏とした。奥澤・深沢・木月の双盤念仏は新流といわれたが、この新流は花月園東福寺までで、生麦正泉寺より南に行くと、古流といって古い地《じ》の双盤念仏があった。大師の双盤念仏は新流に大師独特の曲節を加えたものである。双盤念仏講は戦中に鉦を供出して一時中断したが、戦後復活し、講元は中山安太郎（一九〇四年生）・露木一男（一九一七年生）・田辺照雄と続き、現在に至る。

川崎には他に幸町・都町などの南河原の連中、矢向の連中、木月の連中がいたが、いずれも絶えてしまった。中山の覚えている範囲でも、木月の大楽寺・南河原の宝蔵院・川崎宿一行寺・矢向の良忠寺・市の坪の観音様で双盤の行事が行われたという。横浜に入ると生麦の正泉寺・花月園の東福寺でも行われた。川を越えた大田区には、四月八日に古川の薬師で双盤講があり、大森の密厳院の閻魔堂で七月一六日に行っていた。古川には古い鉦があり、八王子や登戸の連中が叩いていたようだ。密厳院には鉦がなく、川崎大師の連中が鉦を持って行って叩いた。

川崎大師以外に九品仏浄真寺・生麦の正泉寺でも叩く。九品仏では東京都大田区今泉延命寺の連中と叩くが、別室での諷誦文《ふじゅもん》供養に露木講元が伴僧役として短く念仏を唱えていた。

昭和五五年（一九八〇）の初回調査時は中山安太郎・露木一男をはじめとする二四名であったが、その後、増えて盛時には三〇名ほどになった。双盤鉦三枚・太鼓一張。

双盤銘　（双盤念仏用三枚）　銘同じ
　昭和三十五年十月十一日　奉納者　高橋フク　大本山平間寺第四十四世隆天代
太鼓銘　昭和三十五年十月　奉納　森勝五郎　平間寺第四十四世隆天代
太鼓支え台銘
　昭和三十六年三月
　中山安太郎　松原米吉　森勝五郎　青山清吉　塩田吉之輔
　石渡倉吉　石川秀雄　和田啓次　木村幸三郎　高村彦六

本堂双盤銘（二枚）　銘同じ
　平成二十六年五月吉日　　大開帳記念
　大本山川崎大師平間寺貫主第四十五世中興第二世藤田隆乗代
　御鉦奉納者名　二八名

（一九八〇年・一九八五年・二〇〇八年・二〇一五年・二〇一八年調査）

（2）昭和町町内会館の観音堂

昭和町町内会館には如意輪観音が祀られており、大師双盤講の昭和町在住の講員が六月第三日曜の四万六千日の観音縁日に双盤念仏を奉納する。毎月第二・第四火曜日に練習に集まる。鉦は平成一〇年〔一九九八〕三枚、平成一四年〔二〇〇二〕一枚と新しいが、それまで法栄寺の鉦を借りていた。

（二〇一八年調査）

（3）その他の寺堂

川崎には現在川崎大師双盤講以外は絶えてしまったが、かつては存在し、鉦の残っているところがある。

（一九八八〜九〇年調査）

・**法栄寺**（天台宗）　**川崎区殿町**

天台宗。水神社の別当寺院で殿町の地崎にあった。大正七年（一九一八）の多摩川の河川改修により、現在地に移る。正月一一日の弁天祭には賑わった。双盤鉦が二枚あるが、使用については不明。一枚は貞享四年（一六八七）の古鉦で、全国で三番目に古い。当初一枚鉦で使用か。

双盤銘　貞享四丁卯天九月吉祥日　西村和泉守　奉奇（ママ）進青龍山法棨寺什物　如屋妙真妙鎮常運菩提
享保二丁酉天十月　粉河内記作　一智覚槌（ママ）　峯月了秋　隻月妙雲
江川町　施主松本重兵衛

（二〇一八年調査）

・**一行寺**（浄土宗）　**川崎区本町**

東海道筋にあり、閻魔信仰で有名である。一月一六日・七月一六日の双盤念仏があった。

・**能満寺**（天台宗）　**高津区千年**

一一月一四日にお十夜法要があり、戦前に双盤念仏が行われた。オコモリの時に諷誦文が唱えられ、芝居小屋が立った。

・**影向寺**（天台宗）　**宮前区野川**

戦前まで一一月一八日・一九日に十夜法要があり、双盤念仏が奉納され、深夜諷誦文回向があった。双盤は野川の講で九品仏浄真寺から教わった。六日は双盤振る舞いといってお日待ち講と双盤講でケンチン汁を出した。

・**龍安寺**（浄土宗）　**多摩区宿河原**

一一月七日の十夜法要と諷誦文回向があり、昭和三〇年（一九五五）頃まで双盤念仏が行われていた。十夜講の人が小豆粥やケンチン汁を振る舞い、賑わった。戦前は一一月二七日であった。この双盤念仏は世田谷区喜多見の慶元寺から伝わった。

双盤銘　明和八年　二枚　　文政五年　二枚

・菅の薬師堂（法泉寺）（天台宗）　多摩区菅北浦

一〇月二二日「ダンゴあげ」といって薬師にワラヅトに団子を入れてオコモリをする。この日護摩が焚かれ双盤念仏が奉納された。九品仏浄真寺から伝わった。

双盤銘　天保九年

5　県央・県西地区

大和市上和田の薬王院の双盤念仏には雲版はないが、光明寺の影響を伝えている。一方、町田から座間・厚木にかけて八王子大善寺の末寺があり、法雲寺は末寺ではないがその流れと思われる。当麻無量光寺は時宗であるが、曲は浄土宗の影響でできたものと思われる。藤沢遊行寺でも行われていた。阿弥陀寺と浄発願寺は近世初頭の弾誓上人ゆかりの寺で、鉦も古く、双盤念仏の成立を考える資料となる。

(1) 信法寺薬王院　大和市上和田

上和田信法寺は浄土宗で光明寺と縁が深く、双盤念仏が伝わっている。信法寺の北に別院として薬師堂があり、薬師院とされている薬師如来が本尊で一二年ごとの寅年に開帳する。(4) 六年ごとに半開帳といって中回向をする。縁日には目が良くなるという「目生姜《めしょうが》」が売られる。

上和田には光明寺系といわれる双盤念仏があり、毎年九月八日の縁日に奉納されるが、寅年の開帳には回向鉦が、中年の半開帳には半回向の鉦が叩かれる。鉦は元三枚で、唱えも三番鉦まであったが、近年一枚寄付されて四枚になった。鉦台がつく。

平成一〇年（一九九八）の寅年の開帳の時は次のようであった。

九月六日　九時　開扉式・回向鉦　一三時　平鉦　一九時　平鉦
九月七日　一〇時　平鉦　一三時　平鉦　一八時　回向鉦・おこもり
九月八日　一〇時　平鉦　一三時　平鉦　一七時　平鉦　一九時　回向鉦　二〇時　平鉦

平鉦と回向鉦は構成は似ているが、唱えや間の置き方が異なる。回向鉦は僧の法要に合わせて行う。

平鉦　座付→念仏（前座・半座）→駆け出し→掛け念仏（三つ鉦イカシ・コロシ）→三つ鉦（イカシ・コロシ）→四つ鉦（イカシ・コロシ）→二つ頭→四つ鉦（イカシ・コロシ）ここまで掛け念仏→刻み（玉入れ・七五三）→坂道上り→二度目の切り（雷落とし）→六辻《むつじ》→坂道下り→坂道上下→十念→座付

回向鉦　座付き→念仏（回向鉦）→駆け出し（太鼓の念仏）→掛け念仏（三つ鉦・四つ鉦・二つ頭・四つ鉦）→刻み（玉入れ・七五三）→坂道上り→二度目の切り（雷落とし）→六辻→坂道下り→坂道上下→十念→座付

またこの双盤念仏の合間に伏せ鉦で調子を取る歌念仏があった。

歌念仏

1、おまえの浜のお奉行様　潮風にもまれて色の黒さよ

2、おまえまちまち蚊帳の外　蚊にくわれ七つの鐘のなるまでも

双盤鉦四枚・太鼓一張。

双盤銘　一番鉦　相州高座郡上和田村生養山信法寺常什物第六世行誉岳禅和尚代
于時享保元丙申稔極月吉日（施主八名連記）
他の鉦　昭和二十四年　昭和五十五年　銘なし

太鼓銘　伏せ鉦　相刕高座郡上和田村薬師堂常什物　安永七年九月十九日　施主正誉住心代
嘉永六年八月　十七世滋誉上人代　上和田村薬師堂什物　村講中

（一九九八年調査）

（2）法雲寺　厚木市酒井（旧相川村酒井宿）

法雲寺境内薬師堂で行う十夜法要の時に、薬師堂の外に台を置き叩く。午前一〇時から双盤念仏、午後二時からの法要で役鉦を叩く。この薬師は秘仏で、一二年に一度、寅年に一〇月八日から一二日の五日間開帳する。その時諷誦文の回向があり、役鉦を叩く。役鉦の時は僧の迎え鉦・送り鉦を叩く。双盤念仏は四人で叩き、二〇分程度で、役鉦は二人で叩き、少し短く一五分程度である。四番鉦は音鉦という。申年は半薬師・半寅と言い、丑年は前薬師という。

双盤鉦四枚・太鼓一張。

双盤銘　奉納維持昭和五十年参月吉日　来迎山勝長院法雲寺什物　檀徒中　高岡金栄謹製

（一九九四年調査）

（3）無量光寺（時宗）　相模原市原当麻

無量光寺は時宗当麻派の本山である。宗祖一遍の開山忌で一遍像の開帳がある。その年に亡くなった人の諷誦文供養があり、双盤念仏が唱えられる。午前と午後に平念仏があり、昼の諷誦文供養の時に六字詰め念仏がある。六字詰め念仏は伏せ鉦一つで唱えられる。戦前に行われていたが、戦争で中断し、昭和二四年（一九四九）には復活したが、再度中断し昭和四九年（一九七四）復活し現在に至る。元旦の午後に初詣でを迎える意味で唱える。鉦台には時宗の紋の入った幕が張られている（写真4－2－6）。

平念仏

催促太鼓・半鐘（吊るし鐘）→平念仏（一～四番鉦・太鼓の順）→六字念仏（二番鉦から）→掛け念仏（一・二番鉦と三・四番鉦の掛け合い・鉦のイカシコロシを六回繰り返す）→送り念仏→七五三二の玉入れ（一番鉦が送り鉦・二番鉦が五の玉入れ・三番鉦が三の玉入れ・四番鉦が二の玉入れ）→三三九→山道→叩きおろし

写真４－２－６　相模原市無量光寺の双盤念仏

一遍上人の御戸帳を上げる時、双盤講の人が半鐘を叩く。双盤講の人の葬儀に六字詰めを唱える。寺の新山式（入山式）等の特別な時に「四遍返し」という南無阿弥陀仏を四回繰り返す念仏を双盤講の人が唱える。この双盤は青梅の乗願寺から伝わったというが、現在、乗願寺に教えに行っている。

無量光寺には双盤講・音楽講（和讃講）・踊り念仏があり、開山忌に披露される。踊り念仏は近年佐久の跡部から習ってきたものである(5)。

双盤鉦四枚・太鼓一張。

双盤銘　昭和二十四年秋　無量光寺第六十五世他阿大道上人代

（一九八三年・一九九九年調査）

（4）清水寺《せいすいじ》（曹洞宗）　相模原市下溝

四月八日の花祭りと一〇月一九日の観音の縁日に双盤念仏を行ったが、現在双盤講三名で、やる年とやらない年がある。双盤鉦は二枚。太鼓一張。

双盤銘　昭和二八年一〇月九日補陀落山清水寺

（一九九九年調査）

（5）その他の寺堂

・三宝寺　小田原市小八幡　かつて十夜で賑わった寺で双盤鉦の枠が残る。十夜は一〇月八日に行われた。

双盤枠銘　明和三丙戌正月吉日　相州足柄上郡中村庄下井野口村一行院什物　願主若者中

・西光寺　秦野市鶴巻北　一〇月五日に十夜があり、双盤念仏があった。鉦の一枚を消防団が持っている。

双盤銘　明和三年

・観音寺　厚木市舟子　昭和三〇年（一九五五）頃まで双盤講があった。

双盤銘　昭和九年甲戌　船子山観音寺檀家中

・浄発願寺　伊勢原市日向一の沢　日向薬師の奥の寺で木喰弾誓上人が慶長一三年（一六〇八）に奥ノ院の岩屋で

修行して双盤を叩いたという伝説がある。

双盤銘　寛政八丙辰年二月吉日　相州一之沢無常山浄發願寺什物□阿上人代
寶暦十三癸未季正月廿五日　相州一之沢無常山
浄發願寺什物空札上人代

阿弥陀寺　箱根町塔之沢　箱根湯本奥の塔之沢山中にある。弾誓が慶長八年（一六〇三）より籠り、慶長一四年（一六〇九年）に開山した。弾誓念仏という高声念仏を唱えた。今の念仏は吉水大信より教わったものである。一〇月第四日曜に唱える。双盤鉦二枚。

双盤銘　元禄六壬酉年五月廿五日　阿育王山阿弥陀寺常什物　辨誉智俊代

6　千葉県

千葉県で在家の双盤念仏は見つかっていないが、千倉に三浦半島から伝わったという双盤念仏があった。

（1）西養寺（真言宗）**薬師堂　南房総市千倉町北朝夷**
東仙寺（真言宗）**十王堂　南房総市千倉町南朝夷**

三浦半島で千葉県の話を時々聞く。安房にも十夜の双盤講があるという話で「千倉のヒラガネは十夜の団子トウカッタ」という言葉が伝えられている。

千倉町北朝夷《あさい》寺庭の西養寺（真言宗）共同墓地の薬師堂（村持ち）と南朝夷東仙寺（真言宗）の十王堂の二カ所で

十夜があり、双盤が叩かれた。西養寺薬師堂では旧一〇月の一〇日から一五日の適当な日に十夜を行うが、女衆がチラシごはんやシラハという小さいミカンを供え、飲み食いする。双盤鉦一枚があり、戦前には叩いていた。東仙寺十王堂では現在一〇月一二日の十夜に女人の念仏があり、その時呼び鉦として一枚の双盤鉦を叩く。またその時に団子を供える。東仙寺には、この地に享和年間（一八〇一～〇四）に鰹節をもたらした紀伊印南村の土佐与市の墓がある。この地は鰹節の製造で有名であった。横須賀市追浜良心寺双盤鉦銘文に、「小坪鰹漁船中」が双盤鉦を寄進したとある。鰹漁のつながりで、真言宗の朝夷地区に十夜や双盤念仏が伝わったと考えられる（2-(6）良心寺参照）。

双盤銘　文久二壬戌二月求之　江戸西村和泉守 房州朝夷郡北朝夷村薬師堂　願主善左ヱ門老人　施主當代老若者中　世話人山口左治右ヱ門　石井七右ヱ門　押 元五左ヱ門　込山傳右ヱ門　鈴木喜右ヱ門

（一九九八年・二〇一四年調査）

(2) 選択寺　木更津市中央

戦前に双盤鉦があったが、供出して今はない。一〇月二〇日お十夜　八月一六日閻魔様

(3) 大蓮寺　浦安市堀江

江口定信住職がお十夜に二枚の双盤を向かい合わせで叩き、双盤念仏を唱える。浄土宗行儀にある六字詰め双盤念仏である。お十夜は一一月上旬の土曜に行われる。双盤鉦二枚。

双盤銘　元禄十一戊寅年十一月十六日　為両親施主貞譽清心兄　宇佐美孫右ヱ門兄弟　南無阿弥陀仏行徳堀江村大蓮寺七世信誉代　粉阿丹後守作
寛政七乙卯歳六月　光縁山大蓮寺什物　十五安誉代　西村和泉守　為廓丁院安勝尊　常入道補居士菩提為　施主新井甚左ヱ門

（一九九七年調査）

註

（1）横浜市教育委員会社会教育部文化財課『横浜の文化財――横浜市文化財総合調査報告書概報（十）――』（二〇一二年）、横浜市教育委員会『横浜の民俗芸能』（一九八六年）には、三仏寺・正覚寺・阿弥陀寺・蓮勝寺・真福寺・市ヶ尾地蔵堂・慈眼寺・専念寺の八カ寺が紹介されている。阿弥陀寺・蓮勝寺は廃絶。市指定の鶴見東福寺は川崎大師双盤講に合併。
川口謙二「横浜の双盤念仏」（『かながわの民俗芸能』二四号、神奈川県民俗芸能保存会、一九八八年）では横浜市の三仏寺・正覚寺・真福寺を紹介している。
神奈川県教育委員会『かながわの民俗芸能50選』（一九七七年）「28双盤念仏」に紹介される。三仏寺・正覚寺以外に川崎大師・相模原無量光寺・相模原清水寺が入る。

（2）川崎大師双盤講は九品仏浄真寺に行っていたため、大田区史・東京都文化財調査・世田谷区浄真寺調査・川崎市史調査のそれぞれの報告に載せた。双盤講先々代代表の中山安太郎・先代代表の露木一夫にはお世話になり大変貴重な話を伺えた。
以下に川崎大師双盤講に関する筆者の記述がある。坂本要［一九七九b］［一九八〇］［一九八三］［一九八六］［一九九一］。

（3）角田益信「大師の双盤念仏」『高津郷土史料集　第七篇』一九六八年三月、高津図書館。

内容

1、念仏譜

2、「大正六年各町村双盤講芳名録　大師河原村双盤講中」　※（　）は現市区町村

地区名

南足立郡千住町（足立区千住）
東京下谷池之端七軒町（台東区池之端）
東京牛込弁天町（新宿区弁天町）
府下豊多摩方村新井（中野区新井）
豊多摩郡野方村下沼袋（中野区沼袋）
府下荏原郡碑衾村衾（目黒区衾）
荏原郡松沢村赤堤（世田谷区赤堤）
府下荏原郡駒沢村下馬引沢（世田谷区下馬）
荏原郡駒沢村深沢（世田谷区深沢）
世田ヶ谷宇山（世田谷区桜丘）
府下品川町（品川区品川）
荏原郡上大崎（品川区大崎）
荏原郡大崎町下大崎（品川区東五反田）
府下荏原郡池上村石川（大田区石川町）
府下荏原郡六郷村古川（大田区西六郷）
府下荏原郡矢口村今泉（大田区今泉）
北多摩郡三鷹村仙川（三鷹市新川）
北多摩郡調布町下石原（調布市下石原）

浅草区タマシメ町（玉姫か、台東区清川）
東京向島（墨田区向島）
豊多摩郡中渋谷（渋谷区渋谷）
府下豊多摩野方村新橋（中野区野方）
豊多摩郡野方村下鷺之宮（中野区鷺宮）
荏原郡玉川村奥沢（世田谷区奥沢）
荏原郡玉川村用賀（世田谷区用賀）
北多摩郡千歳村船橋（世田谷区千歳船橋）
府下荏原郡玉川村瀬田（世田谷区瀬田）
荏原郡平塚村蛇窪（品川区二葉）
荏原郡大崎町谷山（品川区上大崎）
荏原郡大崎村桐ケ谷（品川区桐ケ谷）
荏原郡平塚村戸越（品川区戸越）
府下荏原郡調布村鵜ノ木（大田区鵜の木）
府下荏原郡調布村下沼部（大田区下沼部）
府下荏原郡矢口村蓮沼（大田区蓮沼）
北多摩郡三鷹村北野（三鷹市北野）
北多摩郡神代村入間（調布市入間）

北多摩郡調布村小嶋（調布市小島）　県下川崎町（川崎市川崎町）
橘樹郡御幸村南河原（川崎市幸区南河原）　橘樹郡日吉村矢上（川崎市幸区矢上）
橘樹郡日吉村駒林（川崎市幸区駒林）　橘樹郡住吉村市之坪（川崎市中原区市ノ坪）
橘樹郡住吉村木月（川崎市中原区木月）　橘樹郡稲田村中野島（川崎市多摩区中野島）
県下橘樹郡稲田村菅（川崎市多摩区菅）　県下橘樹郡旭村西寺尾（横浜市神奈川区西寺尾）
橘樹郡大網村菊名（横浜市港北区菊名）　橘樹郡大網村篠原（横浜市港北区篠原）
横浜市吉田（横浜市中区吉田町）　相州鎌倉郡川上村（横浜市戸塚区川上町）
相州鎌倉郡村岡村（藤沢市村岡東）　相州三浦郡

（4）平成一〇年（一九九八）が寅年で、双盤念仏調査が行われ記録映像が撮られた。坂本要［二〇〇二］、VHS『上和田薬王院双盤念仏』、大和市教育委員会、二〇〇二年。

大和市『大和市史8（下）別編　民俗』（二〇一六年）六七八頁。『上和田・下和田の民俗』大和市教育委員会、一九八一年。『わたしが知っている郷土――深見・上和田・下和田』大和市役所管理部庶務課、一九九三年。

（5）田中宣一「無量光寺の双盤念仏」『かながわの民俗芸能』神奈川県教育委員会、二〇一六年。「仏教芸能」『相模原市史　民俗編』相模原市市史編さん室、二〇一八年。

第三節　東京都の双盤念仏

双盤講は、東京においては明治から大正期にかけて爆発的に流行した[1]。その後、第二次大戦中の金属品の供出により鉦そのものをなくしてしまい、多くの団体が双盤の行事をとりやめてしまった。都内に広まったのは鎌倉光明寺系の双盤であるが、都下は八王子大善寺の影響が強い。いくつかの流派に分かれて技を競った。浅草寺奥山念仏堂・芝増上寺裏赤羽橋閻魔堂・世田谷の九品仏浄真寺・八王子大善寺には双盤念仏の大きな行事があり、各地双盤講の活動拠点となった。

九品仏の双盤念仏は奥沢流と呼ばれ、明治期斉藤真了によって周辺に伝播したが、その中でも喜多見慶元寺・府中車返し結衆講のものは「北口」と呼ばれ、奥沢流を若干変化させたものであった。神奈川県下に広まっているものも古流・新流があったようで、川崎大師のものは新流と言って明治三〇年代になって成立した。横浜荏田のものは古流と称している。

八王子大善寺系のものは滝山流と称し、別系統で、町田市や神奈川県厚木市近辺に広がっていた。武蔵村山宿の薬師の鉦張りがこれに属する。

また浅草寺念仏堂の浅草流という流派もあった。浅草寺念仏堂の双盤念仏は埼玉県の飯能近辺に残っている。

1　増上寺　港区芝／宝珠寺　港区赤羽橋

三縁山増上寺は明徳四年（一三九三）酉誉《ゆうよ》聖聰《しょうそう》により創建され、天正一八年（一五九〇）存応の時、徳川家の菩提所になり、慶長三年（一五九八）現在地に移った。元和元年（一六一五）に関東の檀林の主格となり、総触頭の任に当たる総録所であった。縁山声明は明暦二年（一六五六）一二三世遵誉貴屋が大原声明を伝授されたことに始まるとされる。

明治に入り千葉満定《まんじょう》（文久二年〔一八六二〕～昭和一五年〔一九四〇〕）と吉水諦立（吉水大信〔二五四頁参照〕の父）が、法式を統一し『浄土宗法要集並声明』（明治四三年〔一九一〇〕刊）として刊行した。大正五年（一九一六）『漢音引声阿弥陀経譜付全』（以下『漢音引聲阿弥陀経』と表示）の経本を出している。漢音は天台宗の読みであり、それに倣うということである。「太鼓雲版双盤念仏半鐘鈴ノ作相幷ニ六字念佛ノ譜」「雙盤ノ作相」の二つが載っている。さらに衆知を図るため『浄土宗法要儀式大観』（昭和八年〔一九三三〕）で浄土宗儀式の体系化を図った。この書の中の犍椎法の項に「六字詰め」と「雙盤」が同様に載っている。「雙盤」の譜は三三九回の念仏に七五三の叩き《さざんく》を付けたもので比較的単純な構成になっている。但し書きには戸帳の下げが指示されており、戸帳の開帳閉帳の際に叩くためのものと思われる。「六字詰め」は雲版・双盤・半鐘・鈴を用いるとある。その後、昭和一六年（一九四一）開山聖聡上人五百年遠忌に出した経本『声明並特殊法要集』では、引声念仏に続き「六字詰念仏（雙盤打方）」と載っている。これは『浄土宗法要儀式大観』の「雙盤」に同じであるが、「六字詰め」の語が使われている。このように「六字詰め」と「雙盤」の二つの叩き方があったと考えられるが、「雙盤」の叩きは現在、行われていない。

その後、戦後、鎌倉光明寺より吉水大信の指導があり、現在に至っている。御忌に行われるのは『法要儀式大観』の「六字詰め」で、雲版に双盤の合わせ鉦がつく。全国に広まっている昨今の僧侶による双盤念仏は、この増上寺の式衆から習ったものが多い。

現在、増上寺では、四月の御忌と一一月一五日の十夜法要に雲版の「六字詰め」が行われ、雲版の脇で二枚の双盤鉦を向かい合わせにして、雲版に合わせて両手で叩く。十夜法要はかつてはなかった。
法要に使われる雲版と鉦は新しいものであるが、別に昭和五〇年（一九七五）の雲版と大正八年（一九一九）の二枚の双盤鉦がある。双盤鉦は北品川法禅寺のもので、品川貸座敷中・品川引手茶屋中が法禅寺に寄付したものが増上寺で使われたようである。

双盤銘　一
品川貸座敷中（鉦側面）
浄財寄付各位現當二世安楽及各家先祖代々累代群霊菩提
東京品川浄土宗臨海山光照院法禅寺二十八世勝誉昌賢代　大正八年十一月
世話人　若林松之助　岡田彦次郎　小池友吉　星野越之助　西川喜三郎　島栄助
　遠藤鎌太郎　桜井茂次郎
鐘世話人　浅草　斎藤藤吉　谷山　林兼次郎　谷山　石川甚太郎　戸越　馬野市五郎
世話人　浅井幸三郎　福田平右衛門　長谷川要之助　若林藤太郎　立石知満　勇全三郎　桜井嘉七　桜井桜太郎
若月虎吉　新里倉吉　永田宗三郎　鈴木喜之助　鈴木昌之

双盤銘　二
品川法禅寺什物　　大正八年十一月
鐘打世話人　新井　山口幸蔵　仝　窪寺治助　下谷　須賀熊太郎　赤堤　蓑口鎌吉　赤堤　岩田亀太郎　仝
笈治文蔵　赤堤　佐藤庄太郎　仝　清水鉄五郎　赤堤　間蓑徳次郎　奥澤　岡田熊次郎　仝　石井幸次郎　深
沢　太田周作　牛込　保坂八十八　仝　日笠新太郎　馬引沢　鈴木平三郎　仝　梅田鎌吉
星野巳之助　栗田鑑太郎　森田節　竹沢誤吉　進藤勇造　浅野伊八　高山常吉　長谷川徳次郎　金山禮郎　山本
三之助　館山聖太郎　岡田平太郎　若林ウタ　堀キク　荒井ノブ　星野嘉四郎　山口栄次郎　松井信三郎　桶
重　熊車　品川引手茶屋中

図４－３－１　「宝珠院閻魔参《まいり》之図」（『風俗画報』149号）

写真４－３－１　増上寺山門脇での双盤念仏

また増上寺の御忌には山門脇で在家の双盤講が三日間順番で叩く（写真4−3−1）。参加する講は今泉延命寺・府中車返し本覚寺・喜多見慶元寺の三カ寺である。鉦は四枚太鼓一張

双盤銘　平成十三年四月延命寺双盤講中　本願寺双盤講中　慶元寺双盤講中　増上寺会館落慶記念

（一九八九年・二〇一六年調査）

増上寺の南西に赤羽橋がある。かつては下高輪への渡し場のあったところである。現在その少し北に蓮池があり、弁財天を祀る宝珠寺がある。元は道路の向かい側に建っていた寺で宝珠院といった。宝珠院には大きな閻魔堂が道に面して建っていた。この閻魔堂は赤羽橋の閻魔堂として親しまれ、一月一六日の縁日には関東一円から双盤講が集まって技を競った。往時の様子は『風俗画報』一四九号「新撰東京名所図会第八編芝公園之部下」（明治三〇年九月）の挿絵として描かれている。双盤鉦三枚に太鼓二張が両脇について叩かれている。中央に閻魔像・脇に地蔵菩薩・釈迦如来が安置され、柱には双盤講社の板が掛けられている（図4−3−1参照）。現在閻魔像は宝珠寺にある。

（二〇一六年調査）

2　今泉延命寺　大田区

今泉連中は、原豊治を中心に後継者の育成に努めていた講で、明治期に九品仏の斉藤真了に教わり、現在に至っている。[2]今泉の双盤講は昭和五四年（一九七九）調査の時は原豊治・森賢之介という両雄が健在で、楽譜を起こすなど近隣に強い影響を与えていた（写真4−3−2）。同年両者が相次いで亡くなり、後継が不安視されたが、原豊治が女性を双盤講に入れて存続を図り、現在も続けられている（写真4−3−3）。

延命寺では、五月二四日、七月二四日の盆施餓鬼と一一月二四日のお十夜法要に行う。いずれも境内にある子安地蔵の縁日にかけてある。お十夜の場合、かつては村を挙げての行事で村内の日蓮宗の檀家も参加し、二二日から二四日の三日間、今泉を東・中・西の三つに分け、それぞれの当番が出た。一一月二二日に餅をつき、二三日にお十夜の法要に役鉦の双盤念仏があった。当番と双盤の連中はそのまま朝まで寺に泊まり込み、翌朝、地蔵の回向として双盤念仏を行い、参詣者に餅を配った。なおこれ以外に寒の行に双盤の練習を行い、これを寒念仏と称した。

双盤鉦は四枚で太鼓一張が付く。曲は次の一四種である。

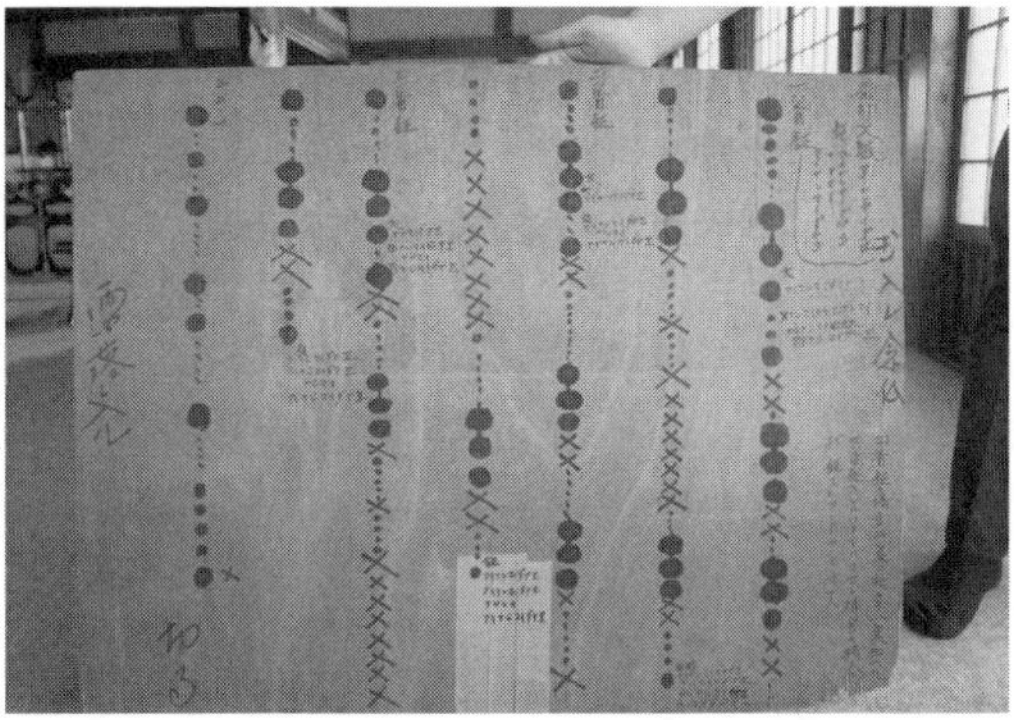

写真４－３－２　今泉延命寺で使われていた双盤念仏譜

写真４－３－３　今泉延命寺の双盤念仏

1長命→2太鼓念仏→3座付き念仏→4半座念仏→5掛念仏→6玉入れ念仏→7雷落とし→8六念仏→9大開き→10三三九《さざんく》→11送り念仏山道下り→12送り念仏山道上り→13ヤク金長命→14終り長命

これが普通の叩き方であるが、お十夜の場合これに「役鉦」として「六字詰め」の念仏がつけ加えられ、一枚鉦で叩く。「六字詰め」は二月一五日涅槃会の百万遍数珠繰りの時も伏せ鉦で唱えられる。この他、鉦の叩き方は全部で二五種あったといわれるが、その中に「ナマケ半座」「中詰」など正規の叩きを崩したもの、「字あまり」という歌の文句のついたものがある。また「肩さす裾さす」といって二本の撞木で叩く曲打ちがあった。

当時、森賢之介は双盤の叩きについて以下のように語った。「このお念仏は空也念仏と申します。昔アラク仙人が仏法の奥儀を極めるためインドのお山に難行苦行をいたしました。その模様を鉦太鼓の音色で表したもので、雷落とし・山道の上り下りの非常に激しい模様、またそのあとの静かな様子を表したのがこの念仏です。」

鉦は二枚供出したので、二枚は戦後に作った。

双盤銘　三番鉦　願海山深廣院延命寺　戦災復興本堂落慶記念　施主檀信徒有志
　双盤講一同　昭和三十六年一月吉日
二番鉦　為覚月院清香誉浄貞大姉　施主森裕孝子供一同　昭和三十九年一月十日

（一九七三年・一九八四年・二〇一四〜二〇一七年調査）[3]

3　九品仏浄真寺　世田谷区奥沢

世田谷区奥沢の九品仏浄真寺は延宝四年（一六七六）、珂碩《かせき》上人により開かれた浄土宗の名刹である。盆の虫干し供養など民間信仰的要素の強い行事もあり、かつては広く講組織をもって結衆した寺院でもある。開山僧珂碩上人の木像を巡行させ、講中を巡っていた。盆の虫干し供養に二代珂憶上人の書いた長さ一三間の名号を芝の上に敷くが、この芝が照る乞いに良いとされ、遠く神奈川の三崎から、横浜・八王子、北は日本橋まで信仰圏があった。一〇月の十夜法要にはそれらの講中[4]が集まり、双盤念仏のある講中では鉦を叩いて技を競った。

地元の奥沢連中は、明治時代より名声を広めたが、すでに伝承者はなくこの講は絶えてしまった。昭和六一年（一九八六）までは、今泉と深沢の連中が合同で浄真寺の双盤を行っていた。その後、深沢の連中も絶え、現在、今泉と川崎大師の双盤講が行っている。

明治期に斉藤真了という名人が奥沢に出て、臼倉《うすくら》留吉という美声の持ち主と共に双盤念仏を興隆し、各地に弟子を作って広めた。この九品仏浄真寺の流儀は奥沢流といわれ、他のところより声を張り上げ、高低の激しい唱え方をしたという。この奥沢連中も最後には六人[5]になり、絶えてしまった。彼らの出向いた先は鎌倉光明寺・芝増上寺・川崎大師・横浜市大棚・同市山田を記憶している。なお、この浄真寺が入っている浄土宗の玉川組では十夜法要に多くの寺院で双盤念仏が行われた[6]。

写真４－３－４　九品仏浄真寺閻魔堂

浄真寺の双盤念仏の日取りは以下のようであるが、閻魔堂で行われることが多い（写真４―３―４）。この閻魔堂は棟札[7]に大正初年建立とあるが、『江戸名所図会』（天保七年（一八三六）刊）記載の山内図に図示されており、この頃にはすでに閻魔堂があったものと思われる。かつて八月一五日のお面かぶり・二十五菩薩来迎会には桟敷でも叩いた。

一月一六日	閻魔の縁日	閻魔堂
五月五日	お面かぶり・千部供養	閻魔堂
八月一五日	虫干し供養	閻魔堂
一一月一四日	お十夜	本堂

写真４－３－５　九品仏浄真寺閻魔堂に掛かっていた扇絵

平成一九年（二〇〇七）よりお面かぶりは五月五日になり、千部供養と併修し、八月一五日は施餓鬼法要のみになった。両日とも双盤念仏が行われる。

曲目は今泉の連中と同じであるが、十夜法要の節は本尊にお茶湯を献納する間に役鉦を打ち「六字詰め」を唱える。以前は十夜法要の三日間この任に当たった。十夜法要に諷誦文供養が行われるが、双盤講の講元（露木一男）が伴僧役として短く念仏を唱えていた。

なお、かつては本堂で百万遍の数珠繰りも行い、双盤講の人が中坊主として中に入り、念仏の音頭を取り、終わると僧より十念を授かったという。平成二九年（二〇一七）、この百万遍は復興しており、百万遍ののち双盤念仏が唱えられ、お茶湯の儀礼を行う。

いずれも肉親縁者の菩提のため奉納したものと思われる。閻魔堂の大提灯に今泉連中九名、深沢連中七名、奥沢連中(8)四名の記名がある。昭和三八年（一九六三）五月のものである。賽銭箱には今泉・深沢・沼部・川崎の「雙盤講有志(9)」と記した名がある、昭和五〇年（一九七五）一月のものである。いずれも註に名を記す。

双盤鉦は四枚で太鼓一張がつく。閻魔堂内に江戸時代の双盤念仏の様子を描いた扇絵の額があった（写真4-3-5）。

双盤の鉦は内径三八センチ、厚さ一二センチで次の銘がある。元禄一二年（一六九九）の二枚鉦に文化六年（一八〇九）に二枚鉦が加わり、四枚鉦になったと考えられる。

双盤銘
壱番鉦　武州世田ケ谷奥沢村九品仏常什物　空誉代　為金花妙空信女菩提　潮田村助右衛門　文化六己巳年九月日　西村和泉守作
二番鉦　九品仏常什物　為専誉成順信士発誉栄秀信女　六親菩提施主おいそ　元禄十二己卯年九月吉日　西嶋伊賀守作
三番鉦は一番鉦と同じ銘文で、四番鉦は二番鉦と同じ年号であるが為書きがない。
太鼓の支え台銘　玉川村尾山　施主原田金七　観月妙光信女　明治四拾年　九品仏

（一九八四～八六年・二〇一七年調査[10]）

4　慶元寺　世田谷区喜多見

喜多見の慶元寺は江戸氏の寺として有名であるが、ここにも古くから双盤念仏があったとみられる。もっとも双盤念仏を行っている人の伝承によると、明治時代に九品仏浄真寺から教わったものであるという。その後、やはり明治期に府中車返しに伝えたが、戦争中に慶元寺の双盤が一時中断したのを、府中より逆移入して復活したものである。したがって現在の双盤は府中の故田中吾一より戦後に教わったものといえるが、元は浄真寺の奥沢流の流れ

写真4－3－6　内半鐘を叩く双盤講員。世田谷区喜多見慶元寺

をくむものである。一一月二四日の慶元寺のお十夜に二度ほど双盤念仏を行う。一二月三一日の除夜の鐘の初詣時に双盤念仏を唱える他には芝増上寺にも出向く。曲は、座つき→半念仏かけ念仏（かけ出し念仏→三つ鉦→四つ鉦）→七五三の玉入れ→三二一《さんにいち》の切→雷落とし→四辻→山道下り→山道上り→せめ鉦→座つき→きりの順で、現在太鼓一張、鉦五枚で行っている。鉦の一枚は新しいので、かつては四枚であった。

曲としてはこの他に「役鉦」といって太鼓を入れない叩き方がある。「半念仏」から「掛け念仏」の部分を「六字詰」という曲で叩く。したがって、

座付き→六字詰→玉入れ→三二一の切り→以下同じ

という順になる。この時途中講員が、内半鐘（本堂内の半鐘）を叩く（写真4-3-6）。これを「喚鐘」という。なお、この慶元寺、次の府中の双盤は、九品仏浄真寺のものより若干テンポが速いようで、九品仏浄真寺からいわせると、「北口」といって、叩き方の少し異なる派として捉えていたようだ。また鉦の叩きには、払いの意味があるという。

慶元寺の鉦は貞享四年（一六八七）・正徳四年（一七一四）・文化五年（一八〇八）の古いものが残っている。一番鉦より銘を記す。貞享四年の鉦は全国で二番・関東で一番古いものである。文化五年に三枚もしくは四枚の鉦になった。一枚供出された可能性がある。

双盤銘
一番鉦　武州多摩郡喜多見村慶元寺常什物　十八世真誉上人　文化五戊辰年十月日
　　　　施主惣結衆中　江戸西村和泉守作（外枠に二十七名の結衆連名がある）(11)
二番鉦（銘は一番鉦と同じ、外枠に一番鉦の続きの二十六名の結衆連名がある。(12) その最後尾に結衆世話人　広田伝蔵
　　　　池田治郎吉　田中民五郎の銘あり。一番鉦・二番鉦に計五六名の結衆連名があることになる）
三番鉦　武州多摩郡喜多見村慶元寺什物　躰誉代　貞享四丁卯年七月十五日　小沼播磨守作
四番鉦　武州多摩郡喜多見村永劫山慶元寺常什物　為方誉還西信士菩提也　施主同村上野佐次兵衛寄進　正徳四甲午歳十
　　　　二月日　当寺第八世自誉代
五番鉦　東京都世田谷区喜多見　永劫山慶元寺第三十二世道誉元鏡代　昭和五十年十一月二十四日　為志納者各家先祖
　　　　代々追善菩提施主双盤念仏講中一同（以下一三名）(13)

（一九八〇年・二〇一五〜一六年調査）(14)

5　本願寺　府中市白糸台車返し

府中市白糸台の一部は車返し村と呼ばれ、甲州街道の両脇に広がる八〇軒ほどの村であった。かつては村を挙げて双盤念仏を行っていた。平成二年（一九九〇）では結衆講として、一五人ほどの人が双盤念仏を伝えている。

ここでは鉦は寛政年間のものであるが、伝承では明治年間、狛江の方から伝えられたとして、それが、田中多四郎――田中熊吉と伝わり、田中吾一へと受け継がれている。(15) 故田中吾一の話によると明治から大正・昭和初期にか

けて双盤が盛んになり、田中吾一も、八王子大善寺・三鷹市深大寺などに出かけたといい、他にも双盤念仏を行っていたところは多い。

双盤講は一一月二〇日前後にお十夜として行うのを原則とするが、二日二晩通して行うため費用がかさみ、豊作の時にしか行えなかったという。したがって七年に一度くらいであった。期間が空いてしまうため、なかなか念仏を覚えることができないので毎年七月二六日の施餓鬼の日に行うようにして、伝承を受け継いでいる。

かつてのお十夜は村中の人が一軒一人、米一升と野菜を持って鉦張りか飯炊きに出たという。鉦張りとは双盤念仏のことで、念仏のできるものは鉦張りに、他の者は炊事ということで、念仏のできることが誇りでもあった。

二日二晩双盤念仏を行うが、念仏は平鉦と役鉦に分かれる。役鉦を行うのは回向の時で、初日、中《なか》回向、総回向と三回あった。初日・中回向は夜、総回向は最後の日の朝に行う。各回向には百八灯・六ちょう立て、お茶湯の儀式が付いた。百八灯とは本尊の祭壇に一〇八本のろうそくを立てるもので、念仏を行う前に灯をともす。鉦の始まりと同時に両脇の三本ずつ六本のろうそくを立てて灯をともす「六ちょう立て」を行う。これらはいずれも念仏講の人の手で行われる。さらに座付きが終わるとお茶湯《ちゃとう》といって、茶を本尊に供えるという行事が行われる。このお茶を供えて帰る時には「九行」というテンポの速い念仏が叩かれる。これらの役鉦は太鼓の入らないものであるが、最後の終わり座付きのあと、太鼓受けが入り、僧より十念を授かった。行事は「鉢払い」という台帳の決算で終わるが、昔は藁灰で鉦を磨くことに始まり、「鉢払い」で終わるこの行事は、府中結衆講にとって大変な行事であった。

曲はここから慶元寺に伝えているため同じと思われるが、曲の部分名称が少し異なる。曲は平鉦と役鉦に分かれる。

平鉦　座つき太鼓→座つき念仏→半念仏→駆出し念仏→かけ念仏→三つ鐘→四つ鐘→七つの知らせ→三の捨玉→

五行入り→七五三→玉入れ（一〜三番鉦）→三三二一の切り→雷落とし→だら鐘→四辻→山道下り→山道上り→責鐘《せめ》→終り座付

役鉦（回向と同時に行い、太鼓はない）座つき念仏→九行→六字詰→責鉦・五行入り・七五三の玉入れ（一番鉦が一人で叩く）→三三一九の切り（以下平鉦に同じ）→終わり座つき→太鼓ウケ・十念

なおこの際、半鐘《はんしょう》が使われる。七五三の玉入れの詰め、三三二一の切りなど、激しく叩く部分に補助として使用する。

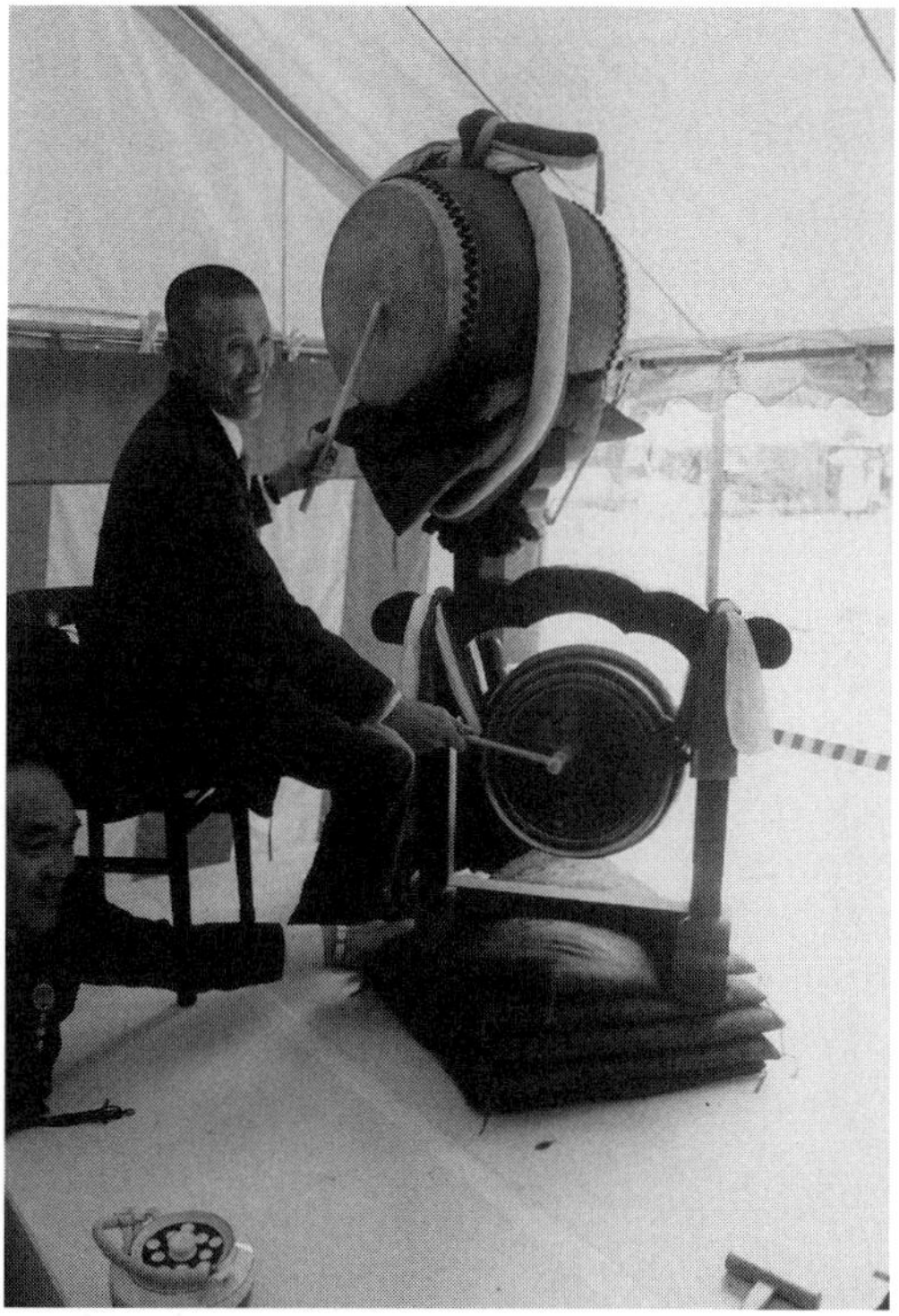

写真４-３-７　増上寺で、曲打ちする田中吾一（昭和63年〔1988〕）

以上の曲は田中吾一の記したものを元にしたが、叩き方としては両刀遣いといって太鼓と一番鉦を同時に叩く曲打ちもあったという（写真４-３-７）。これができるのは田中吾一が最後であった。また「草津節」「東京音頭」「賽の河原」の文句に合わせて叩く遊び鉦というのもある。府中結衆講には浅草寺念仏堂にあったとされる文書がある（第四節「埼玉県の双盤念仏」参照）。

双盤銘
一の鉦　武州多摩郡車返村本願寺什物十四世名誉代再建　寛政六甲寅四月　為圓誉浄頓信士浄誉妙圓信女菩提　施主下布田村金子傳之丞　西村和泉守
二の鉦　一の鉦に同じ
三の鉦　武州多摩郡車返村本願寺什物十七世鳳誉代　文政四辛巳十月納之　為西来院眞應妙指大姉稲村儀平夫妻来玉眞心童子俗名タミ菩提也施主同郡上染谷村邑野又右エ門　明治卅二年十一月村野泰治改鋳
四の鉦　武州多摩郡字車返村本願寺什物廿四世充誉代明治卅一年七月廿四日納之　為安養院徳誉浄利居士菩提施主北多摩郡多摩村上染谷村野泰治　鋳工川越矢澤四郎右エ門
五の鉦　武州多摩郡車返村本願寺什物十七世鳳誉代　文政四辛巳十月納之　為西来院眞應妙指大姉稲村儀平夫妻来玉眞心童子俗名タミ菩提也施主同郡上染谷村邑野又右エ門　東都大門通関岡十郎兵衛廣定

（一九八〇年・二〇一五年調査[16]）

6　玉泉寺　あきる野市二宮

玉泉寺はあきる野市二宮にある天台宗の寺で、現在一〇月一五日の十夜法要に武蔵村山三ッ木の連中が来て双盤を叩いていた。

昭和一〇年（一九三五）頃までは二宮玉泉寺念仏講として、二宮の人で双盤を叩いていたが、鉦の供出とともに絶えてしまった。しかし、四枚の鉦のうち二枚は供出を逃れ、それが昭和三〇年（一九五五）頃に寺にあることが分かり、昭和五一年（一九七六）にあとの二枚も鋳造して双盤念仏を再興した。その時には地元の人でできる人もなく、武蔵村山の双盤が続いていたことから、その人々に叩いてもらっている。二宮では平成九年（一九九七）に練習用の双盤念仏四枚を購入、再度復興を図り平成一五年（二〇〇三）に復活したが、老齢化のため数年で中断し今に至っている。

なお境内鐘楼の鐘の内側に鋳刻がある。「武蔵国多摩郡小宮領玉川辺有一精舎以鷲峰名山寺號玉泉崇無量義之像為本尊以所謂十方霊等為速証仏果永十夜別時開法莚矣抃元禄丁丑年久壇越河野伝左ヱ門者新鋳鴻鐘施諸九世詮海々之師霊山院大僧都亮乃是叡山吉祥院嗣祠云　久之鐘破不聲苗孫弥三郎深戚之茲歳癸巳七月就□代再鋳脱範己為住持良泰求銘謀不朽泰是二十二世也銘曰（以下詩文）」（永井栄泉『玉泉寺縁起雑考』一九八六年、私家版による）。これにより元禄一〇年（一六九七）には十夜法要のあったことが分かる。

玉泉寺の本尊は元禄八年（一六九五）造立の阿弥陀如来像で、古くから念仏の道場としてあったと考えられる。

玉泉寺の十夜はかつては一三日から一五日にかけて三日間行われ、軽技の見世物が掛かるなどたいそう賑わった。十夜の法要もさるものながらフジュアゲといわれる諷誦文の回向が盛んで、一三日の夕方から始まり、一回目朝昼夕、一五日の昼まで五座の諷誦文回向が行われ、遠くは秋川上流の檜原村あたりからも回向の人が来た。諷誦文は双盤講の人が回向者の呼び出しを行い、住職が高い台に登って諷誦文の回向文を読み上げる。その間、双盤講の人がナムアミという短い合いの手を入れ、最後に小念仏を入れる。これは小さな伏せ鉦で唱える。一日目の晩が一番多く深夜に及ぶ。

十夜法要は、三礼のあと阿弥陀経、四奉請、法則、菩提文と天台宗の例時作法によって進め、そのあと諷誦文を読み、散華のあと双盤念仏の人の念仏を続けている。双盤念仏はヒトップチといわれる通常のもので、

平念仏→六字→掛け念仏→玉入れ→七五三→山道下り→山道上り→四ツ辻→三つ山道

という順である。これは武蔵村山市三ッ木薬師堂の連中の双盤であるが、二宮の双盤についてはもはや不明である。

法要以外にも鉦を一日中叩くが、かつては三日間叩かれ、これを鉦張り、ジャンガンと言った。

また本堂内左の部屋、現在不動尊の祀ってある部屋の奥の部屋を談義《だんぎ》部屋といい、十夜の夜、談義僧《だんぎそう》が来て、説教をした時に休む部屋であった。いくつかの十夜講があり、講の人がおこもりをしたため、一晩、談義僧の説教を聞くのが楽しみであった。このように玉泉寺の十夜では、諷誦文回向と双盤念仏（ジャンガン）と談義と多彩な宗教行事が行われていた。

鉦は現在八枚ある。文政一一年（一八二八）二枚。戦前には四枚あったが二枚供出した。その後、昭和五一年（一九七六）双盤講が復興し鉦を二枚増やした。その後、平成九年（一九九七）に練習用に四枚購入している。

双盤銘　一番鉦　文政十一年戊子年十月日　鷲峰山玉泉寺良泰代　武州多摩郡小宮領二宮村　寒念仏講中
　　　　三番鉦　一番鉦に同じ。
　　　　二番鉦　四番鉦　昭和五十一年作
太鼓銘　于時　天保六未十月十三日　現住良泰代　施主　殻屋新右ェ門

（一九八〇年・二〇一七年調査）[17]

7　西徳寺　日の出町大久野

西多摩郡日の出町大久野《おおぐの》にある曹洞宗西徳寺で行われている双盤念仏で、本尊馬頭観音の縁日、八月一八日に行われた。現在一八日に近い日曜日に行われる。水口《みのぐち》の鉦張りとして親しまれているように、大久野の中でも水口地区の人々によって営まれる。これは西徳寺を水口の人々で持っているからで、西徳寺は無住で秋川市菅生の宝蔵寺の住職が法要に来ている。大久野は四つに分かれ、長井地区には曹洞宗の長井寺が、北原には真言宗の西福寺が、玉の内地区には曹洞宗の古泉寺がある。

水口地区は六五軒よりなり、鉦を打つのは一五人ほどである。双盤の打ち方は八王子大善寺のものと同じで、大善寺にはよく打ちに行った。さらにこの奥には五日市町東に太子堂があり、そこでも双盤が打たれていた。

この双盤は戦時中鉦を供出しなければならないというので蔵に入れて供出を逃れたが、表に出せないため、一時中断してしまった。戦後も昭和四〇年（一九六五）頃になり復興し、現在に至っている。戦前の鉦叩きの人は、神田宗一、亀山竹松、篠田栄太郎、海野兼吉、神田龍次、岩崎岩次郎、川上幸太郎の各氏、現在は篠田俊雄が中心となって活躍している。

馬頭観音の祭は地口行灯を飾り、堂の前に観音経を記した扇型の行灯を出すが、かつてはその年に来た嫁が馬に乗って参拝し、馬守護の札を出した。現在は夜のカラオケ大会が主になっている。午後、馬頭観音の法要があり、法要のあと双盤を叩く。叩くのは平《ひら》ハンダといわれるものである。他に六字ハンダという長いものがあるが、普通唱えない。それぞれの念仏に対する名称はない。またかつては曲打ちもあったというが伝わっていない。

平ハンダ、六字ハンダは次のように記して習っている。

平ハンダ

一　ナーアーハア○ハイ　　二　ムフウワー○ハアーアンア
三　エイヘイナアーハーアイ　　四　ムフウクオーイ○オホエン
五　アハアイダア○ハイ　　六　ナワアンムー○フウ
七　ワハイダーハイオイオホ○ホエンヘイ　　八　アハフイブ○ウフーウツ

九　ナアハーアイ　　十　ムフウワーオイオホエンヘイ

六字ハンダ

一　ナンムーフウー　　二　ワハーミイオーダアハイ

三　オンオホイアハアイダアハアー　　四　エンヘイーアハアイブーフウーウツ

五　ナアハーアイ　　六　ムクウワーオイオホーエンヘイ

鉦は三枚、太鼓は一張である。鉦は直径三八センチ、厚さ一〇センチである。

双盤銘　（二枚同じで）
天保十三年壬寅五月　奉納馬頭観世音　無量山西徳寺什物　十九世元亀代
願主　武州北大久埜水口村中
（三枚目）
施主　日影和田　久保仙吉　長井　森谷富右ェ門　八王子　金田屋新兵衛　坂本　黒田竹治郎　長井　下野定吉
郇　□吉五郎　沢井カツ女　大然尼

（一九八九年・二〇一六年調査[18]）

8　宿の薬師　武蔵村山市三ツ木

武蔵村山の三ツ木の宿の薬師堂は青梅街道の旧道にあり、真言宗長安寺の境外堂である。本尊は薬師如来であるが秘仏である。慶長一〇年（一六〇五）の創建とされ、昭和一五年（一九四〇）の火災で焼失したが村人の寄付によって再建し、村持ちの堂として運営されている。かつては一〇月の八日・一二日・二一日が縁日でその日に双盤念仏が行われた。一二日は舞台が組まれ地芝居が行われ、露天商が軒を並べた。双盤念仏は青年団の手で行われ、一一日より堂に籠り、一二日に朝念仏を唱えた。行事の全ては青年団が市松提灯の張渡しやお汁粉の接待をした。青年団は一六歳から三〇歳までの人が入った。参詣人が牡丹餅を交換することからぼたもち薬師ともいわれた。現在は一二日のみである。長安寺の僧の法要があり、昼から夜にかけて双盤念仏が何回か叩かれる。

写真4－3－8　武蔵村山市三ツ木・宿の薬師の鉦張り

『元禄弐年薬師堂伝仏帳』に「相番一面」とあり、この時に一枚の双盤鉦があったと考えられる。鉦は昭和一五年（一九四〇）に火災で火に当てられ、水を掛けたため音が変わって使い物にならなくなった。鉦は四枚で、嘉永か安政の鉦であった。その後、鉦を借りたりして、戦時中の二年間を除いて双盤念仏は続けられた。昭和三一年（一九五六）に鉦を作り、昭和四三年（一九六八）に薬師念仏鉦はり保存会を結成し、現在に至っている（写真4-3-8）。現在一七名の会員がいる。

双盤念仏は以下の順に唱え叩く。大善寺の滝山流である。

百八→サソウ→平念仏→六字念仏→掛け念仏（四ツ鉦→二上がり→キザミ）→玉入れ（親鉦七・二番鉦五・三番鉦三）→三三九→これより鉦（四辻→三つ山→山道上がり→下がり→合掌）

鉦は四枚で一番鉦・二番鉦・三番鉦・尻鉦・大太鼓一張あり。

双盤銘　親鉦
奉納薬師如来　父山崎武蔵母仝ゆわ　供養の為　施主山崎七次郎　昭和卅一年五月十二日
二番鉦
奉納薬師如来　施主當所親戚中　田代房吉　仝公吉　仝愛造　仝壮七　仝愼　仝武正　仝忠思　仝山崎音吉　仝
条助　仝直吉　仝金蔵　仝忠次　仝久二　昭和卅一年五月十二日
三番鉦
奉納薬師如来　百歳長寿記念　田代イト　子仝良之助　施主孫田代照一　昭和卅一年五月十二日
四番鉦
奉納薬師如来　施主三ツ木宿区一同　昭和卅一年五月十二日

故山崎栄作氏は『薬師堂　薬師念仏鉦はり』（一九八四年）という小冊子を作った他、周辺地区の双盤銘などを記録していた。以下そのノートより。

宿薬師堂太鼓墨書銘　文化十一年戊□月吉日　御太鼓師　丸山□右衛門重好　浅草□町
明治□年十二月吉日　太鼓問屋　鈴木□□□　東京浅草□□吉野町
明治四十一年拾月十一日　張替　張替人古川已之助　府中町下八幡宿　代金拾三円五拾銭
大正三年十月拾一日　張替　府中町　古川已之助　代金拾八円五拾銭
昭和十二年八月吉日　太鼓張替人　中原児一　南多摩郡元八王子村下一分方
昭和四十七年三月十六日　片面張替　岡田屋鳴物店　台東区雷門一－十六－五　代金弐萬四千円
平成元年一月二十日　両面張替（株）岡田屋布施店　台東区雷門一－十六－五
代金二萬九千九百六拾五円　送料（往復）三千六百四拾円
荻野薬師双盤銘　武州多摩郡上中藤村観音堂什物　子ノ正月吉日　願主慈眼

山口観音双盤銘　山口千手観音御宝前　安政八年九月吉日　勝田万次郎
八王子粟須笛継観音双盤念仏銘　武州多摩郡粟須村観音　天保八戊七月辰　西村和泉守作
同　元文五年七月
大善寺双盤銘　寛保二年十月　宝暦十三年　江戸住西村和泉守作

（一九八四年・二〇一三年調査）[19]

9　乗願寺　青梅市勝沼町

乗願寺は時宗の寺であるが双盤念仏が行われている。神奈川県相模原市の当麻山無量光寺の末寺で、現在は無量光寺の檀徒により双盤念仏が唱えられる。現在、鉦も無量光寺のものを持ってきて使う。一一月二三日の十夜法要の日に叩かれる。その際法要に諷誦文の回向があり、神奈川宗仲寺（浄土宗）、東京都町田市勝楽寺（浄土宗）および当麻山無量光寺の僧が手助けした。昔から法縁としてこの諸寺と行き来がある（10　勝楽寺／11　大善寺参照）。この回向の合間に双盤念仏が唱えられる。

もとは乗願寺にも双盤念仏が行われ、寺には四枚の鉦がある。青梅市西分・霞・大柳に双盤講中があった。四枚の鉦の内二枚の鉦が戦時供出され、双盤念仏は行われなくなったが、十夜法要の諷誦文回向は寺世話人の手で続けられた。昭和四〇年（一九六五）頃から本山の無量光寺に頼み双盤講に来てもらうようになった。唱え叩き方は無量光寺のものである。残った乗願寺の双盤鉦は以下の通りである。二枚同文。

双盤銘　武州多摩郡勝沼山乗願寺什物三十九代竒附双盤壹対村々鐘座講中信心助力
願主　根岸喜平治　田中伊左衛門　世話人　小沢平右衛門　田中利兵衛　同与八　竹内久兵衛　文化二乙丑十
月吉日　江戸西村和泉守作
供出した二個の鉦は弘化四年十月の二枚

（一九八八年・二〇一七年調査）(20)

10　勝楽寺　町田市原町田

勝楽寺は原町田の町田街道の二六の市の立つ入口に位置し、大変賑わった。現在道路拡張で移動したが、明治の廃仏毀釈の時に相模大山阿夫利神社から移したという良弁不動を祀る不動堂が街道に面した門外にあった。勝楽寺は浄土宗であるが、毎月二八日の縁日には真言宗の僧が来て護摩を焚いていたという。その不動堂には舞台があり、そこで毎月の縁日に双盤念仏が叩かれていた。吉田屋の出入りの人たちが戦後まで叩いていた。

町田から座間にかけての浄土宗寺院は八王子大善寺末の寺が多い。勝楽寺は大善寺に隣接する極楽寺末である。極楽寺は現在京都知恩院末であるが、明治維新までは大善寺末であった。したがって勝楽寺は大善寺の孫末寺であったことになる。大善寺は十夜で有名で、双盤念仏は滝山流といわれていた。同じく双盤念仏があった町田市の傳重寺も大善寺末である。安永八年（一七七九）の鉦が二枚ある。真言宗であるが町田市三輪の高蔵寺にも慶応二年（一八六六）の鉦が二枚ある。

原町田の養運寺、座間市座間の宗仲寺にも双盤念仏があった。鉦は供出してしまったが、戦前は一一月九日・一〇日の十夜には四枚の鉦が叩かれ、夜店が出て賑やかであった。

勝楽寺の鉦は二枚で享保一五年（一七三〇）のものである。

双盤銘　享保十五庚戌八月十五日　施主當村土方久右ェ門　敬白武江神田住粉河市松作　奉寄進為二世安楽也　武州多摩郡小山田庄原町田村三寶山極楽寺什物五世聲誉代
二枚目　年号他同じ　為寄進深誉廣須菩提
半鐘　元禄二年

（二〇一七年調査）[21]

11　大善寺　八王子市大横町

大善寺は北条氏照により八王子の滝山城に付随して天正一三年（一五八五）に建てられ、その後、八王子城下に移ったが、天正一八年（一五九〇）豊臣秀吉により八王子城が落城し、その後、大横町に再建され、昭和三六年（一九六一）まであった。慶長一七年（一六一二）まで呑龍が住職を務め、境内には本堂と別に呑龍堂があった。寛文一一年（一六七一）の「檀林連署掟書」には関東十八檀林の中に大善寺が記されているが、それ以前の元和元年（一六一五）の浄土宗諸法度の発令時に十八檀林に入ったとする説が強い[22]。

『檀林滝山大善寺誌』（文政四年〔一八二一〕）[23]所載の「滝山大善寺十夜勧進記」（文政三年〔一八二〇〕）に戦国末期滝山城にて戦死した亡魂を弔うため開祖讃誉が十夜法会を開いたことを述べ、一一世廣誉が諸堂を再興し「いよいよ儀軌厳重に執行に至れり」とある。儀軌とは十夜法要の儀軌で、別に一一世中興廣誉について「寛文七年（一六六七）諸堂再建並ニ十夜を企二夜三日」とある。相原悦夫[24]によると「このことは十一世広誉上人が関東十八檀林の優位をたもつため「十夜法要儀則」を制定し、大善寺流近世十夜法要の定式を確立し、それがゆくゆく鎌倉光明寺とは別の双盤念仏の流儀を整えるようになった」とある。全国の双盤鉦の最古は万治二年（一六五九）である。この頃に浄土宗では儀軌を整備し双盤鉦が十夜に用いられることが始まったということは十分に考えられる。

興味深いのは、この大善寺の末寺が町田から座間市厚木市にかけて多く、そのうち双盤念仏があったとされる寺が以下の寺である。町田市勝楽寺・養運寺・傳重寺、また横浜市二俣川本村の三仏寺も末寺で、現在双盤念仏を行っている。また現在伝承のないこの地区の末寺であった寺に双盤念仏が伝わっていた可能性は高い(25)。

明治の廃仏毀釈で極楽寺が知恩院直末になったため大善寺の末寺は半減したが、大善寺の十夜は盛況を極め、境内にサーカスや見世物小屋・活動写真が立ち並んだ。法要は一〇月一三日から一五日の三日間で、本堂では諷誦文回向が行われ、法要に双盤念仏が唱えられた。鉦は本尊に向かって左右二枚が置かれていた。双盤念仏の講中は都下一円から来たようで、僧侶が叩く場合もあった(26)。

昭和三六年（一九六一）大善寺は大谷町に移り、十夜法要も双盤念仏も中断した。最後に行っていたのは武蔵村山三ツ木の宿の薬師堂の連中であった。大谷町に移った大善寺は平成二四年（二〇一二）より十夜法要を再興している。

双盤鉦の銘は武蔵村山の山崎栄作氏のノートによると以下のようである。

双盤銘　観池山往生院大善寺　第二十二世法誉代　寛保二壬戌年十月　江戸住　西村和泉守作

（二〇一四年調査）

12　都内南部の寺

都内南部にはかつて在家の双盤念仏が多く行われていた。鉦のみが残っている寺もあり、以下鉦の残っている寺を中心に、一九八四～八六年に調査をした(27)。

(1) 品川区

品川区で在家の双盤念仏のあったのは、以下の寺である。

・**法禅寺**(浄土宗)　**北品川**　鉦は増上寺にある。

・**願行寺**(浄土宗)　**南品川**　一〇月六～一五日十夜で大変賑わった。鉦なし。

・**本覚寺**(天台宗)　**南品川**　鉦二枚。いずれも文化三年(一八〇六)。

双盤銘　文化三歳次丙寅照光山圓教院本覚寺廿五世現住権大僧都堅者法印義薫代新調　願主品川惣若者中 文化三歳丙寅武州荏原郡本覚寺廿五世義薫代新調　願主惣若者中御詠歌講中二世安楽　西村和泉守

・**宝塔寺**(天台宗)　**東五反田**

戦前に一〇月に十夜を行っていたという。鉦が四枚ある。

双盤銘　壱の鉦　天保九戊戌年十月大良辰　宝塔寺玄道代新調　白雉山元三大師　五名連記　取継一名　世話人　六名 連記

二の鉦　明治卅五年十月新調　住職　八名連記
三の鉦　天保九年戊十月大大良辰　宝塔寺玄道代新調　白雉山元三大師　大崎坂下世話人　願主　尾田屋又七
四の鉦　明治三十五年十月新調　二十名連記　世話人　二十二名連記　大崎坂丁世話人

・**徳蔵寺**（天台宗）　**西五反田**

弘化四年（一八四七）の四枚の鉦と同年の太鼓がある。銘は四枚とも同じ。

双盤銘　弘化四丁未年十一月吉祥日　武州荏原郡長命山地蔵院徳蔵寺什物　現住圓全代新調之
谷山村　上大崎村　十名連記

・**来迎院**（天台宗）　**大井**　双盤鉦一枚

双盤銘　延享二乙丑天十一月　武州荏原郡品川領大井村鹿嶋示現山常林寺什物　圓順代　願主　大井村若者中　為現當二世也　西村和泉守

・**行慶寺**（浄土宗）　**戸越**

戦前にお十夜があり、地元の戸塚の講以外に桐ヶ谷・大崎・奥沢の双盤講の人が集まった。

（2）太田区

・**延命寺**（浄土宗）　**今泉**（「2　延命寺　大田区今泉」参照）

・**安養寺**（真言宗）　**西六郷**

古川薬師で有名な寺で、毎年四月八日の薬師縁日に双盤念仏が行われた。昭和三〇年（一九五五）頃まで続き、最後は延命寺の人に来てもらった。三枚鉦である。三枚とも弘化三年（一八四六）で同じ銘である。

双盤銘　于時弘化三丙午年四月求之　古川薬師如来武州荏原郡古川村醫王山安養寺現住廿六世堯恵代　粉川市正作

・**蓮華寺**（真言宗）　**西蒲田蓮沼**

三枚の鉦が檀家の家に保管されている。経緯は不明である。

双盤銘　一枚目　明治十一年寅八月十七日　武州荏原郡蓮沼村蓮花寺什物
　　　　二枚目　双盤講中　世話人二十九名連記

・**密蔵院**（真言宗）　**田園調布南下沼部**

戦前に下沼部の講があった。鉦の供出で中断した。五月二一日大般若転読会・七月一一日施餓鬼会・九月庚申の日庚申堂祭・一一月一日十夜に双盤念仏が行われ、十夜は下沼部の東光院と隔年で行い盛況であった。鉦四枚・太鼓二張であった。

（3）世田谷区

世田谷区内では九品仏浄真寺（3項参照）、喜多見慶元寺（4項参照）で現在も双盤が行われている。ここではそれ以外に行われていた寺のことを記す。

・**医王寺**（真言宗）　**深沢**

深沢六丁目の医王寺では、一一月二〇日の十夜と、正月・五月・九月の不動様の縁日の二八日に双盤念仏を上げた。門前の交差点に不動堂がある。深沢連中は九品仏浄真寺をはじめ多くの寺に叩きに行った。最後は柳田鉄五郎一人になり、今泉の連中と共にした。真言宗であるが九品仏同様、医王寺でも諷誦文があった。柳田鉄五郎が出かけた寺は次のように広範囲にわたっている。

九品仏浄真寺・今泉延命寺・下馬西澄寺・三軒茶屋教学院・用賀無量寺・瀬田行善寺・赤堤西福寺・喜多見慶元寺・府中車返し本願寺・下沼部密蔵院・下沼部東光院・大田区古川薬師・嶺の薬師品川願行寺・大森密厳院・目黒祐天寺・芝増上寺赤羽橋閻魔堂・西新井薬師・川崎菅薬師堂・横浜市荏田真福寺・横浜菊名蓮勝寺・鎌倉海蔵寺

世田谷区内では下馬・三軒茶屋・赤堤に連中がいた。

・**西澄寺**（真言宗）　**下馬**

戦前までやっており、一〇人を超える大きな講で、下馬連中として近隣で有名であった。鈴木幾太郎（明治二六年〔一八九三〕生）が最後の経験者であった。下馬西澄寺では一一月一二日にお十夜を行い、諷誦文を唱えた。この十夜は演芸会が開かれ大層賑わった。他にも正月・五月・九月の一二日は境内のお薬師様の縁日で、本堂で護摩を焚いたが、その時にも双盤を行った。双盤念仏は大正二年（一九一三）に新井薬師の人から教わったと聞く。

・**西福寺**（真言宗）　**赤堤**

赤堤の西福寺と桜上水（松沢）の密蔵院を拠点にしていた赤堤双盤連中で、昭和一〇年（一九三五）くらいまで続いた。最後は六人になってしまった。西福寺では春秋彼岸の中日に、密蔵院では七月一八日の観音様の縁日に双盤を叩いた。世田谷区内では九品仏の浄真寺と下馬西澄寺と赤堤西福寺の三つの連中が有名であった。

・**教学院最勝寺**（天台宗）　**太子堂**

三軒茶屋の目青不動で有名な寺であるが、境内に閻魔堂がある。戦前までは双盤鉦が八枚あり、一月一六日の初閻魔と八月一六日の盆に閻魔堂で双盤念仏を行った。下馬の連中が来て打ったもので、その日は地獄極楽の絵を掛けて打った。

・**無量寺**（浄土宗）　**用賀**

一〇月一八日にお十夜が行われ、観音の縁日とも重なり、大変賑わった。双盤念仏はこの日だけであるが、用賀の地元の講で六人ぐらいの人がいた。この日は杉並の方まで廻っている巡行観音の到着する日で、観音講中の人が泊まり込み、夜は諷誦文が唱えられた。他にも青物講の人が野菜を運び込み、仏前に山のように積み、その野菜でゴッタ（ごった煮）を作った。戦前でこの行事も縮小し、双盤念仏もなくなってしまった。

・**真福寺**（真言宗）　**用賀**

無量寺の隣の寺で真言宗であるが、境内に大日堂があり、その縁日（一日・一五日）に鉦を打ったことがあった。

・**行善寺**（浄土宗）　**瀬田**

一〇月二七日のお十夜に双盤を叩いた。瀬田の講はなく奥沢の講が来た。鉦は戦争で供出した。

・**法徳寺**（浄土宗）　**瀬田**

行善寺の隣の寺で、やはり奥沢の連中が、一一月四日のお十夜に双盤を打ちに来た。夜は諷誦文が唱えられた。丘の上の寺であるため、お十夜の時は大変寒い思いがしたという。

・**大音寺**（浄土宗）　**奥沢**

一〇月二四日のお十夜に双盤を行った。鉦は三枚で、寺院明細帳の記録によると、双盤鉦に「元禄十二年三月十五日」の銘があり、製作年は九品仏浄真寺と同じであるが、供出でなくしてしまった。講は九品仏と同じであるが、大音寺では鈴木丑五郎氏がよく世話に当たった。

・**伝乗寺**（浄土宗）　**尾山台**

戦前まで双盤の鉦があったが、戦後、芝増上寺へ寄進した。戦前の双盤の行事は詳らかでない。

・**森巖寺**（浄土宗）　**代沢**

淡島様で有名な寺であるが、一〇月一五日のお十夜の時に双盤をしていた。北沢の講で、鉦は供出してなくなってしまった。

・**浄光寺**（浄土宗）　**世田谷弦巻**

一〇月二〇日のお十夜の法要に双盤鉦を叩いた。また二月下旬に百万遍の数珠繰りがあり、その音頭取りに僧が双盤鉦を打った。百万遍はかつて村の講宿でやっていたが、都合で寺で行ってから双盤を使用するようになった。双盤は一対であった。現在一枚が残っている。銘は次のようである。

双盤銘　寛政六寅年四月武州荏原郡世田谷領弦巻村浄光寺什物最誉代　西村和泉守作　施主当村寒念仏若者中念仏講中廾
金一両深沢村詠歌講中　世話人安右衛門内

・**大吉寺**（浄土宗）　**世田谷**

明治の初期までお十夜の一〇月一七日に双盤鉦を叩いた。しかし念仏講の不始末で火事になってしまったため、以降双盤は廃止された。

・**久成院**（天台宗）　**桜丘**（旧字名　宇山）

戦前の双盤鉦が一対あったが、戦争で供出した。すでに使用していなかったが、僧が護摩を焚く時に使用したと聞く。

・**密蔵院**（真言宗）　**桜上水（旧字名　松沢）**

大正時代まで七月一八日の観音堂の縁日に双盤が叩かれた。鉦は戦争で供出した。

（4）目黒区・渋谷区

・**福昌寺**（曹洞宗）　**下渋谷／東福寺**（天台宗）　**中渋谷**

渋谷区内では広尾二丁目下渋谷の福昌寺、および渋谷三丁目金王八幡脇の東福寺で双盤が行われていた。福昌寺は曹洞宗の寺で境内に閻魔堂があり、一月一六日、七月一六日が縁日でその時に双盤が叩かれたという。戦前まで行われたが、そのまま絶えてしまい鉦もない。

一方、東福寺は天台宗の寺であるが金王八幡の別当寺として栄えた。やはりここにも閻魔堂があり、一月一六日の縁日には門前に市が立つほど賑わった。双盤はこの七月一六日と一月一六日に行われたが、戦争を境に絶えてしまった。

・**寿福寺**（天台宗）　**上目黒**

目黒区内では上目黒五丁目の寿福寺のお十夜に双盤が叩かれた。天台宗の寺であるが、お十夜の法要が一〇月一〇日にあり、隣の世田谷区下馬西澄寺の連中が叩いた。地元である宿山にも連中がいたが、早く絶えた。鉦が戦争で供出され、双盤は絶えてしまった。しかしこの寺には別に祐天念仏という伏せ鉦を叩く念仏があり、昭和三〇年（一九五五）頃まで毎月やっていた。祐天念仏の鉦は正徳二年（一七一二）の銘がある。目黒区行人坂の大圓寺でも同様の念仏をやっている。

・**大圓寺**（天台宗）**行人坂**

行人坂の大圓寺では毎月二〇日に祐天念仏を唱えている。在家の人が一〇人ほど集まり、平鉦を叩いて二〇分ほど南無阿弥陀仏の念仏を繰り返す。三河のものと思われる双盤鉦が一枚ある。天保一二年（一八四一）の銘の入った大きな百万遍の数珠がある。

双盤銘　三州信龍寺什物　十五世恭翁代　天保十二辛巳年　西村和泉守作　為江戸春日町坂部氏先祖代々精霊　三州田貫村石川氏先祖代々精霊　菩提施主江戸小石川春日町三河屋坂部六右衛門　江戸両国廣小路三好屋石川九郎兵衛

（二〇一四年調査）

註

（1）鷲見定信「浄土宗の十夜法要——特に神奈川のばあい——」『日本仏教』四四号、日本仏教研究会、一九七八年。藤井正雄・広瀬卓爾・鷲見定信「村落における仏教寺院と念仏講」『仏教文化研究』二三号、浄土宗教学研究所、一九七七年九月。

（2）斉藤真了より直接教わったのは須山周造・原宇三郎・原喜三郎・森籐五郎の諸氏、次代大正一二年（一九二三）前後は原豊治・森源五郎・森善夫・原理治・森三郎・香取国春・吉田重造・吉田初三郎・小塚幾三郎・松野作造の諸氏。

（3）今泉の双盤念仏は坂本要［一九七九a］［一九八〇］［一九九〇］［二〇一六d］に掲載されている。『東京都双盤念仏調査報告』は平野榮次が報告、他は坂本要が報告している。

（4）閻魔堂脇に地蔵を奉じた江戸十夜講碑があり、天保一五年（一八四四）三月十夜講中の碑銘がある。

（5）毛利錠太郎・関田熊五郎・渡辺小一郎・岡村嘉一・荒井文五郎・石井好太郎の諸氏。
（6）奥沢大音寺・照善寺・尾山台伝乗寺・用賀無量寺・瀬田行善寺・法徳寺が玉川組の寺。
（7）閻魔堂内棟札
建立常然　南無阿弥陀仏　閻魔王殿　無衰無変　建立一四世一誉専明上人　大正初年　修覆一五世順誉観誉上人
大正末年　修築一六世心誉順誉上人　昭和四十五年
（8）（大田区）今泉町　原理治　原豊治　森三郎　松野吉成　香取道明　須山初太郎　塩沢作蔵　吉田重蔵　森喜夫
（世田谷区深沢）柳田鉄五郎　谷岡国光　太田佐一　太田時夫　浅見太一　浅見征二　柳田喜久雄　（同奥沢）渡
辺小一郎　毛利錠太郎　岡村嘉一　広瀬寅吉　昭和三十八年五月吉日
（9）（今泉）香取道明　香取国治　原豊治　吉田重蔵　森賢之助　（深沢）浅見太一　谷岡国光　柳田鉄五郎　柳田
喜久雄　太田時夫　（沼部）鈴木半造　（川崎）露木一男　昭和五十年一月十六日
（10）『浄真寺文化財総合調査報告書』（東京都世田谷区教育委員会、一九八六年）
（11）結衆連名
出竹竹之丞　城田吉弥　渡藤兵吾　城田冨次良　永井又七　小泉市次郎　小泉磯八　加藤松治良　加藤清次郎
石井孫次良　原田政吉　上野八十八　長峰半右衛門　服部幸七　加藤乙次良　服部幸八　橋本清次郎　宮川久蔵
浅尾甚五郎　宮川平四郎　早川新五郎
宮川要蔵　原田仙太郎　荒井甚之助　加藤三之助　荒井次良吉　長峰辰次郎
（12）結衆連名（二番鉦）
西山源兵衛　小沢忠治郎　田中勘兵衛　箕輪仙松　出竹定四良　永井幸右衛門　上野兵次良　佐久間岩次良　加
藤源次郎　早川金太郎　早川畠次郎　宮川由五郎　榎本源之助　西山三治郎　岸畠治郎　早川万蔵　早川定五郎
小沢久茂　橋本鉄五良　小沢寅松　原田弥太郎　早川藤助　小川滝次郎　田中兵蔵　長峯惣八　白井八十八
結衆世話人
田中民五郎　広田伝蔵　池田治郎吉

（13）服部正行　榎本一繁　小川三造　永井幸吉　香取正　荒井九郎　坂田久吾　箕輪義雄　香取芳雄　斉藤隆　高木精次　田中長蔵　宮川定治

（14）『東京都双盤念仏調査報告』では石川博行が報告している。

（15）一九八〇年当時の講員は、田中吾一　石坂岩吉　石坂文三　鈴木二郎　田中邦二　小杉健蔵　谷中晃三　成川君作　成川秀夫　小勝昭徳　田中元一　原田政治　藤岡栄吉　原田定二郎　井手源二郎の諸氏。

（16）坂本要［一九八〇］。『東京都双盤念仏調査報告』（東京都教育委員会、一九九〇年）では平野榮次が報告している。

（17）前掲（16）で坂本要が報告している。

（18）前掲（16）で坂本要が報告している。

（19）山崎栄作『薬師堂　薬師念仏鉦はり』（一九八四年）、『東京都双盤念仏調査報告』で石川博行の報告がある。志水陽子「武蔵村山薬師堂鉦はり――地域にみる仏教儀礼の受容と変容――」（『目白学園女子短期大学研究紀要』三一号、一九九四年）。

（20）前掲（16）で小峰孝男の報告がある。

（21）前掲（16）で「町田市の双盤念仏」として畠山豊の報告がある。大善寺については相原悦夫「瀧山大善寺の本末形成と浄土宗関東十八檀林への参入」『瀧山大善寺研究』一号、二〇〇八年。

（22）宇高良哲「浄土宗関東十八檀林について」（『関東十八檀林古文書選』東洋文化出版、一九八二年）。「檀林連署掟書」は同書三〇三頁「大念寺文書」三二に所載。

（23）『檀林滝山大善寺誌』『浄土宗全書』二〇所載

（24）相原悦夫「大善寺十夜の法会・縁日」『桑都民俗』四号、桑都民俗の会、一九八六年。前掲（21）「瀧山大善寺の本末形成と浄土宗関東十八檀林への参入」。

（25）相原悦夫「瀧山大善寺の本末形成と浄土宗関東檀林への参入」（『滝山大善寺研究』一号、二〇〇三年）に、寛永・貞享・元禄年間の大善寺本末形成の推移一覧表が載っている。それによると、以下の二九カ寺であり、その分布が示されている。このうち原町田養雲寺・原町田勝楽寺・町田木曾村傳重寺・厚木法界寺・厚木大信寺・二俣川三仏寺では、双盤講・双盤鉦が確認できている。この一覧の寺に双盤念仏があった可能性は高い。大善寺流の双盤念仏は滝山流として都下に広まっていたが、東京都町田市と、座間・厚木・二俣川という神奈川県中部にも広まっていたことが考えられる。雲版を用いる鎌倉光明寺とは別の双盤念仏で、並び鉦を叩くものであった。ただ二俣川三仏寺は現在、雲版を用いる鎌倉光明寺の形式である。以下、その二九カ寺を示す。

極楽寺（八王子大横宿）／養雲寺（原町田）／勝楽寺（原町田）／興林寺（八王子子安村）／法蔵寺（日野長沼村）／西光寺（八王子寺町）／桃樹院（八王子八日市場）／法界寺（厚木下萩野村）／専樹院（厚木下萩野村）／一行院（厚木下川入村）／相即寺（八王子下一分方村）／良雲寺（八王子二分方村）／大昌寺（日野村）／長圓寺（八王子柚井野村）／龍泉寺（八王子水崎）／専念寺（海老名中新田村）／廓蓮寺（大和鶴間村）／浄土寺（座間四谷村）／蔵善寺（海老名中新田村）／大信寺（厚木依知村）／源成寺（愛川角田村）／行安寺（愛川倉見村）／福蔵寺（厚木戸田村）／傳重寺（町田木曾村）／直入寺（八王子小門宿）／欣浄寺（日野村）／還浄寺（愛川角田村）／三仏寺（横浜二俣川）／長楽寺（横浜二俣川）

このうち廃寺になっている寺もあり、相川論文では近世後期の三五カ寺も掲載されている。

(26) 相原悦夫「大善寺十夜法会・縁日――その史流と風俗文化――」『瀧山大善寺研究』二号、二〇一二年。

(27) 前掲（16）より転載。品川区・大田区は平野榮次が調査し報告したものを、坂本要が補充した。世田谷区・目黒区・渋谷区は坂本要が調査し、報告した。昭和五九～六一年（一九八四～八六）調査。目黒区行人坂大圓寺は、平成二六年（二〇一四）調査。

第四節　埼玉県の双盤念仏

埼玉県では六カ所で双盤念仏が行われている。入間市二カ所、飯能市二カ所、狭山市二カ所である。そのうち入間市は八王子大善寺の系譜である。飯能市・狭山市は浅草流とされる。飯能市川崎には浅草流に関する文献があり、関連する浅草寺念仏堂の史料が東京都府中市車返しに残っていた。それらを含め埼玉の双盤念仏として記述した。

1　入間市宮寺西久保観音堂の鉦張り

入間市の南部の狭山丘陵を後ろに控えた狭山地区にある西久保観音堂では、正月一七日の初護摩と八月一七日の観音の縁日に双盤念仏を行う(1)（写真4-4-1）。

西久保観世音の縁起では神亀四年（七二七）行基菩薩が彫った観音像をここに安置し、宝亀五年（七七四）に延鎮という僧が観音山清水堂と号したとある。これはあくまで伝承であるが、堂には明暦三年（一六五七）の棟札があり、その頃には建立されていたと思われる。また寛政一〇年（一七九八）に、山口観音を一番とする狭山霊場（狭山観音三十三カ所）ができて、西久保観音は二八番の札所になった。安産祈願の観音として近隣では有名で、縁日には腹帯を授与し子どもが無事産まれるとサラシ布を倍にしてお礼返しをする。

鉦張りは正月一七日と八月一七日の観音の縁日に行われるが、一月一日の初詣に合わせて一月一日午前〇時にも新年鉦張り奉納を行う。二月初旬には寒稽古がある。かつては四月が縁日であった。一二年ごとの午年が観音の大祭であるが、特に六〇年に一回の甲午年には本尊の開帳があり大変賑わう。平成二六年（二〇一四）がその年で、八月一六日から三日間開帳が行われた。

双盤念仏が始められた時代を示す史料はないが、先代の会長の吉川忠八が前に使っていた太鼓の張り替えの時に、胴内に天保三年（一八三二）の銘があったと伝えている。観音堂の裏の出雲祝神社の奥に同年の天保三年に建立された「重闢茶場碑《かさねてひらくちゃじょうのひ》」があり、観音堂の下に住む宮大工の吉川温恭《よしずみ》や坊の村野盛政らが蒸し製煎茶の製法をこの地で確立し、茶業の再興を図った。それを記念する碑である。また別の文書（吉川忠芳家文書）では観音堂の世話を文化元年（一八〇四）から清エ門（吉川清右衛門）に頼んでいたが、天保一五年（一八四四）に村方一統持ちの世話になった。このように吉川家を中心にこの天保の頃、機運が高まって双盤念仏が始められ、村人によって維持されるようになったものとも考えられる[2]。

写真４－４－１　西久保観音堂の鉦張り

現存の文字資料としては旧本堂（現阿弥陀堂・休憩所）にある明治一二年（一八七九）の木枠の底板に書かれている墨書が一番古い。

先代の会長の吉川忠八の話では、明治の初年に熊さん（栗原熊次郎）という名人が出て、以降、田中金次郎→吉川清次・中村銀次郎→中村平蔵→吉川忠八・田中勝一と名人が続き、田中基弘会長につながっている。栗原熊次郎は八王子の大善寺でも一番鉦を叩いたといわれるが、大善寺は移転のため昭和三六年（一九六一）にお十夜を中断してしまった。武蔵村山市三ツ木の宿薬師堂の双盤講は最後まで大善寺に行っていた。

元の観音堂本堂である現在の阿弥陀堂・休憩所には、昭和一二年（一九

写真４－４－２　西久保観音堂の百万遍念仏

三七）の奉納額があり、当時の名が記されている。双盤鉦は戦時中供出され、双盤講も中断された。昭和二七年（一九五二）に六〇年ごとの甲午年本尊開帳に合わせて復興しようという話が持ち上がり、昭和二九年（一九五四）の御開帳に合わせて寄付を募り、鉦を新調し双盤念仏を復興した。寄付者一六〇人の名前は休憩所の額に記されている。

なおこの双盤念仏は平成四年（一九九二）に龍圓寺の新久《あらく》観音に伝えられ、新久の双盤念仏を復興させたが、その縁で八月一六日の新久観音の縁日に叩きに行っている。正月一七日には新久の人が西久保観音堂に来て双盤念仏を奉納する。

また西久保は狭山丘陵を越えると武蔵村山市の三ツ木に通じていて、狭山湖のできる前から三ツ木の宿薬師堂との行き来があり、双盤を叩きに行った。

西久保観音堂では、この鉦張りとは別に四月一七日と一〇月一七日、百万遍念仏の数珠繰りを行っている（写真４－４－２）。鉦張りは太鼓一張と双盤鉦四枚で行い、鉦は太鼓に近い鉦を一番鉦とし、四番鉦まで並べて叩く。念仏は一四種があり、以下の順に叩かれる。

前の座敷→（座付念仏）→念仏→六字→かっこみ→かけ念仏→ま鉦→きざみ→玉入れ→三三九→中の座敷→四つ鉦→山道→雷おとし→しまいの座敷

「念仏」と「六字」は一番鉦から太鼓まで順に五人が唱え、「かっこみ」は全員で唱え、「かけ念仏」と「ま鉦」

は一番鉦・二番鉦と三番鉦・四番鉦が二組に分かれ、掛け合って唱える。鉦は双方とも叩いているが、念仏は交互に唱える。「きざみ」以降は鉦の叩きが主になる。

このような構成は全国の双盤念仏に共通する部分が多いが、後半の鉦の部分が長くなり、地域ごとの工夫が見られるようになる。「鉦の叩き方は学べるが、念仏の声はそれぞれの持ち味で、学べない」といい、大変複雑な芸能で鉦の習得だけでも大変だが、念仏の声の質や味が魅力の一つになっているといえる。

2　入間市の双盤念仏

次に入間市全体を見る。

入間市内は、西久保観音堂を含め次の六カ所で双盤念仏のあったことが確認されている。現在双盤念仏が行われているのは西久保観音堂と龍圓寺新久観音の二カ所である。

(1) 西久保観音堂　一月一七日、八月一七日、一月一日

古い木枠の底板墨書　明治十弐年巳卯四月十七日造之　細工人　村田兼吉

(2) 坊太子堂

現在西久保観音堂で使っている双盤鉦の木枠は坊の太子堂で使っていたものだといわれている。したがって坊にも双盤念仏があったことは確かであるが詳細は不明。

(3) 龍圓寺新久観音堂　一月一六日、八月一六日

双盤の太鼓張り替えの時に見た胴内の墨書に「五丙申年」の年号があり、この年号は安政五丙申年（一八五八）

と思われ、その頃には双盤念仏があったと考えられる。戦争中鉦を供出し、双盤念仏は中断した。平成四年（一九九二）龍圓寺の整備事業に伴い双盤念仏を復興する声が上がり、西久保観世音鉦はり保存会に願って双盤念仏を習い、その年の八月一六日に復活した。その札額が本堂内にある。

（4）根岸地蔵堂　四月一四日、一一月二三日

戦前まで四枚の双盤鉦があり、地蔵の縁日に双盤念仏が行われていた。戦争で二枚を供出して双盤念仏をやらなくなってしまった。戦後残った鉦は半鐘の代わりに利用したため、鉦が火の見櫓に吊り下げられているのを記憶している人がいる。

双盤銘　二枚同文　于時弘化四年丁未如月求之　武州入間郡上根岸村惣村若者中

（5）三ツ木馬頭観音堂　二月初午

元は三ツ木台の三ツ木公園のところにあった三木稲荷と同じ場所に祀られていた馬頭観音である。鉦や太鼓の胴が残っている。初午の祭りがあったが、昭和初期には廃堂になっていた。

双盤銘　武州入間郡桂ノ庄金子三木村　奉納馬頭観音堂什物　江戸大傳馬町壱丁目
辰巳屋市村姓　願主新兵衛　嘉永二己酉正月初午　江戸西村和泉守作

（6）野田長徳寺薬師堂

長徳寺で双盤が行われていたという話はもう聞けないが、飯能市落合の西光寺で使用されている双盤鉦の木枠は長徳寺から譲られたものといわれ、木枠に「長徳禅寺十二世代什具」と書かれている。長徳寺一二世は幕末の住職

である。もう一台の木枠には「吉祥院」の名があるが、吉祥院は現在長徳寺の薬師堂に祀られている薬師様のあった元の寺の名である。

木枠の墨書	1　慈眼山長徳禅寺十二世代什具
	2　瑠璃山什物吉祥院良章代

3　入間市近辺の双盤念仏とその系譜

入間市近辺では表4-1-1の所で双盤念仏が行われていた。

浄土宗関東十八檀林に数えられる滝山にあった八王子の大善寺は、古く天正一八年（一五九〇）に十夜を始めたとある。大善寺十夜は諷誦文を行うことで有名である。諷誦文とは死者を慰める文言を読み上げ死者供養をすることで、深夜に念仏の鉦を叩きながら行われる。双盤講はこの法要に関与することが多かったようで、深夜に行われる法要なのでオコモリをする。その際、布教師である談義僧がいろいろな談義（法話や信仰の物語）をし、また各所の双盤講が集まり競い合ったため、オコモリも楽しみであった。

また浅草寺の奥山に念仏堂があり、ここにも各所の双盤講が集まった。しかし関東大震災で念仏堂は倒壊した。

この入間市近辺には大善寺の滝山流と浅草流の双方の双盤念仏が伝わった。所沢の山口観音のお十夜が有名で、各所の双盤講が集まり、そこで聞いたという。山口観音をはじめ所沢市東部から飯能市にかけては浅草流であるというところが多く、武蔵村山市など狭山丘陵の南では八王子にも近く、大善寺に行ったという話を聞く。

入間市西久保観音の双盤念仏の系譜は地元では浅草流と伝えられている。後述するように飯能の落合や川寺の双

表4-4-1　入間市近辺の双盤念仏（○印は現在行われている所を表す）

武蔵村山市	二カ所	○三ツ木薬師堂、中藤萩の尾薬師堂
所沢市	九カ所	安松長徳寺他、北秋津曼荼羅堂・庚松堂、荒幡本覚院・光蔵寺、久米長久寺、北野全徳寺、山口観音金乗院、三ヶ島薬師堂、三ヶ島常楽院、糀谷阿弥陀堂
飯能市	六カ所	○落合西光寺薬師堂、川寺大光寺虚空蔵堂、矢颪浄心寺薬師堂、双柳秀常寺観音堂、平松円泉寺阿弥陀堂、○川崎普門寺観音堂
日高市	一カ所	台円福寺阿弥陀堂
狭山市	三カ所	○笹井観音堂、○笹井宗源寺、上広瀬禅龍寺

小峰孝男『民俗芸能としての双盤念仏』二〇一二年と坂本調査より作成

盤念仏は明確に浅草流を名乗り、飯能方面に広がっていたのは浅草寺奥山念仏堂を基とする流派である。しかし現状の西久保観音の双盤念仏は落合の双盤念仏と異なるため、浅草流ではなく、三ツ木薬師の大善寺流に近いと思われる。所沢の山口観音を中心として広がったのは浅草流で、西久保観音は地理的には所沢・飯能の浅草流と八王子・青梅・北多摩地区の大善寺流の二つの流派の接合地にある。

三ツ木に大善寺流が伝わったのは文化一一年（一八一四）とされる。飯能落合の薬師堂は文化文政年間（一八〇四～三〇）に西光寺七世の禅明和尚が取り入れたという。浅草流としている。西久保観音では明治初年（一八六八）に栗原熊次郎が大善寺の一番鉦を叩いたという。

4　飯能市のダンギ（双盤念仏）

飯能市で双盤念仏のあったと考えられるのは六カ所である。落合西光寺薬師堂・川寺大光寺虚空蔵堂・矢颪《やおろし》浄心寺薬師堂・双柳秀常寺観音堂・平松円泉寺阿弥陀堂・川崎普門寺観音堂であるが、川寺大光寺虚空蔵堂が近年行われなくなり、現行は落合西光寺薬師堂・川崎普門寺観音堂の二カ所になってしまった。（3）また飯能では双盤念仏に合わせて談義という説教が行われていたので、双盤念仏をダンギ念仏・ダンギ・ダギと言ったりする。

（1）落合西光寺薬師堂

西光寺（曹洞宗）の境外仏堂としてあるが、この近所にあったという真言宗玉蔵寺の薬師堂であった。四月一二日と一〇月一二日が縁日で、双盤念仏が堂内で叩かれる。もとは三月一二日・九月一二日であった。八月一四日の施餓鬼には西光寺本堂で叩かれる。現在薬師の縁日にも曹洞宗の僧侶による般若心経が唱えられる。元は双盤念仏のみであった。太鼓一張双盤四枚で叩かれる。鉦は戦時供出して中断したが、昭和五二年（一九七七）に鉦を作り復興した。

一番鉦を親鉦、四番鉦を尻鉦という。

双盤銘　昭和五十二年十月吉日　西光寺什物　薬師如来宝前　大久保秀吉
太鼓銘　昭和四十八年九月　両面張替寄進生命共済推進委員会　飯能市落合　西光寺

〈曲の構成〉

1　着座・拝礼
2　念仏　四返　念仏は太鼓役が唱える。打ち方は「寝かし」
3　念仏　五返　太鼓の合図で一番鉦から四番鉦まで順次唱える。打ち方は「起こし」
4　掛け念仏　三ツ鉦→四ツ鉦
5　せめ込み　調声に太鼓鉦が答えて念仏を唱え、自由打ちからキザミに入る
6　玉入れ　七の玉・五の玉・三の玉があり一番鉦から順に七五三を叩く。たまに間にキザミを入れ、念仏には送り言葉と受け言葉がある
7　大山越　太鼓・鉦を強く打ちだんだん弱くなってまた強くなる
8　竜頭　たつがしら・太鼓と鉦でスットンスットンと叩く
9　小山越　大山越を短くしたもの
10　天地の玉　太鼓の側をカラカラとなでる
11　十三鉦　鉦と太鼓で最初と最後を強く打つ
12　拝礼

この唱え方・叩き方については一〇頁に及ぶ細かい教本がある。「浅草流落合薬師尊伝承双盤念仏口伝」と題されているが、川寺の諸岡兵作《ひょうさく》の作ったもので、川寺の叩き方もこれと同じである。川崎もこれに倣って一部を称えている。番号は入退場の所作まで入れると一五番まである。右記のものは各節の特徴を注記に倣って略述したものである。

叩き方は本流しと片流しがある。片流し四辺の部分を短く省略したもので、簡単にしたい時に叩く。この双盤念仏は、文化文政年間に西光寺七世の禅明和尚が薬師信仰を普及させるために取り入れたと言われる。

（2）川寺大光寺虚空蔵堂

最近まで続けていたが諸岡兵作が高齢になり、叩ける人も青木理悦・木下春雄・指田良雄のみになり、中断している。

大光寺は真言宗で、天保一一年（一八四〇）に建て替えられた大きな虚空蔵堂がある。四月一三日と一〇月一三日の虚空蔵の縁日に叩いた。縁日には護摩を焚き、芝居や映画があり、一日賑やかに過ごした。太鼓一張・鉦二枚であったが、新しく二枚足して四枚で行った。銘文はないが、古い二枚は昭和二四年（一九四九）に、新しいものは昭和五六年（一九八一）に作った。構成は川寺から落合に教えたので落合と同じである。浅草流である。双盤念仏という。

叩き方に本流しとサソウがあり、普通に叩くのが本流しで、サソウとかシャソウと言われるものは僧侶の入場の前に叩く。二枚で叩き、本流しより短い。

（3）矢颪浄心寺薬師堂

矢颪《やおろし》の浄心寺は一月七日の武蔵野七福神毘沙門天の縁日の寺として有名であるが、戦前まで双盤念仏があり、談義念仏といい、名人木村萬造がいて盛んであった。双盤は二枚で供出して終わってしまった。双盤の木枠は残り、塗り替えて観音堂にある。薬師の縁日に藁屋根の堂で叩かれたが、昭和に入ってから観音堂を建てたので、そこでも行うようになった。観音堂の上が広場になっており、見晴らしがいいのでそこで叩き、遠くまで鉦の音が響いた。別に境内には子安地蔵があり、百万遍の数珠繰りも行われたが、女の人は百万遍、男の人は双盤念仏といわれた。

(4) 川崎普門寺観音堂

真言宗で山口観音から移したといわれる観音を祀る観音堂がある。須弥壇には観音の入っていた厨子が置かれている。観音堂の縁日である一月一八日に双盤念仏を奉納する。双盤念仏をダンギ念仏というが、午年の開帳にはダンギがあり、ダンギ僧による諷誦文供養があり、双盤念仏が行われたことによる。現在双盤念仏は法要前に行われ、法要は修験僧による不動明王祈願・住職による本尊観音への護摩供養があり、法要後、馬が観音堂の周りを巡る。現在乗馬用の馬であるが、かつては農耕馬が回った。太鼓・双盤は脇侍の不動明王の前に置かれ、太鼓一張・鉦二枚である。観音堂内外陣には元禄一一年（一六九八）の銘のある巨大な阿弥陀如来がある。

双盤銘　昭和二十四年三月　東京五雲堂謹製　千手山教学院普門寺観音堂改修記念

念仏は平念仏と初夜があった(4)。

平念仏　十三鉦↓四遍↓五遍↓掛け念仏↓セメ念仏↓セメ込み↓玉入れ↓竜頭↓山越し↓小山越し↓一ツブチ↓十三鉦

初夜　十三鉦↓四遍↓キリコ↓五遍↓サソウ↓コザソウ（掛け念仏）↓セメ込み↓三三九↓竜頭↓山越し↓小山越し↓一ツブチ↓十三鉦

流派は浅草流で、幕末に小野田半平が浅草寺に行って習ってきて、免許を得た。それが小野田家に伝えられる

『念仏目録巻』（明治元年（一八六八））である。浅草寺奥山念仏堂の十夜法要の双盤（双鐘と書かれている。）の次第である（節末資料2）。(5)

（5）狭山市・日高市

・狭山市

笹井の宗源寺（曹洞宗）。四月八日・笹井の観音堂一月二〇日。もとは笹井薬師堂（旧薬王寺）で行われていたが、中断していた。平成一四年（二〇〇二）小峰孝男と地元有志により鉦を作り復興した。現在上記二カ所で行っている。小峰は飯能市川崎の関谷弁治や落合の双盤念仏を習い伝えている。

上広瀬の禅竜寺（曹洞宗）に天保四年（一八三三）の双盤鉦一枚がある。

・日高市

台の円福寺（真言宗）。戦前に大念仏といって三月二八日・二九日に円福寺の阿弥陀堂で双盤念仏と百万遍を行った。鉦は四枚あったが戦争で供出して行わなくなった。百万遍は数珠繰りでだんだん速くなり、最後は念仏で踊り大変な騒ぎであった。現在阿弥陀堂は本堂としてあり、本尊に不動明王を祀り高麗川の聖天院が兼務している。

5　浅草寺奥山念仏堂

浅草の浅草寺裏の奥山に念仏堂があった。大正一二年（一九二三）の関東大震災で倒壊してしまうまで江戸・東京の念仏僧・念仏聖の活動拠点であった。この影響は所沢や飯能の双盤講にある。この地区で浅草流とか奥山流といわれる双盤念仏のことを談義念仏・ダンギ・ダギというのは、ここにいた談義僧の談義のことを指すと考えられる。談義とは法義を講談する、講じて話すという意味である。元は学僧の論議を示したが、一般民衆にする説教と同義語になり、浄土宗・浄土真宗・日蓮宗で広くこの語が用いられるようになった。江戸時代になると、面白おかしい例話で人を魅き付ける専門の談義僧が出て、人気の僧の時はたいそうな賑わいになり、それに双盤が付随した。何度か禁令が出ている(6)。現在でも奈良県奈良市都祁白石の興善寺では、法要の合間の説教師の入場・退場に双盤念仏が唱えられる(7)。このような形で談義と双盤念仏が繰り返されたようで、双盤念仏を談義念仏・ダンギというようになったと思われる。そのことを表す史料は飯能市川崎の小野田家にある「念佛目録巻」に見られる。浅草寺念仏堂と深川回向院で説法している談義僧が、双盤念仏の秘伝を川崎の小野田半平に授けたという文書である（**第四節末資料1**）。

浅草寺の念仏堂については、『浅草寺志』には「念佛堂　本堂の北三十四間にあり。南向き。日音院の持也。享保中建之」とある。網野宥俊『浅草寺史談抄』には、浅草寺七世公英僧正が日音院の実円と共に享保一八年（一七三三）に造営したとあり、関東大震災前の写真を載せている(8)。念仏堂は享保一八年（一七三三）から大正一二年（一九二三）まであった。堂とはいえ、かなり大きな建物であった。震災前の念仏堂の位置と建物は**図4―4―1**、**図4―4―2**に示す。

また浅草寺念仏堂の史料としては府中市車返し（白糸台）の本願寺の双盤念仏講員田中吾一が持っていた「文化十三丙子夏四月金龍山浅草寺奥山念仏堂寮坊主善心」の花押のある文書（一八一六年）がある。念仏堂の清規集で鐘や双盤の打ち方も詳細に決まっていたことが分かる（**写真4―4―3**、**第四節末資料2**）。最初と最後に「洛陽東山一心院開山称念上人捨世一流之作行」とある。これは称念（一五一三～五四）の始めた捨世主義を行う捨世派の清規を示すものと思われる。捨世派は既成の浄土宗に飽き足らず専修念仏を行う集団で、江戸時代に幾多の傑出した

網野宥俊校閲「明治16年（1883）浅草寺境内奥山考定図」（『浅草寺文化』２号、浅草寺資料編纂所、1963年）。念仏堂は左端上下中央に見える。

図４－４－１　震災前の浅草寺奥山念仏堂

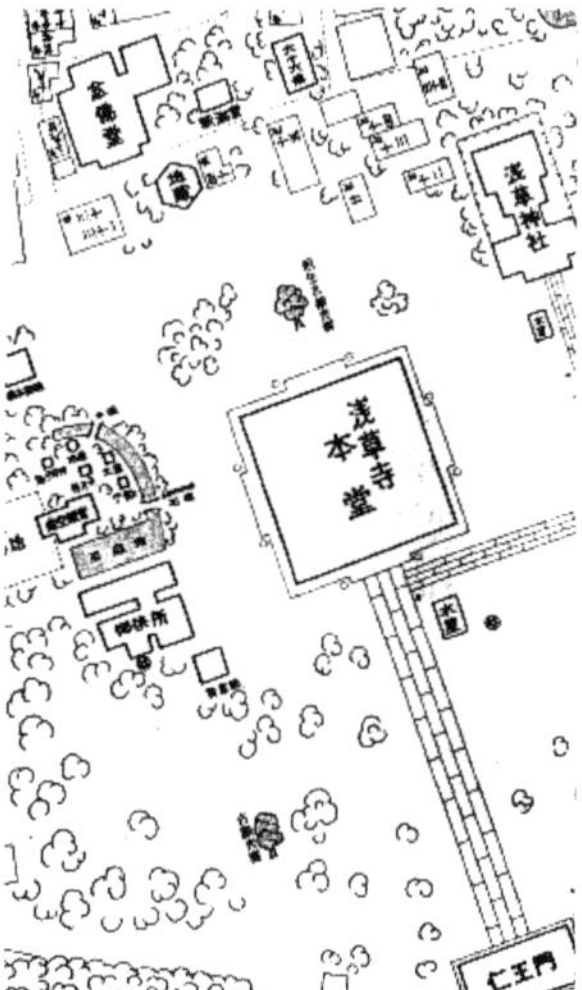

「嘉永５年（1852）浅草寺境内図」（『浅草寺文化』10号、浅草寺資料編纂所、1975年）。左上奥に念仏堂が見える。

図４－４－２　震災前の浅草寺境内図（部分）

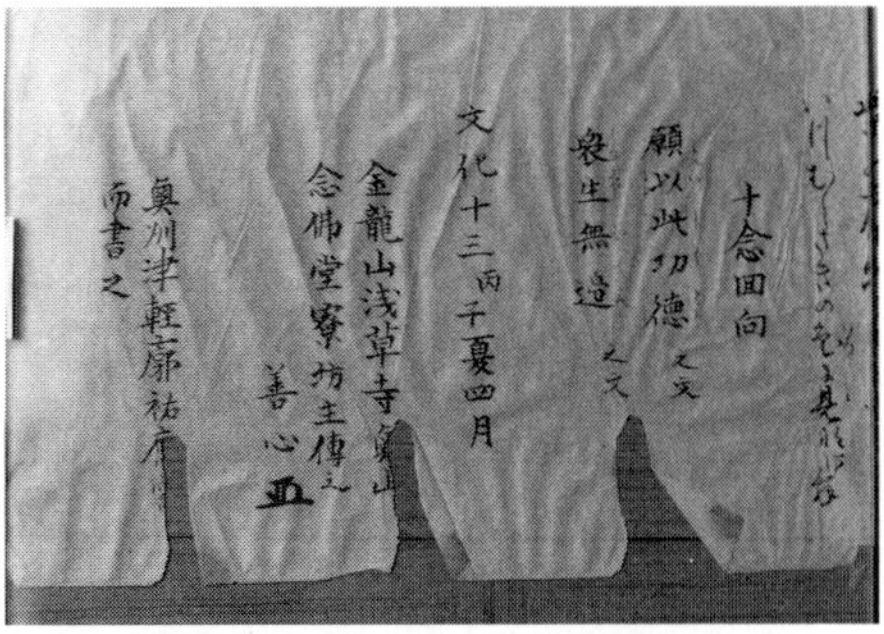

節末資料２の末尾（359頁参照）

写真４－４－３　浅草寺奥山念仏堂史料

念仏僧を生み出した。捨世派は結集地として捨世地という修行寺を建てた。浅草寺念仏堂もこのような捨世派僧の修行の道場でもあったようだ。双盤念仏はこのような僧によってもたらされたことが分かる。弾誓・以八というような捨世派僧のいた所に初期の双盤念仏があるのは興味深い(9)。東山一心院は称念上人開山の寺で、現在知恩院の大鐘楼裏にある。

他の浅草寺関連の資料として所沢市上安松に住んでいた安田市五郎の墓碑に双盤念仏の差定が彫られている（**節末資料3**）。表面に「東京浅草金龍山奥山念仏堂雙盤念仏連二代目六十九歳自書」とあり、先立たれた妻の供養のために明治二五年（一八九二）に建てた墓に記してある。

節末資料1の「念佛目録巻」と**同3**の「墓誌」を比較すると、「念佛目録巻」を省略して短くしているのが分かる。「墓誌」に「サソヲヨリ」とあるがサソヲは作相の漢字を用いる。飯能市川寺と川崎の譜の中にサソウ・シャソウ・コザソウとの言葉が出てくるが同様のことで、全国的にみると名越派などは「双盤作相」という語を用いる(10)。作相とは法要の入堂直前に威儀を整え、法具を準備して儀礼の具体相を作り、すぐに法要に入れる態勢にすることである。その合図鐘のことを作相鐘と言う。普通役僧が回廊や須弥壇裏にある半鐘を叩くのであるが、在家の双盤連中のある所ではこの役を双盤連中が担う。

このことから作相に続けて付けて唱える双盤の最初の念仏をサソウヅケと言うようになった。関西地区の双盤念仏の最初の念仏をササヅケ（笹付け）と言ったり関東でザツキ（座付き）と言ったりするのは　この作相付けが訛ったものと考えられる。

「念佛目録巻」や「浅草寺奥山念仏堂史料」も、このように読むと現行浅草流双盤念仏の譜と共通するところが多い。これに晨朝・日中・日没・初夜・中夜・後夜の六時の儀礼に行う双盤念仏を加え、神名・仏事を付加したものと思われる。飯能川崎の初夜とはこの六時の初夜儀礼といえよう。後述するように、双盤念仏には平鉦と役鉦があるところが多いが、役鉦は僧侶の入堂退堂の時に叩く役僧の合図鉦から発展したもので、役僧の半鐘を叩く役鐘であったものが在家の双盤連中に変わり、僧の鉦に続いて双盤で念仏を唱えるようになった。飯能市でサソウ・初夜・片鉦といわれるのは他所の役鉦に相当するもので、平鉦・本流しより短いものであるのはこの意味である。

この他に儀軌文書としては小峰孝男氏の報告(11)にある所沢市北秋津の持明院曼荼羅堂と東村山市久米川梅岩寺阿弥陀堂の「後住相伝」がある。内容の共通性から浅草寺念仏堂で行われていた五重相伝か、それをまねたものの可能性が高い。五重相伝とは浄土宗の奥義を五段階にわたって相伝され血脈を受ける法会で、何日もかかる。在家にも適用されるようになったが、その節に双盤念仏を用いることがある。この「後住相伝」は「五重相伝」のことで、これらの寺で行われた時に使用されたと考えられる。

後述するように浅草流は鎌倉光明寺から発展した関東の双盤念仏としては最北に位置するが、「雷落とし」がない、また「天地の玉」という太鼓の肩を撫でるような叩き方があり、独自の発展を遂げた。さらに神道などの意味付けをするなど、捨世派・談義僧などの宗教者の影響が強く、儀礼的に細かくなっているのが特徴である。浅草寺奥山に念仏堂ができたのは享保一八年（一七三三）であるが、所沢・飯能方面に広がったのは鉦の年号からみて、文化文政から天保年間（一八〇四〜四四）であろう。

註

（1）西久保観世音の鉦張りは、映像記録として埼玉県と入間市博物館が制作した際に監修者として調査し報告したものである。坂本要［二〇一五］。映像記録『西久保観世音の鉦はり』入間市、二〇一三、制作：ビジュアルフォークロア　監督：遠藤協。

（2）三浦久美子「資料・狭山地区と西久保観世音」映像記録『西久保観世音の鉦張り』、二〇一四年。吉川忠八『西久保観世音の信仰と歴史』入間堂、一九七九年。

（3）平松円泉寺は鉦があったという伝承で、他は叩いていたという伝承である。落合・川寺・川崎については、石川博行「埼玉県西部に見られる双盤念仏について」（『埼玉県立民俗文化財センター研究紀要』創刊号、一九七四年）の中で詳しく記してある。

（4）この曲の構成は石川博行（前掲）によるが、現在伝承が途絶え、小峰孝男の指導により、「四返・五返」の唱えを中心に再開して、完全復興を目指している。

（5）『念佛目録巻』は石川博行（前掲）の註に翻刻されているが、後半のつなぎが原文とずれてしまい、儀礼の流れが分からなくなっている。**第四節末資料1**は筆者が原文に照らして順を正し、若干解読字を直し、書き改めて儀礼の流れを解釈した。

（6）「説法の会座ニおゐて俗人不礼之体にて雙盤を鳴し、仏前を憚らず非法之振舞有之候而ハ、軽法之至ニ候間、以後令禁制、――」「一、説法之節、雙盤・太鼓打交候而者、甚たかまひすく、心地散乱して、説法能聴有之間敷候間、以後ハ雙盤はかり鳴候而、太鼓打交候儀、堅令禁制候」などがある。「増上寺役者触書」（寛政一一年〔一七九九〕『増上寺資料集　三』）。長谷川匡俊『近世浄土宗の信仰と教化』北辰堂、一九八八年。

（7）上田喜江・坂本要［二〇一四C］。

（8）松平冠山『浅草寺志』（浅草寺出版部、一九三九年→名著出版、一九七六年）。網野宥俊『浅草寺史談抄』（一九五二年）。

（9）「**表4―8―1　双盤念仏一覧**」箱根町塔之沢阿弥陀寺・伊勢原市一の沢浄発願寺の弾誓上人（一五五一～一六一三）の例。鳥取県湖山栖岸寺の以八（一五三二～一六一四）の例。山口県の大日比流など捨世派と双盤念仏の結び付きは強い。

（10）小峰孝男「所沢の双盤念仏」（『民俗芸能としての双盤念仏』東村山ふるさと歴史館、二〇一二年所収）に掲載されている。比較参考のため**第四節末資料3**として掲載した。翻刻は小峰氏による。

(11) 註(10)に同じ。

■資料1　飯能市川崎小野田家蔵「念佛目録巻」

念佛目録巻
一　武蔵国東都浅草金龍山
浅草寺念佛堂幷ニ深川回向院
ニ於テ説法談儀僧滝川龍山大和尚
長行之流一日一夜ヨリ十日十夜修業
秘伝之巻

第一條　初回向
一本尊対面之鐘談儀僧幷ニ双鐘ヲ
壱所ニ勤ル也
半鐘傳ス切回向本尊三拝也
玉者七五三也

第二條
今暁ノ須上ノ鐘如来本尊回向也
念佛者四返五返
玉者七五三也
半鐘傳ス切回向六字二ツ打念佛
本尊三拝知ラセ打也

第三條
御茶當之行
玉者七五三也
半鐘傳ス切回向本尊三拝也
右須上茶當之行者
諸行無常是生滅法
之勤奈利

第四條
飯済之行
玉者七五三也
半鐘者天地切回向傳ス右同行

第五條
日中正午ノ九ツ時之行
傳ス半鐘天地拂之玉也
玉者七五三奈利
生滅々己ト云鐘也

第六條
日暮之行
　玉者三三九也
半鐘者天地玉切回向本尊三拝
鈴之知ラセ奈利
　寂滅為楽行也
第七條
初夜之勤也左相念佛小左相二而
セメ込　玉者七五三也
　傳ス半鐘高座ノ回向可致也
第八條者
後夜之勤奈利
　此玉者五五三也
半鐘傳ス本尊回向右同行
第九條
中夜ノ行也
　半鐘天地ノ玉傳ス切回向
　右同行
此玉者三五三也

和尚座鐘之部
四返五返掛念佛
　玉者二四二四奈利
是ヨリ錆ヲ打テ山越二而揚ル也
十念ヲ受テ三ツ打也
　追出シ者
刻ヨリ山越与成天仕舞也
半鐘之打方者
天ノ玉者三ツ地ノ玉者壱ツ而鐘ヲ
打天仕舞奈利
ケチガん引鐘之事
半鐘者知ラセ也
念佛者
四返五返是ヨリ掛出シ六字ノ引揚ニ而
セメ込奈利　玉者二四ニ四打テ鐘ヲ打
此時善ノ綱ヲ取テ入ル也
是ヨリ六ツ鐘ニ成ル也
願日供徳□　病道聲一切玉□
保津菩提眞玉□　逢常安楽國
玉□□□　是ヨリ四方十念佛ヲ受ル
花香爐ヲ持而廻リ受ル奈利玉□

本尊前者
百八燈供物色々備ル奈利
東都江戸東叡山寛永寺
暑家
瀧川龍山敬白
武蔵高座郡
川崎村住人
小野田半平政勝
半鐘天之三ツ者三尊弥陀
如来日臨ヲ謹敬白
地ノ玉壱ツ者月天月之十五日敬白
七五三ノ玉者
七者七曜星五者東西南北天星
也三者三光星又者宵乃明星
夜中明星暁乃明星ヲ敬白也
天神七代　地神五代
神王三代之御神ヲ敬白也
二四乃玉者
天地四方諸萬霊回向供養也
三三九玉者
三光星九曜星敬白也
三五三
五五三
供敬供養佛寶法界諸願成就
明治元年一月吉祥日改写也
武蔵国高座郡川崎村
小野田半平政勝

■

■資料2　府中市車返し（白糸台）浅草寺奥山念仏堂史料

（翻刻　近江礼子）

（前欠カ）
一於道場内称名□可為
　言事
「　　　」
　之事
一道場《とうしやう》出入《しつにう》ケタイ不可有
　之事
一道場《とうしやう》之《の》内《うち》不可持念珠《じゆすをもつへからす》
　之事
一食事《しきし》「　　」
一別時《へつじ》之《の》内《うち》「　　」
　事雑《そう》「　　」
　家出入《しつにう》不可有《あるへからす》「　　」
一於当院《とふいんにおいて》酒《さけ》幷五辛《こしん》不可入《いり》□
　住居《ぢうきよ》之輩《ともから》出他《ほかへいて》不可請
　用《へからす》之事
一歌舞《うたえまひ》高声《たかこひ》尺八《しやくはち》等禁《とうきん》
　制《せい》之《の》事《こと》
一於当院「　　」
　之事《こと》

一昼寝《ひるね》不可致《いたすへからす》、病気《ひようき》之時《のときハ》
　不苦《くるしからす》事
一綴《た》（縦《と》）使《え》自《みつから》雖有道理《とうりあるともたけん》「　」
　他不可致口論《こうろんいたすへからす》
　右《みき》之《の》条々《せふせふ》堅《かたく》可相守者《あいまもるへきものなり》
　也
　　洛陽東山一心院開山
　　　称念「　」
　修行相続之事
一平包《ひらつゝみ》結《むすひ》用《やう》脇結《わきむすひ》幷上結《うハむすひ》ハ
　臨終《りんしゆふ》之《の》時《とき》之《の》結様也《むすひようなり》
　平包者四《よ》「　　」
　色《いろ》ハ《ハ》何《なに》ニテモ「　　」
一毎日《まいにち》所作《しよさ》ニ心《こゝろ》ヲカケ《をかけ》仏前《ふつせん》
　ニテ可回向事《ゑこうすべきこと》
一故郷《ふるさと》之《の》親兄弟《おやきやうたい》友達《ともたち》等《とう》
　ニ道《みち》ニテ逢《あい》「　　」
　ノ物語《ものかたり》禁制「　　」
一仏堂《ふつとふ》（道）に心《こゝろ》をかけ行住《きやうしゆう》坐臥《さくわ》を
　いわす、御念仏けたいなく有縁《うゑん》
　の衆生《しゆしやう》は不及申《もふすにおよハす》、無縁《むゑん》のうち
　くすまて差別《しやへつ》「　　」

仏果菩提《ふつくわほたい》の［　　］
一山々里々《やまやまさとさと》または船渡《ふねわた》しにても
惣して清《きよ》きむさきを嫌《きら》ハす、
御念仏のゑこうすへき［　］
是《これ》を善導《せんとう》大師御釈《しや》□
不問時節《しせつ》［　　］
一寺方《てらかた》に一宿《いつしゆく》を心《こゝろ》かけハ晩の非時
前《まえ》こゝろかけ、門前《もんせん》にて笠《かさ》をぬき
頭巾《つきん》と珠数《しゆす》を左《ひたり》に持《もち》、笠《かさ》と杖《つえ》を
右《みき》に持《もち》、四方《しほふ》を見渡《みわたし》候ハ、、定《さため》て
石塔《せきとう》あるへし、立寄信心《たちよりしんしん》回向《ゑこふ》
すへし、石塔こ［　　］
さす共苦しからす、夫より客殿
に入可申、登《のほ》りの時《とき》は法然《ほふねん》上人の
かたニ入ルへし、下りの時は善導《ぜんどう》
大師のかたより帰《かへ》ルへし、能々《よくよく》
こゝろ得へき事
一草履《ぞうり》のぬきよふ［　　］
入たるかたニ置《おく》、また平包《ひらつゝみ》ハしゆみの
通《とふ》りに柱《ばしら》あるへし、柱《はしら》ゟ左《ひたり》ノかたへ
よせ、我《われ》は柱《はしら》をかた取おくへし
杖《つえ》は平包《ひらつゝみ》の下ニ置へし、笠《かさ》は上《うへ》に
何をのけに置《おく》へし

少シ左のかたへよせ、真《ま》中にハ結ばぬ
もの也、下りの時は其こゝろ持《もち》
善導《ぜんどう》のかたの右の方《かた》をかた取《とり》
へし、また十念斗取時《はかりとるとき》ハ如様《かよう》
不苦事《くるしからす》
右之通平包万《よろつ》を［　　］
三拝《さんはい》し、深《ふか》く回向《ゑこう》し候ハ、、それより
本尊様《ほんぞんさま》の少《すこし》シ脇《わき》に見《み》テ、元《もと》の平包の
そはへ帰《かえ》り、祖師開山法累《そしかいさんほふるい》へも
回向すへし
一庫裏《くり》へ廻《まハ》り取次《とりつき》を頼《たの》み十念を受《う》ケ
申度由申入候ハ、、客殿《きやくてん》に入、和尚様
の御出《いて》をまつへし、茶《ちや》ノ間《ま》へ通《とふ》シも
あらば通ふるべし、其時《そのとき》［　　］敷
大寺《おふてら》ならは三拝［　　］
小寺ならは三拝なし共くるしからす
和尚様の近くへよりて受くへし
一追去帳《くわこちよう》ハふた［　　］
こゝろさし有《ある》ふり［　　］
其せつ国里修行《くにさとしゆきやう》の道《みち》相続
の処《ところ》御尋《たつね》あらは、少茂つゝまづ

一宿成不申候ハヽ、名号斗取り相続なとハ問れ《とハ》［　］申間敷候、急キ客殿［　］仏少シ申て帰るへし

一一宿致候共、暮より明《あく》るまて用《よふ》なきに切々《せつせつ》庫裏へ参り申間敷候事、かいしやく［　］飯台《はんたい》につくへし、食後の御念仏可申事

一非事過《ひしすき》その客殿ニて初夜ニ逢《あい》御念仏可申、初夜過《すき》てもかいしやくニて長々と一せめ可［　］方丈ニて御念仏御座候共かもふへからす、もし別時《へつじ》なとニて後夜をつとむへし、さなくハ初夜過ニて休《やす》むべし

一別時ニてハ中夜後夜［　］ニあい、外陣《けしん》をはき手水をくみ置キ帰ルへし、またはとめられ候ハヽ、御飯斎ニ逢日中にあひ帰ルへし、日中ニあわすとも不苦と申スとも帰ルへからす、暇《いとま》乞［　］また品によるへし

一別時にて五三日逗留《とうりう》いたし候共、随分《づいふん》こゝろを見られさる様たしなみ肝要《かんよう》ニ候、もし結衆《けつしゆ》ニ成、道場《どうじやう》□用の事、まつ後門ニ［　］を観念《くわんねん》し内陣《ないじん》へ入へし、久敷老僧成共、始《はしめ》テハ下坐《しもざ》ニ付べし頂《いたゝき》をさけ合掌《かつしやう》し如来様を拝すへし

一鐘請取《かねうけとり》の事、和尚様ならば頭を地《しも》につけ、老僧ならば中かげん、中老《ちうろう》ならばたかひにしきたいし、鐘請取渡《かねうけとりわた》すものなり、祖師《そし》の前にて観念《くわんねん》し少［　］少御念仏申て立へし

一殿司《てんす》は先《ま》ツ晨朝過《じんでうすき》ニ除掃《そうじ》すべしはき様ハ如来様の御面《めん》よりはきおろし、仏担《たん》（壇）も左右へはき可申夫《それ》より後門へほうき［　］法累《ほふるい》もはき、外陣《けぢん》も左右へはき分《わけ》ケ可申、則《すなハち》ほうきを持参、祖師檀《たん》の所我前《ところわかまえ》ニ置、念仏久シ申へし鐘打心《かねうちこゝろもち》持少もせめ［　］に帰り、釈迦如来［　］

手水《てふす》をつかひ所作《しよさ》千遍《せんへん》くり
可申候事
一茶湯《ちやとう》御飯斎指上ケ《はんさいさしあけ》申とも、寮《りう》
坊主《ほうす》供敬《くきやう》仕舞勤《しまひつとめ》［　］
廻向過次第後門久さけ、また
内陣へ入観念シ、少シ責《せめ》きり立べし
一鐘打《かねうち》半畳敷《はんじやうしき》て打候ハヽ、掃除《そうじ》の時《とき》
ハ左にかねを持、右に手木《しゆもく》を打なら［　］
少シ立へし、掃除の［　］
をしつかに取り、あたりへ塵《ちり》の
行《ゆか》ぬよふにいたすへし
一鐘替《かねかハ》りに参《まい》り候ハヽ、渡《わた》スものなり
なるほど静《しつか》に半畳返《かえ》し、受取者に
あをりのかゝらぬ様ニい［　］
我跡《わかあと》を三度たゝきて立もの也
請取ものハ跡《あと》をたゝかぬもの也
鐘打ようハ高下キなしに雨《あま》だれ
拍子《ひやうし》に打ツもの也、又双盤《そうはん》の時は
寮坊主三拝の間《ま》を［　］
又後門へ廻ル時はかしらを打べし
廻向の時ハ障《さハり》にならぬ様に打か
よし、万事《ばんじ》左様に心得へし
一内陣にて喧嘩口論《けんくわこふろん》など堅禁制《かたくきんせい》之事

一斎非持《ときひじ》のおりから［　］
飯台《はんたい》につくへし、老僧衆《しゆう》ならば
礼儀《れいき》をして、其後飯台になをり、
諸々《もろもろ》の鬼神餓鬼《きじんかき》に廻向し
箸を取へし、万事上坐の老
僧次第ニ可致申事
一下坐は飯台の仕舞役《やく》なり
食座《しよくざ》のかねは念仏共になるほど
静《しつか》に飯台ニてせめ可申、また
内陣ニても一様にせめ［　］
一御飯斎の鐘の打様ハ、供敬《くきやう》之内ハ
責《せめ》せぬ様に打へし、過去帳のくり
仕舞座につき候而、拍子《ひようし》なしは
いつともなくせめ出し可申候、打様ハ
打上ケ打下ケ麦粒《むきつふ》成［　］
一御茶湯の鐘ハ、是は供敬之内ハ
高もなく下くもなく能《よき》かけんに
可打、過去帳の逆修《きやくしゆ》ヲくる時にせめ
出し、飯斎鐘より少したかく
打きるも高《たか》ひやう［　］
可打
一惣而鐘の次第ハ作左右《さそふ》付をせめ
供敬の鐘をせめきり、典司《でんす》の者《もの》

立《たつ》て蝋燭《ろうそく》の真《しん》を切《きり》座に付候ハ丶、かけ
念仏ニ、もしおそき［　］
斗らひ可申事
一晨朝日中初夜ハ恭敬《くきよふ》せめ
可致、中夜後夜日没《もつ》恭敬責《くきやうせめ》
なし、かけ念仏 勤《つとめ》□六時《ろくし》［　］
湯は晨朝に可致、飯斎は六時
の外なり、去なから飯斎のけて
の六時はなりかたき故《ゆえ》に、飯斎
六寺に勤ても苦からす候事
一晨朝の茶湯ハ典司［　］
香を見て可致候事
一替り番は半夜結る後夜過の
替り、又ハ晨朝過のかわり、飯斎
過より日没まては打［　］、
日没過より宵番《よひはん》の者は初夜
を休《やす》むへし、明《あけ》ケハ没より初夜
まて勤行すへし、去なから
宵番の者なり共寝《ね》ることは
いらぬもの也、初夜［　］
所作を操《くり》（繰）り面々寮《めんめんりう》に居留
もの也、左様に上根《じやうこん》に成《なり》かたき
間、こゝろ得へき事也

一茶湯仕度出来候ハ丶、そ［　］
おこし、目を覚《さま》させ、後人に［　］
可申候、和尚様か寮坊主、または
老僧内陣へ入り候而、次第を追而
皆つめかけ、壱人ツ丶入可申事
一殿司は中尊様其外［　］
仏菩薩《ふつほさつ》へうしろむけぬ様に
たしなミ肝要《かんよう》可仕候事
一鉦《かね》請取には惣而和尚様ハ不及
申、長左衆また老僧［　］取
いかにも尊《たつと》く受取へし、たとへ
年寄たるとも年数《ねんす》すくなきか、
年数つみたりとも無修行の
人ハ余《あま》り尊《たつとぶ》ふへからさる事也
一作左右は日中七五三［　］
高ク、晨朝七五三日中より
少しひきく、初夜七五三中
わけん、中夜後夜五二三少シ
早《はや》く、日没三二九はやく
一鉦《かね》替りの間は小寮ニて［　］
回向可致候事
一万事後門またはこくやニても、
高笑ひ口論世間の《こうろんせけんの》男女《なんによ》の

はなし抔、いつれも不可致候事
一香刻《こうこく》にして鈴《れい》をかけ、鈴《れい》落ても
替り番の者おそく参り、一寸か
弐寸打過し候迚も腹立、互《たかひ》に
彼是問答《かれこれもんとう》いたす間敷事
一壱番弐番一寸弐寸［　］
草臥《くたひれ》申とも、面々のとく也、遁世《とんせい》
道心《とうしん》の身として左様に腹立《はらたち》
喧嘩《けんくわ》なとハひきやう成ル事也
しかしなから如様の掟《おきて》を背《そむき》、
悪敷品々たるに於ゐてハ、一七日
の間外陣ニて勤させ可申候、随分
こゝろをかけ、替り番の者けたい
なく、一人ツヽ内陣ニ入、結衆出会《けつしゆしゆつくわい》
中候間、勤可申候事
一万事惣番ニ付□《ふ》いのふり様ハ
惣番ニ付少シ振り、それより七五三二
ふり可申候、但シ晨朝日中初夜ハ
七五三、日没三々九、中夜三五三、
後夜五々三にふり可申候事
一霊供《れいぐ》の次第《しだい》ハ、先《まつ》くりニて五しやく
壱ツ打、三ツ鐘《かね》の半鐘も壱ツ打、

かいしやく次第ニ三ツ鐘《かね》にて二菩
薩祖師法累檀《だん》にも［　］
手向ヲ可申、三ツめのかね打仕舞
内陣へ可入、同しくは飯斎の時ハ
和尚様寮坊主典司是三人
内陣へ入、残《のこ》り結衆ハ外陣ニ居
者也
一食後の御念仏替り番のもの斗
内陣へ入、その外ハ外陣ニて
御念仏申たるかよし、面々修行《しゆぎやう》
のためニて候得者、仏前立廻《たちまハ》り
如在《しよさい》なく様《きよう》ニ勤《つと》め肝要也
一灯明《とうめう》ともすに如来様の右之方を
先ともすへし、つとめの時ハ灯籠《とうろう》
おろし、火を入へし、其外灯明
不残ともすべし、惣而灯［　］
そくに不寄《よらす》、口にて吹けすへからす
何にても両方対《りうほうつえ(い)》に成ル様置べき事
一掃除功徳《そうじくとく》の次第、先内陣をはくハ
極楽に往生《おうじやう》し、往居《ちうきよ》の蓮台《れんだい》を
はくこゝろ也、寮を［　］
生之時の悪事《あくじ》をはく心也、外陣の
はくは一切衆生の煩悩《ほんのふ》をはき

のけて極楽へ往生させんための心也、庭をはくハ地獄《ぢごく》餓鬼《かき》畜生修羅人間天上《ちくしやうしゆらにんけんてんしやう》ノ六□□はくこゝろ也、水ヲ打チはくはしほるゝ蓮花も生るといふ心、道心者《とうしんしや》は《ハ》寝《ね》ても覚《さめ》めても衣《ころも》をはなさぬもの也、［　　］を生るも内陣へは無用、外陣又ハ何方へも行く時ハしめ可申也、袈《ケ》裟《サ》は内陣ニてハわき《わき》袈裟《ケサ》、外陣出入之時ハ前にかけ□ヲ四ツニ折て懐中《くわいちう》ニ入レへし

一常香盤《しやうかうはん》・香炉《こうろ》ハ寮坊主《りうほうす》の役也またハ老僧《ろうそう》のやく也、無修行《むしゆきやう》候者あらは、習《ならひ》のため初発心ニもよらすへし、其外ハかもふへからす、香刻鈴をかけるも寮坊主［　　］

一勤の鉦《かね》を打ニも、はしめの三ツかね終りの三ツ鐘、口伝相伝《くでんそふでん》の上《うへ》に有之間、筆紙《ひつし》にあらわつゞるなり

一茶湯するにも口伝有之

一さばのめしハ捨《すて》てもよし、但シ菩薩《ほさつ》の行《きよう》なれは湯《ゆ》に入レのミたるもよし

一壱挺《いつてう》きり蝋燭《ろうそく》の次第、三十目ならば半分ほと、弐十目ならば［　　］少シ多《あふ》く、拾五匁ならば二寸ほと残《のこ》スべし、拾匁ハ壱寸ほと、その外数《かつ》ろうそくハ不残《のこらす》ともすへき者なり

右之通り能々可心得なり

修行之道かつ多《あふ》き故、筆紙もつくしかたし、此ヲ以道理《こゝをもつてとふり》大形《おふかた》合点《かつてん》いたすへき也

嗜七道具次第《たしなみな、どうぐのしたい》

過去帳《くわこてう》　上・下　　鉢ノ子《はちのこ》　壱組

鏡《かゝみ》　壱面　　刺《かみ》（剃）刀《そり》　壱挺

鉢袋《はちふくろ》　壱ツ　　さすが　壱本

ゆたん　壱ツ

又

十八道具之次第

守本尊《まもりほんそん》　千手観音壱体　　袈裟《けさ》　弐衣

七條《しちでふ》　壱衣　　衣《ころも》　弐衣

珠数《しゆず》　弐連　　打敷《うちしき》　壱枚

平包《ひらつゝみ》　弐ツ
振鈴《ふるれい》　壱ツ
香串《こうくし》　壱包　但シ拾三本
扇子《せんす》　弐本
拍子木《ひやうしき》　壱本
茶碗《ちやわん》　壱ツ

手巾《しゆきん》　［　］
坐具《ざぐ》　壱衣
鈴《すゞ》　壱ツ
鉦子《しやうこ》　壱挺
蝋燭《ろうそく》　［　］
麻衣《あさころも》　壱衣

別而嗜道具之事

香炉《かふろ》　壱ツ
頭巾《づきん》　壱ツ
菅笠《すけかさ》
箸《はし》　壱抱

手拭《てぬくひ》　［　］
足袋《たび》　弐足
竹杖《たけつえ》　壱本

右洛陽東山一心院《らくようひかしやまいつしんいん》
開山称念上人捨世《かいさんしやうねんしやうにんしやせい》
一流《いちりう》之《の》作行《さくきやう》　専可《もつはらたし》
嗜《なむへき》　者也《ものなり》

帰僧息諍論《きそうそくしふろん》　同人和合《とうにうわかふ》□

又
諸悪莫作《しよあくまくさ》　衆善奉行《しゆせんぶぎやう》

又
厭離穢土《えんりえど》　欣求浄土《ごんぐしやうど》

歌
何《なに》申、元に捨《すて》ける身《ミ》そと折々《おりおり》は
すかたに恥《はち》と黒染《すみそめ》の袖《そて》
称《とな》ふればこゝに居《い》なから極楽の
聖衆《しやうしゆ》のかつに入るそ嬉《うれ》しき
阿みた仏《ぶ》と言《い》ふより外ハ津《つ》の国《くに》の
なにハのこともあしたりぬ［　］
終《つゐに》に我《わ》か行《ゆ》くへき方《かた》そ詠《なかむ》れば
いとなつかしき西《にし》の山《やま》かげ
柴《しば》の戸《と》に朝夕《あさゆふ》かゝる白雲《しらくも》を
いつむらさきの色《いろ》に見《み》なさむ

十念回向
願《くわん》以《い》此《し》功徳《ぐどく》　之文
衆《しゆ》生《しやう》無《む》辺《へん》　之文

文化十三丙子夏四月
金龍山浅草寺奥山
念仏堂寮坊主伝之
善心（花押）
奥州津軽廓祐応需
而書之

■

■資料3　所沢市上安松　安田市五郎　墓誌

（墓碑裏面）

開白　将来太鼓七五三　半鐘七五三是ヨリ　導師出ル　光明遍照　手鉦ヨリ雙盤江戻ルサソヲヨリ　ヨリ半鐘七五三ノ切江

茶湯供行六字是ヨリカケダシ　七五三玉江三三九半鐘入　四ツ字終三方十念三ツ鉦

回向　雙盤カケダシイ香炉出ス　右開白ノ通リ也

願似此功徳　平等施一切　同発心菩提心　往生安楽國

雙盤口伝

晨朝　朝五ツ時

七　天神七代　五　地神五代　三　神儒仏

日中　九ツ時

七　天地神　五　天地人天下和順　三　日月生命星

三　上品上生上品中生上品下生

三　中品上生中品中生中品下生

三　下品上生下品中生下品下生

初夜　夜五ツ時

七　過去七仏　五　五知女来《ママ》　三　貪瞋痴之委離

中夜　夜九ツ時

三　弥陀観音勢至　五　空風火水地　三　釈迦文殊普賢

五夜　夜七ツ時

五　殺生偸盗邪淫妄語飯酒　五　綺語両舌悪口貪欲瞋恚　三　弥陀釈迦弥勒

開白や晝夜の勤め回向して五言の四句に身を納めける

■

第五節　関西の双盤念仏（付　岡山県・鳥取県）

この節は関西に広がる在俗の人による双盤念仏を中心にした事例報告である。[1]僧侶による双盤念仏に、百万遍知恩寺、清凉寺、西山浄土宗の白木念仏があり、それも記した。

関西は四一カ所の調査をしたが、分布は滋賀県の安土浄厳院に発する楷定念仏地区とその他の地区に分かれる（図4-5-1）。楷定念仏地区は雲版太鼓と双盤鉦を用い、他は双盤鉦のみである。楷定念仏に関しては滋賀県安土以南の蒲生・野洲・守山・栗東と甲賀を含む浄土宗約三〇〇カ寺に遍く行われていたといわれている。その他の地区の現行の在家双盤念仏は、事例のごとく京都三カ所（地念仏と言い、真如堂の影響が強い）、奈良二カ所、和歌山一カ所、兵庫一カ所と少ない。しかし融通念仏宗・浄土宗西山諸派では僧が叩いており、双盤鉦が残っているところは多い。

1　楷定念仏

（1）安土浄厳院　滋賀県近江八幡市安土慈照寺

楷定念仏は安土浄厳院（近江八幡市）が元であり、雲版と双盤鉦で唱える念仏で、滋賀県の湖南地区から甲賀地区一帯に広まっている。天正七年（一五七九）織田信長の命によって行われた日蓮宗（法華宗）と浄土宗の論争、安土宗論（安土問答）で浄土宗が勝利したことにより、一名勝鬨《かちどき》念仏ともいわれる。勝鬨の名は日淵の記した『安土宗論実録』の記述には浄土宗が宗論に勝った「其時総人数一同ニ鬨ヲ瞳《どう》ト上ル」からきている。安土の宗論は織

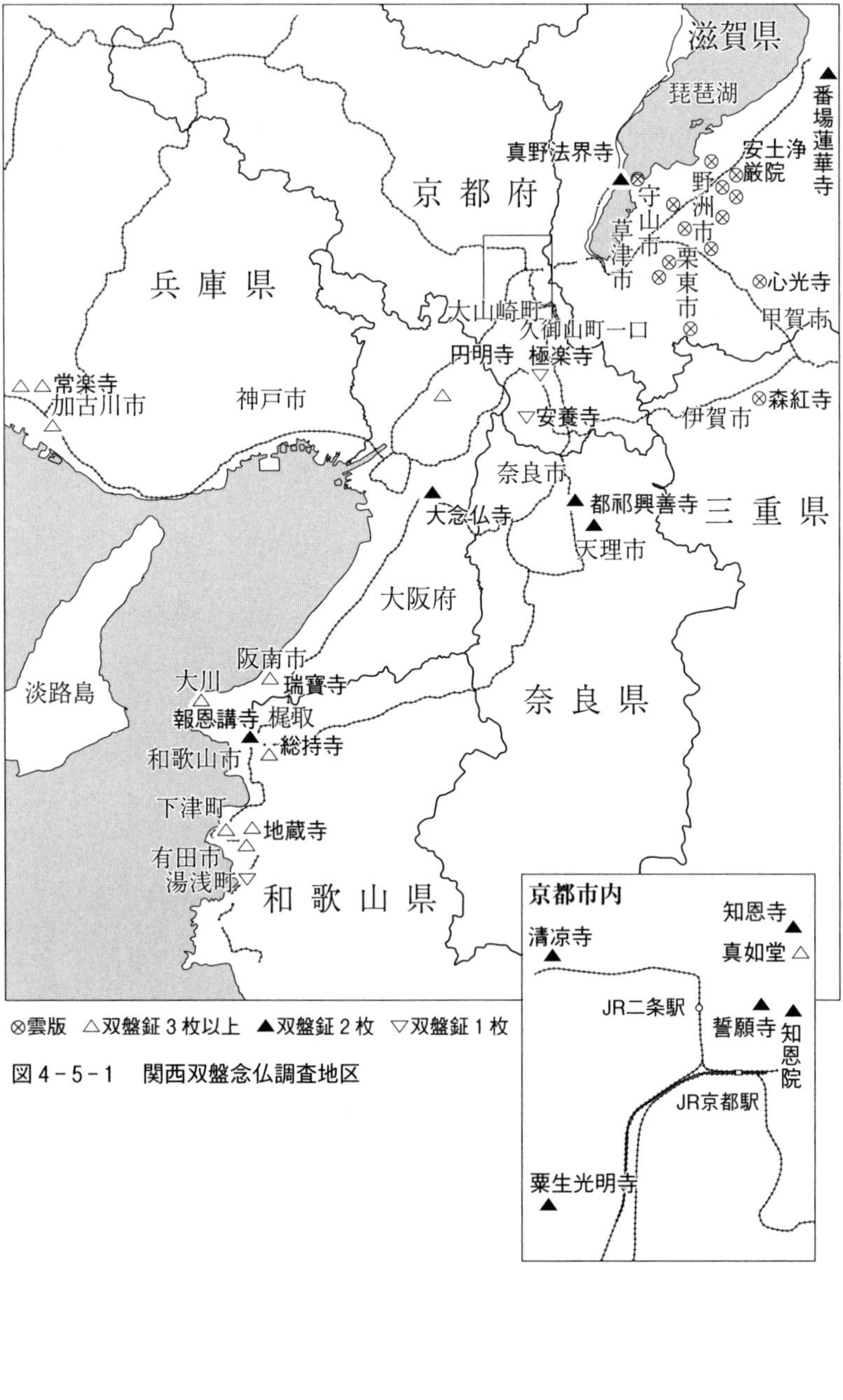

図４－５－１　関西双盤念仏調査地区

田信長の対法華宗に対する弾圧や宗教政策としてあらかじめ仕組まれた騒動であり、事後処理を含めてその後長く語り継がれるようになった[2]。

安土宗論は歴史的事実であり。法華宗の僧侶の袈裟を剝ぎとり、その時ところ構わず鳴り物の全てを叩いて喜んだことに発する念仏といわれるが、なぜ禅宗の鳴り物である雲版が使用されたのか[3]、いつ現行の叩きや念仏の唱えが成立したのか不明である。現存する雲版の年号はなく、双盤鉦の二枚は元禄四年（一六九一）二枚、伏せ鉦を吊るした安永七年（一七七八）一枚で、双盤念仏の鉦からみて、楷定念仏の成立は安土宗論後しばらくしてからのものである。楷上念仏の起源伝承として安土宗論が結び付いて語られたものと思われる[4]。

「楷定」の語は善導の『観経疏』の最後に「某今此観経の要義を出して古今を楷定せんと欲す」と記されている語で、『観経疏』自体を『楷定疏』とも言った[5]。意味は法式を正し解釈を定めることを意味する。浄土宗の中では一般化された言葉であった。

かつては一〇月二日から六日までを十夜とし、三日と五日の夜に楷定念仏を行った。

現行では一〇月九日の十夜日中法要に維那《いのう》の僧一人が双盤と太鼓を叩き、在家二人が双盤三枚で合わせ鉦を叩く。『民間念仏信仰の研究　資料編』（註（4）参照）の写真（写真4-5-1）では僧が双盤も叩いている。近辺の寺でも叩いているが、譜を作って統一している。楷定念仏は法要の僧の入堂前に始まり、念仏が行われている間に入堂着座する。

叩き方唱え方を、簡略に順を記すと以下のようになる（図4-5-2）。初めの部分は「歌念仏」といい、音頭と大衆が掛け合いながら、互いに三唱し、それを三度繰り返す。それから鉦と念仏を唱えるが何々打ちは鉦を強く叩く回数で、流しは鉦のみである。

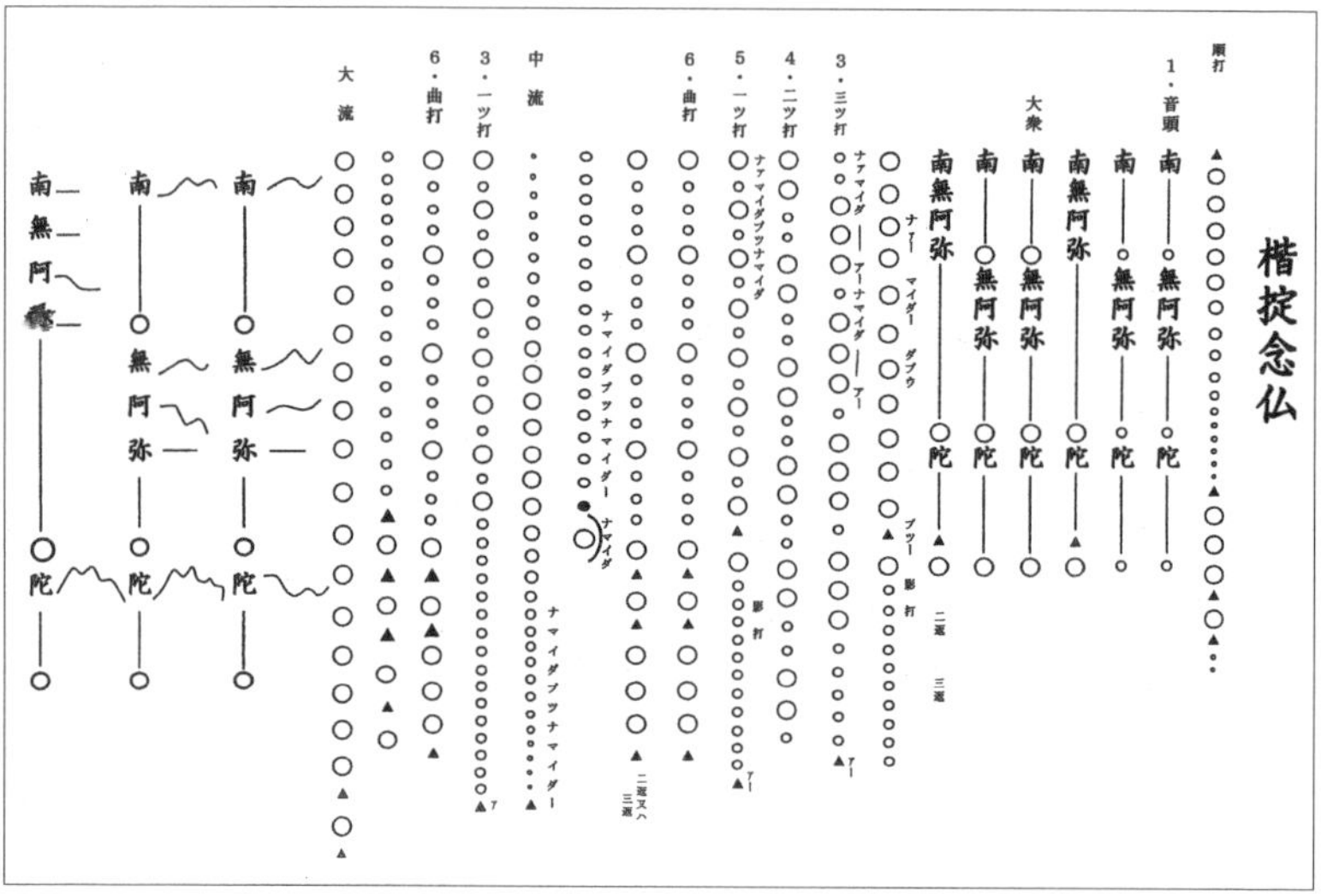

図4－5－2　安土浄厳院の楷掟念仏の譜

写真4－5－1　安土浄厳院の楷定念仏

楷定念仏　（掛け念仏）３×３↓三ツ打・二ツ打・一ッ打・曲打↓中流↓一ッ打↓曲打↓大流

別に回向鉦といって説教台に上って僧侶の唱える念仏があった。

双盤二枚　元禄四年（一六九一）　吊るし鉦　一枚　安永七年（一七七八）

雲版銘（表）近江国蒲生郡安土浄厳院什物
双盤銘（裏）先祖代々實誉修月浄真居士　宣ヨ浄月妙真大姉　施主中野村小嶋十兵エ　金屋村松吉佐兵エ作
（二枚同じ）元禄四未天五月十五日當院法誉代　施主鷹飼村住清右エ門　江劦蒲生郡安土浄厳院扣鐘
為清誉浄光円誉妙音教誉道白白誉妙林林誉知覚菩提也

（一九九九年・二〇〇〇年・二〇一五年調査）

浄厳院の楷定念仏は旧安土町と旧近江八幡町（現近江八幡市）の安土町・金田村・武佐町・老蘇村の一五カ寺によって維持されていた。中筋組八カ寺・街道組（中山道）五カ寺と浄厳院・塔頭寺誓要院の合計一五カ寺である。

・**中筋村八カ寺**　正念寺（安土町）・法恩寺（鷹飼町）・地蔵院（金剛寺町）・光明院（金剛寺町）・應現寺（鷹飼町）・永福寺（長田町）・正寿院（浅小井町）・法泉寺（野田町）

・**街道組五カ寺**　福生寺（東老蘇）・東光寺（西老蘇）・西福寺（西生来町）・浄宗院（武佐町）・法性寺（長光寺町）。

各寺院で楷定念仏が行われていたが、現在は正念寺・法恩寺・法泉寺で行っている。

（2）法恩寺　滋賀県近江八幡市鷹飼町

旧蒲生郡金田村にある寺で一一月の十夜の夜に行う。楷定念仏のことを太鼓念仏という。寺方（僧侶）が叩くが、昔は双盤鉦を在家の人が叩いた。別に双盤鉦で叩く六字詰めの念仏があり、女の人が亡くなると百万遍を繰り六字詰めを唱えた。現在雲版の枠に双盤鉦を吊るしている。双盤は一枚で年号はない。

双盤銘　京都大仏住　西村左近宗春作

（二〇一五年調査）

（3）法泉寺　滋賀県近江八幡市野田町

一一月中旬の十夜に楷定念仏を行う。太鼓（平太鼓）と双盤鉦（片盤一枚）で叩く。歌念仏↓一つ流れ三・二・一↓中流れで終わる。

昔は曲打ちがあった。在家の人がやっていた。別に地蔵盆に片盤で叩き、六字詰めを唱えて百万遍を行う。尼講の人が亡くなるとお通夜の時「お別れ」と言って片盤で六字詰めを唱える。双盤鉦年号なし。

双盤銘　江州蒲生郡野田村法泉寺什物　墨書あり（不明）

（二〇一五年調査）

（4）正寿院　滋賀県近江八幡市浅小井

楷定念仏は太鼓念仏といい、一〇月一八・一九日に近い土日に行う。十人衆という在家の年長者で五重相伝を受けたものが羽織袴で双盤を叩く。十人衆は年長者順で欠けると次の人が入る。他に尼講があり、毎月集まって伏せ鉦を叩く。双盤鉦は一枚で年号なし。

双盤銘　金屋住松吉佐兵エ尉　藤原春近作　（墨書）アサコイ正壽院

（二〇一五年調査）

2　滋賀県湖南・滋賀県甲賀・三重県伊賀

（1）西光寺　滋賀県竜王町山之上

西光寺は浄厳院の末寺で楷定念仏が伝わっている。御忌五月末日・十夜一一月・両彼岸の年四回行われる。楷定念仏は一時中断していたが、法然上人七百五十年遠忌を機に復興し、現在に至っている。鉦講と言い、五重相伝を受けた組ごとに講を担っている。近年は平成元年（一九八九）に受けた九名が鉦講を組み、この年、新しい双盤鉦を寄付している。

楷定念仏は僧の入堂・退堂の時に唱え、法要の中で「六字詰め」の念仏を唱える。雲版・双盤は在家の人が叩く。楷定念仏は〈歌念仏→雲版と双盤の掛け念仏→大流し〉の順であるが、始めの部分は念仏を歌うように唱えるので「歌念仏」という。そのあとに雲版・太鼓と双盤が掛け合う形になる。六字詰めは雲版と双盤を同じように叩く。双盤鉦は六枚で、二枚は古く、一枚に宝永四年（一七〇七）の銘がある。他は平成元年のものである。太鼓の支え台に寛政四年（一七九二）の陰刻がある。双盤枠の下板裏に墨書がある。

双盤銘　宝永四年丁亥年正月吉日　江州蒲生上郡山野上村西光寺什物　為父梅岸道悟梅覚貞雲　施主京寺町鍵屋市兵エ

京大佛住西村左近宗春作
太鼓支え台　寛政四壬子年仲春　世話人勘蔵西出源八源六
双盤枠下板裏（墨書）　大□□□西村左近

（二〇一五年調査）

（2）報恩寺　滋賀県野洲市南桜

浄厳院の末寺で、一一月一四日の夜に十夜の法要に行う。親鉦である雲版と子鉦である双盤で行う。双盤鉦は三枚。まず鉦講は法要の前に須弥壇裏の半鐘を七五三の「下がり打ち」で叩く。次いで「前座」の楷定念仏を唱える。楷定念仏は雲版太鼓と双盤で、念仏は上の上・上の中・上の下と三回唱え、その間、僧が入堂する。法要中「光明遍照……」の摂益文に続いて鉦講の「六字詰め」が入る。六字詰めは上の段（上↓中↓下）↓中の段（上↓中↓下）↓下の段（上↓中↓下）の九回の念仏をだんだん速く唱え、ハヤ鉦になって終わる。雲版と双盤の掛け念仏になっている。法要の終わりは「ハライ」と言って一人で二枚の双盤鉦を並べて叩き、僧が退堂する。説教師が来る場合も前座で着座、ハライで退座する。葬儀から四十九日の満中や月忌には百万遍があり、六字詰めを唱える。鉦講は青年団・消防団に次ぐ年寄りの組である。

双盤鉦の一枚は宝暦五年（一七五五）、雲版は宝暦九年（一七五九）、半鐘は延宝八年（一六八〇）である。

双盤銘　江刕野洲郡南桜村報恩寺常什物　響誉代　施主鐘講中　旹宝暦五乙亥年十一月十五日宝暦九年（墨書）京大佛住西□□□宗春作
雲版銘　江州野洲郡南桜村報恩寺什物空誉代　為昭覚道雲信士菩提　施主国松頼平　宝暦九己卯十月

半鐘銘　江刕野洲郡南桜村報恩寺什物　奉寄進　施主南井八右エ門同又兵衛与兵衛　延寳八庚申年二月吉日

（一九九九年・二〇一四年調査）

（3）安楽寺　滋賀県野洲市市三宅

市三宅《いちみやけ》では三月二四・二五日の御忌に鉦講を行う。鉦は親鉦の雲版と子鉦の双盤鉦四枚で行う。法要の前や説教の前に叩き、僧や説教師が入堂着座する。二四日午後二時・七時半・二五日午後二時に法要がある。本堂内や雲版に柳の飾りが設けられている。まず鉦講の人が半鐘を叩き、始まる合図をして歌念仏↓佗々利《たたり》↓前佗を唱える。佗々利はブツケ・ダツケ・二つ三つという雲版・親と双盤・子の掛け念仏で、前佗は宗々利《そそり》・地・三ツ地↓宗々利・地・レンゲ↓宗々利・地・流し↓宗々利・地・大流し↓早打ちと鉦を打つ。名称は変わっているが、楷定念仏の歌念仏・掛け念仏に鉦の叩きの構成は同じで、鉦の叩きが複雑になっている。法要中「六拾勤《ろくじゆうつとめ》」が雲版と双盤で唱え、「早宗々利」などの鉦を入れる。最後に雲版による送り鉦が叩かれる。

雲版　延享三年（一七四六）

双盤鉦４枚　明和七年（一七七〇）、宝暦五年（一七五五）、昭和三一年（一九五六）、昭和三五年（一九六〇）

双盤銘　江州市三宅村安楽寺忍誉代　明和七寅天三月　鉦講中　（墨書）西村
雲版銘　市三宅村安楽寺什物　□誉寄付　延享三年丙寅季三月

（一九九九年調査）

（4）称名院　滋賀県守山市小浜

五月一五日の御忌に鉦講を行う。雲版太鼓と六枚の双盤鉦がある。双盤鉦は袢を着けた中学生が叩く。法要の始めに「座付き念仏」、法要中に「六字念仏」が雲版と双盤により唱えられ、法要の終わりに雲版による「送り鉦」が叩かれる。

双盤鉦の一枚に正徳五年（一七一五）の八日市場弘誓寺の銘がある。他に昭和一一年（一九三六）四枚・銘なし一枚。

双盤銘　正徳五未歳八日十五日　弘誓寺什物
雲版銘　文政五年（一八二二）　支え台　文化三年（一八〇六）

（一九九九年調査）

（5）正福寺　滋賀県湖南市甲西町

奈良時代からの古刹であるが、昭和二二年（一九四七）清寿寺と永厳寺を合わせて正福寺とした。

四月二九日の御忌と一一月二九日の十夜に在家の人が楷定念仏を行う。楷定念仏の歌念仏は僧侶の入堂・退堂の時に雲版双盤で唱え、法要の中では六字詰めを雲版で叩き参詣者と唱和して唱える。六字詰めは彼岸、葬式のお逮夜・四十九日の満中陰にも唱える。秘仏大日如来の開帳が三〇年に一回あり、その法要中、開帳で戸帳を上げる時に楷定念仏を唱える。平成二年（一九九〇）に行ったが、その時の二〇歳の人から鉦講に入る人を選び、三〇年間勤めてもらう。

双盤二枚　享保二〇年（一七三五）、元文五年（一七四〇）、雲版　弘化三年（一八四六）。

双盤銘　江州下甲賀郡石原庄正福寺西村清寿寺什物　享保二十卯十二月吉日聖誉寿統代　京大佛師　西村左近宗春作　江州甲賀郡正福寺村永厳寺什物忍誉宣廓代元文五年甲歳正月吉日　合鉦講中九人　京室町住出羽大掾宗□作
雲版銘　弘化丙年月

（一九九八年調査）

（6）法性寺　滋賀県甲賀市信楽町宮町

信楽町の盆地にある寺で、御忌法要を三年に一回、西香院と交互に行っている。したがって法性寺は六年に一回盛大に御忌が行われる。一日の日程は、午前開白法要と説教、午後回向・説教・日中法要が行われる。説教師の入退堂、法要時の僧の入退堂に楷定念仏が唱えられ、法要中の念仏一会では六字詰めが唱えられる。「楷定念仏」は「揩定念仏」とも書かれている。僧侶や説教師が着座するので座付き念仏、最初に歌念仏があるので歌念仏ともいう。雲版太鼓を親、双盤鉦は二枚で子とされている。

歌念仏→武掛《ぶが》け陽陰《ひなたひかげ》→座掛け陽→陰→流れ（ここまで親と子の掛け合い）→小流れ→二つ拍子→一つ拍子→小流れ→三つ拍子→小流れ→大流れ→一つ拍子→小流れ→一つ拍子→三つ拍子→一つ拍子→小流れ

以上のような順になる。武掛け・座掛け陽陰は強く唱える、弱く唱えることで、鉦の何々拍子は他所の何々打ちに相当し、「流れ」はゆっくり叩くことなので、叩き方の複雑化はあるものの、歌念仏→掛け念仏→鉦という構成は他所と同じである。六字詰めは南無阿弥陀仏の三唱を三度繰り返す。

双盤鉦　寛政六年（一七九四）一枚、平成四年（一九九二、割れてしまったので作り直した）
雲版　昭和五七年（一九八二）

双盤銘　江州甲賀信楽宮町村法性寺什物　寛政六甲寅年　京大佛住西村上総大掾宗春作
雲版銘　法然上人八百五十年慶　加藤茂三郎

（二〇〇二年調査）

（7）浄西寺　滋賀県栗東市上砥山

写真４－５－２　滋賀県栗東市浄西寺の雲版

一一月第三日曜に十夜法要があり、その時に鉦講をする（写真４－５－２）。毎年知恩院の御忌に招待され双盤念仏を行う。雲版を「導師」、双盤を「後付け」とするが双盤鉦は雲版の合わせ鉦である。まず迎え鉦・前鉦として三念仏を導師が唱える。ブー引き・ダー引きといって導師と双盤の掛け念仏がある。三つ三つの鉦・尾流し・蓮華クズシ・二つ二つ・一つ一つで前鉦は終わる。この間、僧が入堂し、法要の中で「六拾《ろくじ》づめ」を双盤鉦四枚で叩き唱える。六拾づめは三回の念仏でだんだん速くなり、そのあと七五三の鉦を叩く。送り鉦は雲版で僧の退堂を送る。

双盤鉦は一枚古いものがあるが銘なし。他に昭和二四年（一九四九）一枚。昭和三二年（一九五七）一枚。

雲版銘　昭和二十四年浄西寺浄西會昭和二十四年十一月

（二〇一六年調査）

（8）阿弥陀寺　滋賀県栗東市東坂

金勝山阿弥陀寺は、聖武天皇勅願寺として建てられた金勝寺の草庵であったものを、隆堯上人が女人禁制の山の麓に建てて女人参詣の便宜を図った。近江の浄土宗寺院の中心であったが、織田信長の命により浄厳院が浄土宗の中心になり、阿弥陀寺はその末寺となった。(6) 昭和四一（一九六六）年頃まで楷定念仏があった。

双盤鉦二枚。弘化二年（一八四五）。雲版　大正七年（一九一八）

双盤銘　二枚同じ　江州栗田郡金勝東坂村阿弥陀寺什物　弘化二年巳年十月至誉上人　御代施主鉦講中　（墨書）大極上 尺弐□□ 雲版銘　大正七年四月清誉代

（二〇一六年調査）

（9）心光寺　滋賀県甲賀市水口町城東

心光寺では楷定念仏を七月五日呑龍上人の縁日に行っている。双盤鉦が八枚あり、雲版と太鼓を中心に四枚四枚に鉦を並べて唱える。楷定念仏は僧の入退堂に唱えられ、雲版と双盤の掛け合いになる。五、六分くらいである。法要の中の六字詰めは雲版が行い、一〇分程度要する。

楷定念仏は以下の通りである。

三遍返し↓二遍返し↓ブガケ↓ダガケ↓二つ二つ↓一つ三つ↓大ソソリ↓ナガシ↓小ソソリ↓三つ一つ↓一つ三つ一つ三遍返し↓掛け念仏↓鉦の構成は他所と同じだが、二遍返しが入り、鉦の叩きが複雑になっている。鉦は青年会が叩く。

双盤銘　享保三年のもの二枚
雲版銘　昭和八年

（二〇一五年調査）

（10）森紅寺　三重県伊賀市下友田

滋賀県の旧甲賀町から三重県伊賀市阿山地区（友田組）にかけての浄土宗寺院では、八月の施餓鬼の時に僧侶が双盤鉦で「六字詰め」を唱える。伊賀流・甲賀流で異なるものの、大方は片鉦一枚で叩く。この地区の施餓鬼は、その年に亡くなった人の個人施餓鬼と地区ごとの組施餓鬼が一日かけて行われ、施餓鬼法要の終わりに僧侶だけの法要があり、その時に「六字詰め」が唱えられる。他に葬式・五重相伝の時にも「六字詰め」で双盤を叩く。

双盤鉦一枚　安永四年（一七七五）。

双盤銘　伊賀友田村佛蓮山日泉寺什物乗誉代施主三ヶ村惣檀中　安永四未年八月日　京大佛住西村上総大掾宗春作

（二〇一五年調査）

（11）平泉寺　三重県伊賀市西湯船

平泉寺は阿山地区の古刹である。享保一一年（一七二六）の双盤鉦一枚が残っている。施餓鬼に叩いた。

双盤銘　享保十一年十一月　　京大佛住西村左近宗春
（二〇一五年調査）

（12）蓮華寺（旧時宗一向派）**滋賀県米原市番場**

滋賀県米原市番場の蓮華寺は番場時衆として有名で、一向が再興した寺である。昭和一七年（一九四二）より浄土宗に属したが、それまでは時宗一向派の総本山であった。同じく山形県天童市の仏向寺も一向派であり、踊り念仏で有名である。この踊り念仏は蓮華寺より伝わったとしている。仏向寺では一一月の踊り念仏の時に名越流の双盤念仏を唱える。この蓮華寺にも双盤鉦が一枚あるが、使い方については不明である。

双盤鉦　宝暦六年（一七五六）。

双盤銘　八葉山蓮華寺常什物三十一世同阿一願代　寄進主塔頭若坊中　宝暦六丙子年正月
（二〇一五年調査）

（13）法界寺　滋賀県大津市堅田町真野

真野《まの》の法界寺は六斎念仏で有名であるが、ここに双盤念仏もあった。(7)『民間念仏信仰の研究　資料編』（隆文館、一九六六年）によると、彼岸・盆・御忌・十夜に唱えられた。平鉦・回向鉦・和讃があり、回向鉦にはヤク鉦がついいた。滋賀県の湖東に広がる楷定念仏系とは異なり、写真では雲版太鼓はなく、二枚の双盤鉦を二人で叩いている。

鉦は宝暦一二年（一七六二）と昭和八年（一九三三）の二枚。

双盤銘	1　湖西江州滋賀郡真野中村慈光山法界寺常什物　惣念仏講中　宝暦十二壬午天十月十五日寛誉上人代　京大佛住西村左近宗春作　滋賀県滋賀郡真野村慈光山法界寺什物満誉代　為法誉教信融範禅定門菩提 2　昭和八年三月施主大西平吉兄弟中（墨書）京大佛住西村左近宗春作

（一九九八年・二〇一六年調査）

3　京都府

（1）真正極楽寺（真如堂）　京都市左京区浄土寺真如町

真正極楽寺（天台宗）通称真如堂は十夜法要を始めた寺として有名で、すでに多くの論考があるので[8]、現行儀礼を記す。十夜念仏は、現在僧侶の行う一〇月一四日から一六日の引声阿弥陀経会と、一一月五日から一五日に在家の鉦講の行う十夜念仏に分かれている。鉦講は双盤鉦八枚で行う。

『十夜念仏縁起』（天和二年（一六八二））によれば当初の記述は引声念仏である。引声念仏は引声阿弥陀経会として途中断絶しながらも、延享年間（一七四四〜四八）伯耆大山の譜によって再興し伝わっている。現行のものは多紀道忍が昭和五年（一九三〇）に制作した譜による[9]。また明応四年（一四九五）、天台宗である真如堂の念仏が、勅許により浄土宗鎌倉光明寺に伝わり現在に至っている。これは引声阿弥陀経と引声念仏である。双盤鉦の初見は全国的に見て元禄期頃とみられるため、十夜念仏への双盤鉦の使用はそれ以降である[10]。鉦講となるのは、福持論文に[11]よれば天明四年（一七八四）の「六萬唱鉦講過去帳」が行われていた確実な時点と推定している。同様に鎌倉光明寺十夜法要の六字詰め念仏は、光明寺史料から享保年間頃（一七一六〜四六）と推測できる（第七節参照）。

鉦講の十夜念仏は一一月五日から一五日までであるが、五日夕刻五時から開帳法要があり、一五日昼二時から結願法要、五時から閉帳法要がある。この三法要は法要に伴って十夜念仏が行われるので特別である。他の六日から一四日は夕刻より唱えられている。十夜念仏の構成は、

笹づけ→地念仏（一人ずつ）→仏がけ→陀がけ→三ツ地→四ツ地→早四ツ地→追がけ→定の入り→素鉦→大鉦→そそり→三ツ裏→あてそそり→打ち分け→そそり流し→たぐり→笹づけ　である（図4-5-3参照）。

滋賀県に広がる楷定念仏と比較してみると、「笹づけ」は楷定念仏の「座付」の叩きで、「地念仏」は「歌念仏」「三遍返し」の回数を減らしたものと考えられる。「地念仏」を八人が一人一人唱える。

次の「仏かけ」「陀がけ」は掛け念仏で同じであるが、これも八人個々の掛けを行うので時間がかかる。「三ツ地・四ツ地」は「三ツ打ち・四ツ打ち」「三ツ拍子・四ツ拍子」などと言われる鉦の叩き方、強打をいくつ入れるかを数える。「定の入り」は「流し」といわれる、ゆっくり叩くところである。以下の鉦の打ち方は、「そそり」は撞木を下から上へ上げながら叩くもので、滋賀県でも見られるが「打ち分け」「たぐり」（糸を手繰るように叩く）など真如堂独特のものも見られる。楷定念仏系地区では雲版に双盤鉦が合わせ鉦として叩かれていたが、真如堂では双盤鉦のみの叩きになって雲版はない。

五日の開帳法要は僧侶の入退場に「笹づけ」を叩き、法要の最後に「仏がけ」から「たぐり」を行い、僧侶の御十念をはさんで退場の「笹づけ」を叩く。

一五日の結願法要は二時に始まるが、一時半に鉦講の人が鐘楼の大鐘を一三回鳴らし、「笹付け」で山伏を先頭に稚児御詠歌講の行列が入堂し、その入堂を堂内の半鐘で合図する。「仏がけ」から「定の入り」までの間、行列

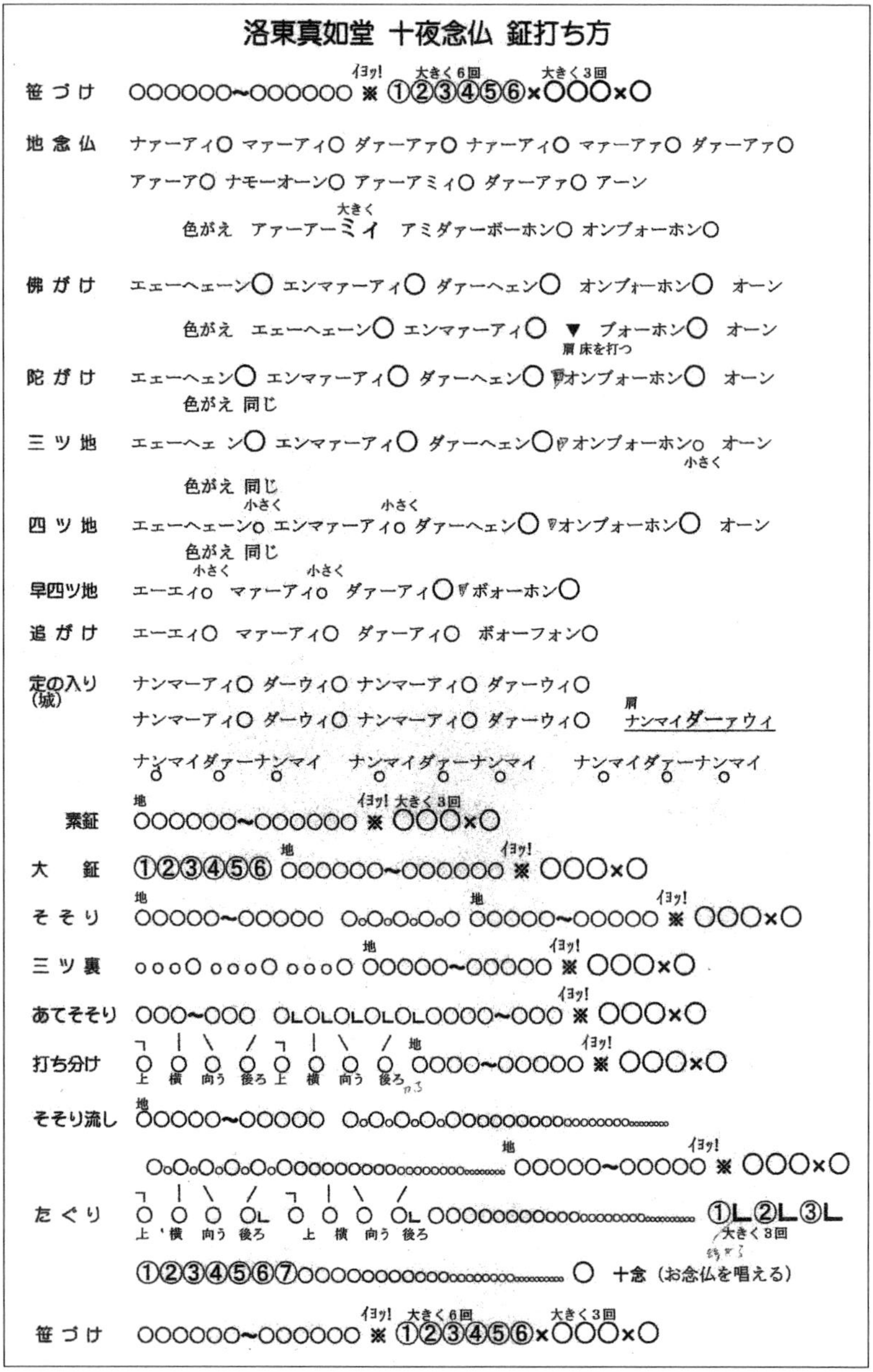
洛東真如堂 十夜念仏 鉦打ち方
笹づけ ○○○○○○～○○○○○○ ※ ①②③④⑤⑥×○○○×○
イヨッ! 大きく6回 大きく3回
地念仏 ナァーアィ○ マァーアィ○ ダァーアァ○ ナァーアィ○ マァーアァ○ ダァーアァ○
アァーア○ ナモーオーン○ アァーアミィ○ ダァーアァ○ アーン
色がえ アァーアーミィ アミダァーボーホン○ オンブォーホン○
大きく
佛がけ エェーヘェーン○ エンマァーアィ○ ダァーヘエン○ オンブォーホン○ オーン
色がえ エェーヘェーン○ エンマァーアィ○ ▼ ブォーホン○ オーン
肩床を打つ
陀がけ エェーヘエン○ エンマァーアィ○ ダァーヘエン○ ▼オンブォーホン○ オーン
色がえ 同じ
三ツ地 エェーヘエ ン○ エンマァーアィ○ ダァーヘエン○▼オンブォーホン○ オーン
小さく
色がえ 同じ
四ツ地 エェーヘェーン○ エンマァーアィ○ ダァーヘエン○ ▼オンブォーホン○ オーン
小さく 小さく
色がえ 同じ
早四ツ地 エーエィ○ マァーアィ○ ダァーアィ○▼ボォーホン○
小さく 小さく
追がけ エーエィ○ マァーアィ○ ダァーアィ○ ボォーフォン○
定の入り（城） ナンマーアィ○ ダーウィ○ ナンマーアィ○ ダァーウィ○
ナンマーアィ○ ダーウィ○ ナンマーアィ○ ダァーウィ○ ナンマイダーアウィ
肩
ナンマイダァーナンマイ ナンマイダァーナンマイ ナンマイダァーナンマイ
素鉦 ○○○○○○～○○○○○○ ※ ○○○×○
地 イヨッ! 大きく3回
大鉦 ①②③④⑤⑥ ○○○○○○～○○○○○○ ※ ○○○×○
地 イヨッ!
そそり ○○○○○～○○○○○ ○o○o○o○o○ ○○○○○～○○○○○ ※ ○○○×○
地 地 イヨッ!
三ツ裏 ooo○ ooo○ ooo○ ○○○○○～○○○○○ ※ ○○○×○
地 イヨッ!
あてそそり ○○○～○○○ ○L○L○L○L○L○○○○～○○○ ※ ○○○×○
イヨッ!
打ち分け ○ ○ ○ ○ ○ ○ ○ ○ ○○○○～○○○○○ ※ ○○○×○
上 横 向う 後ろ 上 横 向う 後ろ
地 イヨッ!
そそり流し ○○○○○～○○○○○ ○o○o○o○o○○○○○○○○○○
○o○o○o○o○o○○○○○○○○○○ ○○○○○～○○○○○ ※ ○○○×○
地 イヨッ!
たぐり ○ ○ ○ ○L ○ ○ ○ ○L ○○○○○○○○○○ ①L②L③L
上 横 向う 後ろ 上 横 向う 後ろ
大きく3回
①②③④⑤⑥⑦○○○○○○○○○○ ○ 十念（お念仏を唱える）
笹づけ ○○○○○○～○○○○○○ ※ ①②③④⑤⑥×○○○×○
イヨッ! 大きく6回 大きく3回

図4-5-3　真如堂の十夜念仏の譜

着席・僧着座する。「追がけ」の時、半鐘との掛け合いになる。法要の最後に「大鉦」より「たぐり」まで僧の十念のあと「笹つけ」で退堂する。五時からの「閉帳法要」は「開帳法要」と同じであるが、閉帳に『十夜縁起』の読み上げがあるので、「笹づけ」に続いて「たぐり」まで叩く（前掲写真4−1−1）。

以上のように僧の入退堂に「笹づけ」を叩き、「地念仏」を各人が唱え、「掛け念仏」に入り、「大鉦」以降、鉦の叩きのみで法要の最後「笹づけ」を叩いて送る。楷定念仏地区では入退堂に鉦を叩き、音頭と大衆の掛け念仏を三遍唱え、鉦の部分に入る。構成は同じであるが、各人の唱える地念仏が長くなっている。鐘の叩きも、そそり打ち分けなど、技巧的な叩き方が入ってくる。法要の中の念仏は楷定念仏地区では「六字詰め」であったが、それがなく、十夜念仏の一部分を唱え叩くようになっている。昭和一二年（一九三七）のＮＨＫラジオで放送した時の記録があるが、閉帳時に「六字詰め」とあり、当時は唱えられていたとみられる。現在、結願法要の念仏を「回向鉦」といい、六字詰めはない。このように楷定念仏地区との共通点があるものの、六字詰めが消え、個人の念仏や叩きの技巧の複雑さが加わって独自に発展したものと考えられる（図4−5−3）。

衣装箱に「真如堂　鉦講中　西組　慶応元丑十月」の箱書きがある。双盤鉦八枚。

一番鉦銘なし。二番鉦〜七番鉦　明治十九年拾月（内一枚に東西鉦講員の名が縁と側面に彫られている）。八番鉦　昭和六十年
双盤鉦の墨書　真如堂。真如堂西村上総大掾。

（一九九二年・一九九七年・一九九八年・二〇一三年・二〇一四年調査）

写真４－５－３　百万遍知恩寺の双盤鉦（左端）

（２）百万遍知恩寺　京都市左京区田中門前町

知恩寺は法然が通ったとされる賀茂の河原屋を前身とする寺で、後醍醐天皇の時に、八世善阿が疫病を百万遍念仏で除き、寺号と大念珠を授かった。以降この数珠繰りを広め、現在でも毎月一五日、百万遍大念珠繰りを行っている。百万遍の念仏を唱えることは平安時代に始まっている。当初一人で唱えた念仏も、融通念仏の影響で多人数が同時に唱える念仏になった。この時代、念仏を短く唱えることを嫌うことから、引声の念仏であったとされる(12)。

知恩寺では二枚の双盤鉦を一人の僧が両手で打ちながら、はじめは引声の念仏でだんだん速く唱え、大数珠もそれに伴って速く回すようにして終わる。南無阿弥陀仏の六字をだんだん詰めて速くすることから六字詰めという。これは多くの人が融通して百万回の念仏を唱えるとする融通念仏で、楷定念仏とは異なるものと考えられる（写真４－５－３）。

この双盤鉦を伴う六字詰めの百万遍は、百山系といわれ、滋賀県甲賀郡の知恩寺末の寺に広まっている。

双盤鉦二枚。

双盤銘　1　宝永五戊子暦正月七日知恩寺四十三世然誉直到代（追刻）享保十四年己酉年三月廿五日　一萬日回向替之正
　　　　施主　富山氏　四十五世性誉浄阿代　為念誉浄仙　奄主誉光比丘尼二親菩提也　施主富山氏孝子等
　　　2　享保二拾卯年三月吉日　城州紀伊郡竹田村慈眼寺観音寺準誉代鐘講中　京大佛師西村左近宗春作

（一九九八年・一九九九年・二〇一四年・二〇一六年調査）

（3）知恩院　京都市東山区林下町

浄土宗総本山の知恩院では現在双盤鉦を使用する僧侶の法会はない。御忌の時は笏念仏である。史料では明和二年（一七六五）大樹院（千姫）の百回忌に「双盤念仏一会」とあり、叩くことがあった。昭和三六年（一九六一）に知恩院の法儀師会で、法然上人七百五十回忌に合わせて、寺院によってばらつきのあった楷定念仏を「昭和新定」として統一した。滋賀県下で「知恩院法式研究所」として流布している譜はこの時のものである（第七節2-（2）～（3）参照）。

現在四月の御忌に滋賀教区の野洲組と甲賀組から何組か在家の楷定念仏の奉納がある。その時に使う双盤鉦は四枚で、昭和三六年の法然上人七百五十回忌に寄贈されたものである。

双盤銘　元祖法然上人七百五十年記念相見院智誉妙華喜悦大姉菩提滋賀八日市徳円寺檀徒　京都高田新吉　大西仏具店

（一九九九年・二〇一六年調査）

（4）誓願寺　京都市中京区新京極桜之町

新京極にある誓願寺は和泉式部の寺として信仰を集めているが、浄土宗深草派の総本山であり、深草派の寺院が新京極裏手の通りに立ち並んでいる。誓願寺に双盤鉦があり、戦後まで秋のお十夜の時に在家の人が叩いていた。近年使用されることはない。それとは別に法要の時、二枚の伏せ鉦を叩く。

双盤鉦二枚　安永七年（一七七八）、文化四年（一八〇七）、二枚の鉦の音が異なる。

> 双盤銘　1　文化四卯冬　奉本山誓願寺如来前　願主大黒屋弁女縄手鍋屋久兵衛取次為妙与清雲法与受観栄信永観　慶寿女桂　林光清　清与浄安輝与浄観清光戒与香観浄薫真月恵光　先祖代々親眷属追善
> 2　洛陽本山誓願寺御影堂堂住　于時安永戊年十月佛日　京大佛住西村上総大掾宗春作

（二〇一六年調査）

（5）清凉寺　京都市右京区嵯峨釈迦堂藤ノ木

清凉寺は奝然のもたらした栴檀の釈迦像で有名である。華厳宗から天台・真言の寺になり、現在は浄土宗寺院である。円覚上人が融通念仏を行った寺で謡曲『百万』に話として伝わっている。融通念仏の流れを引く嵯峨堂大念仏は三月一五日涅槃会・四月一九日お身拭い・八月一〇日虫干し・一〇月一〇日物故者供養・一二月一〇日に大鉦（鰐口）一枚と小鉦一二枚で念仏和讃を唱える。四月に境内の狂言堂で嵯峨大念仏狂言に行われる。四月一九日のお身拭いは浄布で釈迦像を拭う行事であるが、その時、須弥壇脇にある双盤によって引声《いんじょう》念仏が唱えられる。二枚の合わせ鉦で僧侶が両手で叩く。これは楷定念仏とも百万遍の念仏とも異なる。引声で南無阿弥陀仏を唱える。

双盤鉦は二組四枚ある。

双盤銘四枚　天保七年（二枚）、享保元年　西光寺（二枚）

（一九九八年・二〇一六年調査）

（6）栗生光明寺　京都府向日市栗生

粟生の光明寺は西山浄土宗の総本山である。西山派の祖・証空は念仏を唱えるには「白木に為り返る心」をもって唱え、「凡夫なる故に何のいろどりもなし」とした。西山派ではこれを白木念仏として現在に伝えている。白木念仏の逸話は『法然上人行状図絵（四十八巻伝）』の四七巻に載っているので、この絵巻のできた南北朝の一四世紀の中ごろには白木念仏なる語があり、この精神に沿うような念仏がなされたと考えられる。この念仏がどのようなものであったかははっきりしないが、南無阿弥陀仏を唱える、その名の通り単純な念仏の繰り返しであったことは想像できる。現行の西山派の白木念仏は双盤鉦を二枚向かい合わせにして叩くものであるが、十一称四十八打といって、念仏を一一遍繰り返し、その間四八回の鉦を叩く。法要の最期の引き鉦に使用する。上田良準によると初期の念仏は如法念仏であった可能性が高いが、十一連称になったのは双盤鉦が入った時からではないかとしている。ちなみに白木念仏として差定に出てくるのは、万延元年（一八六〇）としている[13]。西山派独特の念仏といえる。

光明寺の四月二五日の法然上人の御忌では御影堂で行う。西山派の諸寺院では御忌・西山忌（証空上人の命日）一〇月二六日に白木念仏を行う。双盤二枚。

双盤銘　明和三年、享保二十一年

（一九九八年調査）

写真４－５－４　京都府久御山町東一口の鉦講

（７）安養寺　京都府久御山町東一口

東一口《ひがしいもあらい》は巨椋池の東流水口にある漁村で池の自然堤防上に家並みが連なっている。そこにある安養寺は弥陀次郎発心譚で有名な寺院である。三月一八日に近い土日の春祭（観音の開帳）に鉦講が行われる(14)（写真４－５－４）。一七日は初夜で夜一〇時半から、翌一八日は朝五時に開帳法要、午後一時半に日中法要、午後四時に日没法要で閉帳して終わる。鉦講は一〇人からなり、双盤鉦も一〇枚で、本堂右側に設けられた鉦座に横並びに座り、「カシラ（頭と書く）」は下手に座り、親鉦で音頭を取る。残り九人は「側」という。鉦講は毎法要時に僧侶の入堂前に唱える「前鉦」と法要中に唱える「六字詰め」がある。「六字詰め」を唱えることを「勤行」ともいう。法要の終わりは「送り鉦」で、流し叩きで送る。真如堂と似ているが、ここでは「六字詰め」が残っている。

（前鉦）地念仏南無阿弥陀仏四唱×一〇人の各人の唱え　ブ掛け・ダ掛け
（大鉦・小鉦）頭と側の掛け念仏で大鉦・小鉦で叩き方を変える。（一文字）頭が声を上げて唱える。
（役鉦）鉦の叩きで三つ鉦→ソソリ→シコロ→大流し→山道→蓮華くずし→ソソリ→三ツ鉦の順。
（六字詰め）ブ掛け→ダ掛け→役鉦（ソソリ→三つ鉦→シコロ→大流し→ソソリ→三ツ鉦）である。

一八日の開帳法要では観音の戸帳を上げて開帳する時に六字詰めを唱える。また法要の途中「十種供養」といって、線香・赤ろうそく・生花・お茶湯・段盛り・水仙・桜・木蓮・牡丹・萩・百合・菊・桔梗・薔薇・椿・御膳を、寺の役員が手渡しに須弥壇に供えるが、その時も六字詰めである。季節の花は造花で段盛りは文旦みかんである。

六字詰めは彼岸・一一月一四日の十夜に阿弥陀堂で、開帳・閉帳時に僧侶によって二枚鉦で叩かれる。葬式・毎月一七日の数珠繰りには伏せ鉦で六字詰めを唱える。

双盤鉦一〇枚　一枚は宝暦二年（一七五二）、他九枚　昭和二九年（一九五四）。双盤台　明治三二年（一八九九）。雲版なし。

双盤銘　寶暦二壬申天二月吉日山城国淀東一口村安養寺常什物　施主同村若仲間戚誉代　京室町住大掾宗味作

（一九九九年・二〇一三年・二〇一五年調査）

（8）長福寺　京都府大山崎町円明寺

大山崎町の円明寺地区には真言宗の円明寺と西山浄土宗の長福寺・栄照寺がある。また隣の下植野には正覚寺という西山浄土宗の寺がある。この西山浄土宗の三カ寺には鉦講があったが、現在長福寺のみに残っている[15]。この双盤念仏を「地念仏」といい、春秋の彼岸の中日と一一月の十夜に行う。昔は借りて八枚鉦で叩いたが、現在四枚で叩いている。一番鉦を「調子」、他を「子方《こがた》」、最後の鉦を「音鉦《おんがた》」という。鉦講は一六人いて四年交代で叩く。打ち方は以下の通りである。真如堂の念仏を習ったと伝えている。
地念仏↓だがけ↓ぶがけすらし↓おくぶがけ↓大ながし↓みよとがね↓一つびょうし↓じすらし↓三つびょうし↓れんげくずし↓入《い》り音《ごと》↓小ながし↓きざみ↓しもの一つびょうし↓しものすらし↓しもの三つびょうし↓一つびょうし↓おわり
地念仏は僧侶の入堂前に行われる。地念仏が終わってから法要が始まる。

入り音とは、撞木を逆に持つ柄の部分で軽く叩くことをいう。鉦は供出したため戦後新調した。昭和二三年（一九四八）二枚、昭和三六年（一九六一）二枚、昭和四五年（一九七〇）二枚、平成八年（一九九六）二枚　計八枚。

双盤銘
1　乙訓郡大山崎村字円明寺　長福寺鐘講　先祖代々為　以下個人名　尼講一同　昭和二十三年五月吉日
2　昭和三十六年元祖法然上人七五十御忌
3　昭和四十五年落慶記念
4　平成八年十一月西山上人七五〇回御遠忌記念　菩提　以下個人名

（一九九九年・二〇一四年調査）

(9)　極楽寺　京都府京田辺市天王

一一月一四日の十夜に双盤を叩いた。現在極楽寺に一枚あるが、年号はない。双盤念仏の順は以下の通りである。三言返《みことがえ》し南無阿弥陀仏三唱三回↓下《さげ》くずし三唱一回↓四辻↓鉦を七五三に叩く↓八辻・三辻↓おせめ↓本尊にお茶湯を供える。尼講では、春秋彼岸に伏せ鉦で六字詰めを唱える。

双盤銘　天王山極楽寺什物　筑後常時作

（一九九九年・二〇一四年調査）

(10)　深廣寺　京都府城陽市奈島久保野

深廣寺は御忌や十夜に双盤鉦を叩いていたが絶えてしまった。現在双盤枠が二基残されており、一基には鏡面二八センチの脚付きの安永四年（一七七五）の鉦が吊り下げられている。伏せ鉦用とみられるが、伏せ鉦としては大きめである。また鉦講の時に踊りがあったといわれ、吊り下げ紐の付いた鉦鼓がある。

吊り下げ伏せ鉦銘　安永四乙未年　城州綴喜郡奈嶋村深廣寺什物　為以音了津菩提　西村上総大掾宗春作

（二〇一四年調査）

4　奈良県

（1）興善寺　奈良市都祁白石

都祁《つげ》白石の興善寺(16)は融通念仏宗の寺で平野の大念仏寺からの御回在が三年に一度、また興善寺の御回在が毎年一二月にある。興善寺の鉦講は檀家の有志からなるが、在家受戒の「伝法」を受けた「禅門講」の人と重なる。双盤の音頭取りをカシラ（頭）、受け手をオトという。カシラは須弥壇に向かっての右、オトが左に座る。法要では堂内のろうそくの番、装具の管理などの裏方の仕事を担う（写真4‐5‐5）。

鉦講は八月六日、一五日の施餓鬼、二四日の地蔵盆、一一月一〇日の十夜に行われる。

一一月一〇日の十夜は一八時頃から鉦講を含む関係者が庫裏で食事を取る。一九時から興善寺住職の挨拶と布教師による法話があり、二〇時ごろから二二時ごろまで塔婆回向と新亡回向がある。その後再び布教師による法話があり、参詣者に御供撒《ごくま》きといって餅が配られる。住職による本回向が続き、二三時を過ぎた頃に数珠繰りと御本尊頂戴の行事が行われる。御本尊頂戴は、僧侶が御本尊（天得如来）の掛軸が入った箱を檀家の肩に触れ、家内安全・無病息災を祈願するものである。参詣者の本尊頂戴が終了したあと、小豆粥が振る舞われる。また「お骨《こつ》おさめ」といって、ここ一年以内に亡くなった人の骨や遺物（のど仏の骨や髪の毛や爪）をこの時に小さな箱に入れて、

写真４－５－５　奈良県都祁白石興善寺の鉦講。左右に分かれて叩く。

本堂脇の納骨堂（部屋）に納める。
双盤念仏は次のように行われる。

一八時（双盤念仏）・夕食接待
一九時　御法話（迎え鉦・送り鉦）
二〇時（迎え鉦）新亡回向・新穀感謝・塔婆回向（送り鉦）・御供撒き
二二時　御法話（迎え鉦・送り鉦）
二三時（迎え鉦）本廻向（回向鉦）・念珠繰り（双盤鉦）・御本尊頂戴・（送り鉦）
二四時　小豆粥接待

双盤念仏はまず一八時に叩いて、一九時に布教師の迎え鉦を叩き、法話が終わると送り鉦を叩く。二〇時の迎え鉦はそのまま僧侶の新亡回向につながる。新亡回向に続く塔婆回向は一本一本の供養があるので一時間ほどかかる。塔婆回向が終わり送り鉦が叩かれると、ここで御供撒きの餅とミカンが配られる。次の二回目の法話にも迎え鉦・送り鉦を叩く。本回向は迎え鉦で始まり、途中、双盤念仏の回向鉦が入る。本廻向が終わると、鉦台の向きを変え、念珠繰りの準備をする。念珠繰りは百万遍念仏であるが、初めは僧の般若心経で、途中から鉦講の鉦と念仏に合わせて数珠を回す。それから御本尊頂戴で、鉦講の一人が本尊掛軸を持つ僧を先導に、ろうそくを手に堂内を巡り、最後に送り鉦を叩く。

一八時と二〇時の双盤念仏は地念仏から三ツ鉦までで一〇分程度である。迎え鉦も同じく地念仏から三ツ鉦までで、送り鉦は最期の鉦を叩く部分のみである。本回向の回向鉦は光明遍照の偈に重ねて鉦講は「ナーマイダー」と唱えて回向鉦を始める。上人はこの間、「融通念仏ナムアミダ」を唱えている。鉦講は九ツ鉦から三ツ鉦までで、次に僧の「願以此功徳……」という総回向と内外《ないげ》十念を唱え、本回向は終わる。

前座・迎え鉦　撞木合せ→地念仏（各三回）→仏がけ念仏（各一回）→陀がけ念仏（各一回）
　ナァパイダァハイ→九ツ鉦→七ツ鉦→三ツ鉦

回向鉦　光明遍照　十方世界　念仏衆生　摂取不捨
　ナァパイダーハイ……以下三ツ鉦迄

送り鉦　九ツ鉦→七ツ鉦→三ツ鉦

双盤二枚　享保一〇年（一七二五）

双盤銘　享保十乙巳天和劦山邊郡白石大栄山興善寺什物　第十九世見亮代　熊本生願信士也　施主牟山村平七（墨書）□
佛住西村左近宗春作
享保十乙巳天和劦山邊郡白石大栄山興善寺什物　第十九世見亮代　為浄解信士妙安信女也　施主當所源重良（墨書）□佛住西村左近宗春作

（一九九二年・二〇一三年調査）

（2）西念寺　奈良県天理市福住

都祁白石からそう離れていない西念寺（融通念仏宗）に鉦講がある。福住の鉦講は一度中断したが、昭和三〇年（一九五五）頃に興善寺から習い復活した。したがって儀礼は興善寺と同じである。十夜は一一月一三日で、昼行われ、法要後百万遍がある。興善寺・西念寺は在家が二枚で叩くことが特徴である。

双盤銘二枚　年代なし（墨書二枚同じ）東室町出羽宗味誠定作

（二〇一四年調査）

5　大阪府

（1）大念仏寺　大阪市平野区上町

大念仏寺は融通念仏宗の総本山で、一月一六日・五月一六日・九月一六日に本堂で百万遍の数珠繰りを行う。その時二枚の双盤鉦と伏せ鉦で僧侶が念仏を唱える。

（一九九九年・二〇〇〇年調査）

（2）瑞寶寺　大阪府阪南市自然田

阪南市の浄土宗寺院には回番御忌があり、一〇カ寺で一巡する。阪南市で双盤念仏の残っていた寺院は回番御忌の寺に多い。瑞寶寺もその一つで、平成一六年（二〇一四）四月に回番御忌を行っている。この時、山門に櫓を組んで双盤念仏が唱えられる。毎年彼岸中日、八月三日施餓鬼・一五日盆・二四日盆踊り、一一月二三日十夜、毎月二五日元祖講には本堂で唱えられる。講員は一子相伝で二三軒の決まった家の男子しか参加できない。入る時はイリク（入り組）といって一カ月ほど練習をする。双盤鉦はカシラとシモ二～四番の四枚で、四人が双盤台に座って叩く。叩き方唱え方の名称はないが、初めに十念で撞木を一文字に額にかざし、十念↓六字念仏↓掛け念仏↓セメ↓七五三打ち止めの構成になっているが、(17)円を描くようにして叩く撞木の叩き方に特徴がある。双盤念仏は法要の前に唱えられ、双盤が終わってから僧が喚鐘を叩き、入堂する。

双盤鉦二枚　元文三年（一七三八）、二枚　昭和二八年（一九五三）再鋳造。

双盤銘　元文三戊午五月日年　為求法浄欣　誠誉妙意終覚正臨慶誉妙喜　施主芝野半九衛門敬白　京大佛住西村左近宗春作
元文三戊午五月日年　為求法浄欣　為誠誉妙意　先祖法界　施主芝野半九衛門敬白　京大佛住西村左近宗春作
昭和廿八年十二月再鋳　施主古野平重　泉刕東鳥取村自然田　瑞寶寺（墨書）音声改メ　大極上々　壱尺一寸
昭和廿八年十二月再鋳　施主松波正治（墨書）尺一寸　音声改メ　極上等　大極上々　壱尺一寸

（二〇一三年調査）

なお阪南市の以下の寺には双盤念仏があり、譜がある。(18)

・黒田寺　黒田　地の念仏↓三返かえし↓落とし念仏↓せめ
・宗福寺　箱作　六字詰め↓ぶがけ↓回向（一つ攻め・ダガケ・二つ攻め・三つぜめ）↓回向四つ字↓江戸上↓三つ字↓大たぐり↓切金
・裕道寺　石田　念仏↓掛け念仏↓六遍返し　網引き念仏
・西光寺　鳥取　念仏↓ブかけ↓ダかけ↓念仏

6　和歌山県

(1) 報恩講寺　和歌山市大川

西山浄土宗の報恩講寺は法然が讃岐に流され、その帰途難破して大川の海岸に着いた所である。それにちなんで旧暦一〇月一八～二〇日（新暦の一一月二二～二四日）に円光大師大会式が毎年あり、その時に双盤念仏が唱えられた。大川流といい、大阪府の南部から和歌山県の北部に広まっている。参詣に来た和歌山市湊鉦講（昭和七年〔一九三二〕）・和歌山市中之島鉦講（昭和一七年〔一九四二〕）の奉納額がある。大阪の岸和田・淡輪からも来ていた。鉦は八枚で二枚鉦を四人で叩く。鉦は二枚を向かい合わせの鉦で両手で叩いた。日中・日没・初夜と法要の前に交代で叩いた。戦後しばらく続いたが、現在はやっていない。

双盤銘　宝永七年（一七一〇）一枚、享保二年（一七一七）二枚、享保七年（一七二二）一枚、文政四年（一八二一）一枚、紀州海士郡大川浦慈雲山報恩講寺什物

（一九九五年調査）

(2) 総持寺　和歌山市梶取

西山浄土宗本山の梶取《かんどり》総持寺は双盤念仏があり、梶取流、デカン流として広まっていた。四月一四日の善導忌に叩かれ、周辺の鉦講が集まった。双盤二枚（戦後のもの）

（一九九五年調査）

（3）阿弥陀寺　和歌山市鳴神

浄土宗阿弥陀寺には、藩主徳川頼宣が秀忠のために建てたとする寛永一〇年（一六三三）の御霊屋が移築されてある。双盤鉦一枚（宝暦八年〔一七五八〕）があるが、使途は不明である。

双盤銘　宝暦八寅天正月吉日　紀州名草郡鳴神村阿弥陀寺什物　勝誉玄柏□代

（二〇一六年調査）

（4）地蔵寺　和歌山県海南町下津町大窪

地蔵寺は旧下津町大窪にあるが、有田川町の西山浄土宗禅長寺末で海南市の称名寺が兼務している。五月七日の施餓鬼と春秋彼岸・巡回説教時に双盤念仏が現在でも行われている[19]。下津町にある西山浄土宗の一三カ寺は昭和五四年（一九七九）より輪番御忌を組んでいる。双盤念仏は「鐘講」と書き、四枚の鉦があり大川の報恩講寺から伝わったといわれる。まず総代が半鐘で喚鐘を叩く。説教師の説教がある時は入退堂に「高座つけ」の双盤を叩く。法要の中では「回向」を唱える。「上《かみ》」は音頭を取る人で一人、あとの三人は「下《しも》」で全般に上下の掛け念仏を唱える。双盤の譜は次の通りであるが、現在六字・四辻・回向が唱えられている。

そうばんつけ↓六字↓ぶがけ↓かしらぬき↓ぶがけ↓ぶがけ↓地↓御つけ↓地↓二つぬき↓地↓よせよつじ↓回向↓もろうち。回向は六字詰めともいう。

和歌山県で双盤念仏が現在残っているのはここだけである。系統は真如堂の念仏に近く、西山派の白木念仏とは異なる。双盤鉦は四枚で、一枚は正徳五年（一七一五）の古鉦である。他、昭和四一年（一九六六）二枚、昭和五六年（一九八一）一枚。

双盤銘　紀刕海士郡加茂大窪村向釈山長福寺常住心空祖閑代　正徳五歳未ノ二月十五日　粉河蜂屋正勝作

（一九九九年・二〇一六年調査）

（5）常行寺　和歌山県海南市下津町大崎

常行寺は双盤念仏を復興しようとして、近隣の寺から双盤鉦を集めている。現在九枚の鉦がある。双盤念仏は一度再興している。

双盤鉦　正徳四年（一七一四）・寛保三年（一七四三）・宝暦八年（一七五八）・明和三年（一七六六）・天明二年（一七八二）・文化三年（一八〇六）二枚・他二枚は年代なし。

双盤銘　正徳四午五月十五日　施主藤岡庄右衛門年　粉河蜂屋正勝作　紀州海士郡大崎浦常行寺什物還誉代
寛保三癸亥十一月日粉河蜂屋正勝　紀州海士郡加茂谷方村禅定寺十一世鑑誉代
宝暦八戊寅年三月日文化三年（一八〇六）二枚　粉河蜂屋正勝
明和三丙戌年三月十七日粉河薩摩掾蜂屋勝原正勝紀州海士郡加茂谷方橋本村阿弥陀寺什物
天明二寅年三月日　橋本村阿弥陀寺什物
文化三丙寅三月吉日紀州海士郡加茂下村極楽寺什物響誉代　先祖代々家内一切精霊菩提　施主宮尾藤四郎
（墨書）粉河住蜂屋□□正勝
（同年他一枚）施主惣檀中幷女郎幸次郎　加茂□市ノ坪村薬師　江戸西村和泉守作　銘なし（二枚）

（二〇一六年調査）

（6）得生寺　和歌山県有田市糸賀

中将姫が継母に捨てられたとする雲雀山にある西山浄土宗の寺で、毎年五月一五日に中将姫の大会式として二十五菩薩の来迎会が行われる。その時双盤念仏が唱えられ、鉦も残っているが現在中断している。

双盤鉦　寛政二年（一七九〇）二枚・文化三年（一八〇六）・文化五年（一八〇八）・文化一五年（一八一八）。

双盤銘　寛政二庚戌歳年三月吉日　紀州有田郡糸賀庄雲雀山得生寺堅隋上人代常什物　為松月順了信士松月妙了禅尼　先祖代々菩提也　施主和歌山一半町岡崎屋嘉右衛門　武州江戸神田住西村和泉守 文化三子八月十八日有田郡西村延命寺妙照信女　施主元市太夫天保十二年村ヨリ求ム　粉河庄福井良□作 文化五寅三月吉日宮原組福勝寺常什物信空霊誉代　施主藤園半之右衛門（墨書）粉河住蜂屋薩摩掾源正勝作 文化十五寅三月吉日　宮原組福勝寺常什物信空霊誉代　施主　伊藤宗平次　粉河住蜂屋薩摩掾源正勝作

（一九九四年・一九九九年調査）

（7）深専寺　和歌山県湯浅町湯浅

湯浅の町中にある西山浄土宗の古刹で、本堂は寛文年間（一六六一～七三）のもの。双盤鉦一枚がある。正徳五年（一七一五）。使途不明。

双盤銘　正徳五乙未南呂二十五日　紀州在田郡湯浅邑玉光山深専寺什具懐翁真衛代　為六親眷属菩提　寄進者法眼弥兵衛　粉河蜂屋正勝

（二〇一六年調査）

7　兵庫県

（1）常楽寺　兵庫県加古川市東神吉町神吉

兵庫県の加古川市、高砂市近辺には浄土宗西山禅林寺派の寺が多く、二六カ寺が禅林寺派の善導忌門中を組み、四月の善導忌を順番に行っている。二六年に一回、番寺が回ってくると大法要になる。常楽寺ではその時に双盤念仏を行う。毎年は春秋彼岸と十夜に二枚鉦を叩く。双盤は鉦講の人が叩き、須弥壇に向かって右の人が上《かみ》、左の人が下《しも》である。現在は発願文のあとに短く双盤念仏を入れるが、全体は次のようであった。

高座おり→教啓（三念仏）→掛け念仏→七五三→前の五五三→つづき→後の五五三→つづき→回向鉦→高座おり

双盤鉦二枚　享保一二年（一七二七）

双盤銘　享保十二丁未天閏正月日　為一誉宗感釈尼妙安紫空宗雲紫覚如雲観月休意覚挙妙安　施主　神吉五郎左衛門太郎左衛門太兵衛　播州印南郡神吉村法性山常楽寺什物　千隆和尚代　京大佛之住人西村左近藤原宗春作

（二枚目）為松岳宗林　正宿了圓　一法休心　天空妙空　了空宣明　圓念法心　施主　神崎清左衛門　以下同じ

（二〇一六年調査）

（2）常福寺　兵庫県加古川市神吉大国

常福寺は常楽寺の孫寺で明治一三年（一八八〇）の二枚の双盤鉦がある。使途不明で叩いたことがない。

双盤銘　明治十三年八月　播磨国印南郡大國村常福寺什物（二枚とも）

（3）龍泉寺　兵庫県加古川市加古川町平野

龍泉寺も善導忌門中の一カ寺である。本堂に隣接して善光寺堂がある。阿弥陀堂善光寺として別の場所にあったものを移築した。善光寺仏も祀られている。

双盤鉦二枚　宝永六年（一七〇九）

（二〇一六年調査）

双盤銘　宝永六年己丑九月　播州一鱗山龍泉寺　俊廓上人代　施主布屋　一峯妙心 （二枚同じ）京堀川住筑後大掾常味作

（二〇一六年調査）

7　岡山県・鳥取県

（1）誕生寺　岡山県久米南町

誕生寺は法然の生まれ育った所の寺として有名である。[20]四月第三日曜に二十五菩薩の練り供養があり、本堂で追善供養の百万遍の数珠繰りが行われ、双盤鉦で念仏を唱える。

双盤鉦一枚　享保一三年（一七二八）

双盤銘　享保十三戊申歳三月十五日　作刕誕生寺塔頭念佛堂願主中真一誉忍信西代

為清月　智月　宗貞　栄心　鳥目三百文之施主菱谷喜兵衛
施主　願誉浄本比丘　誓誉妙本信女　往誉性善禅定門　性誉了栄禅定門
施主　京大佛之住　西村左近
京大佛之住　西村左近宗春作

（二〇一六年調査）

（2）栖岸寺　鳥取県鳥取市湖山町北

鳥取市の栖岸寺《せいがんじ》は双盤念仏で有名であり、昭和三八年（一九六三）に県指定無形民俗文化財になっている（写真4-5-6）。栖岸寺の念仏の濫觴は、以八《いはち》（一五三二～一六一四）が四十八夜念仏を摩仁山の麓の多根ヶ池（現多鯰ヶ池）近辺で行い、その時逗留した栖岸寺に「鼙鼓」を残したことにある。当時栖岸寺という名になっていたかは不明であるが、慶長五年（一六〇〇）前後、以八は美作の誕生寺の復興に尽力していた。「鼙鼓」は「鉦鼓」と書く念仏鉦で、双盤鉦ではないと考えられる。

一千日の不断念仏（常念仏）は承応三年（一六五四）に栖岸寺末の石塔庵で始められて、明治一一年（一八七八）の八万日回向まで続けられていた。(21) その後は一千日ごとの三年に一度の回向が開かれて、現在に至っている。誕生寺でも同時代に一千日回向の不断念仏があったようで、誕生寺の勢至堂脇に十数本の念仏供養碑が立っている。栖岸寺の双盤念仏は喚鐘に使う内半鐘（正徳五年〔一七一五〕）と最古の双盤鉦（正徳五年〔一七二〇〕）の年号が共通するところから、その頃から始まったと考えられる。

一千日回向は三年ごとの四月の第二の金土日の三日間行われる。平成二七年（二〇一五）で十二万六千日回向になっている。双盤念仏は初日午前午後の二回と二日目昼にそれぞれ法要後に一流れを唱える。二日目午後の双盤講中物故者法要時には、卒業生（年寄り）が法要中に唱え、最終日は結願日で、午後結願法要として「お礼坊主」の儀礼を含む法要を行う。

一千日回向は一千日回向をやり遂げた「道心」と「同行者」で行われた。「道心」は現在いないので、鉦講を卒業した最年長者が「お礼坊主」として「道心」の役を担う。「同行者」は講中が担う。享保五年（一七二九）の双盤鉦に講の名があることから、その頃には講中が鉦を叩いていたと考えられる。双盤講は檀家の長男が一六歳から入り、後継ぎが入ると抜ける。

写真４－５－６　鳥取市栖岸寺の鉦講

上鉦《かみがね》を務めた人を卒業生という。卒業生が若者の双盤講やそれ以下の子ども双盤の指導に当たる。双盤鉦は一番鉦で音頭を取る上鉦と受け鉦からなる。当初は二枚鉦であったといわれるが、現在一三枚になっている。

叩くのは八枚もしくは一二枚である。

一流れとは、

サソウツケ→大《オオ》念仏→ダガケ→七五三→チンバ鉦。僧の読経のあと「タマ鉦」「サソウヅケ」「送り」「打ち上げ」。

であるが、大念仏は南無阿弥陀仏の三唱を一六人一人ずつ、ダガケについても一人ずつ唱えるので一流れが四〇分ほどかかる。

結願は「お礼坊主」が結界の中に入り、導師から五色の「み手の糸」の付いた撞木を受け取り、それが叩き手の講員一人一人に手渡される。双盤の間「お礼坊主」は導師の脇に座り、終わると「お礼坊主」から導師に撞木が返され、本尊の阿弥陀像に返納される。この結願の時、上鉦は「呼び出し鐘」を半鐘で叩いて僧の入堂を促し、「知らせ鉦」で法要が始まり、「改め鉦」で双盤が始まる。「役鉦」によって「お礼坊主」の三拝が、タマ鉦によって僧のお十念が行われ「送り鉦」によって僧が退堂する。このように、上鉦の合図鉦によって式を進行させていく。

双盤鉦一三枚は当初（享保五年（一七二九）・嘉永七年（一八五四））二枚、昭和三七年（一九六二）八枚、平成四年（一九九二）三枚。

双盤銘	享保五庚子天七月日　因州湖山栖岸寺常念仏導師十誉代　願主蓮智　施主小山念仏講中崎津念仏講中和田念仏講中 中　京仏師西村左近藤原宗春作 嘉永七寅年十月日　湖山栖岸寺什物性誉圓翁上人代　施主念仏講中 栖岸寺二十七世栄誉代昭和三十七年四月十万八千日回向 為當山双盤講中歴代先没者諸精霊追福増進菩提
半鐘銘	正徳五乙未五月十五日　二万日回向寄進　施主円相院六世業蓮社辨立成誉 因州高草郡湖山村水中山栖岸寺什物　導師念蓮社十誉代　願主心誉善慶光誉浄金 濱六兵衛　為本覚源栖信士西岸妙意信女

（一九九八年・二〇〇一年・二〇一六年調査）

(3) 光明寺　鳥取市寺町

寺町の光明寺には双盤鉦が二枚ある。大きな法要時、隣の慶安寺の僧が来て叩いていた。須弥壇に向かい、導師を中央に、左右に双盤鉦を置き、右打ちと左打ちの二人の僧で叩く。

双盤銘　平成八年八月　仏歓日　正眼山光明寺第二十七世　法誉代
（二〇一六年調査）

（4）大同寺　鳥取県境港市竹内

大同寺は元天台宗で現在曹洞宗。仏堂調査の「由緒及び沿革」によれば、次のような記述がある。[22]

「次ニ相盤念佛トテ毎年三月二日ヨリ向フ七日間ヲ以テ毎日相盤鐘ト称スル信徒代表ノ者週間中打チナガラ念佛ヲ称号シ村内ノ悪疫退散五穀豊穣等ヲ祈願シ村民ハ仏前ニ御鏡餅一重ヲ供へ週間中随時参詣シ週間ノ終リ結願ノ日ニハ御鏡餅一個ヲ頂キ自宅ニ持帰リテ家族ト共ニ如来ノ御利益ヲ頂クナリ。而シテ此行事勤修ノ資材トシテモ亦行（オコナイ）同様田四畝畑八畝歩ヲ村有財産トシテ保管シ其ノ収穫ヲ以テ充當ス此ノ行事モ亦山陰道ニ於テハ出雲清水寺ニ存スルノミニシテ他ニ其例ヲ聞カズ」とある。在家の双盤念仏があったということである。ちなみに如来とは薬師堂なので薬師如来である。現在寺に一枚の双盤鉦がある。

双盤銘　天保甲午年十月吉日十月改調
伯州會見郡竹ノ内村兩堂　施主村中庄屋宗右エ門年寄（丈カ）兵衞
（二〇〇五年、福代宏調査）

このように鳥取県では栖岸寺のみが有名であるが、他にも浄土宗における僧の二枚双盤も在家の双盤もあった。

註

（1）坂本要［二〇一七a］［二〇一八a］。
（2）安土問答・安土宗論に関しては辻善之助『日本佛教史　近世篇之一』岩波書店、一九五二年。中尾堯「安土宗論の史的意義」『日本歴史』一一二号、吉川弘文館、一九五七年。高木豊「安土宗論拾遺」『日本歴史』一六八号、吉川弘文館、一九六二年。河内将芳「安土宗論再見」『中世京都の都市と宗教』思文閣出版、二〇〇六年。
（3）浄厳院は正平年間（一三四六～七〇）、佐々木六角氏の氏寺慈恩寺として天台宗の密教様式の寺として建てられている。また境内には元禄一六年（一七〇三）に建てられた禅宗様式の不動堂があり、この期に禅宗の法具が使用されていたことも考えられる。滋賀県教育委員会文化財保護課『重要文化財浄厳院本堂修理工事報告書』（一九六七年）。
（4）一説には天正四年（一五七六）、織田信長の安土城の開城を記念する「開城念仏」とする。平裕史「安土・浄厳院の楷定念仏」（『民間念仏信仰の研究　資料編』隆文館、一九六六年）参照。
（5）井ノ口泰溫「観経疏楷定記解題」（一九三四年）。『西山全書　第六巻』（文栄堂書店、一九六四年）に所収。
（6）『隆堯法印と阿弥陀寺・浄厳院』栗東歴史民俗博物館、一九九一年。伊藤唯真「近江における浄土宗教団の展開」『仏教論叢』八号、浄土宗教学院、一九六〇年。
（7）成田俊治「法界寺の双盤念仏」『民間念仏信仰の研究　資料編』（隆文館、一九六六年）二四六頁に写真とともに報告されている。
（8）深貝慈孝「真如堂の十夜念仏」『民間念仏信仰の研究　資料編』隆文館、一九六六年。鷲見定信「浄土宗の十夜法要」『日本仏教』四四号、日本仏教研究会、一九七七年。芹沢博通「十夜法要――その習俗と課題――」『浄土宗の諸問題』雄山閣、一九八八年。米田実「真如堂の十夜念仏」『京都府の民俗芸能』京都府教育庁指導部文化財保護課、二〇〇〇年。福持昌之「真如堂における十夜法要と双盤念仏――僧侶の念仏から世俗の鉦講へ――」『宗教と社会』二一号、「宗教と社会」学会、二〇一五年。
（9）真正極楽寺真如堂『慈覚大師と引声阿弥陀経会』パンフレット参照。

（10）双盤鉦の最古は万治二年（一六五九）である。この頃に儀軌を整備し双盤鉦が十夜に用いられるようになった可能性が高い。
（11）福持昌之、前掲（8）。
（12）渡辺貞麿「百万遍念仏考――『台記』の場合を中心に――」『文藝論叢』二五号、大谷大学文藝学会、一九八五年。
（13）上田良準「白木念仏の法語と儀礼」『西山学報』二六号、西山短期大学、一九七八年。同「白木念仏について」日本仏教学会編『仏教儀礼』平楽寺書店、一九八七年。
（14）「東一口の双盤念仏」『京都の文化財』二八号、京都府教育委員会、二〇〇九年。
（15）『円明寺の民俗――京都府乙訓郡大山崎町――』神奈川大学常民文化研究所、二〇〇二年
（16）都祁白石興善寺の報告は筆者の調査を含め、上野喜江と共著「都祁白石興善寺の双盤念仏」『奈良県の民俗芸能2』奈良県教育委員会、二〇一四年六六〇―六六六頁に詳細を載せている。その「十夜」の部分を略述改稿したものである。
（17）『阪南町史　上巻』五一四頁阪南町史編さん委員会、一九八三年。
（18）『大阪府の民俗芸能』大阪府教育委員会、二〇〇九年。
（19）藤井弘章「大窪の民俗」『大窪の笠踊り調査報告』海南市文化遺産活用実行委員会、二〇一五年。
（20）北山敏雄『郷土の法然上人と誕生寺今昔物語』久米南町偉人顕彰会、一九七六年。
（21）林賢一郎「栖岸寺の双盤念仏」『鳥取県立博物館研究報告』二一号、鳥取県立博物館、一九八四年。成田俊治「湖山の双盤念仏」『民間念仏信仰の研究　資料編』隆文館、一九六六年。栖岸寺『水中山浄清院栖岸寺』、二〇一一年。
（22）一九九四年の鳥取県立博物館の県下オコナイ行事調査の際収集した、「旧西伯郡餘子村大字竹内薬師堂の仏堂調査ニ関スル件」の回答としてメモされたもの（メモは昭和二年［一九二七］以降のもの）。

第六節　善光寺と名越派の双盤念仏

善光寺の双盤の叩き方は、「きざみ叩き」「雨だれ」といわれるようなチャンチャンチャンと双盤を細かく連打するような叩き方で、今まで述べた関東関西の叩き方と異なる。このような叩き方は、全国の善光寺系寺院、東北から北海道にかけて広まっていた浄土宗の旧名越派、及び北九州から天草にかけての浄土宗吉祥寺から伝わったとされる鎮西流の三つの系譜で叩かれている。北九州市の吉祥寺は祐天上人が伝えたとしている。祐天上人の菩提寺のいわき市最勝寺は名越派である。これらの念仏は、いずれも僧の叩く双盤念仏である(1)。

1　善光寺

(1) 双盤鉦と雲版

善光寺は歴史も古く、各宗派が関与した一方、善光寺聖などの働きによって広く民衆の信仰を集めていた。現在大勧進の天台宗と大本願の浄土宗が交代に本堂を運営している、入り口の妻戸といわれる場所があり、かつては時衆が管轄していた。本堂内の内々陣と入り口近くの外陣の妻戸台にそれぞれ双盤鉦があり、使用される。図4-6-1にみるように本堂内部は外陣と内陣に分かれる。外陣には縦四・五メートル、横六メートルほどの妻戸台が設けられており、九畳の畳と板の間になっている。双盤一枚と太鼓と大きな火炎太鼓に雲版が置かれている。雲版は縦八〇センチほどの大きなもので木枠に吊り下げられている。双盤に伴う雲版鉦としては一番古い。

太鼓の一つは延宝四年（一六七六）に真誉瓣心によって寄進され、以後三回の張り替え修理が行われている。真

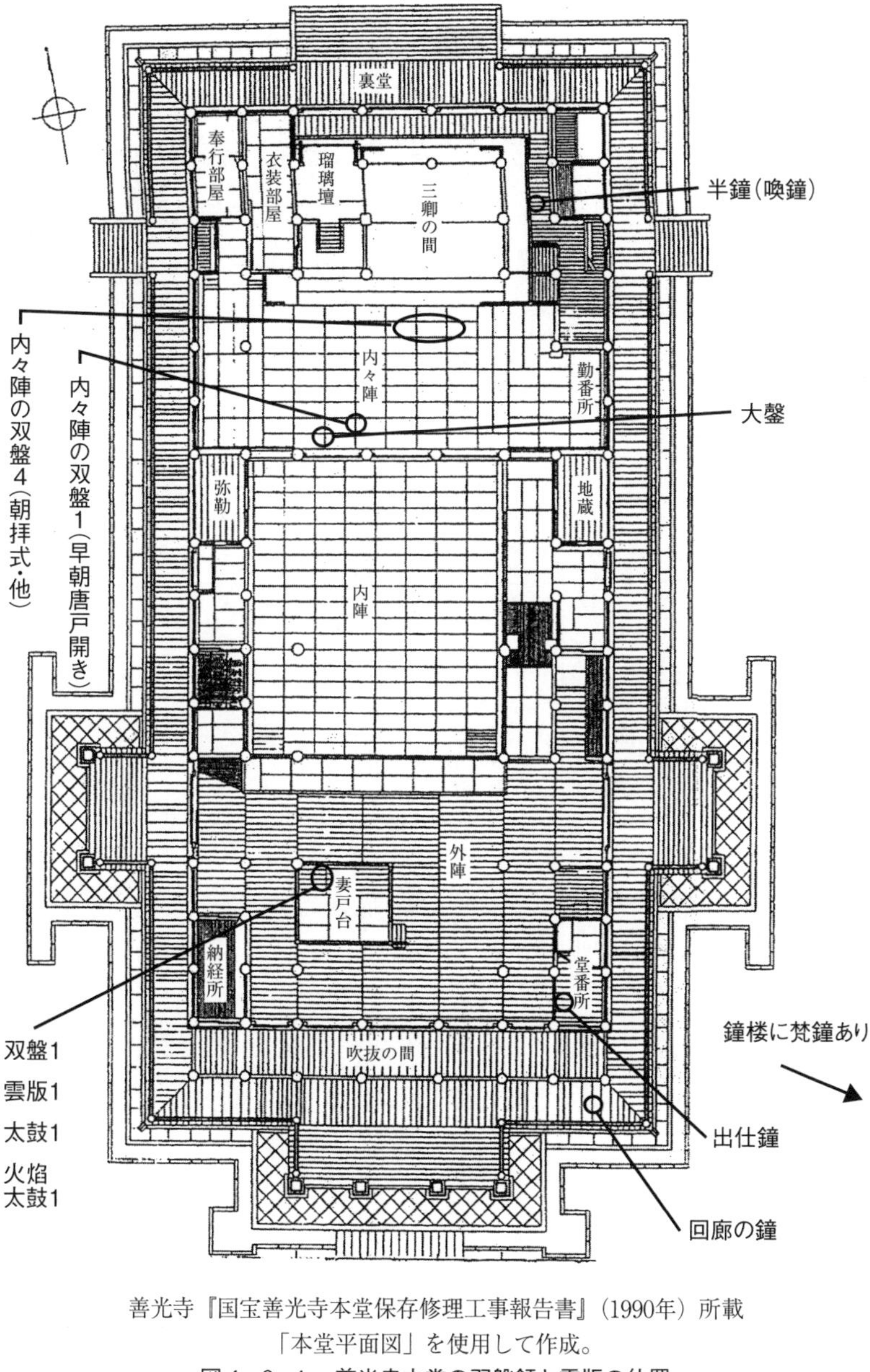

善光寺『国宝善光寺本堂保存修理工事報告書』(1990年) 所載
「本堂平面図」を使用して作成。

図4－6－1　善光寺本堂の双盤鉦と雲版の位置

写真4－6－1　妻戸台の雲版（右）と太鼓

誉瓣心は雲版銘に願主と記されており、雲版と太鼓はセットであったことが分かる。なお火炎太鼓は明治四五年（一九一二）の寄進である。(2) 他の太鼓二張は年代不明（写真4－6－1）。

妻戸雲版銘　為六親眷属七世父母也　施主重誉誓欣信士　嘆誉栄讃信女　瓣誉成念信士　心誉消月信女　願主真誉瓣心道心　大誉単心道心
作　延寶五丁巳暦七月一日

双盤鉦は一枚の片鉦で、雲形をかたどった木枠に吊り下げられている。通常の双盤鉦より大きく、外枠直径五二センチ、内径四二センチ、厚さ一五センチである。『善光寺小誌』には「大双鐘《だいそうしょう》・伊藤又兵衛寄進」と記されている。(3)

妻戸双盤銘　信州善光寺如来前妻戸回向鐘　西町紀弘延作為先祖代々浄誉清元大徳法室鏡心
信女菩提　元文二年丁巳七月十五日

妻戸台は『遊行上人縁起絵』（清浄光寺本）第七巻に、他阿上人の長野善光寺での踊り念仏として徳治二年（一三〇七）に描かれたものが、宝永四年（一七〇七）建立の現在の本堂建立の際に本堂内に移されたものとされている。妻戸は入り口の戸ということで時衆の妻戸十房が管理していた。貞享三年（一六八六）の善光寺が一時天台宗大勧進に帰した際に時衆は廃された。

年代順に並べると、宝永四年の現本堂建立の際、妻戸台は本堂内に設置され、延宝四年（一六七六）に真誉瓣心によって太鼓が、翌年雲版鉦が寄進された。当時太鼓鉦を管理していたのは時衆であったが、貞享三年（一六八六）、天台宗になった。双盤鉦が入ったのはその後、元文二年（一七三七）である。

現在は、堂番といって寺務所の在俗の職員が妻戸の鉦太鼓などの行事を担っている。堂番の詰める堂番所には、出仕鐘である半鐘と堂番所外の回廊東端にある回廊鐘がある。それぞれの使用については後述するが、出仕鐘は貫主・上人の来場の合図、回廊鐘は法要鐘で法要の開始を告げる。出仕鐘は堂番所内に新旧二基ある。回廊鐘も回廊西端に一基あるが使われていない。内々陣には四枚の双盤鉦がある（一枚は銘なし）。妻戸の双盤を妻戸双盤・外の双盤（写真4-6-2）といい、内々陣の双盤を内陣双盤・中の双盤ともいう。現在雲版を叩くことはない。

写真４－６－２　妻戸台の双盤

内々陣双盤銘

1　元禄五年壬申天四月十五日　奉寄進善光寺仏前為現世利益安穏後生善生内藤氏ちく
江戸西村和泉守藤原政時

2　宝永七庚寅天四月十五日　奉納信州善光寺御仏前施主武州江戸中橋上槇町香庄平兵衛作之
法名性誉一法道専敬白

3　正徳二壬辰歳四月吉日　江戸芝増上寺前木村吉右衛門作
願主西入十蔵　信州川中嶋善光寺

鉦の古い順に並べると、妻戸雲版・延宝五年（一六七七）、内々陣双盤①・元禄五年（一六九二）、内々陣双盤②・宝永七年（一七一〇）、内々陣双盤③・正徳二年（一七一二）、妻戸双盤・元文二年（一七三七）となり、全国的にみても古い鉦といえる。(4)

宝永の鉦の銘にある「香庄平兵衛」は、二天門から山門下の石舗道を寄進した石屋の大竹屋である。(5)

内々陣の四枚の鉦は行事ごとに使う枚数が異なる。毎日の法要には脇にある勤番の僧が叩く。勤番の奥の戒壇下の入口には大日の鐘という半鐘があり、喚鐘として僧が叩く。また内々陣の左奥の出仕口に大磬《おおかね》があり、左相ガネ・出仕ガネといって僧が法要の入場前に威儀を正すために叩く。瑠璃殿にも磬があり、台家奉行（天台宗）がこれを叩く。

（2）日課行事

以下、内々陣と妻戸の双盤と行事の関連を述べる。

まず日課の鐘（鉦）を見よう。善光寺の本堂は図4-6-1のようになっていて、階段を上ったところに表戸があり、本堂内部は外陣と内陣に分かれている。内陣はかつて参詣人が寝泊まりしたところであり、勾欄《こうらん》により結界されている。内陣は内陣（中陣）と内々陣に分かれ、唐戸で仕切られている。内々陣には、瑠璃殿に本尊善光寺如来、三卿の間に本田善光と妻子の三卿の像があり、内々陣は法要空間である。内々陣右手に勤番の僧の詰め所があり、妻戸右手に堂番の詰め所がある。瑠璃殿の本尊の戸張《とちょう》は前後二枚（前戸張は鳳凰の図柄。「塵除け」ともいう。後の戸張は龍の図柄）ある。

現在、善光寺は天台宗の大勧進（台家・お貫主様は男性）と浄土宗の大本願（浄家・中衆ともいう。お上人様は女

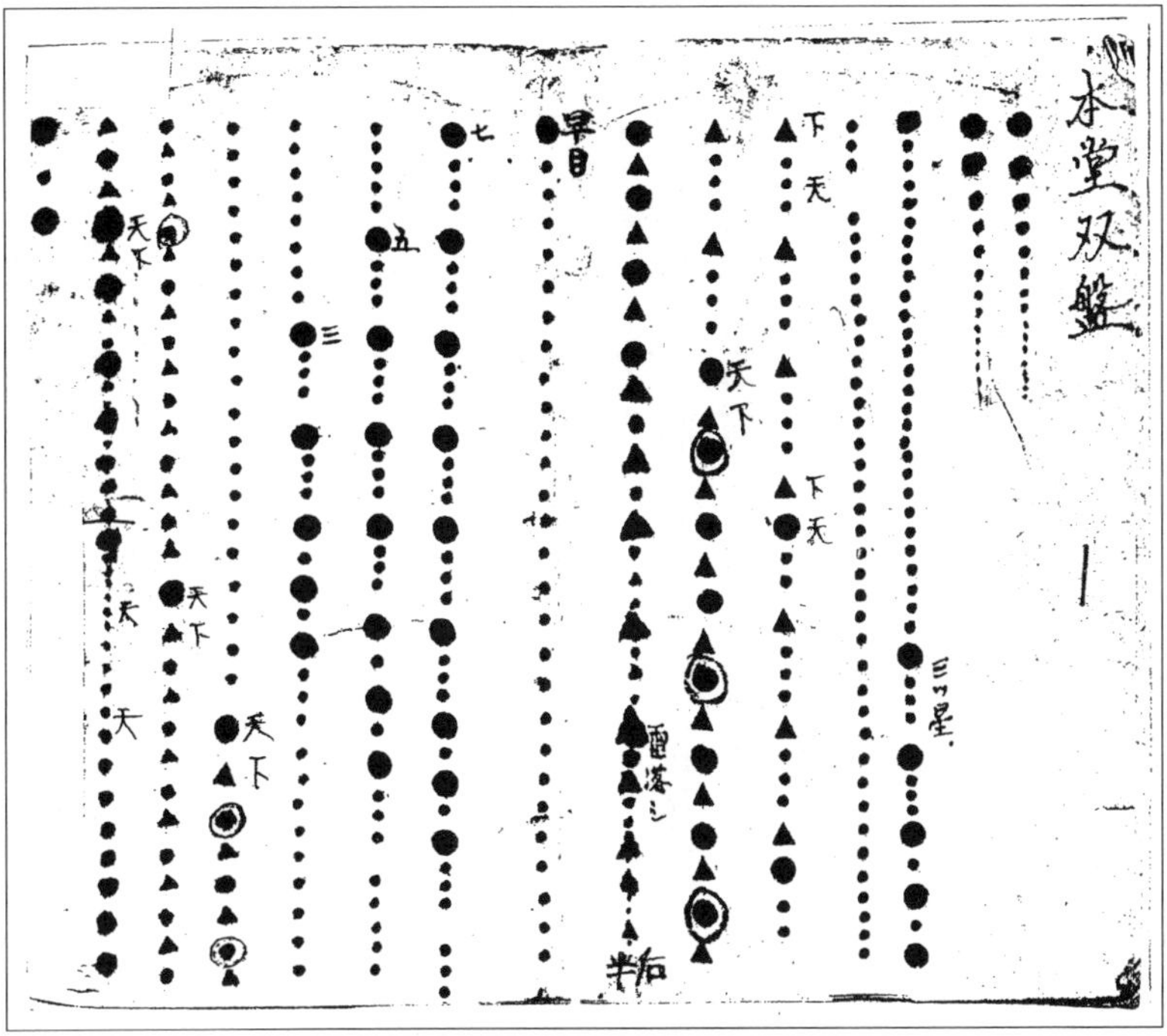

図4－6－2　内々陣の双盤の譜

性）によって護持執行されており、日課は共通行事で台家浄家の順で執り行われる。

善光寺本堂は日の出とともに表戸と唐戸が開けられ、定式《じょうしき》のお朝事《あさじ》が行われる。夏季六月七月は五時半頃、冬季一月は七時頃になる。台家・浄家の順で朝事の法要があり、塵除けの前戸帳が開けられ、法要の中で奥の戸帳が開閉される。続いて朝事後の総回向が行われる。一一時もしくは正午（一日おきに台家・浄家が入れ替わる）に開帳があり、続いて日中の回向・午後二時の回向がある。その他の回向や祈願法要は参詣者の要望によって随時行われ、規模も大小がある。その後、布施無し開帳といって最後の開帳があり、塵除けの前戸帳が降ろされる。午後四時に拍子木と回廊鐘の合図で内々陣の唐戸が閉じられて一日が終わる。

〈朝一番の双盤・早起き太鼓〉（名称は堂番

写真4−6−3　回廊鐘と傘持ち

の通称を使った。）

お朝事の一時間前（日の出前）内々陣で勤番の僧が内陣双盤鉦一枚を連打し、妻戸では続いて、堂番が早起き太鼓といって太鼓を叩き、勤番の僧が内々陣の唐戸を開ける。内陣の唐戸は午後四時、表戸は日没後に閉じられる。

〈衆来《しゅうらい》の鐘（鉦）〉　貫主様や御上人が来ることを告げる。

妻戸双盤（一枚鉦）を堂番が七五三に叩く。七回打って弱から強へ、強から弱へ、山をつくるように連打し、次に五回・三回と打つ（図4−6−2）。堂番所内にある出仕鐘は、台家の場合、貫主の一行が大勧進の池の橋に掛かった時、二つ打ち、浄家の場合、上人が山門に掛かった時、三つ打つという具合に異なる。

〈お朝事〉　本尊・御三卿に御仏供（飯）を供える法要。

打ち上げ開帳　台家の貫主が瑠璃壇に登壇した時、内々陣の大鏧《おおかね》に続いて妻戸の双盤を三回打つ。この時、回廊の鐘が傘持ち（貫主・上人に大傘を差しかける役の人。写真4−6−3）によって妻戸双盤に合わせて三回鳴らされ、法要の開始を知らせる（傘持ちのいない時は堂番が行う）。前戸張はお朝事のこの時に妻戸双盤の連打に合わせて途中までゆっくり上げ、途中から速めに上げられる。

開帳　台家の場合、瑠璃殿の鏧を奉行が、浄家の場合、内々陣の大鏧を叩き、それに呼応する形で妻戸双盤が叩かれる。開帳は七五三の叩きによって段階的に上げる七五三開帳と、普通に上げる普通開帳がある。

閉帳　台家・浄家ともお十念が唱えられ、瑠璃殿や内陣の大鏧に合わせて妻戸双盤が叩かれ、閉帳する。

〈正午の開帳〉

浄家が正午の開帳を担う場合、双盤の親鉦（向かって左側の鉦）か伏せ鉦で開帳を行う。

〈回向・祈願の法要〉

毎日参詣者の要望で随時に行う。奥の戸帳を瞬間的に開閉する。回向の規模によって、七五三開帳や貫主・上人を臨み回廊鐘を鳴らす。鏧・双盤などの叩き方はお朝事に習う。

〈大般若会〉

毎月十五日お朝事後、もしくは正午に、台家が『大般若経』六〇〇巻を内々陣で転読する。その際、妻戸の双盤と大太鼓を叩く。妻戸の双盤はベタ打ちという叩き方で連打する。

（3）年中行事

以下双盤の用いられる年中行事を記す。

①盂蘭盆会大念仏　七月三一日

台家では六月三〇日に行うが双盤は用いない。

浄家では七月三〇日に行い妻戸の双盤と大太鼓を用いる。虫干しともいわれる。八月一日の旧盆の初めの念仏として行われる。本堂前に「懸け灯籠」を設け、近隣の人がその年に亡くなった人の白木の位牌を持ってきて供養してもらった。

午後七時半から内々陣で浄家の式衆が盂蘭盆会の法要をする。盂蘭盆会の声明法要のあと回向があるので、お朝事同様の開帳閉帳の双盤がある。双盤鉦は二枚で行う。

このあと八時から内々陣で双盤二枚が叩かれ、「南無南無」という念仏が僧によって唱えられる。同時に妻戸台では堂番により双盤を叩かれるが、この日、参詣人は妻戸台に上がってもよいとされ、三つの大太鼓を参詣人が次々に叩き、長い行列ができて妻戸台の上は参詣人でごったがえし、双盤と太鼓の大音響が本堂内に鳴り響く。別に台家では七月一五日、浄家では八月一五日に施餓鬼を行うが、双盤は用いない。

②お十夜　一〇月五～一五日

浄家では一〇月五日から一五日に行い、双盤を用いる。台家では一一月五日から一五日に行い、双盤を用いない。浄家の一〇月五日の十夜法要初日の例を述べる。

瑠璃壇にはボンボリと紅葉の造り物が供えられており、瑠璃壇前に十夜仏の厨子が設けられ、初日に厨子が開けられ、結願日の一五日に閉じられる。十夜仏は阿弥陀立像であるが右手がお腹に掛かっていて髪型が渦を巻いている。法要は七時に始まり、双盤鉦は二枚で、内陣奥にある大日の鐘と言われる半鐘が同時に叩かれる。その後、双盤の連打があり、上人が登壇し、十夜仏の厨子を開扉する。この時は妻戸の双盤鉦も合わせ鉦として打たれる。内々陣の双盤鉦に合わせて南無南無という念仏が唱えられる。

③トウトウ念仏　一二月七～九日

七日から九日の三日間、台家によって午後四時に内々陣で法要を行い、現在念仏は唱えない。「貴々念仏」の字を書くが、時宗の別時念仏の名残りとも本田善光の忌日法要ともいわれている。

④朝拝式・お朝事　一月一日

善光寺では暮れの一二月から翌一月にかけて「御越年式《ごえつねん》」（一二月第二申の日）、「朝拝式《ちょうはい》」（一月一日）、「修正会」

（一月一〜三日）、「びんずる回し」（一月六日）、「七草会・御印文捺《ごいんもんお》し」（一月七日）、「御印文頂戴」（一月七〜一四日）等の行事が続く。全体は台家・浄家で行われるが、浄家の中から輪番で当役・当番寺が堂童子《どうどうじ》を勤め、浄家は白の浄衣を着て行事を行う。浄家は善光寺仏を難波より伊那郡麻績の地に迎え入れた元善光寺の地にいた若麻績《わかおみ》家一族で、一二月の御越年式は浄家若麻績一族で執り行われる。朝拝式・七草会も同様で、堂童子が主導する。これら一連の行事は善光寺堂童子儀礼として知られている(6)。その中で双盤鉦の使われる朝拝式・七草会について述べる。

深夜一二時に除夜の鐘が鳴り、参詣人が本堂に初詣をする。一日午前一時、浄衣を着た浄家が喚鐘とともに入場し、本尊・三卿に拝して三卿前に着座する。双盤は四枚を四人で叩く。浄家が着座し、のち台家が本尊前に順次着座する。その間、浄家が双盤を叩き念仏を唱える。台家全員着座ののち、妻戸の双盤を合図に戸帳が上げられ、台家の回向伽陀の声明・法華経の読経が始まる。本尊の厨子が開扉され、堂童子により御仏飯が仏餉台に供えられる。

台家が退場すると浄家のお朝事が本尊前で行われる。出仕口の佐相ガネ・大鏧を合図に入場、着座し、台家同様の仏餉加持が行われる。読経は阿弥陀経である。開帳・閉帳は大鏧と妻戸の双盤で行われる。台家僧正により本尊と三卿に仏餉加持が行われ、十念ののち大鏧《おおかね》と妻戸双盤鉦で閉帳する。

修正会は一日、午前浄家が、午後台家が行い、三日まで続く。元来は六日まで続き、七日早朝の七草会で終わった（写真4-6-4、写真4-6-5参照）。

⑤びんずる廻《まわ》し　一月六日

外陣妻戸台右に十六羅漢の一人賓頭盧《びんずる》尊者が祀られている。本堂の回廊か入り口に安置され、患部をなでると病気が治るとされ、信仰されている。善光寺では一月六日夜、尊者像を参詣人の手で妻戸台の周りを手綱で引いて回る。三周して参詣者に堂童子からしゃもじが授与され、そのしゃもじで賓頭盧尊者をなでると御利益があるとされ、

写真４－６－４　朝拝式の堂童子と双盤鉦

写真４－６－５　内陣と朝拝式の堂童子

参詣者が多く集まる。回している間、妻戸台で双盤がベタ打ちで叩かれる。七草会ののち外陣で御印文頂戴があったため、賓頭盧尊者をずらしたことに始まる。

⑥七草会・御印文捺し　一月七日

七日早朝二時に唐戸が開く。朝一番の双盤・早起き太鼓同様、内陣の双盤・妻戸の双盤・太鼓が叩かれる。その後、鐘楼の梵鐘が鳴り、三時から内陣で七草会が行われる。前半は一日の朝拝式と同じで、喚鐘により浄家が入場し、四枚鉦を叩き般若心経を唱える間、台家が入場する。妻戸の双盤で戸張の開閉帳が行われ、仏餉加持が行われる。

次に台家により修正会が行われる。台家の僧が手に手に金剛杖を持ち、地下の戒壇に入り、そこで呪を唱えながら板壁を叩く。いわゆる乱声《らんじょう》で戻ってきて本尊前に着座し、修正会は終わり、妻戸の双盤を叩き、閉帳する。その後、堂童子が御印文を本尊・三卿に向けて順に捺《お》す素振りをする。印文を突き上げる形になる。さらに東・南・西・北・天・地の六方に印文を捺す素振りをする。貫主・上人の頭にも印文を捺す。

この「印文捺し」が終わると浄家のお朝事があり、戸帳の開閉に妻戸の双盤が叩かれる。その後、浄家の修正会が行われるが、戒壇に入ることなく金剛杖をいただき法要を終わる。

全てが終わると外陣で堂童子が参詣者に印文を捺す「印文頂戴《いんもんちょうだい》」が一五日まである。

⑦節分　二月三日

節分の豆まきの際、妻戸の双盤のベタ打ちで叩く。

（4）善光寺の小結

以上のように善光寺本堂の内外にさまざまな鳴り物が用意され、法要の合図に使われている。双盤鉦もその一部で、一覧すると以下のようになる。双盤鉦を鳴らしている時に台家では念仏を頭の中で念ずる。浄家では「南無南無」と早口で口称する。これらの鉦（鐘）は現本堂建立時の明和七年（一七七〇）前後に寄進されている（図4-6-1）。

まとめると次のようになる。

回廊の鐘（回廊東）　貫主・上人の登壇―法要の開始　法要鐘

出仕鐘（堂番詰め所）　衆来の鐘　お朝事・正午・回向時その他の御戸帳の開閉

双盤一枚（妻戸台）　七五三他　お朝事・正午・回向時その他の御戸帳の開閉

ベタ打ち　大般若会・盂蘭盆会・十夜・びんずる回し・節分

内々陣双盤　一枚鉦　早朝唐戸開き・正午（浄家）

図4－6－3　明治35年（1902）善光寺内陣朝開帳の図。下端に妻戸台の双盤鉦が見える。青沼吉治郎印刷発行の版画ビラ（善光寺淵之坊蔵、原図は着色）

内々陣双盤　二枚鉦　　盂蘭盆会・十夜（いずれも浄家）の開扉・開閉帳

内々陣双盤　四枚鉦　　朝拝式・七草会の台家入場時

このように常時戸帳の開閉に伴って双盤を叩くのは妻戸の双盤である。浄家では日課としては唐戸開きと正午のみ、年中行事では盂蘭盆・十夜の二枚鉦と年頭の朝拝式・七草会の四枚鉦で叩くが、年頭は台家の入場に合わせて叩く。

台家では唐戸開きのみである。これは天台宗と浄土宗の儀礼の違いによるものと考えられるが、妻戸の双盤は本堂再建の直前まで、時衆や関連する聖が妻戸を管理していたことに遠因があると考えられる。

（二〇一四〜二〇一六年調査）

2　甲斐善光寺・元善光寺・跡部西方寺

(1) 甲斐善光寺　山梨県甲府市善光寺

全国に、善光寺・新善光寺の名を持つ寺は多い。長野善光寺同様に開帳を行っており、善光寺同様、双盤鉦を叩くところがある。甲斐善光寺は武田信玄が信州から一時遷座して開いた善光寺で、三善光寺の一つに数えられている。双盤二枚があり、本尊を開帳して戸帳を上げて開帳する時に双盤を叩く。冒頭、南無阿弥陀仏を引声風に伸ばして唱え、善光寺流に連打して戸帳を上げる。五分程度であるが、叩き方は善光寺流で、念仏部分が善光寺では聞けないが、ここでは聞けた。片鉦で叩く。双盤二枚あり。元文三年（一七三八）。

双盤銘　元文三年戊午歳甲州善光寺四十七世教誉代
修徳院天産自性居士真光院如栄良海泰大姉甲州八代郡大石和筋村
西村和泉守施主渡辺四郎左衛門重是

（二〇一五年調査）

(2) 元善光寺　長野県飯田市座光寺

本田善光が難波から善光寺仏を持ってきて遷座させたという飯田市座光寺の元善光寺にも双盤鉦二枚があり、一枚は古く正徳四年（一七一四）である。節分や本尊開帳時に叩く。天台宗なので念仏はなく、叩き方は善光寺流の連打する叩き方である。双盤年号　正徳四年（一七一四）　嘉永五年（一八五二）。

双盤銘　正徳四年甲午天二月吉日願主念誉善入英誉法岸信士寿寶妙延信女
信州伊那郡郷戸庄座光寺村不捨山如来寺什物良湛代施主飯田町了智
嘉永五年壬子年八月　信州飯田座光寺村如来寺什物
施主番匠町井原虎之助福菊　井原氏先祖代々菩提也　他七名
（二〇一五年調査）

（3）西方寺　長野県佐久市跡部

時宗の祖一遍が踊り念仏を始めたとされる小田切に近い長野県佐久跡部西方寺には、踊り念仏が残っている。西方寺は浄土宗であり、双盤鉦二枚が残っている。

双盤銘　宝暦七丁丑十月十六日　信州跡部村施主田仲丹右衛門　跡部山西方寺什物
廿三世徳　蓮社章誉代　為慧峰智泉信士菩提
（二〇一六年調査）

3　浄土宗名越派

（1）名越派と善光寺

名越派は、福島県いわき市周辺を拠点に東北から北海道まで教線を延ばした流派で、双盤鉦を多く残している。派祖は尊観（延応元年〔一二三八〕～正和五年〔一三一六〕）で浄土宗三世良忠記主上人の弟子であったが、四世良暁との論争で袂を分かち、鎌倉市名越の善導寺に住んだため、名越派と言われた。その後、名越派は、三世良山妙観がいわき市の如来寺を開き、その弟子良就十聲《りょうしゅうじゅっしょう》がいわき市山崎に専称寺を、同じく弟子の良天聖観《しょうかん》が折本に成《じょう》徳《とく》寺を開き、磐城を拠点に布教した。さらに良天の弟子良栄理本《りほん》が栃木県益子の円通寺を拠点に関東にも教線を延ばした。以上が四カ本寺で、専称寺・円通寺が檀林として機能していた(7)。教線は東北一円と北海道南部で、特に山形・津軽・松前に多く有珠善光寺まで教線が延びた。明治時代まで浄土宗の別派として活動していたが、以後、浄土宗に合流した。したがって教義・儀軌とも独自のものがある。特に儀軌では、鳴り物を多く使い、双盤鉦も多用した。

法要差定の念仏一会に双盤を用いる。双盤は、前半が三遍返しという引声系の念仏を三遍ずつ三回繰り返し、後半は七五三といって鉦を叩く。刻むように連打し、七回五回三回と大きな叩きを入れるのは、善光寺と同じである。

善光寺との関係は二世良慶妙心（文永六年（一二六九）～延元元年・建武三年（一三三六））が善光寺南大門月形房に住んでいたことから、代々善光寺とは深くつながっていた。名越派には善光寺仏が多い(8)。調査は山形県大石田町乗船寺・天童市来運寺・山形市向谷寺・青森県今別町本覚寺・外ヶ浜町三厩湊久《そうきゅう》庵・北海道函館市称名寺・北海道伊達市善光寺他で行ったが、弘前市・青森市でも津軽声明として独特の声明がある。双盤念仏は本山のある福島県下では喜多方市にわずかに残り、いわき市では双盤念仏はなくなってしまっている。しかし喜多方市近辺には多くの双盤鉦が残っていて、古鉦がある。

名越派は施餓鬼の儀礼が発達していて、双盤念仏をこの時に行う寺院が多い。

（2）福島県いわき市

福島県いわき市近くには四カ本寺のうち三カ寺があり、良山妙観が郷里に近い磐前《いわさき》郡矢ノ目に建武三年（一三三六）如来寺を開き、その近くの山崎に良就十聲が応永二年（一三九五）に専称寺を開き、後に檀林とした。折本の成徳寺はいわき市の北の広野町にある。(9) いずれも双盤念仏は行われていない。

・専称寺　いわき市平山崎

名越派四カ本寺の一つで檀林寺であった。名越派の中で最多の末寺を持つ総本山的寺院である。応永二年（一三七五）開創、現本堂は寛文一一年（一六七一）建立、内陣を格子戸で結界する名越派の建築様式を残す。双盤鉦が一枚ある。寛政四年（一七九二）用途・行事不明。

> 双盤銘　于時寛政四壬子年五月日　江戸西村和泉守作
> 奥州岩城梅福山専称寺什物　當山卅八世良歸上人

（二〇一九年調査）

・浄延寺　いわき市小名浜

浄延寺の老僧が双盤を叩けるが、山形県村山市楯岡本覚寺で修行し習得したもので、山形県との関連はあるが小名浜浄延寺の奏法ではなかった。八月七日の施餓鬼に一枚鉦で叩いた。

（二〇一四年調査）

・最勝院　いわき市仁井田

最勝院は祐天上人の菩提寺で、祐天上人願主の年号のない双盤鉦二枚と寄進された元禄六年（一六九三）の半鐘が残っている。元禄六年は祐天上人の活躍期で、祐天上人が名越派で双盤念仏を行っていた可能性は高い。最勝院では五月二日・八月一八日に施餓鬼がある。

双盤銘　新田村最勝院什物施主新妻新右衛門　願主　祐天　西嶋伊賀守作
　　　　新田村最勝院什物　施主三界万霊　願主　祐天　粉河屋久左衛門作
半鐘銘　元禄六生癸酉年七月吉祥日　新田村最勝寺什物　寄進祐天上人　御鋳物師　西嶋伊賀守作

（二〇一四年調査）

（3）福島県喜多方市近辺

喜多方市熊倉光明寺では一一月八日の十夜には双盤を叩いている。喜多方市・塩川町には旧名越派専称寺及び円通寺末であった寺が多く、双盤念仏が行われていた。確認できた双盤鉦は以下の通りである。喜多方市立郷土民俗館に収蔵されている阿弥陀寺の鉦が、平成三〇年（二〇一八）の調査時点で全国で一番古い。阿弥陀寺は円通寺末である。次いで旧耶麻村の泉福寺や檜原の崇福寺には元禄の鉦がある。以下、小沼安養寺・熊倉光明寺・塩川阿弥陀寺・檜原崇福寺は名越派である。このことから、開基をみると、崇福寺が元応二年（一三二〇）と古いが、安養寺が天文二年（一五三三）、光明寺が天文一三年（一五四四）、阿弥陀寺が天文二〇年（一五五一）と、だいたい天文年間に名越派が教線を延ばしている。双盤念仏もこの教線に沿って全国でもいち早くこの地に広がったといえよう。

・安養寺　喜多方市熊倉小沼《おぬま》

益子円通寺末　　双盤鉦二枚　延享二年（一七四五）、明治二六年（一八九三）

双盤銘　于時延享二乙丑十二月吉日　西村和泉守
明治廿六年八月八日奉納人別　往生山安養寺二十七世良色代
村惣代（略）三人之世話人ニテ双盤金五具足ヲ求（連名三人）

（二〇一五年調査）

・光明寺　喜多方市熊倉

磐城専称寺末　一一月八日の十夜法要に双盤念仏を唱える。十夜双盤鉦一枚　宝永八年（一七一一）、追刻安政四年（一八五七）

双盤銘　寶永八辛卯歳中春吉祥日　西村和泉守　奥州會津耶麻郡熊倉邑紫雲山光明寺什物
第十三世尭諦蓮社色誠和尚代求之　助成之檀主為二世安楽之也
（鉦側面追刻）安政四丁巳三月吉日　奉再寄進講中　九名連記

（二〇一五年調査）

・阿弥陀寺　喜多方市塩川町

益子圓通寺末　双盤鉦二枚　天保一三年（一八四二）、弘化二年（一八四五）

双盤銘　塩川邑阿弥陀寺什物　于時天保十三年壬寅年三月大吉日當寺卅三世良誉代　西村和泉守
弘化二己巳年　大堀半右衛門

（二〇一六年調査）

・喜多方市立郷土民俗館蔵

塩川町阿弥陀寺にあったものが収蔵されている。
双盤鉦一枚　万治二年（一六五九）

双盤銘　万治二己亥年五月十五日縁蓮社三誉　是傳為浄雲願誉貞山誉欣誉妙専菩提也　寄進塩川村薄木七右衛門 （二〇一六年調査）

・浄円寺　喜多方市熱塩加納町

元会津若松市融通寺末　双盤鉦二枚　宝暦二年（一七五二）、寛延二年（一七四九）

双盤銘　宝暦二壬申天吉廿九日　願主　山口儀右衛門遠□藤直右衛門 檀中檀外志為二世安楽也　江戸住粉川市正作 于時寛延二庚子年五月吉□日　會津耶麻郡五目村浄圓寺什物　同所山口庄助内（他連盟） （二〇一六年調査）

・願成寺　喜多方市上三宮町

会津大仏で有名な寺である。嘉禄三年（一二二七）に、法然の弟子で多念義を唱えた隆寛の開山で、当初喜多方市熱塩加納町の松原にあった寺を、寛文五年（一六六五）当地に移した。一〇月一〇日前後の一〇日間十夜法要を行う。双盤鉦二枚　明和三年（一七六六）、明和四年（一七六七）

双盤銘　1　上三宮叶山三寶院願成寺常什物　願主坂下村高久文之丞　施主付別長有　三十六代良友上人代　明和三年丙 戌歳　十二月十三日

2　叶山願成寺三十六世良友上人代　願主瓜生氏　施主付別長有　明和四丁亥歳六月十五日
冶工若松星野喜起

（一九九三年、小澤弘道調査）

・泉福寺　喜多方市山都《やまと》町小船《こふなじ》寺

旧小川村寺内にある寺で、旧岩月村光徳寺末。光徳寺は知恩院末なので名越派とは関係ないと思われるが、元禄の古鉦二枚を持つ。元禄八年（一六九五）と元禄一五年（一七〇二）の鉦がある。

双盤銘　元禄八乙亥年壽榮山泉福寺衍蓮社法養意観代　冶工藤原朝臣島田ヱ門宗次　施主木曽村　斎藤茂左衛門閑居
元禄十五年壬午年四月八日　奥州会津若松　冶工田代治右衛門　壽榮山泉福寺廿世　諦専榮誉代　施主木曽村
斎藤又一郎閑居

（二〇一六年調査）

・源空寺　喜多方市山都町朝倉賢谷

旧朝倉村賢谷にある寺で、増上寺末で、東京文京区の源覚寺との関係が深い。
双盤鉦二枚のうち、一枚は寺に、一枚は旧山都町民俗資料館に所蔵されている。
享保二年（一七一七）、宝暦一四年（一七六四）

双盤銘　寺所蔵　寶暦十四甲申年正月吉日　冶工若松材木町住星野喜起

奉納木曽組賢谷村三宝山源空寺随和尚代　為先祖菩提也　施主田中平十郎
資料館所蔵　享保二年丁酉七月吉日　冶工嶋田作右衛門尉　藤原家次
賢谷村三宝山源空寺中興教蓮社□誉上人代

（二〇一六年調査）

・崇福寺　北塩川村檜原《ひばら》

山形県米沢に抜ける旧米沢街道にあった村で、会津磐梯山の噴火で檜原湖の湖底に沈んだが、鉦は難を逃れた。寺は益子円通寺末の名越派である。元禄一〇年（一六九七）一枚

双盤銘　奥州會津檜原山崇福寺什物良禅随円代　施主穴沢孫左右衛門
元禄十丁巳歳八月　西嶋伊賀守作

（二〇一六年調査）

（3）山形

①名越派

山形県に一二〇カ寺の浄土宗寺院があるが、鶴岡・酒田を除いた置賜から新庄にかけての寺院は、約九〇カ寺ある。そのうち名越派に属していた寺院が五六カ寺、もと時宗であった寺院が三二カ寺、京都知恩院や東京増上寺の末寺は四カ寺にすぎない。時宗は一向俊聖上人を祖と仰ぐ蓮華寺・仏向寺末の一向派である。一向派は、江戸時代時宗遊行派に吸収されたが、明治時代になって上山市宝泉寺の佐原窿應上人の一向派復興運動が起こった。結果は

復興ならなかったが、その余波を受けて、時宗に残る寺と浄土宗に入る寺に分かれた。もと時宗の寺が多いのはこのような理由による。名越派は専称寺末が多く、次いで円通寺、如来寺の順である。

調査は山形県東北上組の向谷寺・山形県東北下組の本覚寺・乗船寺で行った。

・向谷寺　山形市中野・船町

向谷寺はもと時宗一向派で大正年間浄土宗になる。八月二八日の施餓鬼に双盤念仏が行われる。須弥壇脇に双盤一枚鉦、須弥壇裏に喚鐘の半鐘、並んで大太鼓（法鼓）が設置されている。双盤念仏は阿弥陀経の読経もしくは行道が終わって、導師の「摂益文」の後の「念仏一会」の部分が双盤念仏になる。

双盤の叩き方と念仏は図4－6－4の通りである。最初の叩きに続いて念仏四回を三唱し、叩きに入る。念仏は引声である。叩きは喚鐘と法鼓の呼応になるが、七五三の叩きである。連打しながら強めの叩きを七回・五回・三回と入れる。最後、刻みながら念仏を唱えて終わる。東北上組は来運寺の住職が指導している。山形の寺院は本堂の後か脇に大きな位牌堂があり、各家の位牌壇が並んでいる。七五三の叩きに入ると導師が位牌壇を巡拝する。

双盤鉦一枚　宝永三年（一七〇六）

双盤銘　寶永三丙戌年三月吉祥日　羽刕最上郡中野向谷寺閑阿世　船町施主丹野久兵衛
京堀川住筑後大掾常味作

（二〇一四年調査）

・本覚寺　村山市楯岡

楯岡《たておか》の本覚寺は山形県下組の中心の名越派の寺で、大正時代、松岡白雄が福島の専修寺の伝法権をもって、下組の寺に名越派の法式を教えた。名越派の伝法権を持っていた最後の僧であった。本覚寺と関係を持った寺は、楯岡

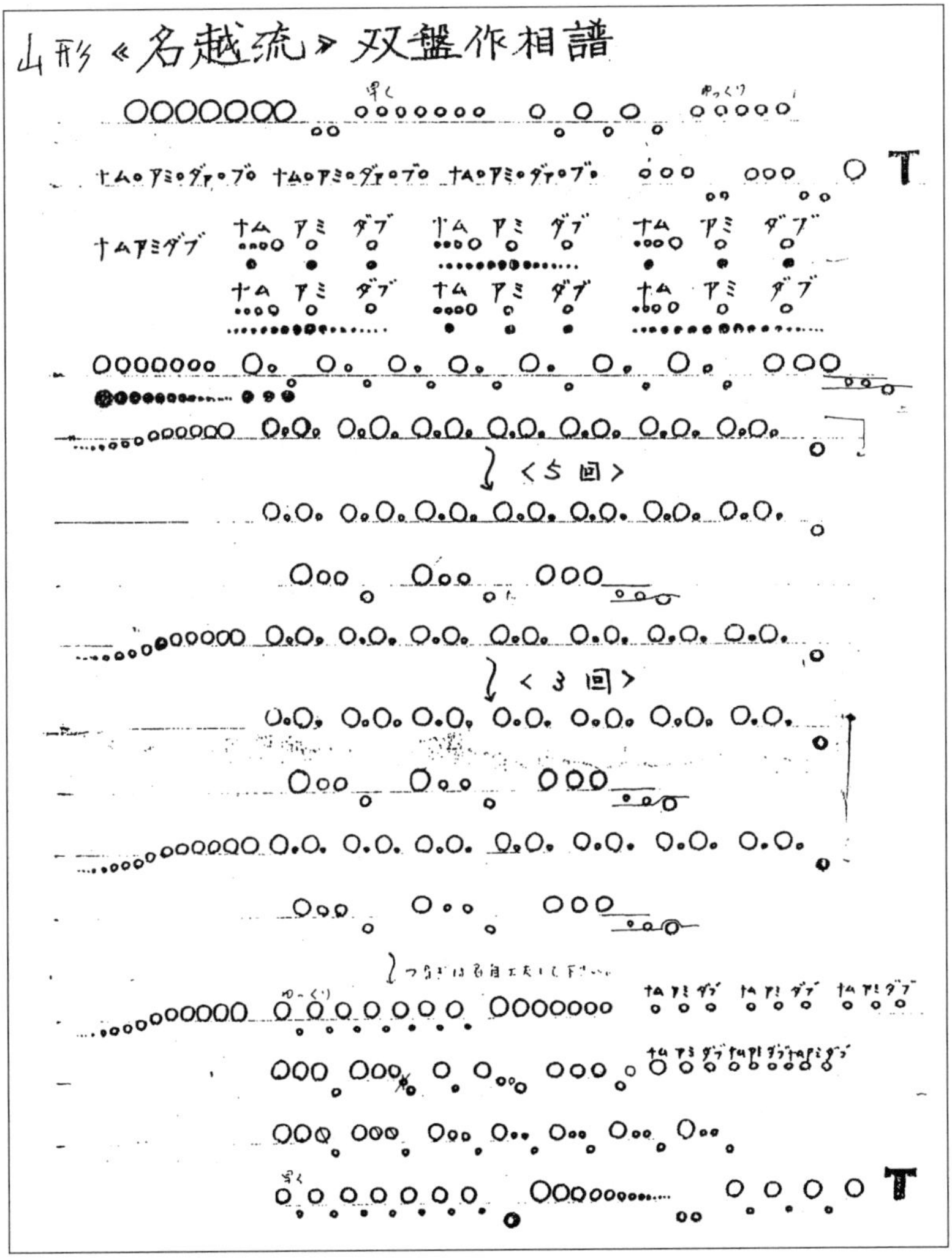

図４－６－４　山形名越流の双盤作相譜（来運寺提供）

写真4－6－6　山形県村山市・楯岡本覚寺の法鼓

父母報恩寺・大石田乗船寺・大石田善翁寺・尾花沢知教寺・村山市楯山《たてやま》寿光寺などである。

本覚寺は大伽藍の寺で、須弥壇の脇に双盤一枚鉦を置き、回廊正面に半鐘、回廊右天井に大太鼓（法鼓）（**写真4－6－6**）を据え、大太鼓を叩くために階段が設けられており、階段の上で僧が駆け上って天井の大太鼓を叩く。七五三の叩きの部分は三方からの音声で大伽藍を揺するような響きになる。四月一〇日の御忌・八月二〇日施餓鬼・一一月一〇日十夜に双盤念仏を行う。法要の上堂（入場）・下堂（退堂）の時に、半鐘・双盤鉦・法鼓を次々に打ち鳴らす。

双盤鉦　一枚鉦　安永九年（一七八〇）

双盤銘　安永九庚子年　最上楯岡本覚寺常什物玄黙代　石田吉右衛門寄付 江府西村和泉守作

（二〇一四年・二〇一五年調査）

・乗船寺　大石田町大石田

乗船寺は最上川の船着き場にあり、斎藤茂吉の墓があるので有名である。名越派如来寺末で本尊脇に善光寺仏がある。御忌三月二五日・施餓鬼八月二一日・十夜一〇月二〇日に双盤念仏を唱え叩く。須弥壇脇に一枚双盤を置き、喚鐘に呼応して入堂退堂時に叩く。昔は日中・日没・初夜の日に三回叩いた。叩かれている間に位牌堂・回廊の地蔵像を巡拝する。双盤念仏は南無阿弥陀仏を三回、七五三の鉦を叩く。双盤鉦一枚　明和九年（一七七二）

双盤銘　明和九壬辰年二月十日旦　羽州最上大石田村乗船寺常什物十九世良道代
　施主戸田惣兵衛　江戸西村和泉守

（一九九九年調査）

・**称念寺　山形市長町**

もと時宗一向派の寺で、九月三日の施餓鬼に双盤念仏をする。
双盤鉦二枚　享保一一年（一七二六）　享保一八年（一七三三）

双盤銘　1　享保十一丙午年九月初六日　京堀川住筑大掾常味作　羽州村山郡最上長町称念寺什物
　2　于時享保十八癸丑歳十月十五日　作治工相馬住大和田氏政重
　奥州信夫郡荒田野目寺　一向山稱年寺十世住明蓮社深阿幽観良遠中契代

（二〇一五年調査）

以下は名越派寺院の中で双盤鉦を確認できた寺院である。行事と双盤年号を記した。

・**天童市山口　来運寺**　施餓鬼八月二十六日　一枚鉦
・**天童市五日市町　三宝寺**　施餓鬼九月五日　双盤鉦二枚　元文元年（一七三六）
・**天童市高擶　安楽寺**　施餓鬼八月二十一日　一枚鉦
・**山形市漆山　浄土院**　施餓鬼八月十九日　一枚鉦

②仏向寺　天童市小路（旧時宗一向派）

天童市の仏向寺は初期には天童派の本寺であったが、貞享三年（一六八六）一向派に合流して中本寺（本寺蓮華寺）になり、昭和一七年（一九四二）に浄土宗になった。開山一向俊聖は一遍に先んじて文永一〇年（一二七四）宇佐八幡で踊り念仏を始めたと伝える。その流れは現在でも一一月八日の開山忌に踊られる。現在浄土宗であるが、時宗一向派の本寺であった。踊躍《ゆやく》念仏を今に残していることで有名であるが、ここにも双盤念仏がある。一一月一八日の踊躍念仏の合間に叩くもので、明治四二年（一九〇九）の鉦が二枚ある。現在は名越派の叩き方であるが、一向派の叩き方があった。踊り念仏は他に、東根市長瀞長源寺・村山市名取蓮華寺でも行われていた。

双盤銘　明治四十二年　工藤六兵衛念仏　仏向寺智音大和尚

（一九九七年・二〇一四～二〇一六年調査）

③松念寺　村山市大槇

村山市大槇の松念寺は現在浄土宗だが、もと時宗一向派で、近年まで一向派の踊り念仏を伝えていた。現在は仏向寺に出向いて行っている。それとは別に在家の双盤念仏があり、八月一六日盆の白骨供養回向と一一月一二日の十夜に唱えられる。鉦は七枚あり、大正八年（一九一九）一枚、他の五枚は昭和五三年（一九七八）、もう一枚は昭和五四年と新しい。寛延四年（一七五一）のものがあったが、戦時供出してしまった。

白骨供養とは、その年に亡くなった人の分骨を、境内の地蔵堂に納める供養である。檀家が須弥壇の前に三人三人が向かい合って座り、裃姿で叩く。まず僧が合図の太鼓を叩き、次に檀家の一人が半鐘を叩き、双盤念仏が始まる（写真4-6-7）。

一番鉦から念仏が始まり六番鉦まで順に唱える引声念仏である。次に掛け念仏で念仏の終わりから鉦が入る。「イッソハン」「三三九」「ギョウニンアゲ」「イッソハン」「オサメ」で終わる。双盤が終わる直前に僧が入堂し、それから法要が始まる。

資料としては『大正七年二月　御回向念仏　全　山形縣北村山郡□村河島　船高堡井上氏』『大正八年　廻向念仏　浄真』と書かれた二つの念仏譜と、昭和一一年（一九三六）と書かれた「割り出し控え」がある。割り出し控えとは三日間続く念仏の当番表で、六人一組で書かれている。それに「初日開白」「同奉敬」「同拂」「日中勤」「同勤拂」「説教」「同拂」など「奉敬」「拂」と書かれているのは、双盤念仏が僧や説教師の入場、退場の払（拂）いとして叩かれていたことを意味する。由来については不明であるが、関東に広まっている在家の双盤念仏に構成が似ており、名越派の念仏とは異なる。伝播については不明であるが、なんらかの機に関東の双盤念仏が伝わったものと考えられる。(10) 鉦は六枚あり、以下参照。

写真４－６－７　山形県村山市・松念寺の在家の双盤念仏

双盤銘　當山四拾二世天阿裕兼代　大槇山松念寺什物　総檀中寄付　大正八年四月仏生日
昭和五十三年（一枚）　昭和五十四年（一枚）　年号なし（三枚）
（二〇一五年調査）

（4）青森県津軽地方

青森県の津軽地方の浄土宗寺院の多くは名越派であった。それだけでなくこの地にあって独自の儀礼や声明が作られ、貞伝上人や金光上人のような民間布教に努めた僧が出るなど、独自の仏教文化が育った所といえる。儀礼については受戒会が独特であり、十夜の時の十二光仏・證誠会という唱えがあり、名越派の独自儀礼が残ったものとも考えられる。双盤念仏もその一つで、ここ津軽には三遍返しという引声系の念仏が残っている。また声明についても津軽声明・津軽節という朗々たる声明があったが、近年継ぐ者がいなくなっている。唯一、北海道江差町の阿弥陀寺に残っている。双盤念仏も双盤鉦は残っているものの、平成三〇年（二〇一八）で唱えることのできるのはわずか二カ寺になった。今別の本覚寺と外ヶ浜町平館の玉泉寺である。

・本覚寺　今別町今別

名越派の磐城専称寺末で、津軽半島最北の今別に位置し、名越派の中本山である。開基の明暦三年（一六五七）以来、享保期に貞伝上人、寛政期には愍榮上人という名僧が出て、北海道方面に教線を延ばす拠点となった。本堂は享保五年（一七二〇）の再建で、結界に障子をはめる名越派様式の本堂である。回廊には、死者と生者が共に善光寺仏に見守られながら百万遍数珠回しをしている絵馬が多く掛けられている。本堂裏は位牌堂があり、そこで双盤鉦・振動太鼓・半鐘が叩かれる。近年この三つを合わせて叩けるようにした（写真4-6-8）。

本覚寺では四月一五日の御忌・一一月一五日の十夜と、毎月二五日の法然上人の月例御忌に行う。月例御忌では工藤貞導住職の指導のもと、三遍返しを檀家と共に唱え、双盤は二枚鉦を向かい合わせに叩いている。檀家の唱えを「かえし」という。三遍返しは南無阿弥陀仏を三回三遍長く伸ばして唱えるもので、津軽の節になっている。その後、双盤鉦の波を打つような連打が入り、最後にまた念仏の唱えが入る。弘前市貞昌寺のものを本節、外ヶ浜のものを浜節、他を山節といって少しずつ異なった。

十夜には檀家総代が堂内の仏にろうそくを上げ、僧の入堂に合わせて太鼓二七回、半鐘を二七回叩く。法要には十二光仏の光明歎徳章・双盤念仏・諷誦文回向が入っている。回向に合わせて堂内に百万遍の数珠が回され、本堂後ろの位牌堂で双盤鉦・半鐘・太鼓が叩かれる。参拝者はその間、投げ銭をして供養する。太鼓は振動太鼓（明治二八年（一八九五））といい、堂内一円を振動させるように叩く。

他に春秋彼岸に百万遍、正月と八月一五日の施餓鬼会、九月三日の毘沙門法要とあるが、双盤は用いない。

双盤鉦二枚。年号不明であるが、記録には「宝暦八年（一七五八）第九世良生運榮上人楽器新調」とあり、鉦の銘と合わせて考えると、この年であろう。(11) 半鐘は貞伝上人が正徳三年（一七一三）に作ったものである。

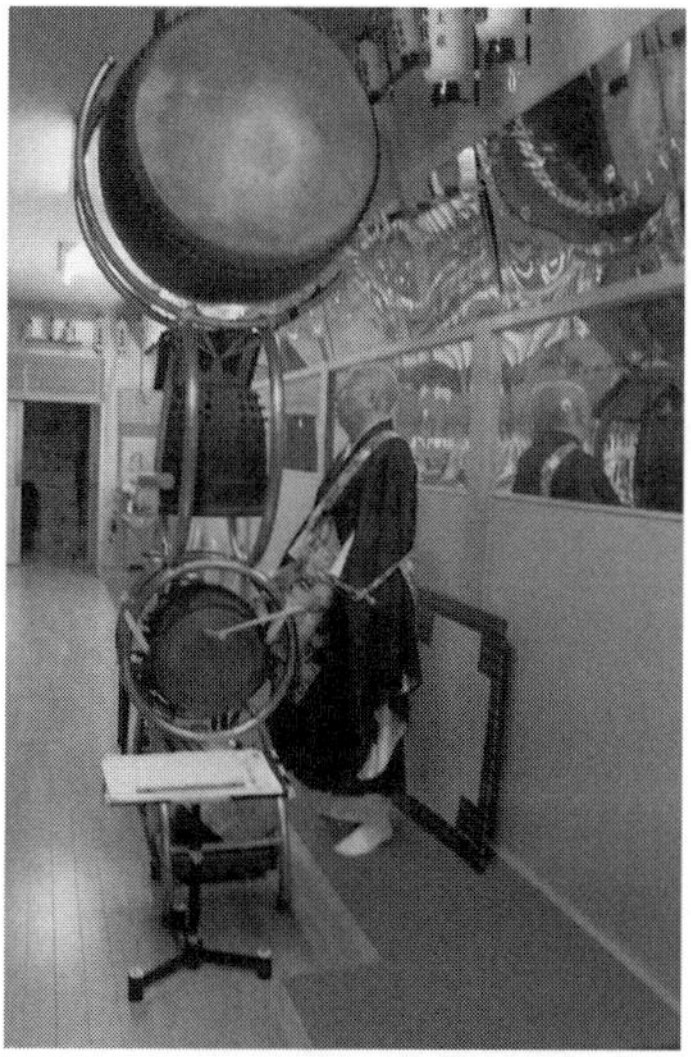

写真４－６－８　本覚寺の振動太鼓と双盤と半鐘

双盤銘　津軽本覚寺什物　九代運榮求之
本覚寺什物　江戸神田住粉川市正作
半鐘銘　于時正徳三癸巳祀五月二十五日　施主訪蓮社船
路貞傳謹而敬白　（以下銘文略）

（二〇〇〇年・二〇一四年・二〇一六年調査）

・本覚寺高野山観音堂　今別町今別

本覚寺の東に境外堂として高野山観音堂がある。草創は古いとされるが、十三世愍榮上人の隠居寺として再興し、十一面観音を祀った。明治二〇年（一九八七）頃、屋上裏から大阿弥陀仏の頭部が見つかり、明治四二年

（一九〇九）大仏殿として再興した。しかし昭和二九年（一九五四）の今別町の大火で焼失し、観音堂として現在に至る。その観音堂に双盤鉦一枚がある。宝永元年（一七〇四）の古鉦である。

双盤銘　寶永元年甲申天六月十五日　京大佛師住　西村左近宗春
奥州津軽今邊地　本覚寺什物　施主美濃屋松兵衛

（二〇一六年調査）

・浜名無量庵　今別市浜名

浜名の無量庵にも一枚の古鉦があり、今別町の有形文化財になっている。枠に吊り下げられているが、双盤鉦としては半径二一・五センチで少し小さい。双盤鉦一枚。寛文三年（一六六三）。

双盤銘　寛文三癸卯年正月一五日藤原氏家　津軽今別之庄　津島与右衛門

（二〇一六年、神かほり調査）

・玉泉寺　外ヶ浜町平館

外ヶ浜玉泉寺の山内俊道住職は、毎日昼と夜双盤念仏を唱える。昼は霊を迎えるために、夜は戻すために唱える。夜の双盤は長く唱える。一枚鉦で叩き讃念仏（讃という字を使う）を唱える。玉泉寺では月の二〇日に唱える。一月は正月・二月は御忌・三月九月は彼岸・一一月は十夜というようにして双盤念仏を唱える。三月二五日は金光上人忌の双盤がある。参詣人が念仏を唱和することを「下声《したごえ》」という。双盤鉦一枚。安永二年（一七七三）

双盤銘　安永二癸巳年京室町出羽守宗味藤原誠定作　奥州津軽外ヶ濱野田邑総檀中

（二〇一四年調査）

他に外ヶ浜・今別・三厩には鉦の残っている寺が多い。片版といって一枚鉦が多い。

・湊久庵　外ヶ浜町三厩　双盤一枚　正徳四年（一七一四）
・専念寺　外ヶ浜町下蟹田　双盤二枚　毎日叩く
・福昌寺　外ヶ浜町平館門ノ沢　双盤一枚
・松壽寺　外ヶ浜町蟹田小国谷　双盤一枚

・湊迎寺　五所川原市十三湊

十三湊にある寺で、双盤鉦が二枚ある。嘉永六年（一八五三）

双盤銘　嘉永六癸丑五月　津軽十三町十三山廿世良底寿音代　施主観音講中
越中高岡国鋳物師喜多敦信

（二〇〇〇年調査）

・法王寺　鰺ヶ沢町釣町

名越派の中本山であった。

双盤銘　二枚銘同じ　年号なし　室町出羽大掾宗作

（二〇一四年調査）

・浄満寺　青森市油川

油川の浄満寺は名越派の中核の寺であり、青森市以北の名越派の修行の場であった。

双盤は二枚あり、宝永七年（一七一〇）、正徳三年（一七一三）の二枚とも古鉦であり、ここを拠点に双盤念仏が広まったことがうかがえる。

双盤銘　宝永七寅年四月廿五日　　常満寺　　願主津軽外濱内真部村加賀屋権右衛門
　　　　室町住出羽大掾宗味作
　　　　正徳三癸巳天正月朔日　津軽油川浄満寺常什物　寄付厭與仰入　西村和泉守作

（二〇〇〇年調査）

・浄円寺　つがる市柏桑野木田

名越派。かつて十夜（一一月一五日）や五重相伝のときに唱えた。双盤鉦二枚　明治二五年（一八九二）

双盤銘　明治廿五年三月廿八日　浄圓寺廿八世良時真山代　神徳院荘誉浄厳居士菩提
　　　　（年号なし）　施主古川古関三郎左衛門　為森厳院光誉妙顔善性大姉菩提

（二〇一四年調査）

・来迎寺　黒石市京町寺町

名越派貞昌寺末。御忌・十夜の時に双盤念仏を唱えた。双盤鉦二枚　享保九年（一七二四）嘉永五年（一八五二）

双盤銘　享保九乙卯天二月五日　津軽黒石紫雲山来迎寺　冶工吉田茂兵衛
　　　　施主北村傳九郎敬白　往古施主工藤長エ門徳田五兵衛御母堂寄進為感誉浄應信士
　　　　嘉永五壬子年五月　宮寺二十五世良才上人□□
　　　　渡辺剛作　寄進山崎重助　太田九良治　花田清之丈

（二〇一四年調査）

（5）北海道

北海道は、江戸時代すでにかなりの寺院が成立していた。名越派は東北地方から北海道南部に教線を延ばした。松前光善寺・松前正行寺・有珠山善光寺・函館称名寺などが中本山である。届け出上は、有珠山善光寺は増上寺の、他は知恩院末になっているが、松前正行寺が「磐城専称寺入寺帳」[12]に載っており、有珠山善光寺には名越派の僧がいた。また青森浄満寺・今別本覚寺・弘前遍照寺などとの法縁も強く、行き来があった。今別本覚寺の貞傳上人の布教もあり、貞傳上人の万体仏のある寺が多い。また本覚寺は明治以降、ニシン漁の盛衰と共に利尻・礼文島にも法縁を延ばした。

善光寺信仰は有珠善光寺を拠点に一三カ寺の善光寺仏を祀る寺があり[13]、名越派との関連も考えられる。このように名越派の影響が強く、名越流の双盤念仏の叩き方が残っていたものとされる。

・称名寺　函館市船見町

松前町光善寺末の中本山で、函館市の中核寺院。一〇月一九日の十夜の時、供物やお茶湯を供える時に双盤を叩いた。現在、元広照寺住職の叩きによると刻むような叩きで名越流とみられる。先代称名寺住職山口照随上人より習う。

双盤鉦二枚　安政五年（一八五八）

双盤銘　安政五午年　　谷口作　　西高柳村城野忠太

（二〇一六年調査）

・善光寺　伊達市有珠町

大臼山善光寺は洞爺湖観音島を観音浄土とする寺で、観音島には寛文六年（一六六六）作とされる円空の観音像がある。享保元年（一七一六）今別本覚寺の貞傳上人により中興され、文化元年（一八〇四）江戸幕府により蝦夷地の三官寺となる。貞傳作本尊阿弥陀仏の前立て仏として善光寺式一光三尊の阿弥陀仏を安置する。この善光寺は増上寺を本山とした中本山として十九カ寺を傘下にしたが、名越派の寺院として布教の拠点となった。今別本覚寺・青森油川浄満寺との関係が深く、法式は名越流のものである。

有珠善光寺では、九月の彼岸の中日、本尊の開帳があるが、その時に双盤念仏を唱える。叩き始めで前立て仏の開帳があり、念仏が終わると閉帳する。始めに念仏を唱え、小さく大きく波のごとく、刻み叩きで双盤鉦を叩く。彼岸は二二日に始まり二二日逮夜、二三日は中日で開帳があり、二四日、お髪剃りがあり、血脈を渡す。また双盤は毎日叩き、朝は二枚鉦の双盤で叩き、夕方は一枚鉦の片盤で叩く。双盤鉦二枚　大正一三年（一九二四）

双盤銘　大正十三年二月二十七日

（一九九二年・二〇〇〇年調査）

・上国寺　上ノ国町勝山

嘉吉三年（一四四三）に真言宗として建立されたという中世寺院であるが、一〇世より浄土宗に転宗し、現在に至る。双盤枠があり、双盤鉦の代わりに鉄の円形版一枚を使用していた。

（二〇一六年調査）

・阿弥陀寺　江差町緑丘

一一月上旬の十夜に双盤念仏を唱える。青森県今別本覚寺で習った声明は、弘前遍照寺から伝わった津軽声明である。双盤鉦一枚。

（6）円通寺末

栃木県益子には名越派四カ本寺の一つ、円通寺がある。専称寺と共に檀林であり各地に末寺があった[14]。関東地区に円通寺の末寺で、双盤念仏を行っていた寺院がある。以下はその寺院で現在叩ける人は少ない。

・円通寺　栃木県益子町七井

円通寺は名越四派の円通寺派の中本山で、檀林であった。六月二日の開山良榮理本の宗忌には傘下の寺院が集まる。円通寺の鉦の一枚は善念寺のもので、他の一枚には銘文がない。善念寺の鉦の一枚は古く作者が同じなので、円通寺と善念寺の古い鉦はセットであったと考えられる。

双盤鉦二枚　元禄一四年（一七〇一）、烏山善念寺什物　一枚銘なし

> 双盤銘　元禄四辛巳年十月廿四日　善念寺住良精閑冏
> 　　水戸大田住渡邊彦久左衛門尉重貞作
> 　　奉寄進為性玄無垢菩提也　施主者烏山赤坂盛金為成子息　　他一枚銘なし
>
> （二〇一四年調査）

・善念寺　栃木県烏山市金井

円通寺直末。平成二六年（二〇一四）まで、小山市称念寺の松田住職が八月一日の施餓鬼法要に叩いた。双盤鉦二枚　正徳三年（一七一三）、昭和五三年（一九七八）

双盤銘　于時正徳三年巳二月吉日　水戸大田住渡邊彦久左衛門尉重貞作
下野国久野村為一切供養三徑求之
昭和五十一年十月二日　為長寿昇誉堂清居士七回忌追善菩提
施主　安田正義　善念寺第二十世裕誉代

（二〇一五年調査）

・称念寺　栃木県小山市小薬

八月一七日の施餓鬼・旧一〇月一〇日の十夜に唱える。称念寺の双盤念仏は、短い念仏のあとに双盤を連打するものである。双盤鉦二枚　文化一三年（一八一六）　明治二四年（一八九一）

双盤銘　文化十三子年三月日　埜州都賀郡子薬本村称念寺什宝
良福上人作本堂鎖　施主惣檀中
明治廿四年九月下野国都賀郡豊田村称念寺什物　田原霊似上人ノ置財ニテ求ム
良敬大透上人作

（二〇一五年調査）

・台之坊薬師堂　茨城県小美玉市小川

台之坊薬師堂は小川の大町公民館の一部である。名越派であった小美玉市玉里の照光寺の管轄であるが、村持ちの堂で戦前に四月八日の花まつりの時に双盤念仏が行われた。双盤鉦二枚　大正四年（一九一五）

双盤銘　大正四年八月二十日　願主東京吉原井崎宗太郎　小川島田安兵衛

（他の一枚）願主東京井崎柳之介　仝　井関皆吉
（双盤枠）大正八年八月二十五日　寄贈島田安兵衛

（二〇一五年調査）

4　九州の双盤念仏

九州は浄土宗二祖聖光・鎮西上人弁長の生まれたところで、鎮西流であるが、名越派と同じような叩き方である。

・吉祥寺　福岡県北九州市八幡西区香月

吉祥寺の双盤念仏は、叩き方が名越派に似ている。北九州市香月の吉祥寺は浄土宗第二祖鎮西上人弁長の生まれたところで山号を誕生山という、ここに祐天上人愛用の鉦が伝えられていて、祐天上人の関東流といわれる念仏が伝わっている。祐天上人は福島県いわき市の生まれで、名越派の最勝寺を菩提寺として、その寺にも祐天上人ゆかりの双盤鉦と半鐘が残っている。

双盤念仏は四月二七日から二九日の鎮西上人忌に一日三回唱えられる。吉祥寺の双盤念仏は、三回の念仏のあと七五三に鉦を叩き込むもので、鉦を連打しながら七回五回三回と強く打つ。念仏の間本尊の戸帳をしずしずと上げ、鉦の部分で一気に上げる開帳をする。二枚鉦で叩く。叩き方は名越派・善光寺に似ている。双盤鉦二枚　正徳二年（一七一二）。

双盤銘　正徳四甲午天正月日　施主大僧正祐天大和尚　筑紫国遠賀郡香月本村吉祥寺什物

一誉來道和尚代　願主浄慶　京大佛師　西村左近宗春作

（二〇〇一年調査）

この鉦の叩き方は鎮西上人ゆかりの久留米善導寺・熊本往生院に伝わり、天草方面の寺院に残っている。以下は双盤鉦のある寺院である。

・善導寺　福岡県久留米市善導寺町　十夜一〇月一五日　双盤鉦二枚

・往生院　熊本県熊本市池田町

聖光上人弁長が四十八夜の別時念仏を行い、「末代念仏授手印」を授けた寺で、鎮西忌四月二九日に双盤念仏を唱える。吉祥寺と同じ叩き方である。双盤鉦二枚　享保一七年（一七三二）。

双盤銘　享保十七子年三月砥石屋中寄進之　肥後白川辺往生院十二世馨誉梅全代
京佛師西村左近宗春作
（二枚同文）

（二〇一四年調査）

・円性寺　熊本県天草市栖本

常念仏回向四年に一回、四十八夜念仏として一月二五日から三月一五日にかけて行った。この間の寺の回向に一日三回双盤念仏を唱えた。刻むような叩き方である。双盤二枚　延享五年（一七四八）、文化元年（一八〇四）。

双盤銘　延享五戊辰年十月吉祥日　佛日山圓生寺什物八世随誉直義代
京大佛住　西村左近宗春
文化元子天三月吉日　圓生寺十三世梵誉上人代

光誉円船居士光誉妙照信如孝誉妙順信女　為先祖代々菩提　施主實誉眞西大徳
（二〇一四年調査）

・崇円寺　熊本県天草市河浦

四十八夜念仏を四年に一回秋に行う。双盤二枚　安永三年（一七七四）。

双盤銘　安永三甲午年七月　肥後国天草郡壱丁田村天草崇円寺十世忍誉代
施主　立原村本多甚兵衛　京大佛住　西村上総大掾宗春作
（二〇一四年調査）

・信福寺　熊本県天草市河浦

一月二五日の御忌・春秋彼岸・十夜に叩いた。現在でも虫追いに村人が鉦を借りに来る。双盤二枚　天明四年（一七八四）。

双盤銘　天明四年甲辰十月吉日　肥後国天草郷一町田組下田村信福寺
為先祖代々精霊菩提現當二世安楽寄附之于時　施主久富村之内古江傳蔵
京西六条住出羽宗味作　住居三条通寺町西入福蔦屋勝七
（同文）施主　浅留村　蓑田伴右エ門
（二〇一四年調査）

・九品寺　熊本県天草市有明大浦

十夜旧一〇月五日から一五日にかけて十夜を行い、諷誦文回向の前に、長念仏といって双盤念仏を唱えた。長念仏とは善光寺和讃と三返念仏からなる。在家の人が叩いたが役僧の人が叩くこともあった。

双盤二枚　明治三一年（一八九八）、明治三二年（一八九九）。

双盤銘　明治三十一年十月　九品寺十世譲音代　大浦村施主満田重三郎
明治三十二年四月　施主平井理重山本佚三梅川裕作松木傳三山本菊松
双盤枠墨書　九品寺十九世譲誉代　（墨書）音聲改　重目双盤壱尺
明治卅一戌十月寄附　施主大浦村満田重三郎
明治三十二年亥六月大浦山浦平井理重山本佚三梅川裕作松木傳三山本菊松
（二〇一四年調査）

・**江岸寺　熊本県天草市倉岳町棚底**

十夜の時に知らせに叩く。また六月の虫供養の百万遍の時に叩く。五重相伝を受けた人の記念に寄付されたもの。
双盤一枚　大正一〇年（一九二一）。

双盤銘　大正十年　五重入行者紀年寄附　江岸寺廿九世瑞誉聖理代
（墨書）音聲改　別上等尺□
（二〇一四年調査）

・**無量寺　熊本県天草市牛深**

五重相伝の時に使ったといわれる。双盤二枚　昭和二三年（一九四八）。

双盤銘　昭和廿三年九月九日明蓮社亮誉代　江州黄地佐平作
久王山無量寺　奉寄進熊本県天草郡牛深町字天附　志柿徳松志柿マツエ
（二〇一四年調査）

5　善光寺系双盤念仏の位置付け

以上、善光寺・名越派・九州の双盤念仏を見てきたが、まずこの三系統の双盤念仏は、三念仏・七五三の鉦の連打などが共通していて同一系統であるが、善光寺には冒頭の念仏部分がない。関西安土浄厳院の三遍返しの念仏に七五三の叩きを組み合わせたものと、構成は同じであるが、鉦の叩き方が刻み叩き、雨だれというように小刻みに叩く。善光寺や北九州の吉祥寺ではこの叩きに合わせてお戸帳の開閉や上げ下げを行う。

善光寺と名越派の関係は名越派のところで述べたように、名越派二祖の良慶妙心が善光寺信仰から善光寺南大門月形房に住んで教学の研鑽に励んでいた。また三祖良山妙観も月形房に参じて伝法を受け、磐城の如来寺を開き、善光寺仏をもたらした。伝法は月形箱に納められ秘伝とされた。またさまざまな口伝もあり[15]、このような秘伝と伝法儀式にみられるように、現在の浄土宗とはだいぶ趣が異なったようであった。津軽の旧名越派ではそれを宗定外法儀といっている。山形や津軽でみた双盤・喚鐘・法鼓の鳴り物で伽藍に響き渡る大音声を醸すのもその一つと見られる。善光寺では現在も日課・年中行事では双盤・鐘・太鼓を使った法要が営まれている。

僧の入堂・退出、法要の開始、本尊の開戸・開帳、閉戸・閉帳の合図として叩き念仏が唱えられる。連打の意味は系統は異なるが、滋賀県野州市の報恩寺では、最後の念仏を「ハライ」という。山形県松念寺の控え書きにあるように「拂《はら》い」の意味もあると思える。双盤の鉦が払いや清めの鉦であるという伝承を聞くことがある。神道では「警蹕《けいひつ》」と言って御神体の開扉・閉扉に神職が「オーーー」という声を発する。この「警蹕」は「道を清め、かしこみ警《いまし》める」ために発するという。同様の意味が鉦の音に託されていると思われる。

補　常福寺　茨城県那珂市瓜連

浄土宗七祖聖冏《しょうげい》の出身寺として有名な茨城県那珂市瓜連《うりずら》の常福寺に双盤鉦が一枚ある。銘文から寛保元年（一七四一）とあるが、白誉代に一尺二寸の一対の鉦として鋳造したものを鋳直したとある。白誉は常福寺一九代住職心蓮社白誉寺通の住職のことで、寛文元年（一六六一）着任、寛文九年（一六六九）に没している。その間に鉦が作られたものと思われる。常福寺は慶長七年（一六〇二）に朱印状を受け、その後、関東十八檀林の寺になっている。寛文三年（一六六三）には末寺八十五カ寺を持つ大寺院になっている。一対二枚の双盤鉦の記述としては一番古い。

> 双盤銘　寛保元年酉十月草地山常福寺三十九主霊誉代為雲誉清岳菩提也　施主當村綿引左市兵衛　冶工太田村彦左衛門
> 白誉上人代惣旦那依助成一尺二寸新鐘一對安置本堂同破壊鋳置之圓廓代
> （二〇一九年、神奈川県立金沢文庫「浄土宗七祖聖冏《しょうげい》と関東浄土教」展実見）

註

（1）第七節参照。
（2）「妻戸台」『善光寺』信濃毎日新聞社、一九七三年。
（3）坂井衡平『善光寺小誌』長野市教育会、一九三〇年五二頁（坂井衡平『善光寺史　下』東京美術、一九六九年）に付す。
（4）双盤鉦の初出は万治二年（一六五九）。
（5）前掲、坂井衡平『善光寺史　下』一〇二二頁。
（6）米山一政解説・滝沢恒夫写真『信濃善光寺秘儀堂童子』白文社、一九八二年に詳しい。

（7）名越派については佐藤孝徳『浄土宗名越派檀林専称寺史』（一九九五年）が詳しいが、他に玉山成元『中世浄土宗教団史の研究』（山喜房佛書林、一九八〇年）、吉水成正編『浄土宗名越派史料集』（青史出版、二〇〇三年）、『浄土宗全書　続一〇　名越叢書』（山喜房佛書林、一九七三年）がある。
（8）藤田定興「浄土宗名越派初期寺院と善光寺信仰」『福島の研究　第二巻』清文堂出版、一九八六年。五来重『善光寺まいり』平凡社、一九八八年。
（9）二〇一一年の東日本大震災及び原発事故の影響で調査不能になっていたが、専称寺は二〇一九年に修復され、調査可能になった。
（10）大友義助「山形県村山市松念寺の双盤念仏」『東北民俗』三〇号、東北民俗学会、一九六九年。
（11）肴倉弥八編『今別町史』今別町、一九六九年。
（12）吉水成正編『浄土宗名越派史料集』青史社、二〇〇三年三九頁、延宝九年（一六八一）の記事。
（13）蝦夷善光寺一五カ寺（八雲円融寺・室蘭満冏寺・長万部善導寺・宗谷護国寺・忍路大忠寺・伊達善照寺・余市宗隆寺・小樽熊石桜川観音堂・静内頓成寺・寿都法界寺地蔵堂・石狩法性寺・函館亀田念仏堂・大沼峠下一行院・苫小牧豊国寺・石狩浜益大心寺）
（14）大島彦信『名越大本山圓通寺開山　良栄上人傳』円通寺、一九六四年。
（15）前掲（8）、五来重『善光寺まいり』二三三―二五二頁（「浄土宗名越派明心と月形房」「名越の伝法と辺境伝道」の項）に詳しい。

第七節　双盤念仏の成立と変遷

1　京都真如堂と鎌倉光明寺の十夜法要

(1) 京都真如堂の十夜法要

双盤念仏の論考は少ないが、『民間念仏信仰の研究　資料編』に成田俊治によって解説されている(1)（「第一節2研究史」参照)。この説の元となった『真如堂縁起』(2)などをよく読むと、以下のようになる。

大永四年（一五二四）の『真如堂縁起』中巻第一三段に、永享（一四二九～四一）の頃として「若年より深く深く弥陀の誓願に帰し、口称念仏を締《こと》とする」伊勢守貞国が真如堂に参籠し、出家しようとしたところ、僧形人の夢告があり、三日待つ間に兄貞経が蟄居を命じられ、貞国に家督を継ぐことになり、貞国は繁盛し信仰を堅くした。不信心だった母も信心し阿弥陀を拝むことができたとある。ここには十夜念仏のことは記されていない。しかし福持論文(3)によると、有職故実家の伊勢氏の系図諸本や『真如堂縁起』の写本に上記のような霊験があったので、さらに七日七夜の念仏を行い、十日十夜の念仏を行ったという。この記載から十夜念仏の濫觴とされたとしている。

京都真如堂の『十夜念仏縁起』(4)によると、『真如堂縁起』と同じ霊験譚により、永享の頃、伊勢守貞国によって十日十夜の「口称念仏」が始められた。「勤行ノ儀式ハ慈覚大師ノ式定タル引声ノ念仏ノ外ハ他事ナシ」とある。口称念仏であったことは記してあるが、一人で引声念仏という特殊な念仏を唱えたとも思えない。『十夜念仏縁起』には詳細不明なところがあるが、伊勢守貞国が始めたとする十日十夜の念仏行が、その後一〇月の十夜法要の儀式として確立し、その念仏は「引声」の式で行ったということであると解釈される。

（2）鎌倉光明寺の十夜法要

続けて『十夜念仏縁起』によると、明応四年（一四九五）に鎌倉光明寺の九世観誉上人が宮中で阿弥陀経を講じ、京都「真如堂ノ徒衆ヲ率シテ観誉上人導師ノ儀式ヲツトメ引声ノ弥陀経并引声ノ念仏ヲ勤行シ玉フ」とある。そしてこれを賞した後土御門院は「引声の誦経并十夜ノ法事」を「浄土宗ノ規範タルベキ由」を勅許し、まず鎌倉光明寺においてこの十夜法会を始めて全国に弘めんと述べた。すなわち光明寺に十夜法要とそれに伴う引声阿弥陀経と引声念仏がもたらされた。

『檀林光明寺志』(5)（寛政（一七八九〜一八〇一）頃成立）には「九世中興長蓮社観誉裕崇上人　後土御門院明応四年（一四九五）宮中へ即〔召〕せられ清涼殿にて浄土三部経并引声念仏・引声阿弥陀経を修誦し奉る、此とき叡感の餘り関六派惣本山の号を賜る〔ひ〕、勅願所として綸旨を賜る、又十夜法要を浄土宗にて永修せん事を勅許ある〔り〕、（以下略）」とある。

このように、光明寺の十夜法要は明応四年に始まったとされるが、行われたのは引声阿弥陀経・引声念仏である。双盤鉦そのものは一七世紀以前のものが見出だせない（表4-8-2参照）。現在までの調査では万治二年（一六五九）が最古である。また真如堂で行っている引声は、一〇月一四日の僧による引声阿弥陀経会と一一月五日から一五日の在家による十夜双盤念仏とは別の行事であり、二つの念仏の起源は別のものである。

鎌倉光明寺では式衆による「引声阿弥陀経」「引声念仏」に続き、在家の人による「六字詰め」念仏が唱えられる。「引声阿弥陀経」は「阿弥陀経」を引声で唱えるもので、「引声念仏」「六字詰め」は南無阿弥陀仏の唱えを引声で繰り返す。「引声阿弥陀経」は割笏で拍子を取り、双盤鉦はつかない。引声念仏には割笏を使う。「六字詰め」は雲版を叩き唱えられる念仏であるが、「引声念仏」とは異なる。「双盤念仏」は僧が行う二枚鉦双盤と在家の人の叩く双盤（二枚以上が多い）があり、双盤鉦のみを使う。このように、引声と鉦の組み合わせは何通りかになり、一様ではない。したがって、この「引声阿弥陀経」「引声念仏」「六字詰め」「双盤念仏」の四者は別と考えられるので、後述するように（「3　念仏と鉦の変遷」）、時代をずらして発生・変遷したと思われる。

『鎌倉市史近世史料編第二』所載の「元禄十二年七月　材木座村浄土宗光明寺新撰住物帳（ママ）」には三カ所双盤鉦と思われる記述がある。(6)「一惣番鐘　鐘盤也　詮誉代二挺」「一惣番鐘　鐘盤　二挺」「惣番鐘　紛失　一」最後の記述は、二枚鉦が一枚紛失して一枚あると読めるので、この期に二枚鉦の双盤があったことが分かる。この什物帳には「十夜接待講位牌」「十夜六角宝塔笠台トビラ有　弐基　詮誉代起立」「十夜日牌過去帳見台共　一巻　詮誉代起立」「十夜大金燈籠　永富町四　馬喰町二　六ツ」「十夜鍋大小三」「十夜椀」などの記述があり、馬喰町などの十夜講が盛んで十夜鍋がふるまわれていたことが分かる。

このように、双盤鉦を使用する念仏は、元禄期頃までに何度か出された寺院法度により浄土宗の儀軌が整備され、十夜法要が行われたと推測できる。『檀林滝山大善寺誌』（文政四年〈一八二一〉）(7)所載で、別に一一世中興廣誉上人について「寛文七年（一六六七）諸堂再建並ニ十夜を企ニ夜三日」とある。(8)光明寺什物帳の記述は元禄一二年（一六九九）である。この頃に浄土宗では儀軌を整備し双盤鉦が十夜に用いられることが始まったと考えられる。双盤は二枚鉦を僧が法要の中で叩いたと思われる。

その後、鎌倉光明寺の十夜法要も一時衰退したようで、光明寺享保一〇年（一七二五）版「刻引聲阿彌陀経跋」の奥書には以下のように記されている。(9)享保一一年（一七二六）常陸の瓜連《うりづら》浄福寺の観徹上人が光明寺五七世に着任する一年前、京都に常福寺の三人の弟子を遣わし引声念仏・引声阿弥陀経を習わせ音節を訂正したとある。関東地方の雲版の最古の鉦は横須賀市秋谷正行院の享保三年（一七一八）で銘文に「十夜念仏開闢昇蓮社進誉上人春覚

写真４－７－１　神奈川県横須賀市秋名・正行院の雲版（左）と太鼓（享保３年〔1718〕）

和尚」とある（写真4－7－1）。正行寺ではこの期に十夜念仏に雲版を使っていた。現行の雲版を使う念仏は六字詰めである。観徹上人の引声阿弥陀経・引声念仏の復興前に六字詰めの念仏が伝わっていたともいえる。光明寺の雲版は延享四年（一七四七）で観徹上人の十夜復興から二一年目である。正行院雲版鉦はそれより前だったといえる。

光明寺史料としては延享二年（一七四五）の「天照山永代十夜用事聚」[10]が十夜の様子を事細かに記した記録として残っている。その中の「階定双□行道引声念仏」の□が盤であるとすると楷の字は異なるが「階定双盤行道引声念仏」となる。楷定念仏は雲版を使用する。元文四年（一七三九）の「天照山光明寺什物帖」には雲版（「壱ヵ」とある）と双盤（「雙盤壱挺」とある）が記載されている[11]。「楷定双盤」の語もあることから雲版を使用する楷定念仏に双盤鉦も合わせ鉦として使用したことも考えられる。光明寺の行道は引声阿弥陀経で行われている。とすると楷定念仏・双盤念仏・行道（引声阿弥陀経）・引声念仏の全てが行われていたことになる。鉦は雲版・双盤の併用の可能性が高い。双盤鉦は近辺の港南の正覚寺に正徳三年（一七一三）、磯子区峰の阿弥陀寺に正徳四年（一七一四）の鉦があり、双盤鉦は普及していた。したがって光明寺では享保一一年（一七二六）の十夜復興の後しばらくして雲版・双盤を使用する楷定念仏が入ってきたことが考えられる。

しかし経本では元文四年（一七三九）に光明寺六二世洞誉玄達上人の残した『引声阿弥陀経』には「九声念仏」「合殺《かっさつ》」はあるが「六字詰め」はない。さらに慶応三年（一八六七）の一〇月の天照山蔵版『漢音

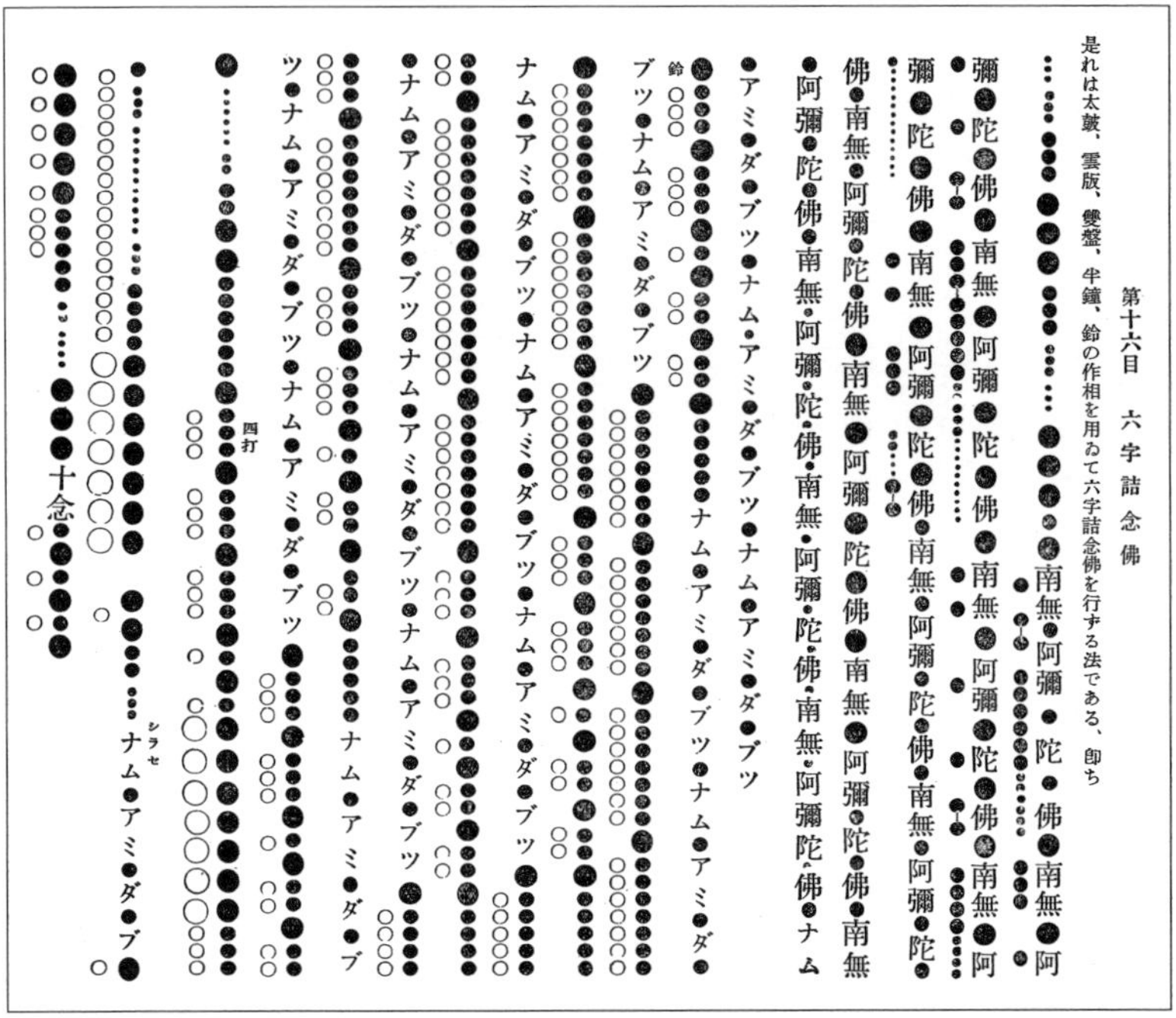

図4－7－1　『浄土宗法要儀式大観』「六字詰念仏」譜

引聲佛説阿弥陀経』にも「六字詰め」はなく、儀軌として確定するのは後述するように千葉満定・吉水諦立両氏のまとめた大正五年（一九一六）版『漢音引聲佛説阿弥陀経』を待つことになる（第四章第三節1　増上寺の項参照）（図4－7－1）。

享保一一年（一七二六）までに行われていた古式といわれる差定は次のようである[12]。

四奉請→甲念仏→阿弥陀経（引声）→甲念仏→合殺→回向→後唄→三礼→七仏通戒偈→初夜偈→九声念仏→神分霊分祈願→大懺悔→五念門

この享保期に合殺[13]から六字詰めの念仏に変わったと思われるが、以降の経本では以下のようである。

元文四年（一七三九）版

七仏通戒偈→黄昏偈→無常偈文→四奉請→甲念仏→阿弥陀経（引声）→甲念仏→合殺→回向→後唄→三礼→七仏通戒偈→
初夜偈→九声念仏→神分霊分祈願→大懺悔→五念門

慶応三年（一八六七）版

四奉請→甲念仏→阿弥陀経→甲念仏→合殺→回向

大正五年（一九一六）版

四奉請→甲念仏→阿弥陀経→甲念仏→回向→後唄→引声念仏→六字詰め→双盤

昭和四四年（一九六九）版

四奉請→甲念仏→阿弥陀経（引声）→甲念仏→回向→五念門→引声念仏（以上式衆）→六字詰念仏（在家）→十念→授与
十念→三礼（導師）

傍線部のように、鎌倉光明寺の経本では大正五年版より合殺《かっさつ》に代わって六字詰め念仏が入ってきている。

以上の事項の年代を追うと以下のようになる。（大正五年版の六字詰めと双盤の関係については第4章第七節3-(2)「雙盤」と「六字詰め」で後述する。）

表4-7-1　光明寺の十夜法要関連年表

明応四年（一四九五）	鎌倉光明寺に「引声阿弥陀経・引声念仏」勅許さる
天正七年（一五七九）	安土問答（楷定念仏開始説）
元和元年（一六一五）	浄土宗及び浄土宗西山派寺院法度制定
万治二年（一六五九）	双盤鉦初見（福島県喜多方市名越派）
元禄一二年（一六九九）	鎌倉光明寺什物帳に「惣番鐘」の記述
寛文一一年（一六七一）	檀林連署掟書（大巌寺文書）十八檀林の確定
享保三年（一七一八）	横須賀市秋谷正行院雲版年号（十夜念仏開闢）雲版鉦現存
享保一〇年（一七二五）	鎌倉光明寺観徹上人「引声阿弥陀経・引声念仏」再興。道俗に布教
元文四年（一七三九）	「引声阿弥陀経」経本。「九声念仏・合殺」あり。「六字詰め」なし
延享二年（一七四五）	鎌倉光明寺「十夜用事聚」に「双盤・楷定念仏・六字詰」の語あり
延享四年（一七四七）	鎌倉光明寺雲版年号
慶応三年（一八六七）	天照山（鎌倉光明寺）蔵版『漢音引聲佛説阿弥陀経』に「六字詰め」はなし
大正五年（一九一六）	千葉満定・吉水諦立編『漢音引聲佛説阿弥陀経』「雙盤・六字詰め」あり
昭和四四年（一九六九）	『大本山光明寺十夜法要』に「六字詰」あり。別に雙盤の叩きがある。

2　関西の双盤念仏から

（1）入退堂の合図鉦として

第四章第五節の「関西の双盤念仏」で述べた諸事例から次のようなことが言える。

一　楷定念仏・双盤念仏が僧や説教師の入退場に唱え、叩かれる。

二　法要の中で行われる念仏は「回向鉦」「役鉦」といい、雲版・双盤を叩き念仏を唱える。これを「六字詰め」というところが多く、楷定念仏とは別の念仏と考えられる。

三　楷定念仏の冒頭に唱えられるのは「三念仏・三遍返し」といい、3×3回の念仏を唱える。「三念仏（歌念仏）↓掛け念仏↓鉦の叩き」という構成は共通している。

四　京都真如堂・東一口《ひがしいもあらい》のように多人数の鉦を叩くようになったのは比較的新しいと思われるが、三遍返しを一回ずつ各人が唱え叩くように変化している。

迎え送り鉦の事例を整理すると、

・安土浄厳院の楷定念仏は僧侶の入堂・着座のために叩く。
・野州市報恩寺は導師、説教師の入退堂ごとに入堂には楷定念仏の前座、退場にはハライ（鉦のみ）を叩く。
・栗東市浄西寺は入堂時に前鉦として雲版と双盤で念仏を唱え、送りは雲版のみで叩いて送る。
・京都真如堂は複雑で、五日から一五日の間、五日の開帳法要、一五日の結願閉帳法要の入堂に双盤念仏の前半部の一部と退堂時に双盤念仏の冒頭部の笹付けを叩く。

・東一口安養寺では初夜・開帳・日中・日没の四法要が二日間にわたって行われるが、各法要の入堂に前鉦の双盤念仏が、退堂に送り鉦（鉦のみ）が叩かれる。
・奈良市興善寺は法要・説教のたびごとに、双盤念仏を迎え鉦・送り鉦として唱え叩く。

以上のように楷定念仏地区、双盤鉦地区を問わず大方の寺では僧や説教師の入退堂時に念仏全部を唱えるか、鉦だけを叩くかの違いはあるものの、楷定念仏・双盤念仏を唱え叩く。このことは関西ほど明確ではないが関東でも同じで、また善光寺や名越派ではよりはっきり出てくる。このことはすでに諸報告で述べているが、双盤鉦が合図鉦として叩かれたことに由来する。真如堂の結願法要では最初の大鐘（梵鐘）を叩く役から双盤講の講員が担う。喚鐘の七五三の叩きが双盤念仏の七五三の玉入れという叩きに反映されている。また喚鐘を叩く役僧の役割が双盤講・鉦講の講員に移行し、役鉦という語を生み出す。

また僧の入堂に際し、入口で威儀を正すことを作相といい、作相鐘はそれを促す鐘で、内半鐘（堂内にある半鐘）や大磬《おおかね》を喚鐘として叩くが、双盤鉦も使われたようで、鳥取栖岸寺では双盤念仏の始めを「さそうづけ」と言っており、これが訛って、真如堂では「ささづけ」また関東では「ざつき（座付）」の語になったと考えられる。(14)

（2）「三遍返し」と「六字詰め」

このような入退堂時の雲版双盤の念仏とは別に法要中の念仏がある。

入退堂の念仏は最初に三遍返しという引声の念仏が唱えられ、この部分を楷定念仏というところもある。続いてブガケ・ダガケといわれるような掛け念仏が唱えられ、いろいろな鉦の叩きが入り終わるという構成になっている

（表4―8―3参照）。

念仏の旋律（節・節まわし・唱え方）に関してはこの部分は民間に下ってから変化したようで、一様ではないが、南無阿弥陀仏の念仏を3×3＋1という回数で唱えることは大方共通していたようで、この念仏の冒頭部分を三念仏・三遍返し・三言返し《みことかえ》という言葉が見られる。また引声ではあるが歌うように唱えるので歌念仏という。

「三遍返し」についてはLPレコード『念仏浄土宗』(15)の解説「引聲念仏・阿弥陀経の次第」の中で「伽陀（甲念仏）は雲版と太鼓を打って句の切り目を示します。（中略）ここに唱えるところは南無阿弥陀仏といって、これを三回繰り返すので三念仏（賛）といい、音声の上から甲念仏《かんねんぶつ》あるいは〝こうねんぶつ〟といわれます。」とある。この甲念仏は天台宗の『例時作法』では「引声阿弥陀経」の前後に唱えられる。また鎌倉光明寺の『十夜法要式』では甲念仏と六字詰めの間に引声念仏が唱えられる。「南無阿弥陀仏南無阿弥陀仏南無南無阿弥陀仏」で三唱の最後の唱えが異なるが、声明譜をみると引声念仏のほうが楷定念仏の三遍返しに近い。したがって楷定念仏は引声念仏が転用されたのではないかと考えられる。

一方、法要の中で唱えられる念仏は、六字詰め・回向鉦といわれる。楷定念仏地区では、雲版太鼓のみで叩く寺と、双盤鉦を添え鉦・合わせ鉦と雲版に合わせて同じように叩く寺がある。六字詰めといわれる由来は、南無阿弥陀仏を初めは引声でゆっくり唱えて、だんだん速く詰めていくからと言われ、典型は京都百万遍知恩寺の数珠繰りで、僧が二枚の双盤を叩きながら唱える。滋賀県の甲賀南部から三重県の伊賀にかけて、この六字詰めを、施餓鬼時に僧が双盤鉦一枚で叩いている。安土浄厳院近辺の寺院でも十夜や施餓鬼に僧が太鼓念仏といって雲版・太鼓で六字詰めを叩く。この六字詰めは在家では彼岸の百万遍や葬式・通夜に伏せ鉦で叩いているところも多く、広く唱えられる念仏である。百万遍の起源は古く楷定念仏とは別に発生したものである。

知恩院では、戦後に音律の異同が激しくなったことを受けて、法然上人七百五十年遠忌（一九五一）を記念して知恩院法義士会が「昭和新訂楷定念仏」として指針を示した。その解説に楷定念仏には「安土六声」として、入堂鉦・法事鉦・六珠詰・廻向鉦・退堂鉦・打流があったとしている。「法事鉦」が「歌念仏（三遍返し）」であり、「六珠詰」は「六字詰め」であり、回向鉦として叩かれる。入退堂の鉦は前項で述べた通りであり、調査の結果と一致する。法事鉦（三遍返し）については僧に代わって民間に下降したので変化が大きくなり、廻向鉦（六字詰め）については陰旋法の「都節」の音階から出たもので、百万遍や追善供養の時、僧が唱えることが多く変化が少なかったとしている。(16)

（3）双盤念仏の構成の変化

さて、全体の構成を楷定念仏地区と双盤鉦念仏地区を比較しながらみてみよう（表4-8-1参照）。

先ほどの「昭和新訂楷定念仏」では、おおざっぱに楷定念仏の構成を「歌念仏・ツナギ・拍子物・留鉦」としている。歌念仏は三遍返しであり、ツナギはブガケ・ダガケという掛け念仏や流しというゆっくり叩く部分である。拍子物は双盤鉦の素鉦といわれる鉦の叩きに重きを置いた双盤念仏の後半部分である。鉦の叩きは、楷定念仏地区では三つ・二つ・一つという叩きに、蓮華くずしやそそり・打ち分けなどの技巧的な叩きも散見する。

滋賀県の楷定念仏地区を離れると、「三遍返し」に代わって「地念仏」の唱えが出てきて、鉦の叩きも「そそり」（撞木を下から上に向けて叩く）や、「たぐり」（手前に手繰りながら叩く）、「せめ」「きざみ」のように、細かく叩くなど、叩き方が多様化してくる。地念仏は京都の真如堂・大山崎長福寺・東一口安養寺にみるように念仏（三回＋一回）を順番鉦で各人が唱える様式に変化している。地念仏は三遍返しを一回にして各人が唱えるようにしたとすると、これも変化の一つで双盤念仏の時間が長くなった。

法要中に組み込まれる回向鉦・六字詰めについて、この語の用いられ方が一定していない。安土浄厳院では法要前のみで法要中の楷定念仏はない。ただし回向鉦があったとする。野州市南桜報恩寺・栗東市浄西寺は六字詰めの典型例で三遍返しをだんだん速く唱えるような念仏が行われる。浄西寺では双盤念仏鉦のみで叩かれる。真如堂では回向鉦があったとされるが、現状の十夜では十夜念仏（双盤念仏）の一部分を回向鉦として唱えて、法要中の双盤念仏となっている。東一口安養寺でも各人の唱える地念仏を省き、掛け念仏以外の念仏を唱えることを六字詰めという。

このように六字詰めといって双盤念仏の各人の唱えをせずに一番鉦や二枚鉦が唱えるのみで、時間を短くする例は関東では多い。その場合も、和歌山県の事例のように、冒頭の念仏が六字詰めを唱えることで六字詰めの念仏という例がある。

楷定念仏地区と双盤鉦地区の一番大きな違いは、双盤鉦地区では雲版が用いられないことである。掛け念仏も、楷定念仏地区では雲版と大衆・雲版と双盤であったのが、双盤鉦地区では双盤鉦どうしの掛け念仏になっていく。

以上のように楷定念仏地区と双盤鉦地区の構成は一見異なっているようにみえるが、複雑化、多人数化による変化とみることができる。

3　念仏と鉦の変遷

(1)　善光寺および名越派について

一般に双盤念仏といわれるものには、これまで述べたように、①関東と関西の一部にある双盤念仏、②滋賀県と鎌倉光明寺系の雲版の念仏（双盤鉦を伴う寺が多い）、③「きざみ叩き」といわれる善光寺と名越派系統に伝わる念仏の、三つの念仏がある。

善光寺は連打が特徴で、一見、関東の双盤念仏とは系統が別のように見えるが、念仏を唱えて雷落とし・七五三の鉦を叩き、山道上り下りのような連打があることは共通している。善光寺の場合、戦後、鎌倉光明寺の吉水大信が教えに行ったという話があり、叩きが同じになっているが、念仏の部分が抜けてしまったようである。善光寺の大勧進である天台宗の場合、念仏は唱えない。甲斐善光寺では前半の念仏が残っている。名越派では念仏を唱えた後、七五三の叩きの後に、連打に入る。

「きざみ叩き」「雨だれ」というような速い叩き方は、善光寺・名越派、また九州の鎮西派に共通している。九州については、北九州の吉祥寺でいわれているように祐天上人が伝えたとすると、祐天上人の生まれた磐城の名越派の叩きが伝わったと考えられる。また名越派の教線上にある福島県の喜多方市近辺や青森県の津軽地方で、元禄以前の鉦や、喜多方市阿弥陀寺という名越派の寺に万治二年（一六五九）の最古の鉦があるのは、この派がいち早く双盤鉦のきざみ叩きを取り入れた儀礼を始めたと考えられる。

名越派では十夜法要もさることながら、施餓鬼等の法要にも取り入れられたようだ。山形県村山市の本覚寺では、双盤鉦と天井から吊るされた大太鼓（法鼓）を叩き、伽藍そのものを揺るがすような効果をもたらす。青森県今別の本覚寺では、大太鼓を振動太鼓と言っている。善光寺のような大伽藍と鳴り物を大事にする名越派が、大音声の双盤念仏を育てたといえよう。

（2）「雙盤」と「六字詰め」

増上寺の千葉満定と鎌倉光明寺の吉水諦立両氏のまとめた大正五年（一九一六）版『漢音引聲佛説阿弥陀経』及び千葉満定・中野隆元編『浄土宗儀式大観』[17]には、「雙盤ノ作相─雙盤」（以下、「雙盤」は刻み叩きのことを表すため、原文の「雙盤」の漢字を使用する）と「六字詰ノ譜─六字詰め」の二つの譜が載っている。「雙盤」は一二回の念仏の後に七五三の鉦を叩くもので、戸帳の開閉に合わせて叩くという但し書きがある。

一方「六字詰め」は、七五三の叩きで念仏を唱え、だんだんに南無阿弥陀仏の六字の唱えを速くして詰め、その後「雷落し」「山道上り下り」の鉦が入る。昭和四四年（一九六九）に刊行された鎌倉光明寺の『大本山光明寺十夜法要式』は、光明寺に伝わった「六字詰め」を吉水大信（一八九四〜一九七三）が制定したもので、念仏は「南無阿弥陀仏」がだんだん速くなり、鉦の部分に移っていく。鉦は「七五三・雷落とし・大間・四ツ打ち・山道上り下り下がり」と千葉満定の「六字詰め」を複雑にしたものである。これは、現在鎌倉光明寺で使われている経本に記載されたもので、「雙盤」に該当する記述がない。「六字詰め」は光明寺も増上寺も雲版で叩く。ただ増上寺は雲版に合わせて二枚の双盤が合わせ鉦として叩かれるが、光明寺では雲版のみで叩く。

すなわち双盤念仏には、戸帳の開閉に伴う「雙盤」と、十夜法要の「六字詰め」の二つの念仏があったが、光明寺の現行の経本『大本山光明寺十夜法要式』からは十夜法要式に入らないためか、「雙盤」の念仏は消えてしまった。しかし光明寺では、団体参詣等の供養時に、現在でも「雙盤」の叩きが行われている。

雙盤の叩きは一人で二枚の鉦を叩くもので、右が双調鉦、左が盤渉調鉦で音程が異なる。「大右小左」とあるが、左の鉦はセメナガシと書かれているように小さく細かに叩き、右の鉦は大きく七五三に叩く。左の鉦がいわゆる刻み叩きで右の鉦が玉入れに当たる。善光寺ではこれを一枚鉦で叩き、川崎大師では左右に鉦を分け、二人で叩く。

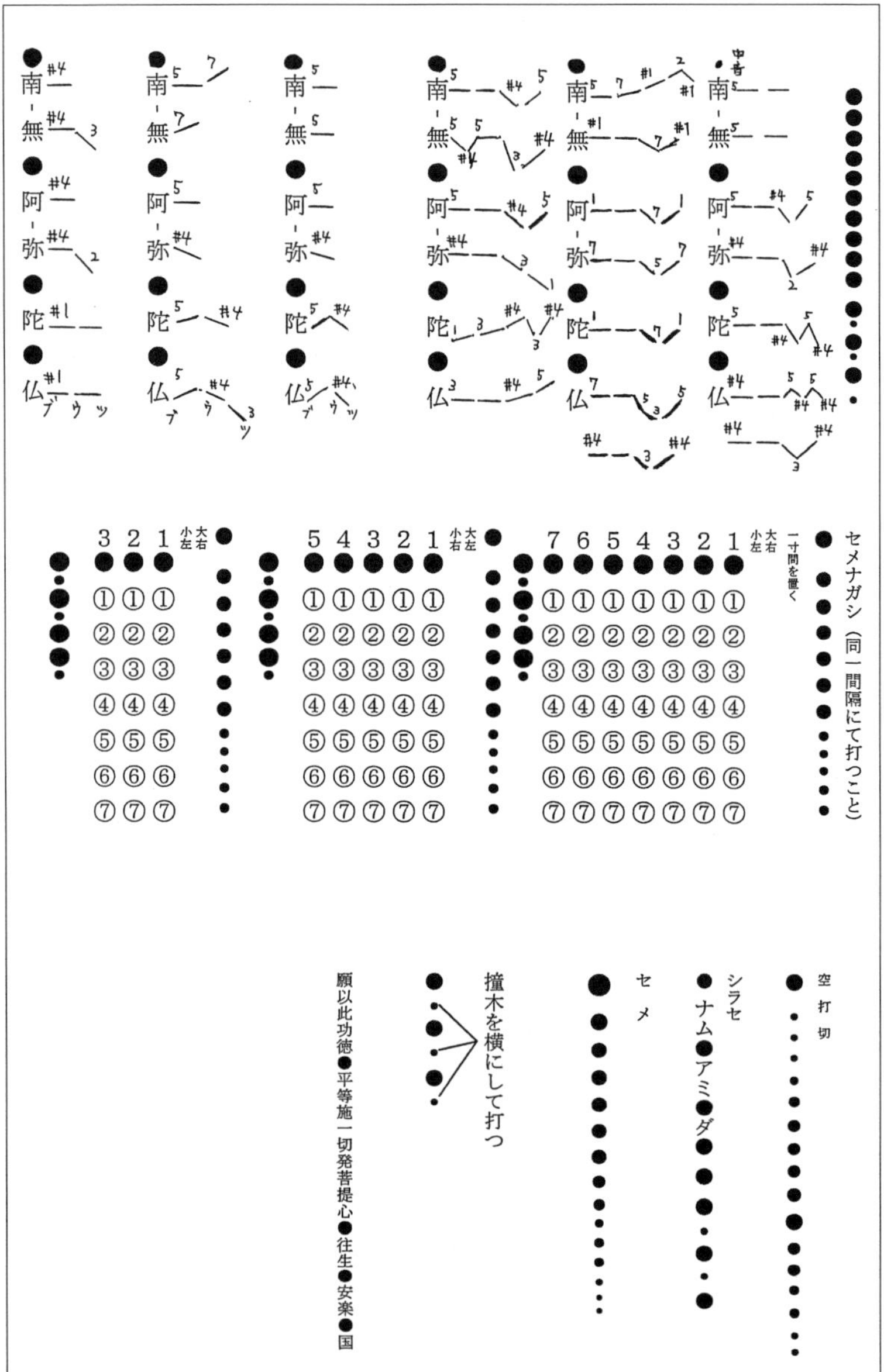

図 4－7－2　鎌倉光明寺の団体参詣時の双盤鉦の叩き

鎌倉光明寺の団体参詣時の双盤念仏の譜を図4-7-2に掲げたが、記譜法は異なるものの図4-7-3の『浄土宗儀式大観』の「雙盤ノ作相」と同じである。また図4-6-2にある善光寺の双盤念仏も「左・右」の叩きを「天・下」という二つの叩きにして一枚鉦で叩くものにしたもので、同じである。図4-6-4の名越流の双盤念仏も、変形しているものと同じ系統と考えられる。名越流は一枚鉦で叩く場合と二枚鉦で叩く場合がある。

このように「雙盤」の叩き方は善光寺や名越派の叩きに通じる。戸帳の開閉に伴って叩かれる例は、北九州市の吉祥院や川崎大師の引帳念仏他にみられる。

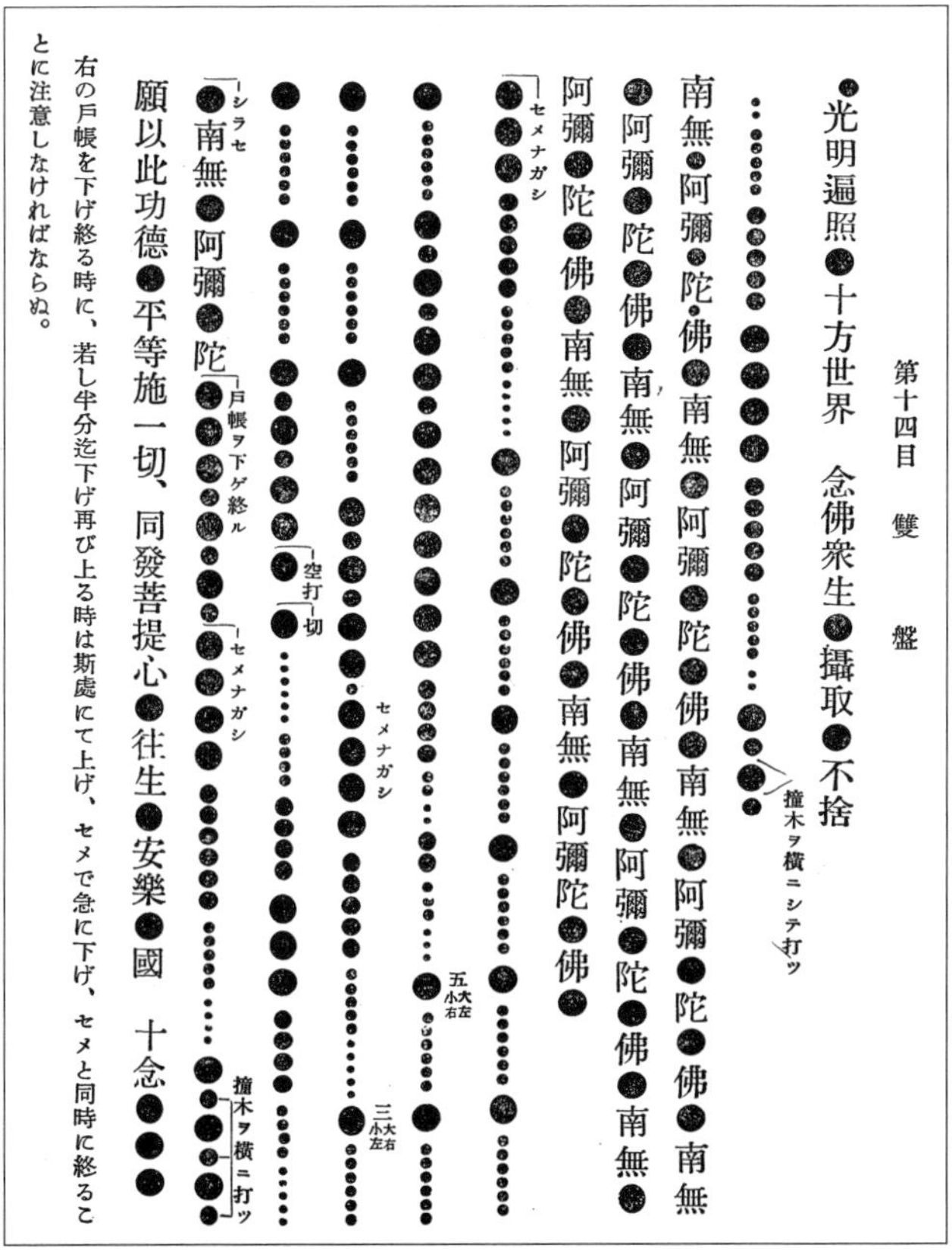

図4-7-3　『浄土宗法要儀式大観』「雙盤ノ作相」

(3) 一枚鉦ときざみ叩き

「きざみ叩き」の双盤念仏では、善光寺のように一枚鉦で叩く例が名越派の寺にもみられる（青森県外ヶ浜町玉泉寺・山形県村山市本覚寺）。一枚鉦でも双盤鉦の鏡面の叩く箇所によって音程を変えることができる。善光寺では鏡面の真ん中を叩くことを「天」、端を叩くことを「下」と言って、双盤念仏は「天下天下」と叩き分けるとしている。また名越派で念仏の後、「きざみ叩き」に入るが、善光寺の場合、天台宗では念仏を唱えないが、浄土宗では口の中で早口で唱えるとしている。

善光寺では御戸帳の開閉の他、内々陣の唐戸を開ける朝一番の鉦に一枚鉦で叩かれる。また御越年式の朝拝式に堂童子が天台僧の入堂に合わせて叩く。このように、戸帳の開閉や僧の入退堂に叩くのは、他の双盤念仏や雲版の念仏に多く見ることができ、双盤念仏の基本で役僧が合図鉦として叩かれた喚鐘に起因すると思われる。戸帳の開閉時に叩かれるのは「雷落とし」である。

また善光寺の節（第六節5）で述べたように、滋賀県野洲市報恩寺や山形県村山市の松念寺では、双盤念仏の一部に「はらい」の語を使用している。刻むように速く叩くのは「清め」であるという伝承（東京喜多見慶元寺談）もあり、きざみ叩きの意味をここに求めることもできよう。

一枚鉦については、前述したように（第一節4-（3）参照）、二枚鉦以前の一枚鉦の双盤鉦（一枚で双盤鉦というのは矛盾するが、大きな吊るし鉦をいう）の使用があったと想定できる。その双盤鉦（吊るし鉦）の使用方に念仏を伴わない合図鉦としての「きざみ叩き」があったことも考えられる。

（4）二枚鉦の発生

二枚鉦すなわち双盤鉦の発生については確たる史料はなく、次のようなことが考えられる。

①伏せ鉦が大きくなったことが考えられる。延宝八年（一六八〇）初版の菱川師宣画の『月次のあそび』の涅槃会である「しゃかの御にふめつの日」の図に、一枚の双盤念仏鉦を叩く僧の絵がある。(18) 福持は、真如堂で僧が一枚の

双盤鉦を叩いている図を提示している。[19] 百万遍の数珠繰りや東北の名越派で一枚鉦を叩いている寺がある。真如堂の図も、参詣人の供養に応じて叩いているように見える。百万遍の伏せ鉦が一枚鉦として大鉦化し、枠に吊るして鉦を横叩きするようになった可能性がある（第二節1「鎌倉光明寺」参照）。

②すでに述べたように、鎌倉光明寺の元禄一二年（一六九九）の什物帳に、二枚の双盤鉦の記述がある。二枚鉦の理由として二枚の鉦が双調・盤渉調と音程を違えて和音を醸し出すからといわれて、現在、団体参詣時に使用している鉦も音程が異なる。双盤鉦を作る過程で、盤の厚みを変えることによって音程を変えることは可能であり、「別誂音聲改」（熊本県天草市九品寺他）と墨書された鉦もある。

③融通念仏宗では如法鉦と言って伏せ鉦を一人の僧が両手で二枚同時に叩く（写真4−7−2）。一枚は阿弥陀経、一枚は如法経即ち法華経のためとしている。西山深草派（京都誓願寺）でも二枚の伏せ鉦を同様にして叩く。二枚鉦を一人の僧が叩くということが双盤念仏の叩きに共通している。

以上、三点を挙げたが、これらが複合されて二枚鉦双盤が誕生したとも考えられる。

発生時期については東京八王子の大善寺の項（第三節11）で述べたが、元禄時代前後の浄土宗諸法度の整備された時期という説を採りたい。

双盤鉦の古いものを順に並べ、さらに系統別にしてみると（表4−8−2の二）、以下のことが分かる。享保以前の鉦をみると、関東九件、関西五件で、関東が多い。関西はそのうち二件が浄厳院と知恩寺という念仏普及

写真４−７−２　融通念仏宗の二枚鉦（伏せ鉦が二枚ある）

の拠点寺院なので、一般寺院には双盤鉦が普及していなかったようだ。関東が古く、関西が後出である。茨城県瓜連の常福寺の鉦に、寛文元年（一六六一）から寛文九年（一六六九）の間に一尺二寸の一対の鉦すなわち二枚の鉦を造ったとされる記載がある（四四六頁参照）。常福寺も十八檀林の寺で、想定したように関東の十八檀林で儀軌として成立したとすれば首肯できる。

善光寺・名越派系の寺に古い鉦があり、双盤鉦成立初期には善光寺名越派で多用されたことがうかがわれる。また名越派の本山である益子の円通寺、いわき市の専称寺は檀林寺院であり、特に円通寺は善光寺とのつながりが深い。また西山浄土宗諸派にも初期の鉦が多い。このことから、双盤を使用する念仏は当初関東で広まり、全国の浄土宗寺院に波及したと考えられる。特に名越派では多用された。

(5) 二枚鉦の念仏

ではこの双盤鉦で唱えられた念仏はどのようなものであったか。前に述べたように、十夜念仏として光明寺に伝わったものは「引声阿弥陀経」で、これには双盤鉦は伴わなかった。初期の双盤念仏は僧によって唱えられたと考えられるので、双盤念仏として唱えられたのは天台宗の『例時作法』の「讃念仏」「九聲念仏」や、仏の名を繰り返し唱える「合殺《かっさつ》」、六字名号のみを繰り返す「引声念仏」などの声明が挙げられる（第七節2-(2)参照）。

鎌倉光明寺の十夜法要式の「合殺」が「六字詰め」に変わったことが確かめられるのは延享二年（一八二五）とされる。関東では八王子大善寺の双盤念仏がかなりの範囲で広まっていたと考えられる。こちらの念仏は不明であるが浄土宗の儀軌に沿ったものであろう。

大日比派[20]・清凉寺・西山浄土宗の白木念仏など、僧による二枚鉦の双盤念仏があり、南無阿弥陀仏の繰り返しであるが、このような双盤念仏が浄土宗に広くあったと考えられる。

鎌倉光明寺の十夜法要の「六字詰め」も何らかの形で「楷定念仏」とつながりがあると思えるが、伝播経路は不明である。

(6) 平鉦と役鉦

関東の双盤念仏は「役鉦」として法要中に唱えられる一方、「平鉦」は「一流れ」とか「双盤念仏」として法要の合間に遊び鉦として叩く。掛け念仏や複雑な叩きを以て芸能化し、歌念仏や奥の手と言われる念仏や叩きがある。幕末から明治大正にかけて流行し、各流派ができて競い合うようになる。

役鉦とは、役僧の叩く喚鐘のことを意味したと思われるが、このような僧の入退堂の合図鉦や、法要中の戸帳の開閉の合図を役僧に代わって在家が行うようになったからと思われる。関東では役鉦については二枚鉦で叩くところがあり、唱えは「六字詰め」とするところが多い。「六字詰め」が伝わらなかったところでは、「平鉦」や「一流れ」の各人の独唱と掛け念仏を略したものを「役鉦」としている。

民間に下った関東の「平鉦（双盤念仏）」は「座付」という念仏を初めに唱える。関西の楷定念仏の三遍返しとも浄土宗の儀軌で決めた声明の念仏ともとれるが、曲調が崩れ、独自に改変されている。関東では双盤念仏とはこの「平鉦」を指し、「双盤念仏の一流れ」といっている。法要の合間に叩く遊び鉦であり、並び鉦・多数鉦で叩く。

(7) 民間への下降――並び鉦・多数鉦の成立

次に、鉦を向かい合わせに叩く僧侶の双盤念仏が、いつどのようにして在家の行っている四枚鉦等の多数鉦で並

図4－7－4　木母寺大念仏の図（斎藤月岑『東都歳時記』天保9年〔1838〕）

んで叩くようになったのであろうか。次のような事例がある。和歌山県大川報恩講寺の例で、在家の講が一人で二枚の鉦を叩き、それが四組あり、八枚の鉦を叩いた。僧侶の二枚鉦・双盤の形を、講の人がそのまま叩くということもあった。**表4－8－2の四**にあるように、享保二年には四枚の鉦がある。

また二枚の鉦を左右に分かれて叩く形が、奈良県の興善寺と西念寺、滋賀県真野の法界寺にある。回向鉦・役鉦を二枚鉦で叩く例は多い。数は少ないが、僧侶が須弥壇の左右に分かれて叩いたとする寺（鳥取市光明寺）もあり、このような形が、並び叩きになっていった。右の玉入れと左の刻み叩きが同時に叩かれていたものが、時間をずらして叩かれるようになった。

三枚以上の鉦に年号が全て記してある寺は意外に少なく、**表4－8－2の四**にある事例しか今のところ見つからないが、関西では和歌山県大川の報恩講寺の享保二年（一七二九）、関東では喜多見慶元寺の文化五年（一八〇五）で、関西が古い。双盤念仏が在家の人が叩くようになってから、二枚鉦に加えるようにして多数鉦が成立したと思われるので、関西では享保頃、関東では文化文政期頃であろう。関東関西を問わず、民間に下降したのは役僧の代わりとして在家が関与したことで、役鉦の名はこのことに由来する。関西では「楷定念仏」の添え鉦として使われたが、双盤鉦のみの地念仏に変化していく。関東では江戸末期から明治大正にかけて流行があり、これが一般にいう狭義の「双盤念仏」であり、遊び鉦として芸能化し、各所の流派を生んだ。明治時代に斎藤真了という名人が九品仏に出て盛況を博したという。大正六年（一九一七）当時の東京神奈川の双盤講の所在は、川崎大師双盤講の資料によってうかがい知ることができる（第二節註（3）参照）。また幕末から明治にかけての双盤念仏の様子は、天保九年（一八三八）に刊行された『東都歳時記』の隅田木母寺の図（図4-7-4）や、明治三〇年（一八九七）の『風俗画報一四九号』に掲載された赤羽橋閻魔堂の図に描かれている。

註

（1）『民間念仏信仰の研究　資料編』隆文館、一九六六年、一〇一―一〇八頁。

（2）「真如堂縁起」（『続々日本絵巻物大成　五　清水寺縁起・真如堂縁起』（中央公論社、一九九四年）の所載本による。

（3）福持昌之「真如堂における十夜法要と双盤念仏」『宗教と社会』二一号、「宗教と社会」学会、二〇一五年。福持説によると、『続群書類聚』巻一四一の「伊勢系図別本」には、夢告を受けたのは貞経で、それを発展させて十日十夜の念仏にしたのが貞国であるとしている。

（4）『民間念仏信仰の研究　資料編』所載。天和二年（一六八二）、大谷大学所蔵木版本による。

（5）『天照山光明寺』（大本山光明寺、一九八六年）所載の「檀林光明寺志」による。

（6）『鎌倉市史　近世史料編二』（鎌倉市、一九八七年）一九一―二〇六頁。元禄一二年（一六九九）のものに、正徳

四年（一七一四）加筆がされている。詮誉上人とは、第五〇世信蓮社詮誉白玄上人のことである。

（7）『檀林滝山大善寺誌』（『浄土宗全書』二〇所載）。

（8）相原悦夫は、これをもって、大善寺が光明寺とは別の双盤念仏の流義を確立したとしている。「大善寺十夜の法会・縁日」『桑都民俗』四号、桑都民俗の会、一九八六年。同「瀧山大善寺の本末形成と浄土宗関東十八檀林への参入」『瀧山大善寺研究』一号、二〇〇三年。宇高良哲『関東浄土宗檀林古文書選』東洋文化出版、一九八二年。

（9）吉水大信「大本山光明寺の引声について」（『引聲　国立劇場第六回聲明公演』解説、一九七一年）に、「刻引聲阿彌陀経跋」の本文と写真を載せている。その後、ＬＰレコード『引声阿弥陀経』（吉水大信監修、大本山光明寺青年法式学会発行、一九八二年）の解説にも同文が載る。

（10）堀尾千咲「天照山永代十夜用事聚」『鎌倉』一二三号、鎌倉文化協会、一九六四年。

（11）青地幸安「天照山光明寺什物帖」『鎌倉』七九―八二号、鎌倉文化協会、一九九五～九六年。

（12）「十夜会古式」と書いてあるのは『新訂浄土宗法要集　上巻』（浄土宗総合研究所、一九九八年）による。この古式は天台宗の『例時作法』によるものと考えられる。

（13）合殺とは、仏の名を繰り返し唱えることで、釈迦牟尼仏とか阿弥陀仏と唱える声明で、現行京都真如堂の「経段〈阿弥陀経〉」のあとの合殺は「阿弥陀仏」である。天納傳中「合殺考」（『天台声明』法藏館、二〇〇〇年）参照、またＬＰレコード『念仏浄土宗声明』（註（15）参照）の解説にも、「六字詰め」が「合殺」に相当していることが説明されている。

（14）ただし「作相」は、「差定」即ち「儀礼の次第」の意味でも用いられる。名越派の譜では「双盤の作相」とあり、「差定」の意味で用いられている。

（15）ＬＰレコード『念仏浄土宗声明』は、監修知恩院執事長鵜飼隆玄で、法然上人開宗八〇〇年を記念して昭和四九年（一九七四）に出されたもので、祖山派・知恩院式衆の声明である。引声阿弥陀経の次第は天台宗の『礼時作法』にあるもので、引声阿弥陀経として浄土宗が踏襲したものである。経本に「漢音」と特別書きしてあるのは天台宗の発音に習うことを示す。

甲念仏については引声阿弥陀経の前後に唱えられるもので、乙念仏に比して「甲高い」の語にあるように、高い声で唱える（天納傳中「甲念仏について——天台声明における甲乙について——」前掲『天台声明』所収）。
(16) パンフレットに「昭和新訂　墨譜　楷定念仏　知恩院式衆会議編成（解説法泉院）」があり、五線譜が作成された。それに則して楷定念仏を唱えている寺院もあるが、古節と称して各寺独自の節で唱えているところが多い。
(17) 「第四章第三節1」参照。経本『漢音引聲阿弥陀経譜付』（一九一六年）。後藤尚孝『浄土宗の声明　資料編』（天然寺、二〇一四年）に収められている。
(18) 朝倉治彦編『日本名所図会　別巻　風俗の巻』角川書店、一九八八年。「第一節4-（3）一枚鉦」の項に掲載。
(19) 前掲（3）、福持昌之「真如堂における十夜法要と双盤念仏」。
(20) 大日比流については「第四章第一節」註（11）に記述した。

第八節　双盤念仏資料

1　双盤念仏一覧（表4－8－1）

2　双盤鉦・雲版の古鉦（表4－8－2）

3　双盤念仏・雲版の構成一覧（表4－8－3）

×は廃絶もしくは中断　※双盤鉦の数字は枚数、記載なしは不明（年号は銘のあるもののみ

鉦種類	年号	備考
双盤２	大正13年（1924）	
双盤１		津軽声明
双盤枠		旋盤用円形鉄板を代用
双盤２	安政２年（1855）	近年まで行っていた
双盤１（片版）	正徳４年（1714）	
双盤２	明和２年（1765）	
双盤２	宝永元年（1704）	_
双盤１	寛文３年（1663）	
双盤１	安永元年（1772）	
双盤２		
双盤２	嘉永６年（1853）	
双盤２	宝永７年（1710）・正徳３年（1713）	
双盤２	享保９年（1724）・嘉永５年（1852）	
双盤２	明治25年（1892）	
双盤２		
双盤１	明和９年（1772）	
双盤１	安永９年（1780）	
双盤６	大正８年（1919）１枚・他は昭和54年（1979）	
双盤１		

1　双盤念仏一覧（表4－8－1）※宗派の記入なしは浄土宗　※現状の○は存続。記載）

No	地区	寺名（宗派）	月日	現状	行事
北海道					
1	伊達市有珠町	善光寺（名越流）	9月22～24日	僧○	9月彼岸
2	江差町緑丘	阿弥陀寺（名越流）	11月	僧○	十夜
3	上ノ国町勝山	上国寺		僧×	
4	函館市船見町	称名寺	10月19日	僧×	十夜
青森県					
5	外ヶ浜町三厩	湊久庵（名越派）	不明	僧×	
6	今別町今別	本覚寺（名越派）	毎月25日・9月3日	僧○・在家○	御忌・十夜・多聞天
7	今別町今別	本覚寺境外観音堂			
8	今別町浜名	無量庵			
9	外ヶ浜町平館	玉泉寺（名越派）	3月20日・11月20日・1月20日・3月25日	僧○	御忌・十夜・正月・春秋彼岸・今光上人忌・供養毎日朝
10	外ヶ浜町下蟹田	専念寺（名越派）	毎日	僧×	
11	五所川原市十三湊	湊迎寺（名越派）		僧×	
12	青森市油川	浄満寺（名越派）		僧×	
13	黒石市京町寺町	来迎寺（名越派）		僧×	御忌・十夜
14	つがる市柏桑野木田	浄円寺（名越派）	11月14・15日	僧×	十夜
15	鰺ヶ沢町	法王寺（名越派）		僧×	
山形県					
16	大石田町	乗船寺（名越派）	3月25日・8月21日・10月20日	僧○	御忌・施餓鬼・十夜
17	村山市楯岡	本覚寺（名越派）	4月10日・8月20日・11月10日	僧○	御忌・施餓鬼・十夜
18	村山市大槇	松念寺（時宗一向派。現在、浄土宗）	8月16日・11月12日	在家○	盆白骨供養回向念仏・十夜
19	天童市山口	来運寺（名越派）	8月26日	僧○	施餓鬼

双盤2	元文元年（1736）	
双盤1		
双盤2	明治22年（1889）	
双盤2	享保11年（1726）２枚	
双盤1		
双盤1	宝永３年（1706）	
双盤2	延享２年（1745）・明治26年（1893）	
双盤2	宝永８年（1711）・安政４年（1857）	
双盤2	天保13年（1842）・弘化２年（1845）	
双盤1	万治２年（1659）	2018年時点最古の鉦。喜多方市郷土民俗館所蔵。塩川町阿弥陀寺什物
双盤2	寛延２年（1749）・宝暦２年（1752）	会津若松市融通寺末
双盤2	明和３年（1766）・明和４年（1767）	隆寛上人開基。会津大仏
双盤2	元禄８年（1695）・元禄15年（1702）	
双盤2	享保２年（1717）・宝暦14年（1764）	享保２年の鉦は旧山都町民俗資料館蔵
双盤1	元禄10年（1697）	
双盤1	寛政４年（1792）	
双盤２・半鐘	双盤年号なし（願主祐天）	半鐘元禄６年（1693）寄進祐天上人
１枚鉦		山形県村山市本覚寺より伝承
双盤1	寛保元年（1741）	白誉代（1661～69）に鋳造
双盤2	大正４年（1915）	
雲版・双盤2		縁山流
雲版・双盤2		縁山流
双盤2	正徳３年（1713）・昭和53年（1978）	小山称念寺住職が叩いた
双盤2	元禄14年（1701）	烏山善念寺什物
双盤2	文化３年（1806）・明治24年（1891）	

20	天童市五日市町	三宝寺（名越派）	9月5日	僧○	施餓鬼
21	天童市高擶	安楽寺（名越派）	8月21日	僧○	施餓鬼
22	天童市小路	仏向寺（時衆一向派。現在浄土宗）	11月18日	僧○	踊り念仏
23	山形市長町	称念寺（時宗。現在浄土宗）	9月3日	僧○	施餓鬼
24	山形市漆山	浄土院（名越派）	8月19日	僧○	施餓鬼
25	山形市中野・船町	向谷寺（名越派）	8月28日	僧○	施餓鬼
福島県					
26	喜多方市熊倉小沼	安養寺（名越派）		僧×	十夜
27	喜多方市熊倉	光明寺（名越派）	11月8日	僧○	十夜
28	喜多方市塩川町	阿弥陀寺（名越派）		僧×	
29	喜多方市柳原郷土民俗館	阿弥陀寺（名越派）			
30	喜多方市熱塩加納町	浄円寺			
31	喜多方市上三宮町	願成寺	10月10日	僧×	十夜
32	喜多方市山都町	泉福寺			
33	喜多方市山都町賢谷	源空寺			
34	北塩川村檜原	崇福寺（名越派）			
35	いわき市平山崎	専称寺	不明	僧×	不明
36	いわき市仁井田	最勝院（名越派）	5月2日・8月18日	僧×	施餓鬼
37	いわき市小名浜	浄延寺（名越派）	8月7日	僧×	施餓鬼
茨城県					
38	那珂市瓜連	常福寺		僧×	
39	小美玉市小川	台之坊薬師堂（名越派玉造照光寺末）	4月8日	在家×	花祭り
40	常総市飯沼	弘経寺	11月8日	僧○	十夜
41	常総市水海道	報国寺	11月7日	僧○	十夜
栃木県					
42	烏山市金井	善念寺（名越派円通寺末）	8月1日	僧×	施餓鬼
43	益子町七井	円通寺（名越派円通寺）		僧×	
44	小山市小薬	称念寺（名越派円通寺末）	8月17日・旧10月10日	僧○	施餓鬼・十夜

双盤７太鼓２	天明元年（1781）	
双盤	安政３年（1856）	談議あり
双盤４		
双盤４		ダギあり
双盤４	太鼓　銘明治24年（1891）	「後住《ママ》相伝」双盤念仏儀軌書あり。寄進帖明治13年（1880）
双盤台４	台の銘文化11年（1814）	
双盤５太鼓１		
双盤４		
双盤		蛇鬼式（ダギシキ）
双盤		
双盤４	太鼓天保３年（1832）伝	
双盤		
双盤４		
双盤４	２枚現存	
双盤１	嘉永２年（1849）	
双盤		
双盤２		元は薬師堂で行った
双盤２		
双盤１	天保４年（1833）	
双盤４		
双盤２		談義念仏
双盤		
双盤		
双盤２		

埼玉県					
45	和光市白子	東明寺吹上観音（臨済）	10月10～17日	在家×	十夜
46	所沢市上山口	金蔵院山口観音（真言）	10月18・19日	在家×	観音
47	所沢市荒幡	本覚院・光蔵寺（真言）	10月15日	在家×	十夜
48	所沢市上安松	長源寺（曹洞）他		在家×	十夜
49	所沢市北秋津	持明院曼荼羅堂（真言）		在家×	阿弥陀
50	所沢市久米	長久寺（時宗）		在家×	阿弥陀
51	所沢市北野上組	全徳寺（曹洞）	12月24日	在家×	薬師堂・十王堂
52	所沢市三ヶ島	薬師堂		在家×	十夜
53	所沢市三ヶ島	常楽院		在家×	十夜
54	所沢市糀谷	阿弥陀堂		在家×	阿弥陀
55	入間市宮寺	観音堂（真言）	1月17日・8月17日	在家○	観音
56	入間市坊	太子堂（修験）		在家×	聖徳太子
57	入間市新久	龍円寺（真言）	1月16日・8月16日	在家○	観音
58	入間市根岸	地蔵堂	4月14日・11月23日	在家×	地蔵
59	入間市三ツ木	馬頭観音堂	2月初午	在家×	観音
60	入間市野田	長徳寺（曹洞）		在家×	薬師
61	狭山市笹井	笹井観音堂（修験）	1月20日	在家○	観音
62	狭山市笹井	宗源寺（曹洞）	4月8日	在家○	薬師
63	狭山市上広瀬	禅竜寺（曹洞）		在家×	観音
64	飯能市落合	西光寺（曹洞）	4月12日・8月14日・10月12日	在家○	薬師
65	飯能市矢颪	浄心寺（曹洞）		在家×	薬師
66	飯能市双柳	秀常寺（真言）		在家×	観音
67	飯能市平松	円泉寺（真言）		在家×	阿弥陀
68	飯能市川寺	大光寺（真言）	4月13日・10月13日	在家×	虚空蔵

双盤 2		談義念仏・「念仏目録巻」明治元年（1868）あり
双盤 4		百万遍

双盤		
双盤 2	元禄11年（1698）・寛政 7 年（1795）	
双盤 1	文久 2 年（1862）	念仏はなく、行事のみ
双盤 1		合図鉦として叩く。鰹節発祥碑

双盤 4		
双盤		
双盤		
双盤	現存 3 枚	
双盤		
双盤	現存 3 枚。明治11年（1878）	
双盤 4		
双盤		
双盤		
双盤 4		
双盤 2		
双盤		
双盤 4	天保 9 年（1838）2 枚・明治35年（1902）2 枚	

69	飯能市川崎	普門寺（真言）	1月18日	在家×	観音
70	日高市台	円福寺（真言）		在家×	阿弥陀
千葉県					
71	木更津市中央	選択寺	8月16日・10月20日	在家×	十夜・閻魔
72	浦安市堀江	大蓮寺	11月上旬	僧○	十夜
73	千倉市北朝夷寺庭	西養寺薬師堂（真言）	旧10月10～15日	在家×	十夜
74	千倉市南千倉	東仙寺十王堂（真言）	10月12日	在家○	十夜
東京都					
75	大田区大森北（不入斗）	密厳院（真言）	1月16日	在家×	
76	大田区西糀谷	安泰寺（天台）		在家×	
77	大田区西六郷	瑞光寺（真宗）		在家×	
78	大田区西六郷（古川）	安養寺（真言）	1月15日・4月8日・8月15日	在家×	閻魔・薬師・盆
79	大田区仲六郷	東陽院（真言）	7月10日	在家×	盆
80	大田区西蒲田（蓮沼）	蓮華寺（真言）	8月17日	在家×	盆・観音
81	大田区矢口（今泉）	延命寺	7月23・24日・11月24日	在家○	盆・十夜
82	大田区鵜ノ木	光明寺	5月14日・10月14日	在家×	善導大師・十夜
83	大田区田園調布南（下沼部）	密厳院（真言）	5月21日・7月11日・9月12日	在家×	庚申・十夜
84	大田区田園調布本町（下沼部）	東光院（真言）	11月21日	在家×	十夜
85	品川区南品川（青物横丁）	願行寺	10月12～14日	僧×	十夜
86	品川区戸越	行慶寺	10月17日	僧×	十夜
87	品川区南品川	本覚寺（天台）		在家×	
88	品川区東五反田	宝塔寺（天台）	10月	在家×	十夜

双盤４	弘化４年（1847）	
双盤		
双盤１	延享２年（1745）	
双盤		
双盤		
双盤４	元禄12年（1699）３枚・文化６年（1809）	昔は双盤６枚、太鼓２張で叩いた
双盤４		
双盤４		
双盤		
双盤		
双盤		
双盤４		
双盤		
双盤		
双盤		
双盤		
双盤		
双盤		
双盤	寛政６年（1794）	現存１枚。百万遍に使用
双盤５	貞享４年（1687）・正徳４年（1714）・文化５年（1808）	４枚使用
双盤		
双盤		
伏せ鉦	正徳６年（1716）	祐天念仏
双盤１	天保12年（1841）	三州信龍寺什物・毎月15日祐天念仏（伏せ鉦）

89	品川区西五反田	徳蔵寺（天台）	7月20日・10月10日	在家×	施餓鬼・十夜
90	品川区西五反田	安楽寺（天台）	10月15日	在家×	十夜
91	品川区大井	来迎院（天台）	7月7日・10月17日	在家×	施餓鬼・十夜
92	品川区二葉	東光寺（天台）		在家×	
93	世田谷区奥沢	大音寺	10月24日	在家×	
94	世田谷区奥沢	九品仏浄真寺	5月8日・8月14日・11月14日	在家○	千部供養・お面かぶり・十夜
95	世田谷区深沢	医王寺（真言）	1月28日・3月28日・11月30日	在家×	不動・十夜
96	世田谷区用賀	無量寺	10月18日	在家×	十夜
97	世田谷区瀬田	行善寺	10月27日	在家×	十夜
98	世田谷区瀬田	法徳寺	11月4日	在家×	十夜
99	世田谷区尾山台	伝乗寺		在家×	十夜
100	世田谷区下馬	西澄寺（真言）	11月12日・1月5月9月の12日	在家×	薬師・十夜
101	世田谷区代沢	森厳寺	10月15日	在家×	十夜
102	世田谷区太子堂	教学院（真言）	1月16日・8月16日	在家×	閻魔
103	世田谷区赤堤	密蔵院（真言）	7月18日	在家×	観音
104	世田谷区赤堤	西福寺（真言）	3月21日	在家×	彼岸
105	世田谷区用賀	真福寺（真言）	1月15日	在家×	大日如来
106	世田谷区桜ヶ丘	久成院（天台）	3月15日	在家×	百万遍
107	世田谷区弦巻	浄光院	10月20日	在家×	十夜
108	世田谷区喜多見	慶元寺	11月24日	在家○	十夜
109	世田谷区世田谷	大吉寺	10月17日	在家×	十夜
110	世田谷区世田谷	浄光寺	10月20日	在家×	十夜・百万遍
111	目黒区上目黒	寿福寺（天台）	10月10日	在家×	十夜
112	目黒区下目黒（行人坂）	大圓寺（天台）			

双盤		
雲版　双盤6	4枚平成12年（2000）・1枚大正8年（1919）（品川法禅寺什物・貸座敷中）	本堂僧雲版双盤2枚・山門脇在家4枚鉦
双盤2		『風俗画報』（1897年刊）に図あり
双盤2		山本康彦
双盤		
双盤2		大河内義雄
双盤		
双盤		
双盤	明治30年（1897）	現存3枚
双盤4		
双盤		
双盤		
双盤		
双盤		
双盤5	寛政6年（1794）2枚・文政4年（1821）・明治31年（1898）	使用4枚。文化13年（1816）浅草寺念仏堂関連文書あり
双盤		
双盤		
双盤	寛延元年（1748）	
双盤	文久元年（1861）	
双盤		
双盤4	明治25年（1892）	
双盤4	寛政8年（1796）2枚	
双盤4	天明4年（1784）・太鼓嘉永5年（1852）	
双盤		
ドラ鉦		ジャンガン・双盤鉦は供出

113	渋谷区東	福昌寺（曹洞）	1月16日・7月16日	在家×	閻魔
114	港区芝公園	増上寺	4月4～6日	僧○ 在家○	御忌
115	港区芝公園	赤羽橋閻魔堂	1月16日	在家×	閻魔
116	港区白金	西光寺	10月19日	僧×	十夜
117	台東区浅草	浅草寺（天台）念仏堂	10月18日（大正12年まで）	僧×・ 在家×	十夜
118	墨田区吾妻橋	霊光寺	11月3日	僧○	十夜
119	墨田区堤通	木母寺（天台）	3月15日	在家×	梅若忌
120	文京区大塚	護国寺（真言）		在家×	閻魔
121	豊島区池袋本町	重林寺（真言）		在家×	不動
122	豊島区長崎	金剛院	10月17・18日	在家×	観音堂
123	新宿区新宿	太宗寺	7月16日	在家×	閻魔
124	中野区新井	新井薬師梅照院（真言）	8日	在家×	薬師
125	中野区若宮	福蔵院（真言）		在家×	十夜講
126	調布市深大寺	深大寺（天台）	1月3日	在家×	元三大師
127	府中市白糸台（車返し）	本願寺	11月20日・12月31日	在家○	十夜
128	西東京市田無	持宝院（真言・修験）	12月23日	在家×	冬至祭
129	国分寺市西元町	武蔵国分寺（真言）	9月18日	在家×	オコモリ
130	日野市栄町	成就院東光寺（真言）		在家×	薬師
131	日野市日野本町	大昌寺	10月6日	在家×	十夜
132	立川市柴崎町	普済寺（臨済）		在家×	施餓鬼会
133	昭島市拝島	拝島大師本覚院（天台）	1月2・3日	在家×	元三大師
134	昭島市拝島	大日堂（天台）	1月2・3日	在家×	大日如来
135	昭島市大神町	観音寺（天台）薬師堂	9月11日・地蔵堂8月24日	在家×	薬師・地蔵
136	瑞穂町殿ヶ谷	福正寺（臨済）		在家×	観音
137	羽村市川崎	宗禅寺（臨済）		在家×	施餓鬼・薬師

双盤４	寛保２年（1742）伝	
双盤	元文５年（1740）２枚	
双盤４	文政11年（1828）・太鼓天保６年（1835）	鐘刻文元禄10年（1697）。十夜別時諷誦文回向
双盤３	天保13年（1842）３枚	
双盤２	文化２年（1805）	昔は４枚あった。当麻無量光寺
双盤４	太鼓銘文化11年（1814）	
双盤２	寛政４年（1792）	昔３枚あった
双盤		
双盤４		
双盤		ダギあり
双盤		
双盤４	文政５年（1822）	「後住《ママ》相伝」双盤念仏儀軌書。談義あり
双盤		
双盤１	天保９年（1838）	八王子極楽寺末
双盤２	享保15年（1730）２枚	不動堂・八王子大善寺末
双盤２	安永８年（1779）	八王子大善寺末
双盤２	慶応２年（1866）	
双盤２		ぎょう念仏

雲版 双盤８	雲版延享４年（1747）・双盤　昭和61年（1986）４枚（山門用）。昭和28年（1958）２枚	引声は僧・雲版。在家十夜の時は山門で在家の双盤。別に僧の叩く雙盤念仏あり
雲版のみ		
雲版のみ		
雲版のみ		
雲版のみ	雲版昭和12年（1937）	双盤鉦１枚現存
雲版のみ		
雲版のみ		

138	八王子市大横町	大善寺	10月13～15日	僧×・在家×	十夜
139	八王子市小宮町	東福寺（天台）粟の須観音	8月10日	在家×	笛継観音
140	あきる野市二宮	玉泉寺（天台）	10月15日	在家×	十夜
141	日の出町大久野	西徳寺（曹洞）	8月16日	在家○	馬頭観音
142	青梅市勝沼町	乗願寺（時宗）	11月23日	在家○	十夜
143	武蔵村山市三ツ木	宿薬師堂（曹洞）	10月8・12・24日	在家○	十夜
144	武蔵村山市中藤	萩の尾薬師（曹洞）	10月12日	在家×	十夜
145	東久留米市小山	大円寺（天台）		在家×	
146	清瀬市野塩	円福寺（曹洞）薬師堂	1月5月9月の8・12日	在家×	薬師
147	東村山市恩田町	大泉寺・地蔵堂		在家×	地蔵
148	東村山市野口町	正福寺地蔵堂・薬師堂（臨済）		在家×	地蔵・薬師
149	東村山市久米川町	梅岸寺・阿弥陀堂（曹洞）		在家×	阿弥陀
150	東村山市秋津町	花見堂		在家×	
151	町田市本町田	養運寺	10月17日	在家×	十夜
152	町田市原町田	勝楽寺	毎月28日	在家×	
153	町田市木曽町	傳重寺		在家×	
154	町田市三輪町	高蔵寺（真言）		在家×	
155	神津島村	濤響寺	11月24日	僧○	十夜
神奈川県					
156	鎌倉市材木座	光明寺	10月12～14日・7月開山忌	在家○	十夜・開山忌
157	逗子市小坪	小坪寺		在家×	十夜
158	葉山町堀内	清浄寺	10月27日	在家○	十夜
159	葉山町堀内	相福寺	11月1日	在家○	十夜
160	葉山町真名瀬	光徳寺	10月23日	在家○	十夜
161	葉山町下山口	万福寺	11月23日	在家○	十夜
162	葉山町上山口	新善光寺	10月30日	在家○	十夜

雲版のみ	雲版享保３年（1718）	銘文に「十夜念仏開闢昇蓮社進誉上人春覚和尚」とあり
雲版のみ	雲版台明治23年（1890）	
雲版のみ	太鼓台大正10年（1923）	
雲版のみ		
雲版・双盤4		
雲版のみ		
雲版・双盤4		
雲版のみ		
雲版・双盤4	双盤天保13年（1842）・元治元年（1864）	
雲版のみ	雲版文化13年（1816）	
雲版・双盤2	明治34年（1901）	
雲版・双盤2		
雲版のみ		
双盤１太鼓1		
雲版のみ	延享元年（1744）	
雲版・双盤3	安永７年（1778)、元専念寺蔵、万延元年(1860)、元光明寺蔵	
双盤３		
雲版・双盤3		
雲版・双盤3		
雲版・双盤4	文化５年（1808）・文化10年（1813）２枚・文政10年（1827)、雲版明治13年（1880）	浜施餓鬼あり
雲版・双盤4	宝暦３年（1753）	光民流
雲版・双盤4		光民流

163	横須賀市秋谷	正行院	11月3日	在家○	十夜
164	横須賀市芦名	浄楽寺	10月19日	在家○	十夜
165	横須賀市芦名	南光院	10月24日	在家○	十夜
166	横須賀市林	満宗寺	10月27日	在家○	十夜
167	横須賀市長坂	無量寺	11月5日	在家○	十夜
168	横須賀市佐島	福本寺	11月13日	在家○	十夜
169	横須賀市長井	不断寺	10月24・25日	在家○	十夜
170	横須賀市長井	長井寺	10月23日	在家○	十夜
171	横須賀市武	東漸寺	11月2日	在家○	十夜
172	三浦市和田	天養院	11月3日	在家○	十夜
173	三浦市三戸	福泉寺	11月10日	在家○	十夜
174	三浦市三戸	霊川寺	10月18日	在家○	十夜
175	三浦市三戸	光照寺	10月29日	在家○	十夜
176	三浦市網代	真光院	11月12日	在家○	十夜
177	三浦市三崎	光念寺	11月4日	在家○	十夜
178	三浦市金田	円福寺	10月30日	在家○	十夜
179	三浦市菊名	永楽寺	11月13日	在家○	十夜
180	三浦市上宮田	十劫寺	10月20日	在家○	十夜
181	三浦市上宮田	三樹院	11月17日	在家○	十夜
182	横須賀市津久井	法蔵院	11月8日	在家○	十夜
183	横須賀市久里浜	長安寺	10月28日	在家○	十夜
184	横須賀市久里浜	伝福寺	11月10日	在家○	十夜
185	横須賀市久村	正業寺	10月22日	在家×	十夜
186	横須賀市久比里	宗円寺	11月11日	在家×	十夜

雲版・双盤4		
雲版のみ		
雲版・双盤3		
雲版・双盤4	雲版天明4年（1784）・双盤文政7年（1824）	鰹漁船銘文あり
双盤1		数珠繰り
双盤4	正徳4年（1714）・天保6年（1835）	
雲版・双盤4	雲版寛政7年（1795）、双盤正徳3年（1713）2枚・嘉永5年（1852）2枚	歌念仏あり
雲版・双盤4	明治30年（1897）太鼓	
雲版・双盤4	明治5年（1872）太鼓	
雲版・双盤4		
双盤3		
双盤2		
双盤3	双盤嘉永3年（1850）・太鼓嘉永5年（1852）	
双盤		
双盤4		
双盤4		
双盤4	双盤明治21年（1888）・太鼓嘉永5年（1852）	徳本講

187	横須賀市鴨居	西徳寺	11月７日	在家○	十夜
188	横須賀市大津	信楽寺	11月３日	在家○	十夜
189	横須賀市上町	聖徳寺	10月19日	在家○	十夜
190	横須賀市追浜	良心寺	10月25日	在家○	十夜
191	横須賀市浦郷	正観寺	11月３日	在家○	十夜
192	横浜市磯子区峰町	阿弥陀寺	10月17日	在家×	十夜
193	横浜市磯子区中原	願行寺		在家×	
194	横浜市磯子区栗木	金台寺		在家×	
195	横浜市港南区港南	正覚寺	10月25日	在家○	十夜
196	横浜市戸塚区深谷町	専念寺	10月８日	在家○	十夜
197	横浜市戸塚区原宿町	大運寺		在家×	
198	横浜市泉区中田町	中田寺	10月26日	在家○	十夜
199	横浜市旭区本村町	三仏寺	10月27日	在家○	十夜
200	横浜市旭区本宿町	浄性院		在家×	
201	横浜市旭区上川井町	長源寺		在家×	
202	横浜市鶴見区生麦	正泉寺（真言）	７月13日	在家○	盆
203	横浜市鶴見区生麦	慶岸寺	７月第４日曜	在家×	浜施餓鬼
204	横浜市鶴見区鶴見	東福寺（真言）	４月第１日曜	在家×	
205	横浜市鶴見区矢向	良忠寺	11月２日	僧×	十夜
206	横浜市港北区菊名	蓮勝寺	11月２日	在家×	十夜
207	横浜市都筑区荏田東	心行寺		在家×	
208	横浜市緑区寺山町	慈眼寺（真言）	３月彼岸	在家○	彼岸観音堂
209	横浜市青葉区市ケ尾町	地蔵堂（真言）	11月30日	在家○	地蔵
210	横浜市青葉区荏田町	真福寺（真言）	４月８日・８月17日	在家○	薬師

双盤		
双盤５	昭和35年（1960）３枚・平成26年（2014）２枚	引帳念仏用２枚、双盤念仏用３枚
双盤２	貞享４年（1687）１枚・享保２年（1717）１枚	使途不明
双盤４	昭和35年（1960）	川崎大師双盤講の昭和町在住者
双盤		
双盤		
双盤４	明和８年（1771）２枚・文政５年（1822）	
双盤	天保９年（1838）	
双盤４		
双盤		
双盤２		
双盤４	享保元年（1716）・太鼓嘉永６年（1853）	
双盤４		
双盤		
双盤		
双盤		
双盤４		
双盤２	寛政８年（1796）・宝暦13年（1763）	弾誓上人
双盤１	明和３年（1766）	
双盤		
双盤		
双盤２		
双盤		
双盤２		
双盤		
双盤１		百万遍数珠繰り一枚鉦
双盤		

211	横浜市青葉区元石川町	陣願堂（真宗）		在家×	地蔵堂
212	川崎市川崎区大師町	川崎大師（真言）	3月21日・5月21日・9月21日引張念仏。他毎月	在家○	御影供・不動・赤札
213	川崎市川崎区殿町	法栄寺（天台）		不明	
214	川崎市川崎区昭和町	町内会館観音堂	6月第3日曜	在家○	観音四万六千日
215	川崎市高津区千年	能満寺（天台）	11月24日	在家×	
216	川崎市宮前区野川	影向寺（天台）	11月18日	在家×	薬師
217	川崎市多摩区宿河原	龍安寺	11月7日	在家×	十夜
218	川崎市多摩区菅北浦	薬師堂（天台）	11月22日	在家×	薬師
219	相模原市当麻	無量光寺（時宗）	10月23日・1月1日	在家○	開山忌・元旦
220	相模原市当麻	観心寺（時宗）	10月19日他	在家×	
221	相模原市下溝	清水寺（曹洞）	4月8日	在家×	観音
222	大和市上和田	信法寺薬王院	9月8日	在家○	薬師
223	座間市座間	宗仲寺	11月10日	在家×	十夜
224	厚木市妻田	西福寺	11月7日	在家×	
225	厚木市温水	源正寺		在家×	薬師
226	厚木市船子	観音寺	11月15日	在家×	観音
227	厚木市酒井	法雲寺	10月30日	在家○	薬師
228	伊勢原市桜台	三福寺		在家×	
229	伊勢原市一の沢	浄発願寺		僧×	
230	秦野市鶴巻北	西光寺	10月5日	在家×	
231	寒川町倉見	行安寺	10月19日	在家×	
232	藤沢市長後	泉龍寺		在家×	
233	茅ヶ崎市南湖	西運寺	10月8日	僧○	十夜
234	平塚市須賀	海宝寺	10月15日	在家×	
235	平塚市四之宮	大念寺	10月10日	僧○	十夜
236	大磯町大磯	大運寺	10月20日	在家×	
237	二宮町二宮	知足寺	10月19日	僧○	十夜
238	小田原市小八幡	三宝寺	10月8日	在家×	

双盤２	元禄６年（1693）２枚	弾誓上人・高声念仏
双盤２	元文３年（1738）	きざみ叩き
双盤２	正徳４年（1714）	きざみ叩き
双盤８	延宝５年（1667）・元禄５年（1692）他	きざみ叩き
双盤２	宝暦７年（1757）	踊り念仏
双盤１	安永４年（1775）	六字詰め念仏
双盤１	享保11年（1726）	
雲版　双盤２吊るし鉦	双盤２枚元禄４年（1691）・安永７年（1778）	楷定念仏
雲版　双盤１		
雲版　双盤１		
雲版　双盤１		
雲版　双盤６・太鼓支え台	双盤６枚は宝永４年（1707）、他は平成元年（1989）・寛政４年（1792）	
雲版　双盤３・半鐘	３枚内１枚宝暦５年（1755）・宝暦９年（1759）・延宝８年（1680）	
雲版・双盤５	延享３年（1746）・明和７年（1770）・宝暦５年（1755）・昭和31年（1956）・昭和35年（1960）	
雲版　双盤５・支え台	正徳５年（1715）。昭和11年（1936）４枚、銘なし１枚・文政５年（1822）・文化３年（1806）	
雲版　双盤２	享保20年（1735）２枚・元文５年（1737）・弘化３年（1846）	
雲版　双盤３		
雲版　双盤８		
雲版　双盤４	１枚銘なし。昭和32年（1957）２枚。昭和24年（1949）１枚	

239	箱根町塔之沢	阿弥陀寺	10月第４日曜	僧×	
山梨県					
240	甲府市善光寺	甲斐善光寺	４月	僧○	開帳
長野県					
241	飯田市座光寺	元善光寺	２月・４月	僧○	節分・開帳
242	長野市元善町	善光寺	年間	僧○	開帳他
243	佐久市跡部	西光寺	不明	僧×	不明
三重県					
244	伊賀市下友田	森紅寺	８月	僧○	施餓鬼
245	伊賀市西湯船	平泉寺	８月	僧○	施餓鬼
滋賀県					
246	近江八幡市安土慈照寺	安土浄厳院	10月９日	僧○・在家○	十夜
247	近江八幡市鷹飼町	法恩寺	11月	僧○	十夜
248	近江八幡市野田町	法泉寺	12月	僧×	十夜
249	近江八幡市浅小井	正寿院	10月18・19日	在家×	十夜
250	竜王町山之上	西光寺	５月末日・11月	在家○	御忌・十夜・両彼岸
251	野洲市南桜	報恩寺	10月14日	在家○	十夜
252	野洲市市三宅	安楽寺	３月24・25日	在家○	御忌
253	守山市小浜	称名院	５月15日	在家○	御忌
254	湖南市甲西町	正福寺	４月29日・11月29日	在家○	御忌・十夜
255	甲賀市信楽町宮川	法性寺	６月２日	在家○	御忌
256	甲賀市水口町城東	心光寺	７月５日	在家○	呑龍上人縁日
257	栗東市上砥山	浄西寺	11月第３日曜	在家○	十夜

雲版　双盤2	弘化2年（1845）・大正7年（1918）	
双盤1	宝暦6年（1756）	
双盤2	宝暦12年（1762）、昭和8年（1933）	六斎念仏あり
双盤8枚	8枚の内6枚明治19年（1886）、一番鉦銘なし、八番鉦昭和60年（1985）	衣装箱・慶応元年（1865）
双盤2	宝永5年（1708）（追刻、享保14年〔1729〕）享保20年（1735）	
双盤4	昭和36年（1961）	在家楷定念仏奉納。野洲組甲賀組の在家が行う
双盤2	安永7年（1778）・文化4年（1807）	
双盤4	天保7年（1836）・享保元年（1716）	西光寺の銘あり・引声念仏
双盤2	明和3年（1766）・享保21年（1736）	白木念仏
双盤10 双盤台	1枚宝暦2年（1752）・他9枚明治32年（1899）・昭和29年（1954）	
双盤8	8枚の内6枚明治19年（1886）、一番鉦銘なし、八番鉦昭和60年・慶応元年（1865）	
双盤1		
伏せ鉦1	安永4年（1775）	念仏で踊った。伏せ鉦が双盤枠に吊り下げられている
双盤2		
双盤鉦4	元文3年（1738）・2枚昭和28年（1953）再鋳造	
双盤2	享保12年（1727）	
双盤2	明治13年（1880）	

258	栗東市東坂	阿弥陀寺	不明	在家×	
259	米原市番場	蓮華寺（時宗一向派）	不明	僧×	
260	大津市堅田町真野	法界寺		在家×	彼岸・盆・御忌・十夜
京都府					
261	京都市左京区浄土寺真如町	真正極楽寺（真如堂）（天台宗）	11月5～15日	在家○	十夜
262	京都市左京区田中門前町	百万遍知恩寺	毎月15日	僧○	百万遍大念珠繰り
263	京都市東山区林下町	知恩院	4月	在家○	御忌
264	京都市中京区新京極桜之町	誓願寺（西山深草派）		在家×	十夜
265	京都市右京区嵯峨釈迦堂藤ノ木	清凉寺	4月19日	僧○	お身拭い
266	向日市粟生	粟生光明寺（西山浄土宗）	4月25日・10月26日	僧○	法然上人御忌・西山忌
267	久御山町東一口	安養寺	3月18日に近い土日	在家○	春祭（観音の開帳）
268	大山崎町円明寺	長福寺（西山浄土宗）	春秋彼岸・11月	在家○	十夜
269	京田辺市天王	極楽寺	11月14日	在家○	十夜
270	城陽市奈島久保野	深廣寺		在家×	御忌・十夜
大阪府					
271	大阪市平野区平野上町	大念仏寺（融通念仏宗）	1・5・9月16日	僧○	百万遍
272	阪南市自然田	瑞宝寺	彼岸中日・8月3日・8月15日・8月24日・11月23日・毎月25日	在家○	施餓鬼・盆・盆踊り・十夜・元祖講
兵庫県					
273	加古川市東神吉町神吉	常楽寺（西山禅林寺派）		在家○	春秋彼岸・十夜
274	加古川市神吉大国	常福寺（西山禅林寺派）	不明	×	

双盤２	宝永６年（1709）	
双盤２	享保10年（1725）	
双盤８	宝永７年（1710）・享保２年（1717）２枚・享保７年（1722）・文政４年（1821）	
双盤２	戦後のもの	
双盤鉦１	宝暦８年（1758）	
双盤鉦４	１枚正徳５年（1715）、他昭和41年（1966）２枚、昭和56年（1981）１枚	
双盤８	正徳４年（1714）・寛保３年（1743）・宝暦８年（1758）・文化３年（1806）２枚・明和３年（1766）・天明２年（1782）・他年号なし	
双盤鉦５	寛政２年（1790）２枚・文化３年（1806）・文化５年（1808）・文化15年（1818）	
双盤１	正徳５年（1715）	
双盤１	享保13年（1728）	百万遍数珠繰りで唱える
双盤13	享保５年（1720）１枚・嘉永７年（1854）１枚・昭和37年（1962）８枚・平成４年（1992）３枚	以《い》八《はち》上人の四十八夜念仏
双盤２	平成８年（1996）	
双盤１	天保５年（1834）	
双盤２	正徳４年（1714）	
双盤２		
双盤２	享保17年（1732）	
双盤２	延享５年（1748）・文化元年（1804）	

275	加古川市加古川町平野	龍泉寺（西山禅林寺派）	不明	×	
奈良県					
276	奈良市柘植白石	興善寺（融通念仏宗）	8月6日・15日・8月24日・11月10日	在家○	施餓鬼・地蔵盆・十夜
277	天理市福住	西念寺（融通念仏宗）	11月13日	在家○	十夜
和歌山県					
278	和歌山市大川	報恩講寺（西山浄土宗）	11月22～24日	在家×	円光大師大会式
279	和歌山市梶取	総持寺（西山浄土宗）	4月14日	在家×	善導忌
280	和歌山市鳴神	阿弥陀寺	不明	×	
281	海南町下津大窪	地蔵寺（西山浄土宗）	5月7日・春秋彼岸	在家○	施餓鬼・巡回説教時
282	海南市下津大崎	常行寺	不明	在家×	
283	有田市糸賀	得生寺（西山浄土宗）	5月15日	在家×	二十五菩薩来迎会
284	湯浅町湯浅	深専寺（西山浄土宗）	不明	×	
岡山県					
285	久米南町	誕生寺	4月第3日曜	僧○	二十五菩薩来迎会
鳥取県					
286	鳥取市湖山町	栖岸寺	4月第2金土日（3年ごと）	在家○	一千日回向
287	鳥取市寺町	光明寺		僧×	
288	境港市竹内	大同寺	3月2日	在家×	悪疫退散
福岡県					
289	北九州市香月	吉祥寺（鎮西派）	4月27～29日	僧○	鎮西上人忌
290	久留米市善導寺町	善導寺（鎮西派）	10月15日	僧○	十夜
熊本県					
291	熊本市池田町	往生院（鎮西派）	4月29日	僧×	鎮西忌
292	天草市栖本	円性寺（鎮西派）	4年に1回	僧×	常念仏回向

双盤２	安永３年（1774）	
双盤２	天明４年（1784）	
双盤２	明治32年（1899）	長念仏墨書に「音聲改」とある
双盤２	昭和23年（1948）	
双盤１	大正10年（1921）	

293	天草市河浦	崇円寺（鎮西派）	4年に1回	僧×	四十八夜念仏
294	天草市河浦	信福寺（鎮西派）	1月25日	僧○・在家	御忌、彼岸・十夜・虫追い
295	天草市有明大浦	九品寺（鎮西派）	10月5～15日	僧○・在家	十夜
296	天草市牛深	無量寺（鎮西派）	不明	×	
297	天草市倉岳町柵底	江岸寺（鎮西派）	6月	僧×・在家	十夜・虫供養

※東京都下の一部（128-135、138-139、145-159）は、小峰孝男『民俗芸能としての双盤念仏』（2012年）から作成した。

2　双盤鉦・雲版の古鉦（表4―8―2）　※宗派の記入がないものは浄土宗。

一　双盤鉦年代順

万治二年（一六五九）　福島県喜多方市塩川　阿弥陀寺（名越派）一枚
寛文元年～九年（一六六一～六九）茨城県那珂市瓜連　常福寺　二枚　寛保元年（一七四二）の鉦の銘に記載あり
寛文三年（一六六三）　青森県今別市浜名　無量庵　一枚
貞享四年（一六八七）　神奈川県川崎市殿町　法栄寺　一枚
貞享四年（一六八七）　東京都世田谷区喜多見　慶元寺　一枚
元禄四年（一六九一）　滋賀県近江八幡市安土　浄厳院（楷定念仏）二枚
元禄五年（一六九二）　長野市善光寺（内陣）一枚
元禄六年（一六九三）　福島県いわき市　最勝院（名越派祐天上人）二枚　年号は半鐘の銘より
元禄六年（一六九三）　神奈川県箱根町塔之沢　阿弥陀寺（弾誓上人）二枚
元禄八年（一六九五）　福島県山都町　泉福寺　一枚
元禄一〇年（一六九七）　福島県北塩原村檜原　崇徳寺　一枚
元禄一一年（一六九八）　千葉県浦安市　大蓮寺　一枚
元禄一二年（一六九九）　鎌倉光明寺什物帳に惣番鐘（双盤鉦）二挺の記載あり
元禄一二年（一六九九）　東京都世田谷九品仏　浄真寺　二枚
元禄一四年（一七〇一）　栃木県益子町　円通寺（名越派）二枚
元禄一五年（一七〇二）　福島県山都町　泉福寺　一枚
宝永元年（一七〇四）　青森県今別町　本覚寺境外観音堂　二枚

宝永三年（一七〇六）　山形市船町　向谷寺（名越派）一枚
宝永四年（一七〇七）　滋賀県竜王町　西光寺（浄厳院系）一枚
宝永五年（一七〇八）　京都市左京区百万遍知恩寺　一枚
宝永六年（一七〇九）　兵庫県加古川市　龍泉寺（西山禅林寺派・善光寺関係）二枚
宝永七年（一七一〇）　和歌山市大川　報恩講寺（西山浄土宗）一枚
宝永七年（一七一〇）　青森市油川　浄満寺（名越派）一枚
宝永八年（一七一一）　福島県喜多方市熊倉　光明寺（名越派）一枚
正徳二年（一七一二）　長野市　善光寺（内陣）一枚
正徳三年（一七一三）　栃木県烏山市　善念寺（名越圓通寺派）一枚
正徳三年（一七一三）　神奈川県横浜市港南区　正覚寺　一枚
正徳三年（一七一三）　青森市油川浄満寺（名越派）一枚
正徳四年（一七一四）　和歌山県海南市下津大窪　地蔵寺（西山浄土宗）一枚
正徳四年（一七一四）　和歌山県海南市下津大崎　常行寺　一枚
正徳四年（一七一四）　東京都世田谷区喜多見　慶元寺　一枚
正徳四年（一七一四）　神奈川県横浜市磯子区　阿弥陀寺　一枚
正徳四年（一七一四）　青森県外ヶ浜町三厩　湊久庵（名越派）一枚
正徳四年（一七一四）　福岡県北九州市香月　吉祥寺（名越派祐天上人）二枚
正徳四年（一七一四）　長野県飯田市　元善光寺　一枚
正徳五年（一七一五）　和歌山県湯浅町　深専寺（西山浄土宗）一枚

正徳五年（一七一五）　滋賀県東近江市八日市場　弘誓寺　一枚（守山市称名院蔵）
享保元年（一七一六）　京都市右京区釈迦堂　清凉寺　二枚
享保元年（一七一六）　神奈川県大和市和田　信法寺薬王院　一枚
享保二年（一七一七）　和歌山市大川　報恩講寺　二枚
享保二年（一七一七）　福島県山都町　源空寺　一枚
享保三年（一七一八）　滋賀県水口町　心光寺　一枚
享保九年（一七二四）　青森県黒石市京町字寺町　来迎寺　一枚
享保一〇年（一七二五）　奈良市都祁白石　興善寺（融通念仏宗）二枚
享保一一年（一七二六）　三重県伊賀市　西湯船　平泉寺　一枚
享保一二年（一七二七）　兵庫県加古川市　神吉　常楽寺（西山禅林寺派）二枚
享保二〇年（一七三五）　滋賀県湖南市甲西町　正福寺　二枚

二　系統別年代順

a　関東地方

寛文元年～九年（一六六一～六九）茨城県那珂市瓜連　常福寺　二枚　寛保元年（一七四二）の鉦の銘に記載あり
貞享四年（一六八七）　東京都世田谷区喜多見　慶元寺　一枚
貞享四年（一六八七）　神奈川県川崎市殿町　法栄寺　一枚
元禄六年（一六九三）　神奈川県箱根町塔之沢　阿弥陀寺（弾誓上人）二枚
元禄一一年（一六九八）　千葉県浦安市　大蓮寺　一枚

元禄一二年（一六九九）　東京都世田谷九品仏　浄真寺　二枚
正徳三年（一七一三）　神奈川県横浜市港南区　正覚寺　一枚
正徳四年（一七一四）　東京都世田谷区喜多見　慶元寺　一枚
正徳四年（一七一四）　神奈川県横浜市磯子区　阿弥陀寺　一枚
享保元年（一七一六）　神奈川県大和市和田　信法寺薬王院　一枚

b　関西地方

元禄四年（一六九一）　滋賀県近江八幡市安土　浄厳院（楷定念仏）二枚
宝永四年（一七〇七）　滋賀県竜王町　西光寺（浄厳院系）一枚
宝永五年（一七〇八）　京都市左京区百万遍　知恩寺　一枚
正徳四年（一七一四）　和歌山県海南市下津大崎　常行寺　一枚
正徳五年（一七一五）　滋賀県東近江市八日市場　弘誓寺　一枚（守山市称名院蔵）
享保元年（一七一六）　京都市右京区釈迦堂　清凉寺　二枚
享保二年（一七一七）　和歌山市大川　報恩講寺　二枚
享保三年（一七一八）　滋賀県水口町　心光寺　一枚
享保一〇年（一七二五）　奈良市都祁白石　興善寺（融通念仏宗）二枚
享保一一年（一七二六）　三重県伊賀市西湯船　平泉寺　一枚
享保二〇年（一七三五）　滋賀県湖南市甲西町　正福寺　二枚

c　西山派浄土宗

宝永六年（一七〇九）　兵庫県加古川市　龍泉寺（西山禅林寺派・善光寺関係）二枚

宝永七年（一七一〇）　和歌山市大川　報恩講寺（西山浄土宗）一枚
正徳四年（一七一四）　和歌山県海南市下津大窪　地蔵寺（西山浄土宗）一枚
正徳五年（一七一五）　和歌山県湯浅町　深専寺（西山浄土宗）一枚
享保一二年（一七二七）　兵庫県加古川市神吉　常楽寺（西山禅林寺派）二枚

d　善光寺・名越派

万治二年（一六五九）　福島県喜多方市塩川　阿弥陀寺（名越派）一枚
寛文三年（一六六三）　青森県今別市浜名　無量庵（名越派）一枚
元禄五年（一六九二）　長野市　善光寺（内陣）一枚
元禄六年（一六九三）　福島県いわき市　最勝院（名越派祐天上人）　二枚（半鐘の銘より）
元禄八年（一六九五）　福島県山都町　泉福寺　一枚
元禄一〇年（一六九七）　福島県北塩原村檜原　崇徳寺（名越派）一枚
元禄一四年（一七〇一）　栃木県益子町　円通寺（名越派）二枚
元禄一五年（一七〇二）　福島県山都町　泉福寺　一枚
宝永元年（一七〇四）　青森県今別町　本覚寺境外観音堂（名越派）二枚
宝永三年（一七〇六）　山形市船町　向谷寺（名越派）一枚
宝永七年（一七一〇）　青森市油川　浄満寺（名越派）一枚
宝永八年（一七一一）　福島県喜多方市熊倉　光明寺（名越派）一枚
正徳二年（一七一二）　長野市　善光寺（内陣）一枚
正徳三年（一七一三）　栃木県烏山市　善念寺（名越圓通寺派）一枚

正徳三年（一七一三）　青森市油川　浄満寺（名越派）一枚
正徳四年（一七一四）　青森県外ヶ浜町三厩　湊久庵（名越派）一枚
正徳四年（一七一四）　福岡県北九州市香月　吉祥寺（名越派祐天上人）二枚
正徳四年（一七一四）　長野県飯田市　元善光寺　一枚

三　雲版

延宝五年（一六七七）　長野市　善光寺（妻戸）
享保三年（一七一八）　神奈川県横須賀市　秋名　正行院
延享元年（一七四四）　神奈川県三浦市三崎　光念寺
延享三年（一七四六）　滋賀県野洲市三宅　安楽寺
延享四年（一七四七）　神奈川県鎌倉市　光明寺
宝暦九年（一七五九）　滋賀県野洲市南桜　報恩寺

四　双盤多数鉦（三枚以上の鉦）の出現

和歌山市大川　報恩講寺　宝永七年（一七一〇）一枚・享保二年（一七一七）二枚・享保七年（一七二二）一枚・文政四年（一八二一）一枚
滋賀県湖南市甲西町　正福寺　享保二〇年（一七三五）二枚・元文五年（一七四〇）一枚
京都市右京区釈迦堂　清凉寺　享保元年（一七一六）二枚・天保七年（一八三六）二枚
東京都　世田谷区喜多見　慶元寺　貞享四年（一六八七）一枚・正徳四年（一七一四）一枚・文化五年（一八〇八）二枚

神奈川県横須賀市　良心寺　天明四年（一七八四）一枚・文政七年（一八二四）二枚
東京都府中市車返し　本願寺　寛政六年（一七九四）二枚・文政四年（一八二一）二枚
神奈川県横須賀市　法蔵院　文化五年（一八〇八）二枚・文政一〇年（一八二七）二枚
長野市　善光寺　（内陣）元禄五年（一六九二）・正徳二年（一七一二）・宝永七年（一七一〇）
（妻戸）元文二年（一七三七）

3　双盤念仏・雲版の構成一覧（表4―8―3）

※宗派の記入がないものは浄土宗。記述のかな遣い等は現地の記譜に従った。

埼玉県

入間市　西久保観音　双盤鉦四枚　太鼓一張
（平鉦）
前の座敷↓（座付き念仏）↓念仏↓六字↓かっこみ↓かけ念仏↓ま鉦↓きざみ↓玉入れ↓三三九↓中の座敷↓四つ鉦↓山道↓雷落とし↓しまい座敷

飯能市　落合薬師堂　双盤鉦四枚　太鼓一張
四編返し↓五遍返し↓掛け念仏（三つ鉦・四つ鉦）↓せめこみ↓玉入れ↓大山越し↓龍頭↓小山越↓天地の鉦↓十三鉦

東京都

大田区　延命寺　双盤鉦四枚　太鼓一張
（平鉦）
座付長命↓太鼓念仏↓座付念仏↓半座↓かけ念仏↓玉入れ↓雷落とし↓六念仏↓大開き↓三三九↓送り念仏↓山道（下る・上る）↓役鉦長命↓終り長命

府中市　本願寺　双盤鉦四枚　太鼓一張
（平鉦）
座付念仏↓半念仏↓駆け出し念仏↓七五三の玉入↓三二一の切り↓雷落とし↓四つ辻↓山道　下り上り↓せめ鉦↓終座付

武蔵村山市　宿薬師　双盤鉦四枚　太鼓一張
（平鉦）
百八↓さそう↓平念仏↓六字念仏↓掛け念仏（四つ鉦・二上がり・きざみ）↓七五三の玉入れ↓三三九↓四つジ↓三つ山

道↓山道上がり↓山道下がり↓合掌

神奈川県

鎌倉市　光明寺　雲版
（六字詰め）
念仏↓七の玉↓五の玉↓三の玉↓雷落とし↓大間↓四ツ打↓山道（坂道）↓セメ打
（『昭和五七年版大本山光明寺十夜法要式』記載）

横須賀市　東漸寺　雲版　双盤鉦四枚　太鼓一張
（平鉦）
座付↓半座↓半座コロシ↓シズメ↓掛け念仏↓タマノジ↓三二一↓雷落とし↓セメ打ち↓出ハナ（座付）
（役鉦・雲版）
六字詰め↓オトシ↓カケ（式衆僧の鈴とかけあいになる）。ヤクガネの時茶湯《チャトウ》を本尊に献ずる

横須賀市　無量寺　カイジョウ（雲版）双盤鉦四枚
（平鉦）
きょうじろ↓はんざ↓念仏平鉦カケダシ↓掛け念仏↓三つ玉・四つ玉↓七五三↓（念仏ゆっくり）↓連打

横須賀市　長安寺　雲版・双盤鉦四枚　太鼓一張
（平鉦）
はじめ鉦↓座付↓半座↓座付↓半座（六字詰め）↓歌念仏↓玉↓雷オトシ↓山道↓終り鉦

横須賀市　法蔵院　雲版　双盤鉦四枚
（平鉦）
座付↓半座↓かけだし↓玉入れ↓雷オトシ↓大間↓山道

横浜市　正覚寺　　雲版　双盤鉦四枚　太鼓一張

（平鉦）

打ち込み↓念仏（座付・半座）↓二ノ半座↓掛け念仏（山念仏又は石堂丸）↓玉入れ↓雷落し↓大間↓三ツ山↓山道↓大間落し↓一番鉦↓払鉦

横浜市　阿弥陀寺　　双盤四枚

（平鉦）

ぶっこみ↓半座↓座付↓掛け念仏・石堂丸か七福神↓玉入れ↓山道↓雷落とし↓上がり

横浜市　専念寺　　雲版　双盤四枚　太鼓一張

（雲版・役鉦）

座付↓六字詰め↓三下り↓玉（捨て玉・本玉）↓オモカゲ↓雷落とし↓大間《おおま》↓三ツ目殺し↓山道↓座付

（平鉦）

座付↓六字詰め念仏（四遍返し）↓半座念仏↓掛け念仏↓玉入れ↓雷落とし↓大間↓三ツ目殺し↓山道↓念仏二回↓座付

（掛け念仏は太鼓と鉦の人の念仏の掛け合い）

横浜市　中田寺　　雲版　双盤鉦四枚　太鼓一張

（平鉦）

座つけ↓念仏（五人）↓半座（五人）↓掛け念仏↓玉（三二一）↓雷落とし↓大間↓三ツ目殺し（三二一）↓山道（上り下り）↓しまいの座つけ

（役鉦）

六字↓肩おろし↓三つ目おろし↓山道

横浜市　三仏寺　　雲版　双盤鉦四枚　太鼓一張

（平鉦）
座つけ↓念仏↓掛け念仏↓玉入れ↓雷落とし↓大間↓三ツ目殺し↓山道↓座つけ

横浜市　慈眼寺（真言宗）　双盤鉦四枚　太鼓一張
（平鉦）
長行↓半座↓二度目半座↓駆け出し↓三つ拍子↓掛け念仏↓活《いか》し↓殺し↓活し↓殺し↓四拍子↓殺し↓二つ上げ↓七五三↓五行↓十鉦《とおがね》↓六道↓山道上り下り↓雷落とし↓座付↓太鼓の長行

横浜市　市が尾地蔵堂（真言宗）　双盤鉦四枚　太鼓一張
（平鉦）
座付↓半座↓長経↓半座（三番ころし）↓掛け念仏↓玉入れ（一番・二番・三番）↓三二一の切↓サスの切り↓三ツ鉦↓四ツ鉦↓二がさね↓五行むつ引き↓山道↓雷落とし↓座付
（六字詰め）
長経↓半座↓六字詰め

横浜市　真福寺（真言宗）　双盤鉦四枚　太鼓一張
（平鉦）
座付け↓念仏（長経・半座）↓かけだし↓掛け念仏↓玉入れ↓三二一↓雷落とし↓遠がね↓六道↓山道（上り・下り）↓二の切り↓座付け

横浜市　菊名蓮勝寺　双盤鉦三枚
（平鉦）
座付き半座↓半座↓掛け念仏↓七五三の玉入れ↓雷落とし↓大魔↓四つぜめ↓坂道↓せめ↓座ならし

川崎市　川崎大師平間寺（真言宗）　双盤鉦三枚　太鼓一張

（平鉦）

座付↓手向《ちょうげ》↓半座↓掛け念仏↓玉入れ三三九《さざんく》↓七五三↓三二一のブッキリ↓五行の切り↓六道↓大開き↓山道下り上り↓雷落とし↓座付

（引帳念仏）

座付↓六字詰め（お念仏）↓玉入れ↓山道↓雷落とし（ここで戸帳の開閉をする）↓十念（僧が授ける）↓送り念仏

大和市　信法寺薬王院　双盤鉦四枚　太鼓一張

（平鉦）

座付↓念仏（前座・半座）↓駆け出し↓掛け念仏（三つ鉦イカシ・コロシ）↓三つ鉦（イカシ・コロシ）↓四つ鉦（イカシ・コロシ）↓二つ頭↓四つ鉦（イカシ・コロシ）ここまで掛け念仏↓刻み（玉入れ・七五三）↓坂道上り↓二度目の切り（雷落とし）↓六辻《むつじ》↓坂道下り↓坂道上下↓十念↓座付

（回向鉦）

座付き↓念仏（回向鉦）↓駆け出し（太鼓の念仏）↓掛け念仏（三つ鉦・四つ鉦・二つ頭・四つ鉦）↓刻み（玉入れ・七五三）↓坂道上り↓二度目の切り（雷落とし）↓六辻《むつじ》↓坂道下り↓坂道上下↓十念↓座付

相模原市　無量光寺（時宗）　双盤鉦四枚　太鼓一張

（平念仏）

催促太鼓・半鐘（吊るし鐘）↓平念仏（一番鉦〜四番鉦・太鼓の順）↓六字念仏（二番鉦から）↓掛け念仏（一二番鉦と三四番鉦の掛け合い・鉦のイカシコロシを六回繰り返す）↓送り念仏↓七五三二の玉入れ（一番鉦が送り鉦・二番鉦が五の玉入れ・三番鉦が三の玉入れ・四番鉦が二の玉入れ）↓三三九↓山道↓叩きおろし

滋賀県

近江八幡市　安土浄厳院（楷定念仏）　雲版　双盤三枚　太鼓一張

楷定念仏三×三（掛け念仏・維那《イノウ》×大衆）↓三ツ鉦・二ツ鉦・四ツ鉦↓中流し↓一ツ鉦／四ツ鉦↓大流し／歌念仏・打ちこみ・セメ

野洲市市　**三宅安楽寺**　雲版　太鼓一張　双盤四枚
歌念仏↓だだり（ぶづけ・だづけ・二つ三つ）↓前陀（そそり・地・三つ地・そそり・地・蓮華・そそり・地・流し・そそり・地・大流し）↓六拾勤（ろくじゅうつめ）↓早そそり

甲西町　**正福寺**　雲版・太鼓一張　双盤鉦二枚
歌念仏（入場・退場）六字詰め（法要）

栗東市　**浄西寺**　雲版・太鼓　双盤四枚
三念仏↓ブー引き↓ダー引き↓三つ三つ↓尾引き↓蓮華くずし↓二つ二つ↓一つ一つ

京都府

左京区　**真如堂**（天台宗）　双盤鉦八枚
笹付↓地念仏（一人ずつ）↓仏がけ↓陀がけ↓三つ地↓四つ地↓早四つ地↓追っかけ↓定の入り↓素鉦↓大鉦↓そそり↓三つ地ウラ↓あてそそり↓打ちわけ↓たぐり↓笹付

久御山町東一口　**安養寺**　双盤一〇枚
（前鉦）地念仏↓ブガケ↓ダガケ↓一文字↓三つ鉦↓シコロ↓大流し↓山道↓そそり↓蓮華くずし↓そそり↓三つ鉦
（勤行・六字詰め）六字詰め↓ブガケ↓ダガケ

大山崎町　**長福寺**（西山浄土宗）　双盤八枚
地念仏↓だがけ↓ぶがけずらし↓おくぶがけ↓大ながし↓みよとがね↓一ッびょうし↓じずらし↓三ッびょうし↓れんげくずし↓入り音↓小ながし↓きざみ↓しもの一ッびょうし↓しものずらし↓しもの三ッびょうし↓一ッびょうし↓おわり

京田辺市天王　**極楽寺**　双盤鉦一枚

三言返し（みことかえし）↓下げくずし↓四辻↓七五三↓八辻↓三辻↓おおせめ

奈良県

奈良市都祁白石　興善寺（融通念仏宗）双盤二枚
地念仏↓仏がけ↓陀がけ↓九ツ鉦↓七ツ鉦↓三つ鉦／迎え鉦・送り鉦

大阪府

阪南市黒田　黒田寺　双盤四枚
地の念仏↓三返かえし↓落とし念仏↓せめ

和歌山県

海南町下津大窪　地蔵寺（西山浄土宗）双盤四枚
そうばんづけ↓六字↓ぶがけ↓かしらぬき↓ぶがけ↓地↓御つけ↓地↓二つぬき↓地↓よせよつじ↓回向↓もろうち

兵庫県

加古川市神吉　常楽寺（西山禅林寺派）双盤念仏二枚
高座降り↓教啓↓掛け念仏↓七五三↓前の五五三↓後の五五三↓回向鉦

鳥取県

鳥取市　栖岸寺　双盤一六枚
サソウズケ↓大念仏↓ダガケ↓七五三↓チンバ鉦↓（経文）↓タマ鉦↓（経文）↓サソウズケ↓送り鉦↓打ち上げ

第五章　大念仏と風流踊り――念仏踊りの二部構成――

この章では、念仏踊りといわれる風流系念仏踊りについて述べる。風流踊りに念仏が加わったとみられる念仏踊りは全国に多い。この念仏踊りには、大念仏として引声で唱える念仏もしくは融通念仏が、踊りとは別に唱えられる。この二つを主眼に分析を進める。

第一節　三遠信国境地区と周辺の大念仏芸能の概観

1　東栄町の分布と構成

愛知県東栄町を含む三遠信国境地区である天竜川の中流域は、冬期に行われる花祭・霜月神楽で有名であるが、この地区は盆期間にハネコミという、いわゆる念仏踊りが踊られる。大念仏ともいわれる。東栄町ではハネコミと交互、もしくは前後に手踊りと称する掛け合いの歌を伴う輪踊りがある。いわゆる盆踊りで、この二つが盆行事の一環として行われている。

大念仏行事の多くは、引声系の念仏や和讃を唱える部分と風流系の太鼓踊りの部分が交互に行われるような形式をとる。前半は「南無阿弥陀仏」が崩れたと思われるナームとかミンダ・ダンボ等の唱えで、声を長く伸ばすことから「引声《いんぜい》」という声明を淵源としていると考えられる（以下「引声系」と表記する）。立ったまま唱え、ゆっくり

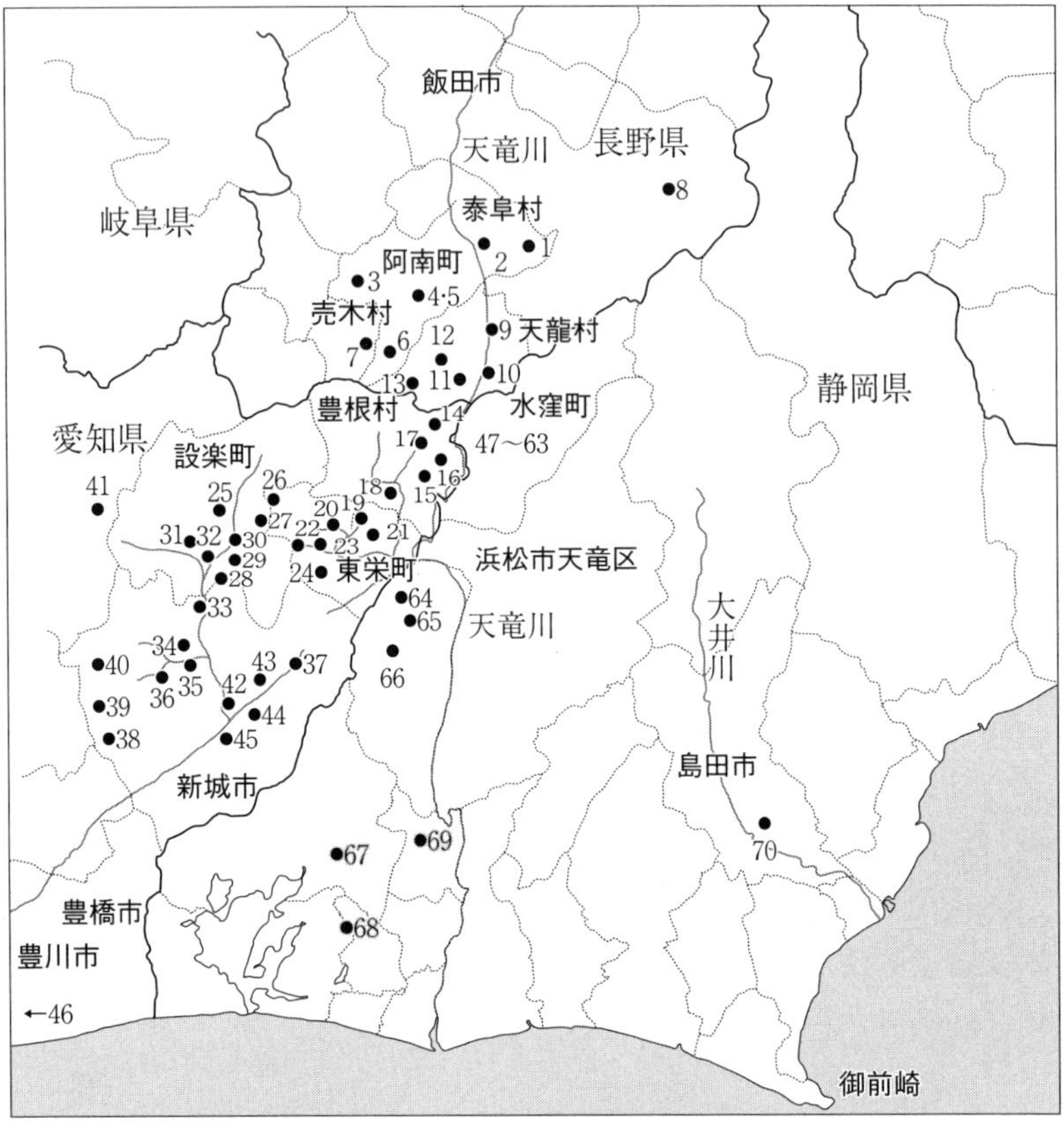

図5-1-1　三遠信大念仏分布図
●番号は表5-1-1の三遠信大念仏一覧の番号である。

表5-1-1　三遠信大念仏行事一覧　市町村名に「旧」が付いていないところは変更がないところ。

	名称	県名	旧市町村名	地区名	場所	行事日
1	梨久保榑木踊り	長野県	泰阜村	梨久保	公民館~池野神社	一〇月九日
2	温田榑木踊り	長野県	泰阜村	温田	原田家~南宮神社	八月二二日
3	和合念仏踊り	長野県	阿南町	和合	宮下家・熊野社・林松寺	八月一三日~一六日
4	日吉お鍬祭り	長野県	阿南町	日吉	伊勢社・八幡社・金光宅	四月二九日
5	日吉念仏踊り	長野県	阿南町	日吉	阿弥陀堂	八月一三日
6	新野盆踊り	長野県	阿南町	新野	市神~瑞光院門前	八月一三日~一七日
7	売木村お練り	長野県	売木村	売木	役場・太田稲荷・宝蔵寺	三月二〇日
8	下栗掛け踊り	長野県	旧上村	下栗	十五社明神	八月一五日
9	平岡満島神社お練り	長野県	天龍村	平岡	満島神社~南の森神社	一〇月第二土曜・日曜
10	中井侍お練り	長野県	天龍村	中井侍・不生・小高	三カ所の神社	一一月末の日曜
11	坂部掛け踊り	長野県	天龍村	坂部	伽藍様・秋葉山	八月一四日

12	向方掛け踊り	長野県	天龍村	向方	長松寺〜マトウサンバ	八月一四日・一六日
13	大河内掛け踊り	長野県	天龍村	大河内	新盆の家・愛宕様	八月一四日・一六日
14	牧ノ嶋念仏踊り	愛知県	豊根村	三沢・牧ノ嶋	公民館・無縁供養塔	八月七日・一六日
15	粟世念仏踊り	愛知県	豊根村	三沢・粟世	三沢小学校	八月一六日
16	山内念仏踊り	愛知県	豊根村	三沢・山内	堂の庭	八月一四日
17	川宇連念仏踊り	愛知県	豊根村	川宇連	中央公民館	八月一六日
18	大沢大念仏	愛知県	豊根村	大沢	踊り場	八月一六日
19	古戸ハネコミ	愛知県	東栄町	古戸	普光寺・六地蔵	八月一〇日・一三日・一四日
20	上粟代ハネコミ	愛知県	東栄町	上粟代	歓喜寺	八月一四日
21	足込の盆会念仏	愛知県	東栄町	足込	河野家〜慶泉寺	八月一五日・一六日
22	月ハネコミ・放下	愛知県	東栄町	月	清平寺	八月一三日
23	柿野ハネコミ・放下	愛知県	東栄町	柿野	公民館	八月一日・一四日
24	三ツ瀬ハネコミ・放下	愛知県	東栄町	三ツ瀬	熊野神社・山の神・新盆の家	八月一日・七日・一三日・一五日
25	田口本町ハネコミ	愛知県	設楽町	田口本町	福田寺・新盆の家	八月一四日・一五日
26	平山ハネコミ	愛知県	設楽町	平山（黒倉）	新盆の家	八月一四日

27	神田ハネコミ	愛知県	設楽町	神田	東泉寺	八月一五日	
28	清崎ハネコミ	愛知県	設楽町	清崎	多宝寺	八月一四日	
29	小代ハネコミ	愛知県	設楽町	小代	新盆の家	八月一四日・一五日	
30	塩津ハネコミ	愛知県	設楽町	塩津	薬師様・新盆の家・天神社	八月一三日〜一六日	
31	栗島ハネコミ	愛知県	設楽町	栗島	竹栄寺	八月一四日	
32	田峯念仏踊り	愛知県	設楽町	田峯	日光寺・田峯観音	八月一四日〜一七日	
33	四谷ハネコミ	愛知県	旧鳳来町	四谷・身平橋	海源庵・各家	八月一三日	
34	一色放下	愛知県	旧鳳来町	一色	洞泉寺	八月一四日	
35	布里放下	愛知県	旧鳳来町	布里	御堂橋〜普賢寺	八月一五日	
36	塩瀬放下	愛知県	旧鳳来町	塩瀬	高月寺	八月一五日	
37	名号放下	愛知県	旧鳳来町	名号	石雲寺	八月一四日	
38	田代念仏踊り	愛知県	旧作手村	田代	徳林寺・新盆の家	八月一四日・一六日	
39	岩波念仏踊り	愛知県	旧作手村	岩波	新盆の家	八月一四日	
40	黒瀬念仏	愛知県	旧作手村	黒瀬	墓・新盆の家	八月一四日	
41	阿蔵ハネコミ	愛知県	旧下山村	阿蔵	福寿院・須賀神社	八月一四日・一五日	
42	大海放下大念仏	愛知県	新城市	大海	辻・泉昌寺	八月一五日	

43	信玄原火おんどり	愛知県	新城市	信玄原千人塚	千人塚	八月一五日
44	乗本万灯	愛知県	旧鳳来町	乗本	万灯山	八月一五日
45	市川なべづる万灯	愛知県	新城市	市川	万灯山	八月一五日
46	豊島大念仏	愛知県	田原市	豊島	光明寺	八月一五日
47	西浦上組大念仏	静岡県	旧水窪町奥領家	西浦上組	永泉寺・愛宕様	八月八日・一四日〜一六日
48	西浦中組大念仏	静岡県	旧水窪町奥領家	西浦中組	永泉寺	八月八日・一四日・一六日
49	西浦下組大念仏	静岡県	旧水窪町奥領家	西浦下組	永泉寺・阿弥陀堂	八月八日・一四日・一六日・二四日
50	長尾大念仏	静岡県	旧水窪町	長尾	金吾八幡社	八月一六日
51	小畑大念仏	静岡県	旧水窪町	小畑	附属寺	八月一六日
52	永福寺施餓鬼	静岡県	旧水窪町	小畑	永福寺	八月一〇日
53	神原大念仏	静岡県	旧水窪町	神原	薬師堂・永福寺	八月一〇日・一六日
54	水窪本町念仏	静岡県	旧水窪町	本町	各家	八月一四日
55	向市場大念仏	静岡県	旧水窪町	向市場	善住寺〜河原	八月一四日〜一六日
56	上村大念仏	静岡県	旧水窪町	上村	庚申・公民館	八月一五日・一六日
57	向島大念仏	静岡県	旧水窪町	向島	阿弥陀堂	八月一六日

58	竜戸大念仏	静岡県	旧水窪町	竜戸	学校場・不動堂・水神・河原	八月一六日
59	大野大念仏	静岡県	旧水窪町	大野	堂庭・阿弥陀堂・薬師堂	八月一四日・一六日
60	草木大念仏	静岡県	旧水窪町奥領家	草木	新盆の家	八月六日・一四日・一六日
61	大嵐大念仏	静岡県	旧水窪町大嵐	時原	新盆の家	八月一四日・一六日
62	地双大念仏	静岡県	旧水窪町	地双（瀬戸尻・小又・諸久頭）	各所	八月一四日・一六日
63	有本大念仏	静岡県	旧水窪町	有本	学校場	八月一四日・一六日
64	熊平遠州大念仏	静岡県	旧天竜市熊	熊平	六所神社・庚申・各家	八月一三日～一五日
65	熊柴遠州大念仏	静岡県	旧天竜市熊	熊	新盆の家	八月一四日・一五日
66	懐山大念仏	静岡県	旧天竜市	懐山	阿弥陀堂　他	八月一四日・一六日
67	滝沢遠州大念仏	静岡県	浜松市	滝沢	新盆の家・地蔵堂	八月一三日・二四日
68	上島遠州大念仏	静岡県	浜松市	上島	新盆の家・宗円堂	七月一三日～一五日
69	豊岡遠州大念仏	静岡県	浜松市豊岡	大平	円通寺	八月一三日・一四日
70	大代大念仏	静岡県	島田市金谷	大代	公民館	八月一四日

鉦・太鼓を叩き、体を左右に揺する。それが終わるとハネコミで調子を速め、輪になって、鉦・太鼓を打ち鳴らし、激しく踊る。太鼓は手に持って高く掲げるようにして叩く。「ハネコミ」は跳ね込むように一斉に輪の中心に向かってなだれ込む様子から、この言葉が使われるようになった。北九州のハネソ・広島県のハネ踊りなど、名前にハネのつく風流踊りがある。広島県のハネ踊りは念仏踊りとされている。

念仏踊りの語については、念仏や和讃は立って唱え、ナムアミダブツの念仏の唱えでは踊らないことから、たとえば東栄町月《つき》では前者の唱えを「念仏」、後者の踊りを「ハネコミ」という。文献には「盆念仏」「盆会念仏」「盆会大念仏」の語が使われて「念仏踊り」の語は出てこない。

大念仏については、三つの定義が考えられる。一般に通常の地念仏や葬式念仏と比較して、大人数で行い、踊りなどが伴うもので、盆・彼岸などに村や町の行事として、在家を中心として行う芸能行事として定義される。また一五世紀に念仏に風流踊りが付いたとされる念仏踊りも風流大念仏という。一方、大念仏の語については、一般用語として使われたのではなく、融通大念仏のことを指すとの説があり、南無阿弥陀仏を長く伸ばして繰り返し大勢で唱える念仏が大念仏と考えられている（「第二章　融通念仏と講仏教」参照）。

東栄町古戸《ふっと》・足込《あしごめ》・桑原・豊根村大沢では大念仏の語が使われている。古戸の場合、八月一四日の夜、ハネコミの直前に横一列に立ち並んで唱える念仏を大念仏という。足込ではハネコミの後、傘ブクの下でしゃがんで唱える念仏を大念仏という。形態からいうと、月の三ツ井三沢組の百観音念仏の「ミンダ」もそれに当たり、月のハネコミの後の「お庭掛《にわがかり》」以降の「ミンダ」も同様である。桑原では一六日の送りに唱える和讃のことを大念仏と言っている。近世以降、風流化した念仏踊りを大念仏（風流大念仏）といったが、古戸・足込の事例では、大念仏の唱えが融通念仏であることがうかがえる。融通念仏は引声系の念仏として六斎念仏に影響していくが、愛知県設楽町田峯《だみね》の念仏は「調子《ちょうし》」「側《がわ》」等の六斎念仏の用語が見え、その系譜の念仏と思える。

足込のようにしゃがみながら念仏を唱えるのは愛知県豊根村大沢・長野県天龍村向方《むかがた》にもあり、三重県三日市市のおんない念仏が、傘ブクの下でしゃがんで念仏を唱える。このようなしゃがむ念仏の唱え方は古態と考えられる。また東栄町の下田や三ツ瀬でも往時は傘ブクが出た。三ツ瀬の傘ブクには扇と団扇の形をした灯籠の吊り下げものがある。傘ブクは祇園祭の「傘鉾」が転化したものだが、伊勢志摩では傘に死者の遺品を下げるようなこともあり、傘が死者の魂を象徴しているといえよう（第六章参照）。

三遠信地方に広がる大念仏といわれる芸能は、ハネコミ・放下・提灯踊りの系譜がある。東栄町はその三つの形態が残る接点である。東栄町では古戸・上粟代《かみあわしろ》・桑原・月・足込の六カ所が行っている。他に三ツ瀬・桑原・下粟代・柿野《かぎの》・尾籠《おろ》・布川《ふかわ》・中設楽《なかしたら》・下田等でも行われていた。

ハネコミの踊りの形態は、太鼓を手に持って円を描きながら跳ねながら踊り、円の中央に向かって太鼓を叩き込むような形をとることからハネコミといわれる。太鼓は曲ワッパや樽に皮を付けて締める太鼓で、桶胴型・臼太鼓型である。鉦は伏せ鉦を手に持ったもので足の付いたものもある。また双盤といって大きな鉦を木枠に下げて座って叩くものもある（上粟代・三ツ瀬・柿野）。古戸・上粟代をはじめ東栄町の大念仏ではハネコミが踊りのベースになっている。古戸のハネコミは太鼓が他に比べ小さく、肩にかついで叩く。動作も小ぶりで六地蔵の卵塔場まで大念仏を唱えていく。また足込では傘ブク・ヤナギ・高提灯を真ん中にして跳ね込み、その後、大念仏をしゃがんで唱えるなど独特なものがある。

放下の踊りは大きな団扇を背に付けて踊るもので、月に残っているが、尾籠・柿野・三ツ瀬には道具として残っており、放下であったことが分かる。月では踊子《おどりこ》が太鼓を付けて踊る。三ツ瀬では太鼓の撥を持ち、太鼓持ちの太鼓を向かい合いで叩いた。また柿野では扇子を持っていたが、後に撥を持ち太鼓を叩くようになった。設楽町ではササラを持つ団扇役もあった。

「放下」は放下僧の意味で、禅宗から出た俗体の僧で、当初は説経をしていたとされるが、能の「自然居士」にみられるように諸芸をする芸能者に変質していった。同様に「暮露《ぼろ》」という異形の禅僧がいたが、これは虚無僧（菰僧）として尺八吹きに転じていく。放下はこの姿が風流化して念仏と習合したものと見られる。設楽町の田峰では暮露と書かれた高提灯を掲げる。放下と暮露が風流化して念仏芸能として残ったものと見られる。団扇は禅僧の持つ唐団扇《からうちわ》が転じたものであろう。ササラは説経僧が調子を取るために持っていたものである。

上粟代・足込には提灯踊りといって手に大きな灯籠を持って踊るハネコミがある。かつては桑原・下粟代・布川・設楽にもあった。小林ではこれをイナダキといっている。布川・中設楽・下粟代でも同様の語が使われたが、語源は不明である。上粟代・桑原ではかぶり提灯、足込ではハネコミ提灯、下粟代では振り込み提灯という。この踊りは東栄町独特のもので、他には残っていない。布川ではこの踊りを明治三〇年（一八九七）頃、シモ（新城方面）から習ってきたという話がある。

また道行の行列には高張り提灯にヤナギ・盆灯籠が並ぶ。ヤナギは風流踊りによく出てくる。

このようにハネコミをベースに東栄町では放下系の踊りと提灯踊りがあり、放下系と提灯踊りは重ならない。放下系は東栄町の西南部、提灯踊りは東栄町独特のもので北部にある。

またこの盆期間に地念仏・組念仏・堂念仏という念仏が唱えられる。元来は新盆の家に組の者が行って、新盆の供養をしたようであるが、組それぞれにある寺堂で簡単な念仏を唱える。在家の人のみで唱えるのが特徴で、寺で行っても僧侶は加わることはない。この地念仏と大念仏の唱えが重なるところもある。

2　三遠信地区の分布と構成

この分布を三遠信国境地区の全体から見てみよう。三遠信国境地区は天竜川の中流域と豊川流域を指し、冬の花祭・霜月祭りの神楽地区でもある。東栄町に見たハネコミは、北に接する豊根町、東に接する設楽町で行われている。西は旧作手《つくで》村（現新城市）・旧下山村（現豊田市）までハネコミは広がっていた。県境を越えた長野県の南信地区（天龍村・阿南町・売木《うるぎ》村・泰阜《やすおか》村・旧上《かみ》村）では、掛け踊り・念仏踊り（和合《わごう》・日吉）として同様のヤナギを先頭に寺社や辻を回りハネコミを行う。また静岡県側の水窪《みさくぼ》地区（現浜松市）では大念仏として同様のハネコミがあるが、この地区では双盤鉦を伴う。

一方、放下系の踊りは、東栄町の南に接する旧南設楽郡鳳来町一帯・新城市の大海《おおみ》にあり、特に大海のものは団扇の大きさが二メートルの大きなもので有名である。南側では渥美半島に大念仏が残っている。浜松市を中心にハネコミと大きな双盤鉦を伴う遠州大念仏が広がっている。東側は静岡県島田市金谷《かなや》町大代《おおじろ》に大念仏が残っているが、かつては御前崎まで大念仏があった。

このようにハネコミをベースにする大念仏系の分布は、北端は長野県泰阜《やすおか》村梨久保の榑木《くれき》踊り、西端は渥美半島田原市豊島《としま》の大念仏、東端は島田市大代の大念仏であり、この三角形の中に七〇カ所ほど分布している（図5－1－1参照）。大きくは手持ち太鼓でハネコミを行う地区と、放下系の団扇を背に負い、胸に太鼓を括るタイプに分かれる。

花祭の分布では、早川孝太郎が振草系と大入《おおにゅう》系に分けたが、その分布とも異なり、ハネコミ地区の中央の旧鳳来町に放下系の踊りが、東栄町の一部に提灯踊りがある。ハネコミ地区に混入している。歌詞についてはハネコミ・放下も同様の歌詞が多い。

大念仏の時にしゃがむのは三日市市のオンナイ念仏に見られ、念仏を唱える時の古態と考えられるが、長野県天龍村の向方・愛知県豊根村の大沢・東栄町の足込に残る。点在して残っていることから広くあったものが漸次消えて残ったものと思われる。傘ブクも同様で、足込のほかに静岡県浜松市水窪地区の西浦《にしうれ》に残る。

3　東海地方の分布と構成

(1)　伊勢志摩の大念仏

伊勢志摩は渥美半島から伊勢湾の入り口を渡ってすぐの場所に位置する。この地区は大念仏といって老人の大念仏と青年の太鼓踊りからなる大念仏行事の盛んなところで、五〇カ所を数える。太鼓踊りはカンコ（羯鼓）踊りとして三重県の伊勢湾沿いに分布している。風流踊りであるが伊勢志摩では盆の大念仏の一部として行われている。この地区の特徴は傘ブクに死者の遺品を吊り下げて送るところのあることで、大方新盆の家がそれを出す。志摩市阿児町の立神《たつがみ》では太鼓と鼓のお能仕立ての囃子で傘ブクを送っていく。傘ブクに死者の遺品を付け、風流踊りで囃しながら送る（第六章第一節参照）。

(2)　富士山麓の祈禱六斎念仏

この念仏も大念仏と称され三四カ所にあったが、六斎念仏の名を残しているところもある。正式には「融通念仏ナムアミダ」の語があるので融通念仏でもある。山梨県上野原市旧秋山村無生野《むしょうの》、静岡県御殿場市川柳《かわやなぎ》のように踊りを伴うところもあるが、祈禱念仏といわれ、「山」といわれる天蓋の下で念仏を唱える行事で、年頭か小正月に行うところが多い。無生野の念仏は国指定重要無形民俗文化財になっている。神奈川県山北の百万遍念仏もこの念仏で県指定になっている。山梨県山中湖村平野で一番大規模に行われていたが絶えてしまった。天蓋は白一色と五色のところがあるが、中央に蜂の巣といわれるものを吊り下げ、最後に天蓋もろとも切り落とす。この飾りは花祭の天蓋にそっくりである（第三章第五節参照）。

（3）東海大念仏

伊勢志摩から富士山麓に分布する大念仏行事を見てきたが、形は変わるものの、静岡県・愛知県・三重県と長野県南部という具合に、東海地方の周辺を含み、連続して大念仏行事が分布しているのが分かる。いずれも念仏（大念仏）と踊り（風流踊り）という二部構成になっている。関西以西に広がるナムデ踊り（奈良県）など念仏の掛け声で踊るものとは異なる。時代的には伊勢志摩→三遠信地区→富士山麓と伝わった公算が強い。愛知県知多半島では融通念仏から変化したとみられる虫供養大念仏が盛大に行われており（第二章第二節参照）、これは踊りの伴わない大念仏行事と捉えることができる。このように東海地方の大念仏は、融通念仏である大念仏を基礎に、風流踊りや傘ブク・修験道儀礼を加えて成り立った芸能であると考えられる。

表5－1－2　三遠信大念仏構成要素一覧

	構成要素	1	2	3	4	5	6	7	8	9	10	11	12
地区・行事名		梨久保榑木踊り	温田榑木踊り	和合念仏踊り	日吉お鍬祭り	日吉念仏踊り	新野盆踊り	売木村お練り	下栗掛け踊り	平岡満島神社お練り	中井侍お練り	坂部掛け踊り	向方掛け踊り
所作	しゃがむ	○											○
	立て膝												
	ハネコミ			○	△	○						○	○
	逆回り						△						
念仏	引声系			○		○							△
	念仏掛け声			○		○						○	○
	和讃	○	○	○		○	○		○	○	○	○	○
太鼓	向き合い叩き太鼓			○	○	○		△	○				
	手持ち太鼓	○	○	○	○	○				○	○	○	○
	抱え太鼓												
鉦	双盤鉦												
用具	灯籠	○	○	○		○	○		○			○	○
	傘ブク				○					○	○		
	ヤナギ	○	○	○	○			○	○	○		○	○
	腰笹												
	背団扇												
	提灯踊り												
	神幡	○	○		○		△	○		○	○	○	
	ササラ									○		○	
振り	棒振り			○		○						○	
	奴振り			○	○	○				○		○	○
	五方												
	神名帳								○				

31	30	29	28	27	26	25	24	23	22	21	20	19	18	17	16	15	14	13
栗島ハネコミ	塩津ハネコミ	小代ハネコミ	清崎ハネコミ	神田ハネコミ	平山ハネコミ	田口本町ハネコミ	三ツ瀬ハネコミ・放下	柿野ハネコミ・放下	月ハネコミ・放下	足込盆会念仏	上粟代ハネコミ	古戸ハネコミ	大沢大念仏	川宇連念仏踊り	山内念仏踊り	粟世念仏踊り	牧ノ嶋念仏踊り	大河内賭け踊り
										○			○					△
○	○	○	○	○	○	○	○	○	○	○	○	△		○	○	○	○	○
														○			○	
○	○	○	○	○	○	○		○	○	○				○				
																		○
○	○	○	○	○	○	○	○	○	○	○	○	○	○	○	○	○	○	○
												○		○	○			
							○	○	○	○	○	○		○	○	○	○	○
								○										
							○	○			○							
										○			○	○	○	○	○	○
							○			○								
									△	○				○	○	○	○	○
							○	○										
										○	○					○		
																	○	○
															○			
															○			○
																△	○	

44	43	42	41	40	39	38	37	36	35	34	33	32	構成要素	
乗本万灯	信玄原火おんどり	大海放下大念仏	阿蔵ハネコミ	黒瀬念仏	岩波念仏踊り	田代念仏踊り	名号放下	塩瀬放下	布里放下	一色放下	四谷ハネコミ	田峯念仏踊り		地区・行事名
													しゃがむ	所作
						○		○	○	○			立て膝	
	○	○	○		○	○	○	○	○	○	○	○	ハネコミ	
							○						逆回り	
		○	○	○	○	○	○	○	○	○	○	○	引声系	念仏
	○												念仏掛け声	
		○	○	○	○	○	○	○	○	○	○	○	和讃	
						○		○	○	○			向き合い叩き太鼓	太鼓
	○					○							手持ち太鼓	
							○	○	○	○			抱え太鼓	
○			○				○						双盤鉦	鉦
		○					○					○	灯籠	用具
													傘ブク	
								○	○	○			ヤナギ	
							○						腰笹	
							○	○	○	○			背団扇	
													提灯踊り	
													神幡	
		○							○	○			ササラ	
													棒振り	振り
													奴振り	
		△					△						五方	
													神名帳	

45	市川なべづる万灯											○												
46	豊島大念仏	○	○	○		○		○	○	○	○		○							○	△			
47	西浦上組大念仏			○			○	○		○		○		○							○			○
48	西浦中組大念仏			○			○	○		○		○		○							○			
49	西浦下組大念仏			○			○	○		○		○	○								○			○
50	長尾大念仏			○			○	○		○		○												
51	小畑大念仏			○			○	○		○		○												
52	永福寺施餓鬼			○			○	○		○		○												
53	神原大念仏			○		△	○	○	△	○		○	○										○	
54	水窪本町念仏							○																
55	向市場大念仏			○			○	○		○		○	○								○			
56	上村大念仏			○			○	○		○		○												○
57	向島大念仏			○			○	○		○		○												
58	竜戸大念仏			○			○	○		○		○												○
59	大野大念仏			○			○	○		○		○												
60	草木大念仏			○			○	○		○		○		○										○
61	大嵐大念仏			○			○	○		○		○												○
62	地双大念仏			○			○	○		○		○									○			
63	有本大念仏			○			○	○		○		○									○			

	構成要素	64	65	66	67	68	69	70
地区・行事名		熊平遠州大念仏	熊柴遠州大念仏	懐山大念仏	滝沢遠州大念仏	上島遠州大念仏	豊岡遠州大念仏	大代大念仏
所作	しゃがむ	△						
	立て膝							
	ハネコミ	○	○	○	○	○	○	○
	逆回り							
念仏	引声系	○	○	○	○	○	○	○
	念仏掛け声							
	和讃	○	○	○	○	○	○	○
太鼓	向き合い叩き太鼓							
	手持ち太鼓	○	○	○	○	○	○	○
	抱え太鼓							
鉦	双盤鉦	○	○	○	○	○	○	○
用具	灯籠						○	
	傘ブク						○	○
	ヤナギ						○	
	腰笹							
	背団扇							
	提灯踊り				○			
	神幡							
	ササラ							
振り	棒振り							
	奴振り							
	五方							
	神名帳						○	

各構成要素の解説：

所作：「しゃがむ」は念仏をしゃがんで唱える。
「立て膝」は放下踊りの際、膝を立てて体を揺する。
「ハネコミ」太鼓を手に円を描き、中心に向かって跳ね込むように踊る。
「逆回り」は円になって踊る際、最後に逆回りになる。

念仏：「引声系」長く引き伸ばす念仏。
「念仏掛け声」踊る際の掛け声として短く念仏を唱える。
「和讃」念仏ではなく和讃で踊る。

太鼓：「向き合い叩き太鼓」太鼓持ちと撥叩きが向き合って叩く。

「手持ち太鼓」片手で太鼓を持って叩く。

「抱え太鼓」胸もしくは腹に太鼓を抱えて叩く。

鉦：「双盤鉦」双盤を叩く。一枚鉦が多い。

用具：「灯籠」盆灯籠でその地区ごとに数本出すところと新盆の家ごとに出すところがある。

「傘ブク」赤い大傘で幔幕が下ろされている。

「ヤナギ」風流踊りで「ハナ」といわれるもので、ひご竹に紙飾りが付いている。

「腰笹」腰に笹を付けて踊る。放下踊り。

「背団扇」背中に大団扇を付けて踊る。放下踊り。

「提灯踊り」提灯を手に持って踊る。

「神幡」神名や神社名を書いた幡を先頭に立てる。信州側に多い。

「ササラ」摺りササラ。放下系の念仏踊りはササラを摺る。

振り：「棒振り」棒振りがつく。

「奴振り」毛槍などの奴の持ち物が出る。

「五方」東西南北中央の五方を拝む。

「神名帳」行事の中で神名帳を読み上げる。

第二節　南信州の念仏踊り・掛け踊り

愛知県・長野県・静岡県の県境である天竜川中流域は、花祭・霜月祭りなどの湯立て神楽地区として有名であるが、夏の盆には大念仏・念仏踊りが行われる。同様の念仏踊りは天竜川下流域・浜松を中心に広がる遠州大念仏・渥美半島の大念仏に、また時期はずれるが、長野県の掛け踊り・榑木《くれき》踊り・お練り・太鼓踊りに同様の踊りが見られる。調査は平成七年（一九九五）から平成八年（一九九六）にかけて行った。

この地区の北に位置する長野県側では、愛知県や静岡県と同じ芸能でありながら、掛け踊り・榑木踊りといって、念仏を唱えないものの芸態や芸能の構成がほぼ同様の、風流踊り系の芸能がある。念仏踊りとしては阿南町和合が北限である。同じ阿南町日吉に、また天龍村向方《むかがた》・大河内にもある。下栗・坂部《さかんべ》には、念仏は唱えないものの踊りと衣装が念仏踊りと同じ、掛け踊りがある。また有名な新野《にいの》の盆踊りも、踊り神送りの歌詞に共通するものがある。ほかに盆の念仏踊りと季節はずれるが、天龍村平岡満島《ましま》神社の秋祭りのお練りの太鼓踊りに、念仏踊りと歌詞や所作の共通する踊りが付く。また同じく天龍村中井侍の湯立て祭りの道中練りにも同様な芸能がある。さらに阿南町日吉の春の祭りであるお鍬祭りや、売木《うるぎ》村大田稲荷のお練りにも同様な踊りがあるので、それらの芸能を比較しながら、共通するものを抽出していきたい。

この一三カ所の芸能を一覧にすると**表5―1―1**（519頁）および**表5―1―2**（530頁）の1～13が該当部分である。

この一三カ所については、各市町村史・民俗誌・民俗芸能記録等で詳しく報告されているものも多い。また全体を概観したものに、中村浩・三隅治雄・背古真哉の論著や、掛け踊りとの関連で論じた前島（中村）茂子の論考がある。(1) したがって個別事例は概略を記し、共通項を抽出する過程で風流踊りと念仏踊りの連続性に焦点を当てた（表5－2－1、552頁）。

1　和合の念仏踊り

阿南町には二カ所、念仏踊りがある。和合《わごう》と日吉《ひよし》で、ともに盆に行われる。和合の念仏踊りは、庭入り・念仏・和讃の三部構成になっている。

庭入りは次のような行列を組み、庭に入ってから輪になって、ヒッチキを中心に踊りが展開する。行列は切り子灯籠一人・旗一人（「南無阿弥陀仏」と書いてある）・ヒッチキ（ササラ二人・棒振り二人）・太鼓五人・鉦一人・奴二人（大名行列の毛槍を模したものを持ち、奴踊りの所作をする）・ハナ一人（竹に紙の花をあしらったもの）・ヤナギ一人（柳状に垂らした竹に切り紙が付いている）。

念仏は二人が向き合って太鼓を叩くが、撥を持った者が三遍返しの念仏を唱える。太鼓と念仏で一〇人である。和讃は太鼓が五人で、和讃を唱える人が別に付く。太鼓の人は太鼓を片手で持ち、体を左右に揺する。和讃は「東西鎮まれ、お鎮まれ」の鎮めの和讃から始まり、各所の和讃が唱えられる。

八月一三日は林松寺を出発し、熊野神社・宮下家（大屋）で庭入り・念仏・和讃を唱え、林松寺で庭入りのみをして終わる。

一四日・一五日は林松寺で新盆の人の野位牌を祀り、その前で庭入り・念仏・和讃を唱える。和讃は、老人ならば「野辺の送り」、産死者は「血の池」、不慮の死は「釘ぬき和讃」など、死者によって「枕ことば」の和讃を変える。新盆の少ない時は一五日は行わない。大正時代頃には辻でも踊ったという。

一六日、林松寺・宮下家・熊野神社の順で、それぞれ庭入りのみを行い、熊野神社に道具を納める。

和合の念仏踊りの特徴は、庭入りのヒッチキといわれる激しい踊りにある。踊りはササラと棒振りが競り合って足をひっかけるような踊りで、太鼓の人も太鼓を傾け回転させる。その時は「ソウリャ」の掛け声と「豊年だ豊年だ三百年の豊年だ」の言葉で踊り、念仏は唱えない。念仏はそのあと向き合って太鼓を叩きながら唱えるが、踊らず、立ったままの念仏で、六斎念仏に見られるような引声系の念仏で三遍返しといわれ、朗々としている。三遍返しの念仏は双盤念仏でも基本の念仏として唱えられる。

また仏事でありながら、熊野神社に回り、神社に念仏道具を納めている。神仏を問わず村内の宗教施設を回るのは榑木踊りと共通する。宮下家を回るのは、念仏をもたらした家とされるからで、宮下家の当主は裃姿で念仏の一行を迎える(2)。

2　日吉の念仏踊り

日吉はお鍬祭りで有名であるが、盆には念仏踊りもある。八月一三日の夜八時過ぎ、阿弥陀堂の前で行う。阿弥陀堂は同じ庭で、八幡社に隣接している。念仏の道具は阿弥陀堂にある。かつては一四日に宮平《みやひら》公主宅（宮平は日吉村の開祖）と産土《うぶすな》である八幡社（阿弥陀堂前）の二カ所で踊り、一六日は惣領灯籠で送り念仏をした。

念仏踊りは庭入り・念仏・和讃の構成で、和合と同じであるが、念仏と和讃の間に「スクイサー」という盆踊りが入る。和合では、これは和讃のあとに行っていた。

庭入りは灯籠一人・幡一人・鉦一人・太鼓二人・笠（饅頭笠で笠を手に持ち、あおぐ）・ササラ二人・ヒッチキ（棒振り）二人・奴（毛槍）二人・花二人・傘（唐傘にヒデが付いているもので、つぼめたままである）。和合と異なるのは、笠をかぶらないことと、唐傘があることとである。この行列で輪になって「ヤレオイソウレソウリャ」の掛け声で回る。その後、太鼓を向き合って叩きながら体を左右に揺すり、跳ねるようにして「ソリャ」の掛け声で踊る。撥叩《ばちたた》きは笠をかぶっている。灯籠ほかの持ち物を上下にして踊る。

念仏は太鼓持ち一人、撥を叩きながら念仏を唱える人一人で、立って唱える念仏である。この念仏を唱える時は踊らない。

和讃は「たいしやね仏《ママ》」という八幡様に上げるもので、踊りは「東西鎮まれ、お鎮まれ」で始まる。ほかに「新盆和讃」「さいのかわら」がある。

この念仏は和合から伝わったとする。全体の構成、庭入りの行列は大概において似ているが、唐傘が登場したり、太鼓に向かい合ってヒッチキのような踊りをするなど、若干異なっている部分もある。

3　坂部の掛け踊り

坂部《さかんべ》では似たような踊りを「掛け踊り」というが、念仏も唱えられる。掛け踊りの名は、寛政五年（一七九三）に大雨が降り雨止めの願掛けをした踊りであるといわれる。

かつては旧七月六日に観音堂で踊り、先祖を迎えたといわれるが、昭和四〇年（一九六五）頃までは、七月一〇日に観音堂（校庭）から始め、伽藍様、阿弥陀様を回り、秋葉・金毘羅の庭で踊っていた。「校庭」とは分校跡のことであるが、昔、長楽寺の観音堂があり、観音堂の庭といわれた。七月一〇日は金毘羅の縁日でもある。また盆に新盆の家を回ったともいわれ、昭和二〇年（一九四五）の和讃帳には「六日盆踊り歌」「新盆掛け踊り」「堂にては一六日の庭」の語があることから新盆の家も回ったものと思われる。現在八月一四日に校庭より練り始め、秋葉・金比羅の庭と校庭で踊って終わる。

庭入りの行列は、灯籠一人・旗二人（秋葉大明神・金比羅大明神）・棒振り（ツユハライ）二人・奴二人・槍二人・なぎなた二人・太鼓一〇人（ヒデのついた饅頭笠）・鉦一人・囃子（笛）数人。他にトリヒゲという松明や警護が付いたというが不明。

掛け踊りの順は以下のようである。

①伊勢音頭と願人踊りで庭入りをする。この時「奴《やっこ》振り」といって毛槍を上下に振る。

②ブッキリ。庭に入ると輪になり、「ブッキリ」といって「テンテンテンのブッコミだ」「テンテンテンのナンマイダー」と念仏の掛け声で輪をすぼめる（写真5-2-1）。

③和讃。「東西鎮まれお鎮まれ」の和讃で神仏を順に褒めていく。この時は踊らない。

④返し。「返し」といって太鼓を手に高く掲げて振り回す。ここで休憩し、「ノーサ」という盆踊り、手踊りになる。もう一度①～④を繰り返す。

このように、掛け踊りといっても和合・日吉と似ているが、引声系の念仏がなく、掛け声としての念仏になって

写真5－2－1　坂部掛け踊りの秋葉・金比羅前のブッキリ

いる。また行列は、奴・槍・なぎなたと増えて、庭入りの伊勢音頭で奴振りの毛槍踊りをするなど、風流行列の様相を呈している。(3)

4　下栗の掛け踊り

現在は飯田市になっている旧下伊那郡上村下栗《しもぐり》にも掛け踊りがある。ウブスナの十五社明神の社内・社前・社の庭で三踊りする。神道色の強い踊りで、盆灯籠も出ないが、かつては先立った人（新亡）の家の庭で踊ったともいい、踊りは和合・日吉・坂部と共通するものが多い。

下栗は神葬祭の村で仏式の盆はない。この踊りは雨乞いの願掛け踊りとされており、念仏を唱えることはない。雨の降らない時はここ十五社で踊り、それでも降らない時は上中郷の御池山まで行って踊るという。十五社の社内と社外で踊って、近くの子安神社前の井戸神に御幣を納めて終わりであるが、かつては八月一五日に集落内の山ノ神・井戸神ほかを回り、上流の大野の子安様の前まで行き、そこで踊り、一六日、十五社で帰り踊りをした。さらに夜は送りの盆踊りをしたという。

掛け踊りは一五日の午後一時から行うが、神事のため御幣《おんべ》造り、シメの架け替えほか、午前から準備を始める。神事は宮元ほか三太夫の四人の神官が神前で行う。祝詞・六根の祓い・三種の祓いに続き、般若心経を唱える。その後、清めの神楽一三首・本神楽四首を歌う。神楽の文言は和歌なので一首二首と数える。その間、掛け踊りをする人は祓いを受ける。十五社の社殿は冬に霜月祭りの祭場になる所で、中央にクド（炉）があり、社内で湯立てができるように広くなっている。

掛け踊りは旗持ち二人・棒振り二人・鉦一人・笛数人・扇子を持った歌い手・太鼓二人・撥二人に、宮元がオンべを持ち、補助役の台持ち二人が付く。ここの掛け踊りの特徴は、コジョロウ（小女郎）（写真5―2―2）といって真っ赤な振袖に白い兵児帯を締め、ヒデを垂らした菅笠をかぶった少女（一二、一三歳までの女子）が一列に並んで立ち、笠を押さえながら体を左右に振る（ササラは持たない）ことである。

掛け踊りは社内では神前に向かって太鼓と撥が向かい合って並び「東西鎮まれお鎮まれ」に始まる神の褒め唄の和讃が唱えられる。その間、棒振りが棒を振る。棒振りと撥は、一人は赤たすきに赤はちまき、一人は白たすきに白はちまき。社外では輪になって踊る。踊ったあと宮元と台持ちが近くの子安神社の下の井戸神にオンべを供える。井戸神は水神だからである。

このように下栗は仏教を廃した神葬祭の村で、掛け踊りも神道色の強いものであるが、念仏踊りの向かい合って太鼓を叩きながら念仏を唱える部分が、神褒めの和讃になって掛け踊りとして行われていることが分かる。(4)

写真5－2－2　下栗掛け踊りのコジョロウ

5　大河内の掛け踊り

天龍村には大河内と向方の二カ所に盆の念仏踊りがあるが、双方とも掛け踊りともいっている。

大河内の盆は、八月一日の墓掃除、六日のソウリョウ（精霊）棚、七日の施餓鬼棚、一四日の迎え、一六日の送りとあり、一日・六日・一四日には「ダイを焚く」といって三回迎え火を焚く。これに倣って掛け踊りも一六日を入れると四回行われる。一日・六日は神寄せをするとして、お堂前で、一日は中老の掛け踊りと和讃、六日は青年の掛け踊りを行う。七日はガラン様の前で区長と氏子総代がガラン様の和讃を唱える。お堂は念仏堂・愛宕堂といって、愛宕地蔵を中心に不動・観音・弘法大師・役行者の像がある。一四日はお堂を出発して新盆の家を回る。一六日は送りといって夜九時掛け踊りを始め、一二時まで手踊り（盆踊り）して、一二時を過ぎると再び掛け踊りをして、その後、庚申堂まで練って行き、そこで灯籠など盆の飾りを燃やして霊を送る。

掛け踊りは、庭入りから掛け踊り、念仏、和讃の構成である。

道行から庭入りの行列は、灯籠一人・旗（南無阿弥陀仏）一人・トリサシ（ツユハライ・棒振り）一人・一の太鼓一人・鉦一人・太鼓七〜八人・ヤナギ一人。

新盆の家では「百八タイ」といって多くの松明を焚いて掛け踊りの一行を迎える。まず旗を持つ中老が盆棚に挨拶をして、掛け踊りをする。この時、念仏は唱えず、輪になって踊る。かなり腰を低くする踊りで、トリサシも棒を振る。それが終わると中老の和讃と念仏で、和讃の合い間合い間に「南無阿弥陀仏」を節を付けて繰り返すが、引声系の念仏のように長く伸ばすことはしない。

一六日はまず集会場に集まり、午後一二時に新盆の灯籠と、神仏の名を書いた笹を付けた一二本の幡を持ち、愛宕堂に行く。笹には愛宕大神・池大神・当所大伽藍・八王神・東大神西大神・水神・山神・郷主・庚申神・秋葉権現・金比羅権現・津島様の名が書いてある。かつては大念仏といい集落内の神々を回って送ったという。愛宕様の前でこれらのハタを立てて掛け踊りと和讃を唱える。最後に庚申まで列を作って向かい、そこでこれらを燃やす。

以上が大河内の掛け踊りであるが、念仏の部分が和合・日吉に比して、簡略化しているのが分かる。たくさんの神を送るのは榑木踊りの神送りと共通している。また腰を落とす踊りも大河内の特徴である。(5)

6　向方の掛け踊り

向方《むかがた》の掛け踊りは八月一四日に行われるが、一六日の送り念仏には、向方独特の榑踊り・カンピョウエ踊り・しゃがんで送る「送り盆唄」等がある。

盆の一四日は掛け踊りであるが、新精霊に対して行うので新盆の家のない時には行わない。新盆の家では墓まで百八タイの松明を点け、精霊を迎える。掛け踊りの行列は、「南無阿弥陀仏」と書いた大提灯一人・ヤナギ二人・奴二人・鉦一人・太鼓七人・笛数人・小灯籠一人で、寺の前のジョウド（十王堂）から寺に向かうが、拍子揃えといって一度戻る。かつては村の開祖である村松家（オカタ）に寄ったという。再度寺に入り、輪になって掛け踊りをする。そのあと「念仏」「和讃」があったが、現在できる人がいない。昭和四二年（一九六七）の向山雅重の報告には三三九度七遍返し等が載っている。引声系の念仏であった可能性が高い。現在は寺でひとしきり盆踊りをして「かばらい踊り」「引け踊り」でジョウドまで帰る。

写真5－2－3　向方の送り念仏。マトウサンバでしゃがんで唱える

一六日は新盆の家の灯籠を夜一二時に寺に持ってくる。「八幡」という盆踊りを踊ってカンピョウエ踊りをする。この踊りは、灯籠を上下に揺らしピョンピョン跳ぶような踊りである。「東西静まれお静まれ」という鎮めの唄を唱える。和讃であるが、一度目は寺の境内で全員が火をともし、しゃがんで唱える。次に寺の外のマトウサンバ

（三月の鹿打ち行事の的を納める場所で、「的納め場」のこと）の辻で、ところどころに松明を焚き、しゃがんで送りの和讃を唱える（写真5-2-3）。

このしゃがんで唱える念仏は、古い形として六斎念仏に見られるが、伊勢三日市の「オンナイ念仏」に見られる形で、向方の開祖村松氏が伊勢から来たという伝承と重ね合わせると興味深い。南信で「しゃがむ念仏」があるのはここだけである。(6)

7　梨久保の榑木踊り

南山といわれる泰阜《やすおか》村の南部は幕府の天領で、年貢として榑木《くれき》という材木を上納することが義務づけられていた。榑木とは木のかたまりの意味で、幕府に納めるには切り方・寸法が決められていた。この木を天竜川の下流へ流して納めるわけで、その完納を祝って南山地区の六カ村が七月二〇日より二五日まで神社に奉納したとされる踊りである。この六カ村は漆・平野・我科《がじな》・温田《ぬくた》・田本・大畑であるが、田本は山上の梨久保集落がこの踊りを担っていたので、現在、榑木踊りはこの梨本と温田に残っている。

かつては七月二三日に田本まで下って踊っていたが、現在は梨久保の池野大明神の祭礼に合わせて、その宵宮の一〇月九日に行われている。

行事は夜八時頃、宿である農村交流センターで一踊りしたあと、近くの池野大明神まで練って行き、鳥居前と神社の庭で踊る。宿は元来、新築や結婚・誕生などおめでたのあった家が宿になったが、農村交流センターが宿になっている。

行列は、白灯籠一人・ヤナギ一人・旗四人・色灯籠四人、太鼓三人・鉦一人・笛数人である。

白い灯籠は神灯といっている。ヤナギには五色の短冊と御幣が付けられていて、踊りの中心に置き、踊りの時はくるくる回す。旗は池野明神・蚕玉祖神の二本である。色の切り子灯籠は赤二本、緑二本である。太鼓は大中小の三個、鉦は一尺の双盤鉦である。装束ははっぴで、太鼓手は鉢巻であるが、かつては白い着物であった。

踊りは五本の灯籠とヤナギを中心に輪になって踊る。唄は宿踊り・鳥居踊り・御宮踊り・笠破りの四種である。

榑木踊りは神踊りであるが、盆の切り子灯籠を中心に輪になって踊り、踊りそのものも、太鼓を手に持って回転しながら踊る掛け踊りと同じである。行列も掛け踊りと基本は同じである。平成一七年（二〇〇五）から中断している。(7)

8　温田の榑木踊り

温田《ぬくた》では八月二二日に行う。南宮神社（諏訪神社）の宵祭りでもある。現在、午後三時には宿を出発して村内の神仏を回り、南宮には五時頃に着く。踊りは宿と南宮で行う。

行列は、旗二人（諏訪大明神・八幡大神宮）・切り子灯籠三人（白二人・緑一人）・ヤナギ（白い短冊に御幣）・笛十数人・太鼓三人・鉦三人・灯籠（赤一人）・旗（塩釜大神・熊野白山権現・蚕玉祖神・多賀大社大明神・津島牛頭天王）

写真５－２－４　温田の榑木踊り。ヤナギと盆灯籠が見える

（写真5―2―4）。

宿は相戸《あいと》という屋号の原田登氏の家と決まっている。まずこの庭で、踊りで産神・かじや神・山ノ神等に祈り（唄の歌詞に入っている）、薬師・津島・夏焼の山ノ神・大古平峠の山ノ神に道々遥拝しながら南宮に至り、南宮の庭で踊る。南宮には、熊野権現を祀る上の神と天竜川の中島にある諏訪社を祀る下の神がある。上の神で踊って一度家に帰り、食事ののち、下の神で踊る。最後に笠破りと榑木踊り唄がある。榑木踊りは歌詞に「東西静まれ穏やかに」の語がある。装束は浴衣に菅笠である。このように切り子灯籠やヤナギが出てくるところは梨久保ほかと同じであるが、道々神仏に祈ることを行っている点が、辻払いや神送りに通じるものがある。

9　平岡満島神社のお練り

平岡の満島《ましま》神社の秋祭りは「お練り」といわれ、平岡の通りに長い祭り行列が、一〇月の第二土曜日・日曜日の二日にわたり練り歩く。満島神社は明治四二年（一九〇九）に近隣の一六の神社が合祀されてできた神社で、祭りもその時の各神社のものが合わさって構成された。その時、現在の本社とは別に町の南に遥拝所として前宮（南の森）を造り、祭りには一〇月一一日、祭神が南の森に巡幸して翌日帰るとした。宵祭りは四時頃本社をお練りが出発、南の森に一泊して翌日一二時に出発、夕刻に帰る。

行列は、神社のパンフレットによると、

1、奉納小旗（少年）　2、笛太鼓踊り　3、宿入り（壮年）　4、御宝物　5、神輿　6、祇園囃子（老年）

からなり、総勢一〇〇人ほどのお練りになる。

奉納小旗は「満島神社」もしくは「諏訪大明神」と書かれた旗を持つ二〇人ほど。笛太鼓踊りは太鼓踊り、もしくは掛け踊りといわれる芸能で、若者が太鼓を抱え、辻々で輪になって踊る。三〇人ほど。盆の掛け踊りが入ってきたと思われる。

宿入りは二匹の神楽獅子舞と大名行列からなり、獅子の囃子の太鼓は向かい合って叩く。二〇人ほど。

御宝物は各種造り物で、桜・蛇・日月等で、掛け踊りに出る五色のヤナギもある。神輿には神官・巫女等二〇人ほどが神輿の周りに付く。

祇園囃子は白の唐傘に幔幕を垂らし、幔幕には「傘尽くし」の文句が書いてあるのは次に記す中井侍と同じであるが、白色で、傘が二つの太鼓を乗せた車の上に立てられている。音頭取りが太鼓を叩きながら、唄を歌って行く。一番の歌詞（後述）から、この傘を「吉野傘」という。

お練りの中心は太鼓踊りであり、褒め唄である南の森の唄・原の森（本社）の唄を、それぞれ出発・到着時に歌うが、辻々では「四方名所の唄」を歌い、二日目の最後に「東西鎮まれお鎮まれ」の鎮めの唄で踊って終わりになる。

このお練りには掛け踊りと共通する太鼓踊りをはじめ、大名行列の奴振りやヤナギや傘といったものが、行列風流、つくりもの風流としてあることが分かる。その意味で太鼓踊り・掛け踊りも太鼓風流といえる。(8)

10　中井侍の湯立て祭りのお練り

中井侍《なかいざむらい》では一一月二三日（一九九八年から一一月末の日曜に変更）に湯立ての神楽が行われる。中井侍の白山社と小高神社・不生の上高十四社神社の三社間で交互に行う。行事の主体は、湯立てと五方の舞・津島の舞・剣の舞等の神事舞にあるのだが、神社から神社間を神輿が行き来する「道中練り」がある。

神輿は、祭礼の前日「宵練り」と称して前年の祭場へ、当日の昼に「本練り」と称してその年の祭場へ行く。例えば上高十四社が当番の場合、前年の祭場である白山神社に一泊して白山神社から上高十四社に練る、という具合である。

お練りは「宿踏み」といって輪になってから出発する。

行列は塩払い一人（塩を撒く）・旗二人・剣四人（男子露払い）・踊り子（女子・花笠・たすき）・神輿・囃子（太鼓・笛）・大傘（写真5―2―5）である。大傘は大きな赤い唐傘に幔幕を垂らす。道中の囃子は「祇園囃子」というが、途中この傘の周りに輪になり、「傘くずし」（傘ずくしか？）を歌う。傘にちなんだ数え歌で、幔幕に歌詞が書いてある。傘を持った人を音頭取りという。

祭場に到着すると「練り込み太鼓踊り」といって、湯立ての釜の周りに輪になって「東西静まれお静まれ」という宿入りの鎮め唄と、続けて宮褒めの唄を歌う。

このように道中の練りに掛け踊りと共通踊りの歌詞が出てくる。大傘は満島神社の祭礼では「吉野笠」といっているのは「傘くずし」の一番に「ひとつ人目をしのぶには女ごころや吉野笠」[9]とあるからで、形態としては風流傘そのものである。

写真5－2－5　中井侍の道中お練りの大傘。傘くずしの文句が書いてある

11　日吉のお鍬祭り

日吉は、念仏踊りのところで記したように、春には

お鍬祭りがある。四月二九日であるが、もとは四月八日であった。村の伊勢社に祀ってある、伊勢神宮からいただいたという鍬（金属部分）をご神体として神輿に乗せ、隣の金屋の山上にある分社に行き、その麓の金光家で神楽を奉納して帰ってくる。踊りは伊勢社→八幡社→山上のお鍬様→金光家→伊勢社である。

神楽は、四つ舞・扇舞・剣舞等、近隣の湯立ての霜月神楽系統のものである。このように鍬をご神体として豊年を祝う祭りは、静岡県・長野県に見られる。

踊りは太鼓踊りで掛け踊りに似ているが、三〇〇年の豊年を願う豊年踊りとされる。念仏の時の太鼓で踊りも同じようである。片手に太鼓を持って一回転するものと向き合って太鼓を叩くものとがある。向き合って叩く時、太鼓は念仏の時より高く上げるため、撥も背伸びをして叩くような格好になる（写真5-2-6）。

写真5－2－6　日吉お鍬踊りの太鼓。向き合って叩く

行列も、奴の毛槍二人・ヤナギ一人・花二人・傘二人（白い傘でヒデが付いて開いている。念仏の時は開かなかった）・木鍬一人・榊一人・神輿二人・神官・太鼓三人・笛・舞人。

踊りは庭入りで輪になって、奴と鍬とで踊る。奴は奴振りで毛槍を上下に振る。一休みしたあと、太鼓を向き合って叩く。唄や和讃はない。掛け踊りから和讃部分を省き、唱えの念仏を抜くと、このような形になる。

12　売木村のお練り

売木《うるぎ》村の大田稲荷の祭礼にはお練りがある。三月二〇日もしくは二一日の彼岸の中日が縁日で、この日午前に、山の上にある大田稲荷を神輿に乗せて、村役場前に祀る。以前は前日に村長宅に降ろして祀り、一泊した。昼過ぎ役場前から売木の辻を通り、宝蔵寺で太鼓を叩き、大田稲荷の山に登り、そこでまた太鼓を叩いて終わる。

行列は、幣束一人・神輿二人・大太鼓の担ぎ手二人・叩き手二人（壮年が太鼓を担ぎ、若者が叩く。若者は鉢巻）・叩き手控え二人・小太鼓二人（少女はヒデの付いた花笠・緋袴）・太鼓八人（男花笠）・笛（男女四人・花笠）・ヤナギ一人・花一人・旗十数人（奉納大田稲荷）で、お付きの村人を入れて一〇〇人くらいになる。太鼓を二人で叩くなど、掛け踊りに通ずるものがある。花笠・ヤナギなど、お練りが似ている。(10)

13　新野の盆踊り

新野《にいの》の盆踊りは、その古風な形態で有名である。盆踊りそのものは掛け踊りとは異なり、掛け踊りの合間や終わったあとのスクイサー等に歌詞の共通性がある。しかし最後の一七日早朝の「踊り神送り」が掛け踊りと共通している。行者が聖徳太子や市神で唱える和讃が「東西鎮まれお鎮まれ」の鎮めの和讃であること、「能登」といわれる輪踊りをすること、また境まで送る習俗など、行列を組まないものの、送りには同じものが見られる。(11)

14　念仏系と風流系

以上一三カ所の念仏・掛け踊り関連の要素別一覧を作り、さらにそれを念仏系・風流系に分けたものを表5-2-1

表5-2-1　念仏踊り系・風流踊り系構成要素一覧　△◎の説明は本文参照。

	構成要素	1	2	3	4	5	6	7	8	9	10	11	12	13
地区・行事名		和合の念仏踊り	日吉の念仏踊り	坂部の掛け踊り	下栗の掛け踊り	大河内の掛け踊り	向方の掛け踊り	梨久保の榑木踊り	温田の榑木踊り	平岡満島神社のお練り	中井侍の湯立て祭りのお練り	日吉のお鍬祭り	売木村のお練り	新野の盆踊り
念仏系	引声系念仏	○	○			△								
	念仏掛け声			○		○	△							
	しゃがむ念仏					△	○							
	供養和讃	○	○			○	○							
	鉦	○	○	○	○	○	○	○	○					○
	盆灯籠	○	○	○	○	○	○	○	○					○
風流系	鎮め唄・和讃	○	○	○	○	○	○		○	○	○			○
	褒め唄・和讃	○	○	○	○	○	○	○	○	○	○			○
	輪踊り	○	○	○	○	○	○	○	○	○	○			○
	お練り庭入り	○	○	○	△	○	○	○	○	○	○	○	○	△
	太鼓	○	○	○	○	○	○	○	○	○	○	○	○	
	向き合い叩き	○	○		○							○	△	
	笠（ヒデ付き）	○	○	○	△	○	○				△		○	
	ヤナギ・花	○	○	○	○	○	○	○	○	○		○	○	
	傘・風流傘		○							○	○	○		
	棒振り	○	○	○	○	○	○							
	奴振り	○	○	○						○				
	神幡（神仏）			○	○	◎		○	◎	△	△			
	その他の特徴					百八灯	松明				湯立て	神楽		
	新盆供養	○	○	△	△	○	○							○
	神仏供養祈願	○		○	○	○		○	○					△
	神輿巡幸									○	○	○	○	
	雨乞い伝承			○	○									
	豊年祈願	○										○		

に付した。それぞれの事例で説明済みなので、△や◎印の説明を補足しておく。

念仏や太鼓の叩き方にも関連するが、所作については行列を作って移動したり、短い距離であるが庭入りに行列を整えたりすることを考えた。下栗は現在十五社の近辺のみで行事が終わってしまうが、かつては大野まで行ったという伝承で△にした。

念仏は、和合で引声系の唱えをしているが、他はほとんど絶えてしまっている。大河内でかつてそのような唱えのあったことが聞けた。向方でもあったものと考えられる。念仏を囃し言葉・掛け声として唱えたり、和讃の合いの手で唱えたりすることは各所で見られる。念仏を、しゃがんだり、地べたに座って円陣を組んだりして唱えるしぐさは、六斎念仏の古い形にある居念仏とも考えられ、注目に値する。三遠信地区では旧鳳来町布里の「放下念仏踊り」に見られるが、伊勢三日市の「オンナイ念仏」もしゃがんで唱えるので、向方の開祖村松氏が伊勢から来たという伝承もあり興味深い。大河内の掛け踊りでは、しゃがむことはないが、踊りの時かなり低く腰を落とすので△とした。

和讃は、「東西鎮まれお鎮まれ」で始まる「鎮め唄」と、寺社や家を褒める「褒め唄」と、死者供養の三種がある。同じ和讃を榑木踊りやお練りでは「唄」と記してある。歌詞については、中村浩『かけ踊り覚書』でいろいろ原型の復元を試みているが、難しい。

太鼓は大胴という締め太鼓で、片手で持って振り回すのは大変だが、輪になって振り回しながら叩くのが、庭入りやお練りの辻や神仏の前での所作となっている。念仏の時は太鼓持ちと撥叩きが向かい合って太鼓を叩く。この所作は和合・日吉で明確に現れるが、下栗では鎮めほかの唄でこのような叩き方をする。日吉の「お鍬祭り」で要所要所で太鼓を叩くが、ひじを高くした独特の叩き方で、向き合い叩きである、売木のお練りは、一人が太鼓を肩にかつぎ、向き合いではなく後から叩くが、これも向き合い叩きの変形と考えられるので△とした。このような叩き方は風流踊りの古い形にある。この太鼓叩きはヒデの付いた饅頭笠・菅笠をかぶるが、下栗ではコジョロウが、中井侍でも少女の踊り子がかぶるので、この二カ所は△とした。

行列は、掛け踊り・榑木踊りでは、盆灯籠（切り子灯籠）が出るが、お練りでは風流傘が出てくる。共通しているのはヤナギとか花という造り物で、五色の紙のものと白一色のものとがある。掛け踊りには棒振りが付いて「トリモチ」とか「トリサシ」という。奴振りは大名行列の奴の風流化したもので、各種風流踊りに見られるが、毛槍を上下に振り、伊勢音頭や「岡崎」で踊る。平岡満島神社では奴振りだけで芸能化している。飯田から伝わったとする。和合の庭入りの時の足を絡めるしぐさも、この奴振りから発展したものと考えられる。

旗は、念仏踊りでは「南無阿弥陀仏」が書いてあるが、掛け踊りでは詣でるべき神仏の名が書いてある。一、二本に神社もしくは神名を書くが、大河内や温田では十数本になる。◎はその意味である。

以上の要素を新盆供養の念仏系のものと風流系の要素に分けてみた。風流系としたのは、風流踊り、特に行列風流に顕著に見られるものだからである。これを「掛け踊り・念仏踊り」「榑木踊り」「お練り」の三グループに分けて一覧したものが表5‒2‒1である。

番号1～6の掛け踊り・念仏踊りで、下栗では神道色を強めて念仏はまったく唱えないが新亡の家を回ったという伝承もあり、坂部でも新盆の家を回ったという。7・8の榑木踊りも、榑木完納の祝いといって盆灯籠が出てくるのは不思議で、かつては七月二〇日より各村順に踊りをしたとあることから、盆行事の移行ということが考えられる。

しかしこの1～8までのグループの鎮め唄以降の風流的要素を見ると、お練りと共通するものの多いことが分かるが、行列等ではお練りよりも棒振り・奴振りなど風流行列的色彩が強い。

また、これは三遠信一帯の念仏踊りに共通することであるが、庭褒め・家褒め・寺褒め・神唄等の褒め唄が必ず入っており、死者供養とは別のものである。というのは、掛け踊り・榑木踊り・お練りの共通性は、神社を含め集落内の神仏を巡拝するところにある。榑木踊りにしろ掛け踊りにしろ、お練りの場合、ご神体を乗せた神輿が村内を巡幸し、それにお練りの行列が付くことにある。お練りの場合、盆供養とは別の神仏供養祈願の要素が入っている。念仏踊りを堂もしくは寺で終わらせるのは日吉と向方だけであるが、行列を組むということはなんらかの巡拝を伴ったからと考えられる。「掛け踊り」の意味については第四節（3）を参照[12]。

15　小　結

一三カ所の事例を見てきたが、最初に和合の念仏踊りでみたように、庭入り・念仏・和讃の三部構成になっているのが念仏踊りの全体で、従来、その中でも庭入りの激しく踊る部分を念仏踊りとみてきたといえる。しかしこの時は念仏を唱えていない。そのあとの太鼓を向かい合って叩く引声系の念仏が念仏であって、この朗々たる念仏では踊らないのである。

この南信では、この念仏踊りが「掛け踊り」といわれている。信州は明治維新で神道色を強くした地域である。それ故、念仏を消してしまったとも考えられる。

しかしこの掛け踊りのベースは、お練りと共通する村内の神仏を巡拝して願掛けをすることにある。この巡拝の行列に風流系の作り物や踊りが入ってきたとみていくと分かりやすい。平岡満島神社のお練りのように、風流系の芸能をみていくと、お練りや奴振りが出てきたり、ヤナギや花が出てくるのは行列風流とみられる。その風流系の芸能に引声系の念仏が入り盆供養と結び付いて念仏踊りとなる。したがって踊りは風流踊り系の輪踊りが基本になり、囃子や合いの手として念仏が唱えられる。念仏も風流も鎮め送ることに変わりはなく、鎮め唄は必ず伴う。鎮めの踊りも腰を低くした激しいものである。

註

（1）三隅治雄「伊那谷の盆行事」『芸能の谷〈伊那谷〉第二巻　芸能のパノラマ』新葉社、一九八六年。中村（前嶋）茂子「かけ踊りの研究」『芸能の科学　3　芸能論考Ⅰ』東京国立文化財研究所、一九七二年。背古真哉「長野県下伊那の太鼓踊り――三信遠国境地域の念仏踊りの一環として――」『民俗芸能研究』一七号、民俗芸能学会、一九九三年。長野県教育委員会『長野県の民俗芸能』一九九五年。橋都正・向山雅重『写真集　伊那谷のまつり』すずさわ書店、一九七五年。文化庁文化財部伝統文化課『「下伊那のかけ踊り」調査報告書』二〇一〇年。

（2）和合の念仏踊り保存会『南信州の秘境和合の念仏踊り』一九九二年。中村浩「和合の念仏踊り」『信濃』一四巻九号、信州史学会、一九六二年。

（3）熊谷尭雄「坂部の念仏掛け踊り」『伊那』一九八四年六月号、伊那史学会。田口光一「掛け踊りと盆踊り」『坂部民俗誌稿』長野県史刊行会民俗編編纂委員会、一九八五年。

（4）中村浩『かけ踊り覚書』信濃毎日新聞社、一九八三年。

（5）田口光一「大河内の掛け踊り」『大河内の民俗』天龍村教育委員会、一九七二年。桜井弘人「掛け踊り・盆踊り」『天龍村史　下』天龍村、二〇〇〇年。中村浩『かけ踊り覚書』信濃毎日新聞社、一九八三年。

（6）向山雅重「向方の掛け踊り・手踊り」『伊那』一九六七年九月号、伊那史学会。桜井弘人「掛け踊り・盆踊り」『天龍村史　下』天龍村、二〇〇〇年。中村浩『かけ踊り覚書』信濃毎日新聞社、一九八三年。茂木栄「祭伝承からみたムラの宗教空間――下伊那郡天龍村向方――」『まつり伝承論』大明堂、一九九三年。

（7）泰皐南小学校・中学校『榑木踊り』、一九七五年。泰皐村『泰皐村誌　上』、一九八四年。
（8）満島神社（平井）『満島祭り』、一九五七年。桜井弘人「満島神社のお練り」『天龍村史　下』天龍村、二〇〇〇年。
（9）橋都正「天竜村中井侍および坂部の「清め」の祭り（一）」『伊那』一九九七年一一月号、伊那史学会。桜井弘人「霜月神楽とおきよめ祭り」『天龍村史　下』天龍村、二〇〇〇年。中島繁男「中井侍の氏神祭」『伊那』一九六六年一月号、伊奈史学会。
（10）西垣晴次「お鍬神考」『民間宗教史叢書　伊勢信仰Ⅱ』雄山閣、一九九四年。
（11）新野高原踊りの会『信州　新野の盆踊りと諸行事』一九八六年。

第三節　水窪大念仏と五方念仏

1　地区の概況

毎年八月一六日の夕刻、静岡県の北部、長野県と愛知県に接する水窪《みさくぼ》の谷では、あちらこちらから起こるカーンカーンという双盤の鉦の音がこだまし、盆灯籠を先頭に立てた集落ごとの大念仏の行列が、いくつも谷川をめざして山腹を降りてくる。やがて河原に着いた行列は、それぞれ定められた場所で灯籠を燃やし、送り火とする。幾筋かの煙があちらこちらから立ち上り、双盤の音とともに夕焼け空の中に消えていく。人々は火に向かって合掌して、亡き人を送り、その年の盆が終わる。

水窪を調査するたびに見る、郷愁を誘う光景であるが、水窪では盆の一四日に新盆踊りといって新亡の霊のために大念仏の踊りを上げ、一六日は送り盆として念仏を唱え、行列と共に霊を送るとされている(1)。

水窪地区は遠州の最北部に位置し、北は長野県下伊那郡の天龍村に、西は愛知県北設楽郡の富山村に、南は静岡県浜松市佐久間町、南は磐田市に接している(2)。天竜川の中流域にあるが、本流は佐久間町の西渡から、東に向きを変えるので、その支流の水窪川・翁川流域にあり、町の中心部は盆地の体をなしている。その他は谷沿いや山腹に点々と居しているが、町部で標高二六〇メートル、山間部の高い所で八〇〇メートル近くに住んでいる。冬は寒いが積雪に悩むということはない。佐久間ダムが建設され、旧国鉄飯田線が水窪経由になった昭和三〇年（一九五五）には一万人を超えていた。特に山間部の流出は激しく、集落がなくなってしまったところもある。

水窪町は江戸時代には奥領家村・地頭方村・山住《やまずみ》村・相月《あいつき》村の四カ村であった。領家と地頭の名は荘園制とその後の下地中分に由来する。明治二二年（一八八九）この四カ村は合併して奥山村になり、大正一四年（一九二五）に名称を水窪町とした。その間、明治三六年（一九〇三）相月地区が分離して城西《しろにし》村になり、佐久間町に編入された。水窪の中は区に区分されている。戦後は長い間一七区であった。水窪・門谷《かどたに》・神原《かんばら》・小畑《おばた》・竜戸《りゅうと》・長尾《なごう》・西《にし》浦《うれ》・草木《くさき》・大嵐《おおぞれ》・大野・向市場《むかいちば》・上村《うえむら》・向島《むこうじま》・地双《じそう》・有本《ありもと》・河内浦《かわちうら》・門桁《かどげた》である。その後、有本が草木に入り一六区になっている。なお地名表記は平成四年（一九九二）の調査時のものである。

産業としてはヤマサクといわれる焼畑と林業で、耕作地は少ないが米も穫れる。しかしかつては焼畑で穫れるアワ・キビ・ソバが主食であった。その他、炭・養蚕・茶が盛んであった。水窪・大里（神原）・小畑には宿や商店が並ぶ。

水窪を通る街道は、信州の諏訪から秋葉山を経て浜松や掛川に至る信州街道・秋葉街道といわれる幹線の道である。南信濃村の和田（遠山郷）から八重河内・青崩峠を経て水窪の西浦に入る。長尾を通り小畑・水窪の市街地に入るが、そこからは、芋堀・横吹・西渡を通り天竜川に沿って下る道と、水窪から向市場・河内浦を経て常光寺山に上り、山住神社から尾根沿いに竜頭山・秋葉山に至り、そこで犬居に下る道とがあった。後者は秋葉修験の行場への道で、秋葉講の人の参詣の道でもあった。したがって、昭和一一年（一九三六）に三信鉄道（現JR飯田線）が開通するまでは水窪は賑わっていた。鉄道は佐久間ダムのある天竜川沿いを走ったため、一時さびれるが、佐久間ダム建設のため昭和三〇年（一九五五）に迂回して水窪を通ることになり、佐久間ダム建設も相まって活況を取り戻す。しかし、昭和四〇年（一九六五）以降過疎化が進み、林業の不振もあり、人口が半減して現在に至っている。

寺院は五カ寺、うち無住一カ寺である。全寺曹洞宗で向市場の善住寺末である。神原区大里に永福寺、小畑に附属寺、西浦に永泉寺があり、それぞれ住職がいる。草木には永沢寺があるが無住である。したがって水窪全域が曹洞宗地区になるが、秋葉原の三尺坊も曹洞宗である。秋葉山の末寺や修験の寺院はないが、秋葉山で修行をしてきた僧侶はいる。修験は真言宗の三宝院末の山伏が二名いたと記録にはあるが(3)、現在はない。しかし西浦上組愛宕様の祭りには近年まで法印様が来ていたといわれる。各集落には阿弥陀堂・薬師堂などの祠堂が必ずあり、堂守の別当といわれる家があり、これから述べる念仏に関与している。

神社は、水窪東の常光寺山を下った鞍部に山住神社がある。もと県社で三遠信一円に講社を持っている。神使として山犬（狼）を祀り、山犬の札を配る。奥の宮が常光寺山で不動明王を祀る。一一月一五日は常光神祭と称し湯立て神事を行っている。常光寺山には修験の行場と称する岩場があり、山住神社と常光寺山は一体として、秋葉山につながる修験施設と考えられている(4)。神社、小祠は各集落にあり、それぞれの禰宜・小禰宜《こねぎ》の人が祭礼を行っている。神主ではないので草禰宜《くさねぎ》といわれている。祭礼は向市場の春日神社、神原の八幡社、小畑の諏訪神社が合同で行う九月一五日の「水窪まつり」が大きなものである。各集落では一一月から一二月にかけて湯立ての神事を行うところが多い。信州側にある霜月祭りの系統のものであるが、水窪独特の形式がある(5)。

芸能としては西浦の観音堂の田楽が有名であり、多くの報告がなされている(6)。

水窪の民俗調査報告としては、水窪町教育委員会『水窪　静岡県磐田郡水窪町民俗資料緊急調査報告書』、早稲田大学日本民俗研究会『西浦の民俗』上・下、静岡県史編纂委員会『草木の民俗』の三著がある(7)。いずれも大念仏について記し、水窪町教育委員会のものは西浦中組（旧本）の調査である。早稲田大学のものは、ガリ版刷りながら詳細を極め、西浦上・中・下の見聞録と下組の和讃の一部を載せる。県史のものは草木の大念仏と遠木沢の和讃を全て載せている。草木は絶えてしまったので貴重である。

調査は平成四年（一九九二）から平成六年（一九九四）にかけて行った。

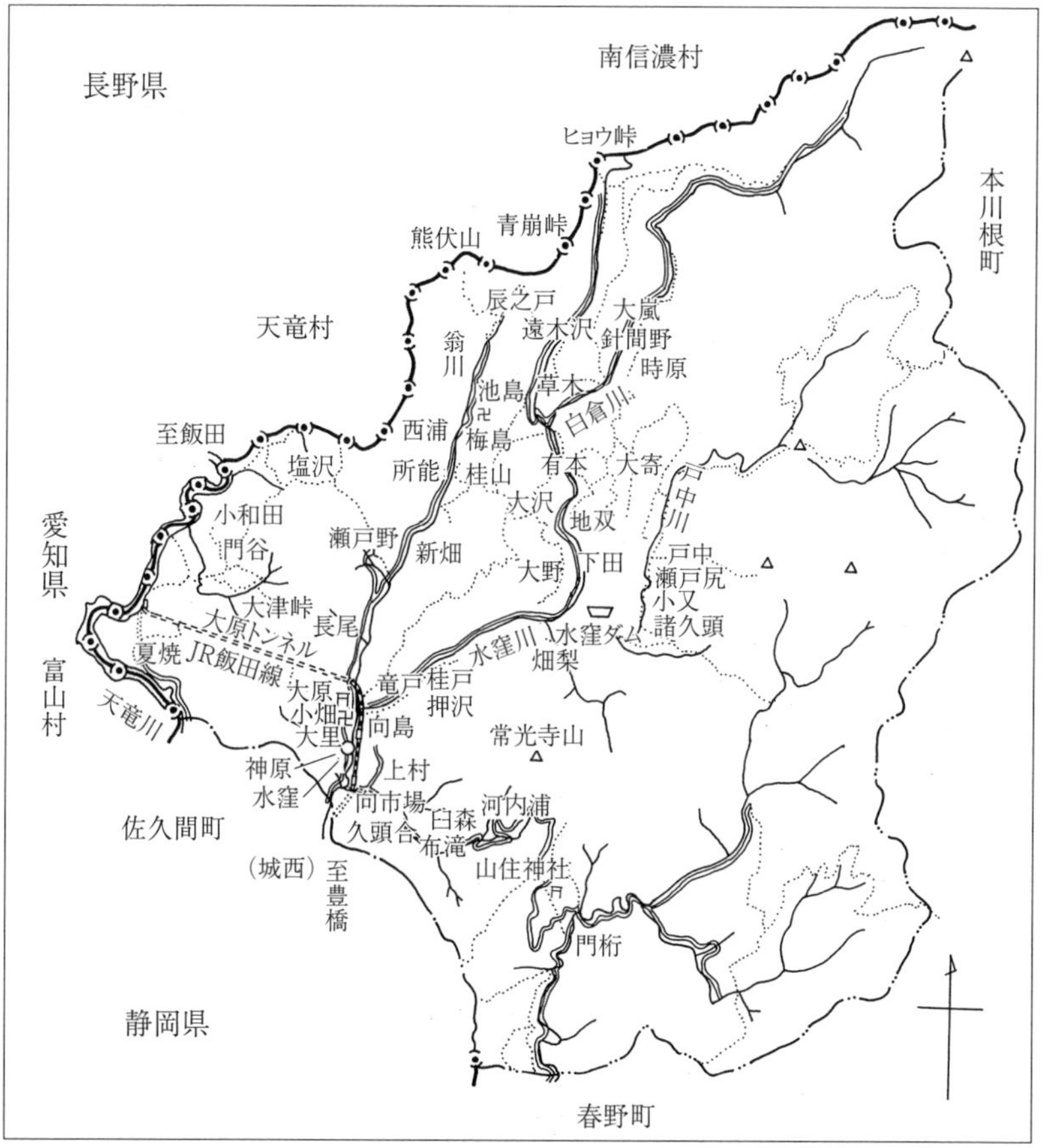

『水窪　緊急民俗資料調査報告書』1968年より作成

図５－３－１　水窪町全図

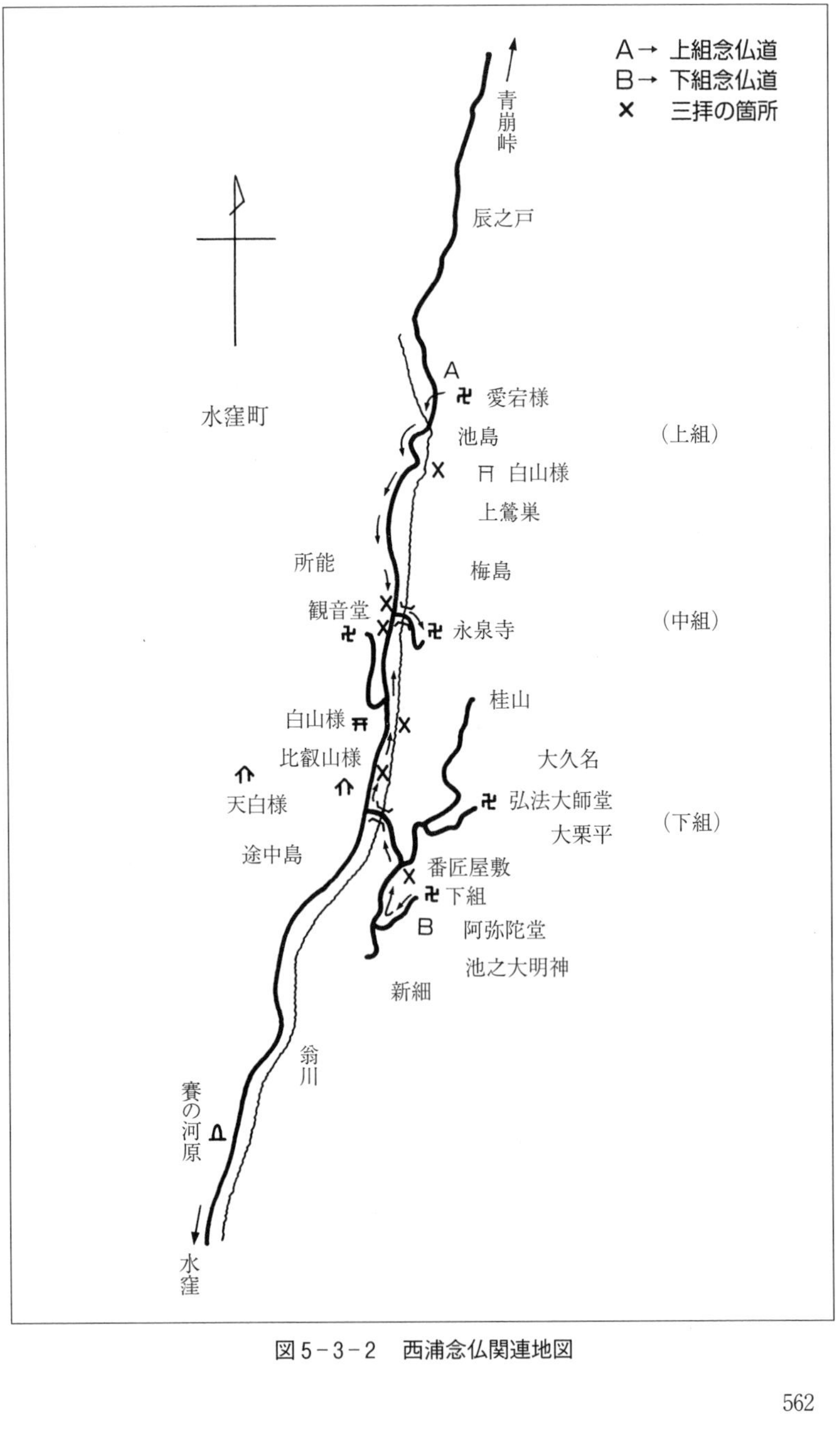

図５－３－２　西浦念仏関連地図

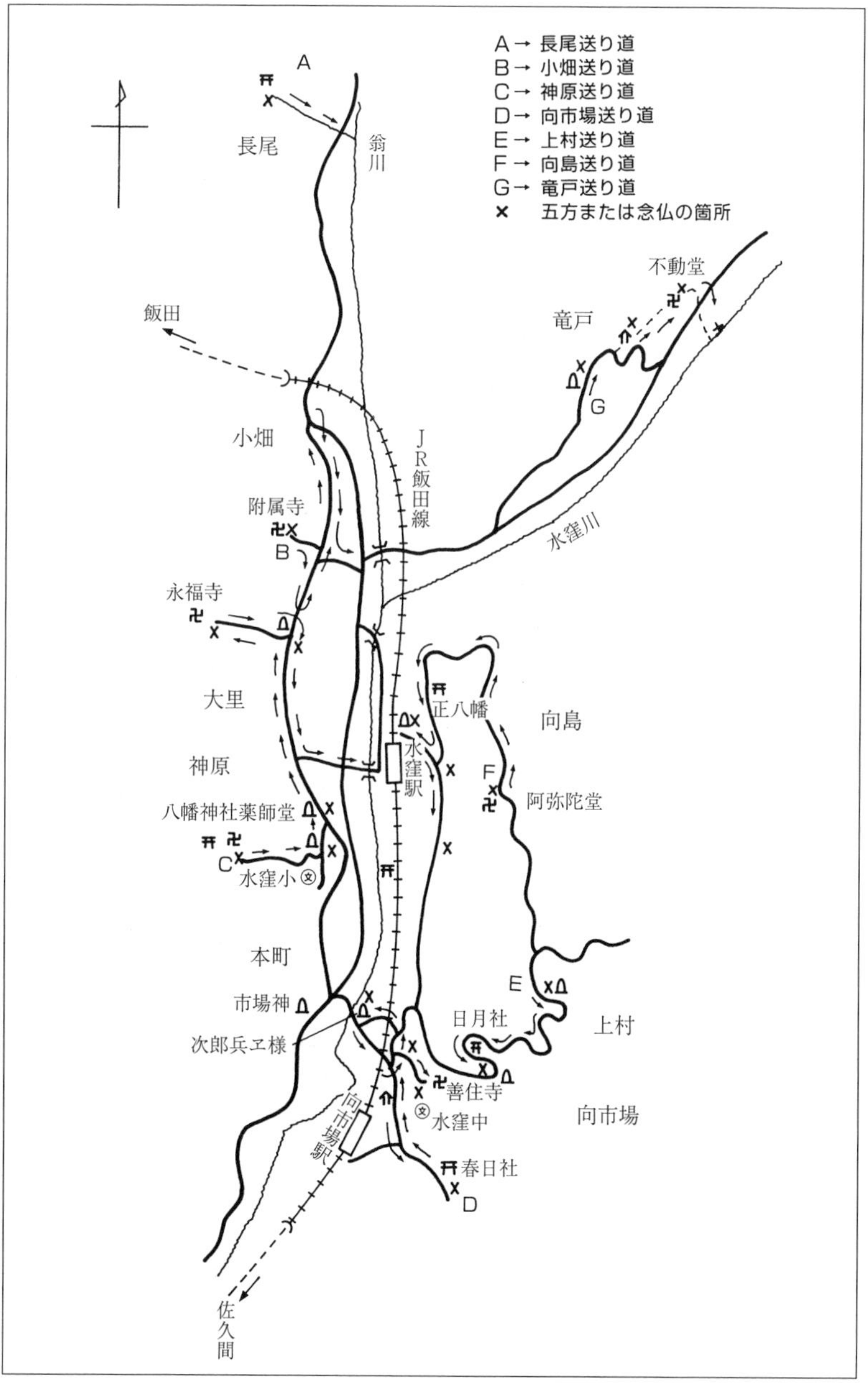

図５－３－３　水窪中央部念仏関連地図

2　西浦の大念仏

西浦《にしうれ》は水窪の翁川の上流にあり、青崩峠で長野県と接している。上・中・下の三組に分かれ、地名からすると辰之戸《たつのと》・池島・上鶯巣《かみぐすく》が上、梅島・所能《しょのう》・桂山《かつらやま》が中、大久名《おおぐな》・大栗平・新細《しんぼそ》・途中島《とちゅうじま》が下で、中組の所能には観音堂があり、毎年二月八日に田楽が催される。寺は中組の梅島に永泉寺がある。

念仏は、八月八日に永泉寺で行う施餓鬼踊りと、八月一四日の新盆踊りと、一六日の送りの念仏がある。八月八日は上・中・下合同で行うが、一四日・一六日は別々である。なお下組では、二四日にも阿弥陀堂の念仏というものがある。(8)

(1)　施餓鬼の日の大念仏

八月八日の午後一時より永泉寺で西浦全体の施餓鬼法要がある。寺の本尊虚空蔵菩薩前の部屋のめぐりには、五色の施餓鬼幡・如来幡が張られている。住職による施餓鬼法要のあと、幡は競うように取られる。施餓鬼棚中央に飾られた五色の御幣も持ち去られる。幡は、それぞれ持ち帰って畑に挿し、虫除けにする。法要が終わってから、その日の晩に念仏を行うかどうかを決める。灯籠の灯が雨で消えてはいけないということで、雨の降りそうな時は中止される。

念仏が行われることが決まると、改めて夕刻に放送が流され、準備に入る。施餓鬼の念仏は上組・下組それぞれから出発した傘と灯籠を中組が寺で迎え、三組が一緒になって、寺の庭で大念仏を行うという形になっている。

〈上組〉

七時頃、公会堂になっている池島の愛宕様（中に愛宕地蔵が祀られている）に集まる。傘を立て五方の唱えおよび神寄せの大念仏を唱えて出発する。傘とは「南無阿弥陀仏」と書いた唐傘に幕を張り灯籠を下げたもので、三重県の志摩半島や静岡県の森町周辺にある「傘ボコ（傘鉾）」「傘ブク」といわれているものと同様である（写真5－3－1）。傘の盆灯籠に愛宕様からもらった灯を入れる。持ち手は年長の人の中から適当に決める。

かつては双盤をかつぎながら永泉寺まで歩いて行った。途中、上口《かみぐち》といわれる所で上鷲巣に祀られている白山神社に向かって、傘で三礼する。その後、永泉寺の橋で車を降り、下組と合流する。

写真5－3－1　西浦　下組の「ノゾキ」と上組の「傘」

〈下組〉

七時頃、新細の阿弥陀堂（小字名から沼平《ぬまだいら》の阿弥陀さんといわれる）に集まって「ノゾキ」という盆灯籠を出す。これは遠州大念仏の故事に由来するという。故事とは、武田信玄と徳川家康の軍が三方ヶ原で戦った際、家康は奇襲を巡らし、犀ヶ谷《さいがたに》に布橋を掛けそこに武田の軍を追い込んで谷に全軍を突き落とし壊滅させたが、その後、夜な夜なその谷から怨霊の声がするので念仏を唱えて供養し、それが遠州大念仏になったとするものである。武田の軍が谷に落ちた時、弓の先に兜を付けて兜の中で松明を焚き、谷底を照らして覗いた。それにちなんで盆灯籠をノゾキというと説明されている。灯籠の竿を弓にしている例は神原に見られる。下組のものは弓に付けてはいないが、形態からカマキリともいわれる。いわゆる差し灯籠といわれるものである。灯籠は阿弥陀堂の別当さんが持つ。別当さんは灯籠の先導役を行っている。

阿弥陀堂の灯をもらい、灯籠に灯を入れ、阿弥陀堂の前の庭で六字念仏を唱え神寄せの大念仏を一踊りしたのち、灯籠は歩いて永泉寺に向かう。神寄せの大念仏とは、自分たちの住んでいる集落にある神々から始め、周辺の村、最後には日本国中の神々の名を読み上げるもので、長いほど良いとされる。したがって部落によって神寄せは異なるが、周辺および日本国中の神となるとほぼ同じである。霜月祭りに唱えられる神名帳に相当する。

灯籠持ちは歩き、双盤は車で運ぶが、その途中、辻々で神々を拝して行く。拝する場所は、番匠屋敷（新細と大栗平の分岐点より拝む）・比叡山様・天白（大久保橋より拝む）・白萩十二八天狗・白山神社（途中島の道の上より拝む）・西浦観音堂（寺の橋より拝む）である。拝みは音唱人が塩を撒き、弾指の後、灯籠で三拝する。寺の橋で上組と合流する。

〈中組〉

寺で上組・下組を寺の山門で待ち迎えている。待つ間、大念仏踊りを踊る。傘は上組同様の盆灯籠の付いたものである。灯は西浦の観音様からもらうとされていたが、寺の灯を入れている。傘は寺総代が持つ。

〈大念仏　下・上・中組〉

①練り込み（一踊り目）

上組・下組の傘と灯籠は寺下の橋で合流し、下組を先に寺への道を上って来る。寺の山門で中組の傘が迎える（写真5-3-2）。三礼ののち、寺の階段を下組・上組・中組の順で上り、寺庭の上に祀ってある鎮守社の稲荷社にも揃って三礼をし、寺の本尊虚空蔵菩薩に三礼する。本堂では住職が正装して待ち受ける。庭に三本の傘と灯籠を立て、まず下組が神寄せの大念仏を唱え踊る。次に太鼓を抱えて踊る太鼓踊りと提灯を持って踊る提灯踊りで輪になって踊る。花笠はかぶらない。一踊りのあと休憩になるが、この間は手踊りが踊られる。

②中踊り（二踊り目）

上組が大念仏を唱え踊る。

③三踊り目

中組が大念仏を唱え踊る。念仏の渡り拍子（十六）が始まると、音唱人は真言を唱え印を結ぶ。踊りが始まると、三本の傘と灯籠は、入ってきた時の逆の順で本堂の虚空蔵菩薩・鎮守に三礼をする。踊りが終わると上組・下組の順で山門を出るが、中組の傘がそれを見送る。上組・下組はそれぞれ愛宕様・阿弥陀堂に戻るが、下組では阿弥陀堂で別当の元で念仏が唱えられ、この日の行事は終わる。

写真５－３－２　西浦　永泉寺での迎え（中組）

⑵　上組の念仏

上組の念仏は、八月八日の施餓鬼踊りと一四日の新盆踊り、一五日の愛宕様の踊り、一六日の送りの踊りの、計四日行われる。

八月一四日〈新盆踊り〉

新盆の踊りは、かつては新盆の家を回って行われたが、現在では愛宕様の庭でまとめて行われる。踊りの輪の先頭で棒振りの人が踊る。念仏・和讃は音唱人が調子を取る。念仏の順は次の三つに分かれる。

①一踊り目

お庭がかかり（練り込み）として、十六（渡り拍子）・八つ練りの双盤に五方の唱え・大念仏（神寄せ）踊り。五方の唱えから大念仏へは次の文句を唱える。「東方天狗天白　西方天狗天白　南方天狗天白　北方天狗天白　中央天狗天白　諏訪明神に大念仏申す（以下略）」。続けて十六・ふたつ練り・ジャンジャンの順に双盤を叩く。五方念仏（和讃）・六字念仏・野辺の送り（和讃）の唱えと和讃。次に「みだかんぜどくく　どくみょうどく　おおつの大師　あんらくたいめんさいじ」の唱えのあと、踊り念仏として、庭褒め・館褒め・ひじりの踊りで休む。この間、新盆の人の位牌へ焼香する。

②中踊り

十六・ふたつ練りの双盤。その後、酒褒め・長者和讃・賽の河原で、これは掛け合いの念仏で踊りを伴わない。次に後生《ごしょう》踊り・西国踊り・嫁褒めの踊り念仏。

③しまい踊り

とび入り・三つ練り・ジャンジャンにおいとま・返しの踊り念仏・十六。

一五日〈愛宕様の踊り〉

愛宕様の前で踊る。十六・八つ練りのあと「愛宕様のお庭で、大念仏を申します、愛宕様に申します、今宵今夜のおまつりを、大念仏で申します」の言葉を入れ、大念仏（神寄せ）を唱え踊る。ひと休みのあと、五方念仏・六時念仏・大念仏で終わる。

一六日〈送りの念仏〉

愛宕様の所で踊り、最後の新盆の人の灯籠を川に持って行って燃やす。念仏は十六・八つ練り・大念仏（神寄せ）の組み合わせである。

〈葬式・雨乞いの念仏〉

盆の大念仏とは関係ないが、葬式の時には西国三十三所の御詠歌を唱える。日照りの時は観音様で百万遍の念仏を行った。

■資料　上組の念仏帳

○「盆踊り和讃大帳」水窪町池島　昭和四十八年（一九七三）八月謹書（佐々木勝義蔵）

（目次　一、五方念仏　二、六時念仏　三、野辺の送り　四、酒褒め　五、長者和讃　六、西の河原　七、庭褒め　八、館《やかた》褒め　九、後生踊り　十、盛りの踊り　十一、聖《ひじり》踊　十二、嫁褒め踊り　十三、西国踊り　十四、おいとま　十五、返し　十六、血の池和讃）

・壱番　五方念仏

東方　東ト申スレバ／やくしかんのん立いらみ／南方　南ト申スレバ／せいしかんのん立いらみ／西方　西ト申スレバ／あみだのにょらいが立いらみ／北方　北ト申スレバ／しゃかのにょらいが立いらみ／中方　中ト申スレバ／大日にょらいが立いらみ／五方の神のその中で／ただよき念仏申すなり／南無阿弥陀仏南無阿弥陀仏南無阿弥陀仏

・二番　六時念仏

そもそも六時ト申スレバ／夜の六時も六時ナリ／昼の六時も六時ナリ／十二の時の其の中で／なむあみだぶつ

六時ナリ／おのおの下をもぬきいだし／みじかき下をばそいてつけ／長き下をば切りすてて／此れ程安き念仏を／一字もとなえて神玉へ／ただよき念仏申すなり／南無阿弥陀仏南無阿弥陀仏南無阿弥陀仏

・参番　野辺の送り

今朝迄は今朝迄は／見上げ見下しで親を／無上の風にとさそはれて／死してめいどに立時は／弟兄弟あいまりて／うぶ湯あぶしてかんに入れ／白木の中へ持ちいこみ／広き野原へ持ちい出し／四方四めんにまくをはり／野辺の送りのあわれさよ／念仏となえて帰るなり／千本の木の元其の元に／薪を千だん積みこんで／炭を千だん積みこんで／高野火を取りかそうする／一日二日は煙り立つ／早や三日となりぬれば／太郎兄弟おとひめと／うつぎの若木とまが竹と／取や違ふて骨拾ふ／しこつ拾ふてはいかいて／はいをかいてはつかみつけ／朝日さす夕日かがやく大寺に／親のはいだとかいてたつ／かわらきょよせては茶とうする／こうらきょよせてはこうをたく／こうの煙は花となる／此れで我が親うかぶなり

・酒ほめ

この酒はこの酒は／東天じくのにほいして／天の菊酒御目出たい／つばくらくちなるおちょうしで／るりの色なるおさかだい／こがねの色なるおさかづき／ちそ（しそ）のはをちそのはを／これをさかなときこしめし／村の年寄あつまりて／左りざしにとさされけり／右りざしにとさされけり／南無阿弥陀仏南無阿弥陀仏

・長者わさん

三河の国の長者殿／無上の風にとさそわれて／死してめいどに立つ時は／ここはえんまの前なるぞ／しゃばの前後をときて見よ／ここがえんまの前なれば／しゃばの前後をききたくば／ふじへ参して前後する／まいる所

が十六度／参りおさめてくようする／いせへ参りて前後する／参るところが十八度／此れより北の高神に／参りましては前後する／参る所が十三度／参りおさめてくようする／九よう橋よと橋をかけ／かけやをさめて九ようする／そこでなえんまがききわけて／千本おきょうをみのにきせ／万本おきょうをかさにきせ／ぢぞうぼさつをあとやさき／中に長者ををしたてて／こんごうづえにをてづかせ／花の上土へ渡るなり／南無阿弥陀仏南無阿弥陀仏南無阿弥陀仏

・さいの河原

十より下なるおさなごが／無情の風にとさそはれて／死してなめいどに立つ時は／親もしらないしでの山／そこへゑんまおでありて／ここがゑんまの前なるぞ／ここがゑんまの前ならば／しきびのやうなる手をついて／はちつのこうべを地にすりて／いとよりほそきこゑをはり／とおし下さいゑんまどの／そこでゑんまがごらんじて／じごくとてもやられまい／ごくらくとてもやられまい／さいの河原にたむけられ／とうをつめよとおおせられ／はいとこたえておさなごが／一条つんではそのとうは／父のためだとつみおさめ／二条つんではそのとうは／母のためだとつみおさめ／三条つんでは其のとうは／おぢぞうさまへとつみおさめ／四条つんではそのとうは／わがみのためだとつみおさめ／やれうれしやと思ふれば／かすかに西をながむれば／五色の色なるおに供が／五尺二寸のてつのぼうで／つみたるとうをつきくずし／くみたるとうばをひきくずし／わいとなき出すをさな子が／そこでおじぞうおでありて／なにをなくよとをさなごに／そなたの親はまだしゃばに／この世の親はわれなるぞ／こんごうつえにとかきよせて／ころものすそにやどらせて／くじゃくの鳥ではなけれども／其の夜一夜わ泣きくらす／よさに明ければなすなり／南無阿弥陀仏南無阿弥陀仏南無阿弥陀仏

・第一番踊り　庭ほめ

庭ほめ踊りを見せましょう／はるばるまいるて御庭を見れば／さてもみごとなきれいな御庭／ごくらく上土のにわまさり／これの御庭で踊らうとすれば／ちりちり小草が身にからまりて／こがねのまなごが足につく／せんすいあるかとながめて見れば／ぼたんしゃくやく梅花桜／咲きやそろいてまづみごと／末を申せばまだまだ長けれど／庭ほめ踊りはこれまで／ついでにござれそのままござれ／かさまをそろえてやれ若いしゅ／やかた踊りを見せましょう／やかた踊りを見せましょう

・やかたほめ

はるばるまいりてやづくり見れば／はしらの数が七十五本／みなきんばしらでおたてある／はりやけたはしろがねこがね／すみさすむな木はしやくどう／むねはよつむねきりもんあわせ／おむねのお祝いなされたる／ついでにおざしきながめて見れば／七十五人のお若いしゅうが／まくらひきよせるうでをおす／そのままゐのまをながめて見れば／びんどりちゃがまにうぢ茶をそへて／ちちこのちゃせんでおたてある／このやおせどに出るしみず／ちょうづみずすずりみずお茶のみず／うまやがあるかとながめて見れば／七間間口に七ひきそろへ／こがねのまふねにおかひある／ぜんぜんあしげにこうばいくりげ／あけろくさいとこのまれる／すゑを申せばまだ長けれど／やかたのおどりはこれまで終わり

・第二番おどり　ごしょうおどり

ついでにござれそのままござれ／かさまをそろえてやれ若いしゅ／ごしょうおどりを見せませう／これのごちそく若どのさまが／みやこへおくだりなされる／みやこのみやげはなによからんや／このやおには咲いたるれんげ／いちゑだおりて神玉へ／一のお枝にお手うちかけて／花を一枝おらんとすれば／ほうらい様の風がふく

／二のお枝にお手うちかけて／花を一枝おらんとすれば／ほけきょやまきの風がふく／三のお枝にお手うちかけて／花を一枝おらんとすれば／あみだがさんたいごしょうめさる／ごくらくじょうどの風がふく／すゑを申せばまだ長けれど／ごせうおどりはこれまで終わり

・盛りの踊

さかりのおどりを見せませう／花のさかりが三四月／女のさかりが十七八よ／男のさかりが二十五六／月のさかりが十五日／すゑを申せばまだ長けれど／さかりのおどりはこれまで終わり

・ひじり踊

ひじりのおどりを見せませう／東天じくの天の河原／こうやひじりがながれきた／第一ばんにせんすがながれ／二ばんにつえがながれきて／第三ばんに笠がながれ／四ばんにその身がながれきた／このことこうやにきこゑしならば／さぞやでしこがなあげくら／でし子のなげきは一日ふつか／さぞやつま子がなあげくら／すゑをまうせばまだながけれど／ひじりのおどりはこれまで

・嫁ほめおどり

よめほめおどりを見せませう／よめもとりたか七人とりた／おはたおるよめまだとらぬ／きぬきんらんこそおりえもせぬが／あやにしきはおてのうち／あやにしきが手のうちならば／岩をはかまみおたちやれ／岩をはかまみ立てならたつが／岩たちこがたなおだしやれ／岩たちこがたなだせならだすが／河原のまなこをいとによれ／河原のまなこをよえならよるが／すなよりぐるまにおだしやれ／さておそろしやよめ子のくちわ／まえの河原のじゃのくち／よめごのくちわがじゃのくちなれば／しゅうとのくちはたつのくち／すゑをまうせばまだながけれど／よめほめおどりわこれまで

・西国おどり

西国おどりを見せませうよ／いせのようだのようざゑもんは／日本で名だかきむすめもち／日本でなだかいむすめをもてど／ゑんが遠くて人そわぬ／ゑんが遠くて人そわぬなら／日本の神々しょがんをかけて／さらばしたてて西国へ／島のやしまのとんやにとまり／しまのとんやのわかいしゅう／そなたそのよにきりょうよい／ごじょろうなぜに西国なされる／西国さまも長のたびじ／一夜おちよやなほこじょう／一夜や二夜ならおちよなら／おちる手にわこうばな七しゃ／のごまたきおちればむになるやでござる

・おいとま

おいとまおどりを見せませう／あんまりおどるとせいみがつきる／かたなをまくらにひとやすみ／おどりをやめてかせぎをなされ／又来る冬も雪が降る／おどる若いしゅ皆親がかり／われらは家もちいざかへれ／すへを申せばまだながけれど／おいとまおどりはこれまで

・かやし

すすきのうえに上りしつゆも／朝日がさせばねへかえる／かやせがやせがごしょもんなれば／ゆみやのさきでもかやします／まだもかやせがごしょもんなれば／子のあるなかでもかやします／すえをもうせばまだながけれど／かやしのおどりはこれまで

・ちの池和讃

そもそも女人のつみふか志／七日七夜の月の水／さらにこぼさつともなし／じにとこぼせば光神が／さながらおむねがせきとなる／山野にこぼせば山の神／さながらおむねがせきとなる／道にとこぼせばどうろく神／さながらおむねがせきとなる／川にこぼせば水神が／さながらおむねがせきとなる／それが積もりて池となる

／その池が／ひろさが四方四丈有り／深さ四方四丈有り／八方八丈其の池に／くろ金づなを引きわたし（後なし）■

（3）中組の念仏

中組では八月八日に施餓鬼供養夜の大念仏踊り、一四日に新盆念仏和讃、一六日に送り盆大念仏踊りを行う。

八月一四日〈新盆念仏〉

かつては新亡の各家を回ったが、寺に遺族を集めて寄せ踊りで踊る。「渡り拍子・二つ拍子・八つ練り・仏切《ぶつき》り・三つ拍子・トビリ葉」の双盤の打鉦拍子で、棒振りが先頭になって寺の庭に入る。まず場取りとして「五方念仏」の和讃、続いて「六字念仏」和讃を唱える。次に新亡精霊に対して和讃を唱える。その際、新亡の人が成人の場合は「野辺の送り」、一二歳以上一〇歳未満の子どもの場合は「西の河原」、一二歳未満の子どもの場合は「花途《と》の寺」、子どものいる若い妻の場合は「妻和讃」、産死した女の人の場合は「血の池和讃」を唱える。和讃の間に焼香をする。最後に「みだ観世しくとく　にょうど功徳妙土おうつの大師しほうどうり」の唱えをする。

和讃のあと、「豊年踊りを見せましょう」の言葉で踊り念仏を行う。一踊り目「庭褒め踊り」「寺褒め踊り」「煙草の踊り」を踊る。かつて各家を回った時には「館褒め踊り」が入った。中踊りは「陣立ち踊り」「聖の踊り」、三踊り目は「トビリ葉・三つ拍子・仏切り」の双盤のあと「後生踊り」「返しの踊り」の踊り念仏で終わる。

一六日〈送り盆大念仏踊り〉

渡り・八つ練りの場取りのあと大念仏に入る。大念仏は、東西南北四方の天狗天白を呼び寄せ、天竺・天神・地の神に礼をして始まる。(9) 庭天白・本尊・不動・毘沙門・鎮守・韋駄天（以上、永泉寺内諸神仏）・観音・観音奥之院・愛宕・秋葉天狗・熊野権現・下村阿弥陀・池島薬師・十三仏・タカモリ天狗・小所能の天狗に念仏を唱え、「祭りはずしはあるとても受け取りはずしのないように」の語で踊りを一休みする。後半は諏訪・伊豆・山住・伊勢大神宮・シメノコ（七十五の講）・ヒノミコ（日之神子）・金比羅・池島薬師・十五社・津島・池島大明神・池島末社・大茂（大茂天狗）・白山・日天月天閻魔大王のあと「日本六十五州神々様に大念仏　祭りはずしはあるとても受け取りはずしのないように」で念仏が終わり、「くやむな精霊様祭りはずしは申さぬぞ受取玉へ精霊様」の言葉で精霊を送る。新亡の灯籠・傘の灯籠とも寺下の橋まで送り、新亡の灯籠は燃やし、傘の灯籠は灯を消して寺に戻す。

〈音唱人〉

大正時代からの音唱人は、森本森蔵・宮下喜市・福井長太郎・芝本賢吾・坂口多喜雄の各氏であるが、中組では大念仏の音唱人と盆踊りの音唱人が異なった時があった。福井長太郎は禰宜の職を兼ねていた。

〈雨乞い踊り〉

かつて一度、施餓鬼の晩の踊りの時に雨乞いの念仏として大念仏（神寄せ）を行ったことがある。

■資料　「念仏和讃帳」中村保存会　森口義久書（新本　平成二年〔一九九〇〕）

（中組の和讃帳は旧本と新本の二種がある。旧本は平成元年（一九八九）まで使用して傷みがひどくなったので、内容を吟味して作り直したものが新本で、少し記述の異なるところがある。（ ）内は新本と異なる旧本の部分で、参考として付した。また中組のものは、上組とも共通しているところが多いが漢字書きの部分が多く、意味の判明する箇所があるので、重複するものも記した。）

【新本】目次　一、登安山永泉寺由来　二、大念仏踊り由来　三、大念仏踊りの順序と概要　四、中組歴代音唱人名簿　五、新亡精霊供養念仏和讃の概要　六、五方念仏　七、六字念仏　八、野辺の送り　九、西の河原　十、酒褒め　十一、花どの寺　十二、妻和讃　十三、寺褒め踊り（十四〜十七欠番）十八、返しの踊り　十九、大念仏踊り双盤打鉦拍子　二十、盆踊り双盤打鉦拍子

【旧本】目次　一、五方念仏　二、六時念仏　三、野辺の送り　四、賽之河原　五、妻和讃　六、花殿の寺　七、血の池和讃（踊り念仏）八、庭褒め踊り　九、館褒め踊り　十、寺褒め踊り　十一、煙草の踊り　十二、酒褒め踊り　十三、陣立て踊り　十四、聖の踊り　十五、後生の踊り　十六、返しの踊り　十七、精霊送り大念仏　十八、施餓鬼及び盆踊り保存会規約

・**五方念仏**

南無阿弥陀仏南無阿弥陀仏南無阿弥陀仏

東方　東と申すれば／薬師の如来が立ちにらむ／南方　南と申すれば／勢至観音が立ちにらむ／西方　西となな申すれば／阿弥陀の如来が立ちにらむ／北方　きたとな申すれば／（釈迦もり如来が立ちにらむ）／中方中のなその中に（唐天じくと申すれば）／大日如来が立ちにらむ／五方の中のなその中に／只よく念仏申すなり／

南無阿弥陀仏南無阿弥陀仏南無阿弥陀仏

・六字念仏

南無阿弥陀仏南無阿弥陀仏南無阿弥陀仏

そもそも六字なり／時刻（いとく）をあらわす尊さに／昼の六時も六字なり／夜の六時も六字なり／十二が時のなその中に／南無阿弥陀仏も六字なり／おのおの下をば抜き出して／長きの下をば切り捨て／短き下をばそいで付け／之ほど安きの念仏を／一字も申して給うなら（こう）只よく念仏申すなり／南無阿弥陀仏南無阿弥陀仏南無阿弥陀仏

・野辺の送り

今朝までは今朝までは／見上げ見おろしした親が／死して冥土に立つ時の／野辺の送りのあわれさよ／弟兄弟集まりて／産湯をあぶして棺につめ／あこう念じがすみければ／広きの原へと持ち出され／千本の木の元その下で／四方四面に幕を張り／薪を千段積みくべて／高野の火をとり火葬する／一日一夜は煙立ち（つ）／二夜（三夜）三日と立ちたなら／も早煙も薄くなる／太郎殿なとおと姫が／うつぎの箸となまな箸（竹）で／取りや違いで骨ひろい／死骨をひろいて棺に詰め／灰をかいては塚に付け／朝日さす夕日に輝く大寺に／親の牌をと書いて建つ／かわらけ寄せては茶湯する／香台寄せては香を焚く／香の煙が花となる／そこで我が親浮かぶなり／只よく念仏申すなり／南無阿弥陀仏南無阿弥陀仏南無阿弥陀仏

・西の（賽之）河原

稚ぐら子がちぐら子が／五つや六つなる幼子が／無情の風にと誘われて／親も知らない死出の山／（死出の山をも通るなる）／閻魔の前にと出られる／ここが閻魔の前ならば／折るに折られぬ膝を折り／しきびのような手をついて／はちすの首を地につけて／糸より細きな声をはり／お通し下さい閻魔様／そこで閻魔がご覧じ

て／地獄とてもなやられまい／極楽とてもなやられまい／沙婆と冥土の境（間）なる／西（賽）の河原に頼むなり／塔を積めよと仰せられ／一重積んだるその塔は／父のためよと積み納め／二重積んだるその塔は／母のためよと積み納め／三重積んだるその塔は／お地蔵さまへ（我が身のためだと）と積み納め／四重積んだるその塔は／我が身のためよと積みおさめ／積みや納めた嬉しさに／遥かに西を眺むれば／五色の色なる鬼が出て／六尺（七尺）二寸の鉄の棒で／積みたる塔をば突き散らし／そこで稚ぐら子泣き暮らす／お地蔵さまへとお出あいて／何を泣くよと幼子に／（父母にないしょで泣くよやれ）／そなたの父母はまだ娑婆に／ここでの父母は俺なるぞ／すじょうの（すぐよの）杖にて掻きよせて／衣の袖に（下に）宿らせて／麝声の鳥ではないけれど（じこゑといではちいけれど）／その夜の一夜は泣き暮らす／夜さえ明ければ連れ出ちて／西（賽）の河原へ放すなり／これ程易きの念仏を／一字も申して給うなら／只よく念仏申すなり／南無阿弥陀仏南無阿弥陀仏南無阿弥陀仏

・妻和讃

我が妻の我が妻の／幼な馴染みにおくれたり／余りの心の淋しさに／東の窓にとでて見たが（窓の下にゐて）／朝のちり雲見れもせず（朝のちぎり雲見れず）／行くべき雲は行きもせず／さぞや東は闇だろう／おのおの（いずれの）素性もあのごとく／これ程易きの念仏を／一字も申して給うなら／只よく念仏申すなり／南無阿弥陀仏南無阿弥陀仏南無阿弥陀仏

・花どの（殿）の寺

花のようなる子を持ちて／花のようなる子に遅れ／花をつくづく眺むれば／（先たる花は散りもせず）／つぼみし花の散るごと／花は散りても根に帰る／なぜか帰らぬ我が子供／花どの寺へ頼むなり／これ程易きの念仏

を／一字も申して給うなら／只よく念仏申すなり／南無阿弥陀仏南無阿弥陀仏南無阿弥陀仏

・血の池和讃（新本にはなし）

そもそも女人の罪深く／七日七夜の月の水／さらに零さずとこも無し／地にと零せば光明が／さながらおむねがせきとなる／山野に零せば山の神／さながらおむねがせきとなる／道にとこぼせば道路神／河原にこぼせば水神が／さながらおむねがせきとなる／それが積もりて池となる／長の池が長の池が／広さが四方四丈有り／深さが四方四丈有り／八方八丈その池に／黒金綱を引き渡し／唯よく念仏申すなり／南無阿弥陀仏南無阿弥陀仏南無阿弥陀仏

・寺褒め踊り

寺褒め踊りをみせましょうよ／寺褒め踊りをみせましょうよ／お寺へ参りて社門を見れば／社門柱が白金黄金／屋根をば瓦でお葺きやる／ついでに拝殿眺めて見れば／須弥壇造りに白壇磨き／黄金本尊がしゃんと立つ／（以下旧本のみに記載）ついでにお座敷ながめて見れば／七十五人の和尚様達が／お経遊ばせありがたさ／ついでに中の間眺めて見れば／七十五人の小若い連が／まくら引き寄せつうで押しつ／ついでにお茶の間眺めて見れば／金だれ茶釜に宇治茶をそえて／父子茶せんでお立てやる／これのお瀬に出る清水／すずり水ちょうず水お茶の水／末ははるばる長けれど／寺褒め踊りはこれまでよ

・煙草の踊り

煙草の踊りを見せましょうよ／煙草の踊りをみせましょうよ／これより東のにじんの原に（じんの原に）／きりょうよし小草が生えた時／これを何よと名をつける／たばこなんぞと名をつける／末は遥々まだ長けれど／煙草の踊りはこれまで

・**陣立ち踊り**

陣立ち踊りを見せましょうよ／陣立ち踊りを見せましょうよ／これの都の若殿様が／初のご陣にお立ちやる／馬は何よとこのましゃる／善々足毛に紅梅栗毛／明け六才よと好ましゃる／鞍は何よとこのましゃる／鞍は白金鐙は黄金／くつわのおとがい唐の糸／末は遥々まだ長けれど／陣立ち踊りはこれまで／ついでござれそのままござれ／笠間そろえてやれ若い衆

・**返しの踊り**

返しの踊りを見せましょうよ／返しの踊りを見せましょうよ／返せ返せがご所望なれば／一振り返してお目にかけ／春の初めに塩水汲めば／南の方から打ち来る波よ／ひしゃく返せよこのお波／踊る若い衆皆親がかり／我等は家もちいざ帰れ／踊りをやめて稼ぎをなされ／また来る冬も雪が降る／稲穂の上にあがりし露も／かや穂の上にあがりし露も／朝日がさせば根にかへる／末は遥々まだ長けれど／返しの踊りはこれまで

（庭褒め踊り・館褒め踊り・酒褒め踊り・聖の踊り・後生の踊りは、上組のものとほとんど同じなので略す）■

（4）下組の念仏

下組の念仏は、八月八日の施餓鬼の念仏、一四日の新盆踊り和讃念仏、一六日の送り盆念仏、二四日に行われる阿弥陀堂施餓鬼の念仏がある。

八月一四日〈新盆念仏〉

新盆の念仏は、沼元の池の大明神の手前にある阿弥陀堂の堂庭で、夜七時頃から始められる。念仏双盤二枚・踊り太鼓三個・念仏鉦二枚・横笛二本で行われる。堂庭にはその年に亡くなった人の紙位牌が張られた位牌台が設けられている。阿弥陀堂に納められていたノゾキに吊り下げられた盆灯籠が、念仏の輪の中央に立てられる。音唱人と念仏鉦の人が脇に立つ。念仏の輪は棒振りを先頭に、太鼓、堤灯の順に練り込まれる。棒振りは一・五メートル半程の両房のついた棒をくるくる回しながら踊る。踊り手は五色の房を垂らした三度笠（饅頭笠）をかぶっている。太鼓は練りの時は太鼓を脇に抱えるようにして踊るが、こちらは造花を付けた折笠（鳥追い笠）をかぶっている。堤灯は片手に持つ弓張り堤灯で下村の字が書いてある。かぶり物はない。装束は浴衣に兵児帯か普段着である（図5－3－4）。

練りは渡り拍子・二つ拍子・八つ拍子・仏切りの順である。ヨーイヨイの掛け声とともに練りが行われる。練りが終わると「六字念仏」「五方念仏」の和讃が音唱人によって唱えられる。元来、新盆念仏は新盆の家々を回ったもので、五方念仏はその庭の払いとして唱えられた。六字は堂を清め、五方は庭を清めるといわれる。新盆の踊りは阿弥陀堂で行われているので、この五方念仏は唱えられていない。その後、堂褒め踊りを踊り、念仏に移るが、三つ拍子・とび葉仏きりの双盤を叩いてから踊る。家々を回った時は庭褒め踊りをまず踊った。踊りは一踊りで終わり、休みの間に酒がふるまわれ、ノーサーなどの手踊りが踊られる。

二踊り目はまず死者への供養和讃で、野辺の送り・妻和讃・西の河原和讃・花どの和讃のうち該当するものを唱える。その区別は中組と同じである。和讃のあと、踊り念仏に入る。現在は酒褒め踊りだけであるが、家々を回った時は嫁褒め踊りを踊った。

三踊り目は後生踊りと返しの踊りを踊って終わる。後生踊りは新亡の人を極楽へ送るためのものであるといわれる。終わると灯籠を阿弥陀堂に入れ、阿弥陀堂の別当さんの音頭で南無阿弥陀仏の念仏が唱えられる。

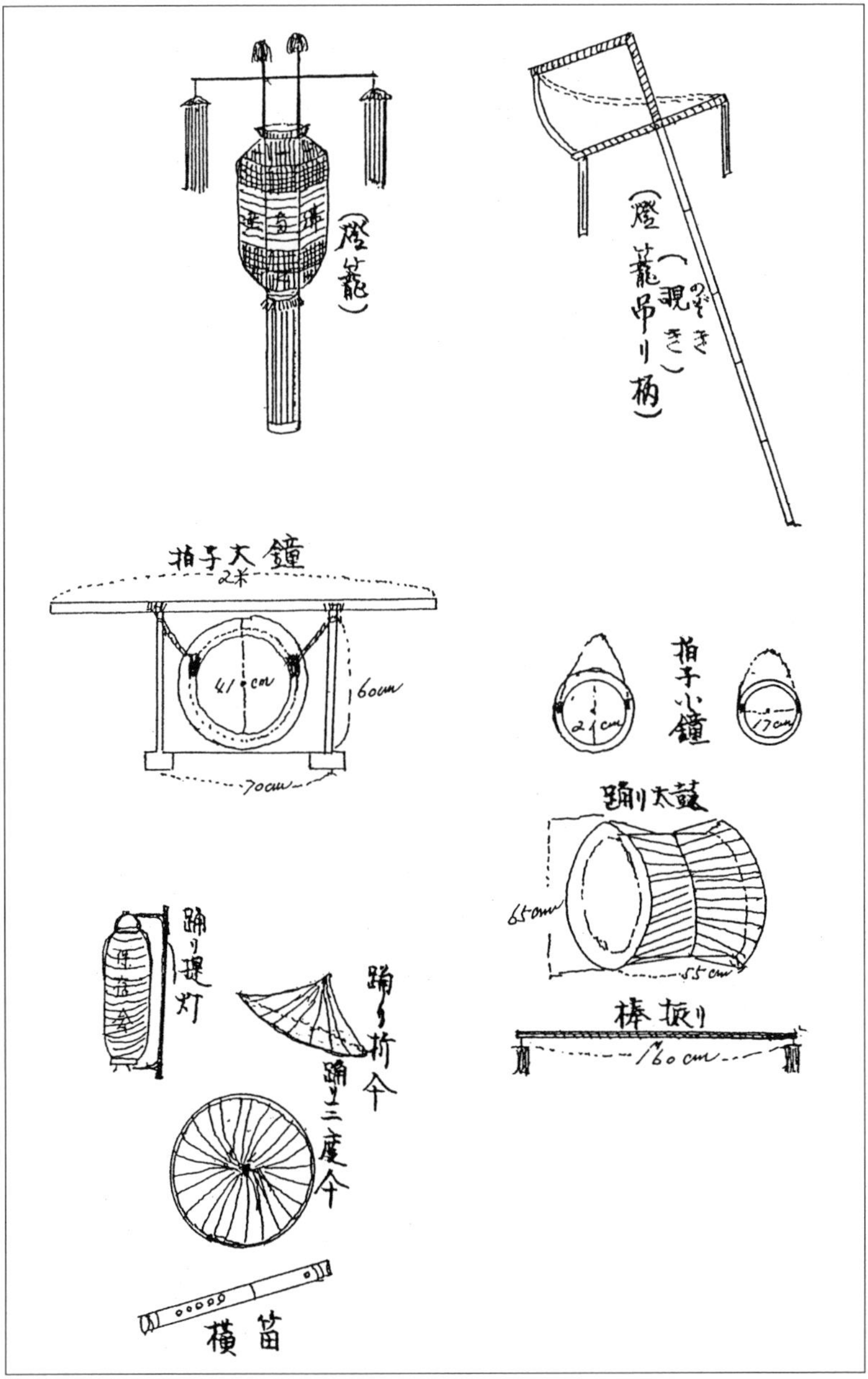

図5－3－4　西浦下組の灯籠と念仏の道具（若泉肇「下組大念仏踊り盆念仏踊り台本」より）

一六日〈送り大念仏〉

大栗平の弘法大師堂で行われる。この日、新盆の家に飾られていた盆灯籠がここに集められ、念仏で供養されたあと、大栗平と新細の分岐点まで下り、そこで燃やされる。念仏は、渡り拍子・八つ拍子の練りのあと六字念仏の和讃が唱えられ、あとは神の名を読み上げる大念仏になる。これを三踊りして、三踊り目はノゾキの灯籠を先頭に堂庭内を盆灯籠がぐるぐる回り、分岐点まで送っていく。盆灯籠は、新盆の家の仏壇に飾られた柱かけ・がくぶちなどの飾りとともに燃やされる。送りに行った人々は、火がつくとワーッという大声とともに後ろを振り返らずに帰る。

大念仏の唱えは以下の通りである。

■資料　大念仏の唱え

拍子拍子を揃えて／大念仏をあげまする／阿弥陀様に大念仏／薬師様に大念仏／観音様に大念仏／以下同じく十三仏・右衛門三朗様・右衛門五朗様・大師堂・明神・切明阿多古・大山之神・日月神社・番匠屋敷・比叡山神社・権現・綾村・津島・大茂山之神・切開阿多古・若宮・金山・子安・稲荷神社・白井萩天狗・庚申・白山・金比羅・大久名阿多古・締之講・越前様・下村全社の神々様に大念仏をあげます。観音・鎮守・所能締之講・諏訪神社・小所能天狗・伊勢大神宮・永泉寺・本尊様・不動明王・毘沙門天・御先祖・日之神子・伽藍様・高森天白・中村全社の神々様に大念仏をあげます。上鶯巣白山・池島阿多古・稲荷・薬師・津島・明神・十五社・熊伏天狗・足神神社・池島全社の神々様に大念仏をあげます。西浦全社の神々様に大念仏を一踊り。斉輔霊神様・山住神社・秋葉神社に大念仏を一踊り。伊勢神宮様に大念仏南無阿弥陀仏、信州信濃の善光寺に南無阿弥陀仏大念仏をあげます。日本六十余州の神々様に大念仏、唱えはずしがあるとても、受取はずしのないように、大念仏をあげます。大念仏と称するは、大念仏で始まり大念仏で閉すなり。■

なお送り念仏の最後に次の言葉を唱える。「精霊様を送るよ南無阿弥陀仏　新仏を送るよ南無阿弥陀仏　後に残るな精霊様南無阿弥陀仏」。この中に「善光寺様に送るよ」と入れることもある。

〈阿弥陀堂施餓鬼の念仏〉二四日

下村では、盂蘭盆として沼元の阿弥陀堂で、昼は永泉寺の住職を呼び施餓鬼の法要を行い、夜は堂庭で大念仏を踊る。

〈施餓鬼の法要〉

阿弥陀堂には南無阿弥陀仏の「のぼり旗」が立ち、入り口に笹が立てられる。堂内には十三仏と阿弥陀の掛け軸（ともに銘・年号なし）を本尊両脇に掛け、本尊の周りに四天王を配する（四天王は北方多聞天・東方持国天・南方増長天・西方広目天）。入り口には如来幡の中央に焦面大鬼王の赤い紙幡を垂らす。如来幡は、南無宝勝如来・南無妙色身如来・南無広博如来・南無離怖畏如来と阿弥陀如来の五如来が五色の紙幡に書かれている。両端には施餓鬼の陀羅尼が掛けられる。以上をまとめて施餓鬼幡といい、法要後、各家に持って帰り、畑に挿しておくと虫が付かないとされる。このことから「虫幡」ともいう。堂内には阿弥陀のほか、観音・薬師・不動・地蔵が祀られており、百万遍の大数珠が掛けられている。本尊前には五色の幣束が置かれ、芋の葉の上に洗米を載せたもの、ナスの賽の目切りにしたものを水に漬け、みそはぎの葉を添えたものが置かれる。

以上が阿弥陀堂の荘厳であるが、午後一時半頃より施餓鬼法要が始まる。法要は般若心経に始まり、大悲心・甘露門・普回向・寿量品《ママ》・施餓鬼回向と住職の法要が続き、洗米みそはぎでの洒水がある。村の参詣者はその間、念仏三十三遍を三回唱えている。終わると阿弥陀様のお礼と施餓鬼幡をもらって帰る。洗米は山の神に持っていく。

大念仏

この日の念仏は大念仏のみである。渡り拍子で練り始め、六字念仏を唱えたあと大念仏で踊る。休みを挟んで三踊りして終わる。

〈音唱人・別当〉

伝によると、阿弥陀堂は元禄元年（一六八八）に右衛門三朗と右衛門五朗の二人によって建立され、念仏もその時に始まったとされる。阿弥陀堂棟札の裏書きに「一宇造立氏子……念仏……」の字が読めることと、「本願　右衛門三朗」とあることから、伝を裏付けるものとされている。堂の脇には右衛門三朗・右衛門五朗の墓とされるものがある。

さて、別当は代々春元家が担ってきたが、幕末より沢元家に変わった。別当は堂の管理および百万遍の念仏の音頭取り、盆の灯籠（ノゾキ）持ちなどを勤める。

音唱人の祖は右衛門五朗であるとされるが、家系は明らかでない。明治以降の音唱人は、春元春吉・小野田九蔵・中沢今朝松・若泉肇の各氏である。

■資料　「下組大念仏踊り盆念仏踊り台本」昭和六〇年（一九八五）若泉肇書

（この台本は、阿弥陀堂の歴史を含め念仏の行い方がこと細かに書かれている。和讃の文句は上組・中組に共通しているものが多いので、ほかと歌詞の異なる五方念仏、下組のみの堂褒め踊り、および上組のものより意味の汲み取れる後生踊り・嫁褒め踊りを記する。）

目次　一、大念仏踊り盆念仏踊りの歴史　二、大念仏踊り唱え語句　三、盆念仏踊り和讃唱え年齢別　四、六字念仏五方念仏　五、花どの寺和讃　六、西の河原和讃　七、妻和讃　八、野辺の送り語句　九、踊り謡い語句（堂褒め踊り・庭褒め踊り・酒褒め踊り・後生踊り・嫁褒め踊り・返しの踊り）

・五方念仏

南無阿弥陀仏南無阿弥陀／南無阿弥陀仏南無阿弥陀／人とが此の世に生まれ来て／水を汲み揚げ身を灌ぎ／此の水零す所なし／東へ捨てんとすればまた／東は東方くだらくや／薬師の恐れで捨てられず／西へ捨てんとすればまた／西は西方くだらくや／阿弥陀の恐れで捨てられず／南へ捨てんとすればまた／南は南方くだらくや／阿多古の恐れで捨てられず／北へ捨てんとすればまた／北は北方くだらくや／お釈迦の恐れで捨てられず／天へとてもや捨てられず／地へもとてもや捨てられず／塵を結んで地に置いて／其の上そろりと零すなり／之れ程安きな念仏を／一字も申してたもたむれ／只ゆく念仏申すなり／南無阿弥陀仏南無阿弥陀／阿弥観世せいさいせきろく大津の大師おうおうんじょ／南無阿弥陀仏南無阿弥陀

・堂褒め踊り

堂褒め踊りを見せませう／遥るばる参りてお堂を見れば／小まいたる木が白金黄金／屋根は瓦でお葺きやる／南門口朝日がさして／さあても見事なお堂やれ／お阿弥陀様の光がさして／氏子繁盛の風が吹く／末を申せばまだ長けれど／堂褒め踊りはこれまで

・**後生踊り**

東西鎮まれおしずまれ／後生踊りを見せませう／こうれの若殿御子息様が／都へお降りなあされる／都の土産に何にもたせるら／こうれのお庭に咲いる蓮華／いち枝折りて神様へ／一の枝へとお手打ち掛けて／花を一枝折ろうとすれば／鳳来様の風が吹く／二の枝へとお手打ち掛けて／花を一枝折ろうとすれば／ほうけきょ大和の風が吹く／三の枝へとお手打ち掛けて／花を一枝折ろうとすれば／阿弥陀が三体後生めされる／極楽浄土の風が吹く／末を申せばまだ長けれど／後生踊りはこれまで

・**嫁褒め踊り**

嫁褒め踊りを見せませう／きつい姑が昨日来た嫁に／石を袴に裁ち縫えと／石を袴に裁ち縫えならば／石裁つ鋏に針だせならば／河原の小石を糸によれ／河原の小石を糸によれならば／糸取る車につもをだせ／さあておそろし嫁なる口は／難波が池野蛇の口／嫁の口が蛇の口ならば／姑の口は竜の口／末を申せば未だ長けれど／嫁褒め踊りはこれまで■

3　各地区の大念仏

(1)　長尾

長尾《なごう》は翁川沿いの西浦の下流にある。瀬戸野の三軒を含んで五五戸である。地区の神社として金吾八幡があり、もと阿弥陀堂の公民館がある。金吾八幡では一一月一四・一五日には湯立て神事がある。現在、八月一六日の送りの大念仏を行うが、かつては、一四日の和讃の念仏もあった。大念仏は、一六日七時頃にもと阿弥陀堂の堂庭でネリ、ブッコミのあと一踊りあり、その後、手踊り（盆踊り）を行い、九時頃から二踊り目を踊り、送りの念仏に入る。送りは阿弥陀堂で輪になって踊ったあと、その場で金吾八幡・伊豆之権現・津島天王と長尾の神々に挨拶をして翁川まで行列を組んで送る。行列は灯籠、太鼓、双盤、笛の順で、河原で灯籠を燃やす。

大念仏の文句は次のごとくであるが、湯立て神事の神寄せ（神名帳）に相当するものを、一踊り目に前半、二踊り目に後半を唱える。

■資料　大念仏の文句

・一回目の踊り音頭

調子調子を揃えて／調子調子を揃えて／阿弥陀堂様のお庭で／僧侶達の供養に／村の若い衆をたのんで／大念仏をあげます／阿弥陀堂様をたのんで／英霊塔をたのんで／金吾八幡をたのんで／綾村明神をたのんで／若宮霊神をたのんで／矢筈天泊たのんで／竹松天泊たのんで／日月お地蔵たのんで／しもみどうお地蔵たのんで／伊豆之権現たのんで／津島天王たのんで／瀬戸野八幡たのんで／祭り不足のないように／僧侶達の御供養に／大念仏を上げます／西の川原もたのんで／西浦観音たのんで／西浦永泉寺たのんで／池島明神たのんで／時原佐い助たのんで／大沢お稲荷たのんで／大野の矢坂たのんで／根村金毘羅たのんで／竜戸の熊之権現たのんで／河内のお不動たのんで／和合のお地蔵たのんで／落方天王たのんで／大原諏訪様たのんで／小畑の小安たのんで／小畑付属寺たのんで／大里永福寺たのんで／神原八幡たのんで／向島八幡たのんで／向市場八幡たのんで／向市場善住寺たのんで／上村日月たのんで／山住権現たのんで／常光寺もたのんで／四方の神々たのんで／四方の寺々たのんで／祭り不足のないように／僧侶達を送るぞ

・二回目の送り音頭

調子調子を揃えて／僧侶達のお別れに／村の若衆たのんで／一と踊り上げます／阿弥陀堂様をたのんで／（その年亡くなられた方　神仏丸山学会山住　唱）／祭り不足のないように／お名残惜しくも送るぞ／城西お鍬様たのんで／沢井の竜延寺たのんで／相月東林寺たのんで／西度の明光寺たのんで／中部の弘法たのんで／三州一の宮たのんで／秋葉山をたのんで／勝坂お不動たのんで／遠州一の宮たのんで／豊川お稲荷たのんで／鴨江観音たのんで／さぬきの金毘羅たのんで／浅草観音たのんで／靖国神宮たのんで／高野の弘法たのんで／長野の善光寺たのんで／お伊勢の大神宮たのんで／越前永平寺たのんで／鶴見の総持寺たのんで／四方の神神たのんで／四方の寺寺たのんで／お名残惜しくも送るぞ／僧侶達のお暇まごい（三回）／（呼び上げた神仏元の御社にお返りを唱えてね）

昭和五拾五年八月吉日　清水代吉　■

（2）小畑

小畑《おばた》は水窪市外地の北部とそれにつながる翁川沿いの落方を含む地区で、戸数四〇六戸、水窪で最も多くの人口を抱える。寺は附属寺、神社は諏訪神社がある。

小畑では八月七日に附属寺で施餓鬼法要があり、その際、女衆が御詠歌を唱える。一六日には大念仏がある。一六日の午後三時頃、附属寺前の小畑会館の広場に、その年に亡くなった人の家の者が灯籠を持って集まる。そこで僧侶の施餓鬼法要と女衆の御詠歌（梅花流）があり、大念仏の踊りがある（写真5-3-3）。この踊りは「五方の踊り」といわれ、折笠をかぶった五人の若い衆が輪の中央に向かっていっせいに踊り込む型を繰り返す。四人が太鼓で一人が打ち鉦を持ち、笛の音に合わせて踊り、念仏の文句はない。双盤鉦も用いない。これが済むと、太鼓、鉦、笛、灯籠の順で行列を組み、笛・太鼓・鉦を鳴らしながら進むが、附属寺入り口・宮の沢橋・神原境でひと休みしたあと、立ち止まって鉦・太鼓を打つ。この踊りには女子が浴衣姿で付き添い、念仏の若者を団扇であおいで涼しくするという役があった。

写真５－３－３　小畑の五方の踊り

このように、念仏の行列は町中を一巡して翁川橋から河原に下りて灯籠を燃やす。小畑は人口が多く、多い年には一〇本以上の灯籠が並ぶため、平成四年（一九九二）より場所を水窪運動場に移して行われるようになり、念仏の行列も止めた。

（3）神原

神原《かんばら》[10]は水窪市外地の中央部にある大里地区と、市外地より一段上の平坦部に分かれる。戸数は小畑に次いで多い。神原では八月一〇日に施餓鬼の日の法要があり、夕刻、施餓鬼の念仏で神原の八幡神社境内の薬師堂より永福寺まで練り歩く。

〈施餓鬼の幡トリ〉

八月一〇日の午後一時頃、神原の人々は永福寺に集まり、施餓鬼法要を開く。最初は説教で、法要は二時頃からである。本堂内は、甘露門の「法界有情」「平等供養」などという文字を四字ずつ記し

写真５－３－４　神原の五方の差し灯籠

た緑・黄・赤・白・紫五色の施餓鬼幡が掛けられている。施餓鬼棚は本尊に向き合うように外縁に置かれているが、棚の四方に「東方持国天」「南方増長天」「西方広目天」「北方多聞天」の幡が掛けられている。施餓鬼棚には「三界万霊」の牌があり、五色の幣束が立てられている。

施餓鬼棚への洒水《しゃすい》が終わったところで、読経の途中ながら施餓鬼幡や幣束を奪い合うようにちぎり取ってしまう。この間数秒、騒乱のうちに幡トリの行事は終わる。法要は騒ぎとは関係なく進められ、法要のあと、お婆さん方による梅花講の御詠歌があり、施餓鬼は終わる。参拝者は幡と卒塔婆をいただき、三々五々家に帰る。この幡は虫除け・泥棒除けとされ、家の戸口や野菜畑に挿しておく。

〈虫送りの念仏〉

一〇日の夕刻からの念仏を「虫送りの念仏」という。由来は不明である。神原八幡の境内にある薬師堂から出発して、道の辻々で五方と念仏を上げ、供養をしながら永福寺まで行く。念仏は五方の拝・和讃・念仏踊りからなる。

薬師堂は代々別当役「カギモリ」の家が管理している。まず別当役が堂を開け、五時頃、一同が集まる。

役は、五方の灯籠差しを行う長老、道中この差し灯籠と傘を持つクヤク（公役）、念仏を歌う中老、太鼓・鉦を叩く青年団からなる。

差し灯籠とは、本物の弓二本を十字に結わえ、卍の印のある布を付けた先に灯籠を下げたもの（写真5-3-4）で、この虫送りの時は「虫送り」と書かれた紙を下げる。灯籠差しとは、長老役の老人が東南西北中央の五方に対して順に差し灯籠を上げ下げして拝することである。この場合の中央とは正面のことで、薬師堂で行う場合は本尊薬師像に向かって拝することとなる。五方を拝する時、次の諸天の名を唱える。「東方　もちくに大王、南方　ますなが大王、西方　ひろくに大王、北方　たぶん大王、中央だいき大王」。のちに記す念仏帳によると、この語は「持国　増長　広目　多聞」の四大王に「中央　大鬼王」を加えたものを訓読み誤読していると分かる。なお念仏帳には「灯籠指五方の拝　口傅《ママ》有」と記されてあり、何かほかに口伝の呪文のようなものがあったことがうかがわれる。この灯籠差しは出発の薬師堂では長老役が、他の箇所では公役が行う。

長老役は年長者の中から選ばれて行うが、調査時（一九九二年）は梅沢大助氏（一九〇九年生）が行っていた。先代は禰宜が行っていたが、その前は年長者で、長老が禰宜である必要はないようである。長老はこの役を勤めるに当たり、身を清め、羽織を着する。

公役は神社の当番役で、一九組あるリンポ（隣保）の中から順に当番に当たり、念仏以外の、一一月二三日の湯立て神事ほか一年の神社行事の世話に当たる。

傘は唐傘に黒い幕を垂らしたもの二本で、灯籠と「南無阿弥陀仏」と書かれた紙を下げる。いわゆるカサブクである。公役以下、中老・青年団は浴衣である。

念仏は中老が扇子を持って唱え、青年団が鉦・太鼓・笛を担当する。鉦は双盤鉦一枚で、戦後作り直したものを使用、太鼓は四個、笛は十数人である。青年団は花飾りの付いた編み笠をかぶっている。

薬師堂での念仏は、中老は堂内に上がり、太鼓・鉦は入り口に並べて叩く。最初、太鼓・鉦の伴奏で薬師堂の庭で長老による五方の拝があり、終わると長老は堂内に上がり、中老による念仏の和讃の唱えがある。薬師堂での和讃は近くにある神社を讃えるもので、他の地区の神寄せに相当する。和讃が終わると青年団による念仏踊りがある。太鼓を脇に抱えて左右に身を返しながら、輪になって踊り、時には跳ねる。

このあと練りの行列になるが、差し灯籠を先頭に、笠、鉦、太鼓、笛と続く。まず、薬師道を下り、八幡森の道標（水窪小学校校門入り口）の辻で五方を拝し一踊り踊る。ここには地蔵・愛宕様が祀られており、下には弁天島の弁天を望むため、それらの和讃を唱える。この坂を下ると、本町の道の出合の辻の崖の上に、あしょしま（足息嶋）様という行者と庚申が祀られているところがあり、ここでも同様に五方を拝みの念仏を上げる。ここより町中の道になるので、太鼓・鉦を脇に抱え左右に身を返しながら練って進む。両側の家々では、迎え火を玄関前に焚いて念仏の行列を迎える。ここから永福寺に行く道の途中に白山神社の祠と地蔵・庚申があるので、入り口の辻で五方と念仏を行う。寺に着くと本堂の庭で五方と寺念仏を行い、それが終わると太鼓を横にして叩きながら「東西静まれ　お静まれ　寺褒めおどりはこれから」で始まる寺褒め踊りを行って、この日の念仏が終わる。休み休み行くため八時近くになる。

〈送りの念仏〉

一六日の夕刻五時より送りの念仏がある。薬師堂の前で、虫送りの念仏同様に五方の拝、和讃、念仏踊りを行う。ただし差し灯籠はあるが傘はなく、差し灯籠に「南無阿弥陀仏」の紙を付けている。薬師堂の庭には、その年に亡くなった人の家の切り子灯籠が立ち並ぶ。

五方の拝は虫送りの時と同じであるが、念仏の和讃は送り念仏・村念仏・送り盆・鎮めとあり、鎮めは、中老が立ち上がり扇子を開いて大声で「東西鎮まれ　お鎮め申す　極楽浄土の門開く」と唱える。

青年団の念仏踊りのあとは差し灯籠・双盤鉦のみで、あとに新亡の切り子灯籠とその親戚衆の長い列が続く。寺までの道は虫送りの時と同じであるが、辻ごとに念仏を唱えることはなく、鉦を叩きながら、道々家々の送り火を受けて寺へ向かう。永福寺では僧侶が庭に出て、切り子灯籠に対して引導を渡す簡単な儀を行う。それが終わると寺道を下り、大里橋（JR水窪駅真下の吊り橋）の河原で切り子灯籠ほか柱立て等の初盆の飾りの一切を焼く。この間、青年団は双盤鉦を叩いて死者の霊を送る。日の暮れる七時頃にはこの行事も終わる。

〈雨乞い〉

かつては雨乞いの念仏があった。雨が降らないことが長く続くと、薬師堂に集まり念仏踊りを行った。「あーめをしょっぽりたーのむよ、ナームアミダーブツ」と言っては何度も踊った。

■資料　神原の念仏帳（知久積司所有）

昭和五十四年八月後生之為ニ／盆念仏

承応年間より申し伝える／念仏歌枕／水窪町神原

五方／東方　持国大王／南方　増長大王／西方　広目大王／北方　多聞大王／中央　大鬼王／灯籠指　五方の

拝　口傅有

南無阿弥陀仏南無阿弥陀仏　三編

・虫送り

世をてらす留りの光のともしびは薬師如来の峰の月かげ

八ぼさつ神か仏か知らねどもお念仏たむけ受けてよろこぶ
きざはしのうえへあがりてまずみれば四神のはたにまいすずの音
諏訪様は神か仏か知らねどもお念仏たむけ受けてよろこぶ
天神様は神か仏か知らねどもお念仏たむけ受けてよろこぶ
稲荷様は神か仏か知らねどもお念仏たむけ受けてよろこぶ
しゃもじ様は神か仏か知らねどもお念仏たむけ受けてよろこぶ
金比羅はいかなる神にましまする寿命の神といはれまします
秋葉様のぼりてみればたますだれあけておがめば神がまします
弁天はいかなる神にましまする川と川とのあいにまします
愛宕やま神か仏か知らねどもお念仏たむけ受けてよろこぶ
足休島《あしよしま》
行者様神か仏か知らねどもお念仏たむけ受けてよろこぶ
庚申は神か仏か知らねどもお念仏たむけ受けてよろこぶ
門前
白山は神か仏か知らねどもお念仏たむけ受けてよろこぶ
地蔵尊神か仏か知らねどもお念仏たむけ受けてよろこぶ
庚申は神か仏か知らねどもお念仏たむけ受けてよろこぶ
寺念仏

御門よりおにはあがりていざみれば恋しきさくらにやえきくの花
お庭よりきゃくでんあがりてまずみれば牡丹しゃくやくやえざくら花
御本尊前にたてたる蓮華花枝はふたえだ花は八重さく
稲荷様は神か仏か知らねどもお念仏たむけ受けてよろこぶ
浅間は神か仏か知らねども三国一の山にまします
不動尊神か仏か知らねどもお念仏たむけ受けてよろこぶ
毘沙門天神か仏か知らねどもお念仏たむけ受けてよろこぶ
弥陀様は神か仏か知らねどもお念仏たむけ受けてよろこぶ
この前のいくせながるるおもて川こしはすれどもそではぬらさん
世にいでて釈迦のみでしになりあふてみだの浄土へ身をばおさめる
前が浜舟ににしきのほをあげてみだの浄土へつくぞうれしや
この前のまえの小川は衣川おけさころもがながれきたから
でしどものけさやころもをかきあげて釈迦の前へとあげあそばす
ありがたやしゃかのみでしになったうえおけさころもでみだの浄土へ
月も日も西へ西へとさしゆくさぞや東はさむしかるらん

東西しずまれおしずめ申す寺ほめおどりはこうれから
お寺をまいりて御門を見れば白かべこがねでお立やる屋根はかわらでおふきやる

それうちとうりてお庭を見れば牡丹しゃくやくれんげ花
それうち上がりて本堂見れば大勢そろって和しょ様方がお経おさむるありがたや
それうちとうりてくりんを見れば文福茶釜でお茶たてる
それうちとうりて馬やを見ればあしげの駒が千匹ござる黄金の馬舟でおかいやる
それを申せばまだまだながいおいとま申していざかえる

・送り念仏

ひよひよとそだつわが子をふりすててなにおかいそぐしでのお山へ
こいしさにわが子のゆくえをたづぬればさいの河原の地蔵菩薩よ
世をいそぎさいのかわらをいまこいて地蔵菩薩のひざにからむる
七つ子があそぶすへじによがあけてほしのひかりでおやをたずねる
布ざらし八まんじごくの血のいけをこしはすれども弥陀の浄土へ
くもはらみほしはしらなみ月ふねになにごくらくにかつらおとこは
天じくのかつらおとこのひくゆみはみやこいがきとおちてとどまる
ごくらくの浄土の松になにがなる南無阿弥陀仏のみょうごなりけり
ほたる虫我を思はばひかりさせしでのやまじをわがさきにたて

むら念仏

これへさてこれのおいえをながむればこがねつくりのたちがなになに
ふりのたちたちのめくぎを見てやればこがねぬきがやえぎくの花

送り盆

これまではご恩うけたるおやさまにお念仏たむけうけてよろこぶ

これまではご恩うけたるあたごさまお念仏たむけうけてよろこぶ

しずめ送盆

東西しずまれおしずめ申す極楽浄土の門びらき

さてもよい庭このような庭で極楽浄土大庭で

■

（4）向市場

向市場《むかいちば》[11]は水窪町の南端の区域で、水窪川の東側の緩やかな傾斜地にある。神社は春日神社で、神社の脇に観音堂があり、裏が墓地になっている。墓地の隣が善住寺であったが、昭和四五年（一九七〇）水窪中学校を建てるに当たり、寺は現在地の中学校の北に移した。一三日に門前施餓鬼といって善住寺で施餓鬼の法要があり、一四日が夕刻より虫送り供養の念仏、一六日は送り盆の念仏がある。虫送りの念仏には五方差《ざ》しがある。

〈門前施餓鬼〉

八月一三日の昼、善住寺で門前施餓鬼がある。善住寺は水窪町全域と佐久間町北部の八カ寺の曹洞宗の本寺であるので、法要には末寺から僧侶が集まる。堂内には甘露文を四字ずつ記した二五枚の施餓鬼幡が張り巡らされ、東西南北中央に五如来が掛けられる。中央とは本尊の上の天井をいうが、施餓鬼の時は、本尊に向き合った施餓鬼棚の正面に「正面大鬼王」と書いた紙を貼る。施餓鬼幡を「虫の幡」というのは、餓鬼といわれる精霊（ソウリョウ）が虫の体に宿っているとするからで、盆の期間は蚊などの虫を殺してはいけないといわれる。施餓鬼幡は、法要の最後に参拝者が競うように取って家に持って帰り、畑に挿しておく。

〈虫送り供養〉

一四日の四時頃に道具を置いてある公民館に集まり、虫供養の念仏を行う。弓張り一本に、唐傘二本、双盤一本、太鼓三個、笛七～八人の構成である。弓張りは弓張り提灯ともいわれるが、弓状の竹に盆灯籠を吊るしたもので、灯籠の下に白と黒の垂れを付ける。これで五方差しを行う。唐傘は葉の付いた笹竹に唐傘をくくり付け、周りに布を垂らす。布は茶色地に柄の入ったもので、唐傘には「南無阿弥陀仏」の字が記されている。唐傘には灯籠が吊り下げられていて、「南無阿弥陀仏」と「虫送り供養」と書かれた二枚の紙が垂れ下がっている。灯籠の下には白の垂れが付いている。鉦は年号がなく新しい（写真5-3-5）。

写真5－3－5　向市場の傘

この弓張りと唐傘を持ち、念仏を唱えるのは年寄りの役で、白い浴衣の上に羽織を着ている。一方、鉦・太鼓・笛は若い衆の役で、花飾りを付けた編み笠をかぶっている。移動中の弓張り・唐傘・双盤鉦は、村役の当番の人がかつぐ。

道練りは、

公民館→春日神社→墓地（三界万霊塔前）→地蔵の辻→火見やぐらの辻→次郎兵衛さん（道祖神・秋葉山）→校

庭入り口（旧寺庭）→校庭→善住寺の順で回る。春日神社から校庭の入り口までの各所では、五方・念仏・和讃を行う。五方差しとは「東方持国天王　南方増長天王　西方広目天王　北方多聞天王　中央大鬼王」に対して行うもので、それぞれ弓張りを三拝して南無阿弥陀仏を口の中で唱える。これは五方を清めるため「五方の拝」ともいわれている。

念仏は、若い衆が太鼓を横にして持ち「ナンモー」の掛け声で鉦・太鼓を叩くもので、そのあと年寄りの和讃が唱えられる。和讃は春日様だけは別であるが、各辻は同じ文句である。「次郎兵衛さん」とは、いろいろな神仏が祀られている辻で、地蔵・道祖神や秋葉山の他、行者も祀られていて、ここでは迎え火を焚いて念仏を行う。

中学校の校庭はもと善住寺の境内であった所で、寺庭といわれる。ここに入る時に五方などを行うが、この校庭にはやぐらが組まれていて、一五日の暁には手踊りの盆踊りが行われる。一四日の念仏の行列は校庭のやぐらを一周して、弓張り・傘を真ん中に立て練り込みのち、十六拍子・八つ鉦で太鼓を脇に抱え、身を左右に返しながら円陣になって踊る。

一踊り踊ると年寄りは寺に行って和讃になるが、さまざまな新仏や年忌の和讃がある。これは「念仏を買う」といわれるが、新仏・年忌の家が念仏を頼むことによって行う。校庭では夜、手踊りが行われ、終わるのが九時頃になる。

〈送りの念仏〉

一六日の午後五時から送りの念仏がある。年寄りが太鼓と中鉦を一つずつ持ち、虫送りの時と同じ道順で公民館を出発して村を一巡し、寺までの道を歩く（写真5-3-6）。途中、五方差し等の札は一切ない。この行列には新盆

写真５－３－６　向市場の道練り

の家族と親族が並び、切り子灯籠をはじめ杜立てなど、送り火で燃やしてしまう盆の飾りを持って加わる。装束は、年寄りを含め皆喪服である。

寺に着くと、「三界万霊」の位牌が出ていて、その前で僧侶の儀、婦人会の梅花流御詠歌があり、年寄りによる和讃がある。和讃は送り念仏といい、精霊様（ソウリョウサマ）を送るものである。これが終わると寺道を下り、水窪川と河内川の合流点近くの河原で送り火を焚いて全てを燃やしてしまう。その間、年寄りが鉦を叩き続ける。

■資料　向市場の念仏帳

御盆供養念仏　昭和五一年複製

（一四日）

春日様外　皆神様へとなえる

春日様の前にさげたる玉すだれあげてねんぶつたむけるうけて

よろこべオオイツナンナク南無阿弥陀仏

（じろべえ様他各辻）

この内におじゃる神様仏様にねんぶつたむけるうけてよろこべオオイツナンナク南無阿弥陀仏

ばんにしくどくだいし　ほんじょうあんだん仏オオイツナンナク南無阿弥陀仏

（寺念仏）

新仏　子供

今朝まではちょうよ花よとそだてられ今朝のあらしにもぎとらるオオイツナンナク南無阿弥陀仏

新仏　青少年

花のさかりを見せぬ内今日のあらしにひきとられさぞや二親さむしかるらんオオイツナンナク南無阿弥陀仏

新仏　中年

二親のめぐみもかえさぬ内に今日のあらしに花とちるさぞや心はさむしかるらんオオイツナンナク南無阿弥陀仏

新仏　壮年

ちちははののべの送りもすまぬ内何をいそいでみだのじょうどへオオイツナンナク南無阿弥陀仏

新仏　縁故者

新仏新仏かう人はさぞやさぞ心さむしかるらんオオイツナンナク南無阿弥陀仏

年忌

年忌年忌買う人はさぞやさぞ心さむしかるらんオオイツナンナク南無阿弥陀仏

先祖様先祖様ねんぶつたむたけるうけてよろこべオオイツナンナク南無阿弥陀仏

（一六日　送り念仏）

精霊様を送る念仏

ひょうしひょうしをそろいて／ほんぞんさまのおにわで／そうりょう様のおいとまごい／だいねんぶつをもう

するぞ／うけてよろこべそうりょう様／だいねんぶつともうするは／むかしむかしおおむかし／信州しなののみいでらに／ほうじょう様がもうしたで／うけてよろこべ精霊様／おなごりおしいが精霊様／今夜おたちでござんすで／さんずのかわをわたるぜ／しでの山へとのぼるぜ／もとのじょうざへおかえりぞ／来年のおぼんが来たときにゃ／またおりますから早ござれ／ホーホー■

(5) 上村

上村《うえむら》は向市場の北の南向き斜面に点在する地区で、五〇軒の家がある。地区の一番下の所（といっても急坂の途中になるが）に神社は日月《にちげつ》神社があり、隣が公民館になっている。神社では一一月二三日に湯立て神事がある。坂を上りきると庚申・地蔵が祀ってある少し平らになっているところがある。寺は向市場の善住寺である。念仏は、八月一五日の虫送り大念仏と一六日の送りの念仏である。

〈虫送りの大念仏〉

一五日の念仏は上の庚申・地蔵の平から出発する。かつては聖観音堂から出発したという。双盤鉦一枚と太鼓三個で鉦太鼓を叩きながら掛け声のみで下ってくる。かつては下ってきた日月神社の庭で神寄せの和讃を唱えたが、現在は公民館の中で行っている。和讃も踊りも若い衆が浴衣姿で行い、踊り手は花飾りの編み笠に赤いたすきがけで踊る。

踊りは、廻り太鼓といって太鼓を抱えて輪になって踊るもので、蓮華の花が開いたり閉じたりするように踊るとされ、輪の中央に打ち入るような動作をする。また「念仏ドウシ」という時には体を大きく左右に振って太鼓をからげて叩く。和讃は神仏の名を唱えるもので、一区切りごとに「ホイナムアミダンボ」の掛け念仏を入れる。前半が上村の神仏、後半が向市場から河内浦《かわちうら》を経て山住神社までの神仏を唱える。最後は「ホーホー」と言って終わる。

〈送りの念仏〉

送りの念仏は、上の聖観音堂に新盆の人たちが切り子灯籠を持って集まり、双盤鉦と太鼓で送り盆の和讃を唱えるが、この時も「ナムアミダンボ」の掛け念仏を入れる。和讃は音頭出しといって先達である鎌倉重太氏が音頭を取る。双盤鉦を先頭に向市場との境である青木の地蔵まで下って、そこで切り子灯籠などを燃やし、送り火とする。

上村の双盤鉦は戦後、浜北から買ったものといわれるが、銘には「勢州」とあり、三重県のものである（銘「勢州飯野郡麻生薗村西光寺什物　文政九丙戌年　江戸西村和泉守作〔追刻〕昭和二十六年　上村向市場共有」）。もとは上村と向市場が共有していたことが分かる。

■資料　上村の念仏帳

・一五日　虫送り大念仏

丁子拍子を揃いて／産土様の庭借りて／村の衆が集まりて／大念仏をあげますで／日月様もたのむぜ／津島様もたのむぜ／稲荷様もたのむぜ／十五社様もたのむぜ／末社の神々たのむぜ／青木が本の地蔵様／神月清水たのむぜ／小瀬戸に浅間頼むぜ／ホキ沢愛宕大明神／十一面の観世音／弘法大師もたのむぜ／堂庭庚申様もたのむぜ／並びの地蔵様たのむぜ／ネギヤの薬師もたのむぜ／八剣様もたのむぜ／根ノ宮明神たのむぜ／末社の神々たのむぜ／寺行に本尊たのむぜ／青山大天白たのむぜ／日本六十余州の神仏／村内家内安全で／五穀は豊穣願います／猪鹿も除けてたのむぜ／交通事故のないように／流行病も来ぬように／不時の災難合わぬように／護り給

へ神仏／

調子拍子を揃いて／大念仏を上げますで／向市場春日の大明神／同じく八幡大菩薩／末社の神々／十一面の観世音／末社の神様仏様／善住寺の御本尊／お庭の鎮守様／笠守稲荷様／大光寺の本尊様／伊勢の両宮たのむぜ／橋湯の次郎兵衛様／六十六部の地蔵様／居並ぶ地蔵様たのむぜ／久頭合稲荷もたのむぜ／松下行者もたのむぜ／

辻々の地蔵たのむぜ／河内浦稲荷様たのむぜ／臼井の権現様たのむぜ／行場の神々たのむぜ／山住大権現様たのむぜ／八十末社の神々／猪鹿も除けてたのむぜ／村内家内安全で／五穀は豊穣願います／流行病も来ぬように／不時の災難合わぬように／交通事故のないように／これで念仏終わります／お願い申した神仏／元つ社にお帰りを／お願い申して終わります／

・一六日　送り盆

調子拍子を揃いて／庚申様の庭借りて／村の衆に縁者等が／念仏唱えて送ります／もらさで受けとれ新仏／無限の宇宙のその中の／尊いこの世に生まれてきて／円い月日の恵受け／生成化育の世の中で／神や仏に護られて／親子の愛情に育てられ／成人なしたる暁に／各々の成業で／此の世のために徳を積み／老いても楽しく世を送り／生い持つ寿命に限りきて／八百の八州の花園に／お蝶め蝶の舞いあそぶ／極楽浄土の良いところえ／導き給え本寺の本尊様／護り給え観世音／これでおいとま致します／精霊様もおいとまごい／青木の元へと送ります／路開け給え道録神／来年の盆にはおいで／■

（6）向島

向島《むこうじま》はＪＲ水窪駅の裏側（東側）にある四八軒の集落で、水窪川右岸の押沢・柱戸・灰の沢も含むが、念仏は、駅裏の山の斜面に点在する南・島・仲の集落三一軒で行われる。神社は向島正八幡社で、一一月二二・二三日に霜月湯立て祭りが行われる。お堂は阿弥陀堂がある。

〈盆の念仏〉

向島では、八月一六日に送りの念仏しか行っていないが、かつては一四日の昼に「オサムシ見舞い」といって、新盆の家を念仏が回った。その時「おさむしい（お寂しい）ございます」と言ったことからこの名が付いた。晩は区長の家の庭で「ノーサの手踊り」があった。

一六日は昼、新盆の家で御詠歌があり、夕方から送りの念仏がある。御詠歌は西国三十三所の観音霊場の御詠歌で、最後に善光寺の阿弥陀如来第三番御詠歌を三回繰り返す。歌詞は「みはここに　こころはしなののぜんこうじみちびきたまへ　みだのじょうどへ」というものである。

送りの念仏は阿弥陀堂に集まり、双盤鉦大小二人・太鼓三人が、浴衣に花笠、たすきがけの装束で先頭に立ち、新盆の家の人が切り子灯籠ほか盆の道具を持ってあとに続く。双盤鉦は昭和二六年（一九五一）の墨書がある。行列は阿弥陀堂で念仏を唱え、そこを出て島の坂を下り、渡合様といわれる秋葉山・金比羅様を祀ってある所まで行って、念仏を唱え、同じ坂を登って阿弥陀堂下の辻に出る。そこでまた念仏を唱え、南の沢まで行って盆道具を燃やして送り火とする。念仏は和讃と平念仏とワタリがあるが、阿弥陀堂・渡合様・辻では和讃を、南の沢では平念仏を行い、道中はワタリの鉦を叩く。

和讃は神仏の名を挙げる「神寄せ念仏」であるが、この念仏の前に、念仏の音頭を取る人は、その所にいる神仏に三礼して「トウモン（当門か）信仰の面々　ナイトク（内徳か）信仰の面々　おのおの先祖代々の諸精霊　追善供養諸菩提のために　念仏を唱えます」と口の中で言い、念仏は「光明遍照　十方世界　念仏衆生　摂取不捨　南無阿弥陀仏」から始め「神寄せ念仏」と続き、最後に「精霊様にいとまごい　ナムアミダンボ　精霊様にあげます」で終わる。

■資料　向島の送りの念仏文句（神寄せ）　大沢定雄氏(12)　口述

丁子拍子を揃いて／産土様にあげます／八幡神社にあげます／あや村神社にあげます／末社の神々たのむぜ／稲荷様にたのむぜ／天伯様にあげます／寺行本尊たのむぜ／辻々おかの地蔵尊／明神様にあげます／高根の常光寺たのむぜ／若宮様にあげます／庚申様にあげます／観音様にあげます／薬師様もたのむぜ／日月神社もたのむぜ／津島様もあげます／春日の大社もあげます／精霊様にいとまごい

ナミアミダンボ　精霊様にあげます／■

（7）竜戸

竜戸《りゆうと》は、水窪の市街地より草木の谷に入る入り口に谷沿いに広がる集落で、五八軒である。伝説では、渥美半島に流れ着いた竜の玉がこの地に飛来してきて、それを熊野神社に祀ったので竜戸の名になったという。神社は熊野神社、お堂は不動堂であるが、阿弥陀も祀る。念仏は一六日の送りの念仏のみである（写真5-3-7）。

〈盆の大念仏〉

八月一六日の午後四時に、学校場というもと竜戸分校のあった所に集まる。ここは竜戸の一番高い所で、火の見やぐらのある見晴らしの良い場所である。現在、建物の中には津島様が祀られ、多くの石仏が並んでいる。戸外には秋葉・金比羅の碑がある。ここより河原までの念仏の通り道を「送り道」という。行列は、先達が提灯を持ち先頭に立つ。提灯は笹竹に岐阜提灯を吊るしたもので「南無阿弥陀仏」と書かれている。行列は提灯に双盤・太鼓・笛が続き、あとに新盆の人の切り子灯籠が年上の者から順に並んでついていく。

念仏は、先達が提灯で三礼をして始める。ニワフミ（庭踏み）といわれるもので「東西鎮まれお鎮まれ」の語で始まる。念仏の行列は学校場、その近くの墓地、道の途中にある愛宕様で、それぞれニワフミの念仏を行って不動堂に着く。不動堂には不動明王と阿弥陀如来が祀られている。不動堂は少し平になっており、そこではニワフミのほか、大念仏と年忌念仏を行う。大念仏は神名を次々と読み上げる和讃である。年忌念仏は、親の念仏・子の念仏と、亡くなった人によって和讃が異なる。それが終わると神川原《かみがわら》という水神を祀ってある河原に下りていって水神の念仏を上げ、灯籠を燃やして送り火とする。

写真５－３－７　竜戸　不動堂での念仏（唱え）

■資料　竜戸のニワフミ念仏　内山茂久氏　口述

東西しずまれおしずまれ／しずめの踊りを出します／これのお庭の南天の木に／世の中雀が巣をかけた／一つ二つ三つ四つかけて／いつむつななやつやすかけた／十二の卵は宮育ち／十二が一度にたつ時は／なんとさえずる滝より聞けば／世の中よけれとさえずる／すえを申せ

ばまだ夜はながい／しずめの踊りはこれまで／

■

（8）大野

大野は草木に向かう谷の山の中腹、谷底から二〇〇メートルほど登った所にある。現在では山の中腹に取り残されたような形になっているが、古い道が山の中腹を通っており、この道はまた、少し登って山を越えると西浦《にしうれ》につながる道でもあった。戸数は三一軒。大野の中ほどに堂庭という広くなっている所があり、阿弥陀の石仏の祠がある。

〈盆念仏〉

盆の八月一四日と一六日に念仏がある。一四日は六字詰めの念仏で、和讃の六字詰めと弥陀の和讃が唱えられる。場所は堂庭・阿弥陀堂・薬師堂の三カ所で、順に踊りがある。

一六日は新盆の人の送りの念仏で「さいの河原」「花その」など、亡くなった人を慰める念仏を唱える。一四日同様、堂庭・阿弥陀堂・薬師堂とだんだんと高い所で念仏を行い、最後は山で灯籠を焼く。念仏は双盤・太鼓に手持ちの提灯、それに棒振りを伴い、あとに新盆の家の切り子灯籠が付く。

〈豊年踊り〉

大野では盆の念仏とは別に、七月の一四日の祇園祭（津島天王祭）の晩に、「豊年踊り」と称して念仏踊りを行う。踊りは盆と同じであるが、和讃が「庭褒め」「カサほめ」「嫁ほめ」「うぐいす踊り」など、盆の念仏と異なる。

■資料　大野の盆念仏帳

御盆念仏

・六地（ママ）念仏

そもそも六地のみょうごうなり／六地のみょうごうの尊さに／いとき表す尊さに／夜の六地も六地なり／昼の六地も六地なり／十二の時のその間／南無阿弥陀仏も六地なり／是程やさしき念仏を／一地もとなえて保つやに／二地もとなえて保つべし／おのおの舌おば抜き捨てて／長き舌おば切りすてて／短き舌おばそうて捨て／天には月も日も星も／あれも弥陀の三地なり／地には水も草も木も／是れも弥陀の三地なり／えんがに居おりし長岩どの／絹やどんすでかざりして／さすればみょうどに唯一人／よくよく念仏すべし

・釘念仏

関東下野日光山釘念仏に元とうあり

じゃこうえんとておしょうあり／早ゝめづき召されやれ／死すれば数丈の道見えて／みでしたちが集まりて／声も惜しまずなげきやる／それを和尚がごらんして／七日七夜ともうするは／よみし変りをなすりやる／それをみでしが喜んで／東西静まれ聞き給え／吉日吉日は多けれど／七日七日七七日／四十九日にくげんあり／薬師如来のお前にて／四夜九本の釘見れば／長さ八寸丈六寸／一尺二寸がみょうごなり／えんま和尚が集まりて／罪人参れと呼び寄せて／胸と腹とに一四本／四九本の其の釘を／打つるる程のひびきあり／天にはお経の雲の上／下にはならくの底迄も／七百三十六地ごく／くずれる程のぞきあり／和尚たちが集まりて／お経あそばす有り難き／お経のくどきが有り難や／四九本の其の釘が／こうべの釘から抜きそめて／さらりと抜けたの有り難や／よくよく念仏すべし

・野辺の送り

今朝までは今朝までは／見上げ見上げし見し親／其のよ其こにも置きもせず／たとへ兄弟集まりて／うぶ湯をあふりて棺にいれ／兄となれば先を持ち／弟となれば後を持ち／広き原えと持ち出し／せんとに薪を積み込んで／野火や山火と火葬する／火葬するこそあはれなり／死骨を捨てて灰よせて／人寄せてはつかにつき／つかのしるしに何をまた／木をきざみて墓地に捨て／上なる墓地はさむい原／中なる墓地はさかい原／下なる墓地は南無阿弥陀仏／よくよく念仏申すべし

・花ぞの寺

花のようなる子をもちて／花のようなる子にはなれ／余り心のさみしさに／花ぞの寺へと参りつき／花をつくづく眺むれば／つぼみた花は散りもせず／開いた花の散ると成る／花は散りても根にとまる／よせや死子が帰らずら／鳥も古巣へ二度戻る／なぜか我が子が帰らずら／又来る春も花が咲く／散るとなればそもさむし

・富士わさん

富士の山富士の山／三国一の山なれば／しょう女にはかに上がられぬ／百ややはちに大はいで／百ややはちのこりこりかけて／上りて見れば八ツが岳／廻るてみらばあないりや／其の上にこそ親の不幸の鳥一羽／羽は雪にとつめられて／足は氷にとざされて／いつかに年の夏が来て／雪も氷もうち解けて／薬師の前にて舞い上がり／朝日むいても南無阿弥陀仏／夕日むいても南無阿弥陀仏／申す念仏親のため

・菩提念仏

親の菩提を問はせましょう／親の菩提をとわせぬ人は／向う木草が皆枯れて／親の菩提を問う人は／四方の木草が皆なびく／七本れんげの花開き／開いたれんげを笠にして／つぼみにれんげを手に持ちて／れんげのじく

をつえにつき／すぐ浄土へ渡るなり

・弥陀念仏

ごくらくの前にこそ／はすの池とて池もあり／其の池の中にこそ／みだが三本立て給う／寺も浄土も目があいて／弥陀の光で目があいて

・酒のお礼

とうの天じくにも聞こえたる／加賀の菊酒おめでたい／るりの色なるお銚子で／つばくら口なるさかづきで／村の大人が集まりて／いねしきさかずおめでたい／つぼの中なるちょうはを／此れをさかなと聞いて召せ

・血の池念仏

そもそも女の人の罪深し／七日七夜の月の水／さらにてこぼさずとこもなし／池にこぼさば荒神が／道にこぼせばどうろく神／さながらおむねのせきと成る／川にこぼせば水神が／さながらおおむねのせきとなる／是れが積もりて池となる／池の深さも四万四丈なり／八万人丈其の池に／黒金縄を引き渡し／女人渡れとせめられて／渡り無しにてふみはずし／神は浮き草身に舟と／いろいろとござれば沖えと押し込まれ／だいごを見れば鬼共が／手から足から首からと／くみしやにせんよと待ち給う／力を頼めば鬼共が／血の池主とせめられて／日はず長きの蛇さら目が／身にはせみなくはみついて／やきおうし鬼共が／血の盆今日も保つなら／是れこちくげんのがれずが

・さいの川原

折りより内の若子供／死にてみようといどへいくこととは／作りしつみはさらになし／めい土へ行かばこそ／秋場にめい土の境にて／めいどの親は我計り／よさと丈つえに手をかけて／目さにくればかをよせて／衣の袖

やたむとに宿らせて／よさにあくればつれそう／夜は六地の苦を聞かれ／昼は六地の苦を受けて／土をまるめてとうをくみ／一丈組みてはおじいさん／二丈組みては父のため／三丈組みては地蔵さん／五丈組みては身のために／ひざにくればかきこまし／父母悪いと泣いて立ち／父も母も見えにこそ／よくよく念仏申すべし

昭和五一年八月吉日　山下勘一謹書　■

(9) 地双

地双《ぢそう》は、草木の谷の水窪川と戸中《とちゆう》川に挟まれた山腹に点在する地区であった。戸中・根・峠・下田・地双・諸久《もろく》頭《ず》・小又・瀬戸尻の各部落は五〜一五軒ほどの集落からなり、昭和二五年（一九五〇）には計八〇軒の家があった。しかし昭和四一年（一九六六）から戸中川に水窪ダム建設の工事が始まり、諸久頭地区等、多くの家が水没することとなった他、この影響で多くの家が地双地区を離れ、水窪市街地や浜松方面に出ていくことになった。地双の各地区にはそれぞれに神社や堂があったが、それらも、水没したり移築したりした。戸中の庚申堂・諸久頭の阿弥陀堂・根の八坂神社・瀬戸尻の美野輪神社等である。ここでは七月一四日の祇園祭の念仏と盆の念仏があったが、絶えてしまった。

〈祇園祭〉

七月一四日、峠の金比羅の石碑の前に集まり、高張り提灯を先頭に棒振り多数、双盤・太鼓・笛・扇子を持った歌い手が根の宮（八坂神社）に練り込み、大念仏を唱えた。大念仏は神寄せの神名帳を読み上げるものである。

〈盆の念仏〉

八月一四日は各地区の念仏ごとに新盆の家を回った。各家で弥陀和讃・賽の河原など、亡くなった人を慰める和讃を唱えた。

一六日は根・戸中は庚申堂に、峠・下田は堂（不明）に、瀬戸尻・小又・諸久頭は美野輪神社に、新盆の切り子灯籠を集め、念仏を行って、灯籠を燃やし送り火とし、美野輪神社から、小又の小原さんの庭、諸久頭の阿弥陀堂と、それぞれ大念仏を上げ、手踊りを挟みながら、朝の三時頃までかかって川に送った。最後に鉄砲を撃った。鉄砲玉に乗って精霊があの世にいくようにとの意である。なお地双の地区によって念仏踊りのかぶり笠が異なっていた。真ん中で折れている編み笠が共通であるが、下田だけが饅頭笠であった。

(10) 有本

有本《ありもと》は、水窪川の草木と大嵐《おおぞれ》の分岐点の山原にあった集落で、戦前には四四戸、戦後でも二二戸の家があったが、調査時は一軒のみである。この一軒はもと庄屋の守屋家であるが、生活の場は水窪の町中に置いている。守屋家には明治一七年（一八八四）に書かれた念仏帳がある。

有本では過疎のため昭和四〇年（一九六五）頃に念仏踊りは絶えてしまったが、平成五年（一九九三）七月三一日、水窪の運動場で水窪の念仏踊り大会が教育委員会の主催で執り行われ、有本の念仏踊りが復活した。場練りと大念仏（神寄せ）のみであったが、往時の念仏の様子がうかがわれた(13)。

〈盆の念仏〉

八月一四日は小学校（有本分校跡）で迎えの念仏を行う。場練りで入ってきて、大念仏、和讃となる。行列は棒振り、太鼓、提灯と続く。大会では、棒振り一〇名・太鼓一〇名・提灯二〇名に男女の手踊りがつくという大部隊であった。振りが大きく、棒振り太鼓笠は饅頭笠をかぶる。笠には五色の紙の垂れが付いている（写真5-3-8）。

写真５−３−８　有本の場練り（水窪大念仏大会　平成５年〔1993〕）

場練りのあとは大念仏で神仏の名を読み上げる。和讃は、一四日は庭褒め・六字の念仏等。この時も輪になって踊るが、中踊りといって二重の輪になって踊ることがあった。輪の中央は双盤と音頭出しの人が立つ。

有本には、「デンデコ踊り」といって肩から太鼓を吊るし両手の撥で叩く「叩き肩」というものがあった。また棒振りのほかになぎなたを持って、音頭を取る人がいた。

一五日は新盆の家の念仏で、かつては新盆の家に出かけたが、学校の庭で行うようになった。子どもが亡くなった時は「賽の河原」など、亡くなった人によって和讃を変えた。それが終わると深夜まで手踊りがあった。

一六日は送りの念仏で、堂跡（観音堂跡）と学校の二カ所で念仏を唱え、学校で夜遅くまで手踊りをして、最後に辻で灯籠を燃やし精霊を送った。

■資料　有本の念仏帳　横山敬一氏所蔵(14)

大念仏　一枚もの

調子調子お揃えて／こ宵今晩踊るよ／受けて喜べそうりょ様／天照皇大神宮え／日月神社に申そうえ／高森天白様えも／金比羅様に申そうえ／白倉権現様えも／大沢稲荷大明神／大寄風の三郎え／大寄薬師様え／信州信濃の善光寺／西浦かんのん様えも／八幡宮に申します／お諏訪神社に申そうえ／春日神社に申そうえ／津島神社に申そうえ／金護八幡神社え／御鍬神社に申そうえ／白山神社に申そうえ／八坂神社に申そうえ／アザブ権

現に申そうえ／小安神社に申そうえ／世界各所の神仏／お受取はずしのないように／ホラナーモデハレスボーレ／ソレチャンチャン／トドコイ

おどり念仏

・庭ほめおどり

東西しずまれおしずまれ／しずめておどりを見せよう／庭ほめおどりをだしませう／やらよい庭よ見事な庭よさ／ごくらくじゃうどの庭なれば／此の様なおにわでおどらとすればさ／ちりちり小草が身にからまりてさ／こがねのまさごがあしにつく／この様なおどりが参りが年にゃさ／長者がげんじて泉がわいて／ぜにこめふんたでさとはんじょう

・世之中踊り

春さに来れば鶯が／是の御門に巣を掛けて／何とさえずる出て聞けば／よの中よかれ風吹くな／今年の稲は何処に積む／白金作りで三倉を建ててさ／小金のとかきで納めやる

・丑若おどり

丑若殿が東をさしてお下りなさる／えぼしの大夫様御めんなれ／左えぼしを召す人は／倉まに取りては丑若丸よ／するがの国では様之助／是に戦ふ人あらば／弐尺七寸友切丸を／小金のめくきの続く程／さ□□様や由殿様や／由殿様より御上様／遠州の国の今長者／四方四面に倉建てて／西と東は黄金倉／北と南は穀倉／四箇所の倉の主となる／そのまま馬屋をみてやれば／足毛の駒を七匹揃へて／小金の馬舟でお伺ひやる／其のお伺ひやる／其のままつきやを見てやれば／黄金のうすを千から揃へて／米つく女ろうの数しれず

・**酒念仏**

此の酒は当天地へも聞へたる／かがの菊酒おめでたや／るりの色なるおちょうしで／つばくら口成る御盃／村の大人が集まりて／左さしにもさされたり／右りさしにもさされたり／常しき盃おめでたや／坪の内なるちよのはを／是を肴と聞こしめす／只良く念仏申す成り

・**六地念仏**

そもそも六地のみょうごには／いとく表せ尊さに／夜の六地も六地なり／昼の六地も六地なり／十二の時のその間の／南無阿弥陀仏も六地なり／是程安き念仏を／一地もとなえて保つなり／おのおの下をぬいて捨て／長き下をば切り捨て／短き下をば添いて捨て／天には月も日も星も／あれも弥陀の光なり／地にも水にも草木にも／此れも弥陀の三地なり／こよいの草に吹く露は／明日はほろびる世之中に／何してせいろかせがる／只良く念仏申すなり

・**釘念仏**

関東霜月日光山釘念仏にもえんぎ有り／其の山寺の其の内にぢやこうえんとて和尚有り／早くもめづきを召されやれ／死すれば御丈の道見えて／御弟子達が集まりて／声も惜しまずなげきやる／其れを和尚がご覧じて／七日七夜と申するは／よみし変りを召されやれ／其れを和尚がご覧じて／当山鎮まれ聞き給え／和尚にものを問ひければ／吉日吉日は多けれど／七日七日七七日／四十九日にくげんあり／薬師如来のお前にて／四九本の釘見れば／長さ八寸又六寸／一尺二寸がみようあり／えんま王がな集まりて／罪人よれりと呼びよせて／その身その身のとがによる／こうべに五つ手には六つ／胸と腹とに十四本／足と腰とに弐十四本／四十九本の其の釘を／打たるる居りのひびき有り／天にはお京の雲の迄も／下にはならくの底迄も／七百三十六地ごく／崩

れる程のひびきあり／和尚たちが集まりて／お京あそばす有りがたや／お京のくりきが有りがたや／四十九本の其の釘が／こうべの釘から抜けそめて／はらりと抜けたの有りがたや／只良く念仏申す成り

・ちの池念仏

そもそも女人の罪深し／七日七夜の月の水／さらにてこぼさずともなし／地にてこぼせば光神が／さながらおむねがせきとなる／山にてこぼせば山の神／さながらおむねがせきとなる／道にこぼせば道路久神／さながらおむねがせきとなる／川にこぼせば水神が／さながらおむねがせきとなる／其れが積もりて池となる／其の池の深さ四万と四丈有り／八万八丈其の池に／黒金づなを引き渡し／女人渡れと責められて／渡りはなさでてふみはずし／神は浮き草美は舟と／磯へ磯へと漕ぎ出せば／沖へ沖へと押し込まれ／たいざを見れば鬼共が／手なが足なが首ながの／くわしやくせんよと待ち給う／力を願えば鬼共が／血の池呑めとてせめられて／口ばず長きのしやじゃみが／身にはせりなくはみついて／やれおそろしの鬼共が／我等がしゃばにて有りし時／結盆京も此も保つなり／是れほどくげんものがれずら／只良く念仏申すなり

・さいの川原

十より内の若子供／死してめいどへ行く折りは／作りし罪は更に無し／作りし小草の飾りして／めい土へとても行かばこそ／地獄へとても行かばこそ／しゃばとめい土の堺ばと／さいの川原へ放されて／父母恋しと泣いて立つ／地蔵菩薩が御覧じて／しゃばでの親は父母よ／めいどの親は我ばかり／さく丈つえに手をかけて／日さにくれればかきよせて／衣の袖に宿らせて／夜さに明ければ連れて出て／元の川原へ放すなり／夜は六時の苦をのがれ／昼は六時の苦を浮けて／土を丸めて塔をくみ／一丈組みては祖父祖母／二丈組みては父のため／三丈組みては母のため／四丈組みては地蔵様／五丈組みては身のために／日さに暮れればかきくまし／父母恋

しと泣いて立ち／父も母も見えにこそ／頼むものとて地蔵様／只よく念仏すべし

所有者□吉

昭和十参年旧七月吉日　■

（11）大嵐

水窪川の一番奥の集落が大嵐《おおぞれ》である。川を挟んで西に桐山・大嵐・針間野《はりまの》、東に時原がある。かつては三五軒ほどあったが、調査時は針間野に二軒、時原に三軒の、五軒であった。桐山・大嵐には庚申様が、針間野には虚空蔵様が、時原には白山様と才介霊神が祀られている。戸数は少なくなったものの、新盆の家が出ると、その年は送り念仏を行っている。

〈盆の念仏〉

八月一四日、新盆の家が時原にある時は時原のオオヤという広庭に、針間野の時は虚空蔵の堂の前に集まり、念仏踊りを行う。棒振りを先頭に太鼓・弓張り提灯が続き、円になって踊る。全員が踊り手で、手に弓張り提灯を持つ。双盤を中央に置き、練り込み（三つ拍子）・庭褒め・念仏踊り・手踊り・練り込み（十六拍子）の順で踊る。棒振り・太鼓は饅頭笠をかぶっている。音頭取りも笠をかぶり、扇子を持って念仏や和讃を唱える。

一五日は提灯踊りといって、手踊りのみになった。

一六日は送りの念仏で、一四日と同じであるが、新盆の家から灯籠が出る。念仏の最後に、大念仏と称し神名帳を読み上げる。この時、この地区の禰宜さんである屋敷さんに頼んでやってもらう。これが終わると「送り」で、時原は沢まで、針間野は辻まで行列を作って行き、灯籠を燃やす。

（12）草木

草木《くさき》は水窪川の最上流に位置する地区であるが、支流の草木川沿いにある。草木・北島・遠木沢の三集落が川沿いに続く。その先は長野県境のヒョウ峠である。平成四年（一九九二）に西浦からの三遠信自動車道路のトンネルが北島に抜けたので便利になった。草木の戸数は戦前八〇戸を数えたが、昭和二五年（一九五〇）に四七戸、調査時二九戸に減っている。寺は永沢寺で善住寺の末であるが、無住である。堂は草木に阿弥陀堂、北島に庚申堂、遠木沢に勢至観音堂がある。神社は綾村神社で、一二月一三日・一四日に霜月神楽が舞われる。

念仏は、八月六日の練り込み（施餓鬼踊り）、一四日の迎え盆、一六日の送り幡の三回あった。施餓鬼踊りは永沢寺で三集落揃って行い、迎え盆・送り幡は各集落の堂で行った。施餓鬼踊りはなく、送り幡のみを行っている。草木の念仏は有本から来たといわれ、ここからさらに大嵐に伝えられたという。

〈練り込み〉

八月六日昼、西浦の永泉寺の住職が来て施餓鬼の法要をする。かつては夜、三集落がお寺に練り込んで念仏踊りを踊ることが行われた。草木からの傘を先頭に寺の庭に入り、庭褒め・寺褒め・施餓鬼踊りを踊った。最後に、「雨乞い拍子」といって神の名を次々挙げて、南無阿弥陀仏の合いの手を入れて読み上げた。

行列は棒振り・太鼓・双盤・提灯で、棒振り・太鼓・双盤の人は笠をかぶる。草木・北島は饅頭笠であるが、遠木沢は菅笠で笠の周りに五色の垂れを垂らし、中には「南無阿弥陀仏」と書かれた丸提灯が下がっている（写真5-3-9）。この笠のことを阿弥陀様という。

〈盆の念仏〉

八月一四日は各部落の堂に集まり「堂褒め」「庭褒め」を行い、ひと休みして「六字」「さいの河原」などの死者

写真５－３－９　草木の阿弥陀様

にちなんだ和讃を唱える。雨乞い拍子で終わる。

一六日は「送り幡」といって、新盆の家は切り灯籠を堂庭に持ってくる。念仏「堂褒め」「庭褒め」「六字」「雨乞拍子」で各堂から川に灯籠に持っていって燃やした。その時、太鼓の撥も捨ててしまう。最後の送りには、かつて鉄砲を撃って精霊を送った。

(13) その他の地区

以上で、念仏に踊りの伴う地区について述べたが、その他の地区を確認できた範囲で触れておく。

〈水窪本町〉

本町には念仏の踊りはないが、八月一四日に新盆の家に念仏の衆が回ってきて、盆棚の前で西国三十三所の御詠歌を上げる。

〈臼ヶ森・河内浦《かわちうら》・門桁《かどげた》〉

いずれも念仏の伝承は聞けなかった。特に臼《うす》ヶ森《がもり》は神葬のため、念仏は行っていない。

〈押沢・柱戸《はしらど》〉

向島区に入っているが、念仏には加わっていない。

〈門谷《かどや》・塩沢〉

いずれも念仏踊りがあった。塩沢は昭和三〇年代にやめてしまった。

〈夏焼《なつやき》〉

念仏の伝承はない。

4　小　結

〈構成〉

水窪の大念仏を通して次のようなことがいえる。

a　念仏は、練り・五方（六字）・大念仏・和讃・踊りに分けられる。練りは練り込みで入場・五方・大念仏・和讃は唱えで踊りは和讃で踊るという構成になっている。

行事別に見ると、

八月八日　施餓鬼の念仏　大念仏
八月一四日　新盆の念仏　和讃と踊り
八月一六日　送りの念仏　大念仏
八月二四日　阿弥陀堂　大念仏

b　練りは、十六・二つ練り・三つ練り・八つ練りという、足を交互にゆっくりと歩く「練り込み」と、ブッキリ・トビハブッキリという、体を一回転させ太鼓を高く上げるものの二つである。踊りは体を半回転させながら進む。踊りはこの三体である。「練りは場なり」といって、鉦の音で念仏の場を作るものとされている。

c　五方・六字は和讃で、清めとか払いといわれ、踊りの前に唱えられる。下組では五方は家の庭、六字は寺の庭と使い分けていた。なおこの和讃の五方とは別に五方の唱えがあり、大念仏の前に音唱人によって唱えられた。音唱人はこのほかに真言・印・弾指等の払いの儀を行うが、詳細は秘とされている。

d　大念仏は、西浦近辺の神仏の名を挙げ、念仏を受け取ってもらうという趣旨のものである。組によって読み上げる神仏名は少しずつ異なる。霜月祭りの初めと終わりに読み上げる神名帳と同様のものである。西浦の念仏の特徴といってよい。

e　和讃は新亡の供養にするものである。新亡については成人・子ども・若妻などの区別がある。かつては産死者に対する「血の池」も唱えられたが、近年はそのような例が少なく、忘れられている。下組の五方念仏には「血の池」の文句が混入している。

f　踊りは、「東西鎮まれお鎮まれ」の鎮めの踊りが踊られ、寺堂や家を褒めるものと、聖・西国・後生の類に分けられる。豊年踊りともいわれる。この踊りは盆に限らず踊られたようで、水窪の大野では七月の祇園社の祭りに踊っている。聖踊りなどについては機能がはっきりしないが、聖踊りが高野山、西国踊りが伊勢、後生踊りが鳳来寺山と歌われているところから、それらの地からの伝播者と関連していることが考えられる。

g　禰宜が音唱人になることはまれであり、田楽の能衆ともめったに重ならないが、儀礼は共通しており、影響を受けている。

h　西浦の中組では大念仏と盆念仏和讃の音唱人が一時、別であった。下組の念仏帳は「大念仏踊り盆念仏踊り台本」とあり、二つは別と意識されていた。大念仏と盆念仏和讃は、それぞれ神寄せと供養という別の機能を担っていたと考えられる。

水窪町西浦（現浜松市）は田楽で有名であるが、旧盆には大念仏が行われる。西浦は上組・中組・下組の三組に分かれそれぞれ念仏が行われるが、八月八日は施餓鬼の念仏といって、昼に永泉寺で施餓鬼法要があり、その夜、三組の合同の念仏がある。一四日はそれぞれの組で新盆の念仏が、一六日には送りの念仏が行われる。

興味を引くのはこの八月八日の施餓鬼念仏で、上組は愛宕様、下組は阿弥陀堂と、それぞれの拠点を出発した行列は、中組のいる永泉寺に向かう。永泉寺では中組が両組を迎え、大念仏が始まる。上組は、傘といい、唐傘に幕を垂らした、ほかではいわゆる傘ブクというものに提灯を付けたもの、下組は「ノゾキ」という、ほかで「差し灯籠」「ヒンドウロウ」といわれる灯籠を持つ。永泉寺に行く間にある山腹や辻に祀られている神仏には、この灯籠を傾け三拝して行く。上組は白山神社の一カ所であるが、下組は、番匠屋敷・比叡山神社・天狗天白・白萩十二八天狗・白山神社・西浦の観音堂の六カ所で拝する。その時、念仏の音頭を取る役である音唱人は、塩を撒き「弾《だん》指《し》」をするという。

『観無量寿経』の九品往生の上品上生の段に、「弾《たん》指《じ》の頃《きょう》」の語が出ている。これは、親指と人指し指で弾いて音を出す。そのわずかな時間にという意味である。そのわずかな時間、瞬時に往生する、もしくは往生させる儀礼が「弾指」である。浄土宗では、送仏や位牌や仏像の魂を抜く時に用いる。密教でも勧請した仏を送り返す儀礼に使うとある。また禅宗では、家に入る時の合図、不浄を払う時、邪霊を除くのにも用いるという。このように、水窪の大念仏は新盆の供養が主になるが、それに至る道筋の辻々の払いが伴う。

一方、盆の期間に「虫送りの念仏」といったり、一六日の送りの念仏の時に各区の神仏を念仏を唱えながら拝して歩くことは、水窪の各所で見られる。特に神原や向市場では、「五方の拝」といって、差し灯籠で東西南北中央を拝したのち、念仏を唱え辻々の神仏を拝んで歩く。神原では、この差し灯籠に弓を十字に結んでそこに灯籠を下げたものを使う。同様のものは愛知県豊根村牧ノ原の送り盆でも見られる。ここでは送りに先立ち、夜の八時頃無縁の碑に向かって五方を拝してから送りの念仏が行われる。ここでは差し灯籠にトウモロコシの葉が挿してある。

有名な新城市の大海の放下大念仏でも同様のことを行う。念仏の前に、灯籠を右に三回、左に二回半回す。灯籠は弓の先に吊り下げてある。現在、大海の放下は駅前の広場や有力家の前で行っているが、かつては辻放下といって村の辻々で虫の害を払う放下があったといい、弓はこれらを払うものとされたという。このような差し灯籠とそれに伴う五方の拝の呪術的行為については、吉川裕子が静岡県豊岡村や天竜市の例を挙げている。五方念仏・五方の和讃は水窪の各所で見られるもので、種々の和讃・念仏の前に唱えられる。広く愛知県・長野県・岐阜県に広まっている。五方の拝は東西南北中央を拝する陰陽道系の儀礼である。

また辻々の神仏を拝しながら行列をなして歩くのは、掛け踊りや榑木踊り、お練りと共通するところで、神送り、辻払いに発するものとも考えられる。

愛知県側の大念仏と比較すると神名帳の唱えが入っていたり、五方の祓いが入っている。これは修験道儀礼の影響が強いからと考えられる(16)。念仏・六字・五方の唱えの部分と、踊りの二部構成になっているのは愛知県側と同じである。踊りの部分が愛知県側ではハネコミ・放下になっているのに対し、水窪では和讃の鎮め歌や褒め歌で踊る。

註

（1）この調査の後、水窪町教育委員会編『水窪の念仏踊り』（一九九七年）が刊行されている。
吉村章司「遠州と三河の念仏踊り」『天竜川流域の暮らしと文化　下』磐田市史編纂室、一九八八年
吉川裕子「遠州の盆念仏」『芸能』三二巻九号、芸能発行所、一九九〇年
吉川裕子「遠州の盆念仏」『静岡県史　資料編二五（民俗三）』静岡県、一九九一年
石川純一郎ほか『民俗資料選集　盆行事Ⅱ　静岡県』国土地理協会、一九九一年
（2）水窪の概況については、『水窪町史　上・下』水窪町史編纂委員会、一九八三年。『こどものためのふるさとの歴

史　みさくぼ』水窪町教育委員会、一九八八年を参考。
（3）『水窪町史　下』四五五頁「享保十八年　宗門御改帳」に「修験真言宗三宝院末流　快宝院」「当村快宝院袈裟下貴明院」の二名が載っている。
（4）武井正弘「秋葉山の信仰」『山岳宗教史研究叢書　九　富士・御嶽と中部霊山』名著出版、一九七八年。
（5）水窪の霜月祭りについては草木の綾村神社のものが有名である。
渡辺伸夫「遠州水窪の霜月神楽」『演劇研究』三号、早稲田大学演劇博物館、一九六八年
茂木栄『草木の霜月神楽』水窪町教育委員会、一九八七年
（6）西浦の田楽については次のものがある。
山路興造「遠州西浦の田楽」『紀要』一号、民俗文化研究所、一九六四年
須藤功『西浦のまつり』未来社、一九七〇年
（7）水窪町教育委員会『水窪　静岡県磐田郡水窪町民俗資料緊急調査報告書』、一九六八年
早稲田大学日本民俗研究会『西浦の民俗』上・下、一九七六年
静岡県教育委員会文化課県史編纂委員会『草木の民俗』、一九八八年
他に紀行として、宮本常一『私の日本地図　一　天竜川に沿って』（同友館、一九六七年）が詳しい。
（8）西浦の調査に当たって故若泉肇、沢元千年、佐々木勝義、森口義久、坂口多喜雄、望月満彦氏にお世話になった。
（9）大念仏で読み上げる神仏名は、ほぼその所在が確定できる。詳しくは早稲田大学日本民俗研究会『西浦の民俗下』、民間信仰の項参照。
（10）神原については石川純一郎（一九九一年）に報告があるので、ここでは五方について重点を置いて記した。
（11）向市場については鈴木絢子に簡単な報告がある。それによると、向市場と上村が一緒に念仏を行っていたこと、一四日の最後の善住寺での念仏の買い念仏の様子、猪鹿よけに念仏を唱えたことなど、現在では聞けなかったことが載っている。鈴木絢子「遠州における大念仏」（『土のいろ』通巻一一三号復刊三〇号（向市場・上村の報告）、一九六八年）

（12）大沢定雄はこの聞き書きの翌年、平成六年（一九九四）に不慮の事故で亡くなった。大沢氏は向島正八幡の湯立て祭りの復興にも尽力し、平成五年（一九九三）一一月に一度復興した。

（13）平成五年七月三一日に、教育委員会の手により水窪大念仏が水窪運動場で行われた。その時の参加と行った念仏は次のようなものであった。

〈小畑〉場練り・五方踊り、〈有本〉場練り・大念仏、〈西浦〉六字念仏・大念仏・〈中組〉寺褒め・〈上組〉血の池・〈下組〉酒褒め、〈向市場〉念仏・五方・場練り

（14）有本の念仏については石川純一郎（一九八七年）に載っている。守屋家所蔵の念仏帳は明治一七年（一八八四）に書き写されたもので、和讃は九三種に上る。守屋家の念仏帳については石川報告を参照。

（15）草木の念仏については『草木の民俗』（静岡県史編さん室、一九八九年、二〇四〜二〇七頁）に詳しい。巻末の資料に下草木と遠木沢の念仏帳が載っているので、ここでは省略した。

（16）この報告の後、二〇〇六年に井上隆弘が「三信遠における死霊祭儀――静岡県浜松市水窪町における霜月祭と念仏踊の比較研究――」（『国立歴史民俗博物館研究報告』一四二号）で、草木綾村神社と水窪大栗平比叡神社の霜月祭りの神楽と草木・水窪の念仏踊りの比較を行い、共通する修験道儀礼を抽出している。

第四節　三遠信大念仏の構成と所作――三河地区を中心に――

三河・信州・遠州すなわち愛知県・長野県・静岡県が接している天竜川中流域は、花祭・霜月祭りや田楽など民俗芸能の宝庫として有名である。この地区には夏の行事として、放下やハネコミ・遠州大念仏・掛け踊りといった念仏踊り系の行事が色濃く分布している。これに類した風流系の踊りとして、長野県のお練りや愛知県新城市の笹踊り・静岡県森町の傘ブクなどがあり、念仏踊りとの連続性が考えられる。一概に念仏踊りといわれるが、その構成が踊りを伴わないいわゆる引声の引声系念仏と、踊りを伴う念仏踊りの部分に分かれていることである。引声系念仏とはナムアミダブツを長く引き伸ばし繰り返す念仏で、六斎念仏がそれに当たる。立って唱えるのが基本であるが、場所によっては座る・しゃがむなどして唱える所もある。念仏踊りといわれる部分も、ナムアミダブツと唱える念仏では踊らない。また風流踊りと同じような傘が出たり、五方の払いや、天蓋に似せたような盆灯籠を出すなど、修験の影響が考えられる。

愛知県側の念仏調査は平成九年（一九九七）～平成一一年（一九九九）にかけて調査し、その後、東栄町の依頼で平成二四年（二〇一二）～平成二六年（二〇一四）に東栄町の調査を進め、併せて周辺の補充調査を行った。

1　分布と概要

この地区の北に位置する長野県側では、「掛け踊り」「お練り」「榑木踊り」といって念仏を唱えない踊りであるが、愛知県や静岡県の念仏踊りと芸態や芸能の構成がほぼ同じ風流踊りがある。

グループに分けると、愛知県の渥美半島と豊橋市北西部にあった大念仏・豊川市新城市南部の笹踊り・新城市の大海から旧鳳来町にかけての放下・設楽町のハネコミ・東栄町と豊根村の念仏踊り・長野県側の掛け踊りやお練り・静岡県浜松市水窪町の大念仏・天竜川を下って旧浜松市北部に広がる遠州大念仏・引佐町や浜北区の熊地区の放下の影響がある遠州大念仏・隣接する袋井市や森町に広がる傘ブクを伴う子ども念仏・東端にある島田市大城の大念仏と、このような広がりを見ることができる。西端の渥美半島から海を越えての鳥羽や志摩に大念仏があり、傘ブクを用いており、連続性が考えられる（第一節）。渥美半島から豊橋市北西部、新城市南部・豊川市の南側に分布する念仏踊りは、明治から昭和初期にほとんどが廃絶してしまった。

この地区の念仏踊り・風流踊りの網羅的な調査を手がけたのは伊藤良吉である。『伊勢伊賀の羯鼓踊り』「三河地方念仏踊りの系譜」「愛知県渥美半島の念仏踊り」ほかを発表し、「東海地方の大念仏」として昭和五四年（一九七九）に全体の展望を示している。(1) 近年になって行政によるこの地区の報告が相次いで、和讃歌詞を含む一地区ごとの念仏の詳細がはっきりしてきた。(2) 筆者の場合、平成四年（一九九二）から平成一一年（一九九九）まで表5-1-1「三遠信大念仏行事一覧」に掲げた地点七〇カ所の調査を行った。この節では主に愛知県の三河地区の念仏踊り(3)を中心とした。

2　三河地区のハネコミと念仏踊り

愛知県の奥三河地区は富山村（現豊根村）・豊根村・東栄町・設楽町・鳳来町（現新城市）からなるが、旧富山村地区には念仏踊りに類するような行事はない。分布は作手村（現新城市）・下山村（豊田市）にまで広がる。県境の愛知県豊根村の記述から始める。各地区のまとめを所作・構成・特記に分け、簡単に記した。豊根村では

「念仏踊り」の名が使われているが、東栄町以南では「ハネコミ」の名が一般的である。放下踊りがある所では「放下」という。「大念仏」は唱えに使われる言葉である。

（1）豊根村牧ノ嶋の念仏踊り

〈行事〉

牧ノ嶋は豊根村でも一番奥にあり、長野県との県境に接している。天龍村の念仏同様神道的色彩が強い。念仏踊りは八月七日と一六日に行っているが、かつては八月一日・七日・一〇日・一三日・一六日に行った。豊根村には教育委員会がまとめた小冊子『念仏伝承集』（一九九五）があるが、そこに記載された以外にも各地区には手書きやプリント版の念仏帳が残っている。それらをまとめると、牧ノ嶋では次のように念仏が行われたようだ。念仏帳は黍島文一氏の手書きで、「堂庭」とは観音堂のある所を指す。

七月一日　堂庭での庭念仏　庭褒め念仏　小踊り・おぼすなをどり（宮わさん）　小踊り
七月七日　無縁仏踊り　庭念仏　小踊り　小踊り（庭ほめ踊り）
七月一〇日　かんのん踊り　庭念仏富士わさん　小踊り
七月一六日　送り盆　庭ほめ念仏　小踊り　引きにわ　あかつきわさん　小踊り　大念仏

念仏も和讃も手持ちの大太鼓を叩きながら輪になって踊るもので、小踊りは「東西鎮まれお鎮まれ」で始まる和讃である。現在七日に公民館で盆提灯とヤナギを作る。これを「盆提灯」といっているが、盆提灯は柄である弓の

写真５－４－１　牧ノ嶋のトウモロコシの葉を付けた盆提灯

先にトウモロコシの葉を十字に付け、赤い切り子灯籠と網状の白い紙のタレを吊り下げる（写真５－４－１）。これを左に回してから右に振って東西南北中央の五方を拝む。この盆提灯の五方の拝みは、村の開祖であるオモテの家・熊谷家（長野県天龍村坂部の熊谷家とは異なる）の当主が行うもので、一六日の夜八時頃、三界万霊塔の塚で行った後、夜の一二時の引き庭の念仏の時、再び五方を拝み、引き庭の念仏の輪に入り順逆（途中から逆回り）に回る。村人は、一六日八時頃から上記のように念仏と小踊りと手踊りと手踊りを繰り返す。また「ヤナギ」というのは五メートルほどの笹竹に一二本の白い紙を飾った竹を柳のように広げ垂らしたもので、踊りの中央に位牌とともに立てる。ヤナギには「奉踊　産土神・村荒神・八王神　村中安全」「奉送有縁無縁精霊南無阿弥陀仏村中」と書いた二枚の紙を垂らす。産土神は村の稲荷社、八王神は雨乞いの神の八大龍王である。ヤナギの周りで三人が太鼓を叩いてハネコミを踊る。踊り手はシデを垂らした菅笠をかぶっている。鉦は二枚で、立ったまま和讃を唱える。ナムアミダブツを繰り返す念仏はない。一二時を回ると引き庭に入る。引き庭とは大念仏のことで、盆提灯を先頭に全員が、始めに右回り、途中から左回りと逆回りになり、組長を先達に、村外れの川端で各家から持ってきた切り子灯籠やヤナギを燃やして精霊送りをする。盆提灯は引き庭が終わると公民館に納められ、精霊送りにはついていかない。

和讃は豊根村の各地区に残っており、一カ所に一〇種以上書き留められているが、全てを唱えているわけではない。共通する歌詞が多い(4)。

〈構成と所作〉

このように、牧ノ嶋の念仏行事の構成は「五方の拝み」と「ハネコミの念仏踊り」と「引き庭の回り」からなるが、五方の拝みの例は水窪の大念仏や大海の放下にある。五方については水窪の例で説明してあるが、祓いともとれる儀礼である。水窪の神原の例が最もはっきりした例で、五つの方角を守る仏（東方持国天・南方増長天・西方広目天・北方多聞天・中央大鬼天）を呼ぶ（第三節参照）。これは後述する地区での辻念仏に相当する。神幡を垂らす産土神も拝むなど、長野南部の榑木踊りや掛け踊り・念仏踊りと同じように、神仏を分けていないこともその特徴である。五方を拝するのは陰陽道系の儀礼であり、修験道儀礼から入ってきたと考えられる。

○所作　ハネコミ・送りの回り念仏、途中で逆に回る。引声念仏なし

○構成　五方→ハネコミ（庭褒め・小踊り・供養・鎮め）→送りの回り大念仏（「信濃の奥の大寺の」、逆回り）

○特記　五方の拝み。盆灯籠（トウモロコシの葉・弓）、白いヤナギ

（2）豊根村山内の念仏踊り

〈行事〉

山内は冬の花祭で有名な所である。もとは八月一四日はオボスナ様の堂庭で、一五日はミズムケといって新盆の家で、一六日は送りであるが、一四日のみ行っている。堂庭は長寿堂といい、堂内にオボスナ様（稲荷）、戸外には庚申・馬頭観音・巡礼碑・万霊碑が立つ。その日の念仏は、辻念仏・庭褒め・無縁弔い・先祖念仏など。現在は辻念仏・庭褒めのみ。堂庭には五色のヤナギ（笹に五色の紙で飾った竹を付けたもの。牧ノ嶋と同じであるが、山内は

五色になっている）を中央に立て、念仏踊りはその周りを回る。盆提灯は先灯籠・後灯籠の二つで、一つは行き倒れの人がいてそのために作ったという。上下に白い紙の房を付けた七尺の棒とササラとアヤ棒がある。念仏で踊る時に先頭に立つのが棒振りとササラで、ササラは摺りザサラでアヤ棒でする。「悪魔祓い」といっている。

一四日はまず花祭を行う花宿に集合する。かつて念仏は青年の仕事で青年会長の家に集合した。村の南の外れまで行って、そこから念仏鉦を叩きながら堂庭に向かい、途中、辻の無縁仏墓所で鉦を叩く。堂庭に行ってから辻念仏をする。辻念仏は太鼓と撥が向かい合って叩くもので、この向かい合って太鼓を叩く所作は念仏踊りに先立って行う所が多い。この時ナムアミダブツの声を引く引声系の念仏を残す所があり、長野県和合がその典型である。多くは最初と最後に念仏を数回唱え、途中に和讃を唱える所が多い。山内では最初の部分が引声もしくは六斎念仏の唱えを引くものと考えられる。

辻念仏の次はハネコミで、棒振り（一人）・ササラ（一人）・太鼓（三人）がヤナギの周りを回り、途中より庭褒めの和讃で続けて踊る。ハネコミは腰を低くして跳ねながら踊るが、庭褒めになると太鼓を上にかざすような所作が入る。

一六日は、堂庭に各家からの「南無阿弥陀仏」と書かれた幡を笹に付け、ハネコミと手踊りを繰り返し、大念仏で送りに入る。その時ヤナギは外し、左右に回す。村人は円になって盆灯籠・太鼓や幡とともにグルグル回る。これを「カンピョウエ様（寛平衛様）」といった。向方の掛け踊りに類似儀礼がある（第二節6）。昔は禰宜が堂庭の出口に立ち、ホトケが帰ってこないように刀で切るまねをしたという。道々新盆の家の灯籠がこの列に加わり、カシアゲ（樫谷下）というところで「ワー」という掛け声とともに笹や灯籠を燃やす。

〈構成と所作〉

山内では、まず「辻念仏」という引声系の念仏を伴う向かい合いの太鼓叩きの念仏があり、そのあとにハネコミと和讃が続く。送りの最後には、「大念仏」といって皆でグルグル回る念仏の輪踊りで、送りの行列になる。牧ノ嶋のように五方はないが、ヤナギをくるくる回す。ヤナギを回す所作は長野県の榑木踊りに見られる。ササラが出るのはここだけであるが、棒振りはところどころに見られる。「カンピョウエ様」は長野県の向方でも最後の踊りを同じ名で踊っている。

○所作　引声・向かい合いの太鼓叩き・ハネコミ・送りの回り念仏

○構成　辻念仏（引声＋和讃）→ハネコミ（庭褒め）→立ち念仏（引声・向き合い叩き）→ハネコミ（小踊り）→送りの回り大念仏（「信濃の奥の大寺で」）

○特記　ササラ（「放下」の語あり）・五色のヤナギ

（3）豊根村粟世の念仏踊り

〈行事〉

粟世《あわよ》では八月一六日のみ念仏を行う。これは送りの日で、村の南端の坂の上から出発する。行列は灯籠を先頭に、松明・太鼓（三人）・鉦・笛・送り幡と続く。灯籠は一基で赤い盆灯籠を弓に付け上にトウモロコシの葉を付ける。牧ノ嶋のものと似ている。松明は、桜堂の堂庭（三沢小学校校庭）に着いた時にヤナギの下で火を点けるためである。送り幡は各家から笹に付けて持ってくるもので、「送精霊有縁無縁南無阿弥陀仏」の字が書かれている。笹には米袋が結え付けてある。出発に当たって新野峠の馬頭観音・明神様・水神である池之大神に礼をし、道の途中、山ノ

写真５－４－２　豊根村粟世の白いヤナギ

神・神明社・阿弥陀様の前で礼をして弓提灯で照らして拝む。五方に似ているが「三礼」といって三方を拝む。道々新盆の家の灯籠も加わり大勢になる。校庭にはヤナギが立てられ、その下で松明を燃やす。ヤナギは大きな笹に竹の枝を開かせたもので、牧ノ嶋・山内と同じであるが、粟世は白である（写真５－４－２）。踊りはハネコミで三人が激しく踊る。入り込み（庭褒め）・小踊り・歌まくら等でヤナギの周りを踊り、周りには新盆の灯籠が並ぶ。最後は大念仏でぐるぐる回ってから、川下の橋で送り、幡や新盆の灯籠を燃やす。

〈構成と所作〉

粟世の念仏は、ハネコミと大念仏で回って送るという比較的単純なものであるが、堂庭（校庭）に行くまで、道々神仏に弓灯籠で拝むということが特徴である。

○所作　ハネコミ・送りの回り念仏（和讃）。引声念仏なし

○構成　道行（三礼）→ハネコミ（庭褒め・小唄・歌まくら）→送りの回り大念仏（「信濃の奥の大寺の」）

○特記　盆提灯で三礼をする・盆提灯（トウモロコシの葉・弓）・白いヤナギ

（4）豊根村川宇連の念仏踊り

〈名称と行事〉

川宇連《かわうれ》の念仏は大規模なものなので、明治時代から有名であった。『豊根の伝承』や伊藤報告・鬼頭報告(5)にも詳しく載っているので、概略と特徴を述べる。まず名称であるが、伊藤報告では現在伝えられている念仏帳の元本に天保年間のものがあると紹介されている。昭和八年（一九三三）の写本もその念仏帳の書き写しで、そこには川宇連念仏の表題が「盆掛け踊り太鼓の歌」となっており、古くは念仏踊りではなく「掛け踊り」とされていたと考えられる。その後、教育委員会の平成七年（一九九五）『念仏伝承集』「川宇連」では、現在伝承されている念仏を加えて整理した形で念仏歌集を作り、さらに川宇連の保存会では、細かい所作を入れたプリント版テキストを作っている。

川宇連では八月一六日の送りの念仏だけであるが、かつては七月一日諏訪神社・七日尹良《ゆきよし》神社・一六日諏訪神社で盆踊りを踊り、念仏踊りは一四日・一五日に新盆の家でハネコミを踊った。諏訪神社は茶臼山にある。これは昭和二九年（一九五四）まで続いたが中断、その後、踊り場（現公民館）で行うことによって復活し、保存会が組織された。

行事の際、踊り場にはあらかじめ新盆の家の灯籠が笹に吊るされて、家ごとに松明二本があてがわれる。念仏衆は、橋・馬頭観音・氏神前で辻念仏をしながら、踊り場（公民館）への道行きをする。公民館の坂を上がると「門やぶり」のハネコミをして、入り込みの念仏をする。念仏は歌まくらと小唄からなる。歌まくらは念仏と五七五七七の和歌とからなり、太鼓と撥が向かい合って唱える。小唄はハネコミの太鼓を繰り返しながら唱える。ハネコミは、太鼓を置いてピョンピョン跳びながら叩き、そのあと太鼓を手で持って振り回しながら叩くという激しいものである。本庭でいくつかの歌枕と小歌（和讃）を唱えて踊り、大念仏で円を描いて回る。初めは右回り、途中から左回りに変わり、再び右回りになる。回りながら新盆の家の灯籠に家の者が松明で火を点け、燃やしながら回り、そのまま踊り場を出て近くの河原でまとめて燃やす。

〈構成と所作〉

構成と所作については行事の中で説明したが、川宇連の特徴は歌枕の時に引声系の念仏を唱え、この時は体を左右に揺する程度で踊らないこと、またハネコミの踊りは小歌（和讃）の合間合間に行うように、念仏と和讃の所作がはっきり分かれていることである。ハネコミは自身もくるくる回りながら輪を描いて踊られる。歌枕が「念仏＋短歌＋願文」、小歌が「和讃」である。

○所作　ハネコミ（激しく跳ねる）・念仏向かい合いの太鼓叩き（引声系の念仏）・送りのまわり念仏（順逆順回り）。

○構成　道行（地念仏）→入れ込み→歌枕（立ち念仏＋短歌＋願文・向き合い叩き）→ハネコミ（小歌）→送りのまわり大念仏（佐賀の奥の三井寺の）→逆回り

（5）豊根村大沢の大念仏

大沢でもかつてはハネコミの踊りがあったが、現在は行っていない。大沢では八月一五日に「座念仏」といって座敷に座って念仏を唱える。一六日は盆灯籠を秋葉山・三界万霊のある踊り場に持ち寄り、その前で「四節の踊り」「お墓の踊り」の和讃を唱える。音頭取りが立ち、他の人はその時はしゃがんでいる。大念仏では、各家から持ち寄られた笹や盆灯籠を山のように重ね、その周りを松明を持って左回りに回る。だんだん速く回り、最後に河原に灯籠を持って行き、燃やす。

大沢の特徴は、念仏の鉦や太鼓を地べた座りをして叩くことにある。このような座り方は長野県向方で見られる。

○所作　しゃがむ念仏・送りのまわり念仏

○構成　ハネコミ（現在なし）↓しゃがみ念仏↓まわり大念仏（「信濃の国の大寺で」）

■資料　大念仏詞章

大念仏と申すには（ナムアミダブツナムアミダー）／どこの国から始めた（以下ナムアミダが各フレーズに入る）／信濃の国の大寺で／本尊達が初めて／国々に広めて／寺々で習いて／大寺では大施餓鬼／小寺では小施餓鬼／子供のある無情《ママ》は／迎えだいも貰うが／送りだいも貰うが／子供の無い無情は／迎えだいも貰わぬが／送りだいも貰わぬが／施餓鬼棚にこぼれし米を拾いて／ハスの葉にて包みし／芋の毛にて束ねて／死出の山を泣いて登りし無情は／庭の中の元の木に／白い鳩が二羽いて／一羽の鳩が舞い立ち／残りの鳩が言う事にゃ／今年は世の中良かりし／百にお米が五斗する／こぎれば六斗に買えそうな／こぎりて六斗で買い止めて／買いて止めたるその米を／船に積んで下そうか／筏に積んでおろそうか／積んで余りたその米を／どこの蔵に積もうか／積み余したるその米を／酒に造り給うて／酒と泉が湧くようで／いのち長くのびしゃくで／汲めども汲めどもつきせぬ／あなたも三杯きこしめせ／私も三杯汲もうぞ／地獄のかまどもずりぬいて（松明走る）へくさづるでからげて／麻がら棒で担って／死出の山泣いて登りし無常は／向かいの山の楠を／元切り放して休めて／元の船に造りて／僧侶たちを乗せて／黒が浜へと漕ぎ着けて／帰りし船には何と何／大恵比寿と大黒を／乗せて漕ぐめでたさよ／蓮の葉返して／今年の七月早きたに／来年七月早おいで／お庭にお名残惜しけれど（松明提灯出立ち）

先祖菩提の導きで／村庚申の導きで／悪霊素霊も残り無く／おいとまもうしていざかえれー

■

（6）東栄町古戸のハネコミ

古戸《ふっと》は花祭で有名であるが、夏には念仏踊りがある。他地区のように腰を低くして踊ることはない。ほとんど立ったまま円になって回り、太鼓もぶらさげたまま軽く叩く程度であるが、ときどき肩まで持ち上げて叩く。太鼓も大きな臼太鼓ではなく、平たい締め太鼓である。太鼓を叩きながら回るものをハネコミ、太鼓を肩にかつぎ音頭取りと向き合って叩くものを念仏という。

八月一〇日八幡様・一三日普光寺新盆供養・一四日普光寺で送りの念仏を行う。普光寺と八幡社は隣接しており、普光寺の一〇〇メートル先に六地蔵の卵塔場がある。

〈構成と所作〉

一〇日、普光寺から八幡社に行きハネコミを行い、次に太鼓と撥が向き合い、体を左右に揺らしながら「産土小唄」「四節の踊り」を歌う（写真5－4－3）。再びハネコミ（十六）をして「五色の踊り」で円を描く。

一三日、神社から卵塔場に行き、整列して普光寺に戻り、円を描きハネコミを行い一列に整列して「歌枕」「小唄」、再びハネコミ（十六）をして「四節の踊り」をうたい、卵塔場に戻る。その後、本堂内で念仏を唱える。

一四日、午前施餓鬼があり本堂内で念仏を唱える。夕刻普光寺から卵塔場まで「大念仏」を唱えながら向かい、笹から提灯を外して終わる。念仏は笹に組ごとの提灯を掲げ、「岡崎」で道行をして庭入りする。

古戸は七組に分かれており、各組が組名を書いた提灯を笹に付けて出す。「十六」で太鼓を叩きながら円になって、ハネコミを踊る。次の小唄（和讃）でもハネコミを続ける。小唄はいくつかあるが、一三日は「新の者の供養小唄」を、一四日は「普光寺小唄」を唱える。その後、一列になって歌まくら念仏を唱える。最後に「そろうてしずまれおしずまれ」の小唄でハネコミを踊り、円形になって退場する。一四日は最後に一列に並び「大念仏」をして六地蔵（卵塔場）まで送る。

写真５－４－３　古戸のハネコミの譜

古戸の特徴は念仏とハネコミが分かれていることであるが、念仏にはナムアミダブツの唱えはなく、「小唄」という和讃でハネコミを行う。歌詞については、昭和三年（一九二八）に踊りの振りを含めて早川孝太郎の説明しているものがある。歌詞は現状のものと同じであるが、踊りは省略されているものもある。(6)

現状は、

道行（岡崎）↓ハネコミ↓産土小唄・鎮め・庭褒め・四節の踊り・供養小唄または立ち念仏（向き合い叩き・歌まくら・わが親）↓ハネコミ↓（小唄・五色の踊り・普光寺の小唄）

大念仏は太鼓を左脇に抱え、一列になって六地蔵に向かう。

■資料　大念仏詞章

そふて鎮まれおしづまれ　しづめて小唄を出しませふ（のう）

大施餓鬼の初まりは　佐賀の国の小寺で　小僧たちが初めて　寺へひいろめて

だあい寺で大施餓鬼　せう寺で小施餓鬼　東山の早生栗の　一つ落ちのする時
精霊たちがござるてう　罪の深い精霊は　施餓鬼棚の下にて　こぼれしよね拾ひて
芋の葉で包んで　へくさ蔓でかありげて　麻柄棒でかあついで　死出の山を登るてう
死出の山の楠の木は　一ツの枝に花咲いて　一ツの枝に花咲かで　来年七月またおいで　死出の山もゆうらゆ
ら　地獄の釜もゆうらゆら　■

早川孝太郎の昭和三年（一九二八）の念仏本で見ると次のようになる。

ハネコミの「産土小唄」は八月一〇日の八幡様で歌ったものである。「鎮め」は大念仏の前に歌った。「五色の踊り・供養小唄」は歌まくらとして、一三日に寺に新精霊の棚を設けて行われた。そこで一四日の送りの念仏踊りを復元すると次のようになる。

○所作　太鼓が締め太鼓を振り上げる。腰を低くしない。引声念仏なし。

○構成・復元　道行（岡崎）↓ハネコミ（庭褒め）↓立ち念仏（向き合い叩き・歌枕・五色の踊り・供養小唄）↓ハネコミ（普光寺）↓大念仏（向き合い叩き・「佐賀の国の小寺で」）

（7）東栄町上粟代のハネコミ

上粟代《かみあわしろ》ではかつては八月一三日施餓鬼・一四日初盆・一五日寺・一六日送りと行事を行っていたが、近年は一四日のみである。高張り灯籠一本を立て、道具は太鼓四つと、「かぶり提灯」といって手で灯籠を持って踊る。これは屋根の付いた四角い灯籠で、底の部分ににぎりがあり、手で持てる。火を入れた灯籠を持ち上げるようにして太鼓と一緒に踊る。花祭りの採り物の踊りに似ている。手持ち灯籠で踊るものはほかでは「提灯踊り」といい、後述の足込にも同じ踊りがある。『北設楽郡史　民俗資料編』によると布川にもあったという。太鼓持ちの踊りはハネコミで、腰は低くする。鉦は双盤鉦二枚で、置いて叩く。双盤を用いるのは静岡県側はほとんど全部だが、三河側では少なく、この上粟代が北限である。

平成三年（一九九一）改正の「上粟代盆踊り唄」によると、念仏は次のようである。

1、道行　数え唄・祇園ばやし・入り込み　これで歓喜寺の山門を高張り灯籠を先頭に上がって来る。

2、岡崎（ハネコミ）　3、とり唄（寺ほめ）　4、三拍子　5、初盆供養　6、十六拍子

7、お経（修証義）　これは寺の本堂で僧侶が行う。この間、念仏踊りは中断、初盆の家より接待がある。

8、お茶返し　9、とり唄（お礼）　10、引き拍子　11、精霊送り

括弧のある部分が和讃で、あとは太鼓の拍子である。かつては前半の終わりと後半の終わりにナムアミダブツの念仏があった。手持ち提灯の火を消して送りとする。

○所作　ハネコミ・提灯踊り（手持ち灯籠）

○構成　道行（数え歌・ギオン）→とり唄（鎮め・寺ほめ・供養）→寺行事→とり唄（お茶返し）

○特記　双盤鉦あり

（8）東栄町足込の盆会念仏

〈行事〉

足込《あしごめ》の念仏踊りは複雑である。足込は八月一五日・一六日に念仏踊りがあるが、一六日は村境で朝一〇時頃、送

りの踊りをして盆灯籠などを燃やして終わる。

一五日は場ぞろいの家から慶泉寺まで道行をしてそこで念仏踊りをする。場ぞろいは元来、下川井の河野周平宅であったが、河野氏が引っ越したため、現在の河野喜人宅になった。そこで一踊りしてから出発する。

足込の特徴はいろいろな用具が出ることにある。まず傘ボコで、黒縁の赤い唐傘に「南無阿弥陀仏」の字が書かれ赤い幔幕が垂れている。中に新盆の家の数のほおずき提灯を付ける。次は「まわり灯籠」といわれるもので、山型に白く飾られた竿の両端に「南無阿弥陀仏」の長い幡を垂らし、切り子灯籠を吊るす。切り子灯籠には六本の紙の垂れを付ける。大念仏の時その周りを回るので「まわり灯籠」という。ヤナギはクラというわら束に何十本もの五色に飾った竹を付ける。豊根村で見られたものと同じである。ほかに「南無阿弥陀仏」と書かれた高張り提灯二本、踊る時に持つハネコミ提灯二つがある。ハネコミ提灯は上粟代で見た手持ち灯籠と同様であるが、六角灯籠で、毎年ホコカケといって周りの紙を新しくする。このハネコミ提灯で踊ることを「提灯踊り」という。

道行の順は、高張り・ハネコミ提灯・まわり灯籠・傘ブク・鉦・太鼓・笛・ハネコミ灯籠・高張り提灯である。寺に着くと三回回り、二本の高張り・ヤナギ・傘ブクをまとめて中央に立てる。この周りでハネコミや大念仏が行われる。念仏踊りは小踊りと大念仏で構成されている。

〈構成と所作〉

足込では大正一一年（一九二二）に印刷した『盆会念仏』という教本を再版して皆が持っている。現在もこれに則って行事が展開する。

全体は四部構成で、「盆会小踊り」「盆会大念仏」「在家掛け念仏」「小踊りの部」となっている。盆会小踊りは「東西鎮まれお鎮まれ」に始まる「庭褒め」ほかの褒め歌である。この時、鉦太鼓に乗ってハネコミ提灯を持った二人に男手や女手の踊り手が、ヤナギ・傘ブクの周りを回って踊る。踊りはハネコミ提灯を高く掲げて踊るもので独特である。ほかの人は、ハネコミの踊りであるが太鼓は持たない。太鼓は脇で鉦とともに叩かれる。小踊りとはこのハネコミのことをいう。

大念仏は傘ブクの下にしゃがんで唱える（写真5－4－4）。形としては三重県三日市の浄土真宗高田派に伝わるオンナイ念仏とそっくりである。唱える内容は「場ならし」から始まって「寺本尊」「堂念仏」と続き、親・子ども・兄弟等・その年に亡くなった人の供養和讃が唱えられる。あいだあいだに大念仏が入る。大念仏とは南無阿弥陀仏の念仏二回と「がんにしくどく」願文である。この間、「まわり灯籠」が念仏衆の周りを回り、杖を持った二人が立っている。杖には紙の房が付いている。

写真5－4－4　足込の傘ブク。しゃがんで念仏を唱える

次の在家掛け念仏は立ってもよいことになっている。これは庭ほめの和讃である。それが終わるとヤナギを倒し、皆これを作物祈願として抜いて持っていく。傘ブクや高張り提灯も片付けられ、再び小踊りになる。五色の踊り・四季の踊り・花の踊りの「おめでた歌」で踊る。

以上が足込の念仏で、念仏踊りの構成が最も整備されたものと考えられる。

○所作　しゃがむ念仏（引声）・立ち念仏（和讃）・ハネコミ・提灯踊り・まわり盆灯籠

○構成　座ぞろえ→道行→入りこみ（鎮め・寺褒め・盆会小踊り）→大念仏（傘ブクしゃがみ、まわり盆灯籠・念仏＋供養短歌＋願文）→在家掛

け念仏（傘ブク立ち念仏・庭ほめ）→小踊り之部（五色の踊り・四季の踊り・花の踊り）

○特記　傘ブク・山型の盆灯籠・五色ヤナギ

（9）東栄町月のハネコミ・放下

月《つき》は花祭で有名な所であるが、ここの念仏踊りは団扇を背負う放下の形である。柿野・三ツ瀬・尾籠にも放下型の念仏踊りがあったが絶えてしまった。

月は平野・中村・三井・三沢・引田の五地区からなる。念仏は八月一〇日と一三日であるが、一〇日はそれぞれの観音堂や公民館で踊る。この時、団扇は出ない。一三日は平野の清平寺の境内で行う。五地区から念仏大将二人と盆提灯を出すが、三井・三沢は戸数が少なく念仏大将のみである。念仏大将は一人一本のサイハイ（セイヘイ）というヤナギを持つ。ヤナギは竹に五色の紙飾りの付いたもので三メートルくらいの高さである。豊根村や足込のヤナギより小さい。提灯は十字の竹に山型に白い布を掛け、赤い灯籠を下げる。先端と両端にトウモロコシの葉を付けるのは豊根村の牧ノ嶋と同じである。念仏の時、この五本の盆提灯もいっしょに回る。

念仏は、寺の前の五本の盆提灯に念仏大将がヤナギを持って並び、踊り手の三人が山門から登ってくる。三人は団扇を背負い、団扇には「南無阿弥陀仏」と「南無釈迦牟尼仏」と書いた二種がある。三人のうちの一人はシンダイコといい、鉦を持つ。シンダイコは庭入りのハネコミの時だけこの鉦を叩いて踊るが、あとは他の二人同様に太鼓を胸に付けて踊る。別に組の太鼓二つがあり、置いて叩いている。「岡崎」の道行のあと庭入りのハネコミがあり、その後、「ハネコミ・ミンダ・回向・ふだらく・こころ浄めて・小踊り」を繰り返す。ハネコミは三人が円を描いて踊るもので、団扇をかついでいるので腰をかがめることはない。この時、念仏大将は扇をかざして踊り手を

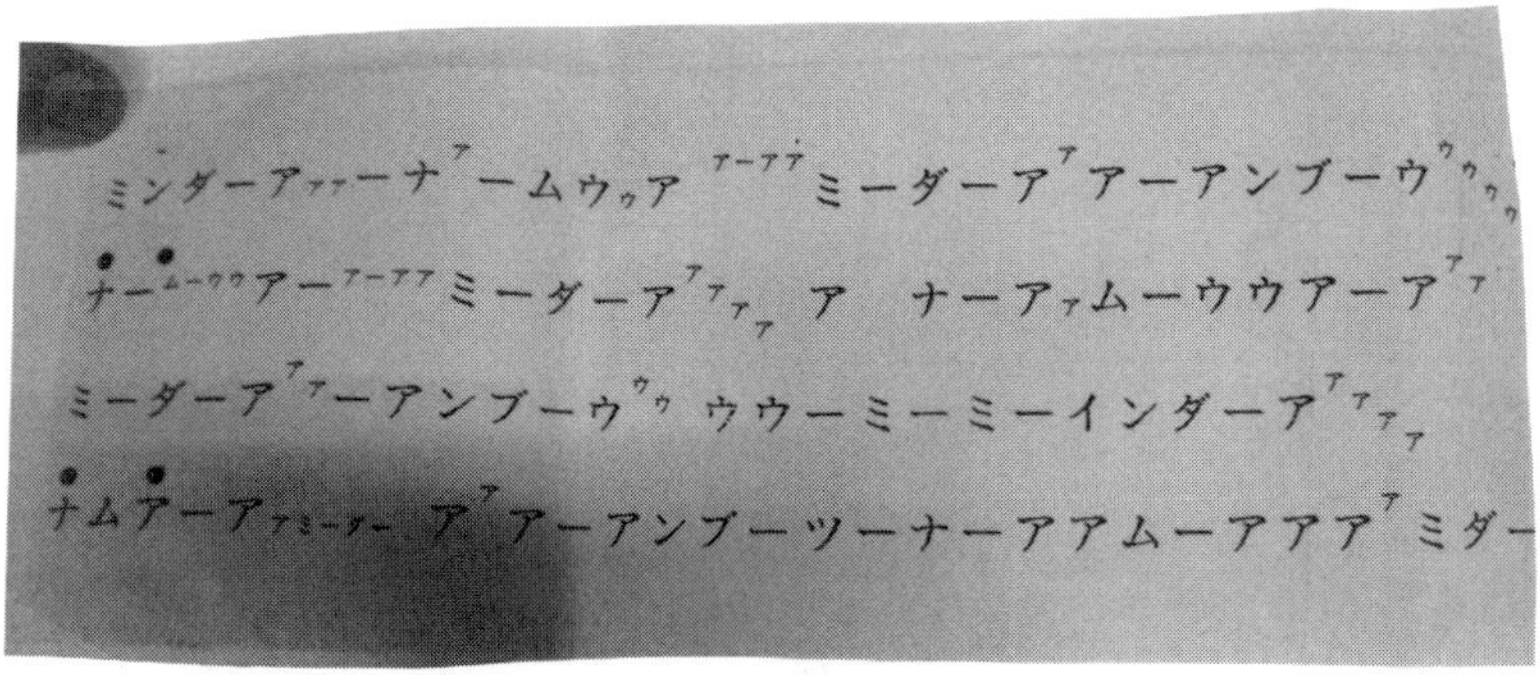

写真5－4－5　東栄町月のミンダの譜

あおぐ。ミンダ、回向は南無阿弥陀仏を長く伸ばす引声の念仏で、念仏大将が立って唱え、踊り手も体を軽く左右に揺すりながら、立っている。

「ふだらく」は「がんにしくどく」の願文のくずしで、「こころ浄めて」は「心浄めて歌ふせ《ママ》よ」という枕文句である。ここまではミンダと同じであるが、「小踊り」からは「まわれまわれきりりとまわれ」の円を描く踊りで、盆灯籠もその周りを回る。「本尊様」「英霊」「新仏」「檀家」と和讃が続く。その間、同時に隣の寺庭では手踊りが踊られている。最後は「善光寺」の和讃で終わる。「ミンダ」は南無阿弥陀仏を長く伸ばして唱えるもので、引声念仏の態をよく残している（写真5－4－5）。

○所作　引声立ち念仏・ハネコミ・まわり踊り

○構成　道行→お庭かかり（ハネコミ・小踊り・寺褒め）→念仏（引声＋供養和讃＋願文・まわり灯籠・向き合い立ち）→小踊り（ハネコミ・善光寺）

○特記　背負い団扇（放下型）・ヤナギ・山型の盆灯籠

(10) 東栄町柿野のハネコミ・放下

柿野《かぎの》は上柿野と下柿野に分かれて、もと五〇軒であったが、現在三〇軒。上柿野は中設楽、下柿野は本郷に属していた。現在、ハネコミ・放下は行われていない。

神社は八王社（慶長二年〔一五九七〕の棟札あり。寛文九年〔一六六九〕の大日如来の棟札あり）で、脇に石仏群がある。段になっており、上段に薬師・観音を祀る小祠があり、下段に富士浅間・牛頭天王・十一面観音・青面金剛・三十三観音の石仏石碑がある。また、神社境内の公民館では、改装される以前、地芝居を招いて上演したり、二階が映写室になっていたので映画を上映したりした。

〈構成と所作〉

念仏を唱える人を念仏衆といい、往時には三〇～四〇人がいた。四〇歳以上の人が入り、年寄りといった。ハネコミの音頭取りはカシラといい、三九歳の人がなった。念仏は扇子で拍子を取りながら歌った。衣装は浴衣、会長は羽織を着る。

踊り手は若い衆で団扇二人（卍印・巴印）・中太鼓二人で、蓮の花文様の白上着に空色か紫の袴で、桃色のたすきをかける。花飾りを付けた鳥追い笠をかぶり、草履履きである。笛が二、三人で、双盤鉦を叩く。高灯籠を柿野同志会が持ち、回り提灯（切り子灯籠を下げる。山型でさらしを垂らす。三方にトウモロコシ〔ナンバンキビ〕の葉をつける）が先頭に立ち、ハネコミが始まる。

八月一日　墓や氏神の掃除を済ませてから公民館で年寄りが念仏を唱えた。

八月一三日　前に新盆の家を回る。二〇タイくらいロウソクを灯し精霊迎えをした。昔は松で松明を作ったが、今はロウソクである。

八月一四日　新盆の家で座り念仏をする。

八月一四日夕方　公民館で座り念仏をして、神社前で念仏踊り・盆踊りを行う。

八月一五日朝　明治橋に太鼓を叩いて送りに行く。今は踊らないが、前の川の前に踊り場があって、そこで踊った。

・道行　提灯、太鼓、団扇、太鼓、団扇、鉦、笛、念仏衆の順に庭入り。庭入りでは太鼓は抱えていた。出ていく時も同じく太鼓を抱える。改良前はウチワの人が撥を持ってそれを叩きながら、後ずさりして出ていった。

・ハネコミ　太鼓と団扇が一〇分ほど踊る。太鼓は片手に持って振り上げ、チャンチャコチャンと叩く。団扇は扇子を持っていたが、改革で撥二本に変えた。

・和讃　柿野地念仏小唄（廻れ廻れよきりりと廻れ　きりりと廻りて唄を出せ）　その後に薬師様・観音様・氏神様・山の神・新亡者ほか、扇子は閉じて体を左右に揺らす。一三日の新盆の家では家褒めをし、時には馬褒めもした。

・小踊り　岡崎・祖霊に対して踊った。

・念仏　ナムアミダブツ二回。太鼓役は太鼓を両手で持ち、団扇と向かい合ってしゃがむ。団扇は両手に撥を持ってその太鼓を叩く。音頭取りは扇子を開く。念仏が始まると回り提灯が太鼓団扇のハネコミ衆と念仏衆の間を右回りに回る。念仏衆は並んで立つ。

・ハネコミの休憩の後、岡崎のチャンチャコチャンを行う。お茶返しはない。

・手踊り・引き唄　後念仏で終わる。

○所作　ハネコミ（放下）・立って和讃・小踊り・座り太鼓・回り提灯

○構成　道行→ハネコミ（放下）→和讃→小踊り→念仏（放下）→岡崎→念仏

○特記　・双盤鉦一枚　銘「大正十五年七月一日新調　寄贈者モモノクボ山本源作イドミチ金田卯吉」

・太鼓三張　銘「昭和三十三年七月新調柿野同志会」

・鉦一枚　墨書「下柿埜用叩　柿野道中組　中□□□」

・団扇二本　卍印・巴印
・回り提灯一本　竹棹三本　六角提灯一本
・菅笠四枚

〈富士行者〉

柿野では七月一五日に富士精進という行事があった。富士行者が不動の滝に打たれて修行する。その間公民館に籠る。明け一六日にはうどんや野菜のフルマイがある。各集落に一軒ずつ富士行者がいて行者屋敷があり、地域の人からうどん、野菜の喜捨があった。天文年間（一五三二～五五）から修験の霞場《かすみば》であり、先達がいた。静岡県富士宮市村山浅間神社の系統でヤマ、天蓋の下で拝んだ。馬の病気を治す人がいて大きな馬頭観音があり、多くの弟子の名前を刻んでいる。神社に富士行者の文書が一箱ある。

他、湯立てを四年に一度、三月に行った。百万遍も行ったといわれ、数珠が倉庫に残る。

(11) 東栄町三ツ瀬のハネコミ・放下(7)

三ツ瀬は本郷町に属し、かつて一六軒であったが現在一〇軒。庄屋（オオヤ）として原田家がある。三ツ瀬には熊野神社と薬師堂が同じ場所にある。現在笛と太鼓で送りだけを行っている。昭和五五年（一九八〇）に中断したが、平成一〇年（一九九八）に一回だけ行った。笠を買い、団扇はその時に張り替えた。太鼓四つを昭和三〇年（一九五五）に新調した。同年、愛知県犬山の成田山盆踊り大会にハネコミが出場して賞をもらった。

三ツ瀬のハネコミは傘ボコ（写真5－4－6）が出ることと、背中に団扇を背負って踊るもので、三ツ瀬で行うほか、本郷の町場でも行った。

〈構成と所作〉

ハネコミは次のような日に行われた。

八月一三日　新盆の家

写真5-4-6　三ツ瀬の傘ボコ

八月一四日　薬師堂

八月一五日　庄屋（オオヤ）の庭

本郷の龍洞院・町中の家。トンネルを越えたところで道行を奏して龍洞院でハネコミを踊るが、町中では念仏のみ。南林《なんりん》要宅などを回る。

八月一六日　送り盆。朝、盆の笹を集め下の川に流すが、鉦・太鼓・笛だけで送る。

内容は次のようである。

・道行　鉦を叩きながらご所望の家へ向かう。

・サガリハ　悲しい曲風で庭入りし、太鼓二人が歩きながら打つ。

・ハネコミ　庭に入ると団扇二人、太鼓二人で踊る。

・オカザキ　ケンケン踊りで太鼓を叩く。団扇は揺するのみ。

・念仏は地念仏と同じ念仏で「なーむーあーみーだーぶっ」を唱え、踊らない。念仏ごとに新仏の戒名を読み上げる。太鼓は団扇と向かい合って叩く。太鼓役は太鼓を持ち、団扇の人が撥でそれを打つ。

○所作　ハネコミ・放下・念仏
○構成　道行→サガリハ→ハネコミ→オカザキ→念仏→歌枕・小踊り
○特記　・双盤鉦一枚　担げるようになっている。銘「昭和五年九月　三ツセ組」
・タカハリ　高張り提灯。「本郷町三津瀬組」の文字が書かれている。
・オサエチョウ　切り子灯籠を下げる。山型にさらし布を張り、「南無阿弥陀仏」と書かれた六角灯籠を付ける。
・傘ボコ　蛇の目の番傘（ダイガサという）に赤い垂れ幕を下げ、丸い盆提灯と扇型提灯を吊り下げる。傘の柄に盆提灯を吊り下げる細板を付ける。
・団扇二本　表に「念」、裏に「仏」の字が書かれヒダがついている。踊り子が背中に背負い、手持ちで太鼓を持つ。
・菅笠四枚　金色・白・赤・紫・緑のシデを垂らし、笠の上二カ所に花を付けている。

(12) 設楽町田峯の念仏踊り

田峯《だみね》は田峯観音高勝寺があり、田楽や地狂言で有名であるが、それとは別に日光寺があり、田峯の盆行事は田峯観音と日光寺の両方で行われる。かつては八月一日に観音堂で念仏のみを唱え、九日に観音堂でハネコミが行われた。一四日に日光寺で御法楽があり、そこでハネコミがある。その後は新盆の家を回る。一五日も日光寺で施餓鬼がある。続けて新盆の家を回る。一六日は送りの念仏で、河原で鉦を叩く。一七日は観音様の念仏でハネコミがあり、四日間の念仏が終わる。

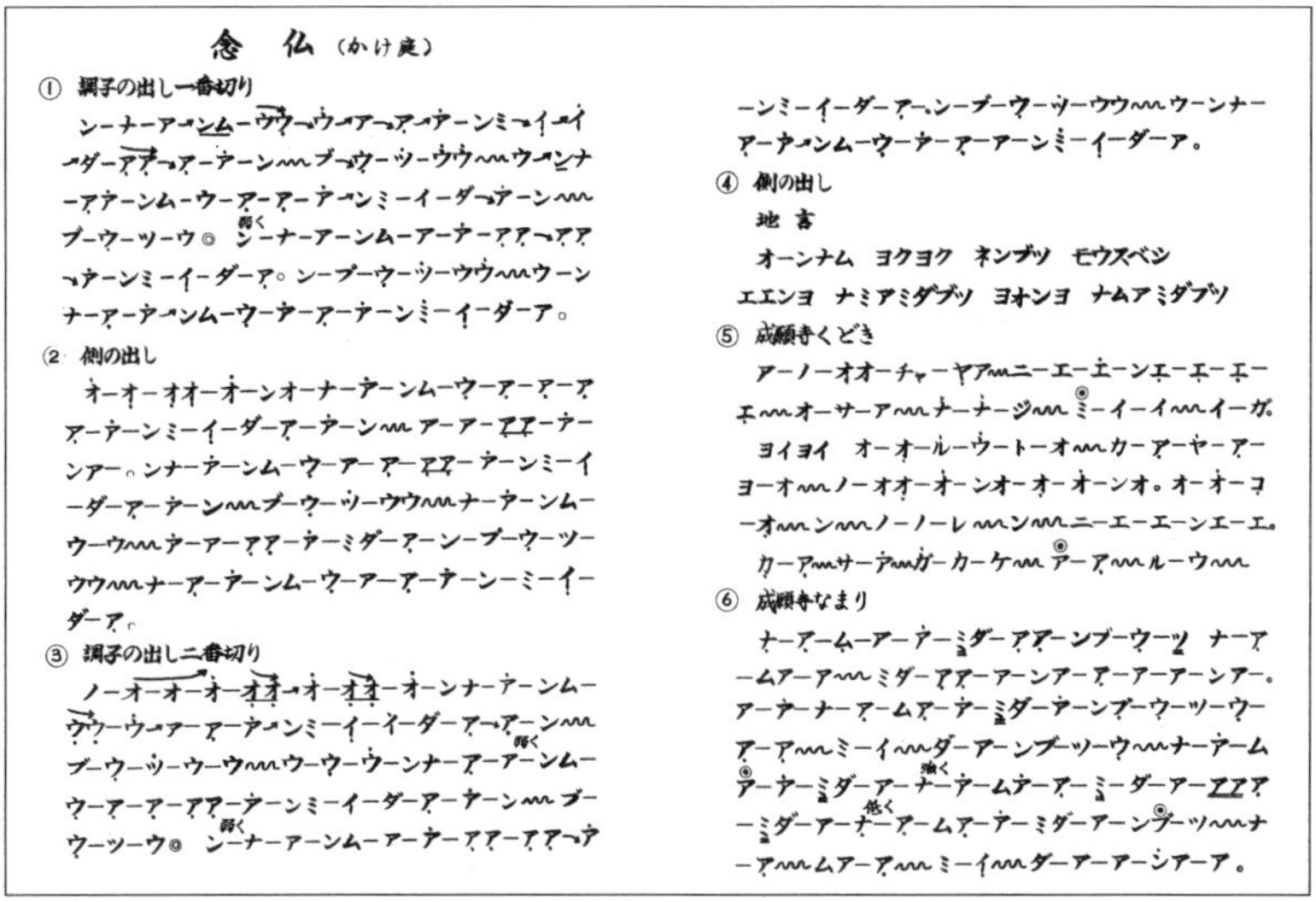

念　仏（かけ庭）
① 調子の出し一番切り
ンーナーアーンムーウウーウーアーアーアーンミーイーイ
ーダーアアーアーアーン〰ブーウーツーウウ〰ウーンナ
ーアアーンムーウーアーアーアーンミーイーダーアーン〰
ブーウーツーウ◎ 弱く ンーナーアーンムーアーアーアアーアア
ーアーンミーイーダーア。ンーブーウーツーウウ〰ウーン
ナーアーアーンムーウーアーアーアーンミーイーダーア。
② 側の出し
オーオーオオーオーンオーナーアーンムーウーアーアーア
アーアーンミーイーダーアーアーン〰アーアーアアーアー
ンアー。ンナーアーンムーウーアーアーアアーアーンミーイ
ーダーアーアーン〰ブーウーツーウウ〰ナーアーンムー
ウーウ〰アーアーアアーアーミダーアーンーブーウーツー
ウウ〰ナーアーアーンムーウーアーアーアーンーミーイー
ダーア。
③ 調子の出し二番切り
ノーオーオーオーオオーオーオオーオーンナーアーンムー
ウウーウーアーアーアーンミーイーイーダーアーアーン〰
ブーウーツーウーウ〰ウーウーウーンナーアーアーンムー
ウーアーアーアアーアーンミーイーダーアーアーン〰ブー
ウーツーウ◎ 弱く ンーナーアーンムーアーアーアアーアアーア
ーンミーイーダーアー。ンーブーウーツーウウ〰ウーンナー
アーアーンムーウーアーアーアーンミーイーダーア。
④ 側の出し
地 言
オーンナム　ヨクヨク　ネンブツ　モウスベシ
エエンヨ　ナミアミダブツ　ヨオンヨ　ナムアミダブツ
⑤ 成願寺くどき
アーノーオオーチャーヤア〰ニーエーエーンエーエーエー
エ〰オーサーア〰ナーナージ〰ミーイーイ〰イーガ。
ヨイヨイ　オーオールーウートーオ〰カーアーヤーアー
ヨーオ〰ノーオオーオーンオーオーオーンオ。オーオーコ
ーオ〰ン〰ノーノーレ〰ン〰ニーエーエーンエーエ。
カーア〰サーア〰ガーカーケ〰アーア〰ルーウ〰
⑥ 成願寺なまり
ナーアームーアーアーミダーアアーンブーウーツ　ナーア
ームアーア〰ミダーアアーアーンアーアーアーアーンアー。
アーアーナーアームアーアーミダーアーンブーウーツーウー
アーア〰ミーイ〰ダーアーンブーツーウ〰ナーアーム
アーアーミダーアー 強く ナーアームアーアーミーダーアーアアア
ーミダーアー 低く ナーアームアーアーミダーアーンブーツ〰ナ
ーア〰ムアーア〰ミーイ〰ダーアーアーシアーア。

図5-4-1　田峯の念仏譜

〈構成と所作〉

念仏行事はハネコミ・念仏・手踊りで構成されており、念仏は引声系の念仏で、座敷に座るか庭に立って唱え、踊りは伴わない。ハネコミを「念仏踊り」という。踊りは一八種ある。手踊りは盆踊りである。用具は高張り提灯と盆灯籠で、盆灯籠は前後にあり、前灯籠に「盆」「尊霊」、あと灯籠に「南無仏」「暮露」と書かれている。ハネコミの時、盆灯籠を大きく振るのが特徴である。

行事の順は、道行→掛け庭→掛け念仏→手踊り→礼念仏→引き庭（→和讃（ごしょもう））。

念仏は引き庭で終わるが、「ごしょもう」といって十三仏・善光寺などの各種和讃を唱える。また、日によって道行は変わる。

一四日　日光寺の御法楽　道行→数え歌→門前跳び

一五日・一六日　新盆の家　道行→数え歌（百八灯《ひゃくはったい》で迎える）

一七日　観音様　英霊供養→観音道行→数え歌

ハネコミは太鼓を手に持ち、腰をかがめ太鼓を掲げる等の所作で、人数が多いため大きな輪になる。曲名は「庭ほめ」

「浜松」「数え歌」「新車」「岡崎」「妙田」「二拍子」「四ツ拍子」「大拍子」「十六拍子」で、引き庭の時は最後に「東西しずまれおしずまれ」というトリ唄で退場する。「岡崎」から「四ツ拍子」には片足跳びが入る。「大拍子」は回転しながら叩くものである。

念仏は、新盆の家では太鼓を積み上げ、盆灯籠を背に立って唱える。観音では、本堂に上がり座って唱える。「調子出し」「側出し」「成願寺」等の唱えがあり、居士以上と庵主以下に分かれ、掛け合いで念仏を唱える。「調子」「側」は六斎の役名で「成願寺《せいがんじ》」とは「誓願寺」のことで、六斎念仏の曲名であり、三遠信の念仏の中では最も六斎念仏の様子を残すものである(8)（図5-4-1）。

○所作　引声掛け念仏（座敷念仏・立ち念仏）・ハネコミ

○構成　道行→掛け庭→掛け念仏→手踊り→礼念仏→引き庭

〈平山・神田・清崎・田口本町・小代・塩津・栗島・桑平・笠井島・四谷・連合〉

設楽町では田峯のほかにも平山・神田《かだ》・清崎・田口本町・小代《こしろ》・塩津・栗島《くりしま》・桑平・笠井島にハネコミが残っており、ハネコミ・念仏・手踊りの構成は共通している。神田では舞い込みの数え歌に女子が入って練り歩く(9)。接している鳳来町の四谷でも女子が出る。旧鳳来町の四谷・連合等の旧海老町地区もハネコミは盛んで、四谷身平《みだいら》橋・連合方瀬《ほうぜ》で立ち念仏とハネコミを行う(10)。

○所作　立ち念仏・ハネコミ

○構成　舞い込み→ハネコミ→念仏

○特記　舞い込み（数え歌）で女子が練り歩く

（13）旧作手村田代の念仏踊り

現在は新城市に編入された作手《つくで》村にも念仏踊りがある。八月一四日に寺（徳林寺）と初盆の家で、一六日には寺で「上げ念仏」をする。

〈構成と所作〉

門掛りは道行の「岡崎」で入り、腰をかがめて二人が相対して太鼓を叩く。「念仏」は音頭の三人が香炉を置いたゴザを手前に敷き、立ったまま鉦を叩き、体を左右に揺すって引声のようにナムアミダブツを繰り返す。「歌枕」も同様にして供養の和讃を唱える。「ねり」は庭にゴザを敷き、太鼓の二人が向かい合って中腰で上体を左右に揺らしながら太鼓を叩くものである。ゴザに座って太鼓を叩く念仏は「座念仏」とか「居念仏」といわれるが、中腰であることに、田代の特徴がある。「そそり」はそのままの姿勢で若干腰を浮かせて速く叩く。「放下」に見られる所作である。これに似た所作は塩瀬の放下に見られ、塩瀬ではゴザを敷き、団扇を背負い、立てひざで太鼓を叩くという、かなり無理な姿勢をとる（写真5－4－7）。「引き踊り」は太鼓を持って輪になって踊るが、最後の二人が相対して左右に飛び跳ねる形で終わるという。設楽町のハネコミとは違う所作が見られる。(11)

写真５－４－７　作手村田代の念仏。ゴザに座って太鼓を叩く

○所作　立ち念仏・座念仏・ハネコミ

○構成　門掛り→念仏→歌枕→ねり→そそり→引き踊り→念仏→歌枕→

ねり→そそり→お茶返し

〈黒瀬・岩波・下山村阿蔵〉

旧作手村黒瀬にも念仏があるが、墓場と新盆の家を回り、立って念仏と和讃を唱える。岩波ではハネコミがあり、青年団が行っている。

また旧下山村（現豊田市）阿蔵《あぞう》にも念仏踊りがある。一四日は寺（福寿院）、一五日はお宮（須賀神社）で踊る。女子の踊り込みがあり、太鼓踊りをする。双盤を使う。(12)

○所作　立ち念仏・ハネコミ

○構成　詳細不明

○特記　双盤鉦・踊り込み（女子）

(14) 旧鳳来町名号の放下

放下の念仏踊りは、その大団扇を背負う形態で早くから注目を浴び、昭和三六年（一九六一）に大海《おおみ》が、昭和三九年（一九六四）に名号《みょうごう》が県無形文化財に指定され、昭和五六年（一九八一）には布里・一色・塩瀬・源氏を含め「南設楽のほうか」として県無形民俗文化財になっている。したがって出版物も揃っている。(13)

昔は、八月一三日にお宮と区長宅、一四日に寺と新盆の家で放下を踊ったが、一四日のみである。念仏の起源譚としては、長篠の戦いの落武者が近くの荒神淵まで逃げ延びてそこで切腹したので、これを弔うため弓の先に提灯を付けて死体を捜したことだという。遠州大念仏の犀ヶ谷の起源譚に似ており、弓の先に盆提灯を付けるのも同じである。名号では、豊根村のように弓に六枚のトウモロコシの葉を付ける。この盆提灯を念仏のあと三回回すのも同じである。

踊り手は抱え太鼓に団扇を背負う（写真5－4－8）。四人の踊り手のうち、三人の背負い団扇には「十方世界」「遍照」「光明」の字が書かれている。昔は今のような団扇でなく竹を縦に割って紙を貼り付けたようなもので、毎年張り替えていて、書かれる字もいろいろであったという。あとの一人は神社と区長宅では榊《さかき》、寺と新盆の家では七枚の施餓鬼幡付きの笹を背に挿し、手持ち太鼓である。笹になったのは近年で、それ以前は樒《しきみ》に施餓鬼幡を付けたものを背負っていた。踊り方も足を大きく上げるものではなかった。鉦は双盤で、置いて叩く。鉦は一尺三寸で「八名郷七郷名号石雲寺四貫八百匁」の銘があり、年号の記載はない。

写真5－4－8　名号の放下

〈構成と所作〉

念仏・歌まくらの時も立って軽く体を左右に揺すりながら太鼓を叩くが、回らない。「お茶返し」は初め「岡崎」で回りながら激しく踊り、小唄になると円の中心に向かって踊る。小唄は踊り手と歌い手が掛け合って歌う。念仏の回る方向は寺と新盆の家では時計回り（右回り）で、氏神と区長宅では逆の左回りである。「念仏」はナムアミダブツで「歌まくら」は供養の和讃、「お茶返し」はいろいろな小唄である。

○所作　引声立ち念仏・ハネコミ・回り踊り（順・逆あり）
○構成　道行→ふりこみ→念仏→歌まくら→お茶返し
○特記　背負い団扇（放下型）・樒・榊・笠・盆提灯（トウモロコシの葉・弓）

(15) 旧鳳来町布里の放下

布里《ふり》・一色《いっしき》・塩瀬・源氏の四地区には同じような放下が伝わっている。一色には次のような放下の起源譚がある。長篠の戦いに敗れた武田の家臣七人がこの近くの大血沢で自害し、七人塚といわれている。のちになってその菩提を弔うため末孫が出家して明善坊と名乗った。大変な美声で、盆になると近辺を念仏回向して歩いたという。一色の洞泉寺（臨済宗）の過去帳に「享保寅年大法印長音妙善坊」（享保七年〔一七二二〕と享保一九年〔一七三四〕の可能性がある）の名があり、この人だとされている。

写真5－4－9　布里のホロとヤナギ

布里では八月一三日・一四日に寺（普賢院　臨済宗）と新盆の家で行った。現在、寺の庭に施餓鬼棚を設け一五日に行っている。布里の放下の特徴は、「笹踊り」といって、念仏踊りの時、施餓鬼棚の四方に立てられた長い笹を抜いて大きく揺することである。この地区の放下は念仏衆・囃子方・放下衆が分かれており、念仏衆は古老・中老で、放下衆は若者である。四人で踊り、団扇は三人で、団扇にはそれぞれ「大」「念」「仏」の字が書かれている。背負い団扇の踊り手は太鼓を抱える。他の一人はホロで、紙張りの籠に房の付いた竹一本を立て白いヤナギ状の細い竹を巡らしたものを背負う。紙張りの籠を母衣《ほろ》に見立てたのであろう。ホロの役はササラを長くしたものを持つが、ササラを振り回してササラ摺りのような所作をする（写真5－4－9）。

〈構成と所作〉

旧観音堂前の御堂橋から始める。そこで小踊り・念仏をして寺まで道行をする。放下衆は小踊りで輪になって踊り、そののち古老が念仏を唱えるが、その時、放下衆は踊らない。寺では、門がかり→念仏→歌まくら→小踊り→お茶返しで休む。念仏・歌まくらは立ったまま、小踊り・お茶返しは踊りである。休憩のあと「笹踊り」。これは施餓鬼棚の四本の長い笹を放下衆の周りに移し、放下衆の踊りとともに笹を大きく揺らす。次に「放下」の踊りというが、ゴザを敷き、そこに立て膝で座ったまま、体を左右に揺すって太鼓を叩く、ササラは竹で地を叩く所作である。立て膝で太鼓を叩くことを「投げ」という。その後「立ち」といって放下衆は小踊りに戻る。それが終わると「道行」で帰る。

源氏・一色でもゴザを敷き同じような放下をするが、四人が向き合う。一色ではこれを「麦つき」という。一色の放下の歌は「法歌」と書き「鎌倉の次郎庵」「鎌倉の」「あこやが姫」「鎌倉の源八兵衛」というような題で、念仏歌とは異なる。

○所作　引声立ち念仏・ハネコミ・投げ（麦つき）・立ち（踊り）
○構成　門がかり→念仏→歌まくら→小踊り→お茶返し
○特記　背負い団扇（放下型）・ササラ・ホロ・ヤナギ

(16) 大海の放下

大海《おおみ》は巨大な団扇を背負うので有名である。大海では現在八月一五日に放下を行っている。昔は辻放下を村の外れで行った。現在は新盆の家・大海の駅前・泉昌寺の前の無縁碑の前で行う。

〈構成と所作〉

弓に盆提灯を吊るす。盆提灯の火は氏神からもらう。この盆提灯は、念仏の初めに右に三回、左に二回半回す。弓は悪魔除けといわれる。念仏を唱えている時は体を軽く左右に揺する程度で踊らない。四人で踊り、三本の団扇とヤナギ一本、団扇を背負う人は太鼓を抱え、ヤナギを背負う人はササラを摺る。

所作としては「門がかり・庭入り・鎮め」で踊り、「念仏・歌まくら」では太鼓を叩くだけで踊らない。「ほうか・ねり」で踊り、「そそり」で足を上げるが、団扇が大きいので激しい所作はできない。

○所作　盆提灯の祓い・引声立ち念仏・ハネコミ・そそり

○構成　道行↓門がかり↓庭入り↓鎮め↓念仏↓歌まくら↓ほうか↓ねり↓そそり

○特記　背負い団扇（放下型）・ササラ・盆提灯

(17) 信玄原の火おんどり・新城市乗本・市川

新城市竹原の信玄原では八月一五日に「火おんどり」という行事がある。大きな松明を持って長篠の戦いに敗れた武田方の死者を供養して踊るということから、火踊りが訛って「火おんどり」という。踊りに伴って太鼓と鉦を叩き、笛を吹きながら円形になって回る。掛け声は「ヤーレモッセモセ／チャンチャコマツヲトボイテ／ヤーレモッセ／ナムマイダ」という「念仏くずし」の掛け声を唱える。念仏踊りが火踊りになったものである。

近くの市川では八月一五日盆の送り火に灯籠を持って山に登り、最後は川に下りて河原で送る。その行列が鍋つるのように見えるので「鍋つる万灯」という。その時、太鼓と双盤鉦を叩き笛を吹く。双盤のことを「ヒョウバン」といった。掛け声は「トモッタヨモッタ万灯の火ガトモッタ」で、念仏はない。

乗本でも同様のことをする。太鼓と双盤鉦を叩き笛を吹く。掛け声は「マンドウ万灯よいよいよい」という。いずれも田峯で見られたような百八松（ヒャクハッタイ）の火送りが正面に立った行事で、送りでのハネコミの踊りは信玄原に残るのみである。

○所作　ハネコミ・回り念仏・送り火行列
○構成　回り念仏↓ハネコミ（信玄原）
○特記　双盤鉦（市川）

(18) 田原市豊島の大念仏

渥美半島にも大念仏・放下という盆の芸能が多くの村にあった。田原町の豊島《としま》大念仏が残るのみで、ほとんどが廃絶している。幸いに伊藤良吉が昭和四三年（一九六八）に報告しており、当時、行事を行っていた高松一色・谷ノ口・神戸市場・豊島の記録と六カ所の聞き書きを記している。『田原町史』にも詳しい記録がある(14)。筆者の場合、豊島の映像では、三河北部とは違う要素が見られた。

豊島の例で見ると構成は、

灯袋（ひぶくろ。盆提灯のこと）一・鉦二・大太鼓一・小太鼓二・笠（ホウカ）四以上
ほかに唄い手多数

渥美の他地区では、ほら貝が出てくる。他地区ではホウカ（放下）といわれるのは「ササラ摺り」のことで、「ササラ子」とか「ササラ衆」といわれる中学生くらいの子どもの役である。ササラは、ゴザに座り体を左右に振ってササラを摺り、最後に「立ちザサラ」といって立ってササラを摺る。豊島では「ホウカ衆」とか「笠」といってサ

サラを持たず、かぶっている花笠を外し、これを回したり転がしたりする。

三念仏と途中の念仏は引声系の念仏、回向は和讃で、鉦は立ち、大太鼓・小太鼓は座る。「ほうか」は放下のことで、大太鼓が真ん中に座り、その両脇に小太鼓が向き合って立て膝で太鼓を叩く。「ほうか」は座って花笠を転がす。「ねり」は大太鼓を叩き、鉦は中腰になるが体を左右に振るだけで鉦は叩かない。棒踊り・はね踊りは大太鼓が前後左右に移動して太鼓を首から下げて踊る。
○所作　引声系立ち念仏・座念仏・すわりザサラ・立ちザサラ・中腰・跳ね踊り
○構成　三念仏↓回向（わが親）↓放下（鎌倉）↓ねり↓念仏↓棒踊り↓跳ね踊り（小唄踊り）
○特記　ササラ・放下

3　大念仏の構成要素

（1）所作

〈大念仏〉

行事の構成は地区ごとに記したが、

A道行↓Bハネコミ↓C大念仏↓Dハネコミ↓E送りの大念仏

に大きくまとめることができる。

和讃や願文または真言を含めて念仏というが、ここでいう念仏は、「ナムアミダブツ」の唱えの語に限定して使う。この一連の行事の中で、本来の念仏行事はCの大念仏のみである。Cの大念仏が念仏行事の中心で、その中でもナムアミダブツを長く伸ばす引声の系譜を引く念仏がもととといえよう。大念仏は融通念仏の系譜を引くとされる。(15)

この引声系の念仏は川宇連・月にあり、長野県側の和合・日吉にも残っているが、唱えることが難しく、朗々とこの念仏を唱えられるのは和合と田峯である。田峯の念仏が引声系の念仏の形を最もよく残しているといえよう。遠州大念仏でも最初にナムアミダブツの念仏が唱えられる。ほかの所でも盆唄集とか和讃集「念仏」と一言で記されていたり、記されていなくとも唱えられたりするのは、この引声系の念仏の簡略化したものとみることができる。各地区で引声としたものは、ナムアミダブツの繰り返しで、すでに長く引くことが廃れてしまったものも含めた。川宇連・足込・月のように「念仏＋短歌」または「和讃＋願文」のセットになっており、これを「大念仏」とか「歌枕」といっているが、引声の簡略化したものであろう。

この念仏を唱える時は踊らず、体を左右に揺する程度であるが、山内・川宇連では、太鼓と打ち手が向き合って太鼓を叩くという形をとり、日吉・和合でもこの形をとる。旧上村（現飯田市）下栗もこの形をとるが、「掛け踊り」といっている[16]。この一連の念仏踊りを「掛け踊り」ともいう所には川宇連や古戸・足込がある。田峯では念仏を掛け合う唱えである。

また足込・大沢ではこの大念仏を唱える時にしゃがむ。長野県向方にも、送りの時、踊り場と石塔場でしゃがんで和讃を唱えるということがある。渥美半島の赤羽根一色でも写真を見るとしゃがんでおり、このような唱え方が散見される。

足込では傘ブクの下でしゃがんで唱えるが、三重県鈴鹿市三日市の浄土真宗高田派の「オンナイ念仏」がこの形をとる[17]。六斎念仏ではこのように地べた座りのような形で念仏を唱えることがある。若狭の六斎念仏・九州平戸の六斎念仏の例がある（第三章第二節・同第三節参照）。文献では「居念仏」と記されている、念仏を唱える時の古い形である[18]。

〈ハネコミ〉

「入れ込み」とか「ぶっこみ」ともいうが三遠信地区全体に共通する踊りである。手持ちの臼太鼓を片手で回して、他方の手で太鼓を叩くという所作である。回りながら叩くのが基本であるが、「ハネコミ」の名にあるように腰を低くして、太鼓を回しながら跳ねる。太鼓を叩く時に円の真ん中に一斉に跳ね込むようになる所作からその印象が強く、この名で呼ばれるようになったと考えられる。しかし跳ね方や回り方は地区によって異なる。跳ね方の分布も一様でなく、「あそこの跳ね方はすごい」とか「うちの跳ね方は独特である」と、競い合ったというようなことがいわれている。

ただし古戸のように、片足を挙げる程度でほとんど跳ねない所がある。むしろ太鼓を振り上げる所作に特徴があるように思える。古戸の太鼓は縦長の臼太鼓ではなく平たい締め太鼓で、振り上げやすく、京都の「太鼓六斎」の振り上げに似ている。また、上粟代・足込のように四角もしくは六角の手持ち提灯（灯籠）を下から支えて踊る「提灯踊り」というものがある。

この「ハネコミ」は、トッタカという歌詞なしで太鼓のフチ叩きのみで踊る部分と、和讃等の文句で太鼓を叩きながら踊る部分からなり、「ナムアミダブツ」の唱えで踊るということはない。ただし長野県の天龍村の坂部や静岡県水窪のように「ソリャヤナンマイダンボ」というような念仏の掛け声で踊る所もある。(19)

放下は大きな団扇を背負って踊るものであるが、「投げ」といって立て膝を体で左右に揺すって太鼓を叩くということをする。居念仏で座って太鼓を叩く所があるが、その変形とみられる。逆に「立ち」といわれ、立って踊ることを指定している所もある。

〈輪踊り・回り念仏〉

念仏踊りの特徴は回りながら踊ることである。ハネコミも基本的には「回り踊り」である。踊り手は自分でもクルクル回転しながら円を描く。庭入りとか庭褒め、それに続く鎮めの「東西鎮まれお鎮まれ」の語で始まる歌では、円になって回るか、跳ね込みながら円になる。

もう一つは輪になって送る型で、豊根村の川宇連・山内・大沢で顕著に現れる。豊根ではこれを「大念仏」といっているが、ナムアミダブツの念仏ではなく「信濃の奥の大寺の」（他では「信州信濃の大寺の」）という善光寺を歌った和讃で送る。参加者全員で初盆の盆灯籠や笹を持ってグルグル回る。山内や川宇連のように右回り（時計回り）から、のち逆回りへ移行する。川宇連ではさらに元の右回りに戻し、送りをする。名号では神社と寺で回る方向が異なる。盆の念仏踊りに逆回りする例は、広島県の因島にもある[20]。

また足込・月では念仏や和讃を唱えている人の周りを一本の盆灯籠役の人が回る。

このように円を描く三つの所作がある。現地では回るといっているので「回り念仏」の語を使用した。厳密にいうと踊りながら円を描くのはハネコミで、他は円を描いて回るとなる。

一般に風流踊りは回るものであり、輪踊りである。柳田国男は『踊りの今と昔』（明治四四年（一九一一））で盆踊りに「輪踊り」の語を使用しているが、このような輪踊りは、回ることに「招く」「送る」といった意味があると思われる。

（2）用具

〈盆灯籠〉

三遠信の念仏踊りを特徴付けるものに、独特の盆灯籠がある。

日本各地にある盆の切り子灯籠は、十字の竹や笹に付ける。牧ノ嶋や粟世では十字の竹の両端と上端にトウモロコシ（ナンバンキビという）の葉を付ける。これは名号の放下にも見られる。この十字にさらしのような布を山型に掛ける。足込についての鬼頭報告では、これを「天蓋」というと報告されている。水窪《みさくぼ》ではこれを「のぞき」といっており、吉川裕子はこれを、修験の「のぞき儀礼」との関連を示唆しているとしている。(21)

牧ノ嶋・粟世・名号・大海では、この灯籠の柄に弓を使う。このような例は水窪にあり、これで五方を拝む、もしくは祓うということをする。粟世でもそれらしき儀礼があり、「三礼」といっている。大海の放下でもこの灯籠を右に三回、左に二回半回し、同様のことをする。遠州大念仏の浜松市豊岡町大平では四方の拝である。

静岡県の水窪の例として第三節でこの儀礼を紹介して、陰陽道もしくは修験儀礼の関与を述べた。

〈傘ブク〉

傘ブク・傘ボコは日傘に幔幕を垂らしたもので、赤の傘に赤の幔幕を垂らしたものが多い。傘と祇園祭の鉾が合わさったもので、傘鉾（カサボコ）が訛って傘ブクといわれる。豊根村・東栄町では足込にあり、「傘ブク」といっている。足込では傘ブクの下で念仏を唱え、この周りを回る。傘ブクには赤いほおづき提灯が下げられているが、かつては新盆の家の数だけ下げた。傘ブクに死んだ人の遺品を吊り下げる例が三重県志摩市大王町にあるが、伊勢志摩の盆行事には各所で傘ブクが出る（第六章第一節参照）。

静岡県水窪では西浦・向市場・草木で出される。長野県側では、盆行事ではないが、平岡の満島神社や中井侍の霜月祭りの「お練り」という行事の中で、「東西鎮まれ、お鎮まれ」の鎮めの文句を書いた紙を張った幔幕を下げた傘ブクが出る。また静岡県浜松市豊岡町大平の遠州大念仏や森町の子ども念仏、さらに島田市金谷大代の大念仏と、三遠信大念仏の東端に多く出される。このように、三遠信地区では比較的周辺部に傘ブクが見られる。

〈ヤナギ〉

ヤナギといわれる竹を広げた飾り物は多くの風流踊りに見られ、それを踊り場に立てたり、踊り手が背負ったりして、「ヤナギ」とか「花」とかいわれている。三遠信の念仏踊り地区では長野県側に多く、掛け踊りとされる梨久保や温田の榑木踊りに出る。また盆に行われる下栗・坂部の掛け踊り、和合・日吉・向方・大河内の念仏踊りと、ほとんどの行事に出る。ヤナギは道行きの先頭が持つだけで、辻々でヤナギを立てて踊るのは梨久保・温田の榑木踊りである。

ヤナギは愛知県側でも長野県寄りの牧ノ嶋・山内・粟世・川宇連と、豊根村に多くある。豊根村の場合はヤナギを中央に立ててその周りでハネコミを踊る。足込も同様であるが、足込は傘ブクや高張り提灯もあり、それらを束ねて中央に立てる。月ではサイハイといい念仏大将が一人ずつ持つ小型のものである。放下ではヤナギを背負い、団扇に対してヤナギを背負う人はササラを持っている。大海では背負う白いヤナギを「雪ヤナギ」といっている。塩瀬・布里・一色・源氏では、ホロという紙で覆ったカゴの上に挿す。ホロは母衣で戦場で矢除けに背負ったものである。ヤナギやホロは風流行列や風流踊りにみられる。

〈棒振り・奴振り・ササラ〉

棒振りとササラの両方が出るのは山内だけである。棒振りは多くの風流踊りの先払いとして登場する[22]が、和合や日吉の念仏踊りと坂部の掛け踊りに出る。長野県側ではさらに毛槍の受け渡しを芸能化した奴振りが和合・日吉の念仏踊りと坂部の掛け踊りに見られる。この棒振り・奴振りはお練りという行事に出るもので、平岡満島神社のお練りはこれが主たる芸能になっている。ササラは竹摺りササラで、棒ササラという。

ササラには二系統ある。ビンササラと棒ササラで、山内のササラは棒ササラである。ササラは放下僧の芸能であるとされ、したがって布里・塩瀬・大海の放下ではヤナギを背負う役の人がササラを摺る。

以上の用具は、いずれも盆風流や風流踊りに出てくるものである。

〈双盤鉦〉

双盤鉦は引声念仏の系統の双盤念仏で使う用具で、大きなドラ鉦のようなもの二枚を叩く。浄土宗で近世に広まったものであるが（第四章参照）、三遠信の念仏地区では静岡県側に広く分布する。双盤鉦は普通「尺鉦」といって一尺ほどの鉦であるが、遠州大念仏はこの双盤をさらに巨大化した三尺ほどの鉦を使う。二人で運ぶのがやっとという大きさである。このように双盤を大きくしたものは祭りや風流念仏にも使う。静岡県でも浜松市の懐山や旧天竜市の熊平・水窪一帯では尺鉦の双盤を叩く。愛知県側では少なく柿野や三ツ瀬で見られるほか、作手村田代・下山村阿蔵・鳳来町名号で双盤を叩く。

（3）名称

〈放下〉

放下の念仏踊りは鳳来町一帯に広く分布しており、団扇を背負い、抱え太鼓で踊るものとされる。東栄町の月・柿野・三ツ瀬にも背負い団扇があり、「放下」としているが、山内ではササラがあり、「ほうか」の語も聞ける。また静岡県の滝沢は団扇が出て「放歌踊り」としている。団扇の出ない所でも静岡県の懐山では放下歌が多く残っており「ほうか」といっている。
放下歌は念仏歌と異なるもので、本田安次によれば、室町時代の『閑吟集』記載のものと共通する[23]。放下とは放下僧のことで、禅宗系の芸能の聖とされる。放下僧はササラを摺り、腰に笹を付けて、説経節を唱え曲芸を行ったとされる。渥美半島の放下ではササラを摺る子どもたちが出てきて「放下衆」と呼ばれている。ササラを摺ってササラ歌を歌うものがササラと考えられる。

〈掛け踊り・掛け念仏〉

最後に掛け踊りについて言及しておこう。『「下伊那のかけ踊り」調査報告書』の五人の調査者の討論の中で、「かけ踊り」（「かけ」はひらがな書き）とは何なのかが討議されている[24]。基本的には中村浩・中村茂子の「行列をつくって次々と神様等を回っていく」踊りという説が踏襲されている。掛け踊りの「掛け」の意味については、踊りを掛けられたら掛け返すということから転じて場所を移動して踊りを披露することとなったとされ、その起源ははっきりしないが、疫神送り等の習俗が基にあると考えられている[25]。

南信州の掛け踊りでは「神様等を回っていく」ことが明確に現れているが、愛知県の三河の念仏踊りにも、この傾向は連続しているといえる。例えば一日に神仏をいくつも拝む形は豊根村粟世にあるが、「辻念仏」の語は山内や大海ほかに見られる。氏神と寺を日を変えて踊っていたということは川宇連・古戸・名号ほかで聞かれる。川宇連では掛け踊りの名が念仏帳にある。豊根村では盆でありながら「神バタ」といって村内各社の名を書いた紙の幡を出す。このように念仏踊りといいながら神仏を問わずに供養もしくは祈願するのは、掛け踊りからの連続と考えられる。このことは水窪でも顕著に見られ、三河・信州・遠州に共通する三遠信大念仏の基盤になっているといえよう。

もう一つ気になることは、念仏もしくは和讃・小唄の掛け合いが見られることである。はっきりと現れるのは田峯の念仏で、座る念仏の時に居士と庵主に分かれて、交互の掛け合いでナムアミダブツの念仏を唱える。これを「掛け念仏」といっているが、足込・三ツ瀬ほかでも掛け念仏の語はある。水窪の神原では年寄りが和讃を唱え、若者が向かい合って腰をかがめて太鼓を叩くということをする。太鼓とその打ち手、もしくは念仏衆と踊り手が向かい合うという所作は、各所で見られる。この向かい合っての太鼓叩きは、日吉のお鍬祭りや・平岡満島神社のお練り・売木のお練りにも同じような所作があり、念仏踊りと連続している。これらの事例からみると、掛け踊りの「掛け」は向かい合って歌を掛け合うの「掛け」から来ているのではないかと考えられる。

掛け踊りの歌詞を見ると「東西鎮まれ、お鎮まれ」の鎮め唄に続いて庭褒め・寺褒めの祝儀歌に変わる。これは掛け踊りに鎮めと豊祝性の両面があるからで、この歌詞は念仏踊りにも共通している。念仏踊りの和讃や小唄といわれるものに、褒め歌やめでた歌が入っているのは、「風流踊り」といわれる掛け踊りとこの地区の念仏踊りが連続しているからで、念仏踊りには鎮めの意図だけではなく豊祝性もあるといえよう。(26)

4　小　結

ここまで述べてきたように、三遠信の念仏踊りは複雑な構成を持っていることが分かる。今回精述した奥三河は、三河・信濃・遠江の接している地区で、その複雑性・多様性が集約的に現れているといえよう。

構成と所作をみてきたが、さらにまとめると、この地区の「念仏踊り」といわれるものは大念仏（融通念仏）の引声系の念仏と、「ハネコミ」という輪踊りからなる。引声系の念仏では踊らない。送りは「回り」といって円を描いた。

用具は盆風流・風流踊りと共通する。その他、修験や放下・浄土系各派の影響もみられるが、基本は引声系の念仏に風流系輪踊りが加わったものと考えられる。古くは現地では「念仏踊り」とは言わなかった。盆会念仏・盆会大念仏・ハネコミである。

註

（1）伊藤良吉は、東海地方の大念仏として三重県下の羯鼓踊りを入れている。放下の腹に太鼓を抱え込むようにして叩く所作に、羯鼓踊りとの共通性をみるが、大念仏というよりは風流踊りに入ると考えられる。伊勢志摩の念仏踊りと風流踊りとの連続性については、植木行宣氏が「風流という芸能」（『風流踊りとその展開』岩田書院、二〇一〇年）で述べている。

三重県教育委員会『伊勢・伊賀の羯鼓踊り調査報告書』一九六三年。

①伊藤良吉「三河地方念仏踊りの系譜」『まつり』一一号、まつり同好会、一九六六年

②伊藤良吉「愛知県渥美半島の念仏踊り」『民俗芸能』五号、民俗芸能の会、一九六八年

③伊藤良吉「作手村の念仏踊りについて」『中京民俗』一一号、中京民俗学会、一九七四年

④伊藤良吉「引佐町の念仏踊り」『引佐町の民俗』中京大学郷土研究会、一九七九年

⑤伊藤良吉「東海地方の大念仏」『講座　日本の民俗宗教　六』弘文堂、一九七九年

⑥鬼頭秀明「奥三河における念仏風流」『愛知県民俗報告書　三　東栄・奥三河』、二〇〇〇年

⑦鬼頭秀明「盆と念仏の芸能」『愛知県史　別編民俗　三　三河』、二〇〇五年

（2）水窪町教育委員会『水窪町の念仏踊り』、一九九七年。

愛知県史編纂室『愛知県民俗報告書　三　東栄・奥三河』、二〇〇〇年。

長野県天龍村『天龍村史　上下巻』、二〇〇〇年。

文化庁文化財部伝統文化課『下伊那のかけ踊り』調査報告書、二〇一〇年。

（3）伊藤（註（1）の①）では、嵩山（すせ）・渥美高松一色・布里放下・柿野・三ツ瀬・平山・柿野・川宇連の記述が詳しい。このうち布里と川宇連以外は廃絶している。鬼頭（註（1）-⑥）には田峰・古戸・月・足込・川宇連が詳しい。（註（1）-⑦）では鳳来町の放下・作手村田代（現新城市）が追加されている。これらの地区は筆者の実地調査に、伊東・鬼頭両氏の報告を参考に加えて述べる。

（4）和讃帳の古いものとして、天保三年（一八三二）の「天保三辰年旧七月念仏集粟世」と、嘉永二年（一八四九）の「于時嘉永弐酉年十二月十三日大念仏躍御記録三州設楽郡曽川鈴木姓弥喜右衛門」があり、後者は大冊である。また早川孝太郎の大正一五年（一九二六）の報告では、三沢にホウカという歌踊りがあったとしている。早川孝太郎「盆行事報告」（『民族』一巻三号、民族発行所、一九二五年。のち『早川孝太郎全集』第一〇巻、未来社、一九八八年）。

（5）「川宇連の盆かけ踊り」『豊根の伝承』豊根村教育委員会、一九八五年、一三〇―一三二頁。
伊藤良吉「三河地方念仏踊りの系譜」（一九六六年）。豊根系として紹介している。

鬼頭秀明『愛知県民俗報告書　三　東栄・奥三河』（二〇〇〇年）。「川宇連の念仏踊り」として写真入りで詳しく述べられている。以下、鬼頭報告は、東栄町月・足込・田峯が詳しい。

（6）早川孝太郎「古戸盆踊り歌詞」『民謡研究』二巻三号、白帝社、一九二八年、のち『早川孝太郎全集』第三巻、未来社、一九七三年。

（7）「三ツ瀬の念仏踊り」（『北設楽郡史　民俗資料編』［一九六七年］「念仏踊り」の項）に詳しく写真入りで載っており、「石堂丸」「忠臣蔵」「牛若丸」等の口説きがあった。この口説きの類は旧鳳来町の放下歌として大量に記載されている。このことについて本田安次は、大海・塩瀬を例に日本の譚歌（バラッド）として紹介し、盆踊りの風流踊り歌とは別のものであることを示唆している。本田安次「放下の歌」「塩瀬の放下歌本」（『日本古謡集』未来社、一九六二年）。

（8）田峯の念仏の唱えは複雑で和讃等も未記載のものが多くある。
参考『田峯盆念仏踊り覚帳　昭和一四年　中の田』、手書き本『だみねの盆』田峯家庭教育推進委員会・田峯小学校父母教師会、一九八七年。

(9) この地区のハネコミ資料
「松戸の念仏踊り」『北設楽郡史　民俗資料編』一九六七年。
山本宏務「平山念仏踊り」『奥三河のまつり　四　黒倉田楽』、一九八四年。
田口念仏保存会『唄集』一九七三年。
塩津盆青年会『盆踊り唄の栞』（プリント、年不明）。
神田『舞込み数え歌音頭』（プリント、年不明）。

(10) この地区のハネコミ資料
『鳳来町誌　文化財編』一九六七年。
『鳳来町誌　歴史編』二〇〇四年。
四谷盆踊り保存会『四谷盆踊りの種類並に歌詞』プリント、一九五一年。
海老公民館『盆踊り歌詞の栞』プリント、一九八三年。
連合盆踊り保存会『盆踊り歌詞集』、一九九〇年。

(11) 「田代の盆踊り」『作手村誌』編纂委員会、一九六〇年。伊藤良吉「作手村の念仏踊りについて」『中京民俗』一号、中京民俗学会、一九六二年。

(12) 『阿蔵盆供養集』若連中、一九六二年。のち『下山村史資料編　三』下山村所載、一九八五年。

(13) 新城市教育委員会・大海放下保存会『大海の放下』、一九七八年。
名号放下保存会『名号放下』、一九七八年。
鳳来町教育委員会『鳳来町のほうか』、一九八四年。
古谷文一朗『放下考証』私家版、一九九四年。
古谷文一朗『放下考説』大海放下保存会、一九九六年。

(14) 伊東良吉「愛知県渥美半島の念仏踊り」、一九六八年。

山本宏務「消えた民俗芸能　赤羽根一色の大念仏」『東三河伝統の神々』ユタカサービスグループ、一九九八年。
（15）田原町教育委員会「盆踊りと念仏踊り」『田原町史　上』、一九七一年。
（16）五来重「融通念仏・大念仏および六斎念仏」『大谷大学研究年報』一〇号、一九五七年。
前嶋（中村）茂子「かけ踊の研究」『芸能の科学　三』東京国立文化財研究所、一九七二年。同「「かけ踊り」再考」、二〇一一年。
（17）五来重「伊勢三日市の「おんない」と真宗高田派の大念仏」『高田学報』四八号、高田山専修寺内高田学会、一九五一年。
（18）大森恵子「六斎念仏の居念仏・立ち念仏と念仏　芸能」『念仏芸能と御霊信仰』名著出版、一九九二年、三三一―三四頁。
（19）水窪は引声系の本格的念仏の出てこない所である。代わりに念仏の初めに「神名」を読み上げるなど、霜月祭り・花祭の「神名帳」の読み上げに共通するものがあり、神道や修験色の強いことが挙げられる。五方の祓いも同様である（第三節参照）。このことについては井上隆弘「三信遠における死霊祭儀――静岡県浜松市水窪町における霜月祭と念仏踊の比較研究――」（『国立歴史民俗博物館研究報告』一四二号、二〇〇八年）参照。
（20）広島県尾道市因島椋浦の八月一五日の法楽踊り（筆者調査）。
（21）吉川裕子「遠州の盆念仏」『静岡県史　資料編　二五　民俗』静岡県、一九九一年。文化庁『民俗資料選集　一九』二〇〇一年。
（22）福持昌之「大名行列の世界から趣向へ――奴ぶり研究小史――」森永道夫編『芸能と信仰の民族芸術』和泉書院、二〇〇三年。
（23）本田安次「放下の歌」「塩瀬の放下歌本」『日本古謡集』未来社、一九六二年。
（24）城所恵子・久保田裕道・中村茂子・橋都正・星野紘「下伊那のかけ踊り調査をおえて」文化庁文化財部伝統文化課『「下伊那のかけ踊り」』調査報告書、二〇一〇年。
（25）和田修「掛け踊り」『祭・芸能・行事大辞典』朝倉書店、二〇〇九年。柳田国男「踊りの今と昔」、一九一一年。

同「掛け踊り」『美学美術史学』二五号、実践美学美術史学会、一九一六年。

第五節　奈良県十津川村の大踊りから見た盆風流

「第四節　三遠信大念仏の構成と所作」で、念仏踊り・風流踊りを構成する諸要素について問題提起をした。そこではこの地区の念仏踊りといわれる芸能が、引声系の念仏とハネコミで輪になって回るという二つの構成になっていることを述べた。またナムアミダブツという念仏を唱えている時は踊りを伴わないということにも注目した。これはナムアミダツという念仏は融通念仏・六斎念仏という引声念仏に淵源があることによると思われるが、このような、声を長く引いて唱える念仏と踊りという動作は簡単には結び付かなかったのではないかと考えられる。また念仏と踊りが全く別のものであった、もしくは機能が別であったという可能性も視野に入れて考える必要がある。

このような傾向は福井県の若狭に残る六斎念仏にも見られた（第三章第三節参照）。

以上のように、三遠信の大念仏・若狭の六斎念仏に共通するのは念仏と踊りが分かれていることである。若狭の六斎念仏にはハネコミという言葉はないが、激しい踊りであることは確かで、この問題を含めて、風流踊りの古態を残すといわれている奈良県十津川《とつかわ》村に伝わる盆踊りを見てみよう（二〇一一年調査）。

1　十津川の盆踊り・大踊り

奈良県十津川村には京都から伝わったとする盆の風流踊りが広く行われていた。現在行われるのは数カ所になってしまったが、古態を残して伝承されている。また盆踊りの最後に大踊りといわれる踊りがあり、歌詞の一部に念仏が入っているので念仏踊りともいわれる。盆の風流踊りは「洛中洛外図屏風」などに一六、一七世紀の様子が描かれている。十津川村の現行の大踊りは踊りの様子、太鼓の叩き方、盆灯籠の振り回し方などがこれらの図の通りである。太鼓を持ち手と叩き手に分かれて向き合って叩くのは、三遠信の大念仏にもあり、注目してきた。

十津川村は奈良県の最南端にある村で、熊野川の水系に入る。熊野本宮の上流に位置する渓谷に沿い村落が点在する。南北朝時代に南朝の大塔宮が谷瀬に仮宮を置いたとか、幕末に天誅組の騒乱に巻き込まれたこともあり、山間とはいえ京都とのつながりは深い。十津川村の北は旧大塔村（現五條市）に接しており、大塔村篠原には江戸時代初期の風流踊りに始まるという篠原踊りや、盆踊りとして有名な阪本の阪本踊りがある。

十津川の盆踊りの全体と詳細な調査は、大阪教育大学の馬淵卯三郎・京都市立芸術大学の中川真の両氏による『十津川の盆踊り』[1]という大冊が出ており、平成四年（一九九二）での全五三地区の悉皆調査を行い、一カ所ごとの報告と全体の論考が出版されている。報告によると五三カ所で盆踊りのあったことは記憶されているが、平成二三年（二〇一一）現在盆踊りを続けているのは村内で一〇カ所ほどになってしまっている。なかでも大踊りを行うのは小原・武蔵・西川の三地区のみなので、その事例から説明していこう。

(1) 小原

小原は十津川村のほぼ中央に位置し、村役場とも隣接している、十津川の東面にある。中腹にある小学校の校庭で盆踊りが行われる。例年八月一二日に行われる。校庭中央にヤグラが組まれ、ヤグラには笹竹が一本立てられ、八方という四角の絵灯籠がしつらえられている。盆踊りは午後八時から始まり、締め太鼓（コダイコといっている）のみの伴奏で行われる。音頭取りが二、三人ヤグラに上がって座り、締め太鼓を膝に立てて撥で叩きながら、ひなびた声で歌う。始めは馬鹿踊りといわれる踊りで扇を用いた踊りであるが、鈴木主水と木曾節は手踊りである。

写真５－５－１　小原の盆踊り

平成二三年（二〇一一）は以下のようであった。

伊勢音頭・木曾節・串本節・ヨイコラショ・つばくら口説き・お杉口説き・天誅踊り・鈴木主水・中山口説き・スットントン節・鴨緑江節・笠づくし、たばこ口説き・有田節・高い山音頭・おかげ踊り、笠おどり、草津節・関の五本松・五十三次・おいそ口説き・やっちょん節・おくま口説き・ヨイショヨイショ。

いずれも五分程度の短いもので、民謡や明治以降の流行歌を十津川風に直したものである。小原には「口説き」の名の付くものが多いが、口説きとしての独特の節や振りはない。口説きが女踊りで他が男踊りだったともいわれるが、そういうこともない。基本的に輪踊りであるが、天誅踊りのように列を作って、向かい合って踊るものもある（写真５－５－１）。西川では輪踊りと向かい合いの列踊りは半々くらいである。武蔵は全て輪踊りである。途中、中休みを入れて二六曲を二時間ほどで踊り、最後に大踊りをする。かつては深夜に及び十二時を過ぎて大踊りが始まったという。

大踊りはヤグラの近いところに締め太鼓の持ち手、次に撥の叩き手、ともに男手、次に扇を持った女手、一番外側に笹に切り灯籠を付けた盆灯籠の持ち手と、四重以上の輪になる。途中太鼓と撥は一緒になるので、大きく分けて三重の輪になる。大踊りは体を左右に揺する程度で歌う。

この時太鼓の持ち手と叩き手は向かい合っていない。太鼓は持ち手が一人で叩いている。扇手は扇を胸に宛てがっている。次のセメに入ると太鼓の持ち手と叩き手は向かい合って太鼓を叩き、扇手は大きく扇を振り、ゆっくりと輪を描いて右回りに進む。盆灯籠の持ち手も同様に進む。途中ヨイサヨイサの掛け声で輪がだんだん速くなり、太鼓も体を左右に跳ねるように叩きながら輪を進む。盆灯籠持ちはさらに速く笹を振りながら回り、時には太鼓の叩き手のところまで入ってくる。一番遠く回るようになったところで大踊りは終わる。歌はヤグラの音頭取りが歌い、ヤグラの下の大踊りの人と掛け合うような形になるが、大踊りは男踊りであるといって、武蔵のように男手と女手の掛け合いになるということはない。大踊りの始めは「向かいの山……」、セメは「盆なりゃこそ……」であるが、昔は「世の中踊り」「お花踊り」で踊った延々と伸ばす歌い方であったという。この大踊りのことを念仏踊りといったという。また大踊り以外に「御宝踊り」「お花踊り」「世の中踊り」「姫子踊り」等があったが消えてしまったという。戦前はイリハもあり、首から太鼓を下げて横笛も付いていた。

以上が小原の盆踊り・大踊りであるが、他地区との歌詞の比較や音楽的な分析は『十津川の盆踊り』(2)で行われているので、基本的に構成と所作の比較を述べていきたい。林公子氏によると音楽的にはこの大踊りは二部構成、すなわち元歌（踊り歌）とセメに分け、後者のセメの部分をさらに三部構成に分けて四部構成としているが、(3)これは音楽的にはセメのゆっくりの部分と速い部分の間のヨイサヨイサの部分をつなぎとして一構成要素としているからとみられる。この部分は所作としては連続しているとして、このつなぎ部分を略してしまうと、①踊り歌、②セメとヨイサヨイサ、③速く回る走りの部分の三部構成になる（表5-5-2参照）。この三部構成を基本に次の武蔵を見ていこう。

写真５－５－２　武蔵の盆踊り

（２）武蔵

武蔵は小原に近く十津川の西岸の小高く開けたところにあり、盆踊り・大踊りの構成は小原と共通している。しかしナムアミダブツの念仏が入っており、念仏踊りともいわれる。

踊りは旧武蔵小学校の庭で行われる（写真５－５－２）が、ここは現在も脇に立っている光明寺の境内で、踊りも以前はこの堂内で踊った。十津川では寺のあるところでは堂内で踊ったとするところが多い。寺堂は、踊れるように須弥壇が床の間のようになっていて、外陣は広い板敷の間になっている。かつては堂内を雪駄、下駄ばきで踊ったため、すり減らないように板を厚くしてあるという。堂内には天井から八方という四角の絵灯籠が吊り下げられており、その下で踊るが、最後の大踊りになると破損してしまう場合もあったようだ。外で踊るようになってからは、八方はヤグラの上に飾られている。また十津川村は明治維新の廃仏毀釈の激しかったところで、現在も寺のない集落が多い。武蔵の山を越えた隣村である大野などは、クラブという集会所が盆踊りの会場に使われていた。

盆踊りは八月一四日の午後八時頃から始まる。小原同様民謡や流行歌くずしの馬鹿踊りというもので、平成二三年（二〇一一）の場合、ダンチョネ・串本節・有田節・笠づくし・笠踊り・おかげ節・深川くずし・お松くずしなどで、輪になって踊る。手踊りと扇（両扇）を使うものとあり、掛け合いもヤグラと踊り手の掛け合い、男女の掛け合いと歌によって異なる。ヤグラでは男が締め太鼓を叩き、女手が音頭を取るような形である。曲数は踊り歌として三〇曲くらいあり、大踊りを中休みとして明け方まで続いたという。踊り方は小原に比べて振りが大きく速い。大踊りは現在、夜の一一時頃に始まる。小原と同じような構成で、始めに内側から太鼓・撥の男手、扇の女手・盆灯籠の持ち手が横列を組み、体を左右に揺すりゆっくりと歌う。歌詞は「向かいのおやま……」であるが、囃子の部分が長く延々とあり、ゆっくりと歌うので聞き分けにくい。男女の掛け合いである。五分ほどしてナムアミダブツナムアミダの念仏で横並びの列を崩し輪になる。セメである。内側に太鼓と撥が向き合って太鼓を叩きゆっくりと輪になって進む。

大踊りでは太鼓の持ち手が音頭取りになる。扇を振ったり、盆灯籠が回る。セメの歌詞は「盆なりゃこそ踊れおどらいで……」というものになっているが、男手のエンサーの掛け声と女手のホイホイホイという甲高い掛け声が交錯する。

これを五、六分ほど続けヨッサヨッサヨッサッサッサの声で輪の回りを速め、盆灯籠も激しく振りながら走り、最高潮に達したところで大踊りは終わる。小原に比して振りが大きく速いのと、男女の掛け合いがはっきりしている。なんといっても念仏の入っていることが特徴で、ここだけに念仏が残っている。この大踊りの江戸期の様子ははっきりしないが、十津川村は明治維新時廃仏毀釈が激しく、全村から寺を一掃して神葬になった歴史を持つ。その後復興した寺もあるが、神葬は多い。

そのような中で大踊りの念仏が消されたことも考えられ、伝承として大踊りは念仏踊りであるというのは小原や西川でも聞ける話である。

また大踊りは「十三四五」「鎌倉踊り」「お城踊り」の三種類があったが、現在は文句しか伝わっていない。かつては彼岸時にも踊られたという。

(3) 西川

西川は小原・武蔵より下流にあり、熊野川の西側の支流である西川沿いの重里・永井・玉垣戸・西中・小山手の集落が合同して行っている盆踊りで、八月一五日に行われる。十津川の盆踊りについては間野由美子が三つの型に分け論じているが、地域差が大きい。間野が調査した平成四年（一九九二）当時、大踊りは小井・武蔵・小原・西川・小山手・谷垣戸《たにがいと》の六地点で調査が可能で、歌詞の分析から次の三種類にまとめている。(4)

1　小井・武蔵・小原の旧三村区
2　西川・小山手（現在合同）の西川区
3　谷垣戸の旧四村区

現在谷垣戸が絶えてしまったが、武蔵・小原の旧三村区と西川区の比較が可能である。会場は中学校の校庭で真ん中に笹竹が立てられ、正面にヤグラがあり、音頭取りはそこで歌う。八月一五日の八時頃から始まる。西川も大きく分けて馬鹿踊りと大踊りがあるが、大踊りはイリハ・ヨリコ・カケイリの三つがある。

イリハは男手が首から下げた締め太鼓を一人で両側から叩き、女手は扇で舞う列の踊りで、太鼓と扇が向き合うことはない。イリハは会場に入る時に踊ったものとされる。ヨリコとカケイリは隊列の踊りである。向き合い太鼓と扇が隊列を組んだまま前に進み、隊列のまま円を描くというものである（写真5-5-3）。向き合い太鼓は女手が持ち、男手が撥で叩きながら進む、扇は基本的に女手で、数によって二、三列になり扇をかざして舞う。ヨリコはイリハの前の踊りで、人を呼び寄せる踊りとされる。カケイリは最後の踊りで、笹に付けられた盆灯籠が扇の後につき、会場に入ってからも隊列を組んだまま円を描き、だんだんテンポが速くなって終わる。

カケイリのあとダイモチといって即興の歌に太鼓、扇で踊る。太鼓は片手で持ち、他の手で撥を持って叩く。笹竹を中心に輪になって踊り、盆灯籠も激しく揺する。

西川では現在、「馬鹿踊り→ヨリコ→馬鹿踊り（休憩）→イリハ→馬鹿踊り→餅つき踊り→カケイリ（中休み）→馬鹿踊り」の順で踊り、十一時過ぎまで踊りは続く。馬鹿踊りは伊勢音頭・木曽節・ホイホイ・五条・橋本・今の川堀・せんよう椿・追分・ヤッチョン節・トントンドッコイショ・ヨイショコラコラなどである。

写真５−５−３　西川の盆踊り

昔はヤグラもなく、音頭取りも列に入って音頭取りと踊り手の掛け合いになっていたという。古い記録では永井の寺の中で踊ったとある。このように西川の踊りは、手踊り・扇踊りの馬鹿踊りと、三種の大踊りから構成されているが、他に小踊りとして「鎌倉」「忍び踊り」「御門踊り」「お花踊り」があり、イリハ同様に首から太鼓を下げて踊ったという。

大踊りのイリハは首下げ太鼓で列を組んで踊り、ヨリコ・カケイリは向き合い太鼓で隊列のまま円を描く。小原、武蔵のようにテンポの異なるセメの踊りではないが、だんだん速くなり、カケイリが終わると最後にダイモチという輪踊りになる。

（4）谷垣戸の大踊り

以上三カ所の大踊りを述べてきたが、他に谷垣戸にも系統を別にする大踊りがあり、この地区では「御船踊り」という他地区にない踊りもあった。「大踊りは二人で一人は太鼓を持ち、叩き手は向かい合わせに立つ。周りを女が囲む（歌詞あり　略）。この三つの歌詞を何度も繰り返した。ハヤシの部分は略。切り子灯籠を笹に付けて走った。」という記述があり、[5]詳細は不明であるがこの大踊りは向き合い叩きの太鼓で、「女が囲む・灯籠が走る」との記述から輪踊りであったと思われる。

2　盆踊り・大踊りの構成

三つの事例と平成四年（一九九二）の記述から、大踊りの行われる地区の盆踊りは、A手踊り・扇踊りのみで踊り手が太鼓を叩かない馬鹿踊りと、B太鼓を叩く大踊りに大きく分けられる。

馬鹿踊りの歌詞は民謡・流行歌・口説きから採っていて、踊りは扇を持つものと素手で踊るものがある。この地区では扇は両扇といって二枚であるが、十津川の北部では一枚のところが多い。踊りは列で踊るものと輪踊りがあるが、曲によって異なり、概して輪踊りが多い。西川は比較的列踊りが多いが、横並びの列で向き合いになる。曲によっては男女が分かれて向き合って踊るものがある。西川では音頭取りがヤグラに上がってしまい、掛け合って歌うということがはっきりしなくなってしまったが、元来はこのような形で掛け合って歌ったようだ。

大踊りは向き合い叩き太鼓によって踊られる踊りとして定義してもよいが、西川のイリハのように太鼓を首から下げて一人で叩くものがある。西川でもこのイリハを小踊りという人もあり、混同されている。というのはあまり踊られなくなったが、小原の「御宝踊り」「お花おどり」「世の中踊り」「姫子踊り」、武蔵の「十三四五」「鎌倉踊り」「お城踊り」、西川の「鎌倉」「忍び踊り」「御門踊り」「お花踊り」、谷垣戸の「御船踊り」という踊りがあり、平成四年（一九九二）にはいくつかがまだ踊られていた。名称は小原ではこれらを含めて大踊り、武蔵では本踊り、西川では小踊りと言い、馬鹿踊りとは異なるものであり、間野論文では「C非大踊り」に分類している（表5―5―1）。

　これらは風流踊り歌といわれるもので、近世初期に流行ったものが風流踊りの歌詞として全国に広く分布した。隣接する大塔村の篠原踊りに残っている。篠原に近い十津川村の谷瀬では、篠原からの伝播と言っているように、十津川村の北部の踊りは篠原踊りの影響を強く受けている。踊りは西川のイリハのように首から太鼓を縦に吊り下げて左右両手で叩くものと、谷垣戸の大踊りの記述に「御船踊りは太鼓を手に持って踊る」とあるように、片手で太鼓を肩の辺りまで持ち上げてもう一方の手で叩くものとがある。いずれも篠原踊りにある叩き方である。この三つの踊りを表にすると右のようになる。

　大踊りは向き合い叩きの太鼓で進められ、武蔵では元歌・セメ・速いセメの三段階で、初めの列踊りからセメの輪踊りになり、走るように回って終わるというものである。西川のカケイリでは列の状態でだいぶ時間をかけて入場し、隊列を崩すことなく輪を描くようにして回るとなっている。これを見ると列を組むところは入場の部分で、会場に入ってから輪になるのだと考えられるが、西川ではなぜ隊列を崩さず、一見奇妙な形で円を描くのかは不明である。本来この踊りは堂内踊りであり、狭い空間で踊るためとの説もあるが、他では輪踊りになっており、説得力に欠ける。入場してから輪を形成する間の所作を見せ場とし

表5―5―1　十津川村の盆踊りの分類

A馬鹿踊り	手踊り 扇踊り		
B大踊り	扇踊り	向き合い太鼓	盆提灯
C非大踊り	扇踊り	首下げ太鼓	

て時間を取るとこのような形になり、西川の場合、ダイモチの即興踊りが輪踊りに当たるとも考えられる。

3　三遠信大念仏との比較

太鼓の叩き方にいくつかあることを述べたが、向き合い叩きについてもう少し考えてみよう。念仏踊りで向き合い叩きのあることは三遠信大念仏の報告で述べた（第二節・第四節参照）。具体的には長野県の阿南町和合・日吉の念仏踊り・愛知県の豊根村川宇連・東栄町古戸の四カ所でみられる。

和合の例では念仏踊りは八月一三日から一六日にかけて寺・大家・神社と村の主要施設で行われるが、念仏の行列がその場所に入ると、庭入り・念仏・和讃の順で行われる。庭入りは輪を描いて庭に入り、太鼓・盆灯籠・奴の槍・鉦の持ち手がヒッチキという足を絡ませるような激しい踊りをして、そのあと列になり向き合い太鼓で朗々とした引声系の念仏・和讃を唱える。ヒッチキ踊りでは念仏は唱えない。日吉の念仏踊りも同様で、輪踊りと向き合い叩きの太鼓念仏である。川宇連の念仏踊りでは輪になって太鼓を叩くハネコミのあと列になり、向き合い太鼓の念仏になり、それが終わると送りといって盆灯籠ともども輪になって回り、だんだん速くなる。最後は河原に盆灯籠を持っていって燃やして盆の送りとする。

ここで注目すべきは輪踊り・向き合い太鼓と輪になってぐるぐる速く回るという送りがあることで、順序を変えると、「列の向き合い太鼓・セメの輪踊り、速いセメの輪踊り」という十津川の大踊りと所作と構成が同じになる。古戸の場合、「ハネコミ・向き合い叩きの念仏・ハネコミ・向き合い叩きの和讃」と、輪踊りと列の念仏和讃が交互になっていて、最後の送りがない。

三遠信の大念仏がハネコミと念仏によって成り立ち、特に愛知県側になると最後に輪になってだんだん速くなっ

表5-5-2　十津川大踊りと三遠信大念仏の構成比較

	十津川	三遠信
1横並び	踊り歌	念仏
2輪踊り	セメ	ハネコミ
3走り	速いセメ	送り

て送っていくという所が多い。先の四カ所以外では、念仏は一列で、向き合いにはならずに唱える。東栄町足込のようにしゃがむところもある。設楽町田峯では最後のハネコミに盆灯籠を激しく振り、十津川大踊りと同じようになる。これらを比較してみると表5-5-2のようになる。

十津川の場合、太鼓のあとに扇踊りが付いている。三遠信でも愛知県設楽町の神田・身平橋・四谷では念仏踊りの始めに女子が入って数え唄で踊るというようなところがあり、やはり共通しているといえるであろう。十津川では念仏は武蔵のみで、列から輪踊りに移る時に唱えられるが、他の地区でも大踊りは念仏踊りであるといわれることから、廃仏毀釈の前にはこの部分に念仏が入っていたと考えられよう。

註

（1）谷村晃編『十津川の盆踊り』アカデミア・ミュージック、一九九二年、四九六頁。
（2）間野由美子「「大踊り」の歌詞と旋律」谷村晃編『十津川の盆踊り』。
（3）林公子「おどりの構成――「大踊り」の歌とおどり」谷村晃編『十津川の盆踊り』四二四頁。
（4）井口淳子「おどりの構成――「大踊り」の歌とおどり」谷村晃編『十津川の盆踊り』四〇一頁。
（5）谷村晃編『十津川の盆踊り』四九―五一頁。

第六章　傘ブクと吊り下げ物

第一節　伊勢・志摩大念仏と傘ブク

志摩半島一帯に大念仏という行事が広がっている（表6-1-1、図6-1-1）。また三重県一帯にカンコ踊り（羯鼓踊り）という風流踊りが分布している。昭和三八年（一九六三）にその分布を調べた『伊勢・伊賀の羯鼓踊り』では、志摩半島は念仏踊り地区に分類されている。正確にいうと、大念仏と羯鼓踊りが複合したといえるのだが、地区ごとのバリエイションは豊富である。北から述べると、宮川沿いにはシャグマをかぶるカンコ踊りが、伊勢市海岸部には崩れた形の大念仏が残っている。鳥羽市の内陸部の加茂川沿いの加茂五郷といわれる地区には柱松《はしらまつ》行事を伴うガク打ちの大念仏がある。磯部近辺では盆のガク打ちの大念仏があり、近年それをショウアップした磯部太鼓が普及している。国崎《くざき》以南の海岸部から海岸沿いに南伊勢町まで、傘ブクを伴う大念仏がある。甲賀・立神《たてがみ》などの旧阿児《あご》町には大念仏にカンコ踊りが、さらに囃子を伴う傘ブクとセットになった大きな行事として残っている。その南の波切《なぎり》では傘ブクが大きな輪になって練るという独特の行事があり、その先の旧志摩町では大念仏と傘ブクの行事がある。傘と大念仏の併合地区は、このように南伊勢町まで分布している。この大念仏とは、多くは年寄り連中が「ガク打ち」といって鉦打ち太鼓を叩きながらナムアミダブツを繰り返すものであるが、「名乗り」という

表6－1－1　伊勢志摩大念仏の構成

鳥羽市北部	神島	菅島					
	○	○					
鳥羽市東部	石鏡	国崎	相差	畔蛸	堅子		
	◎□	◎△×	◎△	◎△	◎△□		
鳥羽市加茂	船津	河内	岩倉	松尾			
	◎	㋖◎▲※	㋖◎※	㋖◎▲※			
志摩市（旧磯部町）	的矢	飯浜	穴川ほか5カ所				
	◎△□	◎□	●				
志摩市（旧阿児町）	安乗	国府	甲賀	志島	立神		
	◎△	◎	◎△□※	◎△□※	◎△□※		
志摩市（旧大王町）	名田	波切	船越				
	◎△※	◎△×	◎△				
志摩市（旧志摩町）	片田	布施田	和具	越賀	御座		
	◎△	◎△	◎△×	◎△□	◎△□		
志摩市（旧浜島町）	迫子	塩屋	浜島町里	浜島町大矢			
	◎△※	◎△※	◎△	◎△			
南伊勢町（旧南勢町）	切原	田曽浦	下津浦	迫間浦	中津浜浦	礫浦	相賀浦
	○	△	◎△×	△	△	△	△
南伊勢町（旧南島町）	大江	阿曽浦	道方				
	◎△	△	◎※				
伊勢市内	西豊浜町・東豊浜町・樫原町・有滝町・磯町・下野町　◎※						
伊勢市内	佐八・円座　◎※						

◎大念仏・ガク打ち名乗り　○名乗り・回る　△傘ブク　▲柱松　㋖きりこ灯籠
□地ばやし・謡　※カンコ踊り　×笹　●ガク打ちのみ

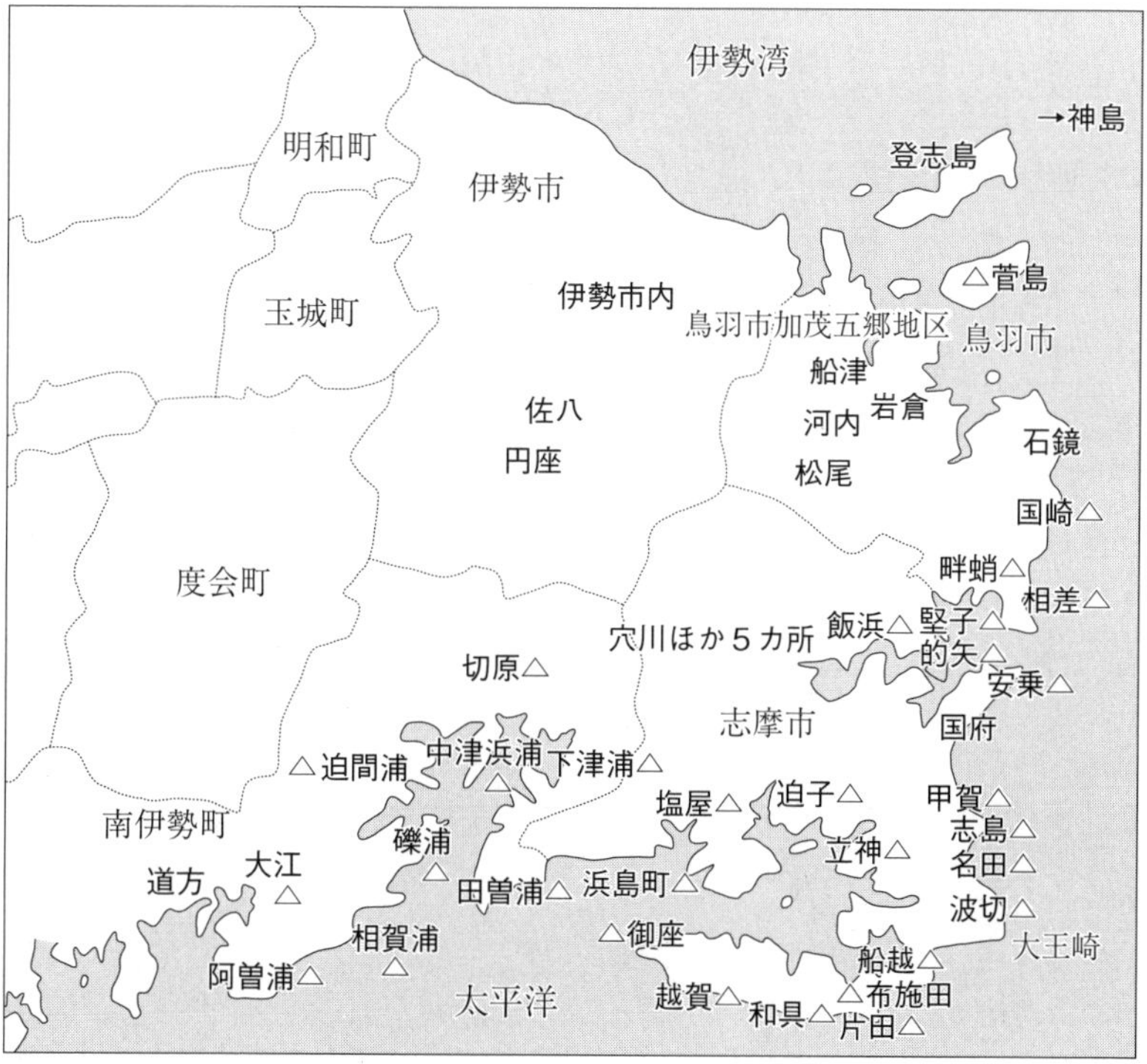

図6-1-1　伊勢志摩大念仏行事分布図（△：傘ブクを出す地区）

新盆の人の戒名を挙げ供養する儀礼が伴っている。これに死者の遺品を吊り下げる傘ブクが出て、道行きや輪になって練るという行事が加わる。傘ブクを出すことに加えて、甲賀・立神のようにカンコ踊りを伴う所が散見する。志摩半島から北の宮川以北ではカンコ踊りのみの所が多くなる。死者の遺品を寺に納めて一年間吊るしておくという松阪市朝田寺の習俗や、松阪市香良洲《からす》の宮踊りや鈴鹿市三日市の傘ブクが出る「オンナイ念仏」など、関連をうかがわせる行事が三重県内に散見する。

本節では最も複雑な甲賀・立神の事例を基準にして、各地区の事例を見ていく。柱松を伴う加茂五郷は別の要素が加わるので、「3　鳥羽加茂五郷の大念仏」として論じた。

調査は昭和五一年（一九七六）、昭和五三年（一九七八）、平成一一年（一九九九）、平成二四年（二〇一二）の四回行っている。

1　伊勢・志摩大念仏の行事

(1) 甲賀のカンコ踊り

甲賀《こうが》の大念仏から述べる。甲賀は安乗崎《あのり》から南に延びる国府《こう》白浜の南にある漁村である。昭和一八年（一九四三）の『民間伝承』九巻三号の盆祭特輯号で「志摩郡甲賀村の鼓踊」として福岡儁吉が報告している。(1) その後、三重県教育委員会の昭和三八年（一九六三）『伊勢・伊賀の羯鼓踊』(2) や和歌森太郎編の昭和四〇年（一九六五）『志摩の民俗』(3) の中で報告されている。大念仏といわれる盆行事は志摩市（旧阿児町・大王町・志摩町）に広がっている。特徴は、傘ブクを出すことと太鼓で大念仏を唱えることであるが、羯鼓踊りが加わる所としては甲賀・立神が挙げられる。かつては志島・名田《なつた》でも行われていた。羯鼓踊りは三重県の伊勢志摩以北に広く分布している。また「ダンボ」という名で傘ブクの出る盆行事が浜島町・南伊勢町（旧南島町・南勢町）一帯に見られる。これらの行事の全体については植木行宣の報告と分析がなされているので後述する。(4)

甲賀の大念仏・鼓踊りは八月一三日と一六日に行われる。しかし昭和一八年（一九四三）の福岡報告、昭和三八年（一九六三）の三重県報告、および調査時の昭和五一年（一九七六）・平成一一年（一九九九）では、だいぶ変化していることが分かる。

甲賀の大念仏は午後二時からの大念仏・名乗り・地囃し・鼓踊りからなるが、昭和五一年と平成一一年の記録では、その前に婦人連の御詠歌が入っている。夜は盆踊りがある。

順を追って説明しよう。甲賀は橋本・浜田・奥の三郷からなるが、大念仏は三郷の年寄り（六〇歳以上）、名乗りは奥の子ども（一二歳以下）、地囃しは浜田から三五人、鼓踊りは橋本と奥から七五人ずつと決まっていたが、鼓踊りは昭和五一年時点で二〇人程度である。昭和五一年と平成一一年を比較すると、その参加人数、見物人の数の減少ははっきりしている。地区割りは崩れ、大念仏部会・地囃し部会・鼓踊り保存会・音頭部会が全地区を分担して行っている。音頭部会とは盆踊り担当のことで、かつては鈴木主水などの口説きがあった。

一二日は寺での施餓鬼に参加したあと、浜田の浜（毘沙門堂跡）で総位牌を開眼する。総位牌とはその年に亡くなったシンモ（新亡）の戒名を記した高さ二尺幅一尺二寸の大位牌のことで、これを盆踊り用の囃子屋台に据える。その前にそうめんを花が開いたような形に飾り、芋の葉・供物を供え焼香する。昭和一八年の報告では切り子灯籠を左右に飾るとあるが、昭和五一年には高張り提灯と笹に切り紙やほおずき提灯を付けて七夕の笹のようにしたものを左右に立てていた。切り子灯籠はなかった。平成一一年には提灯が「下げ提灯」になり、七夕飾りのような笹やそうめんと芋の葉はそのままであった。

平成一一年の盆行事は次のようであった（村の掲示による）。

■資料　盆行事予定表

会場　浜田の浜

八月一三日
一、梅花講念仏　午後四時より
一、大念仏　午後四時三〇分より
一、地ばやし　午後五時より
一、鼓踊り　午後五時三〇分より
一、盆踊り　午後八時より

八月一四日
一、盆踊り仮装大会　午後八時より

八月一五日
一、大念仏　午後四時三〇分より
一、精霊おくり　午後五時より
一、盆踊り　午後八時より
■

以上のような段取りで、大念仏は一三日と一五日の二回、地囃し・鼓踊りは一三日に一回、盆踊りは一三日から一四日まで、毎日行われる。

一三日午後四時頃から大念仏行事が始まる。村人は全員喪服であるが、昭和五一年（一九七六）に比して女の人の和服はほとんど見なくなった。昭和一八年（一九四三）の記録では午後二時からとなっており、その当時は梅花講はなかった。大念仏が最初に行われ、そのあとシバ酒といって酒宴があり、それが終わってまた大念仏があり、地囃し・鼓踊り（写真6―1―1）と続く。

現在、梅花講は婦人によって行われる伏せ鉦と鈴《りん》による御詠歌講であり、御詠歌は寺の教本による。

〈大念仏〉

大念仏には鋲打ち太鼓（ガクという）が打たれる。それを立てる大念仏の屋台が、総位牌の屋台とは別にその横に建てられている。平成一一年（一九九九）にはこの屋台にも屋根が付けられていた。

大念仏は、この太鼓・ほら貝で拍子を取り、「南無阿弥陀仏」を長く伸ばした念仏を唱える。これは六〇歳以上の年寄りの役である。念仏の譜はないが、昭和一八年（一九四三）の福岡報告には「ナムアミ。ナムアミダイボ。アモデンヤ」を三回繰り返すとある。またこの報告には、この念仏のあと総位牌の前に薄縁《うすべり》を敷き、「オンアボキャ、ベイロシャ、マニハンドマ云々」という光明真言を七回唱えたとある。

写真６−１−１　甲賀の鼓踊り（昭和51年〔1976〕）

〈地囃し（謡）〉

この大念仏に続いて地囃しの行列が総位牌前に入ってくる。かつては、シバ酒が終わる頃を見て三郷の遺族の代表三人が、「七度半の使い」といって公民館に待機している地囃しを呼びに行った。昔は各地区の寺まで行ったという。

行列―大高張り二本。世話役の露払い、赤い大傘（ダイガサ。タテガサともいう）が差しかけられた紅袢姿の子どもが続く。太鼓・傘ブク赤黒四本・大鼓（オオドウ）・小鼓（コドン）・笛方十数人・鼓踊り総代・棒ふり・中打ち・菅笠等

行列はまず白袴姿の「小若い衆」の大高張り二本。「名乗り」のあとに花とロウソクを供える少女が続き、行列が総位牌に到着するとすぐに供え

写真6－1－2　甲賀の大念仏（昭和51年〔1976〕）

るが、昭和一八年の記録にはない。羽織袴の世話役の露払い、「元若い衆」と書かれた弓張り提灯に白紙を巻いた竹杖を突く。自治会長はそうめんの袋を持つ。地囃しの終わる時に総位牌に供える。昭和一八年の記録には、これは元若い衆となっている。その次に白羽織白袴の鉦。その後に「名乗り」役の紅袢姿の子どもが続く。名乗り役の子どもには赤い大傘が差し掛けられる（写真6－1－2）。

続いて太鼓持ちと太鼓叩きが向かい合って締め太鼓を叩く。二つの太鼓で四人。次に若い衆の持つ傘ブクが赤黒四本。男用は左二本で黒傘黒幔幕に矢立・キセルなど、死者の持ち物を吊り下げ、女用は右二本で赤い傘・赤い幔幕に死者の髪・櫛・笄等を吊り下げる。昭和五一年（一九七六）に、女用は蛇の目傘に白い幔幕の傘ブク三本、男用は黒い幔幕で一本であった。太鼓・傘ブク、太鼓・傘ブクの順で、傘ブクと太鼓がセットになっている。

そのあとに鼓《つづみ》の二人が付く。鼓は大鼓（オオドウ）・小鼓（コド）である。これには笛方が十数人付く。そのあとに鼓踊りの一行が続く。総代・棒振り・中打ち・菅笠等である。

この行列が囃しながら総位牌に近づくと、遺族が弓張り提灯を持って出迎えて、向かい合った形で謡を歌う。謡は「道行きの念仏」、遺族による「受けの念仏」と「念仏」からなる。文句は以下の通りである。

■資料　念仏の文句

・道行き

あみだじゃ　しゃばのかけはしなにしお　そのあととうや　みちのべの
くさのかげの　かりまくら　よをかさねつつ　ひおそえて　ゆけばほどなく
ねはんじゃ　ぼさつのにはに　つきにけり

・受けの念仏　遺族の代表一人が扇に書かれた文句を謡う。

ただ西方にむかえゆく　みのりのふねのみたれなく　みのりのふねの棹さしでるよに
ゆめの浮世は　ほのぼのとなりにけり

・念仏

なむあみだんぶ　なみあみだんぶつ
みだたのむ　ひとはあまよのつきなれや　くもははれねどにしえゆく
あみだぼや　なもうだと　たれかはたのまざる　たれかはたのもざるべき

■

〈名乗り〉

裃姿の子ども（一二歳前）が総位牌の階段に上がり、「祭文」を読み上げる。これを「名乗り」という。祭文のあとに新亡の戒名を読み上げるからである。文句は以下の通り。

■資料　祭文の文句

祭文　曰く
夫れ恭しく新霊の法名を承って謹んで大念仏一座を修し以って供養をのぶ
ここに惟れば人の命の無常なること恰も槿花の露の如し朝日出でぬれば則消尽す
又夜陰に至ってはその形を顕わすがごとし生死去来も亦々是のごとし
ここに何の楽しみがあるかかるが故に経に曰く仏道に古今なく人間に迷悟ありと云々
噫〃悲しい哉　時の不幸に逢えり親は子を失い子は又親を失う
貴となく賤となく哀たん愁傷さらに限りなし
今や盂蘭盆の日に当って宝財を仏果に寄謝し奉る
以下　戒名　十八柱
各々冥福を助く仰ぐ冀くばこの功徳によって有縁無縁三界の万霊法界の群生普く四界の溺死魚鱗にいたるまで
成仏徳道の旨を知らしむる者也
于時平成十一年己卯の八月仏光の日施主敬って曰す皆、之まで参じたりや
■

ここで地囃しの行列はあとずさりに退出する。昭和一八年（一九四三）の文句とは全く異なり、年によって変わるものと考えられる。昭和一八年の報告では「終わって焼香、一行代《か》わる代《が》わる焼香あり、露払いと鉦鼓持ちを除いて一行は退出し、露払いと鉦鼓持ちによって焼香念仏あり」とある。

昭和五一年（一九七六）の映像では、このあと一般人の焼香があり、焼香の灰を奪うように持って帰る様子が

映っている。

続いて三人の羽織姿の三郷の遺族代表があとずさりしながら白袴姿の若い衆を先導し、総位牌の前に薄縁（ゴザ）を敷き、若い衆の念仏が唱えられる。この時、鼓踊りの一行が後について入場している。鼓踊りは棒振り二人・中打ち三人・菅笠三〇人ほど。棒振り・中打ちは鉋屑《かんなくず》で作ったシャグマを肩まで垂らし、角《つの》の生えた鬼の姿で鞨鼓を付ける。中打ちは紙幣（ぬさ）を三カ所に付けた二メートルほどの竹竿を背に付ける。棒振りと中打ちは、念仏の間、向かい合って踊る。菅笠のあとに花籠四本が付く。大笹ともいい、二間ほどの竹に籠を付け、籠からはヤナギと称する赤白青の色紙を付けた長い割竹を垂らす。この鼓踊りは昭和五一年にはあったが、平成一一年（一九九九）にはなかった。

念仏は「御和讃」と書かれた教本があり、昭和一八年のものと同じである。座って伏せ鉦で唱える。

■資料　念仏の文句

なむあみだ　なむあみだぶつ　なむあみだ　つらつらうきよをがんづるに　じょうじゅえこうのくにとして
おくれさきだつありさまは　えしゃじょうりとぞ　もうすなり
しょうじのやみをまよいつつ　ろくどりんえのつかのまに　くげんをいかでまぬがれん　ぜしょうめっぽう
しんにょうの　ひびけばしょうめついりあいの　じゃくめついらくともうすなり　しょぎょうむじょうとひび
けども　きいておどろくひともなし　さてまたごやはなむあみだ　なむあみだぶつ　なむあみだ　なむあ
みだ　はなはちりとても　はるさけど　きえてなくなるひとのうえ　とりはふるすえかえれども　ししてかえ
らぬしでのやま　やみじをてらせみねのつき　もとよりほっしょのくらまされ　ぼんじょいちにょのかがみな

り　ただねがわくばじひせそん　くぜいのふねのさをさして　われらをわたせたびたまえ　なむあみだ　なむあみだぶつ　なむあみだ■

〈鼓踊り〉

念仏が終わると菅笠が円陣を組み、中踊りがその真ん中で鼓踊りを踊る。菅笠はコキリコを持って拍子を取る程度である。菅笠には、ほら貝を吹く者、山伏といって鈴を振る者もいる。さらに外側にササラ摺りの子どもが三人立ったと昭和一八年（一九四三）報告にあるが、平成一一年（一九九九）には、ササラの子どもはいなかった。外側には棒ふり（獅子ともいう）が警護役で回っており、歌が終わるとしゃがむ。

歌は「信濃から」「安倍の保名」「あや踊り（こきりこ）」「天寿のひめ」「熊野山」などがあった。現在は「御寺踊り」二曲ある「賽の河原」二曲の計三曲である。(5) **節末資料1**に福岡報告の歌詞、**同資料2**に明治三三年（一九〇〇）写の歌詞を載せる。

一四日は盆踊りであるが、昔は新盆の家を回り、御和讃を唱え、鼓踊りをした。鼓踊りを「フリコミ」といった。一五日は老人の大念仏で精霊送りである。昔は一六日にも鼓踊りがあり「お寺踊り」を踊ったという。

このように甲賀の大念仏は大変複雑であるが、大きく分けると大念仏・地囃し・鼓踊りの三部構成である。大念仏とは老人のガク太鼓による「南無阿弥陀仏」と唱える念仏をいう。地囃しは道行きから名乗りまであり、傘ブクを中心とした道行きに謡・念仏・祭文読み上げという一連の供養行事が付いたものである。鼓踊りは風流踊りの系譜を引くもので地囃しとは別立てであるが、若者の念仏が前に付いている。さらに夜の盆踊り口説きが加わるという構成になっている。

（2）立神の大念仏・ささら踊り

志摩市の立神《たてがみ》は正月の「ひっぽろ神事」で有名な所であるが、盆には大念仏・ささら踊りがある。ささら踊りは大念仏に続いて行われ、陣囃し・ささら踊り・ナムデン踊りからなる。以前は大念仏は毎年、ささら踊りは有力者が亡くなった年に行うとしていたが、現在、ささら踊りは五年に一回になっている。ささら踊りについては『志摩文化財年報　第一五集』（一九九五年）に詳しく報告されているので(6)、ここでは概略に大念仏を加えた報告にとどめる。

筆者の調査は平成一一年（一九九九）のもので、植木報告は平成七年（一九九五）、西城報告は平成元年（一九八九）である(7)。

大念仏とささら踊りは薬師堂で行われる。薬師堂は江戸時代末期の建物で、芝居の舞台を兼ねて建てられていて、舞台の奥正面に薬師が祀られている。舞台は正面手前に「三界万霊」と書かれた総位牌が設置され、天井から二つの傘ブク（「傘福」の字を用いている。無地の唐傘に白の幔幕、一方にはネクタイ等の男の人の遺品、一方には櫛や手提げ袋等の女の人の遺品を吊るす）と二基の白い切り子灯籠が吊り下げられている。舞台の庭右手の地面にはゴザを敷き、太鼓（ガク）と双盤鉦が並べられ、ここで「位念仏」（いねんぶつ。後述）が唱えられる。庭左手にはテントが張られ、茶屋とされる。

〈大念仏〉

大念仏として、まず午後五時三〇分より「九人役念仏」が唱えられる。九人役念仏は薬師堂の舞台の右手で唱えられ、遺族は左手に座っている。奥の薬師像手前には自治会長が座る。九人役は宮座の九人に由来するが(8)、実際は四人の老人がその念仏を唱える。新亡者の中で最高齢で亡くなった人の家が宿元《やどもと》になる。

九人役念仏の四人とは別に読み上げ役の人が立ち、その人の脇に机を出し受付役が座る。読み上げ役の人が新亡者の戒名を読み上げ、念仏は「南無阿弥陀仏」三唱で一人鉦のみで唱える。続いて俗名が読み上げられ同様の念仏が唱えられる。大念仏は毎年、ささら踊りは五年に一回なので、一四日にはその年の新亡、一五日には過去四年の新亡の戒名が読み上げられる。

次に舞台前の庭にゴザが敷かれ、座って花園念仏が唱えられる。立神地区は臨済宗二寺の檀家で、その指導で臨済宗の花園念仏（臨済宗妙心寺派は本山が京都市花園にあるためこの名が付く）のうち目連和讃の御詠歌が、鈴《りん》で唱えられる。その後、少林寺と本福寺の二人の僧侶によって盆念仏が唱えられる。臨済宗の陀羅尼である。花園念仏とこの盆念仏は、寺によって新しく加えられたものである。

これが終わると、ささら踊りの始まる八時頃まで、「買い念仏」といわれる「位《い》念仏」が唱えられる。買い念仏は遺族以外に先祖供養ほかのために唱えられる念仏で、希望者は舞台上の受付に金を払い念仏を頼む。受付には「買い念仏・三件以内千円・五件以内二千円・七件以内三千円・大々門掛り五千円」の値段表が貼ってある。三件とか五件とかいうのは、買い念仏でいくつの供養や願掛けをするかの意味である。門掛け・大門掛け・大々門掛り《だいだいもんかか》ともいう。だいたいが大々門掛りで念仏を頼んでいる。その脇には先祖代々・家内安全・海上安全・真珠安全・うなぎ安全・商売繁盛・田畑害虫駆除・その他の文句が並ぶ。ちなみに立神は英虞湾の最奥に位置する漁村で、漁業や真珠養殖が盛んで、おいしいうなぎの獲れる所なので、真珠安全・うなぎ安全の語がある。

「位念仏」というのは「何々の霊位のため」と最初に言うからであると説明するが、この位念仏は、地面にゴザを敷き、ガクという鉦打ち太鼓と小さな吊るされた双盤鉦を叩いて「南無阿弥陀仏」八句を三回唱え、太鼓の早打ちと鉦叩きで終わる。一回三分ほどである。ゴザには三人がいる。太鼓叩きはガクシといい、立って叩く。鉦叩きは座っている。位念仏は座って唱える「居念仏」の意と思われる。残りの一人は交代要員で、太鼓を叩いている間、座って自分も撥を持ち、ゴザを叩いて太鼓を叩く練習をしている。この三人は若者である。念仏の唱えは舞台上の九人役の年寄りが座って唱える。この買い念仏は、ささら踊りのあとにも続けて行われ、年によっては希望者が多いと深夜に及ぶ。

写真6－1－3　立神の陣囃し（平成11年〔1999〕）

大念仏は現在、九人役念仏・花園念仏・盆念仏・買い念仏の四つで叩かれるが、もとは新亡供養の九人役念仏とガク太鼓を伴う買い念仏の二つで叩かれた。甲賀の例を見ると、大念仏とはガク太鼓で「南無阿弥陀仏」を唱える念仏をいうことが共通する。

〈ささら踊り〉

ささら踊りについては、植木行宣が拍子物《はやし》風流の典型として詳述している。このささら踊りは、①陣囃し、②ささら踊り、③ナムデン踊りの三部構成である。

①陣囃し

陣囃しは、ヤドモトの家から薬師堂まで、近年では公民館から薬師堂まで、囃しながら練り歩くもので、その諸役構成は次のように複雑である（写真6－1－3）。

ツユハライ二人・ツバ提灯二人（刀の鍔を大きくしたような平円形の提灯を棒の先に掲げる。「張抜き」ともいう）・高張り提灯二人・大提灯四人・傘ブク四本（番傘に白幔幕、死者の遺品を吊る）、以上裃姿。オオドウ（長烏帽子をかぶり大紋姿で剣先状の板と大鼓を持つ）・コド（侍烏帽子に大紋姿で小鼓を持つ）・太鼓（白衣・肩衣・菅笠姿で締め太鼓を首から下げ、上下打ちで太鼓を叩く。もとは太鼓持ちがいて向き合い叩きの撥打ちが付いた）。太夫がいて、囃子は謡曲の『百万』の一節「弥陀たのむ。人は雨夜の星なれば……」を謡う。

以上のような陣容で、ゆっくりと笛太鼓で囃し、提灯・傘ブクを倒すように上下に振りながら練る。特にオオドウ・コドが「ヤア・ホウ」の掛け声とともに腰を低くして何か持ち上げるような所作をして囃す。傘ブクを中心とした練りである。

②ささら踊り

陣囃しが薬師堂に着くと、ささら踊りが行われる。ささら踊りは陣囃しとは別である。

ささら踊りの諸役は、口上（紋付袴で黒扇を広げ曲を紹介する）・カンコ打ち三人（羯鼓をつけ撥で叩いて踊る。シャグマを頭に付け角がある。二メートルほどのノボリの竹竿を背負い、ノボリは三段の白房が付けられている。甲賀の鼓踊りと同じである。円陣の中にむしろを敷き、その上で踊る）・小ササラ・大勢小学生（浴衣でササラを持ち、背中にカンコ踊り同様のノボリを背負う）・奴・大勢中学生（奴姿で大きなササラを持つ。「大ササラ」ともいう）・山伏二、三人（山伏姿でほら貝を吹く。「貝吹き」ともいう）・棒振り二人（シャグマに角があり、白い棒を持つ）・太夫二人（ヤグラの上で音頭を取る。陣ばやしのツバ提灯役の若者）。

ささら踊りは、踊り込みでカンコ踊り三人を中に、小ササラ・奴・山伏で円陣を組む。棒振りがその外を回って警護する。

ささら踊りは五曲ある。（　）内は**節末資料3**の「立神ささら音頭」の題名である。「こおどり（ささら小をどり）」「あやおどり（あやおり）」「長ひょうし（長拍子）」「こっきりこ（小切り子）」「ひきおどり（引き踊り）」。「こっきりこ」の時は、ささら役はササラを腰に挿し、コキリコを叩いて拍子《ひょうし》を取る。[9]

③ナムデン踊り

ささら踊りが終わると、ささら踊りを見ていた陣囃しの人々もいっしょに輪の中央に繰り込み、傘ブクや提灯をクルクル回しながら上下させて踊る。買い念仏（イネンブツ）のガク太鼓と鉦で囃し、「南無阿弥陀仏」を略して「ナムデン」と言う。喧噪の中、念仏の声は聞き取れない。

一〇分もしてこれが終わると、薬師堂に向かって全員が腰を落としてしゃがみ、念仏を唱える。この時は鉦のみで唱える。これで大念仏とささら踊りは終わるが、買い念仏は求めに応じて深夜まで念仏を唱える。

翌一五日は大念仏のみで四年間の新亡を供養する。

立神の薬師堂は、平成一二年（二〇一〇）七月、不審火によって全焼してしまった。行事は「ふれあいの里」（もと公民館）を会場にして続けられている。

（3）安乗・国府・志島・名田

旧阿児町ではほかに、このようなカンコ踊り・ささら踊りは志島《しじま》にもあった。志島のカンコ踊りは、鬼の頭のようなかぶりものを着けてカンコを胸に付け青年が三人で踊る。ささら踊りは老人が踊り、傘ブクが出る。隣の旧大王町名田《なった》にもあったようで、カンコ役・天狗・オタマさん・棒振り・ササラ振りがあった。[10]また安乗《あのり》では大念仏があり、三集落の傘ブクを立ててヤグラを組み、その上で戒名読みを行い、カリヤ持ち（不明。香炉または位牌持ちか）が周りを回ったとある。[11]国府《こう》は浄土真宗集落で、大念仏のみで傘ブクはなかった。

旧阿児町にはこのようにカンコ踊りやささら踊りの加わった大念仏行事があり、さらに甲賀・立神のように傘ブクの練りに囃子や謡が付くという構成になっている。

また、立神のナムデン踊りのように最後に傘ブクや切子灯籠を振り回す例は、波切でも見られるが、愛知県田峯の念仏踊りや奈良県十津川盆踊りの大踊りにも見られる。盆の送りや虫送りに通じる儀礼的意味があるものと思われる。

（4）鳥羽市東部

〈国崎〉

国崎《くざき》は鳥羽市の最西端の鎧崎に近い漁村で、傘ブクの出る最北であり、「笹念仏」という念仏が残る。昭和五一年（一九七六）の例では、八月一五日の四時に浜に行き海に向かって茶屋念仏を行った。傘ブク（カサブキともいう）を一本立て、そのあとに樒・線香を砂浜に差し、スイカの供物を供える。砂浜にゴザを敷き、老人が座って双盤鉦を叩きながら「十方世界念仏云々南無阿弥陀仏」の念仏を唱える。傘ブクには死者の遺品である女物の鏡や櫛、男物の帯や印籠が吊り下げられている。傘ブクの傘の上には白い紙花が飾られる。新亡の家から供えられた樒を挿した三メートルほどの幡棹《はたざお》が立てられている。

それが終わると寺の下の「老人憩いの家」館前（もと会所）で、中老と遺族の人たちにより笹念仏が行われる。笹念仏は、白羽織白袴に菅笠姿で円になり、手にした笹で地面をさすりながら、鉦を叩き念仏を唱える。脇に傘ブクを立てる。

歌詞は以下のごとくである。

■資料　十方世界念仏云々南無阿弥陀仏の歌詞

南無阿弥陀仏　千早振る神の囲垣に松植えて松もろともに里も栄ゆる　南無阿弥陀　南無阿弥陀仏
茶屋を建て人を助くる新茶屋をお茶念仏も御利益のため
父母にうみしもろたる皮衣いずこの土になるぞ悲しき
一人子を広き野原にすて置きて行くに行かれぬ野辺の細道
極楽の前のふた瀬川なにの瀬渡りて親にあうぞや
鴛はつまに離れしその時は菰隠れに一人寝はせぬ
極楽の前のびらんの木何かなる南無阿弥陀　仏の実がなる南無阿弥陀
南無阿弥陀 ■

写真６−１−４　国崎の浜念仏（昭和53年〔1978〕）

念仏の衆は太鼓に送られて寺へ行き、太鼓は盆踊り用のヤグラに据えられ、太鼓の音頭で傘ブクとともに遺族がヤグラの周りを回り、傘ブクは常福寺に納める。傘ブクが納まったことを村人に伝えるため盆踊り用のガク太鼓を打つ。その後、名乗りを行う。[12] 翌一六日は浜で送り念仏を行う。遺族が笹を立てて念仏を唱える（写真6−1−4）。

岩田準一著『鳥羽志摩の民俗』所載の「志摩の大念仏」国崎の項では、「大念仏が終わると傘ぶくは飾り物だけを取り去って海に捨てる」とある。飾り物とは幔幕や死者の遺品であろう。岩田準一は昭和二〇年（一九四五）に亡くなっているので、この話は戦前のことである。

昭和五三年（一九七八）以降、海岸に堤防ができたため、浜念仏は場所を移して行っている。笹念仏は国崎特有のものであるが、笹念仏が大念仏に相当する。和具《わぐ》では子どもの念仏が「笹念仏」と呼ばれている。

〈相差〉

相差《おうさつ》では八月一三日の夕方に大念仏を行う。新盆の各家から遺品を吊り下げた傘ブクが出る。浜にヤグラを組み、傘ブクの行列が到着すると僧が新亡の戒名と名乗りの文を読み上げる。

傘ブクの行列は太鼓・ほら貝・笛で、ヤグラの周りを回る。傘ブクは各自持ち帰り、家の入口に伏せた臼に括りつけて、新亡供養の人を迎えた(13)。

〈堅子〉

堅子《かたご》では八月一三日を迎え念仏、一六日を送り念仏という大念仏を、寺（宝珠寺）の庭で行う。

一三日は「三界万霊」と書かれた傘ブクと新亡の家から出た傘ブクが並ぶ。新盆の傘ブクには死んだ人の遺品（印籠・はさみ・鏡・毛抜き・扇子・数珠・羽織の紐・髪の毛（男女とも）・櫛・煙草入れ・巾着）を吊り下げる。「三界万霊」の傘にも、同じく男ものの帯・髪の毛・腰紐・荷背負い用の紐を吊り下げる。

太鼓は「ツヅミ太鼓」という直径六三センチ、長さ六八センチほどの松の胴で作った大きな締め太鼓である。臼に据えられた太鼓を叩き始めの合図とする。

①道中念仏

「道中念仏」といって、臼を真ん中に置き、太鼓持ちが太鼓を肩にかついで、太鼓打ちが大太鼓を打つ。太鼓は右回りに三回回るが、その外側を傘ブクと三本の白い幡が逆の左回りに回る。その時の念仏は「南無阿弥陀仏」を長く伸ばしたものである。

②祭文（名乗り）

次に、傘ブクは寺の正面に立ち、脇で住職が名乗りの祭文を読み上げる。名乗りには三種あり、文句が異なる。この時、太鼓は臼の上に据えられている。

③謡

その後、ほら貝と笛で大念仏の謡がある。一三日の謡は若者・老人・子どもで文句が異なる。一六日の送りの謡の文句は「弥陀頼む、人は雨夜の星なれば　雲は晴れねど西へ行く」で、謡曲『百万』の一節である。回り終わると新盆の供養が行われる。供養の仏事が終わると盆踊りがある。盆踊りの太鼓は、謡とは別の鋲打ち太鼓である。

一六日は送りで、「三界万霊」の傘ブクのみである。かつての堅子は四〇軒ほどで、遠くまで船を操った船頭集落であったが、一〇軒と減少しながらもこの行事は続いている(14)。

〈その他の鳥羽海岸部〉

堅子の隣の畔蛸《あぜたこ》でも、八月一五日に傘ブクを出して大念仏を行った。

若者が笛・太鼓・ほら貝で念仏を唱えながら村内を回り、寺で住職の回向文の読み上げを受ける。夕刻より新亡の家の傘ブクが出て、傘ブクと遺族がヤグラの周りを太鼓の念仏とともに回る。一区切りごとに住職により回向文が読み上げられる。

岩田準一の「志摩の大念仏」によると、神島ではアッポーデンという行事があり、七月一四日に船着き場で白張り提灯・切子灯籠・幟で輪になって行列するとある。輪の中央には太鼓があり、それを叩きながら、「アッポーデン」という唱えを繰り返す。アッポーデンは南無阿弥陀仏の崩れと思われるが、太鼓に合わせて南無阿弥陀仏を唱えてぐるぐる回るという大念仏行事とみられる(15)。

隣の菅島では一五日に名乗りの行事があり、宿元が菅笠の提灯を持って名乗りを行い、その周りを新亡の家の人が回ったとある。石鏡《いじか》では紙灯籠を作って寺の薬師堂に集まり、浜に向かって謡を謡いながら行列を組んだ。謡は「弥陀頼む人は　雨夜の月なりや雲ははれねど……」の歌詞である。紙灯籠の付いた笹竹を地面に叩きつけ、紙灯籠を壊す(16)。

石鏡でも同様に円照寺薬師堂に集まり「みだたのむ人は……」の囃子で海岸に行き、紙灯籠を海に流す。

（5）磯部周辺

〈飯浜〉

旧磯部町飯浜《いいはま》では八月一三日に大念仏を行っている。江月寺の庭で夜七時頃から始める。太鼓一張鉦一枚に笛という簡単なものであるが、若者が太鼓を肩にかつぎ年寄りがそれを叩く。叩き方は難しく、寺の庭を叩きながら三回回る。昔はお金を出した人のためにさらに回った。

太鼓をかつぐ人をガクデンといい、左右から太鼓を支える人がいて、貝吹き役が二人で叩く。この時、「南無阿弥陀仏」という文句が入る。これが終わると小鼓《こど》・大鼓《おおど》・笛の地ばやしがあり、本堂に上がって名乗りがあった。この時謡曲の一部を謡う「小謡《こうたい》」もあった(17)。

〈磯部太鼓〉

ガク打ちといい、盆の大念仏に打たれたものであるが、雨乞い・豊作祈願・悪疫退散のためとして盆以外の祭りやイベントに叩かれるようになって、「磯部《いそべ》太鼓」として観光に一役買っている。一メートルを超す大太鼓、ガクといって鉦打ち太鼓である。両側の撥打ち二人に中央のカカという胴打ち一人の三人一組で叩く。現在、下之郷・恵利原・迫間第一・築地・穴川で行っている。磯部の大太鼓は穴川・坂崎・迫間・三カ所・的矢で行われたと『磯部町史』や「志摩の大念仏」に書かれているが、もう記憶している人は少ない。坂崎・的矢では傘ブク回しがあった。(18)

写真6－1－5　波切の傘ブク（昭和51年〔1976〕）

（6）波切・旧志摩町

〈波切〉

大王崎灯台のある旧大王町波切《なぎり》は大きな漁港で、多くの傘ブクが出て輪になって回ることで有名である（写真6－1－5）。平成六年（一九九四）の『三重県の民俗芸能』所載の「波切の大念仏」によると、町有墓地で行われたが、その写真が載っている。かつては町有墓地の入口の広場で行われたが、平成一一年（一九九九）には波切漁港の漁協前広場で行われた。いずれの場所でも総位牌のテントがあり、ほおずき提灯が付いた五メートルほどの笹竹が一本立ち、会場入口には二本の竹と新盆の家の白い迎え提灯が吊るされている。会場の総位牌には各家からの供物や新亡の切り子灯籠が飾られている。新亡の家ごとに傘ブクを出し、親類縁者が集まるため家ごとに接待場所が設けられている。傘ブクは多い時は五〇本を超える。

八月一四日に波切の三カ寺の施餓鬼が終わる。四時頃に親類縁者が会場

写真6－1－6　波切の傘ブクに吊るされていた遺品（昭和51年〔1976〕）

に集まり、大変な賑わいになる。中央のヤグラに大念仏の太鼓（ガク・鉦打ち太鼓）と双盤鉦一枚が据えられ、名呼びとともに大念仏が行われる。新亡の霊は一人ずつ名を呼び、太鼓を三三回叩く。その間、遺族は傘ブクとノボリを持ち、輪になって練る。外側が傘ブクの輪で、内側はノボリの輪である。傘ブクは蛇の目傘に白の幔幕を張り、死者の遺品を吊り下げる（写真6－1－6）。ノボリは「南無阿弥陀仏」の六字か戒名が書いてある紙のノボリである。

　昭和四〇年（一九六五）の『志摩の民俗』には、中踊りといって水死者や病死者の遺族の踊りが紹介されており、扇を持って一歩進んでは頭を下げるという簡単な踊りであると記されている。鉦も「ジジラ」という長老の九人が叩いたとある。大念仏は「ナンマイダ」と言いながら太鼓を叩くもので、「名呼び」と「大念仏」が終わると「始め」の合図でノボリをガチャガチャと叩き合う。ノボリの紙が空に上がったほうが良いとされ、ノボリの竿の叩き合いは激しさを増す。紙が皆剝がれたところで行事は終わる。

　このように波切は傘ブクの輪と叩き合いに特徴があるが、中心は太鼓による大念仏で、それに伴って傘ブクやノボリが輪になって練るものである。

〈越賀〉

越《こし》賀《が》は旧志摩町の御座の手前にある集落で、盆行事も多彩で、八月七日の茶屋タテから一六日の送り念仏まで念仏行事が続く。茶屋タテとは浜に総位牌を祀る小屋を建てることで、新亡の人たちが杉・ヒノキの丸太を組み麦のオガラで屋根を葺いていたが、昭和三八年（一九六三）からは大テントに変えた。

一三日の朝は「水向け」といって寺の無縁仏を含む全ての墓を詣り、午後は三カ寺あるそれぞれの寺で施餓鬼があり、夕刻五時から浜で大念仏が催される(19)。

大念仏は、遺族の家族から二人ずつの女の人が白無垢の浴衣に白帯で出て香炉と線香を持つ。総位牌の前に立ち、日傘が差しかけられる。大念仏は僧の読経のあと、脇に立てられたヤグラの上で若者が地謡を謡い、新亡の一人ずつの「名乗り」を上げ太鼓を叩く。傘ブクは三カ寺から一本ずつと遺族の最年長者からの一本の計四本が立てられる。傘ブクには新亡の遺品が吊るされている。太鼓を叩いている間、遺族から頼まれた小学生が、供養の語が書かれた布旗を持って傘ブクの周りを右回りにかけて回る。

謡の文句は宝生流の『百万』の一節で、

南無阿弥陀仏　南無阿弥陀仏　南無阿弥陀仏
弥陀頼む　人は雨夜の月なれや　雲晴れねども　西へ行く
あもだもうや　なもだとう　たれかたのまん　たれかたのまざるべし

を三回繰り返す。間に「ヤーハー」の掛け声と笛が入る。終わると酒盛りが始まり、夜になると盆踊りをする。

大念仏は謡の囃子と名乗りと太鼓からなり、構成は甲賀に似ているが、太鼓とともに傘ブクを回すのは波切と同じである。ただ、波切は傘ブクそのものが回るのに対して、越賀では傘ブクの回りを布旗が回っている。

写真6－1－7　御座の大念仏。傘ブクと、香炉持ちの女性（左端）
（昭和53年〔1978〕）

一四日昼には茶屋で茶屋念仏があり、一五日昼は墓地で墓念仏がある。いずれも老婆による念仏で、一六日は浜の茶屋で僧の読経のあと送り念仏をして、送り火を焚く。

〈御座〉

御座《ござ》は先志摩の最西部に位置する漁港で、かつては対岸の浜島に定期船が出ていた。御座の大念仏は八月一四日と一六日の送り念仏に行われる。筆者は昭和五三年（一九七八）と平成一一年（一九九九）に一六日の大念仏を見ているが、装束や雰囲気はこの二〇年の間に大きく変わった。

一四日は名乗りと太鼓があるが、岩田準一の戦前と思われる記述には、地囃しがあり、「人は雨夜の月なれや」という越賀と同じ謡を謡いながら輪になって進んだとある。(20)

一六日の送り念仏は夕刻六時前浜に集まる。漁協倉庫前の爪切り不動の前の埋め立て地になった広場で行う。新亡の傘ブクを先頭に、三回輪になって回り、子どもの名乗りによって新亡の戒名が読み上げられ、ヤグラの寄せ太鼓が三回叩かれ、総位牌の前に座る僧侶に供養を受ける。この大念仏が終わると老婆による念仏が唱えられる。

傘ブクは二本で、幔幕が張られ、切り子灯籠と新亡の遺品が吊り下げられている。男性用が青、女性用が赤で、「南無阿弥陀仏」と書かれた幡を先頭に、傘ブク・香炉持ちが続く。香炉持ちは女性で、菅笠をかぶり、かざしを垂らし、浴衣姿で片袖を脱いで香炉を持つ。遺族の中で、最年長で亡くなった人の妻か娘の役である。後ろに団扇であおぐ人がつく。傘ブクは、遺族の親戚の男の人が持つ。写真6-1-7は昭和五三年のものであるが、平成一一年には女の人は洋服の喪服に代わってしまい、香炉持ちもなく傘ブクと切り子灯籠のみになってしまっていた。

また傘ブクは遺族の家ごとに出し、名乗りも一軒ずつ人が変わっていったようである。したがって、構成としては越賀と同じであるが、香炉持ちの女の人が菅笠をかぶってカザシを垂らし、片袖を脱ぐという特異な容姿をしていた。


〈片田・布施田・和具〉

片田《かただ》・布施田《ふせだ》・和具《わぐ》では、いずれも傘ブクの出る大念仏が行われている。片田では八月一三日浜に新亡の祭壇を作り、その前で太鼓を叩き名乗りをする。太鼓を中心に老人が念仏を唱え、新亡の傘ブクが回る。

布施田では寺で名乗りがあり、各家が傘ブクを持って「ナムアミダブツ」を唱えて回る。

和具では一三日に浜に総位牌を作り、中央にヤグラを組む。総位牌の小屋から男女二本の傘ブクと香箱持ちが出て、ヤグラで僧の供養を受ける。そのあと亡くなった子どものためとして笹四本を用いた「笹念仏」をする。(21)

(7) 浜島町・南伊勢町
旧浜島町《はまじま》は合併して志摩市浜島町に、旧南島町《なんとう》・南勢町《なんせい》は南伊勢町になっている。この地区は志摩半島から熊野灘につながる地区であるが、「ダンボ」といわれる傘ブクを伴う大念仏行事が点在する。平成一一年（一九九九）に分布を調べた。

〈浜島町〉

浜島町の中心で御座の対岸にあり、渡船がある。浜島は里の極楽寺と大矢の龍江寺に分かれて大念仏が行われる。共に臨済宗である。

極楽寺のダンボは、八月一三日四時からの迎えダンボと一六日四時からの送りダンボがある。迎えダンボは赤の傘ブクが二本立ち、ガク太鼓を真ん中に、左右に分かれて相互に向かい合うように三回回る。後ろに三本の「南無阿弥陀仏」と書かれた幡持ちがつく。太鼓は太鼓打ち一人に音頭取り一人が「ナムアミダンボ」を声高に唱える。その後、名乗りの男子が太鼓の上に立ち、新亡の戒名を読み上げる。脇に香炉持ちの男子が立つ。名乗り・香炉持ちともに裃姿である。焼香して終わる。その後、五色十五丼という、五つのどんぶりに一五品入った精進料理を食べる。

一六日の送りダンボでは傘ブクは本堂須弥壇前に吊り下げられ、本堂前で大念仏が唱えられ、三本ずつの幡持ちが、迎えダンボ同様三回回る。名乗りはしない。(22)

龍江寺では、一三日に迎えダンボ、一六日に送りダンボをする。本堂内に傘ブクが吊るされており、本堂内で太鼓を叩きながら声高に「ナムアミダンボ」を繰り返し唱える。

塩屋　八月一三日は新亡の人、一六日は修験者の新亡に行う。宝泉寺の境内を三回左回りに回ったあと、名乗りがあり、一人ひとりの戒名が読み上げられ、太鼓を叩き「南無阿弥陀仏」を唱える。台傘（傘ブク）・切り子灯籠・幡持ちが回る。

迫子《はざこ》　八月一四日に迎え念仏、一六日に送り念仏をする。傘ブクが出て施餓鬼棚の周りを回る。

〈旧南勢町〉

田曽浦《たそうら》　昭和七年（一九三二）頃まで傘ブクがあった。寺の施餓鬼のあとに傘ブクが出た。

下津浦《しもつうら》　名乗りと傘ブクがある。

中津浜浦《なかつはまうら》　八月一四日オマの浜で傘ブクが出る。音頭取りが「南無阿弥陀仏」を唱え、僧が戒名を読み上げる。輪は二重で、外側に女性二人が傘ブクを持ち、時計回りに回る。内側は男性で逆回りをしながら「ダンボダンボ」の念仏を唱える。

切原《きりはら》　子どもが名乗りをする。

迫間浦《はさまうら》　八月一四日七時より迎え念仏があり、傘ブクを出す。一六日七時より送り念仏があり、傘ブクを出す。

礫浦《さざらうら》　戦前まで迎え念仏・送り念仏があり、傘ブクが出た。傘ブクは各家を回って念仏を唱えた。

相賀浦《おおかうら》　戦前まで傘ブクを出していた。(23)

〈旧南島町〉

大江　八月一四日と一五日、傘ボコ踊りといって初盆の家の女性が傘ボコを持ってヤグラの周りを回る。ヤグラには口上と歌い手が上がり、太鼓と鉦が拍子を取り「初生霊《(ママ)》（はつしょうれい）の志として踊りを頼みます」の掛け声に盆踊り唄で回る。念仏は唱えない。傘ボコの女性は手ぬぐいを頭にかけ、位牌持ちの男性は裃姿であった。傘ボコには提灯・榴・十三仏の掛け、軸や煙草入れ・はさみ・帯等死んだ人の遺品が吊り下げられ、幔幕には南無阿弥陀仏の六字と「ふるさとをはるばるここにきみ（い）でら　はなのみやこも近くなるらん」という御詠歌が書かれている。位牌持ちの盆には紙華《しか》・香炉・ろうそく・位牌が乗っている。(24)

阿曽浦《あそうら》　一三日から一六日に新亡の家は傘ブクを出し、盆踊りをする漁協前に集めて、盆踊りの始まる前に念仏回りをする。一三日が新盆の供養で名前を読み上げ、一五日は年忌の供養、一六日は先祖の供養で、傘ブクをヤグラに上げる。女性が傘ブクを持ち、男性が位牌を持つ。

道方《みちかた》　一四日に大念仏とカンコ踊りがある。切り子灯籠を並べるが傘ブクは出ない。大念仏は、名乗りではガク太鼓と鉦を叩き、区切りに「目出度目出度の若松さまよ」の音頭が入る。

（8）伊勢市内

宮川沿いの佐八《そうち》・円座《えんざ》・小俣《おばた》のシャグマをつけたカンコ踊りは有名である。それ以外の伊勢市内については『伊勢市史　民俗編』(25)によって海岸部の大念仏が明らかにされた。

〈海岸地区の大念仏〉

大念仏が行われているのは西豊浜町上区・西豊浜町森区・東豊浜町西条・東豊浜町土呂《どろ》・樫原《かしわら》町・有滝《ありたき》町・下野《しもの》町で、磯町のカンコ踊りを加えて八カ所で確認されている。鋲打ちの大太鼓を叩いて念仏を唱え、カンコといって締め太鼓を手持ちで振り上げながら数人、多いところで十人以上が輪になって叩くという構成になっている。ジンコ（陣鼓）といって灯籠を持って女子がカンコ打ちの輪に加わるのは、この地区の特徴である。下野町は大太鼓のみである。カンコ踊りといっても佐八・円座や甲賀・立神に見られたように首から下げる・胸に付けるというものと異なり、三遠信地方のハネコミの念仏踊りに近い形になる。

〈佐八・円座のカンコ踊り〉

佐八では八月一五日は精霊踊りで、大踊りに続き、区長による新盆の戒名の読み上げごとに「ナムアミダー」の掛け声とともに中央に置かれたガクという鉦打ち太鼓を叩く。同時に輪になってカンコ踊りが踊られる。カンコの踊り子は腰にカンコを付け、シャグマと腰蓑という異様な姿で踊るので有名である。中休みの後、念仏踊りといって和讃（中に「ナムアミダブツ」という唱えも入る）でカンコのみの踊りをする。この時ガクは打たない。翌一六日は愛宕・秋葉の祭礼踊りで、ガクを打つ大踊りとカンコだけの小踊りで念仏は唱えない。小踊りの歌詞は「泉式部《（ママ）》」「陣立て」「次踊り」がある。一五日と一六日の違いは、後半のカンコ踊りに念仏を入れるか風流歌を入れるかで、精霊踊りと奉納踊りに分かれる。ガク打ちは両日も入る。

円座は一五日に「入りは」で始まり、ガク打ちと「ナムアミダ」の唱えとともにカンコの踊る大踊り、「一心きみよを（帰命）弥陀仏」の語で踊るカンコのみの念仏踊りのあと、一名ずつ新亡の名を読み上げて大踊りが行われる。この場合「ナムアミダ」の唱えはない。ここで新亡の家の人は帰り、「汗入り」という休みのあと「うぐいす」「父子」「数え」等の小踊りが踊られる。

このように、ガク打ちによるカンコを伴う大踊りと、カンコのみの風流踊りの構成である。甲賀や立神では、ガク打ちの大念仏とカンコ踊りは全く別であるが、この地区では、ガク太鼓で念仏を唱えてカンコ踊りもするというように踊りと念仏が習合して重なってしまっている。植木行宣はこのガク打ちを拍子物《はやしもの》と捉えている。(26)同様のシャグマをかぶるカンコ踊りは、小俣地区や度会町《わたらい》の麻加江《まかえ》にもあり、名乗りを伴う。

2　伊勢・志摩大念仏の構成

(1) 構成要素

概説で述べたように『伊勢・伊賀の羯鼓踊り』の報告の最後にある分布地図では、鳥羽市・旧志摩郡五町（磯部町・阿児町・大王町・志摩町・浜島町）・南勢町・南島町を念仏踊り地区にしている。それによると北に隣接する伊勢市の宮川流域はシャグマ地区で、すぐその北にカンコ踊り地区が広がる。南に隣接するのは南島町の阿曽浦を境に手踊り地区としている。この分布は、その後の調査から、若干のばらつきは見えるものの、ほぼ妥当するといえよう。現鳥羽市・志摩市・南伊勢町にはガク太鼓を叩く大念仏が共通しており、多くは傘ブクを出す。またカンコ踊りがこれに続く地区を散見する。

筆者の調査に他の報告を加え、一覧を作った。特に岩田準一の戦前の報告『志摩の大念仏』は貴重である。『郷土志摩』三六号「特集盆行事」は、掲載箇所は多いがアンケート回答を載せたもので、指標として利用できるが完全なものではない。以上を留意してまとめてみると、志摩大念仏の構成要素は、**表6―1―1　伊勢志摩大念仏の構成**、分布は**図6―1―1　伊勢志摩大念行事分布図**のようになる。

〈大念仏・ガク打ち・名乗り〉

大念仏とは鉦打ち太鼓（ガクとかガク太鼓といっている）を打ちながら、南無阿弥陀仏もしくはその崩しを繰り返し唱える念仏である。甲賀のものは、「ナーム、アーミ、ナームアミダンボ」「アームデンヤ」などと南無阿弥陀仏を引き伸ばす引声系の念仏が元となっていると思われる。堅子の道中念仏にはこのことがよりはっきり出ている。浜島町で大念仏を「ダンボ」というのも、この言葉尻を捉えての呼び名であろう。また神島では「ハッポウデン」とか「アッポウデン」と言って回るとあるが、これも南無阿弥陀仏の崩れたものと思われる。引声系の念仏が大念仏といわれ、この伊勢志摩の大念仏行事の根幹になっているのは、分布からみても明らかである。

この念仏は、後述するように、加茂五郷の柱松行事では風流化して若者の太鼓を叩くガク打ちが見せ場となっている。磯部の各所では念仏が消えてガク打ちのみが残っているのも同じである。

唱えは、浜島町に見るように、一人で高唱で朗々と唱えるのが元来と思えるが、甲賀のように地囃し・鼓踊りとは別にヤグラで唱える、「名乗り」とは別の何人かで唱えるとか、波切のように一名一名戒名を述べてその供養に唱える形がある。「名乗り」は念仏供養のための新亡の戒名を読み上げることが中心であるが、その前に祭文を唱える、謡を謡うなど、風流化したものが甲賀や各所に見られ、浜島のように子どもが裃を着けて太鼓の上に立つなどして、それが中心の行事になっている。

またこの時に輪を描いて回る所は多く、最も大規模なものは波切の大念仏で、浜島のように左右に分かれて逆回りをする所もある。堅子では太鼓と傘ブクが、中津浜浦では女性の持つ傘ブクと男性が、逆回りする。

奈良県十津川村の大踊りや三遠信地区の大念仏でも、最後に輪になってぐるぐる回りする所は多く、送りの儀礼的意味があったものと思われる。だんだん速く回ったり、持っていた灯籠や笹に付けた幡やノボリを振ることがある。波切の傘ブクもそのような形の一つとみられ、竹笹を打ち合い、外れた紙製の幡が高く上がるのが良いとされるのはその変形であろう。立神の最後に行うナムデン踊りもそのような例と捉えることができる。笹を打ち合う例は南勢町下津浦にもあった。逆回りや速回り、笹や灯籠を激しく振るというような行為には、何らかの送りの儀礼的意味があったものと思われる。

〈傘ブク〉

志摩半島ではほとんどの大念仏に傘ブクが出るが、その分布は大念仏を唱える範囲より狭く、鳥羽市の国崎から南島町の海岸部に多く分布する。神島・登志島《としじま》や加茂五郷・磯部の内陸部には見ることができない。加茂五郷の柱松の形態が傘ブクに似たキリコという造り物を作る。傘ブクは、地区で一本の所や男女二本とか、寺ごとに一本、新亡の家ごとに出すとか、さまざまであるが、死者を象徴するものであることに変わりがない。御座より東の浜島町・南勢町・南島町では傘ブク持ちのほか、香炉持ちが出る。香炉持ちは御座では写真6―1―7のように女性であるが、南島町の大江・阿曽浦では男性が持つ。

〈地囃し・謡〉

この大念仏は、新亡者のうち最年長でなくなった者の家がヤドモトとなり、寺とか会所の大念仏の場所に行列を組んで道行きをするというものであった。傘ブクを先頭に太鼓・小鼓を叩き、囃しながら道を進むというもので、甲賀や立神にはその地囃しがよく残っている。太鼓は、太鼓持ちと撥《ばち》叩きが向かい合うという古態を残している。甲賀・立神以外に志島や越賀・御座にも地囃しがあったとする。また謡の文句は「人は雨夜の月なれや　雲晴れねども　西へ行く　云々」が共通している。謡曲『百万』の一節である。これらの囃子は風流拍子《はやし》物の典型で、傘ブクの送りに伴って大念仏行事の一端を構成したものと考えられる。

〈鼓踊り〉

鼓踊り・小踊り・カンコ踊りというが、羯鼓を胸に付けて踊る風流踊りで、中踊り・側踊り、警護役など風流踊りの形は整っている。拍子物風流より新しく、「地囃し」とは別に演じられる。甲賀と立神に残るが、隣接する志島・名田にもあった。少し離れるが浜島町の迫子・塩屋、南島町の道方・伊勢路にもあり、道方でも行っている。歌は各種あったようであるが、本節末に甲賀の歌本を載せる。

以上、志摩の大念仏行事はガク打ちの大念仏に傘ブクの送りが付き、地謡いの囃子や羯鼓を伴う風流踊りが加わって、大きな盆行事として伝わっている。

〈笹と幡〉

もう一つ注意すべきなのは、波切に見られるように行事の最後に幡を付けた竹で叩き合うとか、立神で見られたナムデン踊りといって傘ブクや幡を激しく振るということがある。また浜島町のように傘ブクの周りを回る、または向かい合って順逆に回るということがあり、回ることや幡や笹を激しく振ることが送りの儀礼的意味を持っていると思われることを先に述べたが、逆に笹で鎮めるような仕草をするのが国崎であり、和具では子どもの死者に対する念仏を笹念仏といっている。いずれにしろ笹が送りや鎮めの用具として使われていたことを示すものであろう。その笹を国崎や越賀のように船に乗せて海に流す所がある。

〈臼〉

臼の出る所が二カ所ある。一つは堅子で、太鼓を臼に据えてその周りを傘ブクが回る。もう一つ、その近くの相差では傘ブクが倒れないように臼で支えたという。盆踊りに音頭取りが臼の上に立つ所が、鳥取県鳥取市青谷や岡山県金光町、兵庫県淡路島にある。

3　鳥羽市加茂五郷の大念仏

この志摩の念仏行事の中で、鳥羽市の加茂五郷の大念仏行事は柱松行事を伴った独自のものとなっている。他の地区と一見異なるようにも思えるので項を改めた。元来、加茂五郷と称し、白木・河内・岩倉・松尾・船津でそれぞれ大念仏のガク打ちが行われ、九鬼氏を祀るとする隠田岡《おんでんおか》の墓地で柱松の行事を行った。柱松は、一〇メートルほどの柱に籠を載せ、その籠に松明を投げ入れて柱を燃やし倒すという盆送りの行事であるが、明治五年（一八七二）若者の口論により、各村に分かれて行うようになった。現在、隠田岡で行うのは河内のみで、松尾は天徳寺裏山の墓地で柱松（火柱といっている）を行う。岩倉・船津は寺で大念仏のみを行う。白木は行事がなくなってしまった。

松尾については、この地の公会（くがい）・親取り子取りという擬制的親子関係の関連で、大間知篤三が昭和四〇年（一九六五）に「志摩松尾町の公会」として盆行事の詳しい報告をしている。[27] 岩倉については植木行宣、河内については田中義広の報告がある。[28] その後、平成二二年（二〇一〇）、鳥羽市が『志摩加茂五郷の盆祭行事調査報告』[29]を出し、その時点での行事が記されているが、ここ数年で若者の減少により行事の遂行が困難になり、平成二四年（二〇一二）は松尾でガク打ちのみが復活しただけで、他地区は休止している。

〈松尾〉

この地区では新亡の各家から切り子灯籠を出し、寺や墓に持っていくが、それとは別にキリコというものを作る。河村で一本であるが、五メートルほどの棹に樒やしだれ柳のようなものを付け、屋根形と円形の作り物を付ける。河内では屋根形から戒名を書いた提灯を下げる。傘ブクをさらに大きくしたようなもので、岩倉ではこれに新亡の切り子灯籠を下げる。行事の様子は大間知報告に詳しいが、「松尾公会規定」に細かく記されている。八月一四日は念仏入りといい、天徳寺で新亡のため大念仏を行う。大念仏はガク（「楽供」と記す。大きさにより三種があり、大きなものは直径六〇センチの樟をうがったもので、竹もしくは鋲で皮を留めてある。一人で叩く）二三名、鉦打ち（直径五五センチ、重さ六〇キロの双盤鉦。二人で担ぐ）一二名で円陣を組み、ゆっくり回りながら、「ナーダナーダ・カンカンカン・オーデンヤ・オー」などの掛け声を掛ける。掛け声は南無阿弥陀の唱えの崩しと思われる。「オー」と長く伸ばす声は、ガクが片足立ちで太鼓を持ち上げる時にかけられる。羯鼓を付けたカンコ役が正面に立ち、笛やほら貝に合わせて羯鼓を叩くしぐさをする。これを三回繰り返す。

一四日はこの大念仏が済むと寺を出発し、地下（旧若者宿）に向かって終わった。一五日は逆に地下を出発し、寺の前を通り過ぎて墓地の柱松の会場に向かった。その途中、賽の河原、子安地蔵・六地蔵・戦没者墓地などで、それぞれ大念仏を上げて墓地に至る。墓地を一周して火柱を三周し、大念仏は終わる。夜に入ると柱松行事が行われ、柱に松明を投げ入れ、柱を燃やして終わる。一四日が供養の大念仏で、一五日は柱松行事の途中途中で仏や死者に念仏供養していた。

平成一八年（二〇〇六）には、一四日であった大念仏を一五日の午後に行い、一休みして夕刻から墓地に向かい最後に柱松を行うということで、大念仏と柱松が一連の行事のようになってしまった。

〈河内〉

河内も松尾と同様であるが、八月七日から新盆供養が始まり、一四日はナラシの仕上げとして観音堂で大念仏をする。一五日、観音堂での大念仏ののちキリコを先頭に隠田岡に行く。隠田岡で柱松を行うが、新亡の家では墓地にキリコを立て親戚を呼び、大念仏の一行が一つひとつの墓地を回り、各家の墓で接待を受けた。

柱松は松尾より一回り大きい。ガクマワシ一〇名・太鼓一〇個・鉦マワシ（双盤鉦）二個四人・カンコ（羯鼓）一人。大念仏は「ナナ」「オレロ」「イリハト」を三回で一打とする。午後八時より火柱・五輪塔で大念仏のあと墓を一巡し、一二時過ぎに火柱へ松明が投げ上げられ、柱を燃やし倒す。

〈岩倉〉

岩倉では柱松はなく、極楽寺での大念仏だけであるが、一五日夕刻、囃子役によって新亡の戒名が一人ずつ読み上げられ一人ずつ大念仏による供養がなされる。夕刻六時、観音堂で大念仏のあと極楽寺に向かいキリコに新亡の切子灯籠が吊るされ、僧の読経のあと名乗りと大念仏が繰り返される。

大念仏はガク一〇人、鉦二個四人・カンコ二人で、念仏文句は「ナーナー・ホーデンヤ・カアンカアン・オドレオドレ」などである。

〈加茂五郷の柱松の構成〉

加茂五郷の柱松行事を、他と比較してまとめると次のようになる。

志摩地区全体　　大念仏＋傘ブク拍子物
阿児町・南島町　　大念仏＋傘ブク拍子物＋風流踊り（カンコ踊り）
伊勢市・鳥羽市加茂五郷　　大念仏（念仏拍子物）＋風流踊り（カンコ踊り）

岩倉では、志摩の他地区で見られる名乗りのあとに大念仏を行うという形が見られる。松尾では、僧の読み上げに続いて大念仏が行われる。河内では名乗りはないが、大念仏が一軒一軒の墓を回って供養するというように大念仏による供養が元にあった。各郷とも、かつての松尾のように、一四日の寺での供養の大念仏と一五日の柱松は日を分けて行われていた。

したがって加茂五郷の柱松行事は大念仏と柱松行事の二つからなる。すなわち戒名の読み上げ（名乗り）に伴う大念仏があり、その大念仏はガク太鼓や双盤鉦の肥大化によって風流化し囃子として唱えられている。囃子の文句はだいぶ崩れているが、「南無阿弥陀仏」と「踊れ踊れ」と思われる。それが若者の見せ場となり、年齢階梯的上下関係や公会《くがい》の取り決め等の厳格化によって独自の行事になっていった。逆にカンコ（羯鼓）踊りは形だけのものとして行われている。したがって構成からみるとガク太鼓の大念仏と鼓踊りからなっており、それに傘ブクに代わるキリコを送る囃子が付いている。志摩の他地区と同じということになるが、カンコ踊りは形だけになっている。また他地区は謡が囃子になっているが、ここでは念仏が囃子になっている。

そして、それに柱松行事が加わった。この地区に柱松行事があることについては、この地区の北にある朝熊山金剛證寺や南にある青峰山正福寺の山岳信仰の修験の影響を指摘する意見がある。[30]

4　小結

加茂五郷を含めて再度、伊勢志摩全体の大念仏行事を見てみよう。

海岸部では立神や甲賀のように傘ブクを伴う囃子による道行きの存在がはっきりしている所が多い。一方、ガク打ちの大念仏も、浜島町のダンボや磯部太鼓のように大念仏として独立して行われている所がある。カンコ踊りは伊勢市内でははっきりしているが、志摩地区になると、阿児町と南島町の一部にはあるが分布としては希薄である。カンコ踊りは羯鼓を胸に付けるか首から下げるのが一般的だが、伊勢市内では「カンコ打ち」と称して羯鼓を手持ちで叩いている。

まとめると、伊勢志摩地区の大念仏行事は「大念仏＋傘ブクの拍子物＋風流踊り（カンコ踊り）」という三部構成になる。カンコ踊りのない所は「大念仏＋傘ブク」の二部構成である。傘ブクは古い形は宿元《やどもと》から寺や海岸に持っていき、その囃子や謡で練っていくというものであったと考えられる。初めから寺や浜に立てておく所も多い。その場合でも真ん中にガク打ちの太鼓を叩き大念仏を唱え、傘ブクがその周りを回る。浜島のように太鼓と傘ブクを真ん中に置き、その周りを回るものもある。傘ブクを、死者を象徴する送りの対象として捉えると、囃子は、それを囃して送る拍子《はやし》物風流の変形と考えられ、その典型を立神の陣囃しに見ることができる。大念仏を囃子に傘ブクが回るのも、念仏が送りの囃子になっていると考えられる[31]（文献の初出である『看聞御記』応永二年（一四二〇）に「拍子物風流」とあり、「拍子物」の字を使う。現今の行事では「囃す」ことなので「囃し物」を使う）。

元来の大念仏は百万遍念仏のように「南無阿弥陀仏」を繰り返すことにあるが、一部、念仏文句の入った和讃・謡は、厳密にいうと念仏とは区別すべきであろう。しかし、甲賀の念仏譜からみると元は引声系の念仏であり、大念仏とはこの念仏をいう。

囃子は謡曲『百万』[32]の「人は雨夜の月なれや　雲は晴れね共《ども》西へ行く　阿弥陀仏やなまふだと　誰かは頼まざる　誰か頼まざるべき」の一節を謡ったもので、字句が変わって各地区に伝承されている。

註

（1）福岡傳吉「志摩郡甲賀村の鼓踊」『民間伝承』九巻三号、民間伝承の会、一九四三年。

（2）倉田正邦「志摩郡阿児町甲賀の鼓踊り『伊勢・伊賀の羯鼓踊り』三重県教育委員会、一九六三年。

（3）牛島巌「民俗芸能とその基底」和歌森太郎編『志摩の民俗』吉川弘文館、一九六五年。

（4）植木行宣「民俗芸能とその保護――三重県を中心に――」『三重県の民俗芸能』三重県教育委員会、一九九四年。「風流踊りと盆行事」『伊勢民俗』四一号、伊勢民俗学会、二〇一一年。

（5）歌詞については入手できなかったが、福岡報告に記載されたものをこの節の末尾に**資料1**「甲賀鼓踊り歌」として載せた。**資料2**は明治三三年（一九〇〇）写のもので、「四綾織歌」「七　西の河原（上）・（下）」が対応する。「信濃から」は、善光寺を歌ったと思われる。

（6）植木行宣「立神のささら踊り」『志摩文化財年報　第一五集』志摩文化財調査保護委員協議会、一九九五年。「立神の盆行事」『三重県の民俗行事報告書　一号』三重県教育委員会ふるさと文化再興事業、二〇〇五年。「立神の地ばやしとささら踊り」『風流踊りとその展開』名著出版、二〇一二年。

（7）植木報告以前のものとしては西条利夫「立神ささら踊」（『まつり通信』三四四号、一九八九年）が詳しい。

（8）豆煎座・禰宜座・中座・山家《やまけ》座・片座・喜平座・平古座・南向《みなみむこう》座・南座があり、正月の宮座神事である「ひっぽろ神事（獅子舞行事）」にはこの九人役が上座に座る。九人役はこの座から年番で年長者がその任に当たる。この念仏も同じ人が当たる。なお地区としては東条配・西条配・南条配・北条配に分かれている。西条利夫「志摩の祭りと年中行事」（『わかば近鉄興業ニュース』一九九七年一～八月）。

(9) 陳囃しとさらら踊りの全曲については、この節の末尾に資料3「立神ささら音頭」として掲載した。
(10) 牛島巌『志摩の民俗』吉川弘文館、一九六五年。
(11) 『郷土志摩　三七号（特集　盆行事）』一九六八年。
(12) 一九七六年に見たものは、『鳥羽市誌』（一九九一年）八二三頁とほぼ一致するが、『志摩の民俗』（一九六五年）では、「笹念仏のあと笹を船に積み沖に流し、新亡の最年長者の家（ヤドモト）で宴会を開く」となっている。一九六八年の『郷土志摩』では、「大念仏は絵に描いた野菜・髪・位牌・造花をひもでぶらさげた傘ぼこを作り、一五日寺で行う」とある。岩田準一の「志摩の大念仏」（『鳥羽志摩の民俗』中村幸明発行、一九七〇年）では、傘ブクを「海に捨てる」とある。笹念仏のあとヤドモトで宴会があり、その後、寺での大念仏であったと考えられる。
(13) 前掲、『郷土志摩　三七号（特集　盆行事）』。
(14) 中山楠平『堅子（かたこ）への道』自費出版、一九九七年。蘇理剛志「周辺地域の民俗調査（鳥羽市堅子）」『浄土近世墓地調査報告書』三重県埋蔵文化財センター、二〇〇六年。
(15) 前掲、岩田準一「志摩の大念仏」。
(16) 前掲、『郷土志摩　三七号（特集　盆行事）』。
(17) 「飯浜の大念仏」『いそべのまつり』磯部町教育委員会、一九九五年。伊藤保「飯浜の大念仏と地囃子」『郷土志摩　三七号（特集　盆行事）』（一九六八年）。
(18) 『磯部町史　下』磯部町史編纂委員会、二〇〇七年。
(19) 越賀の報告は少ないが、一九七一年八月に、田中義広が『まつり通信』一二七号に「志摩越賀の大念仏」として報告している。盆行事の流れは、一九六八年の『郷土志摩』三七号に小川栄之助・井上春平の連名で「志摩町越賀」として報告がある。
(20) 前掲、岩田準一「志摩の大念仏」。
(21) 『志摩町史　改訂版』志摩町史編纂委員会、二〇〇四年。
(22) 浜島町極楽寺の迎えダンボ・塩屋・迫子は、筆者の聞き書きに加え、西城利夫「ダンボ」（『三重県の祭り・行事』、一九九七年）に拠った。西城報告では、塩屋・迫子ではささら・カンコ等による念仏踊りがあると記されている。『浜島町史』（一九八八年）には、「塩屋では長刀二人・太鼓持ち二人・太鼓打ち一人・ササラ二人・カンコ二人・笛二人・鉦一人・ほら貝一人・音頭取り一人・名乗り一人が白装束で「カンコ踊り」を行う。」とある。

(23) 田曽浦・礫浦・下津浦・中津浜浦は現地調査と『南勢町史』（一九八五）に拠った。

(24) 大江・阿曽浦は現地調査、道方は『南島町史』（一九八五）に拠った。

(25) 久志本まどか「大念仏」『伊勢市史　第八巻　民俗編』伊勢市、二〇一三年。

(26) 植木行宣「伊勢・志摩のカンコ踊り」（『風流踊りとその展開』、二〇一〇年）に詳しい。また伊勢地方では、盆ではないが、数年に一度、豊年を願って九月か一〇月にカンコ踊りが行われた。

(27) 大間知篤三「志摩松尾町の公会」（『無形の民俗資料記録　第三集　志摩の年齢階梯制』（国土地理協会、一九六五年）、のち『大間知篤三著作集』第三巻（未来社、一九七六年）所収。これを見ると、大念仏や柱松行事が、公会という年齢階梯により、細かく役割や演じ手が分けられていることが分かる。

(28) 植木行宣「岩倉の大念仏」『三重県の民俗芸能』三重県教育委員会、一九九四年、のち「志摩・伊勢地方の大念仏」『風流踊りとその展開』岩田書院、二〇一〇年。田中義広「志摩の大念仏と柱松——鳥羽市松尾町・河内町——」『まつり通信』一二六号、一九七一年七月。

(29) 『志摩加茂五郷の盆祭行事調査報告書　鳥羽市民俗文化財報告　二』鳥羽市教育委員会、二〇一〇年。野村史隆「志摩加茂五郷の盆祭行事のいま」『伊勢民俗』四一号、伊勢民俗学会、二〇一二年。

(30) 野村史隆「総説　志摩加茂五郷の盆行事」『志摩加茂五郷の盆祭行事調査報告　鳥羽市民俗文化財報告　二』（鳥羽市教育委員会、二〇一〇年。

(31) 風流拍子物・拍子物（はやしもの）の概念については、植木行宣「風流踊りの現状と課題」（『民俗芸能研究』四三号、民俗芸能学会、二〇〇七年）、同『風流踊りとその展開』（岩田書院、二〇一〇年）、同『祇園囃子の源流』（岩田書院、二〇一〇年）などによる。従来の風流踊り成立以前に拍子物という一連の芸能があり、それが風流化して踊りにもなるという論である。山路興造「風流踊り」『近世芸能の胎動』、八木書店、二〇一〇年。山路興造・

青盛透・植木行宣編『滋賀県の民俗芸能』滋賀県教育委員会、一九九八年。青盛透「囃子物という芸能」『民俗芸能研究』四三号、民俗芸能学会、二〇〇七年。

(32)　西野春雄校注「百万」『謡曲百番（新日本古典文学大系　五七）』、岩波書店、一九九八年。

■資料1　甲賀鼓踊り歌

福岡傳吉「志摩郡甲賀村の鼓踊」（『民間伝承』九巻三号、一九四三年）より

御寺踊

御寺へあがりて御門のかかりを見てやれば。御門も黄金扉もこがね。縁からかんぬき皆こがね。それさし過ぎてお庭のかかりを見てやれば。すごろく碁盤の面に似たり。扨も見事な御庭かよ。

それさし過ぎて茶のゐ所を見てやれば。白金くわんすに黄金の茶わん。何たる若衆の御手元。それさし過ぎて小座敷を見てやればおかしきさまの出で立ちを御覧じ。紅の衿に緋衣しめて。紫硯に油煙の墨で。御経遊ばす有難や。御経遊ばす有難や。是程大寺に鐘の無いのは不思議じゃよ。いざや友達諸国をめぐりて勧化。阿弥陀の御前に金見さそ。此寺は何たる大工が建たあらねが廻りくりて唯ひとところへ落ちそよ。

賽の河原

扨もその後箱根まふでを仕る。あがりて見れば富士の山参りて見れば川が二つ。一つの川にはみたのさんじゃが御立ある。一つのつがにはほとときす。ヤほととぎす。まことに冥土の鳥なればめいどの様子を語れ聞こ。冥土の様子を語るには。しやばと冥土の境には。賽の河原があると聞く。一つや二つや三つや四つや。十より下のおさな子が。賽の河原に放たれて。晝の間はかへでのやうな手をひろげ。小砂を集めてつかと積む。小石ひろうて塔とつむ。一重つんでは父のため。二重つんでは母のため。三重つんでは故郷兄弟我身のためよと回向なす。ヤますがたなりに組み上げて。七つ下がれば鬼どもが。ねん鉄棒を振りまはし。塚をくずしてばしや

となす。

同下

花ぞの山つと這い上がり。色よき花をかり集め。色ようき花は何々ぞ。牡丹しやくやく百合の花。桔梗刈萱女郎花。匂よきとて樒をば。幼心に馳走する。日も西山に傾けば。持ち居し花をふり捨てて。西を向いては父恋し。東を向いては母こひし。ヤアその声は谷に谺の響くのを。父が呼ぶかと心得て。谷へ谷へと這い下がる。いばらの木の葉を分け行けば。父といふ字があらばこそ。母といふ字が更になし。ヤア流涕こがれて泣き叫ぶ。地蔵菩薩が御覧じて汝が父は娑婆にある。冥土の父は我なるぞ。幼こころにそれをまことに思ひしや。地蔵菩薩の袖や袂に縋りつく。■

（なお福岡久平「阿児町甲賀」（『郷土志摩』三七号（特集盆行事）一九六八年）中に、鬼踊り（鼓踊り）の歌として「御寺踊」「アヤ織歌」「阿部の保名（上）」「阿部の保名（下）」の歌詞が載っている。）

■資料2　甲賀追善供養名乗り和讃小踊り歌

昭和五一年（一九七六）の調査で「志摩郡甲賀尋常高等小学校之印」が押してある甲賀盆行事の諸々の語句や歌詞を記した「明治三三年写」という筆写本を撮影できた。現在の所在は不明であるが、風流踊り歌資料として翻刻してこれを載せる。翻刻は近江礼子が行った。

（表紙）（竪帳）

為追膳《ママ》供養名法和讃小踊歌　全

（中表紙）

（印）

「志摩郡甲賀尋常高等小学校之印」

為追繕（ママ）供養名法和讃小踊歌　全

名法

抑《そもそも》一念弥陀仏《いちねんみだぶつ》。即滅無量罪《そくめつむりやうざい》。現世《げんぜ》茂開《ひらく》後生聖《ごしやうしよう》と聞時者《きくときハ》。適《たまたま》日月之光《じつげつのひかり》を招《まね》き。死出之山路之雲《しでのやまじのくも》消《きゑ》て。三途之《さんづの》川《かわ》之霧《きり》も晴《はれ》。暑寒《あつささむさ》の愁《うれい》も無《なく》。菩薩音楽《ぼさつおんがく》之調《しらべ》を評《ひよう》し。後《おく》れ先達身之哀《さきだつみのあわれ》。夫天地万物之逆慮也《それてんちばんもつのげきりやうなり》。光陰百体之過々《こふいんひやくたいのくわくわ》我也《くなり》

冥加天《みようがてん》ニ有《あり》。茲《ここ》ニ《に》念仏《ねんぶつ》者。衆生《しやうじよう》を照《てら》す。聊囃子之学《いささかはやしのまなび》お成《なし》。即仏拝面《そくぶつはいめん》を遷奉《うつしたてまつ》る。

戒名入　初聖霊之真《はつしやうりようのしん》ニ当《あたり》。他界《たかい》と消《きゑ》て盆様之。定《さだめ》を成《な》して極楽《ごくらく》の。菩薩一生之蓮華之基《ぼさついつしやうのれんぐわのもとい》。響生滅《ひびくしやうめつ》入相之《いりあいの》。鐘《かね》を便《たより》に聞給《ききたも》ふ。十念仏楽疑無者也《じやうねんぶつらくうたがいなきものなり》。

和讃

南無阿弥陀仏〳〵。倩浮世《つらつらうきよ》を考《かん》づるに。成就回向之国《しようしゆうゑかうのくに》として。後《おく》れ先達有様《さきだつありさま》ハ。会者定離《ゑしやしようり》とぞ申《まおす》なり。生死《しようじ》之闇《のやみ》ニ迷《まよい》つゝ。六道輪回《ろくどふりんゑ》の塚《つか》の間《ま》の。苦《く》げんおいかで免《まぬが》れん。是生滅法《ぜしようめつぽふ》しんじやうの。響《ひび》けバ生滅入相《しようめついりあい》の。寂滅為楽《しやくめついらく》と申《まうす》なり。諸行無常《しよきやうむしよう》と響《ひひけ》とも

聞《きい》て愕《おとろ》く人《ひと》もなし。扨又後夜《さてまたごや》ハ南無阿弥陀仏〳〵〳〵花《はな》ハ散《ちり》ても春咲《はるさけ》ど。消《きゑ》て帰《かへ》らぬ人之上《ひとのうへ》。鳥《とり》ハ古巣《ふるす》へ帰《かい》れども。死して帰《かへ》らぬ死出之山《しでのやま》。暗路《やみじ》お照《て》らせ峰の月。元よりほつしようくらまさで。盆《ぼん》しよふ一如《いちによ》の鏡《かかみ》なり。只願《ただねがわ》くハ慈菲世尊《じひせぞん》ぐぜいの船《ふね》に竿《さ》お指《さ》して。我等《われ》を渡《わた》せたびたまゑ。南無阿弥陀仏〳〵

目録

御寺踊

御寺《おてら》ゑ上《あが》りて御門《ごもん》の懸《かか》りを見《み》てやれバ。御門も金扉《こかねとびら》も金《こかね》。掾《えん》からくわんぬき皆金《みなこがね》。夫差過《それさしすぎ》て御庭《おにわ》の懸《かか》りお見てやれバ。双六碁盤《すごろくごばん》の表に似《に》たり。扠《さて》茂見事《みごと》な御庭《おにわ》かよ〱。夫差過て茶《ちゃ》のゑ所《ところ》を見《み》てやれハ白銀鑵子《しろがねくわんす》ニ金《こかね》の茶《ちゃ》碗《わん》何《なに》たる若衆《わかしゅ》の御手元《おんてもと》〱。夫差過て奥《おく》之小屋敷《こざしき》見てやれバ御《お》かしき様《さま》の出立《でたち》を御ろじ紅之袷《べにのあわせ》に緋衣《ひごろも》めして。

紫硯《むらさきすずり》に油煙《ゆゑん》の墨《すみ》で。御経《おんきやう》を遊《あそ》ばすありがたや〳〵。是程《これほど》の大寺《だいてら》に鐘之《かねの》ないのが不思義《しき》じやよ。イザヤ友達諸《ともたちしよ》国《こく》を廻《めぐ》りて勧化《くわんけ》して。阿弥陀《あみた》の御前《おんまへ》に鐘見さそ〳〵。此寺《このてら》ハ何《なに》たる大工《だいく》が建《たて》たやら雨水《あまみづ》が廻り〳〵て只一所《ただひとところ》へ落そよ〳〵。

鋸曳踊

鋸曳踊《おがひきおとり》を所望《しよもふ》とおしやる。鋸曳山ハ何処《どこ》〳〵山よ。ゐんまの国の大杉谷へ。鋸を曳や瓢ふ瓢単《ひよひようたん》た。財木曳《ざいもくひこ》や瓢ふ瓢単だ。信濃《しなの》の国の木曽山峠《きそやまとうげ》三瀬山谷《みせやまたに》ゐと小家打建《こやうちたて》て。板《いた》お曳や瓢ふ瓢単だ。財木曳や瓢ふ瓢単た信濃の女郎衆《しよろう》に打ほだされて。三年に成り五年に成り。国元土産《くにもとみやげ》ハ御座無《ござなく》そふろ。往《いこ》や戻《もど》ろや瓢ふ瓢単だ。いざやかゐろやうきひと

道草踊

道の道草とり〴〵に。つめバあざみのめいたしこ手をつく〴〵しいたどりすぎなちよふぼふ草や花もふせんのげんげ花。〳〵。夫々《それぞれ》そこにも是〳〵爰にもたんぽぽや。つゞみ草。花《はな》にたわむれちよふ〳〵。とんずはねんずぐわんぜなさ。今若君《いまわかきみ》ハ八歳《はつさい》なれバ。壱つや弐つハおとなしく。サア〳〵是《これ》から馬《むま》で行《ゆこ》ふ□トがてんとあ竹馬《たけむま》に〳〵心《こころ》ハ勇《いさ》む春《はる》の駒《こま》。轡《くつわ》にあらん口拍子《くちひやうし》りん〳〵〳〵とあざみの鞭《むち》をはつしとあてん。ひらり〳〵とあげ葉のちよふ〳〵〳〵ひらめくあげはのちよふ〳〵〳〵

綾織哥

皆寄れ若衆〱サア今の若衆ハ人を忍《しの》へバおもしろや表忍《をもてしの》べバ櫓《やぐら》に番所《ばんしよ》。サア北《きた》を忍へバ苔《こけ》の丸橋《まるはし》南《みなみ》忍べハ七重之門有。サ四方《しほう》を忍べど忍ぶ細道定《ほそみちさだめ》なし。其処《そこ》で若衆哥をよむ

中打哥　我《われ》ハ風吹《かせふか》バなびけよ思ふ君

サ夢《ゆめ》にも見しか浮人《うきひと》の跡《あと》の名残《なごれ》おバ思《おも》ひやられてなつかしや賤《しづ》が心《こころ》。サ暫《しば》し泊《とま》るハ恋《こい》の表爰《おもてここ》の女郎衆を見てやれバ。恋おすりや又ちりじやとおしやる。ちりじやないもの恋じやもの色《いろ》を見てこそ悪《あく》をさせ山お見てこそ埒《かきり》をすれサ花を見てこそ枝葉《えだは》折其《おれその》や昔《むかし》者めゝよき女郎衆が有《あ》れバこそ恋を数多《あまた》に懸《かけ》られヤ。サ逢《あ》ふてもどる恋も有あわでもどる恋も有雲《くも》にかけはし霞《かすみ》に千鳥《ちとり》。サ文《ふみ》の通《かよい》がしぎよければサ芳野《よしの》屋のサ綾を織《おろ》サヤンツク〱〱ニヤツウ。シツカラカツカラカ〱サ此よが綾をいつまでも踊《おど》れ御前の若衆ばんと立サア芳野屋のサ綾を織

天路の姫

あれ〱東の方はらに。朝日長者《あさひちようじや》之壱人姫《ひとりひめ》。名おバ天路《てんじ》と申者《まおすもの》。弐人之親《をや》に後《おく》れつゝ。御菩提問事更《こぼだいとふことさら》になし。或《ある》山寺ゑとかけこんで。何《なん》とぼんさん御僧《おんそふ》さん。衣之上《ころものうへ》の血縁《けちえん》に。髪剃《かみそり》こぼして給《たま》はれよ。御僧其由御覧《おんそふそのよしこらん》じて。何《なに》たる故《ゆへ》に髪《かみ》を剃《そる》。子細語《しさいかた》れと有ければ。天路《てんじ》之姫《ひめ》ハ今ハ何《なに》おか包《つつ》むべし。弐人之親に後《おく》れつゝ。御菩提問事《こほたいとふこと》更《さら》になし。髪剃《かみそり》こぼして親の菩提《ぼたい》を問《と》わん為《ため》。誠其儀《まことそのぎ》に有《ある》ならハ。髪剃こぼして得《ゑ》させんと。八ちよふ盥《たらい》江水《みづ》を汲《くみ》。髪を三抱《ば》に抱《たば》ねわけ。西を向《むい》てハ父之為。東を向てハふし拝《おが》む。ヤア四方浄土《しほうじやうど》ゑ剃こぼし。天路の姫ハ剃たる髪を手に持て。八阪之町へと持て立。八坂の町をバ髪めせめせよとふれらるゝ。ヤ剃髪召《めせ》よとふれらるゝ。頃《ころ》ハいつ頃秋の頃七月中ばのころなれバ。剃髪めす人更《さら》になし。或商人《あるあきうど》に行逢《ゆきお》ふて是より南に大切長者

と申者後生菩提《こしようぼたい》の其為《そのため》に。いかなるものも買止《かいとめ》るあれ江行《ゆけ》よと教《おしへ》られ。天路の姫ハおいきにこいきをつきかねて。ヤ大切長者江早着《はやつい》た

同下

大切長者之門のくるわに腰掛《こしかけ》て。髪めせ〳〵よとふれらるゝ。ヤ剃髪めせよとふれらるゝ。下《しも》の水仕《みずし》が夫を聞。おまゑ長者江 訴《うつたへ》る。お前長者が請取《うけとり》て。御台様《みだいさま》江と差上《さしあげ》る。御台其由《そのよし》御覧《ごらん》じて。ヤア此髪ハ我等が様ふ成馳《ち》走《そう》ほふぜし髪なれバ価《あたい》之程《のほど》をこぎるまじ。壱貫文よとお出《だ》し有。お前長者が受取て。九百すいべん仕る下の水《みづ》仕《し》が夫を見て。我等もすいべん仕《つかまつ》ろ。ヤ九拾すいべん仕る。天路の姫ハ鳥目《ちようもく》六文請取て。ヤ世に有し其時ハ。壱筋切る其髪も。千貫文にも売らねど茂。四百四病《びよう》の病《やまい》より。貧程浅《ひんほどあさ》まし物ハない。てんじの姫ハ鳥目六文手に持て。町へ下《さが》りて壱文でハかわら買。又壱文でハ油買。又壱文でハ灯心《とふしん》買。残《のこり》三文と申せしハ香炉《こうろ》花立水向け買て親の菩提おとわでそよ

阿倍の安奈

扨も其後阿部野安奈《あべのやすな》が物語《ものがたり》。妻《つま》ハ衣服《いふく》を改《あらた》めて。ふしたる童子をいだきあげ。乳《ち》ぶさをふくめて涙《なみだ》ぐみ。年月《としつき》つゝみしかゑもなく。おのれと姓《しやう》おあらわして夫子《つまこ》の縁《えん》も是限《これかぎ》り。父御にかくといゝたいが。たがいに面《おもて》を合してハ。身《み》之上語《うへかたる》もをもてぶせ。我《われ》ハ実《まこと》ハ狐《きつね》ぞや。六年已前篠田《いぜんしのだ》にて。悪《あく》右衛門に狩《かり》おされ。死《し》ぬる命を安奈殿に助《たすけ》られ。再度花咲蘭菊《ふたたびはなさくらんきく》の。千年近き狐《きつね》ぞや。我故《われゆへ》数《す》ケ所《かしよ》之疵《のきず》を請《うけ》。いたはり付添其《つきそうその》内に夫婦《ふうふ》之かたらいなせしぞや。」殊《こと》にお子とをもふけしが。右と左に夫《つま》と子お。だいて寝《ね》る夜《よ》のむつごとお。しらぬ野狐《やかん》の通力《つうりき》も。手《て》習《ならい》学文《がくもん》精出《せいだ》して。さすがハ父之子とゆわれ。人に笑《わら》われ母《はは》の名迄も呼《よび》出すな。離《はな》れがたなやこちよれと。

だきしめ〳〵ワツト泣《なく》。安奈聞《きく》より走《はし》り寄《より》。何故《なにゆへ》すてゝやるべきぞ。庄司夫婦葛《しようじふふふくず》の葉《は》も。放《はな》ちハやらじと言ふ声《こゑ》に。いだきし童子おはたとすて。形《かたち》ハ消《きゑ》て失《うせ》にけり。ヤア夫婦《ふうふ》四人が泣《なき》こがれ。向《むこ》ふの障子《しやうじ》に書捨《かきすて》し。ヤ恋しくバ。尋《たづ》ね来《き》て見よ和泉《いづみ》なる。篠田《しのだ》之森《もり》のうらみ葛《くず》の葉《は》我《われ》に名残《なごり》ハあらずとも爰《ここ》に哀《あわれ》を止《とど》めしが安部の童子が母上者壱人ハ跡《あと》に止《とど》まれど。初《うい》の壱人ハ人之たね。其うき事に身お恥《は》じて。恋《こい》しくバ尋《たづ》ねこいとの言《こと》の葉《は》に。書捨《かきすて》たるをかたみぞと。夫おしるべに葛《くず》の葉ハ。安奈諸共《やすなもろとも》いとし子お。すかし勇《いさ》めて和泉成《いづみなる》。ヤ篠田《しのだ》之森ゑと心差《こころざ》シ。見やる辺《あたり》ハ里遠《さととふ》く。安部野も跡《あと》に浪波津《なんわづ》ニ。心《こころ》はげしくせなにあぶちようきり〳〵す。心細道訳《ほそみちわけ》迷《まよ》ひ。行バおばなにまねくにぞ。夫《それ》おたのみにちから草。茂《しげ》るもゝ草道草も。ヤひく手にすがりあいらしく。指差方《ゆびさすかた》にちら〳〵と。物《もの》がしらすがあわれなる。こがれてもゆるきつねとハ。夫《それ》かあらぬか母上か。子故《ゆへ》の闇《やみ》にあこがれて。はしりつく〴〵見渡《みわた》せバ。かげも形《かたち》も泣《なき》こがれ。羽がい重《かさ》ねてひな鳥を。いだきかゝゑ玉ほこの。急《いそ》ぐ心に道はかも。しばしつかれをはらしけり

西の河原

扨も其後箱根《はこね》もふでお仕る。上《あが》りて見れバ冨士《ふじ》之山。参《まい》りて見れバ塚《つか》弐つ。壱つの塚ニハ弥陀《みだ》之三社之御立有。壱つ之塚ニハ郭公《ほとときす》。ヤ時鳥《ほとときす》。実冥途《まことめいど》之鳥ならバ。冥途之様子《よふす》を語《かた》れ聞《きこ》。冥途之様子を語ニハ。娑婆《しやば》と冥途之境《さかい》ニハ。西之河原《さいのかわら》が有と聞。壱つや弐つや三つや四つや。十ヲより下ゑの幼《おさな》子が。西之河原江離《はな》されて。昼《ひる》之間《あいだ》ハかいて之様ふ成手をひろげ。小砂《すな》を集《あつ》めて塚《つか》とつむ。小石《こいし》を拾《ひろ》ふて塔《とう》とつむ。壱重つんでハ父《ちち》之為《ため》。弐重つんでハ母《はは》之為。三重つんでハきよふり兄弟我身之為よと回向《ゑかう》なす。ヤ枡形成《ますかたなり》ニ組上《くみあげ》て。七つ下《さが》れバ鬼共《おにども》がね

ん鉄棒《てつぼふ》を振《ふり》りまわし。

塚《つか》お崩《くず》してばしやとなす

同下

花ぞの山ゑと這上《はいあが》り。色《いろ》よき花を苅集《かりあつ》め。色よき花ハ何々ぞ。牡丹芍薬百合《ぼたんしやくやくゆり》之花。桔梗刈萱女郎花《ききようかるかやおみなへし》。香《にほい》よきとて櫁《しきび》おバ。幼心《おさなごころ》に馳走《ちそう》する。日《ひ》も西山《せいざん》に傾《かた》むけバ。もちいし花お振捨《ふりすて》て。西を向てハ父恋《こい》し。東を向てハ母恋しヤ其声《そのこゑ》ハ谷《たに》にこたまの響《ひびく》のお。父が呼《よぶ》かと心得て。谷ゑ〳〵と這下《はいさが》る。茨木之葉《いばらこのは》をわけ行《ゆけ》バ。父と言ふ字があらバこそ。母と言ふ字ハ更《さら》になし。ヤアりゆうていこがれて泣《なき》さけぶ。地蔵菩薩《ぼさつ》が御覧じて。汝《なんじ》が父ハ娑《しや》婆《ば》に有。冥途《めいど》之父ハ我成ぞ。幼《おさな》心に夫お誠《まこと》と思《おも》ひしや。地蔵菩薩の袖《そで》や袂《たもと》にすがりつく

源牛若丸

扨も源牛若ハ。ヤア父之怨《あだ》を報《むく》わんと。毎夜〳〵に貴船之宮江きせいお懸《かけ》たる帰り足。まだ拾歳のほそまゆに。ゑぼしもあらん狩衣《かりぎぬ》ハ。百万騎の大将と。いわねど姿《すがた》かんばしく。ヤアしばし木蔭《こかげ》にやすらいて。今宵《こよい》で満《みてる》るほば太刀《たち》。あなずりかずらに治郎ぼふが。太刀打落《うちおと》されうろつけバ。すきもあらせず太郎坊《ぼふ》が。一度に掛れと大勢が。打て懸《かか》れバ飛上《とびあが》り。杉之小枝《ゑだ》にひら〳〵とひらや夜川の荒天狗《あらてんぐ》。羽《つばさ》ハ有《あれ》ど飛事ハかなわぬわっ。はたにげ行バ。いづくにかくれいたりけん有王亀王《ありおふかめおふ》馳《かけ》来り。化《ばけ》ぞこないのはな天狗。ヤア子細語《しさいかた》れときめつけて。ヤよいすいりやう。難波瀬尾飛騨《なんばせのふひだ》の左衛門下知《げじ》お請《うけ》。牛若丸お打《うた》ん為汝等《ためなんじら》とても免《ゆる》さぬぞ。いわれぬ天狗之腕《うで》たてと。抜《ぬき》つれ〳〵切立れバ。何之苦《く》も無打《なくうち》ころし。手柄《てがら》〳〵と牛若も下立給《おりたちたまへ》バ亀王手をつがゑ。あらため申に及《およバ》ねど。主人俊官《しゆじんしゆんくわん》若宮も小督《こごう》之局《つぼね》諸共《もろとも》に。姿《すがた》を換《かゑ》て守護致《しゆごいた》し。懸《かか》る事《こと》も有《あ》らんかと。先ニ寺江お帰《かへ》りと。弐人がいさめに牛若も。あれ見よ両人《りようにん》森之木ゑねぐらの鳥のさわぐのハ。我を打んと伺《うかかい》し。平家のやつ原

隠《かく》れて居るに違《ちが》ひなし。ヤアあれお出《いだ》し切殺《きりころ》せ。牛若爰《ここ》にて見物と。凡《ぼん》人ならぬ御言葉《おんことば》に。平家之赤旗《あかはた》まつ先に。左衛門家来引連《つ》れあらわれ出《いで》。牛若有王亀王ようくきけ。おのれ等《ら》平家之恩《おん》わすれ。俊官《しゆんかん》諸共《もろとも》小督《こごう》の局《つぼね》おだましすかしていのふとわ

同下

誕生《たんじよう》有し若宮を。もりたてむほんおはかる由《よし》。飛騨の左衛門向たり。覚悟《かくご》〳〵と呼《よば》われバ。亀王聞より飛で出。うつてよばわり面白《おもしろ》し。じたいおのれハ親の敵じや平家之討手《うつて》と有からハ。こなたも軍之門出立《いくさのかどでたち》。ヤア軍《ぐん》神《じん》ゑの血祭《ちまつり》に。己が首《くび》おと亀王有王ぬきはなし。敵呼《かたきよば》わりしやらくさい。物もいわさず討《うて》て取れ。下知にしたかひ家来共。つばなの穂先《ほさき》と抜《ぬき》つれて。討て掛れバ心得し。有王亀王多勢を相手にまくり切。跡《あと》ゑ廻《まわ》つて左衛門ハ。牛若討《うた》んとせし処《ところ》。亀王追懸《おつかけ》おのれ左衛門にがさじと。此亀王が敵討。にげてもにがさぬ覚語《かく》せよ勝負《しようぶ》〳〵とつめかくれバ。のがれかたなく左衛門ハぬいて懸《かか》れバけおとされ。親之敵じや思ひしれ。首打落し立所。有王丸も雑兵《ざうひよう》之。首打敢てかけ帰り俊官《しゆんかん》若宮まもり奉《たてまつ》り。小督之局《こごふのつぼね》の御手引て。様子残《よふすのこ》らず皆聞た。此勢《このいきおい》に汝等《なんじら》ハ。牛若丸の御供《とも》し。秀平親子《ひでひらおやこ》をかたらいて。甲州《かうしゆう》せいをかりもよふし都《みやこ》をさしてせめのぼれ

熊野山

帰命《きみよう》頂来《ちようらい》熊野《くまの》山。明日《あす》者吉日日もよき程《ほど》に。明日者熊野ゑ早参《はやまい》ろ。急《いそ》ぎおいづる縫《ぬい》はゝき。はゝきを縫《ぬ》ふハ易《やす》けれど。旅《たび》ハくかいのものでそよ。針目細《はりめこまか》に糸細《いとほそ》に。ヤ熊野路ハ。百廿日路と申《まお》せども。百廿日路で帰らずバ。跡で夫《つま》せよ我待《われまつ》な。御伊勢熊野の歩《かち》はだし。跡で殿《との》せぬ御前待《おまへまつ》。熊野三社《じや》の三つの御山を下向して。町《まち》江下《さが》りて拾七ノヤア土産《みやげ》にハ。白《しろ》き物《もの》とて櫛《くし》三本。黒《くろ》き物とて櫛三本。ヤア三品《みしな》に足《た》せよとたてを買《かう》。夕《ゆう》へ

夢《ゆめ》見たよき夢を。思ふ拾七夢に見た。思ふ拾七墓原《はかはら》に。墓之印ニ松植《うへ》て。壱本の小松が拾七之。小枝《えだ》をはろふて風呂《ふろ》を焚《たけ》ども見ゑもせず。御経読《きやうよめ》ども見ゑもせず。余《あま》りの事の無念さに。あづさにかけて物とゐバヤアうらみばかりでかたられぬ

其下　信義

扨も其後河内之国の信義《のぶよし》と。子種《たね》長者が宝競《たからくらべ》之御所有。信義殿ハ白銀金《しろかねこかね》之蔵をあけ。車《くるま》に積《つん》で内裏《だいり》之御前へひかれける。子種長者ハ拾弐人之子供衆を。蝶花飾《ちようはなかざり》にかざり立。是も内裏ゑひかれける。内裏其由御覧《らん》じて。白銀金《しろかねこかね》ハ主《ぬし》一代之宝ぞや。ヤア子に又増《まし》たる宝なし。信義殿者今日《こんにち》の。宝競《たからくらべ》に負《まけ》たる事の無念《むねん》さに。中山寺ゑと心差《こころさす》。中山寺ゑと早着て。前《まへ》なる手水で身をきよめ。鰐《わに》口などして願《ねがわ》くハ。子種お授《さずけ》て給《たま》われよ。子種《たね》おさずけたまわらバ。御前の鰐《わに》口見苦敷《みぐるしく》あれ取のけて金《こかね》て張替《はりかゑ》参せん。まだも不足に御座るなら。唐《から》の鏡《かがみ》も七面《をもて》。三拾さおふも七面。ヤア何とぞかなゑて給《たまわ》れよ

金閣寺雪姫

むざんなるかな雪姫《ゆきひめ》ハ何《なに》をとがにからまれて。涙《なみだ》のとまるひま茂なし。かゝるなげきゑ直信《なおのぶ》ハ縄目《なわめ》に涙しめかゝる。

ヤ軍平《ぐんへい》に追《おい》立られてしつ〳〵と。ヤア我夫成《つまなる》か雪姫か。御主《しゆ》様をばいかゑし。舅《しゆと》の敵《かたき》も共々《ともども》に。尋《たづ》ねんものと思ひしに。むざ〳〵死《しぬ》る口惜《お》しや。何とぞ慶寿院《けいしゆいん》の御先途《ごせんど》をヤ頼《たの》むぞや。科《とが》ないお前が先立バ。私《わた》しも一所《いつしよ》に死《しに》たいと。歎《なげ》くお軍平たゝき立《たて》。時刻《じこく》がうつるとひつたて行。ヤア見送《みおくる》る其身者搦《から》まれて。見やれバさそふ風に連《つれ》野寺の鐘《かね》のこふ〳〵と。響《ひびき》に散《ちる》や桜花《さくらはな》ヤアあの鐘ハ。六ツか初夜《しよや》か夫《おつと》の命《いのち》が有間にヤア父之敵者大膳《ぜん》じや。あの大膳の鬼《おに》よ蛇《じや》よ。くいついて成《なり》と此恨《うらみ》。はらさでおこかと泣《なき》しずむ。誠《まこと》に思ひつきし事。我等が先祖《せんぞ》之祖《じ》

父《い》様ハ猪《い》之山寺の僧《そふ》となり。絵《ゑ》を書《かく》事に身おこらす。鳥類《ちようるい》にても書時《かくとき》者。生《いき》たる如《ごと》く飛去《とひさる》と。我《われ》茂血筋《ちすじ》を受継《うけつい》で。ヤア筆《ふで》ハ無共裙先《なくともつまさき》を。墨《すみ》に涙《なみだ》の薄桜《うすさくら》。足《あし》に任《まか》せて書鼠《かくねずみ》。絵《ゑ》者一心《いつしん》に寄物《よるもの》ぞ。こわ〳〵うごくハ風《かぜ》でなし。あけ色鼠《いろねずみ》が顕《あらわ》れて。縄目《なわめ》のかずら草《くさ》の根《ね》お。喰切《くいきり》〳〵るはづみに土辺《どべ》ゑどふと転《まろ》ぶも夢心地《ゆめここち》夢か現《うつつ》と起直《おきなお》り。嬉《うれ》しや縄《なわ》が切《き》れたのか。足で鼠を書たのが。喰切我《くいきりわれ》を助《たす》けしか。見やれバ辺《あたり》に散花《ちるはな》の。鼠之行衛《ゆくへ》も風し吹《ふき》。木之葉と共に散失《ちりうせ》る嬉《うれ》しや〳〵本望《ほんもう》や。是より直《すぐ》に追掛て。夫《をつと》之命《いのち》を助《たす》けんと。馳《かけ》出す後ゑ声高《こゑたか》く。雪姫暫《しはし》とおしとゞめ。筑前守久吉《ちくせんのかみひさよし》が。

ヤア子細《しさい》者残《のこ》らず皆聞《みなきい》た。

そちが尋《たすぬ》るくりから丸ハ是爰《これここ》に。渡《わた》せバ取て打詠《うちなが》め。成程《なるほど》〳〵此釼《つるき》。此銘釼《めいけん》が手に入バ。ヤアおのれ今こそ大膳を。奥ゑ入らんとせし所。ヤ押止《おしとめ》て申さバ彼《かれ》ハ天下之敵《かたき》じやむほん人。親の敵ハ又跡《あと》て。慶寿院の御身の上。久吉預《あづか》り奉《たてまつ》る。ヤ気遣《きつかい》ひ無用《むよう》とせいすれバ。そんなら御主《しゆう》を頼《たのむ》ぞゑ。釼《つるき》を腰《こし》に帯《おび》しめて。小裙《つま》引上げ悦《よろこ》び勇《いさ》みて船岡《ふなおか》山江急《いそ》ぎ行

高野山石堂丸

あらいたわしや石堂《いしどふ》は。懸《かか》る難所《なんじよ》をたど〳〵と心も空《そら》にうき草の。ねざしの父者顔《かお》しらす。名のみ知るべに尋《たすね》行袖《ゆくそで》に涙《なみだ》ぞ愍《あわれ》なり。思ひ高野《かうや》の谷川《たにかわ》や。弓手《ゆんで》は岩間《いわま》馬手《めで》者あまのゝ山をろし。峰《みね》に煙《けむり》の壱結《ひとむすび》。見上て通《とふ》る不動《ふとう》坂。ふみ茂通《かよわ》ぬ丸木橋。名残情《なこりなさけ》も横《よこ》し吹《ふき》。風に木之葉も散果《ちりはて》て。心細道《ほそみち》突枝《つくつへ》ハ。下《おり》つ登《のぼり》つ行先《ゆくさき》を。問《とへ》と岩根《いわね》の松蔭《まつかげ》にヤア暫《しば》しやすらい給《たまい》ける。煩悩菩提《ほんのふぼたい》と諦《あきら》めて。加藤左衛門重氏《しけうじ》は。仏法修行《ぶつぽうしゆきよう》之山坂を。たどる茂後生《ごせ》の便《たより》か。石堂親子之気縁《きゑん》にや。思わず側《そば》に走寄《ぱしりより》。何と防《ほ》ん様御《さんおん》僧様《そさん》。此御山に今道心《とふしん》が座《ましま》さハ教《おしへ》てたべと有ければ。こわけふかるの小児《せうに》かな九百九拾之寺々に。毎日《まいにち》入来《いりく》る諸発心《しよほつしん》。昨日《きのう》剃《そつ》たも今道心。一昨日《おととい》剃たも今道

心。左様《さよう》に尋給《たづねたまい》てハ。ヤア知れかたし。俗之時《ぞくのとき》の名を言ふて。尋《たづね》られよと有《あり》けれバ。ヤアされバとよ。元《もと》ハ筑《つく》紫《し》之松浦堂《まつうらどふ》。加藤左衛門重氏と。言ふより扨ハ我子かと。とりすがらんと仕たりしがヤアまてしばし。此御《おん》山之掟《おきて》にて。譬《たと》へ廻《めぐ》り逢《お》ふとても名のり逢ふ事かなふまじ

同下

早々国ゑ立帰り。母子を大事にかしづくが。又ハ壱ツの孝行《かうかう》ぞと。ヤア我国者大内と言ふがせめなゆまし。母様諸共《もろとも》此御山の麓《ふもと》まて。ヤア来りしが。悲《かな》しい事ハ母様が。道之労《つかれ》に煩《わずろ》ふて。命之内に只一目。あわせてくれよと御歎《おんなげ》き。情と思ふて御在家《ありか》。教《おし》ゑてたべと有《あり》けれバ。胸《むね》ハせき上げ思わずワット泣給《なきたも》ふ。石堂丸ハ目かしこく。左程《ほど》に歎《なげ》き給ふのハ。若父上でハあらざるやと。すかり歎《なげ》かせ給ふにぞ。衣《ころも》之袖《そで》を打はらい。おことが尋《たづね》る重氏は。元此御山におわせしが。諸国修行《しよこくしゆきよう》に出給ひ。今ハ行衛《ゆくへ》も知れ難《がた》し。袖《そで》より薬《くすり》取出しヤア師之防《ぼう》が。壱万座《ざ》の護摩《ごま》を焚《たき》て。調合《ちよふかふ》有し御《こ》妙薬《みよふやく》。母御《ははご》に用《もち》ひかんびよふあれ。来《き》た道筋《みちすじ》ハ《は》難処《なんじよ》にて。こちらを行ハ《ゆげ》花《はな》坂《さか》とて。馬《むま》も有バ駕《かご》も有。早々行と教られ。石堂丸ハ薬と有お力《ちから》にて。見えつ隠《かく》れつ下ゑ行

大尾

病《やむ》なかに需《もとめ》によりて書写すまわらぬ筆ハ免《ゆる》したまわれ

田中喜右エ門写

雙愛社東組

取締　城山市之助

濱口彦之助

支配人　石神　彌市
石神金兵衛
宿本　堂岡甚五郎預り

明治三拾三子年　写

（翻刻　近江礼子）■

■資料3「立神ささら音頭」

ささら音頭　　立神ささら踊保存会

陣ばやし

ありがたや　ありがたや　ただ願はくば願はくば　六道衆生　平等に
この声明の　功力にて　迷いの雲を　打ち払い　先亡後死　もろともに
九品の浄土え　導き給え　南無阿弥陀
ありがたや　ありがたや　ただ願はくば　弥陀如来光明遍照十方
世界念仏摂取不捨　この念仏の功力にて　三途の闇の暗き道
護身の弥陀の　光にて　迷いの雲を　打ち払い
九品の浄土え　みちびきたまえ　なむあみだんぶつ

ささら小をどり

親御の功徳に　御寺へ詣りて　見てやれば　右りと左に築地を築いて
御門の掛りは　やら見事や　それ差し過ぎて　御庭を見れば　八重梅八重桜
八重の花が咲くと言う　あれこそ見事と褒められた　泉水花は
何花ぞや　牡丹芍薬　千両石竹　高城の棕梠は　やらみごと　やらみごと

打ち込み

尚も客殿　見てやれば　高麗縁に　雲欄縁に　畳をさらりと　敷きしたり（繰返）
それより打ち敷き　見てやれば　紋唐草の　緋緘に　金襴錦の　みごとさや
どこの国でも　いづくでも　今生後生の　慈悲の月　いづくながら　ありがたや

あやおり

吾は十七　若い身なれど　旅も都も　未だ見ず　親と勘当を　得ても其身は
都まいりを　しょうずもの　先ず一番に　奈良へ詣りて　奈良の春日の
祭りをみれば　お馬揃いに　鎧道具に　先ずは鋭い　祭りの　奈良を出てから
堺港に　繋かるお舟は　南蛮船とは　あかと　堺出てから　やがて程なく
住吉の　お寺え詣りて　石の鳥居は　これかの　あとで親御が　なげきなすやら
なんぼ今夜の　夢にみえてよ　いざや戻ろや　友だち

長拍子

あれに　見えたる　虎落（もがり）の家の太夫殿　旅の者にて　候が
烏帽子が　所望で参りそよ　折らせて給え　太夫どの　内より誰そと
応えける　烏帽子を折るには　秘所ござる　雛形か　人形か
左折りか　右折りか　好ませ給え　旅の殿　吾等が子孫の　着る烏帽子
左り折りを　荒々と　折らせて給え　太夫どの　太夫この由　聞く才の
旅の者にものを　好ませ候が　左折りを　召す人は　七男さんの
兵衛どの　鞍馬の山に　御座ありし　牛若どのこそ　召そうつれ
判官どのは　末ははるばる長けれど　踊る若い衆は　いざ戻ろ

小切り子（こっきりこ）

空を囀る　時鳥　まこと冥土は　鳥なれば　世になき弟を　たづぬより
地獄極楽　見廻りて　なぜに語らぬ　ありさまを　ありさま語る
までもなし　人に慈悲せよ　悪気を持つな　ただ今生では　念仏よ
西も東も　知らぬ子に　位牌持たせて　白衣（いろ）着せて
野辺の送りに　さすときは　涙こぼさぬ　人もなし
筋なき人に　言わすれば　それせぬ身じゃとて　あの途に　またと帰りし
人もなし

引き踊り

お寺え詣りて　見てやれば　なんと巧みし　お寺かな　宮殿廊下に
八つ棟造り　さて葺き様は　桧皮葺きよ　間の障子は黄金を延べて
さては見事な　お寺かな　それさしすぎて　庫裏みれば　千石臼へ
万石入れて　しらげの米が　数しれず　間所納戸を　みてやれば
花のようなる　お稚児さまよ　紫裾濃え　油煙あげて　御経あそばす
お声につれて　みな人々に　まいるある　あらありがたやと　伏し拝む

■

第二節　傘ブクと送魂儀礼

1　風流傘と傘ブク

奈良春日若宮のおん祭りをはじめ多くの祭礼の行列には風流傘が出る。大傘・台傘ともいわれる(1)。京都祇園祭ではこれを傘鉾《かさほこ》という(2)。通説では「傘ブク」は傘鉾が傘ボコとなり、それが訛ったものであろうとされる。

傘鉾《かさぼこ》の原型は鉾立て祭りにあるとされる。京都近郊に見られる鉾立て祭りのように鉾を先頭に悪霊を払うとか、鉾を依り代とすることから始まったとされる。それが祭りの先頭の風流傘と習合し傘鉾となったと考えられる。京都祇園祭が典型で、山車に鉾の名が付く。傘鉾は彩傘鉾《あやかさぼこ》と四条傘鉾の二基で、傘鉾の原型といわれる。新潟県の村上市の村上大祭（西奈彌《せなみ》羽黒神社祭）や山形県の酒田市の酒田まつり（山王例大祭）では、傘の上に鉾の付いている文字通りの傘鉾が出る(3)。他は緋の大傘をもって傘鉾、なまって傘ボコ・傘ブクというところが多い。傘鉾には幔幕が張られ、吊り下げ物を下げるものが多い。京都のやすらい花では疫病除けとして傘の下に入る。

風流踊りと念仏踊りもしくは盆踊りは、同じ踊りを、祭礼踊り・盆踊りとして踊っている所がある。伊勢市佐八《そうち》のカンコ踊りがそれで、盆の八月一五日は精霊踊りとして、翌一六日は秋葉神社の祭礼踊り（カンコ踊りといっている）として同じ踊りが踊られる。精霊踊りの大踊りに南無阿弥陀仏が入っているが、祭礼踊りにはそれがない(4)。徳島県では神踊りと称して、盆に風流踊りを踊る所が多い(5)。三重県でも香良洲《からす》町の宮踊り、松阪市松ヶ崎のカンコ踊りは盆踊りであるが、神社でも踊る。香良洲の宮踊りは傘ボコが出る。三遠信地区の念仏踊りでも、和合のように神社と寺・新盆の家を回る所がある(6)。風流踊りが転じて念仏踊り・盆踊りになるからである。そこに出てくる傘も、風流傘が転じて念仏踊りの傘ブクとなると考えられる。

この傘鉾は祭礼に出ていたものであるが、盆行事や小正月行事の風流化に伴い、造り物の風流の一つとして登場する。

2　盆行事と傘ブク

三遠信の大念仏で傘ブクを出すのは静岡県側に多く、島田市大代《おおしろ》・森町・浜松市豊浜・浜松市旧水窪町西浦・同草木《くさき》であるが、愛知県東栄町の足込・三ツ瀬などにも傘ブクの出る地区を散見する。この地区の傘ブクは新亡の家とはかかわりなく、遺品を傘に下げるということはない。長野県に入ると日吉のお鍬祭り、平岡満島《ましま》神社のお練り・中井侍のお練りというような風流系お練り行事の中に風流傘が出る。このお練りの太鼓は、掛け踊りや念仏踊りの太鼓につながっている（第五章第二節〜第四節参照）。

三重県の三日市の如来寺のオンナイ念仏は、傘の下でしゃがんで念仏を唱える。東栄町足込でも同様である（第五章第四節2-(8)）。

また三重県志摩地区（第六章第一節参照）の大念仏に傘ブクが分布するが、高知県宿毛市沖の島・大分県佐伯市米水津《よのうづ》というように、海沿いに点在する。新亡の遺品を傘に付けることが共通している。東京都伊豆七島の新島本村・若郷にも類似した大踊りという行事がある。

〈高知県宿毛市沖の島弘瀬〉

宿毛市沖の島の弘瀬では、八月一五日が送り盆であるが、次の一六日に傘ボコの行事を行う。(7) 弘瀬では傘ボコという。一五日の盆踊りは、鈴木主水・兄弟心中・山三馬子節《さんさまごぶし》・俊徳丸・安珍清姫などの口説きで踊る。

傘ボコの行事は対岸の高知県大月町の古満目《こまめ》と一年おきに行ったというが、現在は弘瀬だけで二年に一度行う。したがって二年分の新盆の家の傘ボコが出る。行う場所は正行寺（浄土真宗本願寺派。古満目と同じ）で行っていたが、昭和四〇年（一九六五）ころから、三浦家の庭で行った。その後、弘瀬の港が埋め立てられ、広場になったので、そこで行うようになった。傘ボコには、遺影の写真と扇子が傘の柄に括り付けられるほか、提灯、戒名の札、南無阿弥陀仏の幡・死花《しか》が吊るされる。傘にはモールや紙花《かみばな》が美しく飾られる。行列は、笹持ち・鳥追い笠に僧服の先達を先頭に、山伏役の男子五、六人。笹を持った女郎役の女子五、六人・ソロバン・樽持ち・香炉持ちの諸役がつき、そのあとに傘ボコが並ぶ。これらの諸役は仮装風流である。傘ボコの先頭は漁協の傘ボコで、赤の大傘である。新盆の傘ボコは番傘を飾ったものである。平成一九年（二〇〇七）は二本であった。傘ボコ持ちは女性で、白鉢巻に熨斗髪《のしがみ》（熨斗で髪を束ねている）。白の上衣で、「ヌギタレ」といって両肩を脱いでいる。僧の読経のあと、サイトリの差配によって、円を描いて回る。サイトリは鳥追い笠で、御幣のようなもので差配する。サイトリと太鼓打ちはヤグラに上る。文句は「おみどんぼー、おじゃたー、南の雲は、しわいわーしわい、くさいわーくさい、さんしょの木、おみどんぼー」。意味の分からない部分が多いが、オミドンボーは南無阿弥陀仏のくずしであろう。最後に「とことどんと鳴るはなにか　あれは亡者の寄せ太鼓　あれは芝居の寄せ太鼓」という挙げ歌をうたって終わる。

この傘ボコを志摩の傘ブクと比較すると、傘ボコの飾りは派手であるが、志摩市御座《ござ》の香炉持ちが片肩脱ぎであるのと通じている。僧の偏祖右肩《へんだんうけん》が仏への帰順を示すように、このような片肩や双肩脱ぎも新亡への帰順を示すものであろうか。

行列が風流化して、念仏が囃子となっているのは志摩の大念仏と同じである。

（二〇〇七年調査）

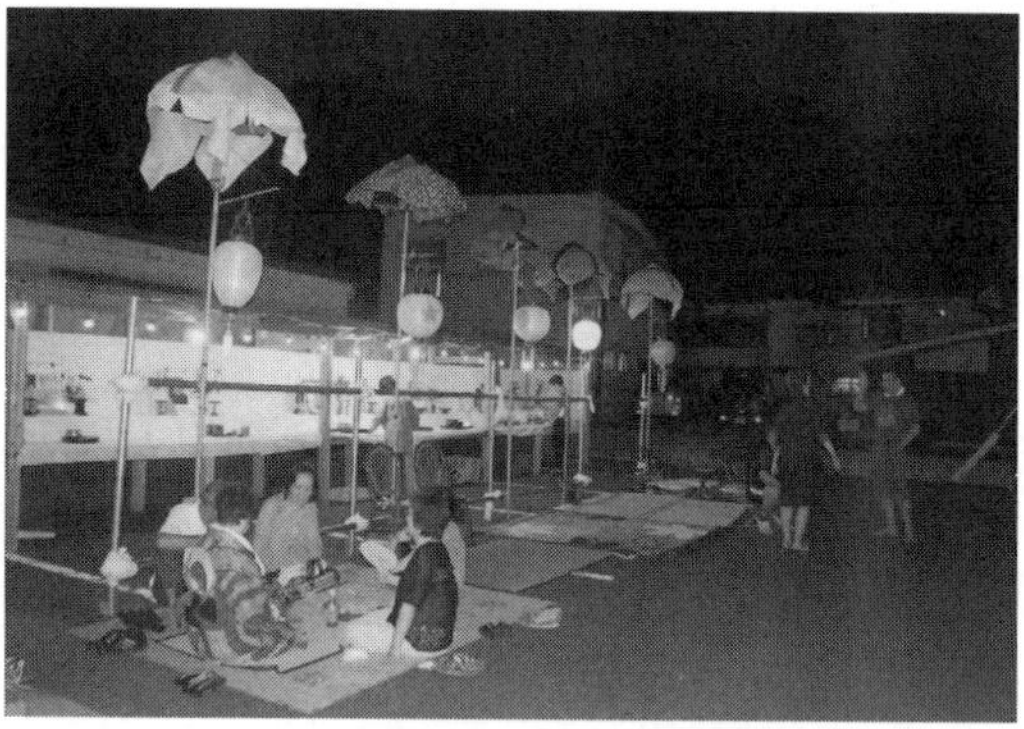

写真６－２－１　大分県佐伯市米水津宮野浦の傘ブク。故人の衣服を傘にかぶせる。

写真６－２－２　米水津色利の傘ブク。故人の遺品を柄に下げ傘に線香を垂らす。

〈大分県佐伯市米水津〉

大分県佐伯市米水津《よのうず》の宮野浦と色利《いろり》では、盆の八月一五日の供養踊りの時に傘ボコを出す(8)（カサもしくはカサボコという）（写真６-２-１）。宮野浦では傘ボコの傘の部分を死者の着物で覆い、兵児帯で留めて縛る。傘の柄（持ち棹）に提灯を括り付け、遺影の写真を先頭に傘ボコが従う。傘ボコは盆棚に立てられ、その前で盆踊りが夜一一時頃まで踊られる。盆踊りの最後に提灯が点灯し、遺族が音頭のヤグラの周りを三周する。昔は仮装もあり、傘ボコは解体して精霊舟と一緒に海に流した。

色利では一五日、宮野浦と同じく、盆棚（音頭棚ともいう）を並べ、一五日に持ち竿に衣服や帯などの遺品を結び付けた傘ボコを立て、数十本の線香を下げる（写真6-2-2）。始め盆踊りが行われ、盆踊りが終わると傘ブクに吊るされた線香一本一本に火がつけられ、傘ボコを持つ喪主を先頭に、位牌・遺影を持って、最初はゆっくりと輪を描き、だんだん速く、音頭の囃子に合わせて傘を激しく揺らして新亡を送っていく。昔は傘ボコを持ち帰り、屋根の上に載せ、その後、精霊流しで海に流した。

両地区とも音頭は口説きで、最後に「切り音頭」で終わる。

（二〇〇二年・二〇一五年調査）

3　傘ブクと吊り下げ物

〈伊勢志摩大念仏の例〉

志摩波切《なぎり》の大念仏の時に吊り下げるものの規定がある。波切の「大念仏執行要領」によると次の通りである。

男　提灯　扇子　印籠　煙草入れ　角帯　玉結　ささぎ　茄子　瓜
　爪切り　小刀　数珠　毛抜き　しきび　むしょあげ

女　提灯　扇子　遺髪　鏡　櫛　簪　玉結　ささぎ　茄子
　鋏　数珠　毛抜き　しきび　むしょあげ　ずず袋

ささぎ・茄子・瓜・しきび（樒）は供物として、他は遺品として考えられている。小間物や刃物であるので、魔除けの意味も考えられる。茄子やささげという盆の供物も入っている。

鳥羽市堅子《かたご》では次のようなものが吊り下げられる。

新盆の傘ブクには、死んだ人の遺品〈印籠・鋏・鏡・毛抜き・扇子・数珠・羽織の紐・髪の毛〈男女とも〉・櫛・煙草入れ・巾着〉を吊り下げる。三界万霊の傘は男ものの帯・髪の毛・腰紐・荷背負い用の紐を吊り下げる。いずれも身に着けたもの、肌に着けたものの感がある。傘ブクに身に着けたものを下げ、送る・祓う等の意味があったと思われる。

〈三重県松阪市朝田寺・他〉

遺品として死者の衣服を寺に持って行き、それを本堂に吊るすという習俗は松阪市朝田の朝田寺《ちようでんじ》にある。「掛け衣《え》」といって、葬儀の終わった翌日、衣服を納めにくる。本尊地蔵に極楽への道を開けてもらう道開け供養ともいう。元禄時代の俗謡に歌われているので、その頃にはあったといわれる。翌年の地蔵盆まで吊るしておくので、二百着ほどが本堂に吊るされている。(9)

このように遺品を寺に吊り下げる習俗は、朝田寺と関係が深かった紀州有田近辺にもあったようで、遺品を寺に持っていくのは山形県山寺《やまでら》のムサカリの習俗がある。

岩手県遠野市青笹《あおざさ》の喜清院《きせいいん》では、子どもが亡くなった場合、その着物を傘に吊るして寺に持っていく。いずれも衣服に魂が籠っていると考えられているからである。

4　小正月の傘ブク

この傘鉾は祭りに出ていたものであるが、盆や正月の風流化に伴い、風流の造り物の一つとして現われる。傘ブクは小正月にも出される。長野県伊那地方の例でみていこう。

・長野県伊那地方の事例

〈上伊那郡飯島町日曽利のカサンボコ〉

日曽利《ひそり》では一月一〇日に「かさんぼこ」という作り物を立て、その根元でドンド焼をする。「かさんぼこ」とは、一〇メートルほどの竹に、雨傘の骨を先端に差し、雨傘に切紙や紙花を吊るしたものである。かつては嫁の来た家を宿にしてその家の庭に立てた。大正月の「かさんぼこ」が一〇日で、小正月の「かさんぼこ」が二〇日であった。日曽利ではドンド焼きの時の囃子言葉はないが、隣村の中川村南向《みなかた》では「ホンヤリホウホウ」の囃子言葉があり、この行事を「ホンヤリ」とも言った。花は厄除けとして家に飾り、ドンド焼で焼いた餅を食べると風邪をひかないとされている。

〈伊那市西箕輪上戸のデエモンジ〉

同じように一〇メートルほどの柱を立てる行事が西箕輪《にしみのわ》の上戸《うわつと》にある。柱の先端には色紙で飾られた竹ひごの花を付ける。日曽利の「かさんぼこ」の花に当たる。その下に笹竹と御幣を立て、三斗樽の酒を付ける。次に飾り箱を柱の上に載せる。飾り箱とは、五穀豊穣などと書いた色紙を飾り付けた四角い箱で、その箱には飾り板という四角い屋根を付ける。これが「カサンボコ」の傘に当たる。この覆いにはモミ殻の入った色紙の紙袋や折鶴やおかめの面などの縁起物も吊り下げられる。色紙袋は各家三個作るので、一八〇個になる。「カサンボコ」の吊り下げ物に当たる。立てるのは道祖神の辻で、道祖神には松が立てられるが、二本の松に注連縄が張り渡され、門のようになる。

「でえもんじ」の語については飾り箱に大きな字、すなわち大文字《だいもじ》を書くからとする説と、大門《だいもん》を道祖神の辻に建てるからとする説がある。一月一四日に「デエモンジ起こし」を行い、二〇日まで立てて、「デエモンジおろし」を行う。囃子言葉はないが、太鼓を叩く。二〇日に道祖神に正月のお飾りを集め、畑でドンド焼をする。「デエモンジ」の花や色紙袋は恵比寿様や神棚に納め、無病息災を願う。一見、日曽利の「カサンボコ」と異なるように見えるが、花（これは他ではヤナギというところが多い）と傘（上戸では飾り板になっている）を付け、吊り下げ物を吊るすという基本的な構造は同じである。

塩澤一郎は、このような、天に高く竹や棒を立てて飾るデエモンジ・せえの神・カサボコといわれる行事を、上伊那郡で一六カ所挙げている。[10]傘らしきものを付けるのは上記の二カ所であるが、箕輪町大出《おいで》では松に巾着を下げる。伊那市東春近《はるちか》では日月の作り物を飾る。笹・御幣を付け、短冊などの吊り下げ物をするなど共通するところは多い。

〈下伊那郡阿智村浪合のコンブクロ〉

下伊那の旧浪合《なみあい》村（現阿智《あち》村浪合）で行われている小正月の「コンブクロ」という行事がある。[11]コンブクロは幸《こう》福袋《ふくぶくろ》の訛りといわれている。

浪合地区では小正月の一四日、番傘にコンブクロという紙で作った飾り物を付けて回る行事がある。傘が出るのは、町場である上・下中・宮本と、荒谷《あらや》、上半堀《かみはんぼり》の三カ所で、各家を回りながら五色の色紙を網目状に切ったコンブクロという飾り物を吊り下げてもらう。「セーノ、コーンブクロ」の掛け言葉で歩く。傘をくるくると回し、その下に入ると病気にならないとされる[12]（写真6―2―3）。

上・下中・宮本は中央といわれ、三組で当番を組み一本の傘を出す。軒数が多いため、傘は二重になる。午前中から公民館で子ども（一二歳以下）が傘作りを始める。五メートルほどの竹に二本の番傘を付け、傘の骨に五色の色紙を貼る。先にオンベ（御幣）を付ける。これとは別に一本のオンベを付けた竹を作る。

村民グラウンドでは、厄年の大人が中心になりドンド焼のホンヤリ様を作る。ホンヤリ様は一〇メートルほどの中心木（神木）に松や檜の枝払いした時の下木を円錐状に重ね、カヤなどの燃えやすいものを中に入れ、周りに正月の門松やお飾りを積み上げる。最上部には松をかざす。正月七日から一週間かけて下木集めをした。

午後四時からコンブクロの傘が町中を回る（写真6-2-4）。下中・宮本・上と回る。オンベを先頭にコンブクロの傘が回る。子どもがコンブクロと掛け声を掛けて回るが、家々でコンブクロが一つ二つと吊り下げられ、傘の下に人が入るとクルクルと傘を回す。厄除けとされる。

辻では、厄年の人がその年齢の金（男は四二歳で四二銭、女は二五歳で二五銭）をおひねりに包み落とし、それを

写真6-2-3　浪合のコンブクロ　傘

写真6-2-4　浪合のコンブクロ　厄除け

写真6－2－5　浪合のコンブクロ　ドンド焼き

子どもが拾ったという。ホンヤリ様を燃やす時にも撒く。いずれも厄落としとされる。

傘に下げるのは網状の切紙で白い障子紙や広告紙で作るが、かつては新聞紙や色紙で作った紙袋に豆や麦や米の五穀を入れたものを下げた。ホンヤリ様を燃やす時に、「五穀を撒く」といって米を撒いてホンヤリ様の火にくべる。

町中を回った傘は、村民グラウンドでオンベの先にダルマを付け、ホンヤリ様の最上部に付けられる。オンベの竹も付けられるため、最上部はホンヤリの松・ダルマが付けられたコンブクロの二重の傘・オンベの竹の三本が並ぶ。ホンヤリ様の前には尾頭付きのイワシ・野菜・酒が供えられ、一同礼の後、三方から、その年の干支の子どもによって火が入れられる（写真6-2-5）。もとは波合橋の河原で燃やした。

五時に点火し一〇メートルほどのホンヤリ様が燃えるのに一時間ほどかかる。中心木はその年の恵方に倒すとして、刺股で調整しながら倒す。火が下火になると火に米を撒いたり、書き初めの半紙を燃やす。米は五穀豊穣のため、書き初めは字が上達するためとされる。また餅を焼き、翌朝おかゆに入れて食べる。風邪をひかないとされる。燃え残りの木を持っていくと火事にならないとか、この火でつけた煙草を吸うと虫歯にならないとされる。

火の燃えている間、酒や豚汁が振る舞われる。昔は豆腐汁であったという。

以上が町中のコンブクロとホンヤリ様の行事である。コンブクロとは傘に吊り下げる飾りのことであるが、その傘をコンブクロといったり、その傘が町中を回ることをコンブクロというようになったと思われる。一方ホンヤリ様とはドンド焼きのことで、中心木は一〇メートルに及び、先端にオンベやコンブクロの傘、松が付けられ、供え物をして燃やされる。ホンヤリ様と様付けで呼ばれるのは、賽の神・道祖神とは言っていないが、神として扱われているからであろう。このように、町中のコンブクロ・ホンヤリ様の行事には、五穀豊穣と厄除け・厄落としの二つの意味が各所に見え隠れしている。

他方、荒谷の行事は「傘まわり」といって小学生の行事である。傘は一本で二時頃から子どもが三〇軒ほどの家を回る。「傘まわりが来ました」といって網状の飾りを付けてもらい、傘の下に入ってもらう。回ったあと公民館で豚汁を振る舞われ、午後六時、青木橋のところでドンド焼きとともに傘も燃やす。

上半堀は傘と飾りを公民館で作るが、家を回ることはしない。夕方、ドンド焼きとともに傘を燃やす。

浪合地区では他に治部坂《じぶさか》・宮の原でも、ホンヤリ様といってドンド焼きをするが、傘を出すことはない。ホンヤリは「ほうりやらう」であろう。以上が浪合のコンブクロ・ホンヤリ様の行事である（二〇一三年調査）。

なお牧内武司氏の記録[13]によると、飯田市南部（川路《かわじ》・竜丘《たつおか》・松尾・鼎《かなえ》・伊賀良《いがら》）では「おんべ唐笠こんぶくろに子種袋（「こざねぶくろ」ともいう）」といって一〇メートル近い柱が立てられ、一番上にオンベ、二番目に唐笠、三番・四番と唐笠のあるところもあり、最後にコンブクロと子種袋が笹に吊り下げられた。傘は五色の紙で飾られ、コンブクロは五色の色紙で作った巾着で中にもみ殻を入れた。さらに三角の色紙袋に糠を詰めて、米袋とした。浪合では傘にコンブクロが下げられていた。傘が町中を回る。コンブクロは米袋であろう。正月にコンブクロを戸口に掛け、歳神様が五穀を入れてくれるとする行事が木曽谷にあるという。飯田近辺のこの行事は子どものもので、金集めに「神勧請神勧請紙を買うから銭をくれ」とオンベを先頭に節を付けて囃して回った。この「おんべ唐笠」は各村の字ごとに行われ、縁起飾りとして一〇〇本以上立てられたとある。上伊那の「カサンボコ」「デエモンジ」の原型を見るようであるが、祓って送る吊り下げ物が、予祝や祈願の「おめでた物」になっている。(14)

・盆と小正月

なぜ盆と小正月に傘ブクが出てくるのであろうか。

盆と正月の類似性について、民俗学で言われていることをまとめてみよう。日本の年中行事は一年を盆と正月によって二分され、年二回、同じことをする構造を持っている。柳田国男は盆正月の二度に祖霊が来るとし、折口信夫はマレビトという異郷からの神が年二度去来するとしている。盆正月はこのような神を迎え送る期間とされる。

暦の導入により、正月はいくつかに分かれた。元来は年の初めの月の満月の時、すなわち旧暦の一月一五日の小正月が民俗学でいう本来の正月である。収穫祭や予祝、それに伴う先祖祭りということを考えると、一一月二四日の霜月祭り、一二月一五日の御神楽《みかぐら》の日、一二月三一日の年越し、二月三日の節分等にも、正月としての要素がある。このように正月はいくつもある。盆も七月一五日とされたのは仏教の影響からで、先祖祭りや収穫祭、厄払いの要素から考えると、六月一五日の祇園祭、六月三〇日の夏越の祓え、七月七日の七夕、八月一日の八朔・旧暦八月一五日の月見等が考えられる。特に八月一五日に仲秋や秋夕に先祖を迎えるという習俗は、東アジア一帯に広まっている。盆と正月には、収穫祭や予祝という農耕儀礼的要素、祖霊祭的要素、太陽や歳の再生という側面が考えられるが、この二つの時期に祖霊や神の去来が集中していた。

・傘鉾と拍子物風流

このような年二回の神迎え神送りの行事が囃子を伴って風流化する。すなわち囃してにぎやかに神を迎え送る(15)。そのために派手な作り物を作り、派手な衣装や仮装をして鉦太鼓の踊りを伴うというようなことが一五世紀ころから都市を中心に流行し出す。これを「風流」という言葉で表している。柳田国男は『日本の祭り』(一九四二年)の中で、これを祭りの風流といって、内輪で神迎えをしていたのが、見せるための祭りに変化したことによる現象であると説明している。歴史学の方では、これを都市の住人の自治や郷村制の成立に関係づけて説明する。祭礼の風流化は平安時代末の田楽の流行から始まるが、一五世紀、正月の松囃子や盆風流・七夕風流として現れ、風流踊りの大流行となっていく。松囃子とは正月の松を飾り立てて趣向を凝らした造り物を造り、囃しながら練り歩く行事で、拍子物風流とされる。その面影は博多のドンタクなどに残っている。民俗行事では稲の虫送りや小正月の鳥追いのような払い送りの行事にも囃子言葉は用いられる。またヤナギといわれる飾り物や傘が登場し、神の依り代、象徴としてこれを送る行事がある。下伊那の掛け踊りがその典型である。祭礼ではそれらが先頭に立ち、依り代とされる。また京都のやすらい花行事のように、疫病除けのシンボルとされ、その下に入ると疫病から免れるとする。傘はそのドンド焼とともに送る。

5　祭礼図・洛中洛外図に見る吊り下げ物

傘ブク(傘鉾)は祭りに出ていたものであるが、その祭りに原形をみてみよう。

傘ブクに遺品などを吊り下げる例をみてきたが、十六～十七世紀ころの祭礼図や洛中洛外図などを見ていくと、傘に吊り下げ物をしている図が多くある。

一つは出光美術館蔵の『祇園祭礼図屛風』(16)で、右隻第二扇上部に、祭礼行列の中の先頭部分に、肩車されている

図6－2－1　出光美術館蔵『祇園祭礼図屏風』右隻第二扇

子ども男子二人と、抱かれている子ども三人（女子か）が描かれている（図6-2-1）。肩車された子どもの一人は、緑色の陣羽織を着て、傘には巾着・紙入れ・袋物が吊り下げられている。その後ろの子どもにも傘が一本差しかけられていて、小物入れや袋物が吊り下げられている。祭礼行列の先頭部の母衣《ほろ》武者の後につき、行列に加わっている。同様の傘を差しかけられた子どもは各種の洛中洛外図にみられるが、多くは見物人として描かれている。

次は出光美術館蔵『江戸名所図屏風』[17]で、右隻第二扇下部の浅草三社祭礼行列の先頭部分に、赤熊《しゃぐま》や田楽に並んで描かれていて、瓢箪のようなものが二個と袋物が見てとれる。再び『江戸名所図会』（図6-2-2）を見ると、差し傘ではなく行列先頭の傘ブクとみられる傘にも吊り下げ物がある。

左隻第三扇上部の新橋《しんばし》脇には、子どもを抱えた女性がいて、傘を差しかけられていて、傘に袋物や小物の吊り下げ物がある。

左隻第四扇の宇田川橋の手前には子どもたちが輪になって踊り、傘が差しかけられ、紙入れと小布《きれ》の吊り下げ物

図6－2－2　出光美術館蔵『江戸名所図屏風』右隻第二扇

がある。

『洛中洛外図屏風　勝興寺本[18]』の左隻第三・第四扇の中央二条城前の大通りには、祇園祭の神輿巡行の場面が描かれている（図6-2-3）。神輿の後ろに、肩車に差しかけ傘の子ども二人と、母衣武者が描かれている。一人は傘を肩に差している。子供二人と母衣武者の傘には吊り下げ物がある。小物と短冊状の小布《きれ》が吊り下げられている。

『洛中洛外図屏風　池田本[19]』（図6-2-4）も左隻中央に二条城を描く。神輿の前後に八本の傘があり、うち二本に吊り下げ物がある。風呂敷のような布切れと小物が吊り下げられている。二条城右脇の道にも傘が二本描かれていて、二本とも短冊状の布切れが下げられている。この『池田本』には、他にも多くの傘が描かれている。

　細かく見たのは以上だが、その他にも「洛中洛外図屏風」「祭礼図」「風俗図」には多くの傘が描かれている。傘は僧や女の人にも差しさしかけられている。基本的には日傘で、高貴の人や女性などに差しかけられ、吊り下げ物はない。

（傘の下に吊り下げ物がある）

（右端・左端に傘がある）

図６－２－３　勝興寺蔵『洛中洛外図屏風　勝興寺本』左隻第三・第四扇　二条城前

図６－２－４　林原美術館蔵『洛中洛外図屏風　池田本』左隻　二条城前

注目しているのは肩車の子どもに差しかけられる傘で、一つは神輿行列の先頭の赤熊や旗掛け物一群の中にあり、子どもは烏帽子や裃で正装している。また別に、見物人の中にいて肩車に傘を差しかけられている子どももいるが、抱かれている子どもや歩いている子どももいる。

以上の子どもの差しかけ傘は、「うばん傘」「乳母日傘（うばがひからかさ）[20]」といわれ、大事に育てられたことの比喩にされた。

6　傘ブクと送魂儀礼

〈茨城県稲敷市古渡の例[21]〉

写真6-2-6、写真6-2-7は茨城県稲敷市古渡《ふっと》の昭和四〇年（一九六五）ころの祇園祭の写真である。

古渡は霞ケ浦の南岸の小野川の河口に位置し、すぐ上流に江戸崎の街並みがある。霞ケ浦には『四十八津掟書』があり、霞ケ浦の四八の漁村が入会権を持って漁業が行われてきた。霞ケ浦の南北に津頭《つがしら》を置き、南はこの古渡であった。幕府はここに水行係を置いて水利・舟運・漁業を管理したので、この地が水運の拠点でもあった。舟運の要衝だったため、茶屋や遊郭もあった。

祇園祭を行う素鵞神社については、応永九年（一四〇二）に悪疫が流行したところ、託宣があり、上宿に境内を設け、同年六月十三日に社殿を建立したところ、悪疫が治まった。のちに京都八坂神社の分霊を迎え、八坂神社とした。慶長八年（一六〇三）、古渡城主丹羽長重は、城内に行在所を設け神霊を迎える祭礼を始めた。城がなくなってからも、宮本惣右衛門宅前に、城跡に向かって仮宮を設けることにした。以降もこの仮宮に遷座する祇園祭は続けられている。旧六月一三日、本祭として行ったとあるが、平成二八年（二〇一六）より七月第一日曜を当七五三《とうじめ》

写真6－2－6　古渡の頭殿

写真6－2－7　古渡の挿秧女（撮影　鴻野伸夫）

祭、第三日曜が本祭で金曜・土曜・日曜の三日間を祭礼に当てている。

この祭礼は当屋制で運営されており、当家は当番町の家が当たる。神役である頭殿《つうとの》は当番町から出す。

頭殿は二歳から七歳の当番町の子どもがその任に当たる。頭殿は狩衣を着て冠をかぶる。頭殿は歩かせてはいけないとし、親が乗せ人《のせと》になって肩車で移動し、大傘が差しかけられ、布の吊り下がり物がある（写真6‐2‐6）。扇人《おうぎと》として、和服を着た親戚の女子が風を送る。頭殿は祭式の時には神官の隣に座る。渡御には神輿の後につき、当殿の後に神主がつく。頭殿は当殿で、その名から当家の神役と考えられる。昔は緑の陣羽織を着た。その陣羽織が残っている。

また挿秧女《そおとめ》という風習があった。挿秧女とは、祇園祭が疫病から守る神であることから、それにあやかって神輿の後に供奉させる子どもをいう。二歳から七歳の男子で、毎年参加することができる。挿秧女は乗せ人に肩車され、傘を差しかけられる。傘には名入りの提灯を付け、手巾を吊り下げる。親戚の女子が扇手としてつく。頭殿と同じような姿になる。毎年十数人の挿秧女が参加し、神輿についた。挿秧女は早乙女で、田植えの女子の意で、香取神宮のお田植祭には幼女子が肩車されて神事田植えに参加する。その転用ともみられるが、挿秧女（早乙女）という名前のみがこの地に伝わっている。

三日目の本祭の還御の行列に入るもので、神輿の後につき、途中、小野川の河岸に寄り、川の水で口を嗽ぐ。また挿秧女は昼に付近の神仏を回ることもした。写真6‐2‐7は愛宕社下の近くを行く挿秧女の一行とみられ、抱っこされてついていく子どもが写っている。

・祭礼図との比較

これを出光美術館蔵『祇園祭礼図屛風』と古渡の頭殿・挿秧女と比較すると、多くの点で似通っている。肩車に傘が同じであることもさることながら、頭殿が着たとされる緑色の陣羽織や後列の抱っこされた子どもが一致する。祇園祭にも神役としての稚児があり、古渡の頭殿に相当する。頭殿の傘の吊り下がり物があるが、挿秧女にもある。この祇園祭礼図の子どもは、挿秧女のように、疫病除け、健康祈願に祇園祭に参加した一群と見受けられる。古渡では身祓いの札を身に付けて行列に参加するが、祇園祭礼図では身に付けていた巾着・紙はさみなどを傘に吊り下げる。この吊り下げ物には身祓いの意味があったと思われる。古渡では、色とりどりの手巾のようなものを傘に吊り下げるが、手拭いのように身を拭い祓うものとみられる。『洛中洛外図屏風　勝興寺本』や『洛中洛外図屏風　池田本』にもこのような小布や短冊状・風呂敷状の布切れを吊り下げているものがみられる。

肩車の傘は、神の子は歩かせない、日傘を差しかけて日に当てないという、高貴なものに対する差し傘の扱いに通ずる。また『江戸名所図屛風』の傘ブクや『洛中洛外図屏風　勝興寺本』の母衣《ほろ》武者の傘の吊り下げ物も、差し傘の吊り下げ物が転じたものであろうか。同様の意味を持ったものと思われる。

〈志摩地方の大念仏の例に戻って〉

植木行宣は「小袖の風流[22]」の中で、各地の祇園祭の山笠や風流傘に小袖を覆う儀礼を挙げ、「衣類に託して災疫の防除を願う信仰が基層にある」としている。身に付けていたものを身祓いとして傘に付けて送っていくのが傘ブクの意味であろうとすでに述べたが、「祭礼図」の傘に下がる布切れに細かい模様があるのは、小袖の切れ端ともとれる[23]。

古戸の例ではいくつもの布切れを下げていた。これは六月三〇日の大祓い行事や、大阪住吉神社の人形《ひとがた》と同じ、身を拭って災疫を祓う意味がある。祇園祭の疫病除けにあやかって子どもの健康を願って行列に加わり、見物人として参加する時に吊り下げられたものは身に付けていたもので、「身祓い」とされる。古くは小袖が身拭いの「撫《なで》物《もの》」として使用された(24)。

この「身祓い」の延長に伊勢志摩地方の大念仏がある。帯・印籠・紙入れなどの身に付ける小物類、さらには髪の毛までも傘に吊り下げるのをみると、その意味が分かる。死者の魂とともに身に付いた災疫も遺品に託して送り出すものである。盆の送魂儀礼には、無事に死者があの世に逝くことと、死者を恐れ遠くに行ってもらうことの相反する感情があった。

以上、盆と小正月や祭礼図にみられる傘ブク・吊り下げ物をみてきた。もともと傘は祭礼の先頭に出る鉾と習合し、依り代としてあったものと思われる。招福や除災の意味も込められていた。この傘が風流化して、正月や盆の神霊・祖霊の去来する季節に立てられる。神迎え神送り・ホトケ迎えホトケ送りの象徴として、災疫や疫病を付けて送られるものとされ、転じて除災・招福・諸祈願になっていった。傘ブクは太鼓や羯鼓・念仏や掛け声で囃して送る。

盆行事に出てくる傘ブクは、その意味で新亡の身に付いた災厄とともに魂を囃して送る送魂儀礼であるといえよう。鳥羽市国崎では、戦前には傘ブクは海に流したとある。大分県佐伯市米水津でも、傘は屋根に上げて最後に精霊舟に載せて海に流したとある。傘ブクは祓い送られるものであった。

註

（1）祭礼・盆行事の傘鉾については、段上達雄「傘鉾の系譜」（『八代妙見祭』熊本県八代市教育委員会、二〇一〇年）が、全国一覧を掲げ、全体を論じている。盆行事については、志摩では和具・波切・甲賀が載っている。傘鉾の源流については、段上達雄「きぬがさ1――傘鉾と風流傘の源流――」（『別府大学大学院紀要』一三号、二〇一一年）にあり、インド・中国の例から論じている。

（2）祇園祭の傘鉾については、山路興造「祇園祭りの芸能と囃子」（『京都――芸能と民俗の文化史――』思文閣出版、二〇〇九年）、植木行宣「図像にみる祇園祭山鉾とその変遷」（『祇園囃子の源流』岩田書院、二〇一〇年）、「笠鉾とその流れ」『京都民俗』三五号、京都民俗学会、二〇一七などがあり、鵲《かささぎ》鉾説とか、山と鉾の違い・笠鉾（「笠」は植木表記）の発生が論じられている。

（3）二〇一三年・二〇一七年調査。山形県酒田市の酒田祭りは祇園祭を元に、新潟県村上市村上祭りは京都祇園祭の影響で発展した。酒田は「祇園祭り屏風」（嘉永四年〔一八五一〕）に、鉾のある傘の絵があり、村上は、現在使用している傘ブクに鉾が付いている。

（4）植木行宣「佐八の羯鼓踊り」『三重県の民俗芸能』三重県教育委員会、一九九四年。

（5）檜瑛司『徳島県民俗芸能誌』錦正社、二〇〇四年。

（6）第五章第二節1参照。

（7）二〇〇七年八月調査。沖の島の傘ボクについては、井出幸男・公文季美子「土佐沖の島、盆の芸能と三浦伝説」（『土佐の盆踊りと盆踊り歌』高知新聞社、二〇〇九年）に詳しい。

（8）二〇〇二年・二〇一六年調査。米水津村宮野浦・色利浦の傘ブクについては、段上達雄「米水津村の供養盆踊り」（『大分県の民俗芸能』大分県教育委員会、一九九一年）に報告がある。

（9）『松阪市史　第一〇巻　資料編　民俗』松阪市、一九八一年　四八一頁。

（10）塩沢一郎「信州上伊那でえもんじとせい（歳）の神」『あしなか』一五六号、山村民俗の会、二〇〇〇年一一月。「小正月の道祖神信仰」『長野県民俗の会通信』一四〇号、長野県民俗の会、一九九七年七月。「上伊那北部道祖神祭・でえもんじ」『伊那民俗』二三号、柳田国男記念伊那民俗研究所、一九九五年一二月。

（11）二〇一三年一月調査。

（12）橋都正「浪合村のコンブクロ」『伊那』九三二号、二〇〇六年一月。

（13）牧内武司「おんべからかさ談」『伊那』三〇八号、一九五四年一月。

（14）吊り下げ物に「瓢箪」「亀」「薬玉」などの「おめでた物」が下げられ、傘ブクが厄除けから安産祈願などの諸祈願に転じていく。また傘ブクが雛祭りの脇飾りとして飾られるようになり、種々の「おめでた物」や「縁起物」が下げられる雛祭りの吊り下げ飾りになっていく。坂本要「傘ブクと吊り下げ物の民俗――傘ブクから雛の吊り下げ飾りに――」『福島民俗』四五号、福島民俗学会、二〇一七年。内山大介「産育祈願の吊るし飾り――福島県会津地方の傘ボコ――」『民具研究』一五四号、日本民具学会、二〇一六年。

(15) 風流拍子物・拍子（はやしもの）の概念については、植木行宣「風流踊りの現状と課題」（『民俗芸能研究』四三号、民俗芸能学会、二〇〇七年）、同『風流踊りとその展開』（岩田書院、二〇一〇年）、同『祇園囃子の源流』（岩田書院、二〇一〇年）などによる。従来の風流踊り成立以前に拍子物という一連の芸能があり、それが風流化して踊りにもなるという論である。山路興造「風流踊り」『近世芸能の胎動』八木書店、二〇一〇年。山路興造・青盛透・植木行宣編『滋賀県の民俗芸能』滋賀県教育委員会、一九九八年。青盛透「囃子物という芸能」『民俗芸能研究』四三号、民俗芸能学会、二〇〇七年。

(16) 出光美術館蔵『祇園祭礼図屛風』（六曲一双紙本着色　縦一五三・五×横三四七・〇センチ　桃山時代）。図録『出光美術館蔵品図録　風俗画』出光美術館、一九八七年。

(17) 出光美術館蔵『江戸名所図屛風』（八曲一双紙本金地着色　縦一〇七・二×横四八八・八センチ　江戸時代寛永期）。図録『出光美術館蔵品図録　風俗画』出光美術館、一九八七年。『江戸名所図屛風と都市の華やぎ』出光美術館、二〇一八年。

(18) 勝興寺本　富山県勝興寺蔵、一七世紀、縦一五五・四×横三五一・四センチ

(19) 池田家本　岡山県林原美術館蔵、一七世紀、縦一五九・〇×横三六三・〇センチ

(20) 山東京伝『骨董集』（文化一一年〔一八一四〕刊）ほかの随筆集にもある。

(21) 二〇一六～一八年調査。人見暁郎「古渡の祇園祭りについて」『桜川村史考　Ⅳ』桜川村史編纂委員会、一九八三年。

(22) 植木行宣「小袖の風流」『藝能史研究』一四一号、藝能史研究会、一九九八年。

(23) 前掲、植木行宣「笠鉾とその流れ」では、この細い布切れを細帯と解釈している。

(24) 「撫物」は陰陽師が身の祓いや身体護持のため、人形《ひとがた》や衣類を身に撫でて川に流す呪法であるが、小袖が使われるようになった（坂本要〔二〇一九C〕）。

第七章　まとめ

融通念仏・六斎念仏・双盤念仏・踊り念仏・念仏踊りについて、調査報告と分析を進めてきた。歴史的には、百万遍念仏が平安時代中期に現れ、融通念仏の思想と相まって民間念仏は広まっていったと考えられる。一方で空也のような市の聖、念仏聖の民間に念仏を広めるような動きは、各種「往生伝」に記載されている。

1　踊り念仏と念仏踊り

まず踊り念仏について述べると、一遍は空也を踊り念仏の祖としたが、文献に見る限り確証はない。京都の空也堂の念仏踊りや福島県八葉寺の念仏踊りは、江戸時代に復興されたものと考えられる。空也派もしくは空也僧の変遷は一様ではない。また、『融通念仏縁起絵』には僧が踊っている絵が描かれている。融通念仏か律宗の徒も踊っていたと考えられる。

鎌倉時代の文永から弘安にかけての一向と一遍の踊りは、ほぼ同時期に起こっている。また放下僧や暮露《ぼろ》の出現もこのころで、これは文永・弘安の蒙古の襲来という時期に、このような狂騒的な念仏踊りとか異形の者の出現といった現象が生まれた。さらに大きな見方をすると、一向・一遍等の時衆や融通念仏・律宗などは、それらの人々の不安を受ける受け皿として肥大化していった。遊行という一所不在の形態が、非人・芸能者・職人の形態と共通する。鎌倉末期から南北朝にかけての遊行僧や異形の人物の湧出をこの期の特徴とみることができよう。

その後、これらの踊りは、時衆の主流派である藤沢遊行派では法式化され、儀礼化されたと考えられる。一遍の踊り念仏は、二祖の他阿上人によって行道儀礼化し、「踊り念仏儀」が定まるのは江戸時代になってからである。踊り念仏は勧進と布施を乞うもので、勧進僧による踊り念仏はこのような時に踊られた。僧にとっては修行でもあった。

以上のように、踊り念仏にはバリエイションがあり、時代によって変化している。次の踊りの流行は、室町末期から近世初頭にかけての風流踊りの爆発的流行である。

一般に、踊り念仏から念仏踊りが発生したと論じられているが、多くの念仏踊りといわれるものは、前半の唱えだけの念仏と後半の踊りの二部構成になっている。本書第三章第三節で扱った若狭の六斎念仏や、第五章で扱った三遠信大念仏、第六章第一節の伊勢志摩大念仏がその例である。唱えだけの念仏は、伊勢志摩や三遠信の一部では「大念仏」という。融通念仏からの流れである。踊りは、その要素の分析からすると風流踊りである。風流踊りは傘を中心とした輪踊りで、これらの念仏踊りも輪踊りであり、傘ブクという傘を伴うところがある。

風流踊りは盆の念仏風流から始まったとされるが、踊り念仏の影響はあるものの、踊り念仏がそのまま念仏踊りになったとは踊りの系譜からは考えにくい。掛け声・囃子として念仏が入る踊りがあるが、念仏のみを唱えながら踊ることは少ない。大念仏は引声系の声を長く伸ばす唱えなので、踊りには適さない。基本的には念仏踊りは風流踊りであるので、風流系念仏踊りとした。引声系の唱えに踊りが付け加わったものとみることができる。以上のことが、「第五章　大念仏と風流踊り」で述べられている。

第六章は傘の問題を掘り下げた論考である。志摩の大念仏には、傘ブクに死者が身に付けていた物や髪の毛を吊り下げて送る習俗がある。傘ブクは祇園祭の傘鉾が盆の風流に移ったものであるが、吊り下げ物には、祓いや災疫の送りの意味がある。死者の衣服で傘を覆うことや、身に着けていたものを下げるのは、「小袖風流」といって、衣服に悪疫を付けて祓うことから来ている。陰陽道の撫で物や神社の（夏越しの祓いの）大祓いに通じる。これが、死者の魂を送るという観念と習合し、海岸部では傘とともに吊り下げ物を流すという習俗になったと考えられる。傘ブク・吊り下げ物の問題は今後の展開が予想される。

2　融通念仏と双盤念仏

一方、唱えを中心とする融通念仏は、講仏教という形で村落への定着を図る。扱ったのは愛知県知多半島一帯で行われている虫供養大念仏で、伝承からは近世初頭に遡る。

法明上人以降の融通念仏も、初期真宗と同じように、決まった寺を持たない道場様式と在家の「禅門」という念仏行者による形態を採っていた。道場を定めず、順番に道場を引き受ける「挽き道場」は、知多半島の大野谷でみるような道場小屋方式の形態であろう。「阿弥陀ぼんさん」という在家の篤心者が各家を廻って供養するのは、「御回在」に通じるものであろう。僧侶でない半僧半俗の人が僧侶役をするのは浄土真宗の毛坊主にも似ている。融通念仏の祖・良忍は、冨田村（愛知県東海市富木島町冨田）で生まれたとされる。「英比谷《あぐひだに》供養縁起」には、良忍が大野から草木を経て東浦にかけて布教したとされる。年代的に良忍が布教したとも思えないが、融通念仏の徒が布教し、虫送り大念仏の基礎を築いたとすれば可能な話であろう。現今の虫送り大念仏が百万遍であったり六斎念仏であったりするのは、融通念仏がもとにあったからと考えられる。

融通念仏から六斎念仏が生まれたことについては、五来重の論が詳しい。高野山で念仏が高唱化したことや雑行として踊りを伴うなど、本来の念仏行とは異なるものとして乱れたのを機に、持斎を厳しくした念仏復興運動であったとしている。(1)六斎念仏は、五来重の調査した和歌山県では伝承者が少なくなってしまい、研究も六斎念仏のその後に重点が置かれるようになった。本書でも、奈良県北部、若狭の踊り六斎、平戸壱岐、富士山周辺の事例を取り上げている。四地区を通しての結論はないが、平戸壱岐は今まで知られていなかった六斎念仏である。富士周辺の祈禱六斎については、山中湖平野の六斎念仏のように戦前に知られていたものもあったが、同様の念仏が三五カ所にあることが分かった。六斎念仏も、地区によってそれぞれの変容を示している。

第四章の双盤念仏は、本書でも最も力点を置いた念仏である。通説によると、双盤念仏は、宝徳二年（一四五〇）前後、京都真如堂の十夜法要から始まり、明応四年（一四九五）に鎌倉光明寺に伝わり、現在に至るとある。しかし現時点で見出されている双盤鉦の出現は万治二年（一六五九）である。鎌倉光明寺の什物帳に双盤鉦（記述では「物番鐘」）と記されるのは、元禄一二年（一六九九）である。文献を読み直してみると、真如堂から鎌倉光明寺に伝わったのは引声阿弥陀経と引声念仏である。それには双盤鉦は使用されていなかったと考えられる。現在、鎌倉光明寺では僧侶による引声阿弥陀経と引声念仏に続き、在家の人によって雲版鉦を使った六字詰め念仏が唱えられる。光明寺山門の中二階では、在家の人によって四枚鉦を並べて叩く双盤念仏が唱えられる。またこれとは別に、団体参詣人が来た時には双盤が僧侶によって叩かれる。これは善光寺や名越派のきざみ叩きと言われる叩き方である。このように、一概に双盤念仏といっても雲版鉦と双盤鉦があり、双盤鉦の枚数も、一枚で叩くもの、二枚で叩くもの、三枚以上の多数鉦を並べて叩くものがある。引声阿弥陀経・引声念仏は、円仁が中国五台山から比叡山に伝えたものと言われ、変遷をたどりながら鎌倉光明寺に伝わっている。鎌倉光明寺の六字詰めの念仏はまた別のもので、延享二年（一七四五）の文献に初めて出てくる。それまではこの部分は合殺《かっさつ》という声明が入っていた。

六字詰めの念仏はは百万遍の唱えにもとがあるようである。

全国の双盤念仏を俯瞰すると次のようになる。

双盤鉦は、伏せ鉦を大きくして横叩きにしたものと考えられ、当初は一枚鉦で、叩き方は善光寺や名越派・鎌倉光明寺の団体参詣時などで叩かれるきざみ叩きで、法要の入退堂の合図鉦として叩かれた。善光寺や川崎大師などでは、本尊の戸帳の上げ下げの際に叩かれる例がある。一枚鉦なので双盤鉦と言ったかどうかは不明である。これが二枚鉦として念仏を伴い、浄土宗の十夜儀軌に定められるのは、浄土宗法度などが整備される元禄前後と考えられる。東京八王子の大善寺の記述や茨城県爪連の常福寺の二枚鉦の初出からそれが伺える。右鉦と左鉦で音程を変え、左右の叩き方が異なった。

これとは別に、滋賀県安土浄厳寺では、楷定念仏と言って雲版鉦と双盤鉦で叩く念仏があり、伝承では天正七年（一五七九）の織田信長による安土問答の時に始まったとされる。この雲版を使う念仏は、滋賀県の琵琶湖の東南部に広がっており、鎌倉光明寺の六字詰めも雲版による念仏で、三浦半島一帯に広まっている。鎌倉光明寺にこの楷定念仏が伝わった経緯は今のところ不明である。一時、鎌倉光明寺で引声念仏の伝承が絶え、享保一一年（一七二六）に再び真如堂に習いに行って中興している。その時、付随して伝わったとも考えられるが、現在、真如堂の在家による十夜念仏には雲版は使用されていない。

僧侶による二枚鉦は鉦を向かい合わせにして両腕で叩くものであるが、在家の双盤念仏は、三枚から多いところでは一〇枚以上の鉦を並べ、片手で叩くものである。元々役僧が叩いたものが、在家の双盤講・鉦講の人が叩くようになったもので、僧侶の入退堂に双盤講の人が喚鐘の内半鐘《うちばんしょう》を叩く所がある。このようにして在家の人による双盤念仏が始まるのは、多数鉦が出てくる享保頃（一七一六〜一七三六）と考えられる。在家の双盤念仏には、法要の中で唱える役鉦と法要と法要の間に、平鉦（遊び鉦ともいう）がある。役鉦は役僧の鉦の意味で、平鉦より短く、平鉦は掛け念仏や鉦の叩きが複雑化し、聞かせ所として発達した。この平鉦のことを一般に双盤念仏と言い、江戸東京では幕末から明治大正時代に流行し、各双盤講や双盤念仏連中が声や技を競った。この平鉦の念仏は引声念仏の系統のものを崩したものと思われる。

以上が引声念仏から始まって双盤鉦が加わり民間に下降し、芸能化した双盤念仏の歴史的経緯である。

3　日本的念仏と民俗

踊る念仏と唱える念仏を見てきたが、最後にこれらは日本的念仏の特徴で、このように民俗と習合した念仏の意味を念仏の身体性ということから考えてみたい(2)。

戦後いち早く一遍上人に注目し、『南無阿弥陀仏(3)』という本を出したのは、民藝運動の旗手であった柳宗悦である。その念仏論を検討してみよう。

柳宗悦は日本の浄土思想を法然・親鸞・一遍と並べ、その思想の深まりの中で論じていく。柳は、日本文化の中で精神的にもっとも活発な時期を鎌倉時代とする。その中でも日本的宗教体験を具現したのが浄家すなわち浄土系の諸家で、これらを日本文化の最高峰としている。法然・親鸞の次に浄土宗西山派の証空・聖達、その門弟の一遍と系譜をつなげている。法然がなした観想念仏から口称念仏への革命について、この本の中で柳宗悦は、「下品の者の称名こそは、仏の大願力が働く場所なのである。」としている。「念仏は口称でなければならない。「念」といえば即ち「声」なのである。」として、さらに西山上人證空の語を引用して「口称に依ることは絶対の他力を立てることである。口称の時、人は己れを見てはならぬ。仏をのみ見つめるべきである。仏自らが、自らをして残りなく仏たらしめることである。」とある。最後の言はほとんど一遍の言と同じである。これまた「口称」の語を「民藝」にすると、柳宗悦が『美の法門』(4)以降に展開した他力美術そのものなのであるが。それはともかく、柳宗悦は「なぜ称名は自らにこんな功徳があるのであろうか。詮ずるに人間からいえば、ここで自我が消え去るのである。心理的に見れば、心が無心の状にうつるのである。」と述べ、一遍の「念仏が念仏を申すなり。」「名号が名号を聞くなり。」「南無阿弥陀仏の中には機もなく法もなし。」「自力他力のうせたるを、不可思議の名号ともいうなり。」という諸言になる。念仏という行為の中に自己を消滅してしまうからで、「となふれば仏もわれもなかりけり南無阿弥陀仏の声ばかりして」という歌を法燈国師に呈したところ、「未徹在」といわれ、「となふれば仏もわれもなかりけり南無阿弥陀仏南無阿弥陀仏」としたという話を例に出す。声を発する主体もないということである。これまた柳宗悦民藝論の到達点ともいえる無有好醜・無対辞文化の語と呼応する。民藝に好も醜もない。民藝には自分他人・善悪というような対立する言葉・対辞をもたない等。このように柳宗悦の念仏論はそのまま民藝論に移行されて、宗教芸術論・仏教美学を完成させたといえる。

法然・親鸞・一遍の念仏の深化を明確にし、頂点に一遍を持ってきたところに、柳宗悦の念仏論の展開があった。これは以降、唐木順三の『無用者の系譜』(5)や栗田勇の『一遍上人　旅の思索者』(6)の一遍論につながっていく。

柳宗悦の『南無阿弥陀仏』の中に「念といえば即ち声となった」(7)という語がある。「称名とは口称のことであり、声に出して言わないと念仏ではないと念仏の解釈が法然になって深化したのである。念仏は凡夫、下根のものの念仏であり、念仏の易業性に重きを置いたからで、声に出すこの身体行為・肉体行動が念仏である。」とされた。「親鸞は信あっての念仏なので発声そのものを法然よりは軽んじて一念も可とした。言葉は声と意味からなりたっているが、念仏は無意義であり、無意味な言葉の流れであることが重要である。」とする。さきほど引用した一遍上人の歌にも「南無阿弥陀仏の声ばかりにして」とあったが、とりあえず念仏は声なのである。もっといえば身体的な「行」なのである。日本の浄土思想にあっては、法然から一遍上人にその傾向を強める。一遍上人にあっては唱えることだけではなく、歓喜して踊ることを始めるわけであるから、体そのものが念仏であるということである。西山上人證空の書とされる『安心決定抄《あんじんけつじょうしょう》』に、「念念みな南無阿弥陀仏なり。されば出る息も入る息も仏の功徳離るる時分なければ、みな南無阿弥陀仏の体なり。念仏三昧において信心決定せん人は、身も南無阿弥陀仏、心も南無阿弥陀仏なりとも云うべきなり。」とある。柳宗悦の師である鈴木大拙は、「ナムアミダブツ」という言葉を音声と意味作用に分け、念仏の無意味性について述べ、念仏は発声そのものという行為・行に意味があるとした[8]。これらのような念仏観は念仏の日本的展開もしくは日本的念仏といえる。特徴は念仏の身体性を強めたことにある。

話を民俗学に転じてみよう。この言語の二面性に注目して、のちに独自の民俗学を樹立した人に折口信夫がいる。折口信夫は万葉集他の和歌を学び、自身も歌人として大学在学中より活躍する。卒業論文は、この言語としての和歌の特徴を素材にした一般言語論で、『言語情調論』[9]となっている。冒頭に「言語は音声形式の媒介による人類の観念表出運動の一方面である」という定義があり、和歌の枕詞や託宣言語を例に、言語情調の要素として音声の音質・音量・音脚などを細かく分析している。折口の主張は「言葉は音で聞く、文字では考えない」とし、その後の民俗学的研究の基本的な方法とした。なぜなら民俗学が対象とするのは口頭伝承の世界で、非文字文化の研究だからである。伝承とは、音で聞き、目で見る世界の話だからであるとした。「ものがたり」にしろ「かたりもの」にしろ、語られたもの・話されたことを耳で聞く、折口学では耳で聞く文学が文学であるとした。和歌も歌われたものを聞くことから始まったのであるとする。歌、特に歌謡に踊りを交えることもあったとすれば、歌も身体を基本として成立する文学である。折口が言語の音声部分に注目して卒論を書いたということは、柳田国男より早く、方法としての民俗学に注目したということになる。

考えてみれば、日本の庶民にとって、文字を読み、それを文化の基本としたのはここ百年のことである。文字を扱えない庶民にとって、文化は声と体によって伝えられた。念仏論に戻すと、その故に、念仏は「南無阿弥陀仏」でなく「ナムアミダブツ」なのである。音としての「ナムアミダブツ」、もしくは身体表現を伴っての「ナムアミダブツ」といえる。

民俗を非文字伝承の文化とすると、「ナムアミダブツ」という口称と踊りに収斂された日本的念仏というのは、まさしく民俗に通底しているといえよう。

註

(1) 五来重「融通念仏・大念仏および六斎念仏」『大谷大学研究年報』一〇号、大谷学会、一九五八年。
(2) この節は坂本要［二〇〇八］の一節として論じたものである。
(3) 柳宗悦『南無阿弥陀仏』は昭和二六年（一九五一）から昭和二七年にかけて雑誌『心』に連載され、続きを昭和二九年に雑誌『大法輪』に二一回の連載として発表されたもので、昭和三〇年に加筆されて大法輪閣より出版、昭和三五年『柳宗悦宗教選集』春秋社刊の一冊として入った（『柳宗悦全集　第一九巻』筑摩書房、一九八二年）。
(4) 柳宗悦『美の法門』（一九四八年）私家版（『柳宗悦全集　第一八巻』筑摩書房、一九八二年）。
(5) 唐木順三『無用者の系譜』筑摩書房、一九六〇年。
(6) 栗田勇『一遍上人　旅の思索者』新潮社、一九七七年。
(7) 柳宗悦『南無阿弥陀仏』岩波文庫版、一九八六年、一〇二頁。
(8) 鈴木大拙『禅と念仏の心理学的基礎』大東出版社、一九三七年（『鈴木大拙全集　第四巻』岩波書店、二〇〇〇年、三三九頁）。

（9）折口信夫「言語情調論」一九一〇年、国學院大學国文学科卒業論文（『折口信夫全集　第二九巻』中央公論社、一九七六年）。

初出論文一覧

以下はこの本を構成する関連論文の初出一覧であるが、発表してからすでに年数が経つものもあり、再調査・補充調査を行っている論文が多い。初出論文に加筆・訂正・削除部分がある。

第一章　民間念仏の系譜

第一節　民間念仏の系譜

二〇一四「大念仏と民間念仏の系譜」『筑波学院大学紀要』九号　筑波学院大学

第二節　踊り念仏の種々相

二〇一五「踊り念仏の種々相（一）――空也及び空也系聖について――」『筑波学院大学紀要』一〇号　筑波学院大学

二〇一六「踊り念仏の種々相（二）――道御・一向・一遍・他阿――」『筑波学院大学紀要』一一号　筑波学院大学

第二章　融通念仏と講仏教

第一節　融通念仏と大念仏

二〇一四「大念仏と民間念仏の系譜」『筑波学院大学紀要』九号　筑波学院大学

第二節　知多半島の虫供養大念仏と講仏教

一九九七「知多半島の虫供養大念仏と真宗和讃（一）」『東京家政学院筑波女子大学紀要』一号　東京家政学院筑波女子大学

二〇〇〇「知多半島の虫供養大念仏と真宗和讃（二）」『東京家政学院筑波女子大学紀要』四号　東京家政学院筑波女子大学

二〇一二「知多半島の虫供養大念仏と真宗和讃（三）」『筑波学院大学紀要』七号　筑波学院大学

第三章　六斎念仏の地方伝播

第一節　全国の六斎念仏／第二節　奈良県の六斎念仏

二〇一四「念仏芸能（六斎念仏・双盤念仏）」『奈良県の民俗芸能』奈良県教育委員会

第三節　若狭の六斎と念仏

二〇〇四「若狭の六斎と念仏」『まつり』六六号　まつり同好会

第四節　平戸・壱岐の六斎念仏

二〇〇六「平戸・壱岐の六斎念仏」　圭室文雄編『日本人の宗教と庶民信仰』吉川弘文館

第五節　富士山周辺の祈禱六斎念仏

二〇〇四「富士山周辺の祈祷六斎念仏（一）」『儀礼文化』三四号　儀礼文化学会

二〇〇五「富士山周辺の祈祷六斎念仏（二）」『儀礼文化』三六号　儀礼文化学会

第四章　双盤念仏——芸能化された声明——

第一節　双盤念仏の概要

二〇一五「双盤念仏の分布と構成」『開宗九百年・大通上人三百回御遠忌記念論集　融通念佛宗における信仰と教義の邂逅』法藏館

第二節　神奈川県の双盤念仏

二〇一四「神奈川県の双盤念仏」『民俗学論叢』二九号　相模民俗学会

第三節　東京都の双盤念仏

一九八〇「東京の双盤念仏」『史誌』一四号　大田区史編纂室

一九九〇『東京都双盤念仏調査報告』東京都教育委員会

二〇一八「東京の双盤念仏（改訂版）」『大田区立郷土博物館紀要』二二号　大田区立郷土博物館

第四節　埼玉県の双盤念仏

二〇一五「入間市周辺と関東の双盤念仏」『入間市博物館紀要』一一号　埼玉県入間市博物館
第五節　関西の双盤念仏
二〇一七「関西の双盤念仏（鉦講）と双盤鉦」『仏教経済研究』四五号　駒沢大学仏教経済研究所
二〇一七「関西の鉦講（双盤念仏）の行事と儀礼」『宗教民俗研究』二七号　日本宗教民俗学会
第六節　善光寺と名越派の双盤念仏
二〇一六「善光寺と名越派の双盤念仏」『仏教経済研究』四五号　駒沢大学仏教経済研究所
第七節　双盤念仏の成立と変遷
二〇一七「関西の鉦講（双盤念仏）の行事と儀礼」『宗教民俗研究』二七号　日本宗教民俗学会

第五章　大念仏と風流踊り――念仏踊りの二部構成――
第一節　三遠信国境地区と周辺の大念仏芸能の概観
二〇一五「三遠信大念仏と周辺の大念仏芸能」『地方史研究』三七六号　地方史研究協議会
第二節　南信州の念仏踊り・掛け踊り
二〇〇七「南信州の念仏踊り・掛け踊りその他」『まつり』六九号　まつり同好会
第三節　水窪大念仏と五方念仏
一九九五「西浦の大念仏と五方」『東京家政学院筑波短期大学紀要』五号　東京家政学院筑波短期大学
一九九六「水窪の大念仏」『東京家政学院筑波短期大学紀要』六号　東京家政学院筑波短期大学
一九九七「三信遠大念仏の五方と弾指」『まつり通信』四三八号　まつり同好会
第四節　三遠信大念仏の構成と所作――三河地区を中心に――
二〇一一「三信遠大念仏の構成と所作」『民俗芸能研究』五〇号　民俗芸能学会
二〇一六「東栄町の盆行事――ハネコミ・手踊り・大念仏――」東栄町盆踊り調査会
第五節　奈良県十津川村の大踊りからみた盆風流

二〇一一　「「奈良県十津川村の大踊り」から見た盆風流」『まつり』七三号　まつり同好会

第六章　傘ブクと吊り下げ物

第一節　伊勢・志摩大念仏と傘ブク

二〇一三　「伊勢・志摩大念仏と傘ブク」『年報月曜ゼミナール』五号　月曜ゼミナール

第二節　傘ブクと送魂儀礼

二〇一三　「上伊那の小正月と夏祭りの行事――傘ぼこと囃し言葉――」『上伊那の祭りと行事30選　解説書』ヴィジュアルフォークロア

第七章　まとめ

二〇〇八　「日本的念仏の三円構造」『宗教民俗研究』一八号　宗教民俗研究会

参考文献　（▽は前出、五十音順）

第一章　民間念仏の系譜

秋山文善　一九五四「踊躍念仏儀の構成」『時衆研究』六号　金井清光発行
網野善彦　一九八六「異形の風景」「異形の力」『異形の王権』平凡社
石井義長　二〇〇二『空也上人の研究』法藏館
石井義長　二〇〇三『阿弥陀聖 空也』講談社
井出幸男　二〇〇九『空也』ミネルヴァ書房
稲城信子　一九八一「鉢たゝき」の歌謡考」『芸能文化史』四号　芸能文化史研究会
稲城信子　一九八三「融通念仏信仰の展開」『法会（御回在）の調査研究報告書』元興寺文化財研究所
稲城信子　一九八八「中世末から近世における融通念仏信仰の展開」『近世仏教』二一号　近世仏教研究会
稲城信子　二〇〇四「大和における融通念仏宗の展開」『国立歴史民俗博物館研究報告』一一二号　国立歴史民俗博物館
井上光貞　一九七五『新訂　日本浄土教成立史の研究』山川出版
井原今朝男　一九八三「信濃国伴野荘の交通と商業」『信濃』三五巻九号　信濃郷土研究会
井原今朝男　二〇〇七「信濃国大井荘新善光寺と一遍（上）」『時衆文化』一六号　時衆文化研究会
井原今朝男　二〇〇八「信濃国大井荘新善光寺と一遍（下）」『時衆文化』一七号　時衆文化研究会
今井雅晴　一九八三「踊り念仏と一遍とに関する二、三の問題」『日本仏教史学』日本仏教史学会
今井雅晴　一九八五「薄念仏会にみる時宗儀礼」『中世社会と時宗の研究』吉川弘文館
今井雅晴　一九九九「踊り念仏の成立」『捨て聖一遍』吉川弘文館
今堀太逸　二〇〇六「念仏の祖師空也」『権者の化現』思文閣出版
植木行宣　一九七三「壬生狂言の成立」『壬生寺民俗資料緊急調査報告』元興寺仏教民俗資料研究所

牛山佳幸　二〇〇四　「一遍と信濃の旅をめぐる二つの問題」『時衆文化』九号　時衆文化研究会
梅津次郎　一九七二　「天狗草紙考察」『絵巻物叢誌』法藏館
梅津次郎　一九七八　「天狗草紙について」『新修日本絵巻物全集　二七　天狗草紙・是害房絵』角川書店
大澤研一　一九九二　「融通念仏の六別寺について」『研究紀要』二四号　大阪市立博物館
小澤弘・川嶋将生　一九九四　『図説上杉本洛中洛外図屛風を見る』河出書房新社
大橋俊雄　一九五三　『番場時衆のあゆみ』浄土宗史研究会
大橋俊雄　一九六四　『踊り念仏』大蔵出版
大橋俊雄　一九七五　「真教と時衆教団の成立」『時宗二祖他阿上人法語』大蔵出版
大森恵子　一九九二　『念仏芸能と御霊信仰』名著出版
大森恵子　二〇〇五　「伝承の中の空也像」伊藤唯真編『浄土の聖者　空也』吉川弘文館
大森恵子　二〇一一　『踊り念仏の風流化と勧進聖』岩田書院
大山昭子　二〇〇二　「修理報告国宝一遍上人絵伝」『修理』七号　株式会社岡墨光堂
奥野義雄　一九八八　「百万遍念仏称唱から百万遍念仏数珠繰へ」『奈良県立民俗博物館研究紀要』一二号　奈良県立民俗博物館
小野沢真一　二〇〇六　「一向俊聖教団の歴史的意義とその再検討」『文化』七〇巻一・二合併号　東北大学文学会
小野沢真一　二〇一二　『中世時衆史の研究』八木書店
香西精　一九七二　「女曲舞百万」『能謡新考』檜書店
金井清光　一九六九　「作品研究（自然居士）」『能の研究』桜楓社
金井清光　一九八七　「時衆和讃と調声」『時衆文芸と一遍法語』東京美術
北川智海　一九二九　『円覚十万上人年譜考』律宗別格本山壬生寺
京都国立博物館編　一九六六　『洛中洛外図』「風俗・宗教」の項　角川書店
黒田日出男　一九八八　「踊り念仏の画像——身体論の視点から——」『週刊朝日百科　日本の歴史　別冊　歴史の読み方

黒田日出男　二〇一二「放下僧と暮露――『天狗草紙』の自然居士たちの姿を読む――」『国文学　解釈と教材の研究』五七巻一四号　學燈社
古賀克彦　一九九八「一向俊聖伝の再検討」『時宗教学研究』二六号　時宗教学研究所
小峰孝男　一九八七「所沢の双盤念仏」『所沢市史研究』一一号　所沢市史編さん室
小峰孝男　二〇一二『民俗芸能としての双盤念仏』東村山ふるさと歴史館
五来重　一九五二「念仏芸能の研究」『日本仏教民俗学論攷』（『五来重著作集　第一巻　日本仏教民俗学の構築』法藏館　二〇〇七年）
五来重　一九五七「民俗的念仏の系譜」『印度学仏教学研究』五巻二号（通巻一〇号）（『五来重著作集　第七巻　民間芸能史』法藏館　二〇〇八年）
五来重　一九六六「踊り念仏から念仏踊りへ」『国語と国文学』四三巻一〇号　至文堂（二〇〇八『五来重著作集　第七巻』法藏館）
五来重　一九八〇「融通念仏縁起と勧進」『新修日本絵巻物全集　別巻一　在外編　弘法大師伝絵巻　融通念仏縁起絵　槻峯寺建立修行縁起』角川書店
五来重　一九八八『踊り念仏』平凡社
西郷信綱　一九八五「市と歌垣」『古代の声』朝日新聞社
佐々木哲　二〇一〇「一遍時衆踊念仏始行と小田切郷地頭」『時宗教学年報』三八号　時宗教学研究所
佐竹昭弘　一九八三「絵を見る人はあれど――標注抄記――」岡見正雄・佐竹昭広『標注　洛中洛外図屏風　上杉本』岩波書店
真宗典籍刊行会　一九一七『真宗体系　三六巻　異義集秘事法門集』（一九七六復刻　国書刊行会）
菅根幸裕　一九九〇「近世の村の聖――俗聖に関する一考察――」『列島の文化史』七号　日本エディタースクール出版部
菅根幸裕　二〇〇一「隠坊から茶筅へ――近世における空也系三昧聖――」細川涼一編『三昧聖の研究』碩文社

菅根幸裕　二〇〇六「近代社会と聖」圭室文雄編『日本人の宗教と庶民信仰』吉川弘文館
菅根幸裕　二〇〇七「空也上人絵伝の成立と展開」『栃木史学』二一号　國學院大學栃木短期大學史学会
菅根幸裕　二〇一二「近世～近代の京都六斎念仏の本末組織に関する一考察――上鳥羽橋上鉦講と空也堂極楽院の史料から――」『千葉経済論叢』四七号　千葉経済大学
菅根幸裕　二〇一二「明治政府の宗教政策と「聖」の対応――鉢叩念仏弘通流本山京都空也堂の史料から――」『日本近代仏教史研究』三号　日本近代仏教史研究会
菅根幸裕　二〇一三「近世鉢叩の形成と展開――常陸国宍倉空也堂と空也聖――」『千葉経済論叢』四八号　千葉経済大学
砂川博　二〇〇二「踊り念仏論」『一遍聖絵の総合的研究』岩田書院
竹内真道　二〇〇四「蓮華寺蔵『元祖一向上人御繪傳』（五巻伝）について」『高橋弘次先生古稀記念論集（第一巻）浄土学仏教学論叢』山喜房佛書林
田代尚光　一九七六『増訂　融通念仏縁起之研究』名著出版
谷信一　一九五三「念仏行脚の像について」『人物叢書　空也』付録（付録一〇六号）吉川弘文館
橘俊道　一九七五「定型から自由化へ」『一遍大上人開宗七百年記念時宗踊躍念仏儀』足利市常念寺
圭室文雄　一九七一『江戸幕府の宗教統制』評論社
多屋頼俊　一九九二「移動する和讃」『多屋頼俊著作集　第二巻　和讃の研究』法藏館
塚本俊孝　一九五四「嵯峨清涼寺に於ける浄土宗鎮西派の流入とその展開――清涼寺史近世篇――」『佛教文化研究』五号　仏教文化研究所
土屋貴裕　二〇〇五「「天狗草紙」の復元的考察」『美術史』一五九号　美術史学会
天童市立旧東村山郡役所資料館　一九九七『成生庄と一向上人』
伴野敬一　二〇一五「跡部の踊り念仏――その歴史と現在――」『跡部の踊り念仏』跡部踊り念仏保存会
中村茂子　一九八五「空也踊躍念仏の伝播と伝承」『芸能の科学』一一号　東京国立文化財研究所

西岡芳文　二〇一〇「融通念仏宗の草創に関する新資料」『金澤文庫研究』三二四号　神奈川県立金沢文庫
原田正俊　一九九〇「放下僧・暮露にみる中世禅宗と民衆」『ヒストリア』一二九号　大阪歴史学会
平林富三　一九五二「一遍上人の佐久郡伴野庄巡錫に就いて」『信濃』四巻一一号（一九五二年一一月）信濃郷土研究会
仏教大学民間念仏研究会編　一九六六『民間念仏の研究　資料編』隆文館
細川涼一　一九八七「法金剛院導御の宗教活動」『中世律宗寺院と民衆』吉川弘文館
細川涼一　一九八六「導御・嵯峨清凉寺融通大念仏会・「百万」」『文学』五四号（一九八六年三月）岩波書店
堀一郎　一九六三『空也』吉川弘文館（一九七八『堀一郎著作集　第三巻』未来社）
松岡心平　一九九四「室町の芸能」『岩波講座日本通史　第九巻』岩波書店
水野恭一郎・中井真孝　一九八〇『京都浄土宗寺院文書』同朋舎
宮次男　一九六一「一遍の伝記絵巻」『一遍上人絵　日本の美術』五六号　至文堂
宮次男　一九六六「一遍聖絵の錯簡と御影堂本について」『美術研究』二四四号　東京国立文化財研究所美術部
森田竜雄　二〇〇〇「鉢叩」『芸能・文化の世界　シリーズ近世の身分的周縁　二』吉川弘文館
八木聖弥　一九八一「壬生狂言の成立について」『文化史学』三七号　文化史学会
柳田国男　一九一四「毛坊主考」（一九六九『定本柳田国男集　第九巻』筑摩書房）
山路興造　一九七二「六斎念仏の芸態」『京都の六斎念仏』京都市文化観光資源保護財団
山路興造　一九八九「鉢叩き」『近世の民衆と芸能』京都部落史研究会
山路興造　二〇一〇「風流踊り」『近世芸能の胎動』八木書店
山田文昭　一九七九「秘事法門の研究」『真宗史の研究』法藏館
脇田晴子　二〇〇二『日本中世被差別民の研究』岩波書店
渡辺貞麿　一九五八「百万遍念仏考――『台記』の場合を中心に――」『文藝論叢』二五号　大谷大学文藝学会

第二章　融通念仏と講仏教

井上寛和　一九九五「古代中世の融通念仏」『錦渓山極楽寺史』大阪府河内長野市極楽寺宗教文化研究所
稲城信子　一九八二「融通念仏信仰と「御回在」」『法会（御回在）の調査研究報告書』元興寺文化財研究所
▽稲城信子　一九八三・一九八八・二〇〇四　第一章参照
江端祥弌　一九七一『大野谷虫供養』南粕谷郷土研究会
江端祥弌　一九八五『大野谷虫供養南粕谷道場』南粕谷郷土研究会
大澤研一　一九九二「融通念仏の六別寺について」『研究紀要』二四号　大阪市立博物館
大澤研一　一九九六「融通念仏宗研究成立過程の研究における一視点」『研究紀要』二八号　大阪市立博物館
小川和美　一九八四「知多の民衆信仰〈半田地方の虫供養行事〉」『福祉大学評論』三四号　日本福祉大学
▽奥野義雄　一九八八　第一章参照
奥村隆彦　二〇〇〇「融通念仏信仰の展開と種々相」『融通念仏信仰の歴史と美術――論考編――』東京美術
加藤幸一　二〇〇五「小垣江の虫供養」『かりや』二六号　刈谷市郷土文化研究会
蒲池勢至　二〇〇八「虫供養と念仏信仰」『愛知県史　民俗三　三河』愛知県史編纂室
神﨑寿弘　二〇〇二「融通大通について――元禄期の融通念仏宗――」『印度学仏教学研究』五〇巻二号
小西恒典　二〇〇〇「尾張の虫送り」『名古屋民俗』五三号　名古屋民俗研究会
五来重　一九五七「融通念仏・大念仏および六斎念仏」『大谷大学研究年報』一〇号　大谷学会
榊原是久　一九八五『西成井の虫供養』稿本
塩野芳夫　一九九五「近世融通念仏宗と極楽寺」『錦渓山極楽寺史』大阪府河内長野市極楽寺宗教文化研究所
鈴木泰山　一九六三「尾州知多郡阿久比谷の虫供養について」『愛知大学総合郷土研究所紀要』九号（一九九三『曹洞宗の地域的展開』思文閣出版）
蘇理剛志　二〇〇八「高野山麓の六斎念仏――その分布と特色を中心に――」『和歌山地方史研究』五四号　和歌山地方史研究会

千葉乗隆　一九七一　「越前の穴馬同行」『中部山村社会の真宗』吉川弘文館
津田豊彦　一九八〇　「知多半島虫供養ノート」『名古屋民俗』一七号　名古屋民俗研究会
津田豊彦　一九八八　『新編東浦町史　本文編』東浦町
津田豊彦　二〇〇一　「虫供養」『新編東浦町史　資料編六　教育・民俗・文化』東浦町
津田豊彦　二〇〇七　「虫供養と四遍念仏」『半田市誌　地区誌篇　乙川地区』半田市
戸田孝重　二〇〇二　「良忍の融通念仏創唱について」『天台学報』四五号　天台学会
戸田純蔵　一九六七　「東浦五ヶ村虫供養行事雑記」『郷土文化』二二巻一号　名古屋郷土文化会
戸田純蔵　一九六八　「東浦五ヶ村虫供養創始考」『東浦町誌』東浦町
西岡芳文　二〇一〇　「融通念仏宗の草創に関する新資料」『金澤文庫研究』三二四号　神奈川県立金沢文庫
三田全信　一九七一　「百万遍念仏の起源と変遷」『浄土宗史の新研究』隆文館
柳田国男　一九一四　「毛坊主考」（一九六九　『定本柳田国男集　第九巻』筑摩書房）

第三章　六斎念仏の地方伝播

秋山村誌編纂室　一九九二　『秋山村誌』山梨県秋山村役場
幾世大典　一九九八　「木場の念仏」『平戸市史　民俗編』平戸市
石山作雄　一九八二　『世附の神楽――百万遍念仏――』自費出版
伊藤真徹　一九六六　「無生野の大念仏」『民間念仏信仰の研究　資料編』隆文館
▽稲城信子　二〇〇四　第一章参照
植木行宣　一九七二　「京都の六斎念仏」『京都の六斎念仏』京都市文化観光資源保護財団
上田さち子　一九八八　「大念仏寺と練り供養」『新修大阪市史　第二巻』大阪市史編さん室
上田晴美　一九六六　「六斎念仏の分布と芸能」『若狭の民俗』吉川弘文館
植村高義　一九六九　「壱岐の念仏信仰――諸吉村を中心にして――」『壱岐』五号　壱岐史跡顕彰会

大内典　一九九三「民間念仏の音構成と他界観――無生野大念仏・小念仏・女衆念仏の分析から――」『群馬県立女子大学紀要』一三号　群馬県立女子大学
大阪府教育委員会文化財保護課　二〇〇九『大阪府の民俗芸能』
大澤研一　一九九六「融通念仏宗研究成立過程の研究における一視点」『研究紀要』二八号　大阪市立博物館
大澤研一　一九九六「融通念仏宗の大和国への勢力伸長について」『法明上人六百五十御恩忌記念論文集』百華苑
大島村教育委員会　一九八六『大島の郷土芸能』長崎県的山大島村
▽大森恵子　一九九二　第一章参照
奥野義雄　一九八五「大和の六斎念仏について」『奈良県立民俗博物館紀要』九号　奈良県立民俗博物館
奥野義雄　二〇〇〇「念仏講について――大和の六斎念仏を中心とした――」『祈願・祭祀習俗の文化史』岩田書院
奥村隆彦　二〇〇二「六斎念仏――金石文資料よりの一考察――」『融通念仏信仰とあの世』岩田書院
金井清光　一九九一「時衆と中世芸能人」『中世芸能と仏教』新典社
神奈川県教育委員会　一九七三「無形文化財調査報告」『酒匂川　文化財総合調査報告書』神奈川県教育委員会
上九一色村史編纂室　一九八五『上九一色村史』上九一色村（山梨県）
喜舎場一隆　二〇一五「北九州における袋中上人とジャンガラ念仏」『潮流』三三号　いわき地域学習会
木戸聡　一九九七「福井県無形民俗文化財六斎念仏（三宅・瓜生・鹿野・父子）」『福井県無形民俗文化財』福井県無形民俗文化財保護協議会
木村喜一　不詳「六斎念仏雑感」私家版
木村喜一　不詳「若狭地方の六斎念仏（坂口利八ノートより）」私家版
京都市文化観光資源保護財団　一九七二『京都の六斎念仏』京都府教育委員会『仏舞その他――京都府民俗芸能調査報告――』
京都府教育委員会　一九八二『仏舞その他――京都府民俗芸能調査報告書――』京都府
久保田裕道　一九九八「世附の百万遍に見る地域性」『足柄乃文化』二五号　山北町地方史研究会

芸能史研究会　一九八二　『京都の六斎念仏』　京都市文化観光資源保護財団
國學院大學折口博士記念古代研究所　一九七三　「無生野の六斎大念仏調査記録」『民俗芸能』五三号　民俗芸能の会
小杉達　一九七七　「火ぶせ念仏」『静岡民俗学会誌』創刊号　静岡民俗学会
御殿場市　一九八二　『御殿場市史　別巻二』静岡県御殿場市
▽小峰孝男　二〇一二　第一章参照
▽五来重　一九五二　第一章参照
五来重　一九五七　「融通念仏・大念仏および六斎念仏」『大谷大学研究年報』一〇号　大谷学会
五来重　一九六一　「念仏芸能の成立過程とその諸類型」『大谷大学研究年報』一二号　大谷学会
五来重　一九七二　「甲州の六斎念仏」『日本庶民生活資料集成　第一八巻　民間芸能』三一書房
五来重　一九七二　『翻刻　干菜寺光福寺六斎念仏文書』『日本庶民生活資料集成　第一八巻　民間芸能』三一書房
五来重　一九七八　「真如堂十夜念仏と十日夜」『茶道雑誌』四三巻一〇号　河原書店
五来重　一九八八　「うたう念仏・踊るねんぶつ」『踊り念仏』平凡社
斉藤槻堂　一九六三　「六斎念仏（三宅）」『福井県文化財調査報告』一四号　福井県教育委員会
坂本徳一　一九八七　「秋山村の六斎念仏」『甲斐路』三一号　山梨郷土研究会
鹿谷勲　一九九三　「融通集落における念仏講集団――奈良生駒市乙田の事例――」『宗教文化研究』創刊号　大阪府河内長野市　極楽寺宗教文化研究所
鹿谷勲　二〇〇七　「奈良県の六斎念仏――その事例と特色――」『秋篠文化』五号　秋篠音楽堂運営協議会
白石祥子　一九八九　「浮橋主水事件」『紅毛文化と平戸I――江戸初期の国際都市「平戸」――』平戸市文化協会
蘇理剛志　二〇一〇　「高野山麓の六斎念仏――その分布と特色を中心に――」『和歌山地方史研究』五八号　和歌山地方史研究会
中央大学民俗研究会　一九六二　「五島列島小値賀島調査報告書」『常民』二号　中央大学民俗研究会
塚原博　二〇〇〇　『小値賀島史の概要』長崎県小値賀町教育委員会

角田武頼　二〇一七「甲州系の大念仏と百万遍」『民俗祭祀研究所紀要』六号　民俗祭祀研究所
東京女子大学民俗調査団　一九七三『甲州秋山の民俗　山梨県南都留郡秋山村寺下・尾崎』東京女子大学史学科民俗調査団
東京都教育委員会　一九九〇『東京都双盤念仏調査報告』東京都
永江秀雄　一九八六「若狭の六斎念仏と融通和讃」『福井県史研究』四号　福井県総務部県史編纂課
永江秀雄　一九九五「六斎念仏」『高浜町の民俗文化――年中行事と祭り――』高浜町教育委員会
永江秀雄　一九九六「若狭の六斎念仏調査報告」『紀要』六号　福井県立若狭歴史民俗資料館
永江秀雄　二〇一二『若狭の歴史と民俗』雄山閣
永田衡吉　一九八二「足柄上郡山北町向原能安寺の百万遍念仏附獅子舞」『神奈川県民俗芸能誌　増補改定版』錦正社
奈良市教育委員会　一九九〇『奈良市民俗芸能調査報告書――六斎念仏・風流・語りもの――』奈良市
福島義明　一九八〇『無生野大念仏』秋山村教育委員会
馬場哲良　一九八六「大島の須古踊り」『大島の郷土芸能』大島村教育委員会
早川町教育委員会　一九八三『早川町の郷土芸能』山梨県早川町
早川町教育委員会　一九七〇『早川町誌』山梨県早川町
平戸市教育委員会　一九八〇『度島の盆ごうれい』長崎県平戸市
平戸市長室編　一九六七『平戸市史』平戸市役所
富士川町　一九六八『富士川町誌　民俗編』静岡県富士川町
古谷和久　二〇〇九「本栖の大念仏」『山梨県の祭り・行事――山梨県祭り・行事調査報告書――』山梨県教育委員会
牧尾雄一　二〇〇〇「口の里地区の念仏行について思う」『潮の音』二六号　長崎県鹿町町潮音寺
民俗芸術の会　一九三〇「特輯　六斎念仏調査記録」『民俗芸術』三巻一〇号（一九三〇年一〇月号）
村井早苗　一九九五「幕藩制成立期における排耶活動――禅僧を中心に――」『論集幕藩体制史九　近世社会と宗教』雄山閣

森重郎　一九九八「度島の六斎念仏」『平戸市史　民俗編』長崎県平戸市
森成元　一九九八「大阪の六斎念仏とその周辺」『法明上人六百五十回御遠忌記念論集』大念仏寺
森本仙介　二〇一四「住川の六斎念仏」『奈良県の民俗芸能　Ⅰ』奈良県教育委員会
八木洋行　一九九三「六斎念仏の継承」『静岡県史資料集　二四　民俗二』静岡県
安留巌　一九八七「無生野の大念仏について」『甲斐路』四一号　山梨郷土研究会
山本康彦　二〇〇三『お十夜のみちを訪ねて』西光寺（東京都港区）
山口麻太郎　一九三四『壱岐島民俗誌』一九三四　一誠社
山口麻太郎　一九四四「壱岐における講中の研究」『社会経済史学』三巻一一号（一九七四『山口麻太郎著作集　三　歴史民俗編』佼成出版社）
和歌山県教育委員会　二〇一九『高野山麓の六斎念仏』
渡辺智吉編　一九八四『世附乃百万遍念仏附獅子舞』世附百万遍念仏保存会

第四章　双盤念仏

相原悦夫　一九八六「大善寺十夜の法会・縁日」『桑都民俗』四号　桑都民俗の会
相原悦夫　二〇〇八「瀧山大善寺の本末形成と浄土宗関東十八檀林への参入」『瀧山大善寺研究』一号
相原悦夫　二〇一二「大善寺十夜法会・縁日――その史流と民・風俗文化――」『瀧山大善寺研究』二号
青地幸安　一九九五〜九六「天照山光明寺什物帖」『鎌倉』七九〜八二号　鎌倉文化協会
阿川文成　一九八一「大日比西円寺と大日比三師について」『大日比西円寺資料集〈往生伝〉之部』山喜房佛書林
天納傳中　二〇〇〇「合殺考」『天台声明』法藏館
天納傳中　二〇〇〇「甲念仏の一考察」『天台声明』法藏館
網野宥俊　一九五二『浅草寺史談抄』浅草寺
安藤孝一　一九八八「雲版」『武相の雲版』町田市立博物館

伊藤唯真　一九六〇「近江における浄土宗教団の展開」『仏教論叢』八号　浄土宗教学院
伊藤唯真　一九九五「捨世の念仏聖」『聖仏教史の研究　下』法藏館
井ノ口泰淵　一九三四「観経疏楷定記改題」（一九六四『西山全書第六巻』文栄堂書店）
上田喜江・坂本要　二〇一四「都祁白石・興善寺の双盤念仏」『奈良県の民俗芸能』奈良県教育委員会
上田芳江　一九八九『長門尼僧物語』国書刊行会
上田良準　一九七八「白木念仏について」日本仏教学界編『仏教儀礼』平楽寺書店
上田良準　一九七八「白木念仏の法語と儀礼」『西山学報』二六号　西山短期大学
石川博行　一九七四「埼玉県西部に見られる双盤念仏について」『埼玉県立民俗文化財センター研究紀要』創刊号
宇高良哲　一九八二「浄土宗関東十八檀林について」『関東十八檀林古文書選』東洋文化出版
神奈川県教育委員会文化財保護課編　一九七七『かながわの民俗芸能50選』神奈川県教育委員会文化財保護課
神奈川大学日本常民文化研究所　二〇〇二「円明寺の民俗」『山城国大山崎荘の総合的研究』
鎌倉市史編さん委員会　一九八七「元禄十二年材木座村浄土宗光明寺新撰住《ママ》物記」『鎌倉市史　近世資料編　第二』鎌倉市
河内将芳　二〇〇六「安土宗論再見」『中世京都の都市と宗教』思文閣出版
川口謙二　一九八八「横浜の双盤念仏」『かながわの民俗芸能』二四号　神奈川県民俗芸能保存会
北山敏雄　一九七六『郷土の法然上人と誕生寺今昔物語』岡山県久米南町偉人顕彰会
京都府教育委員会　二〇一一「東一口の双盤念仏」『京都の文化財』二八号
久保常晴　一九七一「雲版」『仏教考古学講座第四巻　仏法具（下）』雄山閣
光明寺　一九八六『天照山光明寺』鎌倉光明寺
後藤尚孝　二〇一四『浄土宗の声明　資料編』天然寺（文京区本駒込）
小峰孝男　一九八七「所沢の双盤念仏」『所沢市史研究』一一号　所沢市史編さん室
▽小峰孝男　二〇一二　第一章参照
▽五来重　一九七八　第二章参照

五来重　一九八八『善光寺まいり』平凡社
坂井衡平　一九三〇『善光寺小誌』長野市教育会（一九六九『善光寺史　下』東京美術）
相模原市民俗芸能保存協会　一九七五「双盤念仏について」『さがみはらの民俗芸能』七号　相模原市民俗芸能保存協会
佐藤孝徳　一九九五「専称寺史」『浄土宗名越派壇林　専称寺史』自費出版
滋賀県教育委員会文化財保護課　一九六七『重要文化財浄厳院本堂修理工事報告書』滋賀県教育委員会
宍戸栄雄・石田典定　一九七四『念佛浄土宗声明』レコード解説　日本ビクター
信濃毎日新聞社編「妻戸台」一九七三『善光寺』信濃毎日新聞社
嶋口儀秋　一九九八「善光寺と融通念仏」『法明上人六百五十回御遠忌記念論集』百華苑
志水陽子　一九九四「武蔵村山薬師堂鉦はり――地域にみる仏教儀礼の受容と変容――」『目白学園女子短期大学研究紀要』三一号
真正極楽寺真如堂　二〇一〇『慈覚大師と引声阿弥陀経会』パンフレット　真正極楽寺真如堂
栖岸寺　二〇一一『水中山浄清院栖岸寺』鳥取県鳥取市栖岸寺
芹川弘通　一九六八「十夜法要――その習俗と課題――」藤井正雄編『浄土宗の諸問題』雄山閣
全国浄土宗青年会　二〇〇二「各種念仏の諸相」『傳承念仏取材報告書』
高木豊　一九六二「安土宗論拾遺」『日本歴史』一六八号　吉川弘文館
田中宣一　二〇一六「無量光寺の双盤念仏」『神奈川県の民俗芸能』神奈川県教育委員会
玉山成元　一九八〇『中世浄土宗教団史の研究』山喜房佛書林
辻善之助　一九五二『日本佛教史　近世篇之二』岩波書店
中尾堯　一二五七「安土宗論の史的意義」『日本歴史』一一二号　吉川弘文館
成田俊治　一九六六「双盤念仏」『民間念仏の研究（資料編）』隆文館
成田俊治　一九七四―七五「民間念仏儀礼の系譜と形態（一）～（六）」『東方界』一一―一七号（一九七四年一〇月―七五年四月）東洋文化推進会

長谷川匡俊　一九八八　「雲説と七日別行念仏」『近世浄土宗の信仰と教化』渓水社
林賢一郎　一九八四　「栖岸寺の双盤念仏」『鳥取県立博物館研究報告』二一号　鳥取県立博物館
阪南町史編さん委員会　一九八三　『阪南町史　上巻』大阪府阪南市
藤井弘章　二〇一五　「大窪の民俗」『大窪の笠踊り調査報告』海南市文化遺産活用実行委員会
藤井正雄・広瀬卓爾・鷺見定信　一九七七　「村落における仏教寺院と念仏講」『仏教文化研究』二三号　浄土宗教学研究所
福西賢兆ほか　一九九九　「各種念仏の諸相」『「選擇本願念佛」奉載八百年記念　現代と念仏』浄土宗総合研究所
福持昌之　二〇一五　「真如堂における十夜法要と双盤念仏――僧侶の念仏から世俗の鉦講へ――」『宗教と社会』二一号「宗教と社会」学会
藤田定興　一九八六　「浄土宗名越派初期寺院と善光寺信仰」『福島の研究　第二巻』清文堂出版
堀尾千咲　一九六四　「天照山永代十夜用事聚」『鎌倉』一三号　鎌倉文化協会
松平冠山　一九三九　『浅草寺志』浅草寺出版部（一九七六　名著出版復刻）
三浦久美子　二〇一四　「資料・狭山地区と西久保観世音」『西久保観世音の鉦はり――アーカイブ――』
森成元　二〇〇九　「瑞寶寺の鉦講」『大阪府の民俗』大阪府教育委員会
山崎栄作　一九八四　『薬師堂　薬師念仏鉦はり』自費出版
大和市　二〇一六　『大和市史　八（下）別編　民俗』神奈川県大和市
大和市教育委員会　一九八一　『上和田・下和田の民俗』大和市教育委員会
大和市役所管理部庶務課　一九九三　『わたしが知っている郷土　昭和四十九年（一九七四）地区別古老座談会記録――深見・上和田・下和田――』大和市
横浜市教育委員会社会教育部文化財課　二〇一二　『横浜の文化財――横浜市文化財総合調査報告書概報（十）』横浜市教育委員会
横浜市教育委員会　一九八六　『横浜の民俗芸能』神奈川県横浜市
吉川忠八　一九七九　『西久保観世音の信仰と歴史』入間堂

吉水大信　一九七一　「大本山光明寺の引声について」『引聲　国立劇場第六回声明公演』解説
吉水成正編　二〇〇二　『浄土宗名越派史料集』青史出版
米田実　二〇〇〇「真如堂の十夜念仏」『京都府の民俗芸能』京都府教育庁指導部文化財保護課
米山一政解説・滝沢恒夫写真　一九八二　『信濃善光寺秘儀堂童子』白文社
栗東歴史民俗博物館　一九九一　『隆堯法印と阿弥陀寺・浄厳院』
鷲見定信　一九六八「浄土宗の十夜法要――特に神奈川の場合――」『日本仏教』四四号　日本仏教研究会
渡辺貞麿　一九八五「百万遍念仏考――『台記』の場合を中心に――」『文藝論叢』二五号　大谷大学文藝学会

第五章　大念仏と風流踊り

愛知県史編纂室　二〇〇〇　『愛知県民俗報告書三　東栄・奥三河』
石川純一郎　一九八七「静岡県磐田郡水窪町有本の念仏踊り・守屋家文書〈念仏御手本〉その他」『民俗芸能研究』五号　民俗芸能研究会
石川純一郎ほか　一九九一　『民俗資料選集　盆行事Ⅱ　静岡県』国土地理協会
伊藤良吉　一九六六「三河地方念仏踊りの系譜」『まつり』一一号　まつり同好会
伊藤良吉　一九六八「愛知県渥美半島の念仏踊り」『民俗芸能』三三号　民俗芸能の会
伊藤良吉　一九七四「作出村の念仏踊りについて」『中京民俗』一一号　中京民俗学会
伊藤良吉　一九七九「東海地方の大念仏」『講座　日本の民俗宗教　六』弘文堂
伊藤良吉　一九七九「引佐町の念仏踊り」『引佐町の民俗』中京大学郷土研究会
井上隆弘　二〇〇八「三信遠における死霊祭儀――静岡県浜松市水窪町における霜月祭と念仏踊の比較研究――」『国立歴史民俗博物館研究報告』一四二号
植木行宣　二〇一〇「風流という芸能」『風流踊りとその展開』岩田書院
大森恵子　一九九二「六斎念仏の居念仏・立ち念仏と念仏芸能」『念仏芸能と御霊信仰』名著出版

上村民俗誌刊行会　一九七七　『南信州上村　遠山谷の民俗』　長野県飯田市
北設楽郡史編纂委員会　一九六七　『北設楽郡史　民俗資料編』　愛知県北設楽郡
熊谷尭雄　一九八四　「坂部の念仏掛け踊り」『伊那』　伊那史学会
五来重　一九五一　「伊勢三日市の「おんない」と真宗高田派の大念仏」『高田学報』四八号　高田山専修寺内高田学会
桜井弘人　二〇〇〇　「掛け踊り・盆踊り」『天龍村史　下』　長野県天龍村
桜井弘人　二〇〇〇　「霜月神楽とおきよめ祭り」『天龍村史　下』　長野県天龍村
桜井弘人　二〇〇〇　「満島神社のお練り」『天龍村史　下』　長野県天龍村
静岡県教育委員会文化課県史編纂委員会　一九八八　『草木の民俗』
下山村　一九八五　『下山村史資料編　三』　愛知県下山村
新城市教育委員会・大海放下保存会　一九七八　『大海の放下』　愛知県新城市
鈴木絢子　一九六八　「遠州における大念仏」『土のいろ』　通巻一一三号（復刊三〇号）
須藤功　一九七〇　『西浦のまつり』　未来社
背古真哉　一九九三　「長野県下伊那郡の太鼓踊り――三信遠国境地域の念仏踊りの一環として――」『民俗芸能研究』一七号　民俗芸能学会
田口光一　一九七二　「大河内の掛け踊り」『大河内の民俗』　天龍村教育委員会
田口光一　一九八五　「掛け踊りと盆踊り」『坂部民俗誌稿』　長野県史刊行会民俗編編纂委員会
田原町教育委員会　一九七一　「盆踊りと念仏踊り」『田原町史　上』　田原町教育委員会
武井正弘　一九七八　「秋葉山の信仰」『山岳宗教史研究叢書　九　富士・御嶽と中部霊山』　名著出版
武井正弘　一九八八　「念仏踊り盆踊り」『天竜川流域の暮らしと文化　下』　磐田市史編纂室
田中勝雄　一九六一　『静岡県芸能史』　静岡県郷土芸能保存会
谷村晃編　一九九二　『十津川の盆踊り』　アカデミア・ミュージック
田峯家庭教育推進委員会・田峯小学校父母教師会　一九八七　『だみねの盆』

作手村誌編纂委員会「田代の盆踊り」一九六〇　愛知県作手村
天竜市教育委員会　一九七三　『天竜市の民俗』静岡県天竜市
豊根村教育委員会　一九八五　『豊根の伝承』豊根村教育委員会
豊根村　一九八八　『豊根村誌』愛知県豊根村
中島繁男　一九六六　「中井侍の氏神祭」『伊那』一月号　伊奈史学会
長野県教育委員会　一九九五　『長野県の民俗芸能』長野県教育委員会
長野県史刊行会民俗編編纂委員会　一九八五　『坂部民俗誌稿』長野県史刊行会民俗編編纂委員会
（中村）前嶋茂子　一九七二「かけ踊りの研究」『芸能の科学　三　芸能論考Ⅰ』東京国立文化財研究所
中村浩　一九六二　「和合の念仏踊り」『信濃』一四巻九号　信州史学会
中村浩　一九八三　『かけ踊り覚書』信濃毎日新聞社
新野高原踊りの会　一九八六　『信州新野の盆踊りと諸行事』
西垣晴次　一九九四　「お鍬神考」『民間宗教史叢書　伊勢信仰Ⅱ』雄山閣
橋都正・向山雅重　一九七五　『写真集　伊那谷のまつり』すずさわ書店
早川孝太郎　一九二五　「盆行事報告」『民族』一～三号　民族発行所（一九八八『早川孝太郎全集』第一〇巻　未来社）
早川孝太郎　一九二八　「古戸盆踊り歌詞」『民謡研究』二巻三号　白帝社（一九七三『早川孝太郎全集』第三巻　未来社）
早川孝太郎　一九三〇　『花祭』岡書院（一九七二『早川孝太郎全集』第一巻・第二巻　未来社）
福持昌之　二〇〇三　「大名行列の世界から趣向へ――奴ぶり研究小史――」森永道夫編『芸能と信仰の民族芸術』和泉書院
古谷文一朗　一九九四　『放下考証』私家版
古谷文一朗　一九九六　『放下考説』大海放下保存会
文化庁文化財部伝統文化課　二〇一〇　『「下伊那のかけ踊り」調査報告書』
鳳来町教育委員会　一九六七　『鳳来町誌　文化財編』愛知県鳳来町
鳳来町教育委員会　一九八四　『鳳来町のほうか』鳳来町教育委員会

本田安次　一九六二「放下の歌」「塩瀬の放下歌本」『日本古謡集』未来社
満島神社　一九五七『満島祭り』長野県天龍村平岡満島神社
三重県教育委員会　一九五三『伊勢伊賀の羯鼓踊り』
三隅治雄　一九八六「伊那谷の盆行事」『芸能の谷〈伊那谷〉第二巻　芸能のパノラマ』新葉社
無形文化財遠州大念仏保存会　一九九二『ひとにわは語る』無形文化財遠州大念仏保存会
向山雅重　一九六七「向方の掛け踊り・手踊り」『伊那』一九六七年九月号　伊那史学会
水窪町史編纂委員会　一九八三『水窪町史　上・下』静岡県水窪町
水窪町教育委員会　一九六八『水窪　静岡県磐田郡水窪町民俗資料緊急調査報告書』
水窪町教育委員会　一九九七『水窪町の念仏踊』静岡県水窪町
宮本常一　一九六七『私の日本地図　一　天竜川に沿って』同友館
名号放下保存会　一九七八『名号放下』愛知県鳳来町名号放下保存会
茂木栄　一九八七『草木の霜月神楽』水窪町教育委員会
茂木栄　一九九三「祭伝承からみたムラの宗教空間――下伊那郡天龍村向方――」『まつり伝承論』大明堂
泰阜南小学校・中学校　一九七五『榑木踊り』泰阜南小学校・中学校
泰阜村　一九八四『泰阜村誌　上』泰阜村
山本宏務　一九八四「平山念仏踊り」『奥三河のまつり　四　黒倉田楽』自費出版
山本宏務　一九九八「消えた民俗芸能　赤羽一色の大念仏」『東三河伝統の神々』ユタカサービスグループ
山路興造　一九六四「遠州西浦の田楽」『紀要』一号　民俗文化研究所
吉川裕子　一九九〇「遠州の盆念仏」『芸能』三二巻九号　芸能発行所
吉川裕子　一九九一「遠州の盆念仏」『静岡県史　資料編　二五（民俗三）』静岡県
吉村章司　一九八八「遠州と三河の念仏踊り」『天竜川流域の暮らしと文化　下』磐田市史編纂室
和合の念仏踊り保存会　一九九二『南信州の秘境和合の念仏踊り』

早稲田大学日本民俗研究会　一九七六　『西浦の民俗　上・下』
和田修　二〇〇九　「掛け踊り」『祭・芸能・行事大辞典』朝倉書店
渡辺伸夫　一九六八　「遠州水窪の霜月神楽」『演劇研究』三号　早稲田大学演劇博物館

第六章　傘ブクと吊り下げ物

青盛透　二〇〇七　「囃子物という芸能」『民俗芸能研究』四三号　民俗芸能学会
赤池憲昭　一九八七　「志摩の盆行事——「新亡」の性格をめぐって——」『愛知学院大学文学部紀要』一七号　愛知学院大学
井出幸男・公文季美子　二〇〇九　「土佐沖の島、盆の芸能と三浦伝説」『土佐の盆踊りと盆踊り歌』高知新聞社
出光美術館　一九八七　図録『出光美術館蔵品図録　風俗画』出光美術館
出光美術館　二〇一二　図録『祭り——遊楽・祭礼・名所——』出光美術館
岩田準一　一九七〇　「志摩の大念仏」『鳥羽志摩の民俗』鳥羽志摩文化研究会
伊藤保　一九六八　「飯浜の大念仏と地囃子」『郷土志摩』三七号（特集盆行事）　志摩郷土会
植木行宣　一九九四　「民俗芸能とその保護——三重県を中心に——」「佐八の羯鼓踊り」「岩倉の大念仏」「波切の大念仏」『三重県の民俗芸能』三重県教育委員会
植木行宣　一九九五　「立神のささら踊り」『志摩文化財年報　第一五集』志摩文化財調査保護委員協議会
植木行宣　二〇〇五　「立神の盆行事」『三重県の民俗行事報告書　一号』三重県教育委員会ふるさと文化再興事業
植木行宣　二〇〇七　「風流踊りの現状と課題」『民俗芸能研究』四三号　民俗芸能学会
植木行宣　二〇一〇　「風流という芸能」「立神の地ばやしとささら踊り」「道方の盆行事とカンコ踊り」「志摩・伊勢地方の大念仏」『風流踊りとその展開』岩田書院
植木行宣　二〇一〇　「図像にみる祇園祭山鉾とその変遷」『祇園囃子の源流』岩田書院
植木行宣　二〇一二　「風流踊りと盆行事」『伊勢民俗』四一号　伊勢民俗学会
牛島巌　一九六五　「民俗芸能とその基底」和歌森太郎編『志摩の民俗』吉川弘文館

小沢弘・川嶋将生　一九九四　『図説上杉本洛中洛外図を見る』河出書房新社
大間知篤三　一九六五　「志摩松尾町の公会」『無形の民俗資料記録　第三集　志摩の年齢階梯制』国土地理協会（一九八三『大間知篤三著作集』第三巻 未来社）
大森恵子　一九九二　「六斎念仏の居念仏・立ち念仏と念仏芸能」『念仏芸能と御霊信仰』名著出版
上村角兵衛　一九七〇　「志摩志島の盆」『まつり通信』一一四号　まつり同好会
河内若衆　二〇〇二　『志摩加茂五郷の盆祭行事』三重県鳥羽市河内町
久志本まどか　二〇一三　「大念仏」『伊勢市史　第八巻　民俗編』伊勢市
倉田正邦　一九五三　「志摩郡阿児町甲賀の鼓踊り」『伊勢・伊賀の鞨鼓踊り』三重県教育委員会
五来重　一九五一　「伊勢三日市の「おんない」と真宗高田派の大念仏」『高田学報』四八号　高田山専修寺内高田学会
五来重　一九五七　「融通念仏・大念仏および六斎念仏」『大谷大学研究年報』一〇号
西城利夫　一九九七　「志摩の祭りと年中行事」『わかば近鉄興業ニュース』一月号〜八月号
西城利夫　一九八九　「立神ささら踊」『まつり通信』三四四号　まつり同好会
西城利夫　一九九〇　「志摩の傘鉾」『まつり通信』三五四号　まつり同好会
西城利夫　一九九七　「ダンボ」『三重県の祭り・行事』三重県教育委員会
佐藤康宏　二〇〇六　『祭礼図』至文堂
塩沢一郎　一九九五　「上伊那北部道祖神祭・でえもんじ」『伊那民俗』二三号（一九九五年一二月）　柳田国男記念伊那民俗研究所
塩沢一郎　二〇〇〇　「信州上伊那でえもんじとせえ（歳）の神」『あしなか』一五六号（二〇〇〇年一一月）　山村民俗の会
塩沢一郎　一九九七　「小正月の道祖神信仰」『長野県民俗の会通信』一四〇号（一九九七年七月）　長野県民俗の会
蘇理剛志　二〇〇六　「周辺地域の民俗調査（鳥羽市堅子）」『浄土近世墓地調査報告書』三重県埋蔵文化財センター
田中義広　一九七一　「志摩の大念仏と柱松――鳥羽市松尾町・河内町」『まつり通信』一二六号（一九七一年七月）　ま

つり同好会
田中義弘　一九七一「志摩越賀の大念仏」『まつり通信』一二七号（一九七一年八月）　まつり同好会
段上達雄　一九九一「米水津村の供養盆踊り」『大分県の民俗芸能』大分県教育委員会
段上達雄　二〇一〇「傘鉾の系譜」『八代妙見祭』熊本県八代市教育委員会
段上達雄　二〇一一「きぬがさ1――傘鉾と風流傘の源流――」『別府大学大学院紀要』一三号
筑波女子大学坂本ゼミ　二〇〇七『西成井・大和田の民俗――茨城県霞ケ浦町――』
鳥羽市教育委員会　二〇一〇『志摩加茂五郷の盆祭行事調査報告書　鳥羽市民俗文化財報告　二』鳥羽市教育委員会
内藤正人　二〇〇三『江戸名所図屏風　大江戸劇場の幕が開く』小学館
中岡志州編　一九七〇『志摩立神誌』中岡書店
中山楠平　一九九七『堅子（かたこ）への道』私家版
西世古恒也　一九五八「和具の盆祭」『民間伝承』二二巻八号
野村史隆　二〇一二「志摩加茂五郷の盆祭行事のいま」『伊勢民俗』四一号　伊勢民俗学会
萩原龍夫　一九八三『巫女と仏教史』吉川弘文館
橋都正　二〇〇六「浪合村のコンブクロ」『伊那』九三二号（二〇〇六年一月）　伊那史学会
林屋辰三郎・宇野日出生編　一九九二『神道体系　神社編　十　祇園』神道体系編纂会
檜瑛司　二〇〇四『徳島県民俗芸能誌』錦正社
福岡傳吉　一九四三「志摩郡甲賀村の鼓踊」『民間伝承』九巻三号　民間伝承の会
牧内武司　一九五四「おんべからかさ談」『伊那』三〇八号（一九五四年一月）　伊那史学会
松阪市　一九八一『松阪市史　第一〇巻　資料編　民俗』三重県松坂市
山路興造　二〇〇九「祇園祭りの芸能と囃子」『京都――芸能と民俗の文化史――』思文閣出版
山路興造　二〇一〇「風流踊り」『近世芸能の胎動』八木書店
山路興造・青盛透・植木行宣編　一九九八『滋賀県の民俗芸能』滋賀県教育委員会

第七章　まとめ

折口信夫　一九一〇「言語情調論」国學院大學国文学科卒業論文（一九七六『折口信夫全集　第二九巻』中央公論社）
唐木順三　一九六〇『無用者の系譜』筑摩書房
栗田勇　一九七七『一遍上人　旅の思索者』新潮社
五来重　一九五八「融通念仏・大念仏および六斎念仏」『大谷大学研究年報』一〇号　大谷学会
鈴木大拙　一九三七『禅と念仏の心理学的基礎』大東出版社（二〇〇〇『鈴木大拙全集第四巻』岩波書店）
柳宗悦　一九四八『美の法門』私家版（一九八二『柳宗悦全集　第一八巻』筑摩書房）
柳宗悦　一九八六『南無阿弥陀仏』岩波文庫

坂本要念仏関連論文著作

一九七五a　「利根川流域における念仏行事の分析」『仏教民俗研究』一号　仏教民俗研究会
一九七五b　「題目講・念仏講および子安講」『日蓮宗の諸問題』雄山閣
一九七五c　『勝田市史　民俗篇』茨城県勝田市史編纂室
一九七五d　『佐野市史　民俗篇』栃木県佐野市史編纂室
一九七七a　「祖先崇拝と葬式念仏」『日本仏教』四一号　日本仏教学会、『葬制墓制研究集成　第三巻』一九七九年、名著出版
一九七七b　「上州嬬恋村女人念仏講」『歴史地理教育』二六八号　歴史教育者協議会
一九七八　「民間念仏和讃と安産祈願」『浄土宗の諸問題』雄山閣
一九七九a　「六座念仏の講と行事」『社会人類学年報』五号　東京都立大学社会人類学会
一九七九b　『大田区の文化財　郷土芸能』東京都大田区教育委員会
一九八〇　「東京の双盤念仏」『史誌』一四号　大田区史編纂室
一九八三　『大師河原の民俗』神奈川県川崎市教育委員会
一九八四　「農耕儀礼と仏教」『日本民俗文化大系　第九巻』小学館
一九八六　『浄真寺文化財総合調査報告書』東京都世田谷区教育委員会
一九八九　『印旛村史　通史編　二』千葉県印旛郡印旛村史編纂委員会
一九九〇　『東京都双盤念仏調査報告』東京都教育委員会
一九九一　『川崎市史　別編　民俗』神奈川県川崎市史編纂室
一九九二　「「念仏＝呪術論」再考」『仏教民俗学大系　第八巻』名著出版
一九九五　「西浦の大念仏と五方」『東京家政学院筑波短期大学紀要』五号　東京家政学院筑波短期大学

一九九六　「水窪の大念仏」『東京家政学院筑波短期大学紀要』六号　東京家政学院筑波短期大学
一九九七a　「三信遠大念仏の五方と弾指」『まつり通信』四三八号　まつり同好会
一九九七b　「知多半島の虫供養大念仏と真宗和讃（一）」『東京家政学院筑波女子大学紀要』一号　東京家政学院筑波女子大学
一九九八　『大栄町史　民俗編』千葉県大栄町史編纂室
二〇〇〇　「知多半島の虫供養大念仏と真宗和讃（二）」『東京家政学院筑波女子大学紀要』四号　東京家政学院筑波女子大学
二〇〇二　「上和田の双盤念仏」『大和市史研究』二八号　神奈川県大和市総務部総務課
二〇〇三　（科研報告）『身体表現から見る念仏芸能・民間念仏行事の調査及び成立過程の研究』
二〇〇四a　「若狭の六斎と念仏」『まつり』六六号　まつり同好会
二〇〇四b　「富士山周辺の祈祷六斎念仏（一）」『儀礼文化』三四号　儀礼文化学会
二〇〇六a　「平戸・壱岐の六斎念仏」圭室文雄編『日本人の宗教と庶民信仰』吉川弘文館
二〇〇六b　（科研報告）『身体表現から見る念仏踊り・八月踊り　日韓比較及び映像記録のアーカイブ化』
二〇〇六c　「富士山周辺の祈祷六斎念仏（二）」『儀礼文化』三六号　儀礼文化学会
二〇〇七　「南信州の念仏踊り・掛け踊りその他」『まつり』六九号　まつり同好会
二〇〇八　「日本的念仏の三円構造」『宗教民俗研究』一八号　宗教民俗研究会
二〇一一a　「三信遠大念仏の構成と所作」『民俗芸能研究』五〇号　民俗芸能学会
二〇一一b　「「鎮魂」語の近代――「鎮魂」語疑義考1――」『比較民俗研究』二五号、比較民俗研究会
二〇一一c　「研究史に見る「鎮魂」語――「鎮魂」語疑義考2――」『比較民俗研究』二六号、比較民俗研究会
二〇一一d　「奈良県十津川村の大踊り」から見た盆風流」『まつり』七三号　まつり同好会
二〇一二a　「知多半島の虫供養大念仏と真宗和讃（三）」『筑波学院大学紀要』七号
二〇一二b　「怨霊・御霊と「鎮魂」語――「鎮魂」語疑義考3――」『比較民俗研究』二七号、比較民俗研究会

二〇一三a　「伊勢・志摩大念仏と傘ブク」『年報月曜ゼミナール』五号　月曜ゼミナール
二〇一三b　「上伊那の小正月と夏祭りの行事――傘ぼこと囃し言葉――」『上伊那の祭りと行事30選　解説書』ヴィジュアルフォークロア
二〇一四a　「神奈川県の双盤念仏」『民俗学論叢』二九号　相模民俗学会
二〇一四b　「双盤念仏と鉦講（発表要旨）」『民俗芸能研究』五三号　民俗芸能学会
二〇一四c　「念仏芸能（六斎念仏・双盤念仏）」「都祁白石・興善寺の双盤念仏」（上田喜江と共著）『奈良県の民俗芸能』奈良県教育委員会
二〇一四d　「大念仏と民間念仏の系譜」『筑波学院大学紀要』九号　筑波学院大学
二〇一四e　「神奈川県の双盤念仏」『民俗学論叢』二九号　相模民俗学会
二〇一四f　映像解説「西久保観音の鉦はり」ＨＤＤ『西久保観世音の鉦はりアーカイブ』埼玉県入間市
二〇一五a　「入間市周辺と関東の双盤念仏」『入間市博物館紀要』一一号　埼玉県入間市博物館
二〇一五b　「踊り念仏の種々相（一）――空也及び空也系聖について――」『筑波学院大学紀要』一〇号　筑波学院大学
二〇一五c　「双盤念仏の分布と構成」『開宗九百年・大通上人三百回御遠忌記念論集　融通念佛宗における信仰と教義の邂逅』法藏館
二〇一五d　「三遠信大念仏と周辺の大念仏芸能」『地方史研究』三七六号　地方史研究協議会
二〇一六a　「踊り念仏の種々相（二）――道御・一向・一遍・他阿――」『筑波学院大学紀要』一一号　筑波学院大学
二〇一六b　『東栄町の盆行事――ハネコミ・手踊り・大念仏――』東栄町盆踊り調査会
二〇一六c　「善光寺と名越派の双盤念仏」『仏教経済研究』四五号　駒沢大学仏教経済研究所
二〇一六d　『大田区の祭り・行事・民俗芸能調査報告　大田区の文化財　四一号』大田区教育委員会
二〇一六e　「鎌倉光明寺十夜法要」『まつり通信』五八六号　まつり同好会
二〇一七a　「関西の双盤念仏（鉦講）と双盤鉦」『仏教経済研究』四五号　駒沢大学仏教経済研究所
二〇一七b　「傘ブクと吊り下げ物の民俗――傘ブクから雛の吊り下げ飾りへ――」『福島の民俗』四五号　福島県民俗学会

二〇一八a「関西の鉦講（双盤念仏）の行事と儀礼から」『宗教民俗研究』二七号　日本宗教民俗学会
二〇一八b「東京の双盤念仏（改訂版）」『大田区立郷土博物館紀要』二一号　大田区立郷土博物館
二〇一八c「遠賀川流域・玄界灘の傘を立てる盆踊り」『筑波学院大学紀要』一三号　筑波学院大学
二〇一八d『真家のみたま踊り調査報告書』文化庁文化財部文化課
二〇一八e「真家のみたま踊り」『民俗芸能』九八号　民俗芸能刊行委員会
二〇一八f「念仏を唱えない念仏踊り」『まつり』八〇号　まつり同好会
二〇一八g「長野善光寺朝拝式堂童子儀礼（長野県長野市）」『まつり通信』五九三号　まつり同好会
二〇一八h「盆送りの傘ブク（大分県佐伯市米水津）」『まつり通信』五九六号　まつり同好会
二〇一八i「仏向寺開山忌踊り念仏（山形県天童市）」『まつり通信』五九八号　まつり同好会
二〇一九a「宇佐地域及び大分・宮崎県境の傘の出る盆踊り」『筑波学院大学紀要』一四号　筑波学院大学
二〇一九b「郷土芸能探訪　跡部の踊り念仏」『文部科学教育通信』四五六号、ジアース教育新社
二〇一九c「霞ケ浦周辺の祇園祭礼に見られる稚児・傘・吊り下げ物」坂本要編『東国の祇園祭礼――茨城県霞ヶ浦周辺地域を中心に――』岩田書院
二〇一九d「酒田市山王例大祭」『まつり通信』六〇一号　まつり同好会

あとがき

当初、この本を民間念仏資料集として扱うべきか論集として扱うべきか迷いました。基本的には、調査してきたものは公刊するという原則に則って、研究ノートとして発表したものが多く収められています。収められた資料の中には、現在伝承が絶えてしまったものも多く、ここに資料として記載した価値はあるのではないかと考えます。結果としては大部のものとなり、論としての展開や確証の詰めが甘い感は免れません。現状調査から入って歴史を遡る方法の限界ともいえます。だとしても、このような民間念仏があったことは伝えられるであろうとし、これを後世の伝承につなげていくことが、この本の役目と考えます。

この本を成すに当たって、調査に伺った人々の顔が浮かび、その土地の記憶がよみがえるのは楽しみの一つであり、自分の歩いてきた道をたどるような作業でありました。すでに多くの人が鬼門に入ってしまい、自分の年齢を感じさせられます。

私は初め埼玉大学で文化人類学を学び、友枝啓泰先生、長島信弘先生につき、大学院は東京教育大学史学方法論（民俗学課程）で、教育大最後の院生として宮田登先生に師事しました。他に大正大学の藤井正雄先生や明治大学の萩原龍夫先生のお世話になりました。また東方学院では阿部慈円先生に仏教学を教わり、仏教民俗研究会を開いて多くの学友を得ることができました。

長年、民間念仏信仰の研究に携わってきましたが、私の師である宮田登先生を始めとする諸先生には感謝いたすとともに、先生方の生前にこの本を上梓できなかったことが悔やまれます。

またこのような地味な調査に協力いただいた全国の方々、特に双盤念仏では墨田区霊光寺の大河内義雄老師、鎌倉光明寺の声明指導をされている前執事の三浦正英光照寺住職には大変お世話になりました。

調査を支えてくれた家族や友人・大学図書館にお礼を述べるとともに、編集には法藏館の田中夕子氏や光成三生氏に苦労をかけ、出版までに多くの歳月を費やしてしまい、待っていただいたことに感謝いたします。

二〇一九年八月

坂本要

仏教史研究ハンドブック　佛教史学会編　二、八〇〇円
真宗門徒はどこへ行くのか　崩壊する伝承と葬儀　蒲池勢至著　一、八〇〇円
日本人と民俗信仰　伊藤唯真著　二、五〇〇円
真宗民俗史論　蒲池勢至著　八、〇〇〇円
民間信仰史の研究　高取正男著　九、四〇〇円
日本庶民信仰史　柴田實著作集　全三巻（分売不可）　柴田　實著　二二、三三〇円
伊藤唯真著作集　全四巻　伊藤唯真著　一・二巻各一一、六五〇円　三・四巻各一三、一〇七円
五来重著作集　全十二巻・別巻一　五来　重著　一・三〜十二巻各八、五〇〇円　二巻九、五〇〇円、別巻六、八〇〇円

法藏館
（価格税別）

坂本　要（さかもと かなめ）

筑波学院大学名誉教授。1947年、新潟県生まれ。埼玉大学教養学部で文化人類学を学び、同専攻課程卒業後、東京教育大学大学院文学研究科史学方法論（民俗学課程）で日本民俗学を学ぶ。同科修士課程を修了し、東方学院で仏教学を学ぶ。仏教民俗研究会主宰。
主な著作に『地獄の世界』（1990年、溪水社）、『極楽の世界』（1997年、北辰堂）、編著に『両神の民俗的世界』（2010年、せりか書房）、『東国の祇園祭礼――茨城県霞ヶ浦周辺地域を中心に――』（2019年、岩田書院）など。論文に「三信遠大念仏の構成と所作」（『民俗芸能研究』50号、民俗芸能学会、2011年）、「「鎮魂」語疑義考（１～３）」（『比較民俗研究』25～28号、比較民俗研究会、2011～12年）、「沖縄のスーマチ（１～４）」（『まつり』75～78号、まつり同好会、2013年～16年）、「「仏教民俗研究会」前後」（『仏教経済研究』48号、駒澤大学仏教経済研究所、2019年）など。その他、念仏関係の論文多数。

民間念仏信仰の研究

二〇一九年一〇月二五日　初版第一刷発行

著　者　坂本　要
発行者　西村明高
発行所　株式会社法藏館
京都市下京区正面通烏丸東入
郵便番号　六〇〇―八一五三
電話　〇七五―三四三―〇〇三〇（編集）
〇七五―三四三―五六五六（営業）

装幀者　佐藤篤司
印刷・製本　亜細亜印刷株式会社

ISBN 978-4-8318-6299-0 C3039

調査地一覧

※該当頁は原則として初出の始めの頁を掲げた。
※該当頁の空欄は、調査済みであるが本書での記述がないもの。
※右端列「一覧表」は474頁からの「双盤念仏一覧」の該当頁を入れた。

	都道府県	市町村名・地区名	開催場所・寺社名など	種別	該当頁	一覧表
1	北海道	伊達市有珠町	善光寺	双盤念仏	437	475
2	北海道	檜山郡江差町緑丘	阿弥陀寺	双盤念仏	438	475
3	北海道	檜山郡上ノ国町勝山	上国寺	双盤念仏	438	475
4	北海道	函館市船見町	称名寺	双盤念仏	437	475
5	青森県	外ヶ浜町三厩	湊久庵	双盤念仏	435	475
6	青森県	今別町今別	本覚寺	双盤念仏	432	475
7	青森県	今別市今別	本覚寺高野山観音堂	双盤念仏	433	475
8	青森県	今別町浜名	無量庵	双盤念仏	434	475
9	青森県	外ヶ浜町平館	玉泉寺	双盤念仏	434	475
10	青森県	外ヶ浜町下蟹田	専念寺	双盤念仏	435	475
11	青森県	青森市油川	浄満寺	双盤念仏	435	475
12	青森県	五所川原市十三湊	湊迎寺	双盤念仏	435	475
13	青森県	つがる市柏桑野木田	浄円寺	双盤念仏	436	475
14	青森県	黒石市京町寺町	来迎寺	双盤念仏	436	475
15	青森県	鰺ヶ沢町釣町	法王寺	双盤念仏	435	475
16	岩手県	遠野市青笹	喜清院	傘・吊り下げ物	754	
17	岩手県	北上市飯豊	飯豊八幡社	鬼剣舞	—	
18	岩手県	東田川郡羽黒町手向	荒沢寺正善院	修験念仏	—	
19	山形県	大石田町大石田	乗船寺	双盤念仏	428	475
20	山形県	村山市大槇	松念寺	双盤念仏	430	475
21	山形県	村山市楯岡	本覚寺	双盤念仏	426	475
22	山形県	天童市山口	来運寺	双盤念仏	429	475
23	山形県	天童市小路	仏向寺	念仏踊り・双盤念仏	20, 430	477
24	山形県	天童市五日市町	三宝寺	双盤念仏	429	477
25	山形県	天童市高擶	安楽寺	双盤念仏	429	477
26	山形県	山形市山寺	立石寺	山寺念仏・ムサカリ	754	

27	山形県	山形市長町	称念寺	双盤念仏	429	477
28	山形県	山形市漆山	浄土院	双盤念仏	429	477
29	山形県	山形市中野・船町	向谷寺	双盤念仏	426	477
30	福島県	北塩川村檜原	崇福寺	双盤念仏	425	477
31	福島県	喜多方市山都町朝倉賢谷	源空寺	双盤念仏	424	477
32	福島県	喜多方市山都町小船寺	泉福寺	双盤念仏	424	477
33	福島県	喜多方市熱塩加納町	浄円寺	双盤念仏	423	477
34	福島県	喜多方市上三宮町	願成寺	双盤念仏	423	477
35	福島県	喜多方市熊倉	光明寺	双盤念仏	422	477
36	福島県	喜多方市熊倉小沼	安養寺	双盤・摂取講大念仏	20, 421	477
37	福島県	喜多方市塩川町	阿弥陀寺	双盤念仏	422	477
38	福島県	喜多方市柳原	郷土民俗館	双盤鉦	422	477
39	福島県	会津若松市東町広野(冬木沢)	八葉寺	空也念仏	20	
40	福島県	いわき市平山崎	専称寺	双盤鉦	420	477
41	福島県	いわき市仁井田	最勝院	双盤念仏	420	477
42	福島県	いわき市小名浜	浄延寺	双盤念仏	420	477
43	福島県	いわき市北好間	権現堂	じゃんがら念仏	—	
44	福島県	玉川村南須釜	東光寺	天道念仏	—	
45	福島県	白河市関辺郷戸	八幡神社	天道念仏	—	
46	茨城県	那珂市瓜連	常福寺	双盤鉦	446	477
47	茨城県	小美玉市小川	台之坊薬師堂	双盤念仏	440	477
48	茨城県	稲敷市江戸崎町	西町	大日祭	—	
49	茨城県	稲敷市江戸崎町田宿	管天寺	大日祭	—	
50	茨城県	鹿島市長柄(旧高松村)	龍蔵院	鹿島念仏	—	
51	茨城県	稲敷市古渡	八坂神社	傘	766	
52	茨城県	かすみがうら市宍倉	堂山	空也堂	54	
53	茨城県	常総市飯沼	弘経寺	双盤念仏		477
54	茨城県	常総市水海道	報国寺	双盤念仏		477
55	栃木県	黒磯市百村本村	光徳寺・宝幢寺	百堂念仏	—	
56	栃木県	南那須町三箇塙	松原寺	天道念仏	—	

57	栃木県	小川町三和	三和神社	天道念仏	—	
58	栃木県	鹿沼市栃窪	木喰薬師堂	天道念仏	—	
59	栃木県	市貝町田名辺	高龗神社	天道念仏	—	
60	栃木県	烏山市金井	善念寺	双盤念仏	439	477
61	栃木県	益子町七井	円通寺	双盤念仏	439	477
62	栃木県	小山市小薬	称念寺	双盤念仏	440	477
63	千葉県	旭市後草	阿弥陀院	飯岡大念仏	3	
64	千葉県	船橋市海神	念仏堂	天道念仏	—	
65	千葉県	木更津市中央	選択寺	双盤念仏	292	481
66	千葉県	浦安市堀江	大蓮寺	双盤念仏	292	481
67	千葉県	千倉市北朝夷寺庭	西養寺薬師堂	双盤念仏	291	481
68	千葉県	千倉市南千倉	東仙寺十王堂	双盤念仏	291	481
69	埼玉県	和光市白子	東明寺吹上観音	双盤念仏		479
70	埼玉県	所沢市上山口	金蔵院山口観音	双盤念仏		479
71	埼玉県	所沢市荒幡	本覚院・光蔵寺	双盤念仏		479
72	埼玉県	所沢市上安松	長源寺	双盤念仏		479
73	埼玉県	所沢市北秋津	持明院曼荼羅堂	双盤念仏		479
74	埼玉県	所沢市久米	長久寺	双盤念仏		479
75	埼玉県	所沢市北野上組	全徳寺	双盤念仏		479
76	埼玉県	所沢市三ヶ島	薬師堂	双盤念仏		479
77	埼玉県	所沢市三ヶ島	常楽院	双盤念仏		479
78	埼玉県	所沢市糀谷	阿弥陀堂	双盤念仏		479
79	埼玉県	入間市宮寺	観音堂	双盤念仏	332	479
80	埼玉県	入間市坊	太子堂	双盤念仏	335	479
81	埼玉県	入間市新久	龍円寺観音堂	双盤念仏	335	479
82	埼玉県	入間市根岸	地蔵堂	双盤念仏	336	479
83	埼玉県	入間市三ツ木	馬頭観音堂	双盤念仏	336	479
84	埼玉県	入間市野田	長徳寺薬師堂	双盤念仏	336	479
85	埼玉県	狭山市笹井	笹井観音堂	双盤念仏	338	479
86	埼玉県	狭山市笹井	宗源寺	双盤念仏	338	479
87	埼玉県	狭山市上広瀬	禅竜寺	双盤念仏	338	479
88	埼玉県	飯能市落合	西光寺	双盤念仏	339	479
89	埼玉県	飯能市矢颪	浄心寺薬師堂	双盤念仏	341	479

90	埼玉県	飯能市双柳	秀常寺観音堂	双盤念仏	338	479
91	埼玉県	飯能市平松	円泉寺	双盤念仏	338	479
92	埼玉県	飯能市川寺	大光寺	双盤念仏	341	479
93	埼玉県	飯能市川崎	普門寺観音堂	双盤念仏	342	481
94	埼玉県	日高市台	円福寺	双盤念仏	343	481
95	東京都	墨田区吾妻橋	霊光寺	双盤念仏	246	485
96	東京都	台東区浅草	浅草寺奥山念仏堂	双盤念仏	343	485
97	東京都	台東区西浅草	東京本願寺	坂東念仏	—	
98	東京都	港区芝公園	増上寺	雲版双盤	297	485
99	東京都	港区芝公園	赤羽橋閻魔堂	双盤念仏	300	485
100	東京都	港区白金	西光寺	双盤念仏		485
101	東京都	品川区北品川	法禅寺	双盤念仏	298	
102	東京都	品川区南品川（青物横丁）	願行寺	双盤念仏	321	481
103	東京都	品川区戸越	行慶寺	双盤念仏	322	481
104	東京都	品川区南品川	本覚寺	双盤念仏	321	481
105	東京都	品川区東五反田	宝塔寺	双盤念仏	321	481
106	東京都	品川区西五反田	徳蔵寺	双盤念仏	322	483
107	東京都	品川区西五反田	安楽寺	双盤念仏		483
108	東京都	品川区大井	来迎院	双盤念仏	322	483
109	東京都	品川区二葉	東光寺	双盤念仏		483
110	東京都	大田区大森北(不入斗)	密厳院	双盤念仏		481
111	東京都	大田区西糀谷	安泰寺	双盤念仏		481
112	東京都	大田区西六郷	瑞光寺	双盤念仏		481
113	東京都	大田区西六郷（古川）	安養院	双盤念仏	323	481
114	東京都	大田区仲六郷	東陽院	双盤念仏		481
115	東京都	大田区西蒲田（蓮沼）	蓮華寺	双盤念仏	323	481
116	東京都	大田区矢口（今泉）	延命寺	双盤念仏	300, 322	481
117	東京都	大田区鵜ノ木	光明寺	双盤念仏		481
118	東京都	大田区田園調布南（下沼部）	密蔵院	双盤念仏	323	481
119	東京都	大田区田園調布本町（下沼部）	東光院	双盤念仏		481

120	東京都	世田谷区深沢	深沢不動医王寺	双盤念仏	324	483
121	東京都	世田谷区奥沢	大音寺	双盤念仏	325	483
122	東京都	世田谷区奥沢	九品仏浄真寺	双盤念仏	302	483
123	東京都	世田谷区用賀	無量寺	双盤念仏	325	483
124	東京都	世田谷区用賀	真福寺	双盤念仏	325	483
125	東京都	世田谷区瀬田	行善寺	双盤念仏	325	483
126	東京都	世田谷区瀬田	法徳寺	双盤念仏	325	483
127	東京都	世田谷区尾山台	伝乗寺	双盤念仏	326	483
128	東京都	世田谷区下馬	西澄寺	双盤念仏	324	483
129	東京都	世田谷区代沢	森巌寺	双盤念仏	326	483
130	東京都	世田谷区太子堂	教学院最勝寺	双盤念仏	325	483
131	東京都	世田谷区桜上水	密蔵院	双盤念仏	327	483
132	東京都	世田谷区赤堤	西福寺	双盤念仏	324	483
133	東京都	世田谷区桜丘	久成院	双盤念仏	326	483
134	東京都	世田谷区弦巻	浄光寺	双盤念仏	326	483
135	東京都	世田谷区世田谷	大吉寺	双盤念仏	326	483
136	東京都	世田谷区喜多見	慶元寺	双盤念仏	305	483
137	東京都	目黒区上目黒	寿福寺	祐天念仏	327	483
138	東京都	目黒区下目黒(行人坂)	大圓寺	祐天念仏	328	483
139	東京都	渋谷区東	福昌寺	双盤念仏	327	485
140	東京都	文京区大塚	護国寺	双盤念仏		485
141	東京都	豊島区池袋本町	重林寺	双盤念仏		485
142	東京都	豊島区長崎	金剛院	双盤念仏		485
143	東京都	新宿区新宿	太宗寺	双盤念仏		485
144	東京都	中野区新井	新井薬師梅照院	双盤念仏		485
145	東京都	中野区若宮	福蔵院	双盤念仏		485
146	東京都	調布市深大寺	深大寺	双盤念仏		485
147	東京都	府中市白糸台(車返し)	本願寺	双盤念仏	307	485
148	東京都	西東京市田無	持宝院	双盤念仏		485
149	東京都	国分寺市西元町	武蔵国分寺	双盤念仏		485
150	東京都	立川市柴崎町	普済寺	双盤念仏		485
151	東京都	昭島市拝島	拝島大師本覚院	双盤念仏		485
152	東京都	昭島市拝島	大日堂	双盤念仏		485

153	東京都	昭島市大神町	観音寺薬師堂	双盤念仏		485
154	東京都	日野市栄町	成就院東光寺	双盤念仏		485
155	東京都	日野市日野本町	大昌寺	双盤念仏		485
156	東京都	八王子市大横町	大善寺	双盤念仏	319	487
157	東京都	八王子市小宮町	東福寺粟の須観音	双盤念仏		487
158	東京都	武蔵村山市三ツ木	宿の薬師堂	双盤念仏	314	487
159	東京都	清瀬市野塩	円福寺薬師堂	双盤念仏		487
160	東京都	東久留米市小山	大円寺	双盤念仏		487
161	東京都	東村山市恩田町	大泉寺・地蔵堂	双盤念仏		487
162	東京都	東村山市久米川町	梅岸寺・阿弥陀堂	双盤念仏		487
163	東京都	東村山市野口町	正福寺地蔵堂・薬師堂	双盤念仏		487
164	東京都	東村山市秋津町	花見堂	双盤念仏		487
165	東京都	武蔵村山市中藤	萩の尾薬師堂	双盤念仏		487
166	東京都	瑞穂町殿ヶ谷	福正寺	双盤念仏		485
167	東京都	羽村市川崎	宗禅寺	双盤念仏		485
168	東京都	あきる野市二宮	玉泉寺	双盤念仏	310	487
169	東京都	青梅市勝沼	乗願寺	双盤念仏	317	487
170	東京都	日の出町大久野	西徳寺	双盤念仏	312	487
171	東京都	町田市原町田	勝楽寺	双盤念仏	318	487
172	東京都	町田市原町田	養運寺	双盤念仏		487
173	東京都	町田市三輪	高蔵寺	双盤念仏		487
174	東京都	町田市木曾町	傳重寺	双盤念仏		487
175	東京都	新島本村・若郷	長栄寺・妙蓮寺・他	大踊り・傘	750	
176	東京都	神津島村	濤響寺	トウトウ念仏		489
177	神奈川県	鎌倉市材木座	光明寺	雲版六字詰・双盤念仏・引声阿弥陀経	253	487
178	神奈川県	逗子町小坪	小坪寺	雲版六字詰	268	487
179	神奈川県	葉山町堀内	清浄寺	雲版六字詰		487
180	神奈川県	葉山町堀内	相福寺	雲版六字詰	269	487
181	神奈川県	葉山町真名瀬	光徳寺	雲版六字詰		487
182	神奈川県	葉山町下山口	万福寺	雲版六字詰		487
183	神奈川県	葉山町上山口	新善光寺	雲版六字詰	268	487

184	神奈川県	横須賀市秋谷	正行院	雲版六字詰		489
185	神奈川県	横須賀市芦名	浄楽寺	雲版六字詰		489
186	神奈川県	横須賀市芦名	南光院	雲版六字詰		489
187	神奈川県	横須賀市林	満宗寺	雲版六字詰		489
188	神奈川県	横須賀市佐島	福本寺	雲版六字詰		489
189	神奈川県	横須賀市長坂	無量寺	雲版双盤	262	489
190	神奈川県	横須賀市長井	不断寺	雲版双盤		489
191	神奈川県	横須賀市長井	長井寺	雲版六字詰		489
192	神奈川県	横須賀市武	東漸寺	雲版双盤	261	489
193	神奈川県	横須賀市津久井	法蔵院	雲版双盤	264	489
194	神奈川県	横須賀市久里浜	長安寺	雲版双盤	263	489
195	神奈川県	横須賀市久里浜	伝福寺	雲版双盤		489
196	神奈川県	横須賀市久村	正業寺	雲版双盤		489
197	神奈川県	横須賀市久比里	宗円寺	雲版双盤		489
198	神奈川県	横須賀市鴨居	西徳寺	雲版双盤		491
199	神奈川県	横須賀市大津	信楽寺	雲版六字詰		491
200	神奈川県	横須賀市上町	聖徳寺	雲版双盤念仏		491
201	神奈川県	横須賀市追浜	良心寺	雲版双盤念仏	265	491
202	神奈川県	横須賀市浦郷町	正観寺	双盤念仏	268	491
203	神奈川県	三浦市和田	天養院	雲版六字詰	266	489
204	神奈川県	三浦市三戸	福泉寺	雲版双盤	266	489
205	神奈川県	三浦市三戸	霊川寺	雲版双盤		489
206	神奈川県	三浦市三戸	光照寺	雲版六字詰		489
207	神奈川県	三浦市網代	真光院	雲版双盤		489
208	神奈川県	三浦市三崎	光念寺	雲版六字詰	267	489
209	神奈川県	三浦市金田	円福寺	雲版双盤	267	489
210	神奈川県	三浦市菊名	永楽寺	双盤念仏		489
211	神奈川県	三浦市上宮田	十劫寺	雲版双盤		489
212	神奈川県	三浦市上宮田	三樹院	雲版双盤		489
213	神奈川県	横浜市港南区港南	正覚寺	双盤念仏	269	491
214	神奈川県	横浜市戸塚区原宿町	大運寺	双盤念仏		491
215	神奈川県	横浜市戸塚区深谷町	専念寺	双盤念仏	272	491
216	神奈川県	横浜市泉区中田町	中田寺	双盤念仏	273	491

217	神奈川県	横浜市磯子区峰町	阿弥陀寺	双盤念仏	271	491
218	神奈川県	横浜市磯子区中原	願行寺	双盤念仏		491
219	神奈川県	横浜市磯子区栗木	金台寺	双盤念仏		491
220	神奈川県	横浜市旭区本村町（二俣川）	三仏寺	双盤念仏	274	491
221	神奈川県	横浜市旭区本宿町	浄性院	双盤念仏		491
222	神奈川県	横浜市旭区上川井町	長源寺	双盤念仏		491
223	神奈川県	横浜市鶴見区生麦	正泉寺	双盤念仏		491
224	神奈川県	横浜市鶴見区生麦	慶岸寺	双盤念仏		491
225	神奈川県	横浜市鶴見区鶴見	東福寺	双盤念仏		491
226	神奈川県	横浜市鶴見区矢向	良忠寺	双盤念仏		491
227	神奈川県	横浜市港北区菊名	蓮勝寺	双盤念仏	278	491
228	神奈川県	横浜市都筑区荏田東	心行寺	双盤念仏		491
229	神奈川県	横浜市緑区荏田町	真福寺	双盤念仏	277	491
230	神奈川県	横浜市緑区寺山町	慈眼寺	双盤念仏	274	491
231	神奈川県	横浜市青葉区市ケ尾町	地蔵堂	双盤念仏	276	491
232	神奈川県	横浜市青葉区元石川町	陣願堂	双盤念仏		493
233	神奈川県	川崎市川崎区大師町	川崎大師平間寺	双盤念仏	279	493
234	神奈川県	川崎市川崎区殿町	法栄寺	双盤鉦	284	493
235	神奈川県	川崎市川崎区昭和町	町内会館観音堂	双盤念仏	284	493
236	神奈川県	川崎市川崎区本町	一行寺	双盤念仏	285	495
237	神奈川県	川崎市宮前区野川	影向寺	双盤念仏	285	493
238	神奈川県	川崎市高津区千年	能満寺	双盤念仏	285	493
239	神奈川県	川崎市多摩区宿河原	龍安寺	双盤念仏	285	493
240	神奈川県	川崎市多摩区菅北浦	薬師堂	双盤念仏	286	493
241	神奈川県	大和市上和田	信法寺薬王院	双盤念仏	286	493
242	神奈川県	座間市座間	宗仲寺	双盤念仏		493
243	神奈川県	厚木市酒井	法雲寺	双盤念仏	288	493
244	神奈川県	厚木市妻田	西福寺	双盤念仏		493
245	神奈川県	厚木市温水	源正寺	双盤念仏		493
246	神奈川県	厚木市船子	観音寺	双盤念仏	290	493
247	神奈川県	相模原市当麻	無量光寺	双盤念仏	288	493
248	神奈川県	相模原市当麻	観心寺	双盤念仏		493

249	神奈川県	相模原市下溝	清水寺	双盤念仏	290	493
250	神奈川県	伊勢原市桜台	三福寺	双盤念仏		493
251	神奈川県	伊勢原市日向一の沢	浄発願寺	双盤念仏	290	493
252	神奈川県	秦野市鶴巻北	西光寺	双盤念仏	290	493
253	神奈川県	藤沢市長後	泉龍寺	双盤念仏		493
254	神奈川県	藤沢市西富	清浄光寺	双盤・薄念仏	51	
255	神奈川県	寒川町倉見	行安寺	双盤念仏		493
256	神奈川県	茅ケ崎市南湖	西運寺	双盤念仏		493
257	神奈川県	平塚市須賀	海宝寺	双盤念仏		493
258	神奈川県	平塚市四之宮	大念寺	双盤念仏		493
259	神奈川県	大磯町大磯	大運寺	双盤念仏		493
260	神奈川県	二宮町二宮	知足寺	双盤念仏		493
261	神奈川県	小田原市小八幡	三宝寺	双盤念仏	290	493
262	神奈川県	山北町向原（世附）	能安寺	百万遍念仏	221	
263	神奈川県	箱根町塔之沢	阿弥陀寺	双盤念仏	291	435
264	山梨県	上野原市無生野	道場	祈禱六斎	219	
265	山梨県	上野原市寺下	各家	祈禱六斎	198	
266	山梨県	大月市賑岡東奥山	各家	祈禱六斎	198	
267	山梨県	道志村馬場	観音堂	祈禱六斎	198	
268	山梨県	富士河口湖町精進	不明	祈禱六斎	212	
269	山梨県	富士河口湖町本栖	江岸寺	祈禱六斎	209	
270	山梨県	鳴沢村大和田	公民館	祈禱六斎	212	
271	山梨県	甲府市善光寺	甲斐善光寺	双盤念仏	417	495
272	山梨県	甲府市大里町窪中島	三宝荒神社	祈禱六斎	216	
273	山梨県	甲府市上黒平	公民館	祈禱六斎	217	
274	山梨県	甲府市右左口宿	当番宿	祈禱六斎	213	
275	山梨県	甲府市右左口七覚	当番宿	祈禱六斎	214	
276	山梨県	甲府市心経寺	安国寺	祈禱六斎	214	
277	山梨県	笛吹市国分	石尊様	祈禱六斎	214	
278	山梨県	笛吹市栗合	地蔵堂	祈禱六斎	198	
279	山梨県	笛吹市金川原	西念寺	祈禱六斎	198	
280	山梨県	笛吹市中寺尾	全福寺	祈禱六斎	198	
281	山梨県	中央市高部	公民館	祈禱六斎	199	

282	山梨県	甲斐市安寺	不明	祈禱六斎	199	
283	山梨県	南アルプス市上八田	不明	祈禱六斎	199	
284	山梨県	南アルプス市吉田	公民館	祈禱六斎	215	
285	山梨県	南アルプス市在家塚	当番宿	祈禱六斎	199	
286	山梨県	身延町西島	不明	祈禱六斎	199	
287	山梨県	身延町下部湯之奥	当番宿	祈禱六斎	212	
288	山梨県	早川町早川	抱明院	祈禱六斎	208	
289	山梨県	早川町黒桂	宝龍寺	祈禱六斎	203	
290	山梨県	早川町京ヶ島	常昌院	祈禱六斎	205	
291	山梨県	早川町茂倉	西方寺	祈禱六斎	206	
292	山梨県	早川町新倉	大抱院	祈禱六斎	208	
293	山梨県	山中湖村平野	寿徳寺	祈禱六斎	218	
294	長野県	長野市長野元善町	善光寺	双盤念仏	404	495
295	長野県	佐久市跡部	西方寺	踊り念仏・双盤	418	495
296	長野県	泰阜村梨久保	池野神社	榑木踊り	545	
297	長野県	泰阜村温田	南宮神社	榑木踊り	546	
298	長野県	阿南町和合	林松寺・熊野社	念仏踊り	537	
299	長野県	阿南町日吉	阿弥陀堂・伊勢志摩伊勢社・八幡社・他	念仏踊り・お鍬祭り・傘	538, 549	
300	長野県	阿南町新野	街中市神	盆踊り	551	
301	長野県	売木村	太田稲荷	お練り	551	
302	長野県	飯田市上村下栗	十五社明神	掛け踊り	541	
303	長野県	飯田市座光寺	元善光寺	双盤念仏	417	495
304	長野県	天龍村平岡	満島神社	お練り・傘	547	
305	長野県	天龍村坂部	伽藍様・秋葉山	掛け踊り	539	
306	長野県	天龍村中井侍	各神社	お練り・傘	548	
307	長野県	天龍村大河内	新盆の家	掛け踊り	542	
308	長野県	天龍村向方	長松寺	掛け踊り	544	
309	長野県	飯島町日曽利	宿の家	傘（カサンボコ）	755	
310	長野県	伊那市西箕輪上戸	道祖神の辻	傘（デエモンジ）	755	

311	長野県	阿智村浪合	校庭	傘（コンブクロ）	756	
312	静岡県	御殿場市川柳	公民館	祈禱六斎	223	
313	静岡県	富士宮市内野・足形	当番宿	祈禱六斎	225	
314	静岡県	富士宮市根原	当番宿	祈禱六斎	199	
315	静岡県	富士宮市佐折	当番宿	祈禱六斎	199	
316	静岡県	富士市鍵穴	薬師堂	祈禱六斎	227	
317	静岡県	浜松市成子町	法林寺	弾誓念仏	—	
318	静岡県	浜松市水窪町奥領家西浦	栄泉寺・阿弥陀堂・他	大念仏・傘	564	
319	静岡県	浜松市水窪町神原	栄福寺・薬師堂	大念仏	591	
320	静岡県	浜松市水窪町向市場	善住寺	大念仏	599	
321	静岡県	浜松市水窪町	水窪運動場	大念仏	628	
322	静岡県	浜松市水窪町小畑	附属寺	大念仏	590	
323	静岡県	浜松市水窪町上村	公民館	大念仏	604	
324	静岡県	浜松市水窪町竜戸	学校場・他	大念仏	608	
325	静岡県	浜松市水窪町大野	堂庭・他	大念仏	610	
326	静岡県	浜松市水窪町向島	阿弥陀堂	大念仏	607	
327	静岡県	浜松市水窪本町	各家	大念仏	622	
328	静岡県	浜松市水窪町長尾	金吾八幡社	大念仏	588	
329	静岡県	浜松市水窪町奥領家草木	新盆の家	大念仏・傘	621	
330	静岡県	浜松市水窪町地双	各所	大念仏	614	
331	静岡県	浜松市水窪町有本	学校場	大念仏	615	
332	静岡県	浜松市水窪町大嵐時原	新盆の家	大念仏	620	
333	静岡県	浜松市天竜区懐山	阿弥陀堂・他	大念仏	523	
334	静岡県	浜松市天竜区熊平	六所神社・他	遠州大念仏	523	
335	静岡県	浜松市天竜区熊柴	新盆の家	遠州大念仏	523	
336	静岡県	浜松市北区豊岡大平	円通寺	遠州大念仏・傘	523	
337	静岡県	浜松市北区滝沢	地蔵堂・他	遠州大念仏	523	
338	静岡県	浜松市中区上島	宗円堂	遠州大念仏	523	
339	静岡県	島田市大代	公民館	大念仏	523	
340	静岡県	豊根村牧ノ嶋	公民館	念仏踊り	631	

341	静岡県	豊根村三沢山内	堂の庭	念仏踊り	633	
342	静岡県	豊根村三沢粟世	三沢小学校	念仏踊り	635	
343	静岡県	豊根村川宇連	公民館	念仏踊り	637	
344	静岡県	豊根村大沢	踊り場	大念仏	638	
345	静岡県	東栄町古戸	普光寺	ハネコミ	640	
346	静岡県	東栄町上粟代	歓喜寺	ハネコミ	642	
347	静岡県	東栄町足込	慶泉寺	ハネコミ・大念仏・傘	643	
348	静岡県	東栄町月	清平寺	ハネコミ・放下	646	
349	静岡県	東栄町三ツ瀬	熊野神社・他	ハネコミ・放下	650	
350	静岡県	東栄町柿野	公民館	ハネコミ・放下	647	
351	静岡県	東栄町下田	長養院	手踊り	—	
352	静岡県	設楽町田峯	田峯観音	念仏踊り	652	
353	静岡県	設楽町平山黒倉	新盆の家	ハネコミ	654	
354	静岡県	設楽町神田	東泉寺	ハネコミ	654	
355	静岡県	設楽町粟島	竹栄寺	ハネコミ	654	
356	静岡県	設楽町塩津	薬師様・他	ハネコミ	654	
357	静岡県	設楽町清崎	多宝寺	ハネコミ	654	
358	静岡県	設楽町小代	新盆の家	ハネコミ	654	
359	静岡県	設楽町田口本町	福田寺・他	ハネコミ	654	
360	静岡県	新城市鳳来町四谷・身平橋	海源庵・他	ハネコミ	654	
361	静岡県	新城市鳳来町布里	普賢寺	放下	658	
362	静岡県	新城市鳳来町塩瀬	高月寺	放下	658	
363	静岡県	新城市鳳来町名号	石雲寺	放下	656	
364	静岡県	新城市鳳来町一色	洞泉寺	放下	658	
365	静岡県	新城市鳳来町乗本	万灯山	万灯	660	
366	静岡県	新城市大海	泉昌寺	放下	659	
367	静岡県	新城市市川	万灯山	万灯	660	
368	静岡県	新城市信玄原	千人塚	火おんどり	660	
369	静岡県	新城市黒瀬	墓・新盆の家	念仏	656	

370	静岡県	新城市田代	徳林寺・他	念仏踊り	655	
371	静岡県	新城市岩波	新盆の家	念仏踊り	656	
372	静岡県	豊田市下山阿蔵	福寿院・須賀神社	ハネコミ	656	
373	静岡県	足助町綾戸	平勝寺	夜念仏	—	
374	愛知県	田原町豊島	光明寺	大念仏	661	
375	愛知県	知多郡岡田町日長	瑞光寺	虫供養大念仏	110	
376	愛知県	知多郡東浦町石浜	道場	虫供養大念仏	90	
377	愛知県	知多郡阿久比町高岡	道場	虫供養大念仏	82	
378	愛知県	半田市東郷町成岩	常楽寺	虫供養大念仏	101	
379	愛知県	常滑市大野町権現	道場	虫供養大念仏	70	
380	愛知県	知多郡阿久比町矢口	済乗院	虫供養大念仏	82	
381	愛知県	知多郡阿久比町草木	公民館	虫供養大念仏	87	
382	愛知県	知多郡美浜町布土	心月斎	虫供養大念仏	104	
383	愛知県	常滑市保示	真福寺	虫供養大念仏	135	
384	愛知県	半田市乙川	海蔵寺	虫供養大念仏	93	
385	愛知県	東海市富木島町北島	玄猷寺	虫供養大念仏	106	
386	愛知県	東海市富木島町貴船山	宝珠寺	虫供養大念仏	109	
387	愛知県	知多市岡田	毘沙門堂	虫供養大念仏	110	
388	愛知県	東海市上名和	薬師堂	虫供養大念仏	110	
389	愛知県	常滑市矢田	公民館	虫供養大念仏	70	
390	愛知県	知多市大興寺	土井秀行宅	虫供養大念仏	71	
391	岐阜県	大垣市久世川町	大垣別院	空也僧	55	
392	岐阜県	大野郡宮村一之宮	水無神社	風流踊り	—	
393	岐阜県	八幡町河鹿	河鹿神社	掛け踊り	—	
394	岐阜県	明宝村寒の水	白山神社	掛け踊り	—	
395	富山県	新湊市立町放生津	曼荼羅寺	双盤念仏	—	
396	福井県	高浜町上瀬	海門寺	六斎念仏	150	
397	福井県	高浜町薗部	正善寺	六斎念仏	151	
398	福井県	高浜町馬居寺	馬居寺	六斎念仏	153	
399	福井県	おおい町鹿野	仏灯寺	六斎念仏	153	
400	福井県	おおい町父子	海元寺	六斎念仏	154	
401	福井県	おおい町虫鹿野	栖円寺・万福寺	六斎念仏	156	
402	福井県	小浜市岡津	海隣寺	六斎念仏	158	

403	福井県	小浜市上加斗	円通寺	六斎念仏	158	
404	福井県	小浜市下加斗	松原寺	六斎念仏	158	
405	福井県	小浜市法海	飯盛寺	六斎念仏	158	
406	福井県	小浜市和多田	長泉寺	六斎念仏	159	
407	福井県	小浜市西相生	隣慶寺	六斎念仏	161	
408	福井県	小浜市神宮寺	神宮寺	六斎念仏	162	
409	福井県	小浜市仏谷	仏谷寺	六斎念仏	162	
410	福井県	小浜市阿納尻	海蔵寺	六斎念仏	163	
411	福井県	小浜市羽賀	羽賀寺・玉泉寺	六斎念仏	163	
412	福井県	小浜市奈胡	竜雲寺	六斎念仏	164	
413	福井県	小浜市奥熊野	天養寺・長福寺	六斎念仏	164	
414	福井県	小浜市次吉	新福寺	六斎念仏	165	
415	福井県	小浜市高塚	瑞伝寺	六斎念仏	165	
416	福井県	若狭町瓜生	良昌寺	六斎念仏	167	
417	福井県	若狭町三宅	久永寺	六斎念仏	166	
418	福井県	若狭町三生野	吉祥院	六斎念仏	168	
419	福井県	若狭町田井野	地蔵堂・他	六斎念仏	171	
420	福井県	若狭町井崎	心月寺	六斎念仏	169	
421	福井県	若狭町横渡	玉泉寺	六斎念仏	170	
422	福井県	若狭町黒田	弘誓寺	六斎念仏	169	
423	福井県	若狭町気山市	臥竜院	六斎念仏	171	
424	福井県	大野市和泉川合	道場	真宗道場村落	134	
425	福井県	大野市和泉上大納	道場	真宗道場村落	73	
426	福井県	大野市和泉貝皿	道場	真宗道場村落	134	
427	三重県	松坂市朝田	朝田寺	吊り下げ物（掛け衣）	754	
428	三重県	伊勢市佐八	公民館	カンコ踊り	718	
429	三重県	伊勢市円座	正覚寺	カンコ踊り	718	
430	三重県	鳥羽市神島	船着き場	大念仏	690	
431	三重県	鳥羽市菅島	薬師堂	大念仏	690	
432	三重県	鳥羽市石鏡	円照寺薬師堂	大念仏	710	
433	三重県	鳥羽市国崎	常福寺・海岸	笹念仏・傘	706	
434	三重県	鳥羽市相差	海岸	大念仏・傘	708	

435	三重県	鳥羽市畔蛸	梵潮寺	大念仏・傘	709	
436	三重県	鳥羽市堅子	宝珠寺	大念仏・傘	708	
437	三重県	鳥羽市加茂河内	観音堂	大念仏・柱松	725	
438	三重県	鳥羽市加茂松尾	天徳寺	大念仏・柱松	724	
439	三重県	鳥羽市加茂岩倉	極楽寺	大念仏	725	
440	三重県	志摩市磯部飯浜	江月寺	大念仏	710	
441	三重県	志摩市的矢	的矢（三カ所）	大念仏・傘	711	
442	三重県	志摩市甲賀	海岸	大念仏・傘	692	
443	三重県	志摩市立神	薬師堂	大念仏・傘	701	
444	三重県	志摩市安乗	海岸	大念仏・傘	705	
445	三重県	志摩市国府	海岸	大念仏	705	
446	三重県	志摩市志島	海岸	大念仏・傘	705	
447	三重県	志摩市名田	海岸	大念仏・傘	705	
448	三重県	志摩市波切	漁港	大念仏・傘	711	
449	三重県	志摩市片田	海岸	大念仏・傘	715	
450	三重県	志摩市布施田	薬師寺	大念仏・傘	715	
451	三重県	志摩市和具	海岸	大念仏・傘	715	
452	三重県	志摩市越賀	海岸	大念仏・傘	712	
453	三重県	志摩市御座	爪切り不動	大念仏・傘	4, 714	
454	三重県	志摩市浜島町	龍江寺・極楽寺	大念仏・傘	716	
455	三重県	志摩市塩屋	宝泉寺	大念仏・傘	716	
456	三重県	南伊勢市（田曽浦・下津浦・中津浜浦・切原・迫間浦・礫浦・相賀浦）	各家・海岸・各地区の寺	傘	717	
457	三重県	南伊勢市大江	公民館前	傘	717	
458	三重県	南伊勢市阿曽浦	漁港前	傘	718	
459	三重県	南伊勢市道方	法雲院	大念仏	718	
460	三重県	津市白塚	東海寺	白塚念仏	135	
461	三重県	津市一身田	高田山専修寺	ししこ念仏	—	
462	三重県	鈴鹿市三日市町	寿福寺	オンナイ念仏	645	
463	三重県	津市一身田平野	明覚寺	高唱念仏	—	
464	三重県	伊賀市下友田	森紅寺	双盤念仏	374	495

465	三重県	伊賀市西湯船	平泉寺	双盤念仏	374	495
466	三重県	伊賀市山田	勝手神社	風流踊り	—	
467	滋賀県	米原市番場	蓮華寺	双盤念仏・踊り念仏	375	497
468	滋賀県	浅井町野瀬	大吉寺	虫供養	—	
469	滋賀県	東近江市能登川町伊庭	正厳寺	虫供養	134	
470	滋賀県	東近江市能登川町伊庭	妙楽寺	真宗和讃	134	
471	滋賀県	近江八幡市安土慈照寺	浄厳院	雲版双盤	361	495
472	滋賀県	近江八幡市鷹飼町	法恩寺	雲版双盤	365	495
473	滋賀県	近江八幡市野田町	法泉寺	雲版双盤	366	495
474	滋賀県	近江八幡市浅小井	正寿院	雲版双盤	366	495
475	滋賀県	近江八幡市北の庄	西照寺・近江八幡社	回り念仏	—	
476	滋賀県	竜王町山之上	西光寺	雲版双盤	367	495
477	滋賀県	野洲市町南桜	報恩寺	雲版双盤	368	495
478	滋賀県	野州市三宅	安楽寺	雲版双盤	369	495
479	滋賀県	守山市小浜	称名院	雲版双盤	370	495
480	滋賀県	湖南市甲西町	正福寺	雲版双盤	370	495
481	滋賀県	甲賀市水口町城東	心光寺	雲版双盤	373	495
482	滋賀県	甲賀市信楽町宮町	法性寺	雲版双盤	371	495
483	滋賀県	栗東市上砥山	浄西寺	雲版双盤	372	495
484	滋賀県	栗東市東坂	阿弥陀寺	雲版双盤	373	497
485	滋賀県	大津市堅田町真野	法界寺	双盤念仏・六斎念仏	138, 375	497
486	滋賀県	志賀町栗原	公民館	六斎念仏	141	
487	滋賀県	高島市朽針畑	各戸	六斎念仏	141	
488	京都府	京都市左京区大原勝林院町	三千院	声明	—	
489	京都府	京都市左京区浄土寺真如町	真正極楽寺（真如堂）	引声阿弥陀経・双盤念仏	376	497
490	京都府	京都市左京区田中門前町	百万遍知恩寺	百万遍・双盤	380	497
491	京都府	京都府右京区嵯峨釈迦堂藤ノ木	清凉寺	双盤・引声念仏	35, 382	497
492	京都府	京都市東山区林下町	知恩院	双盤鉦	381	497

493	京都府	京都市東山区轆轤町	六波羅蜜寺	躍り念仏	20	
494	京都府	京都市上京区千本通り	引接寺（千本閻魔堂）	念仏狂言	—	
495	京都府	京都市中京区新京極桜之町	誓願寺	双盤鉦	382	497
496	京都府	京都市中京区蛸薬師通下ル	極楽院（空也堂）	踊り念仏	31	
497	京都府	右京区嵯峨水尾	円覚寺	六斎念仏	140	
498	京都府	京都市北区西加茂鎮守庵町	西方寺	六斎念仏	140	
499	京都府	京都市南区上鳥羽岩ノ本町	浄禅寺	六斎念仏	140	
500	京都府	京都市向日市粟生	光明寺	白木念仏	383	497
501	京都府	京田辺市天王	極楽寺	双盤念仏	386	497
502	京都府	城陽市奈島久保野	深廣寺	双盤念仏	386	497
503	京都府	大山崎町円明寺	長福寺	双盤念仏	385	497
504	京都府	久御山町東一口	安養寺	双盤念仏	384	497
505	京都府	木津川市木津町	西教寺	六斎念仏	141	
506	京都府	木津川市加茂町仏生寺	公民館	六斎念仏	141	
507	京都府	京都市北区紫野	今宮神社・玄武神社	やすらい花	749	
508	京都府	八木町神田	西光寺	六斎念仏	140	
509	京都府	園部町横田	西福寺	六斎念仏	141	
510	大阪府	大阪市平野区平野上町	大念仏寺	双盤念仏	390	497
511	大阪府	阪南市自然田	瑞寶寺	双盤念仏	390	497
512	奈良県	奈良市西の京町	唐招提寺	釈迦念仏	—	
513	奈良県	奈良市都祁白石	興善寺	双盤念仏	387	499
514	奈良県	奈良市八島町	公民館	六斎念仏	143	
515	奈良県	大和郡山市白土	浄福寺	六斎念仏	143	
516	奈良県	天理市福住	西念寺	双盤念仏	390	499
517	奈良県	桜井市萱森	薬師堂	六斎念仏	143	
518	奈良県	御所市東佐味	講員宿	六斎念仏	143	
519	奈良県	安堵町東安堵	極楽寺・大宝寺	六斎念仏	142	
520	奈良県	十津川村小原	小学校校庭	盆踊り	677	
521	奈良県	十津川村武蔵	光明寺・小学校校庭	盆踊り	680	
522	奈良県	十津川村西川	中学校校庭	盆踊り	682	

523	奈良県	十津川村谷垣内	小学校校庭	盆踊り	684	
524	和歌山県	和歌山市大川	報恩講寺	双盤念仏	392	499
525	和歌山県	和歌山市梶取	総持寺	双盤念仏	392	499
526	和歌山県	和歌山市鳴神	阿弥陀寺	双盤念仏	393	499
527	和歌山県	海南市下津町大窪	地蔵寺	双盤念仏	393	499
528	和歌山県	海南市下津町大崎	常行寺	双盤念仏	394	499
529	和歌山県	湯浅町湯浅	深専寺	双盤念仏	395	499
530	和歌山県	かつらぎ町下天野	延命寺	六斎念仏	140	
531	和歌山県	かつらぎ町花園	新子	六斎念仏	137	
532	和歌山県	有田市糸我	得生寺	双盤念仏	395	499
533	和歌山県	由良町門前	興国寺	六斎念仏	137	
534	和歌山県	みなべ町南部川村晩稲	光明寺	六斎念仏	140	
535	兵庫県	加西市北条	酒見寺	引声阿弥陀経・双盤念仏	17	
536	兵庫県	神戸市北区山田町原野	公民館	六斎念仏	141	
537	兵庫県	神戸市北区行原	正覚寺	六斎念仏	141	
538	兵庫県	三木市吉川町湯谷	阿弥陀堂	六斎念仏	141	
539	兵庫県	加古川市東神吉町神吉	常楽寺	双盤念仏	396	497
540	兵庫県	加古川市神吉大国	常福寺	双盤念仏	396	497
541	兵庫県	加古川市加古川町平野	龍泉寺	双盤念仏	397	499
542	岡山県	久米南町	誕生寺	双盤念仏	397	499
543	鳥取県	鳥取市湖山町北	栖岸寺	双盤念仏	398	499
544	鳥取県	鳥取市寺町	光明寺	双盤念仏	400	499
545	鳥取県	境港市竹内	大同寺	双盤念仏	401	499
546	鳥取県	大山寺町	大山寺	引声阿弥陀経	17	
547	山口県	小野田市町埴生	西念寺	双盤念仏	243	
548	山口県	長門市仙崎大日比	西円寺	双盤念仏	243	
549	山口県	周防大島町戸田	源空寺	双盤念仏	243	
550	山口県	周防大島町外入	西光寺	双盤念仏	243	
551	香川県	土庄町小江・伊喜寸・長浜	旧四海村各所	夜念仏	—	
552	高知県	佐川町塚谷・岩井	七人塚不動	六斎念仏	141	
553	高知県	宿毛市沖の島弘瀬	漁港	傘	750	

554	福岡県	北九州市八幡西区香月町	吉祥寺	双盤念仏	441	499
555	福岡県	久留米市善導寺町	善導寺	双盤念仏	442	499
556	長崎県	壱岐市郷ノ浦町郷ノ浦	専念寺・太平寺	黄檗流念仏	196	
557	長崎県	壱岐市芦部町諸吉仲触	龍蔵寺	六斎念仏	192	
558	長崎県	壱岐市石田町池田東触	傳記寺	六斎念仏	190	
559	長崎県	壱岐市石田町筒城仲触	山崎観音	六斎念仏	191	
560	長崎県	壱岐市郷ノ浦町原島	当番の家・沖の平島	六斎念仏	192	
561	長崎県	西海市大島町大根坂・的山	阿弥陀堂・西光寺・他	六斎・念仏踊り	180	
562	長崎県	平戸市度島中部	立願寺	六斎・風流踊り	185	
563	長崎県	佐世保市鹿町町口之里供養平	光明庵（阿弥陀堂）	六斎念仏	187	
564	長崎県	北松浦郡小値賀町	前方後目	六斎念仏	188	
565	長崎県	平戸市大志々伎	村内・潮見神社・長遠寺	念仏踊り	—	
566	長崎県	平戸市野子	志々伎神社	念仏踊り	—	
567	長崎県	平戸市生月町館浦	漁港	風流踊り	—	
568	長崎県	平戸市中野山中・川内	各家	念仏踊り	—	
569	長崎県	五島市有川町江の浦	各家	念仏踊り	—	
570	長崎県	五島市福江町（上崎山・下崎山・上大津・下大津）	各家	念仏踊り	—	
571	長崎県	五島市玉之浦町玉之浦・小浦	各家	念仏踊り	—	
572	長崎県	五島市三井楽町嵯峨島	各家・墓地	念仏踊り	—	
573	長崎県	五島市福江町狩立	実性院（境内・墓地）	念仏踊り	—	
574	長崎県	五島市福江町山下	各家	念仏踊り	—	
575	長崎県	五島市新上五島町青方上ノ山	各家	念仏踊り	—	
576	長崎県	長崎市樫山町	天福寺	六斎念仏	—	
577	長崎県	大村市寿古町	場所未定	風流踊り	181	
578	大分県	佐伯市(米水津)色利	公民館	傘	752	
579	大分県	佐伯市(米水津)宮野浦	漁港	傘	752	

580	熊本県	熊本市池田町	往生院	双盤念仏	442	499
581	熊本県	天草市栖本町	円性寺	双盤念仏	442	499
582	熊本県	天草市河浦町	崇円寺	双盤念仏	443	501
583	熊本県	天草市河浦町	信福寺	双盤念仏	443	501
584	熊本県	天草市有明大浦	九品寺	双盤念仏	443	501
585	熊本県	天草市牛深	無量寺	双盤念仏	444	501
586	熊本県	天草市倉岳町棚底	江岸寺	双盤念仏	444	501

図版一覧

写真　※指定外筆者撮影